KB206102

마태복음 주해

철학박사 김수홍 지음

도서출판 언약

Exposition of Matthew

by

Rev. Soo Heung Kim, S.T.M., Ph.D.

Published by
Eonyak Publishing Company
Suwon, Korea
2024

"성경의 원어를 읽든지 혹은 우리 번역문을 읽든지,
성경을 읽는 것은 성부 하나님, 성자 예수님, 성령 하나님을 읽는 것이고,
본문을 아는 것이 하나님을 아는 것이며,
성경 본문을 붙잡는 것이 하나님을 붙잡는 것이고,
성경본문을 연구하는 것이 하나님을 연구하는 것(신학)이다".

■ 머리말

필자가 청년 시절에는 학적(學的)으로 성경주해(exposition of the Bible)를 쓰고 싶었다. 그러나 신학을 공부하고 또 목회경력을 쌓아가는 동안 학적으로 쓰기보다는 누구든지 쉽게 읽을 수 있고 또 은혜를 받을 수 있도록 평이하게 써야겠다는 생각으로 바뀌게 되었다. 그런데 막상 주해를 써야 할 시기가 점점 다가오고 있을 때 주해의 길이를 어떻게 하느냐를 두고 고심하게 되었다. 아주 짧게 써야 좋을는지 아니면 많은 분량을 쓰는 것이 좋을는지 고심하게 되었다. 그러나 목회의 연륜이 쌓여가는 동안 짧게 써야 한다는 생각으로 바뀌게 되었다. 전도자나 일반 성도들이나 너무 세상에 지쳐있을 뿐 아니라 또 정보화시대를 맞이하여 모두가 정보로 가득 차 있기에 될 수 있는 한 짧게 그리고 깊이 있게 써야 하겠다는 생각으로 굳어지게 되었다.

필자가 주해를 쓰기 위하여 책상 앞에 앉으니 자신의 부족함을 절감하지 않을 수 없게 되었고 성경을 해석하기 위하여 쌓아놓은 여러 지식도 별 것 아닌 것으로 느껴졌다. 그 때 주님께서 필자의 고민 속으로 들어오셔서 번개처럼 순식간에 말씀을 주셨다. 그것은 누가복음 24장의 말씀이었다. 예수님께서 부활하시던 날 엠마오로 가는 두 제자에게 나타나셔서 성경을 풀어주실 때 그들의 마음이 뜨거웠다는 말씀(눅 24:32)이었다. 여러 해석법(문법적해석, 역사적해석, 정경적해석)을 시도해야 하지만, 필자는 예수님께서 풀어주시는 것 이상의 좋은 주해가 없다는 생각으로 주님께 많은 기도를 드리면서 성경을 풀어가기 시작했다. 필자는 오늘도 주님께 기도하면서 한 절한 절 성경을 풀어가고 있다.

필자가 내놓은 주해서가 벌써 여러 권이다. 마가복음 주해, 누가복음주해, 요한복음 주해, 사도행전주해, 로마서주해, 갈라디아서주해, 옥중서신 주해, 살전후-딤전후-디도서 주해, 공동서신 주해를 펴내면서 하나님의 무한대(無限大)하심과 필자의 무한소(無限小)를 더욱 절감하면서 몸부림치게 되었다. 이제 이 부족한 마태복음주해를 세상에 내 놓으면서 다시 한 번 자신의 부족함을 절규하는 바이다.

지금은 참으로 위태한 때이다. 신학사상이 혼탁하고 민족의 윤리가 땅에 떨어졌다. 너무 어두워졌고 너무 음란해졌으며 이념이 사라져가고 있다. 안상무신(眼上無神), 안하무인의 시대가 되어 한 치 앞을 분간하기 힘든 때를 만났다. 이때를 당하여 필자는 하루도 쉴 사이 없이 이 땅의 교회들과 민족을 염려하며 성경주해를 내 놓는다. 이 성경주해가 세상에 나가서 어둠을 밝혔으면 하는 일념(一念)뿐이다. 주님이시여, 이 나라의 교계와 민족을 살려주옵소서!

2010년 11월
수원 원천동 우거에서
저자　김수홍

일러두기
: 본 주해를 쓰면서 주력한 것

1. 성경을 성경으로 해석해야 한다는 원리를 따랐다. 따라서 외경이나 위경에서는 인용하지 않았다.
2. 본 주해를 집필함에 있어 문법적 해석, 역사적 해석, 정경적 해석의 원리를 따랐다. 성경을 많이 읽는 중에 문단의 양식과 구조와 배경을 파악해냈다.
3. 문맥을 살펴 주해하는 일에 심혈을 기울였다.
4. 매절마다 빼놓지 않고 주해하였다. 난해 구절도 모두 해결하느라 노력했다.
5. 매절을 주해하면서도 군더더기 글이 되지 않도록 노력했다. 군더더기 글은 오히려 성경을 더 복잡하게 만들어 놓기 때문이다.
6. 절이 바뀔 때마다 독자의 편의를 위하여 한 줄씩 떼어놓아 눈의 피로를 덜도록 했다.
7. 본 주해를 집필하는 데 취한 순서는 먼저 개요를 쓰고, 다음 한절 한절을 주해했다. 그리고 실생활을 위하여 적용을 시도했다.
8. 매절(every verse)을 주해할 때 히브리어 원어의 어순을 따르지 않고 한글 개역개정판 성경의 어순(語順)을 따랐다. 이유는 우리의 독자들을 위해야 했기 때문이다.
9. 구약 원어 히브리어는 주해에 필요한 때에만 인용했다.
10. 소위 자유주의자의 주석이나 주해 또는 강해는 개혁주의 입장에 맞는 것만 참고했다.
11. 주해의 흐름을 거스르는 말은 각주(footnote)로 처리했다.
12. 본 주해는 성경학자들과 목회자를 위하여 집필했지만 일반 성도들도 얼마든지 이해할 수 있도록 평이하게 집필했다. 특히 남북통일이 되는 날 북한 주민들도 읽고 이해할 수 있도록 가능한 쉽게 집필했다.

13. 영어 번역이 필요할 경우는 English Standard Version(ESV)을 인용했다. 그러나 때로는 RSV(1946-52년의 개정표준역)나 NIV(new international version)나 다른 번역판들(NASB 등)을 인용하기도 했다.

14. 틀린 듯이 보이는 다른 학자의 주석을 반박할 때는 "혹자는"이라고 말했고 그 학자의 이름은 기재하지 않았다. 그러나 단지 필자와 다른 견해를 제시하는 학자의 이름은 기재했다.

15. 성경 본문에서 벗어난 해석들이나 주장들을 반박할 때는 간단히 했다. 너무 많은 지면을 쓰는 것은 바람직하지 않고 독자들을 피곤하게 만들기 때문이다.

16. 성경 장절(Bible references)을 빨리 알아볼 수 있도록 매절마다 장절을 표기했다(예: 창 1:1; 출 1:1; 레 1:1; 민 1:1 등).

17. 가능한 한 성경 장절을 많이 넣어 주해 사용자들의 편의를 도모했다.

18. 필자가 주해하고 있는 성경 책명 약자는 기재하지 않았다(예: 1:1; 출 1:1; 막 1:1; 눅 1:1; 요 1:1; 롬 1:1 등). 제일 앞의 1:1은 욥기 1장 1절이란 뜻이다.

19. 신구약 성경을 지칭할 때는 '성서'라는 낱말을 사용하지 않고 줄곧 '성경'이라는 용어를 사용했다. '성서'라는 용어는 다른 경건 서적에도 붙일 수 있는 용어이므로 반드시 '성경'이라는 용어를 사용했다.

20. 목회자들의 성경공부 준비와 설교 작성을 염두에 두고 집필했다.

21. QT에도 적절하게 사용할 수 있도록 주해했다.

22. 가정 예배의 교재로 사용할 수 있도록 쉽게 집필했다.

23. 오늘날 믿음을 잃은 수많은 젊은이들이 주님 앞으로 돌아오기를 바라면서 주해를 집필하고 있다.

마태복음 주해

Exposition of Matthew

■ 총 론

공관복음은 어떻게 형성 되었는가

마태복음을 논하기에 앞서 공관복음(마태복음, 마가복음, 누가복음)이 어떻게 만들어졌는가를 말하는 것이 순서일 것이다. 공관복음(共觀福音-Synoptic Gospels)은 말 그대로 각 책의 저자들이 예수님의 인격과 교훈을 똑 같은 관점에서 기술했기에(taking a common view) 공통점이 많이 있지만 또 한편 세 복음서(마태, 마가, 누가) 사이에는 차이점이 있는 것을 볼 때 공관복음 형성이 어떻게 이루어졌는지를 밝히는 것이 필요하다.

1) 원복음서설(元福音書說-The Urevangelium theory): 세 복음서가 생기기 전에 아람어로 된 복음서가 있었고 이 원복음서를 근간으로 하여 세 복음서의 저자는 각자의 복음서를 썼다는 학설이다. 이 학설은 독일 비평학자들의 학설인데(G. E. Lessing, J. G. Eichhorn) 공관복음서에 공통점이 생긴 것은 원복음에 기인한 것이고 차이점은 세 복음서 저자가 각기 달리 발전시켰기 때문에 생긴 것이라고 한다. 이 학설은 원복음을 가정한 점에서는 좋았으나 각자의 복음서를 발전시켰다는 주장은 받을 수가 없다.

2) 구전설(口傳說-The Oral Tradition Theory): 구전설은 세 복음서의 저자들이 예수님의 생애와 교훈에 대해서 사람들에게서 전해 듣고 기억한 것을 기록했기에 이렇게 공통점도 있고 또 서로 간에 차이점도 생겼다는 학설이다(Giesler, Westcott, Wright, Ebrard, Alford, Godet, Thiersch, Norton). 의사 누가가 "우리 중에 이루어진 사실에 대하여 처음부터 목격자와 말씀의 일꾼 된 자들이 전하여 준 그대로 내력을 저술하려고 붓을 든 사람이 많은지라"고 말한 것을 보면 분명히 처음의 목격자가 있고 말씀의 일꾼 된 자들이 있었음을 알 수 있다. 그리고 마가가 베드로 사도의 통역자였던 고로 마가는 베드로가

전하는 것을 근간하여 마가복음을 기록했다는 것을 알 수 있다. 구전설은 유대 사회의 랍비들이 입으로 전한 것을 제자들이 책임 있게 암기했다가 다른 사람에게 전해주는 풍습에서 기인한 학설이다. 이 학설은 개신교에서 받아드리는 학설이다. 이 학설은 복음서간의 공통점에 대해서 잘 설명할 수가 있다. 이유는 예수님을 목격한 자들이 전하여 준 구전을 기록했기에 공통점이 생겼다는 것이다. 공관복음 사이에 공통점이 많은 것을 보면 이 학설이 설득력이 있으나 복음서 상호간에 어찌하여 차이점이 생겼느냐를 설명하는 데는 상당한 어려움이 있다.

3) 상호의존설(相互依存設): 구전설은 상호의존설을 탄생시켰다. 상호의존설이란 공관복음 3서 중에 첫 번째로 기록한 복음서는 구전에 의해 기록하였고 둘째 번으로 기록한 복음서는 최초로 기록된 복음서를 의존하였고 동시에 자신의 자료도 첨가했다. 셋째 번으로 기록한 복음서는 첫째와 둘째에 의존했고 역시 자신의 자료를 첨가했다는 학설이다. 그러면 어떤 복음이 제일 먼저 기록되었고 또 둘째, 셋째는 어떤 것이냐 하는 것에 관해서는 학자마다 다르다. 헨리 디이슨이 정리한 것을 보면, a) 마태, 마가, 누가의 순(Grotius, Mill, Westein, Hug, Greswell), b) 마태, 누가, 마가의 순(Griesbach, Fritsche, Meyer, De Wette, Baur), c) 마가, 마태, 누가의 순(Storr, Weisse, Wilke), d) 마가, 누가, 마태의 순(Hitzig, Bruno, Bauer, Volkmar), e) 누가, 마태, 마가의 순(Evanson), f) 누가, 마가, 마태의 순(Vogel)이다. 이 학설은 왜 서로 일치하면서도 왜 서로 다른가에 대하여 참된 해답을 주지 못한다.[1)]

4) 단편설(斷片設-The Fragmentary theory): 단편문서존재설은 이미 단편적으로 존재하는 복음문서들이 있었는데 세 복음서 저자가 그것들을 참고하여 자신의 복음서를 저술했다는 학설이다. 이 학설은 한 복음서 저자와 다른 복음서 저자가 어떤 단편을 공통적으로 사용했을 경우 복음서들 속에 공통점이 생기고 다른 단편을 사용했을 경우 복음서들 사이에 차이점을

1) 헨리 디이슨, *신약개론*, 권혁봉역 (서울: 생명의 말씀사, 1986), p. 161.

유발했다는 것이다.

5) 두 문서설(The Two-Document Theory): 두 문서설은 그 때 이미 존재했던 문서들로부터 공관복음서가 저작되었다는 학설이다. 이미 존재했던 문서 중에서 특히 2대(大) 문서 즉 마가복음과 Q문서를 중요시 했기에 2문서설이라고 불린다. 이 학설을 좀 더 말하면 다음과 같다.

a) 현재 우리가 소유하고 있는 마가복음과 같은 하나의 복음서나 아니면 그것과 동일시되는 하나의 복음서가 원래 있어서 이것이 근본 되는 자료가 되었다고 한다. 이 학설은 마가복음이 선재했다고 주장한다. 마태복음과 누가복음은 마가복음서를 사용하여 저작되었다고 한다.

b) 두 문서설은 마가복음 이외에 또 다른 하나의 근본자료(Q라고 함)[2]가 있다고 전제한다. 이유는 마가복음에 포함되어 있지 않는 자료들이 많아 그것들을 조사한 결과 Q자료를 전제하지 않을 수 없게 되었다고 한다. 마태와 누가는 Q자료로부터 자료를 빼내서 복음서를 저작했기에 마태복음과 누가복음에는 공통점이 많다고 주장한다. 이런 두 개의 주된 근본 자료 이외에도 마태복음과 누가복음의 탄생설명과 누가복음에 있어서의 소위 베레아 부분(Perean Section)에 대해서는 또 어떤 다른 2차적인 자료가 있었을 것이라는 견해가 첨가되었다. 많은 학자들은 제 2의 원자료가 원 마태(Ur-Mattaus)라고 하며, 그것이 파피아스(Papias)가 말한 "로기아"(Logia)라고도 말한다.

그러나 두 문서(원 마가복음과 Q문서)가 존재했다는 것은 하나의 추측에 지나지 않고 특히 Q문서가 실제로 존재했다는 것도 불확실하다. 마태와 누가가 Q문서로부터 베꼈다는 것은 있을 수 없는 이론으로 보인다. 두 문서설을 발전시킨 학자들은 복음서의 저자들이 복음을 기록할 때 성령님의 간섭이 있었다는 것을 언급하지 않는다. 그들은 복음서 저자들이 성령님의 감동에 의해 복음서를 기록했다는 사실을 거의 의식하지 않는 듯이 보인다.

---

2) Q란 독일어 Quelle('자료'란 뜻)의 첫 글자를 따서 쓴 것으로 '자료'란 뜻이다.

6) 양식 사학파 설(Formgeschichte): 이 설은 성경에 있는 문학 양식을 당시에 존재했던 성경 이외의 문학 양식과 대조하여 분류함으로 성경의 역사성을 규정해 내는 학설이다. 이 학설은 복음서의 저자는 누구든지 원 저자는 아니므로 당시에 존재했던 각양의 문서를 편집한데 지나지 않는다는 주장이다. 이 학설은 궁켈(H. Gunkel)이 시작했는데 말틴 디벨리우스(M. Diberius), 불트만(R. Bultman)에 의해 신약학에서 대성한 양식사적 방법론이다. 이 양식사학파의 주장은 성경의 영감을 믿는 자들에게는 하나의 사색에 불과할 뿐이다.

마태복음의 저자는 누구인가

마태복음은 마태 사도가 기록했다.

【외증】 : 초대교회는 만장일치로 이 복음서를 마태 사도의 저작으로 돌리고 있다.

1) 파피아스(Papias)는 "마태는 히브리 방언으로 로기아(Logia-'교설' 혹은 '복음')를 기록했다. 그러므로 각자는 할 수 있는 대로 최선을 다해 번역해야 했다"고 했다.

2) 이레니우스는 "마태는 또한 히브리인 자신들의 방언으로 된 하나의 복음서를 히브리인 가운데 내어놓았다"고 했다. 이레니우스는 그의 유년시절부터 폴리갑(Polycarp)을 알고 있었으며, 또 폴리갑은 항상 자기가 사도들로부터 배웠던 사실을 가르쳐 주었다고 했다.

3) 오리겐(Origen)도 마태복음서를 마태 사도의 저작으로 돌리고 있다.[3] 헨리 디이슨(Henry Thiessen)은 "마태는 신약 가운데 맨 첫 책을 기록하였고 그가 사도인 까닭에 마태복음은 가장 많은 사람들에게 읽혀졌으며 또한 가장 큰 양향을 끼친 복음서임이 틀림없다"고 했다.

---

3) 유세비우스, H. E. VI. xxv. 4.

【내증】 : '레위'(막 2:14-17; 눅 5:27-32)의 소명과 '마태'(마 9:9-13)의 소명에 대한 설명이 거의 정확하게 동일한 말로 표현되고 있다는 점에서 이 두 사람은 동일인이라는 것을 알 수 있다. 마태는 두 가지 이름을 가지고 있었을 가능성이 농후하다. 마가는 마태를 '알패오의 아들'로 불렀다(막 2:14).

윌렴 헨드릭슨은 "마태에 의한 복음서"를 열 두 사도 중에 하나인 마태에게 돌리는 일을 옹호하는 논증들이 있다고 역설한다.

1) 레위라고도 하는(막 2:14; 눅 5:27, 29) 마태(마 9:9: 10:3; 막 3:8; 눅 6:15; 행 1:13)는 바로 그 자신의 이름에서 분명해지는 바와 같이 한 유대인이었다.

2) 예수 그리스도를 따르라는 부르심을 받았을 당시에 마태는 세리였다. 곧 가버나움 세관에서 세금을 거두는 일을 하고 있었다. 이때에 그는 헤롯 안디바스를 위하여 일하고 있었을 가능성이 짙다. "이방의 갈릴리"에서 일하고 있던 그로서는 아람어에만 아니라 헬라어에도 능통했을 것이다. 마태에 의한 복음서는 그 저작자가 실로 한 언어 이상에 익숙한 사람이었음을 보여준다.

3) 마태는 지성적인 유대인이었을 뿐만 아니라 그는 또한 예수께서 부르실 때에 즉시 순종하여 따른 사실에서 분명한 바와 같이 신앙이 깊은 사람이었다. 그것만으로도 우리는 그가 히브리어 구약 성경과 그 번역본인 헬라어 70인역 모두를 철저히 잘 알고 있었을 것으로 충분히 믿을 수가 있다.

4) 전승(traditions-유세비우스, 오리겐, 이레니우스, 파피아스)은 마태를 그 저작자로 지적함에 일치를 보이고 있다. 그 밖의 다른 이에 대해서는 아무도 언급한 적이 없다.

5) 이 복음서가 저작된 지 어쩌면 60년 밖에 안 되었을 짧은 기간 내에 마태의 저작을 부인하고 본서의 저자로 하나의 가상적 인물이 대치된다는 것은 설명이 안 된다.

6) 그처럼 구상이 아름답고 문체가 일관적이며 내용이 장엄한 저서의 저작자가 시야에서 사라지게 된다는 것은 불가능하다.

7) 이 복음서가 12사도들 가운데 눈에 잘 띠지도 않는 제자인 마태에게 돌려지는 일은, 그 사실의 진실함을 보여주는 증거라고 볼 수 있다.4)

마태는 언제 본서를 기록했는가

마태복음이 언제 기록되었느냐를 정하기는 힘 든다. 이유는 연대를 정확하게 확정지을만한 근거를 찾기가 힘들기 때문이다. 이른 시기로 잡는 학자들은 주후 40-50년으로 말하는가 하면, 늦은 시기로 잡는 학자들은 주후 100년에서 140년경 까지 늦게 잡는다. 마태복음 저작시기를 주후 70년 훨씬 이전으로 잡는 것이 바람직할 것으로 보인다. 이유는 마태복음에 예루살렘 멸망(주후 70년)에 대해서는 예언한바가 있으나 예루살렘의 멸망사실에 대해서는 침묵하고 있기 때문이다. 정확한 저작 연대를 결정짓기는 어렵다 하더라도 아마도 마태가 아람어 마태복음을 기록한 지 얼마 안 되어 약 50년-55년경에 헬라어 마태복음을 기록한 것으로 추정된다. 비교적 이른 시기를 택하는 학자 중에도 주후 60년 이전으로 잡는 것은 무리일 것이라고 말하기도 한다.

마태는 어디서 본서를 기록했는가

저작 장소에 대하여도 의견의 일치가 없다. 헨드릭슨은 본서의 저작장소를 팔레스틴일 것이라고 말한다. 이유는 마태가 예루살렘과 그 주변 지역에서 일어난 사건들과 그곳의 상황을 자세하게 언급하고 있기 때문이라 하였다(2:3, 16; 27:3-8, 24-25, 52-53, 62-66; 28:4, 11-15 등).

마태가 본서를 집필하게 된 동기는 무엇인가

1) 유대인들을 온전히 예수 그리스도에게로 돌아오게 하는 데 있었다. 아직 회개하지 않은 자들을 회개하게 하고 이미 회개한 자들로 하여금 굳게 하려고

---

4) 윌렴 헨드릭슨, *마태복음* (상), 김만풍옮김 (서울: 아가페출판사, 1989), pp. 155-56.

저술하였다.

2) 구약의 예언이 성취된 것을 보여주기 위하여 기록하였다. 그런 목적에서 구약 성경 다음에 이 책이 놓일만하다.

3) 예수님이 참 그리스도이시라는 사실을 보여주기 위해 저술했다. 예수님은 유대인의 왕이시고 메시아이신 것을 강조한다.

4) 만민의 복음화를 위해 기록했다(8:5-13; 15:21-28; 28:16-20).

마태복음의 특징은 무엇인가

1) 유대적 색채가 아주 강하다.

마태는 구약의 예언을 많이 인용하고 있다. 마태는 예수님이 구약이 예언한 메시아이고 다윗의 자손이라고 말한다. 그리고 예수님의 사역은 모두 구약의 성취라고 말한다. 본서는 적어도 40개의 공식적인 인용구절을 가지고 있다. 구약을 인용할 때는 "이는 선지자로 하신 말씀을 이루려 하심이라. 일렀으되...," "이는 선지자로 말씀하신바...," "기록되었으되," "일렀으되"와 같은 말로 소개하는 것을 볼 수 있다. 예수님은 구약의 율법을 완성하시는 분이시다(5:17).

2) 본서의 문장구조는 완벽하다.

많은 자료를 포함하고 있음에도 불구하고 문장 구조가 아름답고 자연스럽다. 본서의 헬라어는 공관복음 3서 중에 제일 아름답다.

3) 본서에는 특징적인 용어가 많다.

"의로운"이란 말 또 "의"라는 말이 다른 세 복음서 전체보다 더 많다. 그리고 "그 때에"란 말이 90회가 나타난다(마가에 6회. 누가에 14회, 요한에 10회 나타난다). 그리고 "천국"이라는 용어가 33회, "달란트"라는 용어가 14회, "가라지"라는 용어가 8회, "하늘의 아버지"라는 용어가 7회, 그리고 "교회"라는 말이 유독 마태복음에만 3회 나타난다(16:18에 한번, 18:17에 두 번 나타난다).

4) 본서에는 주님의 설교가 많다.

본서에는 6편의 주님의 설교가 있다. a) 산상설교(5장-7장), b) 12제자 파송 시에 하신 전도에 대한 설교(10장), c) 천국 비유들(13장), d) 겸손, 실족, 용서에 관한 설교(18장), e) 서기관들과 바리새인들에 대한 저주(23장), f) 감람산 설교(24장-25장)이다.

혹자는 본서를 역사서로 보려고 하나 본서는 역사를 기록하려는 목적이 없도 주님의 설교를 기록하려고 했다. 본서에는 "그 때에"라는 말이 많으나 실제로는 어느 때인지 분명히 지시하지 않는 것들이 많다. 다시 말해 마태는 그의 복음을 쓰면서 연대기적인 기록을 목표하고 있지 않다. 예를 들어 마태는 예수님께서 그의 공생애를 시작하신 때가 언제인지 기록하지 않고 예수님의 여행 기간이 얼마였는지 기록하지 않는다. 그러니까 마태는 역사를 기록하려고 복음서를 쓴 것이 아니라 유대인들이 고대하던 메시아의 메시지가 무엇이냐를 중점적으로 기록했다. 마태는 예수님의 가르침을 변증하기 위해 복음서를 썼고 유대인들이 예수님을 믿도록 복음서를 썼다. 마태는 예수님은 그리스도이시요 이스라엘의 왕이시라는 것을 알리기 위해 그의 복음을 기록했다.

5) 본서에는 비유와 이적 기사가 많다.

본서에는 15개의 비유가 있다. 이 15개의 비유에서 10개의 비유는 본서에만 나온다. 그리고 20개의 이적 기사가 있는데 이 중 3개의 이적은 본서에만 나온다.

6) 본서는 호소력이 강하다.

마태복음을 많이 읽은 독자들도 다시 읽으려 할 때 복음의 호소력에 끌린다. 다른 복음서에 없는 흥미진진한 기사들도 많고 또 다른 복음에 있다할 지라도 흥미진진하게 엮어나가는 본서만의 필치는 말 그대로 흥미진진하다. 제 1장의 열네 대 이야기, 제 2장의 동방박사들의 아기 예수 방문, 하나님 보시기에 잘 못된 약속을 어기고 다른 길로 고국에 돌아가는 박사들 이야기, 5:3-12의 팔복, 5장-7장의 산상설교, 13장의 천국비유들, 15장의 가나안 여인의 지극한 믿음, 18장의 권징에 대한 교훈, 23장의 일곱 가지 화, 24장의 말세 훈, 25장의 심판에 대한 극적인 기술, 28장의 부활 기사는 독자들을 매료시키기에 충분하다.

7) 본서는 숫자 배열에 민감하다.

아마도 마태가 숫자에 예민한 세리였기 때문에 숫자 배열에 민감한 듯이 보인다.

"둘"이라고 표현하는 경우가 있다. 다른 복음서는 "하나"("한")라고 묘사하는 경우에 본서는 둘이라고 분명히 밝힌다. [예: 귀신들린 자가 둘이라고 함(8:28), 두 맹인이 호소한다고 말함(9:27; 20:30), 두 거짓 증인이 증언한다고 말함(26:60).]

"셋"이라고 표현하거나 암시하는 경우가 많다. 본서는 예수님의 족보를 세 구분하고 있다(1:17). 예수님의 유아시대에 세 가지 사건이 있었다고 말한다(2장). 예수님에게 가(加)한 시험은 세 가지였다(4장). 본서는 예수님의 산상설교를 세 구분한다(5장, 6장, 7장). 주기도문의 여섯 조문의 기도문 중 앞의 셋은 하나님을 위한 기도이고 뒤의 세 기도문은 사람을 위한 기도문이라고 말한다(6:9-13). 세 종류의 합당하지 않은 자가 있다고 말한다(10:37-38). 씨 뿌리는 비유에도 세 종류의 씨(곡식, 좋은 씨, 겨자씨)가 뿌려지는 것을 말한다(13:1-32). 예수님은 세 고자를 언급하신다(19:12). 예수님은 바리새인들을 세 가지로 비유하신다(큰 아들, 아들을 죽인 포도원 농부들, 택함을 받지 못한 사람들, 21:27-22:14). 사람들이 예수님에게 세 가지 질문을 한 것을 말하다(22:15-40). 말세를 준비하는 세 종류의 사람 비유(도적을 대비하는 사람들 비유, 열 처녀 비유, 달란트 비유, 24:43-25:30). 예수님은 겟세마네에서 세 차례 기도하셨다(26:36-44). 베드로가 세 차례 예수님을 부인했다(26:69-75). 빌라도가 예수님을 두고 군중들에게 세 번 질문했다(27:21-23).

"일곱"이라고 하거나 혹은 암시하는 경우가 있다. 보통의 귀신보다 더 악한 일곱 귀신에 대해 말한다(12:45). 일곱 개의 떡과 일곱 개의 바구니(15:34, 37). 일곱 번 용서하라는 말씀(18:21-22). 일곱 형제가 있어 한 여자와 결혼했다는 말씀(22:25).

마태복음의 족보와 누가복음의 족보의 차이는 무엇인가

1) 누가복음 제 3장의 족보는 예수님에게서 시작하여 아브라함에게까지 거슬러 올라갔던 것과는 달리 마태복음의 제 1장 족보는 아브라함부터 시작하여 그리스도에게까지 내려온다.

2) 누가복음이 이교적인 배경 아래 있던 기독교인들을 대상으로 했던 반면, 마태는 특별히 유대인들에게 복음을 썼다는 점에서 다르다.

마태복음을 신약성경의 제일 앞에 배치할만한 이유는 무엇인가

1) 마태복음의 저자 마태가 예수님께서 구약예언들을 성취하셨다는 것을 조목조목 증명한 점에서 구약 성경 다음의 위치 그리고 신약성경의 제일 앞에 놓을만하다고 할 수 있다.

2) 마태가 예수님의 전기를 기록했다는 점에서 다른 세 복음서와 함께 신약성경의 서두에 배치할만하다고 할 수 있다.

3) 그리고 마태복음은 사도가 기록했다는 점에서 제일 상단에 놓을만한 가치가 있다고 할 수 있다.

4) 유대인들에게 그리스도를 전하기 위하여 썼기 때문에 제일 앞에 둘만하다고 보인다.

내용분해

I.예수님께서 탄생하시다　1:1-2:23

A.예수님의 족보　1:1-17

B.예수님의 탄생　1:18-25

C.동방박사의 내방　2:1-12

D.애굽으로의 피난과 유아 학살　2:13-18

E.나사렛 거주　2:19-23

II.예수님의 사역 준비　3:1-4:11

A.선구자의 활동　3:1-12

B.예수님께서 세례를 받으시다　3:13-17

C.예수님께서 시험을 받으시다　4:1-11

III.예수 그리스도의 사역　4:12-25:46

A.갈릴리 사역　4:12-18:35

1.가버나움 전도본부　4:12-17

2.네 제자를 부르시다　4:18-22

3.갈릴리 사역을 총괄하다　4:23-25

4.산상에서 설교하시다　5:1-7:29

a.천국 시민의 자격　5:1-48

ㄱ.서문　5:1-2

ㄴ.팔복　5:3-12

ㄷ.천국시민의 책임　5:13-16

ㄹ.온전하라　5:17-48

b.천국 시민의 삶　6:1-34

ㄱ.은밀하게 구제하라 6:1-4
ㄴ.은밀하게 기도하라 6:5-15
ㄷ.은밀하게 금식하라 6:16-18
ㄹ.건전한 물질생활 6:19-34
c.천국 시민이 경계할 일들 7:1-23
ㄱ.판단하지 말라 7:1-5
ㄴ.거룩한 것을 개에게 주지 말라 7:6
ㄷ.기도를 힘써라 7:7-12
ㄹ.좁은 문으로 들어가라 7:13-14
ㅁ.거짓 선지자를 삼가라 7:15-23
ㅂ.말씀을 실행하라 7:24-29
5.열 가지 이적과 그에 관련된 일들 8:1-9:38
a.첫째 이적들 8:1-17
ㄱ.나병환자를 치유하시다 8:1-4
ㄴ.백부장의 하인을 고치시다 8:5-13
ㄷ.베드로의 장모를 고치시다 8:14-17
b.예수님을 따르는 자가 취할 각오 8:18-22
c.둘째 이적들 8:23-9:8
ㄱ.바다를 잔잔케 하시다 8:23-27
ㄴ.군대귀신을 내쫓으시다 8:28-34
ㄷ.중풍병자를 고치시다 9:1-8
d.마태를 부르시다 9:9-13
e.금식에 대한 교훈 9:14-17
f.셋째 이적들 9:18-34
ㄱ.야이로의 딸과 혈루증을 고치시다 9:18-26
ㄴ.두 맹인을 고치시다 9:27-31
ㄷ.벙어리를 고치시다 9:32-34
g.추수할 일꾼들을 위해 기도하라 9:35-38

6.열 두 제자의 사명 10:1-42
 a.12제자를 부르시다 10:1-4
 b.사명 수행을 위한 일반적 교훈 10:5-15
 c.사명자를 위한 특수 교훈 10:16-39
  ㄱ.박해가 있을 것을 각오하라 10:16-23
  ㄴ.박해 중에도 두려워하지 말라 10:24-33
  ㄷ.십자가를 질 것을 각오하라 10:34-39
 d.전도자를 영접하는 사람들 10:40-42
7.세례 요한에게 답하시다 11:1-19
8.불신 도시에 대해 심판을 선언하시다 11:20-24
9.그리스도께서 초대하시다 11:25-30
10.바리새인들의 반대 12:1-50
 a.밀밭 사이에서 시비를 걸다 12:1-8
 b.안식일에 병 고치셨다고 시비하다 12:9-21
 c.귀신들린 자를 고치셨다고 시비하다 12:22-37
 d.표적을 구하다 12:38-45
11.가족도 예수님을 불신하다 12:46-50
12.천국비유를 말씀하시다 13:1-52
 a.씨 뿌리는 자의 비유 13:1-9
 b.비유로 말씀하시는 목적(1) 13:10-17
 c.씨 뿌리는 자에 대한 비유 해설 13:18-23
 d.가라지 비유 13:24-30
 e.겨자씨와 누룩 비유 13:31-33
 f.비유로 말씀하시는 목적(2) 13:34-35
 g.가라지 비유 해설 13:36-43
 h.감추인 보화와 진주 비유 13:44-46
 i.그물 비유 13:47-50
 j.새것과 옛것의 비유 13:51-52

13.고향 사람들의 불신 13:53-58
14.요한의 죽음 14:1-12
15.메시아의 이적들 14:13-36
a.오천 명을 먹이시다 14:13-21
b.바다 위를 걸으심 14:22-33
c.게네사렛 땅에서 병 고치심 14:34-36
16.바리새인의 유전을 경계하시다 15:1-20
17.메시아의 이적들 15:21-38
a.가나안 여자의 딸을 고치시다 15:21-28
b.갈릴리 호숫가에서 병을 고치시다 15:29-31
c.사천 명을 먹이시다 15:32-38
18.종교지도자들과의 충돌 15:39-16:4
19.종교지도자들의 외식 경계 16:5-12
20.베드로의 신앙고백 16:13-20
21.예수님의 첫 번째 수난 예고 16:21-28
22.변화 산에서 변형되시다 17:1-13
23.간질병 아이를 고치시다 17:14-21
24.예수님의 두 번째 수난 예고 17:22-23
25.성전세를 내시다 17:24-27
26.겸손과 용서의 교훈 18:1-35
a.어린 아이처럼 낮아져라 18:1-14
b.범죄한 형제를 대하는 법 18:15-20
c.형제를 용서하라 18:21-35
B.베레아 사역 19:1-20:34
1.이혼 문제에 대해 교훈하시다 19:1-12
2.어린 아이들을 축복하시다 19:13-15
3.부자들 처신에 대한 교훈 19:16-30
4.포도원 일꾼들 비유 20:1-16

5.예수님의 세 번째 수난 예고 20:17-19
6.야고보 형제에게 주의를 주시다 20:20-28
7.두 맹인을 고치시다 20:29-34
C.예루살렘 사역 21:1-25:46
1.승리의 입성 21:1-11
2.성전을 청결하게 하시다 21:12-17
3.무화과 나무를 저주하시다 21:18-22
4.권위의 출처를 밝히지 않으시다 21:23-27
5.두 아들 비유 21:28-32
6.악한 농부 비유 21:33-46
7.혼인잔치 비유 22:1-14
8.가이사의 것과 하나님의 것 22:15-22
9.부활은 성경대로 된다 22:23-33
10.어느 계명이 큰 계명인가 22:34-40
11.그리스도는 다윗의 주님이시다 22:41-46
12.예수님의 바리새인 공격 23:1-39
a.바리새인을 조심하라 23:1-12
b.바리새인들에게 일곱 가지 화 23:13-36
c.예루살렘에 대한 탄식 23:37-39
13.종말에 일어날 일들 24:1-51
a.예루살렘 멸망을 예언하시다 24:1-2
b.종말에 일어날 사건들 24:3-14
c.큰 환난이 있을 것을 예언하시다 24:15-28
d.재림을 예언하시다 24:29-31
e.종말을 대하는 태도 24:32-51
14.재림을 잘 준비하라 25:1-46
a.열 처녀 비유 25:1-13
b.달란트 비유 25:14-30

c.양과 염소 비유 25:31-46

IV.예수님이 고난당하시다 26:1-27:66

1.고난당하시기 전에 된 일들 26:1-46

a.예수님을 살해하려는 모의 26:1-5

b.기름 부음을 받으시다 26:6-13

c.가룟 유다의 반역 26:14-16

d.최후의 만찬을 가지다 26:17-30

e.예수님 수난의 마지막 예고 26:31-35

f.겟세마네에서 기도하시다 26:36-46

2.예수님께서 고난당하시다 26:47-27:66

a.예수님께서 잡히시다 26:47-56

b.공회에서 심문 받으시다 26:57-68

c.베드로가 세 번 부인하다 26:69-75

d.빌라도에게 넘겨지시다 27:1-2

e.가룟 유다가 자살하다 27:3-10

f.빌라도의 재판 27:11-26

g.예수님께서 희롱당하시다 27:27-31

h.십자가에 달리시다 27:32-44

i.예수님께서 운명하시다 27:45-56

j.예수님께서 매장되시다 27:57-66

V.예수님이 부활하시다 28:1-20

a.빈 무덤만 남다 28:1-8

b.부활하신 모습으로 나타나시다 28:9-10

c.군병들의 허위설 전파 28:11-15

d.큰 사명을 주시다 28:16-20

▪ 참고도서

【주해 및 강해서】

1. 김수홍. *마가복음주해*. 서울: 기독교연합신문사, 2008.

2. 김수홍. *누가복음주해*. 서울: 기독교연합신문사, 2010.

3. 디이슨, 헨리. *신약개론*, 권혁봉역. 서울: 생명의 말씀사, 1986.

4. 라일, 죤. *마태복음서강해*, 죤 라일 강해 시리즈 (1), 지상우역. 서울: 기독교문서선교회, 1984.

5. 렌스키, R. C. H. *마태복음*, (상) 성경주석, 문창수역. 서울: 백합출판사, 1973.

6. ________. *마태복음*, (하) 성경주석, 문창수역. 서울: 백합출판사, 1974.

7. 로버트슨, 아더. *마태복음*, 정선주석, 이성강옮김, 서울: 도서출판 나침반사, 1986.

8. 로이드-죤스, D. M. *산상설교집*(상), 문창수옮김. 서울: 정경사, 1988.

9. ________. *산상설교집*(하), 문창수옮김, 서울: 정경사, 1988.

10. 리델보스, 헤르만. *마태복음주석*(상), 오광만 옮김, 서울: 여수룬, 1999.

11. 리델보스, 헤르만. *마태복음주석*(하), 오광만 옮김, 서울: 여수룬, 1999.

12. 말틴 존 A. *마태복음*, 두란노강해시리즈 21, The Bible Knowledge Commentary, 이명준 옮김. 서울: 두란노서원, 1983.

13. 맥도날드 윌리암. *마태복음*, 윌리암 맥도날드 신자성경주석, 정병은옮김. 고양: 전도출판사, 1996.

14. 바비에리, 루이스 A. *마태복음,* 두란노강해주석시리즈 19, 정민영옮김. 서울: 두란노서원, 1983.

15. 박윤선. *공관복음,* 성경주석. 서울: 영음사, 2003.

16. 반즈, 알버트. *마태.마가복음,* 반즈노트/신구약성경주석, 정중은역. 서울: 크리스찬서적, 1988.

17. 스토트, 죤. *예수님의 산상설교.* 김광택역. 서울: 생명의 말씀사, 1978.

18. 옥스포드 원어 성경대전, *마태복음 제 1-11a장.* 서울: 제자원, 2000.

19. 옥스포드 원어 성경대전, *마태복음 제 11b-20장.* 서울: 제자원, 2000.

20. 옥스포드 원어 성경대전, *마태복음 제 21-28장.* 서울: 제자원, 2000.

21. 왓슨, 토마스. *팔복해설: An Exposition of Matthew 5:1-12,* 라형택역. 서울: 기독교문서선교회, 1990.

22. 이상근. *마태복음,* 신약주해. 대한예수교 장로회 총회교육부, 1986.

23. 이순환. *마태복음서강해.* 서울: 한국기독교교육연구원, 1994.

24. 칼빈, 존, *공관복음 I,* 신약성경주석, 서울: 성서교재간행사, 1992.

25. 칼빈, 존, *공관복음 II,* 신약성경주석, 서울: 성서교재간행사, 1992.

26. 킹스베리, J. D. *마태복음서연구,* 김근수역. 서울: 기독교문서선교회, 1990

27. 토마스 롱. *마태복음,* 웨스트민스터 신약강해, 안효선옮김. 서울: 에스라서원, 1999.

28. 핑크, 아더. *산상수훈강해,* 지상우옮김. 고양: 크리스찬다이제스트, 2010.

29. 헤그너, 도날드. *마태복음 1-13*, WBC, 채천석옮김. 서울: 도서출판솔로몬, 1999.

30. ________. *마태복음 14-28*, WBC, 채천석옮김. 서울: 도서출판솔로몬, 2000.

31. 헨드릭슨, 윌렴. *마태복음,* (상) 헨드릭슨 성경주석, 김만풍옮김. 서울: 아가페

출판사, 1984.

32. ______. *마태복음,* (중) 헨드릭슨 성경주석, 이정웅옮김. 서울: 아가페출판사, 1984.

33. ______. *마태복음,* (하) 헨드릭슨 성경주석, 김경래옮김. 서울: 아가페출판사, 1984.

34. Albricht, W. F. and C. S. Mann. *Matthew,* The Anchor Bible. Garden City: Doubleday & Company, Inc., 1971.

30. Alford, H. *The Greek Testament, The Four Gospels.* Cambridge: Bell & Co., 1863.

31. Allen, W. C. *The Gospel According to St. Matthew.* The International Critical Commentary. Edinburgh: T. & T. Clark, 1972.

32. Baxter, J. Sidlow. *Explore the Book: A Survey and Study of Each Book from Genesis to Revelation.* Grand Rapids: Zondervan Publishing House, 1960.

33. Bengel, A. *Bengel's New Testament Commentary*. Grand Rapids: Kregel Publication, 1981.

34. Bloomberg, Craig L. *Matthew: The New American Commentary*, Vol. 22, Nashville: Broadman Press, 1992.

35. Brown, David. *A Commentary, Critical, Experimental, and Practical on the Old and New Testaments. v. 3. pt. 1 Matthew-John*. Grand Rapids: Eerdmans Printing Company, 1989.

36. Bruce, F. F. St. *Matthew*. Grand Rapids: Eerdmans, 1970.

37. Bruner, Frederick Dale. *The Christbook: A Historical/Theological Commentary, Matthew 1-12.* Waco: Word Books, 1987.

38. ______. *The Churchbook: A Historical/Theological Commentary, Matthew 13-28.* Waco: Word Books, 1987.

39. Calvin, John. *Commentary on A Harmony of the Evangelists, Matthew, Mark, and Luke, trans. by William Pringle,* vol. 3. Grand Rapids: Baker Book House, 1979.

40. Carson, D. A. *The Sermon on the Mount*. Grand Rapids: Baker Book House, 1978.

41. _______. *When Jesus Confronts the World: An Exposition of Matthew 8-10*. Grand Rapids: Baker Book House, 1992.

42. _______. "Matthew," *The Expositor's Bible Commentary,* vol. 8. ed. by Frank E. Gaebelein. 1984.

43. Chamblin, J. Knox. "Matthew," In *Baker Commentary on the Bible*. Edit. by Walter A. Elwell. Grand Rapids: Baker Books, 1989.

44. Davies, W. D. and Allison, Dale C. A Critical and Exegetical Commentary on the Gospel According to Saint Matthew, vol. I. Edinburgh: T. & T. Clark Limited. 1988.

45. _______. A Critical and Exegetical Commentary on the Gospel According to Saint Matthew, vol. II. 1991.

46. _______. A Critical and Exegetical Commentary on the Gospel According to Saint Matthew, vol. III. 1997.

47. Dickson, David. *Matthew,* The Geneva Series of Commentaries. Carlisle: Banner of Truth, 1981.

48. Earle, Ralph. *Word Meanings in the New Testament*. Missouri: Beacon Hill Press of Kansas City, 1980.

49. Ederheim, A. *The Life and Times of Jesus the Messiah*, 2 vols. Grand Rapids: William B. Eerdmans Publishing Company, 1943.

50. France, R. T. *The Gospel of Matthew*. Grand Rapids: William B. Eerdmans Publishing Company, 2007.

51. Garland, David E. *Reading Matthew: A Literary and Theological Commentary on the the First Gospel.* Smyth & Helwys, 1999.

52. Guelich, Robert A. *The Sermon on the Mount.* Waco: Word Books, 1982.

53. Gundry, Robert H. *Matthew*: A Commentary on His Literary and Theological Art. Grand Rapids: Wm B. Eerdmans, 1983.

54. Guthrie, D. *Jesus the Messiah.* Grand Rapids: Zondervan, 1972.

55. Henry, Matthew. *A Commentary on the Holy Bible.* London: Marshall

56. Hill, David. *The Gospel of Matthew*, The New Century Bible Commentary, ed. Matthew Black. Grand Rapids: Wm. B. Eerdmans Publ. Co., 1987.

57. Hindson, E. Edward. "Gospel of Matthew," in *King James Bible Commentary.* Nashville: Thomas Nelson Publishers, 1999. Bros., n.d.

58. Kent, Homer, A. "Matthew." In *The Wycliffe Bible Commentary.* Chicago: Moody Press, 1962.

59. Lange, J. P. *Matthew: Commentary on the Holy Scriptures*. Grand Rapids: Zondervan, 1980.

60. McGee, J. Vernon. *Matthew, Chapter 1-13*. Nashville: Thomas Nelson Publishers, 1991.

61. _______. *Matthew, Chapter 14-28*. Nashville: Thomas Nelson Publishers, 1991.

62. McNeille, A. H. *The Gospel According to St. Matthew.* London: MacMillan & Co., 1949.

63. Morris, Leon. *The Gospel According to Matthew,* Grand Rapids: William B. Eerdmans Publishing Company, 1992.

64. Nixon, R. E. "Matthew." In *The New Bible Commentary,* 3rd edition, Grand Rapids: William B. Eerdmans Publishing Company, 1991.

65. Nolland, John. The Gospel of Matthew: A Commentary on the Greek Text. Grand Rapids: William B. Eerdmans Publishing Company, 2005.

66. Plummer, A. *An Exegetical Commentary on the Gospel According to St. Matthew*. Grand Rapids: Eerdmans, 1953.

67. Ramsay, W. M. *Was Christ Born at Bethlehem?* New York: Putnam, 1898.

68. Schnackenburg, Rudolf. *The Gospel of Matthew*. Trans, by Robert R. Barr. Grand Rapids: Eerdmans, 2002.

69. Scroggie, W. Graham. *A Guide to the Gospels*. London. Pickering & Inglis, 1948.

70. Tasker, R. V. G. *The Gospel According to St. Matthew*. Grand Rapids: Eerdmans, 1976.

【사전류】

71. Arndt, William F. and Gingrich, F. Wilbur. *A Greek-English Lexicon of the New Testament and Other Early Christian Literature*. Second Edition. Chicago and London: The University of Chicago Press, 1958.

72. Harrison, Everett F., Bromily, Geoffrey W., Henry, Carl F. *Wycliffe Dictionary of Theology*. Peabody: Hendrikson Publishers, 1960.

73. Moulton & Milligan. *The Vocabulary of th Greek Testament*. Grand Rapids: Wm. B. Eerdmans Publishing Co., 1982.

74. Robertson, A. T. *The Word Pictures in the New Testament*. London: SCM, 1957.

75. Vincent, Marvin R. *Word Studies in the New Testament*, Vol. I. Grand Rapids: Wm. B. Eerdmans Pub., 1946.

제 1 장
예수님의 족보와 예수님의 탄생

I. 예수님께서 탄생하시다 1:1-2:23

마태는 그의 복음서 첫 두 장(1:1-2:23)에 걸쳐 예수님께서 탄생하신 것을 기록한다. 먼저 마태는 예수님의 족보를 기록한다(1:1-17). 누가가 예수님의 족보를 기록할 때 예수님의 육신의 어머니 마리아로부터 하나님에게까지 거슬러 올라간데 반하여 마태는 믿음의 조상 아브라함부터 기록해서 예수님에게까지 내려온다.

그리고 마태는 예수님께서 어떻게 마리아의 몸에서 잉태되셨는가를 밝히고(1:18), 마리아의 남편 요셉이 파혼하고자 했을 때 주의 사자가 꿈에 개입하여 요셉의 고민을 해결해 준 것을 기록한다(1:19-21). 그리고 마태는 예수님의 탄생은 구약 예언의 성취임을 말하고(1:22-23) 요셉이 주님의 사자의 분부를 따라 마리아와 함께 살면서도 동침하지 않은 사실을 기록한다(1:24-25). 그리고 마태는 동방박사들의 내방(2:1-12)과 요셉이 마리아와 아기 예수를 데리고 애굽으로 피난한 사실(2:13-18), 그리고 애굽으로부터 이스라엘 땅으로 다시 들어온 사실을 기록한다(2:19-23).

A. 예수님의 족보 1:1-17

마태는 예수님의 족보를 제일 앞에 내 놓는다. 마태가 이렇게 예수님의 족보를 제일 앞에 내 놓는 이유는 예수님께서 하나님의 아들로서 인간 세상에 오셨다는 것을 드러내기 위함이다. 그리고 마태는 족보를 기록할 때 아브라함부터 기록함으로(1절) 마태복음이 유대인을 위한 복음임을 드러내고 있다. 또 마태는 하나님께서 예수님의 조상으로 믿음의 족장들, 아브라함, 이삭, 야곱을 택하신 것을 드러내며(2절) 또한 야곱의 넷째 아들 유다가 그 자부 "다말"과 부정한 관계를 맺어 베레스를 낳았음에도 불구하고 그냥 그 사실을 기록하고 있다. 그리고 이방 여인 라합과 룻 그리고 부정했던 여인 밧세바를 기록함으로 복음이 이방인과 죄인들을 구원하는 것을 보여주고 있다. 마태가 기록한 예수님의 족보는 세 구분하고 있다(17절). 1) 아브라함부터 다윗까지(2-6a), 2) 다윗부터 바벨론으로 사로잡혀 갈 때까지(6b-11), 3) 바벨론으로 사로잡혀 간 후부터 예수님까지로 나눈다(12-16절). 눅 3:23-38 참조.

마 1:1. 아브라함과 다윗의 자손 예수 그리스도의 계보라(Βίβλος γενέσεως Ἰησοῦ Χριστοῦ υἱοῦ Δαυὶδ υἱοῦ Ἀβραάμ).

본 절은 주어도 없고 동사도 없는 문장으로 하나의 표제(제목) 성격을 띠고 있다. 이 표제(제목)는 2-17절을 위한 제목으로 보인다. 그러나 혹자는 이 제목(표제)이 마태복음 전체의 제목일 것이라고 주장하기도 한다. 그러나 이 제목의 내용으로 보아 마태복음 전체의 제목으로 보기에는 무리가 따른다. 이유는 마태복음에는 예수님의 활동과 죽음과 부활의 이야기가 포함되어 있어 본문의 "아브라함과 다윗의 자손 예수 그리스도의 족보"란 말이 제목이 된다고 말하기는 어렵다. 그리고 또 혹자는 이 제목이 1-2장의 제목일 것이라고 주장하기도 하나 아주 불가능한 것은 아니지만 18절 이하는 "족보" 차원을 넘어 약간 다른 것을 말함으로 이 제목은 2-17절을 위한 제목으로 보는 것이 타당할 것이다. 대부분의 성경 해석학자들은 1:2-17이 "아브라함과 다윗의 자손 예수 그리스도의 계보"라고 말한다(Calvin, Beza, Bruce, 그로티우스, 헤르만 리델보스, 렌스키, 헨드릭슨, 이상근, 이순한). 그러니까 "아브라함과 다윗의 자손 예수 그리스도의 계보"란 말은 2-17절의 제목으로 쓰인 것이다.

마태가 "아브라함과 다윗의 자손 예수 그리스도의 계보"(Βίβλος γενέσεως Ἰησοῦ Χριστοῦ υἱοῦ Δαυὶδ υἱοῦ Ἀβραάμ)[5], 즉 '예수 그리스도의 족보'를 복음서 제일 앞에 기록한 이유는 예수님은 유대인들과 전혀 무관한 그리스도가 아니라 바로 육신적으로는 유대인들의 혈통을 타고 나신 후손이라는 것을 알려서(22:42; 창 12:3; 22:18; 시 132:11; 사 11:1; 렘 23:5; 요 7:42; 행 2:30; 13:23; 롬 1:3; 갈 3:16) 그리스도를 믿게 하려는 의도였다. 마태는 하나님께서 아브라함에게 약속하신대로(창 12:3) 예수 그리스도께서 "아브라함"의 자손으로 오셨다고 말하며 또 다윗에게 약속하신대로(삼하 7:13; 시 9:7) 예수 그리스도께서 "다윗의 자손"으로 오신고로 예수님을 믿으라고 권고하고 있다.

마태는 이처럼 예수님은 "아브라함과 다윗의 자손"으로 오셨다고 기록했지만 성경 다른 곳에서는 예수 그리스도[6]께서 아브라함과 다윗보다 먼저 계시는 분이라고 말씀한다. 요한복음에는 예수 그리스도께서 아브라함보다 선재(先在)하신 분이라고 말씀하며(요 8:58) 시편에도 예수 그리스도께서 다윗보다 먼저 계신 분이라고 언급한다(시편 110:1). 그리고 예수님께서는 다윗의 이 고백을 인용하셔서 예수님이 다윗보다 선재하신 분이라고 하신다(마 22:44).

마태는 "예수 그리스도"라는 공식적인 명칭을 사용한다. 이 공식적인 명칭은 "예수"는 "그리스도"시라는 것을 나타내는 말이다. "예수"라는 이름은 구약의 "여호수아"(יְהוֹשֻׁעַ), 즉 '구원'이라는 이름의 음역이고, "그리스도"란 직명(職名)은 구약에서 "기름부음 받은 자"라는 뜻을 가진 "메시아"를 헬라말로 번역한 것이다. "예수"는 "그리스도" 즉 '기름부음 받은 자'이시다. 예수님은 우리의 대 선지자(신 18:15; 사 55:4; 행 3:22; 7:37)와 유일하신 대 제사장(시 110:4; 히 10:12, 14)과 영원하신 왕(시 2:6; 슥 9:9; 마 21:5; 눅 1:33)으로 기름부음을 받으셨다.

마 1:2. 아브라함이 이삭을 낳고 이삭은 야곱을 낳고 야곱은 유다와 그의

---

5) "계보"(Βίβλος γενέσεως)란 말은 '탄생(혹은 생성)의 책' 혹은 '탄생에 관한 책'이라는 뜻이다. 그러나 많은 학자들은 "계보"를 '족보'라고 해석한다. 문맥으로 보아 '족보'라고 해석하는 것이 오른 것으로 보인다.

6) "예수 그리스도"란 말은 "예수"는 "그리스도"이시다는 뜻이다. 초대교회 사람들이 '예수님'은 '그리스도'라고 고백하는 중에 "예수 그리스도"라는 공적 칭호가 생긴 것으로 보인다(1:18; 16:21; 막 1:1).

형제들을 낳고.

마태는 "아브라함이 이삭을 낳고 이삭은 야곱을 낳은" 것을 기록한다(창 21:2-3; 25:16). 아브라함 이삭 야곱은 믿음의 족장들인데 하나님은 예수님의 조상을 선택하실 때 하나님을 믿었던 믿음의 족장들을 택하셨다. 결코 불신자의 조상을 택하지 않으셨다. 이스마엘은 아브라함의 아들이었고 또 에서도 야곱의 아들이었지만 예수님의 탄생의 기록에 들지 못했다(창 25:1-3 참조).

마태는 "야곱은 유다와 그의 형제를 낳았다"고 말한다(창 29:35). 마태는 야곱의 아들들이 여럿이 있는 중에 첫째로부터 셋째까지 모두를 제쳐놓고 넷째 아들 유다가 예수님의 조상으로 선택된 것을 기록한다. 유다가 예수님의 조상으로 선택된 것은 하나님의 약속 때문이었다(창 49:8-12; 롬 9:16; 히 7:14; 계 5:5). 하나님의 약속은 반드시 이루어지는 것을 보여주고 있다. 그러나 여기서 반드시 말해야 하는 것은 마태가 부친 야곱을 계승한 유다만 열거한 것이 아니라 "그의 형제들"도 언급한 점이다. "이렇게 한데는 두 가지 목적이 있다. 유다의 영예로운 위치가 보다 명백히 부각되며, 이스라엘은 총체로서(이를테면 이스마엘이나 에서의 후예들이 아니라 이스라엘만) 약속의 국가로 지명되었다는 사실이다"(헤르만 리델보스).[7] 마태가 족보에 유다의 형제들을 함께 나타낸 것은 유다에게서 나신 메시아가 12지파 전체의 메시아인 것을 나타내기 위함이었다(Weiss).

마 1:3. 유다는 다말에게서 베레스와 세라를 낳고 베레스는 헤스론을 낳고 헤스론은 람을 낳고.

마태가 족보를 써 내려오다가 "유다는 다말에게서 베레스와 세라를 낳은" 사실을 기록한다(창 38:27). 다말은 유다의 자부였다. 베레스와 세라는 시아버지 유다와 자부(子婦) 다말 사이에 태어난 사생아들이었는데 이 두 사람은 쌍둥이였다(창 38:1-30) 마태는 5절에 가서 "라합"을 기록하며 또 "룻"을 특기한다.

---

7) 헤르만 리델보스, *마태복음* (상), 여수룬 성경주석 시리즈, 오광만옮김 (서울: 여수룬, 1999), p. 41.

이렇게 마태가 여인들 중에도 시아버지 유다와 부정한 관계를 맺었던 "다말"을 기록한 이유는 하나님께서 유다 계통에서 그리스도께서 나실 것을 약속하신 그대로 이루셨다는 것을 보여주기 위함이었고, 또한 이방 여인이었으며 또 여리고의 기생이었던 "라합"(수 2:1-7)을 기록한 이유는 이방인이며 동시에 죄인이었던 여인도 예수 그리스도의 복음에 동참한다는 것을 보여주기 위함이었으며, 또 "룻"을 기록한 이유도 마찬가지로 이방인들이 예수님을 믿어 구원을 얻을 것을 보여주기 위함이었다. 하나님은 한번 약속하신 것이면 예수님의 조상 중에 어떤 사람들이 끼어든다고 할지라도 그의 언약을 이루시며 그 사람들을 선한 도구로 사용하신다는 것을 보여주신다.

마태는 "베레스와 세라"를 언급했는데 리델보스는 "그 이유는 의심할 것도 없이 세라와 베레스는 쌍둥이이긴 하지만 사람들의 기대와는 달리 형인 세라가 베레스보다 하나님의 은총을 받지 못하게 되었다는 것을 알리려는 데 있는"것으로[8] 볼 수 있다(창 38:29-30; 참조 46:12).

마태가 "베레스는 헤스론을 낳고 헤스론은 람을 낳은"(룻 4:18; 대상 2:5, 9) 것을 말하는 이유는 마태가 성령의 감동으로 족보를 연구한 결과이다(윌렴 헨드릭슨). 윌렴 헨드릭슨은 "더우기 베레스, 헤스론, 람, 아미나답, 나손, 살몬, 보아스, 오벳, 이새, 그리고 다윗에 이르는 명단(마 1:3-5)이 구약 룻기 4:18-22에서 역시 그와 동일한 순서로 나타나고 있다. 따라서 마태는 그가 제시한 족보에 대하여 훌륭한 근거자료들-창세기, 출애굽기, 민수기, 룻기, 역대기상하, 열왕기상하 등등-을 가지고 있는 셈이다. 그 외에도 분명히 따로 별개의 족보들을 구전 혹은 기록된 문서의 형태로 가지고 있었을 것이다. 마태복음의 족보는 전적으로 신빙성이 있다"고 말한다.[9] 오늘날 우리가 보기에는 족보에 나온 사람들은 이름 없는 사람들인 것처럼 보인다. 그러나 예수님에게는 중요한 사람들이었다. 예수님은 그들을 위하여 피를 흘리셨다.

---

8) Ibid., p. 43.
9) 윌렴 헨드릭슨, *마태복음* (상), p. 179.

마 1:4-6a. 람은 아미나답을 낳고 아미나답은 나손을 낳고 나손은 살몬을 낳고 살몬은 라합에게서 보아스를 낳고 보아스는 룻에게서 오벳을 낳고 오벳은 이새를 낳고 이새는 다윗 왕을 낳으니라.

"람"은 야곱의 후손 유다 지파 헤스론의 아들이며 여라므엘과 글루배의 형제이다(룻 4:19; 대상 2:9; 마 1:3). 누가복음 3:33에는 "아니"라고 기록되어 있다. "아미나답"은 '아론의 장인'이다(출 6:23). 그의 아들 "나손"은 이스라엘의 광야 여행에 유다 지파의 족장이었다(민 1:7; 2:3; 10:14; 대상 2:10). "살몬"은 나손의 아들로서 라합과 결혼하였는데 라합은 가나안 땅을 정탐하러 여호수아가 보낸 두 사람의 정탐을 잘 대해주어 훗날 여호수아의 군대가 진군하여 들어왔을 때 라합은 그 가족전체를 구원하였다. 라합이 예수님의 족보에 든 것은 아무리 창녀 생활을 한 여인이라 할지라도 하나님의 무조건적인 은혜가 임하면 은혜 속에 포함되며 또 과거에 더러운 생활을 했다고 할지라도 하나님을 신앙할 때 과거의 삶이 그리스도의 피로 정화된다는 것을 보여주는 사례라고 할 수 있다(히 11:31; 약 2:25).

"보아스"는 룻의 남편이며 살몬의 아들로서, 베들레헴에서 큰 부호였으며, 나오미의 남편 엘리멜렉의 친척이었고 또 다윗의 증조부였다. 보아스는 "룻"에게서 오벳을 낳았는데 룻은 이방여인으로 예수님의 족보에 끼게 되었다. 이방인들도 예수님을 영접하고 믿을 것을 보여주는 사례였다. 이방 여인 룻이 낳은 "오벳"도 예수님의 족보에 끼게 되었다. 마태는 오벳의 아들이 "이새"(삼상 16장)라는 것을 밝히고 이새는 "다윗 왕"(삼상 16장-31장; 왕상 1:1-2:11)을 낳았다고 말한다. 마태가 이처럼 예수님의 족보에 기생이 끼어있고 또 이방 여인이 끼어 있다는 것을 기록한 이유는 예수님은 죄인이나 이방인들을 깨끗하게 하신다는 것을 보여주려는 것이었고 마태자신도 세리였지만 예수님을 영접하고 믿었음으로 의롭다 하심을 받았음을 보여주려는 것이었다.

마태는 그의 복음서를 기록함에 있어 예수님의 조상들을 다 기록하려는 것이 아니었다(스 7:3과 대상 6:7-9 비교). 마태는 예수님의 족보의 연대기에 관심이 있었던 것이 아니라 그리스도께서 어떤 인간도 구원하실 수 있다는 것을 보여주려고 기록했다고 보아야 한다.

마 1:6b. 다윗은 우리야의 아내에게서 솔로몬을 낳고.

마태는 "다윗은 우리야의 아내에게서 솔로몬을 낳았다"고 기록한다(삼하 12:24). 마태가 "다윗"을 기록한 다음 "우리야의 아내에게서"라는 말을 빼고 "솔로몬"을 기록했더라면 좋았을 터인데 "우리야의 아내에게서"라는 불미스러운 말을 기록한 이유는 다윗 같은 신앙인에게도 불미스러운 일이 있었다는 것을 알리며 그런 일도 그리스도 때문에 깨끗해졌음을 보여주기 위함이었다. 그리고 우리야의 아내 밧세바가 예수님의 족보에 끼어든 것을 기록한 이유도 똑 같이 그리스도의 피는 모든 죄인을 깨끗하게 하신다는 것을 보여주기 위함이었다.

이 구절에 나오는 다윗부터 시작하여 11절까지는 모두 왕들의 이름들이다. 예수님은 유다 왕들을 육신의 조상으로 두고 계신다. 그리고 12절-16절까지는 바벨론으로 포로되어 갔던 왕손들의 이름이 쓰여 있다. 예수님께서 이렇게 왕족에게서 태어나신 것은 예수님이 곧 왕이시라는 것을 보여주는 것이다. 예수님은 끊어진 왕통을 계승하시는 영원한 왕이시다.

마 1:7. 솔로몬은 르호보암을 낳고 르호보암은 아비야를 낳고 아비야는 아사를 낳고.

"솔로몬"은 여호와를 사랑한 왕이었다(왕상 3:3a). 그는 지혜 있는 왕이었고 또 성전을 건축한 왕이었다(왕상 6-8장). 그러나 그가 이방의 많은 여인들을 사랑하였으며 그 일 때문에 우상을 숭배한 왕이었다(왕상 11:1-14). 그는 말년에 하나님에게로 돌아왔다(삼하 12:24-25; 왕상 3:5-15; 8:22-53; 느 13:26; 전 2:1-11; 12:13-14). 그러나 그의 신앙은 그의 부친 다윗에게 미치지 못하였다. "르호보암"은 솔로몬의 아들이었는데(대상 3:10) 그 아버지 솔로몬과 달라서 지혜가 없는 왕이었다(왕상 12:14). "아비야"는 신앙심이 있는 왕이었고 북쪽 나라 이스라엘과 싸워 승리하기도 하였다(대하 13:18-19). "아사"는 처음에 신앙을 보여준 왕이었다. 그는 백성들로 하여금 우상을 버리게 하였고(대하 14:2-6) 자신의 모친이 우상을 섬겼으므로 태후의 자리를 폐하기까지 한 왕이었다(대하 15:16). 그러나 그는 말년에 접어들어 타락했다. 이스라엘 왕 바아사와 전쟁이 벌어졌을 때 성전의 보물을 아람왕 벤아닷에게 보내면서 도움을 청했고(대하 16:1-6), 그 사실을 꾸짖는 선지자 하나냐를 옥에 가두었다(대하 16:7-10). 또 아사왕은 재위 39년째에 발에 병이 들었을 때 여호와께 구하지 않고 의사들에게만 도움을 요청하였다(대하 16:12).

마 1:8. 아사는 여호사밧을 낳고 여호사밧은 요람을 낳고 요람은 웃시야를 낳고.

"여호사밧"왕은 두어 가지 실책, 다시 말해 아합 왕가와 혼사를 맺어 아합 왕을 도운 일과(대하 18:1-3) 이스라엘의 악한 왕 아하시야와 합하여 배를 지은 일(대하 20:35-36)을 제외하고는 큰 실책이 없었다. 그는 여호와를 섬기는 일에 전심하였고 또 백성들에게 여호와의 율법을 가르치게 하는 선한 일도 하였다(대하 17:6-9). "요람"왕은 북국 아합 왕의 딸과 결혼했고(대하 21:6) 악한 일을 많이 행했다. 그는 북국 선지자 엘리야의 예언대로 창자가 흘러나와 죽었다(대하 21:15). "웃시야"왕은 처음에는 하나님 보시기에 선한 일을 행했으나(대하 26:4) 후에는 교만해져서 성전에 들어가 분향하다가 제사장의 책망을 받고 노하므로 문둥병을 얻었다(대하 26:16-23).

요람왕과 웃시야왕 사이에는 세 왕(아하시야, 요아스, 아마샤)의 이름이 족보에 빠져 있다. 이 왕들이 족보에 빠진 이유는 이 왕들이 하나님의 선택에 들지 않은 까닭일 것이고 또한 이들 왕들은 모두 왕의 역할을 감당하다가 도중에 폐위되었기 때문일 것이다. 아하시야는 하나님의 종 예후의 숙청을 받아 폐위되었고(대하 22:9) 요아스는 선지자 스가랴를 죽인 죄(대하 24:21) 때문에 징계를 받아 죽어 열왕의 묘실에도 장사되지 못하였고(대하 24:25) 아마샤도 에돔 신을 가져다가 섬김으로 선지자로부터 왕의 자리에서 폐위되리라는 선언을 들었으며(대하 25:15-16) 훗날 무리에게 살해되었다(대하 25:27-28). 그런고로 이 세 왕들은 법통 왕으로 간주되지 못하여 왕이신 예수님의 족보에 들지 못한듯 하다. 마태는 예수님의 족보를 기록할 때 연대기적으로 기록하려고 한 것이 아니라 예수님이 메시아이심을 선포하기 위하여 기록하였다. 예수님의 족보에 든 사람들은 모두 예수님을 필요로 했던 사람들이었다. 그들은 예수님을 기다린 사람들이었으며 예수님의 피로 말미암아 구원에 들게 되었다.

그리고 여호아하스(대하 36:1-4), 여호야김(대하 36:5-6)과 시드기야(왕하 25:1-7)는 요시야의 아들들이었는데 모두 포로되어 간 사람들로서 폐위된 왕들이기 때문에 족보에 기록되지 못했다. 예수님은 왕으로서 폐위되실 왕이 아니라 영원히 왕 노릇 하실 분이라는 것을 보여주기 위한 것이다.

오직 여고냐는 왕이기 때문에 마태가 족보에 기록한 것이 아니라 바벨론에 포로되어 간 최초의 조상이기 때문에 기록한 것으로 보인다.

마 1:9. 웃시야는 요담을 낳고 요담은 아하스를 낳고 아하스는 히스기야를 낳고.

"요담"왕은 웃시야 왕의 아들로서 선한 왕이었다(대하 27:1-9). "요담" 왕은 유다의 제 12대왕이다(왕하 15:5; 마 1:9). 그는 BC 759- 744년까지 16년간 나라를 다스렸다. 그는 25세에 왕위에 올랐다. 부왕 아사랴(웃시야)가 문둥병에 걸렸으므로 그가 궁중 일을 다스리며 국민을 치리하였다(왕하 15:5). 그의 섭정은 여로보암 2세가 아직 이스라엘의 왕위에 있을 때부터 시작되었다(대상 5:17). 그는 부왕이 행한 것처럼 했으나 백성의 타락 행위를 바로잡지는 못하였다. 즉, 산당을 없애지 못하였기 때문에 백성은 아직 거기서 제사를 드렸다. 그는 여호와의 전 윗 문을 세웠으며(왕하 15:32-36), 부왕이 시작한 예루살렘의 강화를 계속하여 유다 산지에 성읍을 건설했다. 그는 암몬 사람이 부왕 웃시야에게 바치던 공물을 그에게는 거부하려 했기 때문에 전쟁을 일으켜 승리하여(대하 26:8; 27:6) 3년간 암몬 사람은 매년 은 100 달란트, 밀 1만 석, 보리 1만 석을 그에게 바쳤다.

"아하스"왕은 우상을 섬겼고 또 범죄한 왕이었다(대하 28:22). 그는 요담의 아들이며 그 후계자이다(왕하 15:38; 16:1; 대하 27:8-9; 28:27; 마 1:9). 그는 20세에 12대 왕으로 즉위하여 예루살렘에서 16년(BC 735-721년)을 치리했다(대하 28:1). 아하스는 열왕 중 가장 악한 왕이었다. 여호와께서 이스라엘 앞에서 쫓아내신 이방인의 가증한 일을 본받았는데, 그 중에서도 암몬의 신(神) 인신우수(人身牛首)의 몰록신에게 자기의 아들을 화제로 드리는 등 온 나라의 산과 푸른 나무를 우상의 제단으로 삼았다. 당시 이스라엘에서는 정쟁(政爭)이 빈번하여 친 애굽파, 친 앗수르파, 반 앗수르파의 세 파로 갈라져 있었다. 그런데 이스라엘 왕은 반 앗수르파로서, 아람 왕 르신과 결탁하여 앗수르 세력을 구축하고 유다를 자기 편으로 끌어들이려고 아하스를 포위하여 공격하였다. 이때 아하스는 성전의 금은으로 예물을 삼아 앗수르 왕 디글랏 빌레셀에 청병하였다. 앗수르 왕은 다메섹을 정복하고 르신을 죽였다. 후에 아하스가 다메섹을 방문하러 갔다가 거기 있는 단을 보고 그 구조와 제도의 식양(式樣)을 그려 제사장 우리야에게 보내 그대로 만들게 했다. 아하스가 구원을 하나님께 구하지 않고 이방 왕에게 구한 것은 그의 배신행위이며, 우상의 단을 수입하여 여호와의 전 기구를 우상의 단에 대체하고, 자신이 친히 헌제함으로 큰 죄를 범하였다(왕하 16장; 대하 28장). 이상에서 본바와 같이, 아하스 왕은 악한 왕이었지만, 그가 다윗의 계통이므로 아람 왕이 폐위하려하였으나 하나님께서는 다윗에 대한 약속과, 앞으로 일어날 다윗의 계통을 보호하시는 의미에서 그를 이스라엘 동맹군에게 보호하시었다.

히스기야 왕은 믿음이 좋은 왕이었고 또 기도도 많이 한 왕이었다(왕하 18:3; 19:14-19; 20:1-7; 대하 29:2, 29-30; 31장). 그러나 히스기야 왕에게도 문제가 있었다(왕하 20:12-15; 대하 32:25). 앞에서도 언급한 바와 같이 왕들도 모두 문제가 많아 예수 그리스도의 구원이 필요한 사람들이었다.

마 1:10. 히스기야는 므낫세를 낳고 므낫세는 아몬을 낳고 아몬은 요시야를 낳고.

"므낫세"왕은 셀 수 없이 많은 우상을 섬긴 왕이었다(왕하 20:21; 대하 33:1-9).

므낫세는 하나님의 징계를 받아 앗수르 나라에 포로되어 가서 회개하고 회개한 후에 다시 하나님의 은혜로 왕위에 올랐다(대하 33:10-13). "아몬"왕은 우상을 섬긴 왕이었다. 그는 비록 신하의 반역에 의하여 살해되었으나 국민들은 그를 반역하지 않고(대하 33:24-25) 그의 왕위를 보존시켰다. "요시야"왕은 므낫세가 더럽힌 성전을 깨끗하게 하고 또 종교를 개혁했다. 그는 여호와의 율법을 잘 지킨 왕이었다(왕하 23:25).

마 1:11. 바벨론으로 사로잡혀 갈 때에 요시야는 여고냐와 그의 형제를 낳으니라.
"여고냐"는 여호야긴 왕의 별명이다(대상 3:15-16; 대하 36:8-9; 렘 22:24). "여고냐"(여호야긴 왕)는 요시야의 손자이다. 중간에 여호야김 왕이 빠져 있다. 여호야김이 빠진 이유는 여호야김은 애굽왕이 세운 왕일 뿐 아니라 바벨론에 포로되어 가서 폐위되었기 때문이었다. 예수님은 폐위된 왕족에게서 나오신 분이 아니다. 우리의 본문에 할아버지 "요시야"가 손자 "여고냐"를 "낳았다"고 했는데 "낳았다"는 표현법은 대(代) 이음을 의미함으로 여러 대 후손에게도 사용될 수 있는 표현법이다(대상 3:15-16 참조).[10)]

마 1:12. 바벨론으로 사로잡혀 간 후에 여고냐는 스알디엘을 낳고 스알디엘은 스룹바벨을 낳고.
본 절은 족보의 세 번째 토막 중의 첫 부분을 언급하는 문장이다. 그런데 "여고냐"는 족보의 두 번째 토막 중의 마지막 왕으로 등재되었는데(11절) 여기 또 세 번째 토막의 첫 부분에 등재되었다(본 절). 마태는 왜 한 사람을 두 번 기록했는가. 마태가 각 토막을 14명으로 짜 맞추기 위함이었는가. 마태가 여고냐를 두 번 기록한 이유는 여고냐 왕이 겪은 체험에 서로 날카롭게 대조되는 두 모습이

---

10) "형제"란 말도 역시 마찬가지이다. 본 절의 "그의 형제"라는 언급이 보다 넓은 의미에서 친척들 곧 요시아의 아들들, 그러므로 여호야김의 문자 그대로의 형제들, 따라서 여호야긴의 삼촌들인 여호아하스(대하 36:2)와 시드기아(대하 36:10-11; 참조 왕하 24:17)를 가리킬 수도 있다고 보아야 한다(윌렴 헨드릭슨). 그러니까 "그의 형제"란 말은 '그의 숙부나 근친'을 지칭할 수도 있는 것으로 본다.

나타났기 때문으로 보인다. 여고냐 왕은 나이 8세에 바벨론에 포로되어 가는 비참한 상태가 발생했다(왕하 24:8-12). 그는 자식을 볼 수 없는 처지에 놓여있었다(렘 22:30). 그러나 그의 포로기간 중에 그의 처지는 호전되어 포로의 몸으로 살고 있던 중 7명의 자녀들을 얻게 되었고 그 아들 중에서 한 사람이 메시아의 혈통을 얻게 되었다(대상 3:17-18). 그러니까 예레미야 22:30의 무자하리라는 예언은 메시아의 혈통을 잇게 될 자식이 없을 것이라는 예언으로 보아야 할 것이다. 아무튼 여고냐가 당한 포로 전과 포로 후는 너무도 다른 환경이었다(윌렴 헨드릭슨). 마태는 여고냐의 옛날 처지와 훗날 처지를 생각하고 족보에 두 번 등재할 필요가 있는 것으로 본 것이다.

"스알디엘"은 여고냐의 일곱 아들 중의 하나(대상 3:17, 19 참조)인데 스알디엘만을 기록한 이유는 하나님의 구속 사업에 크게 관계가 있었던 까닭인 듯하다. 그리고 "스룹바벨"은 하나님의 구속 사업에 크게 사용된 인물이었다(스 3:2; 5:2; 느 12:1; 학 1:1). 그는 무너진 예루살렘 성전을 재건하였다(슥 1장-6장). 바벨론 포로기에 태어난 "스룹바벨은 그의 조상들이 쫓겨나야 했던 그 땅에서 그리고 그의 혈통에서 요셉과 마리아가 태어나도록 하기 위하여 고국에 돌아가 그곳에서 그의 집을 세우고 가정을 이루었다"(윌렴 헨드릭슨).

마 1:13-16a. 스룹바벨은 아비훗을 낳고 아비훗은 엘리아김을 낳고 엘리아김은 아소르를 낳고 아소르는 사독을 낳고 사독은 아킴을 낳고 아킴은 엘리웃을 낳고 엘리웃은 엘르아살을 낳고 엘르아살은 맛단을 낳고 맛단을 야곱을 낳고 야곱은 마리아의 남편 요셉을 낳았으니.

스룹바벨과 예수님 사이에는 10명의 조상이 끼어 있다.[11] 그런데 누가복음의

11) 스룹바벨의 후예들은 구약 성경에 그 이름들이 기록되어 있지 않다. 그렇다면 마태는 이 이름들을 어떻게 입수했을까. 많은 학자들은 유대인들 사이에서 족보를 담은 문서들이 유행하였을 것이라고 지적한다. 1) 바벨론 포로에서 귀환한 제사장들은 자신들이 제사장의 후예라는 증거를 기록된 문서로 제출했다고 보고 있다(스 2:62). 2) 각 지파 사람들은 포로 후에도 그들의 정체성을 보존하였다는 것을 성경이 말씀한다(눅 1:5; 2:36; 행 4:36; 롬 11:1). 족보를 담은 기록이 제사장들 말고도 일반인들에 의해서도 간직되어 왔다고 얼마든지 추측할 수가 있다. 3) 다윗왕의 후예들은 자기들의 가계(家系) 뿐만 아니라 족보들도 소유하고 있었을

족보에는 스룹바벨과 예수님 사이에 17명이 끼어 있다. 누가가 7명을 더 쓴 것에 대해서는 설명하기는 쉽지 않으나 아마도 그 사이에 끼어있는 양자(養子)들을 써 넣은 것으로 보인다.

마 1:16b. 마리아에게서 그리스도라 칭하는 예수가 나시니라.

2절부터 마태는 계속해서 남자가 남자를 "낳고"라고 기록하다가 16절 마지막에서는 여자가 그리스도를 낳았다고 기록하고 있다.12) 그러니까 예수님은 요셉에서 나신 것이 아니라 성령으로 잉태되었다는 것을 보여주고 있다. 예수님은 법률상으로만 요셉의 아들일 뿐 실제로는 성령의 역사로 동정녀에게서 탄생하셨다. 예수님이 성령으로 잉태되셨다는 것은 18절에 명백히 나타나고 있다.

것이다(헤르만 리델보스). 스룹바벨 이후의 이름들은 성경에 전혀 기록되어 있지 않다. 오직 스룹바벨만 기록되어 있을 뿐이다. 이에 대해 윌렴 헨드릭슨은 이 족보들은 신구약 중간사(Inter-Testamentary History)의 족보들일 것이라고 주장한다.

12) 마태가 기록한 족보와 누가가 기록한 족보가 다른 것을 두고 많은 해석이 가해졌다. 난점을 해결하기 위해 많은 학자들은 여러 해결책을 내놓았으나 아직 완전한 해결에는 도달하지 못했다. 그 해결책을 살펴보면, 1) 마태가 말하는 요셉의 아버지 야곱은 생부이고, 누가가 말하는 헬리는 양부일 것이다. 혹은 야곱과 헬리는 아버지가 다르고 어머니는 같은 형제일 것이다. 2) 마태복음과 누가복음 간에 이름과 수가 맞지 않는 것은 마태가 각 시대를 14대씩 만들기 위해 적어도 세 사람의 이름을 생략했으므로 생긴 것이다. 누가는 족보를 기록함에 있어 마태의 것을 의존하지 않은 것이 분명하다. 3) 마태는 요셉의 족보를 기록했고 누가는 마리아의 족보를 기록한 것이다. 다시 말해 헬리는 마리아의 아버지요 요셉의 장인이다(Bengel, Olshausen, Ebrard, Clarke, Ellicott, Ryle, Hendriksen). 이상 여러 학설 중에서 마태는 요셉의 족보를, 누가는 마리아의 족보를 기록했다는 학설이 제일 나은 것으로 보인다. 이런 결론에 도달하게 한 것은 23절("사람들이 아는 대로는 요셉의 아들이니 요셉의 위는 헬리요")에 대한 여러 학자들의 번역에 근거한 것이다(윌렴 헨드릭슨). 23절에 대한 여러 학자들의 번역을 비교하면 아래와 같다:

*렌스키(Lenski) - "30세쯤에 사역을 시작하신 예수는 법적으로는 요셉의 아들이지만 사실은 헬리의 아들이요..."

*크레이다너스(Greijdanus) - "예수는 30세쯤 시작하시니라. 그는 법적으로는 요셉의 아들이나 헬리의 아들이요..."

*바클레이(Barclay) - "요셉의 아들이라 생각되는 예수는 30세 쯤 그 사역을 시작하시니라. 예수는 바로 헬리의 자손이요..."

*윌렴 헨드릭슨(William Hendriksen) - "요셉의 아들이라 생각되는 예수는 30세쯤 되어 (그의 사역을) 시작하시니라. 그는 바로 헬리의 아들이요..." 사실은 23절에 대한 여러 학자들의 번역뿐만 아니라 또 1:32, 69의 말씀에 근거하여 누가는 마리아의 족보를 기록한 것으로 보는 것이 가장 합리적일 것이다. 만약 요셉 족보설을 따른다면 요셉의 아버지가 둘이 된다. 마 1:16에 요셉의 부친이 야곱이고 우리의 본문 23절에 헬리가 요셉의 부친이 되니 요셉의 아버지가 둘이 되는 셈이다. 그런고로 마태는 요셉의 족보를, 누가는 마리아편의 족보를 기록했다고 보는 것이 가장 문제를 단순화하는 것이 될 것이다(이상 필자의 누가복음 주해에서).

예수님을 마리아에게서 탄생하게 하시는 데는 아무도 관여한바가 없다. 하나님께서 다윗의 자손 요셉을 통하여 마리아의 아기 예수에게 다윗의 위가 이어지도록 해주셨고 예수님으로 하여금 자기 백성을 죄 가운데서 구원하시는 과업을 하시도록 기름을 부어주셨다(사 61:1).

마 1:17. 그런즉 모든 대 수가 아브라함부터 다윗까지 열네 대요 다윗부터 바벨론으로 사로잡혀 갈 때까지 열네 대요 바벨론으로 사로잡혀 간 후부터 그리스도까지 열네 대더라.

마태는 본 절에서 예수님의 족보의 결론을 맺는다. 마태는 아브라함부터 다윗까지 14조상, 다윗부터 요시야까지 14왕을 기록했고[13] 여고냐로부터 예수님까지 14대를 기록했다. 마태가 이처럼 예수님의 족보를 세 구분해서 기록한 이유에 대해 스트락(Strack)과 빌러백(Billerback)은 "아브라함의 자손은 14대를 지나 다윗에게서 그 힘의 절정에 이르고, 다음 14대 동안 이스라엘의 힘이 쇠퇴하기 시작하여 바벨론 유수에 이르러 그 최저점에 도달한다. 마지막으로 이 굴욕의 밑바닥에서부터 그 혈통은 다시 14대를 지나 예수님에게서 최절정에 다다른다. 이러한 역사적인 과정을 우연의 산물이라고 생각해서는 안 된다. 즉 이것은 예수님이 다윗의 원형, 곧 메시아였다는 확신을 돈독히 하기 위하여 높으신 손의 인도하에 일어난 것이다"라고 말한다(헤르만 리델보스).[14] 마태가 이처럼 예수님의 족보를 14대씩 세 구분을 한 이유는 14(완전수)가 7(성수)의 배수(倍數)임으로 유대인의 성수(聖數)와 관련되는 것으로 보인다는 견해도 만만찮다. 리델보스는 "예수님의 족보를 일곱의 두배의 그룹으로 셈함으로써 그리스도의 도래를 위한 하나님의 준비가 끝났고 하나님께서 그 역사(役事)를 완수하셨다는

13) 마태는 다윗부터 요시야까지 14왕을 기록했고 요람왕과 웃시야 왕 사이의 세 왕 아하시야, 요아스, 아마시야왕은 도중에 국민들의 반란에 의해서 살해되었으므로 족보에서 뺐으며 또 포로 되어 폐위된 여호아하스, 여호야김, 시드기야도 족보에서 뺐다. 다만 여고냐는 바벨론에 사로잡혀간 왕들 중에 제일 처음 사람임으로 포로되어 간 사람들의 연원을 밝히기 위해서 족보에 넣었다.

14) 헤르만 리델보스, *마태복음* (상), 여수룬 성경주석 시리즈, 오광만옮김, p. 48.

것이 드러난다"고 주장한다.[15)]

그리고 셋째 구분이 13대밖에 되지 않는 문제에 대해서는 여러 해석이 시도되었다. 사실은 셋째 구분 안에 19대 정도가 있는데도 마태가 14대로 맞추기 위해서 많은 조상을 빠뜨렸다고 주장하는 해석가들도 있다. 그렇다면 마태는 꿰맞추는 사도였는가. 우리는 그렇게 주장하지 않는다. 우리가 알지 못하는 무엇이 있었을 것이다. 본 절에 대한 명확한 해석은 우리의 무지 때문에 많이 놓지는 수밖에 없는 것 같다.

B.예수님의 탄생 1:18-25

마태는 앞 절(16절)에서 '마리아에게서 그리스도라 칭하는 예수가 나시니라'고 언급한 다음, 이제는 더 구체적으로 예수 그리스도의 성령 잉태 사실을 언급하고(18절) 또 마리아의 잉태 사실을 알고 난 요셉이 파혼하기로 마음먹은 것을 기록한다(19절). 그리고 마태는 요셉의 파혼 결정에 따른 주의 사자의 간섭을 기록하고(20-21절) 또 구약 성경의 메시아에 대한 예언을 덧붙인다(22-23절). 그런 다음 마태는 요셉의 순종(24-25a)과 예수님의 탄생자체에 대해서 기록한다(25b). 이 부분(18-25절)은 눅 1:26-56과 병행한다.

마 1:18. 예수 그리스도의 나심은 이러하니라 그의 어머니 마리아가 요셉과 약혼하고 동거하기 전에 성령으로 잉태된 것이 나타났더니.

마태는 예수 그리스도의 족보(1-17)를 기록한 후 이제 본 절부터 23절까지 예수님의 출생에 대해 기록한다. 마태는 "예수 그리스도의 나심은 이러하다"고 말한다(눅 1:27). 즉 '예수님의 탄생은 본 절부터 말씀하는 대로라'는 뜻이다. 예수 그리스도의 탄생의 시작은 어머니 마리아가 요셉과 약혼하고 동거하기 전에 되었다고 말한다. 어머니 마리아가 요셉과 약혼한 후[16)] 그러나 동거를

15) 같은 책, p. 49.

16) 유대사회에서 약혼은 법적 효능에 있어서 결혼과 같음으로 요셉은 '남편'이라 불리었고 (1:19) 마리아는 '아내'라 불리었다. 구약성경에 의하면 약혼한 여자의 부정한 행위는 죽일 죄에 해당되었다(신 22:23-24). 약혼한 두 사람은 "부부" 사이가 되었으나 한 가정을 이루어

시작하기 전에 성령의 역사로 예수님이 마리아의 몸에 잉태되셨다는 것이다. 예수님께서 성령의 역사로 잉태되셨다는 것은 눅 1:26-35에 기록되었다.

그런데 마태는 예수님의 성령 잉태가 마리아가 요셉과 약혼한 후 그러나 약혼한 부부가 동거(유대나라에서 약혼한 부부는 어느 시간이 지나면 동거에 들어갔다)하기 전에 되었고 또 그 사실이 드러났다고 말한다(눅 1:35). 바로 그 시기에 성령께서 역사하셔서 마리아의 몸에서 예수님이 잉태되도록 하신 것은 하나님께서 마리아를 보호하시기 위해서였다. 만일 마리아가 약혼도 하지 않은 시기에 예수님을 잉태했다면 사회적으로 엄청난 파장이 있었을 것이고 또 반대로 마리아가 요셉과 동거하기 시작한 후 성령의 역사로 예수님을 잉태했다고 해도 예수님의 성품에 어긋났다. 이유는 예수님은 아무도 쓰지 않은 새 것을 사용하시는 분이시기 때문이다. 예수님은 예루살렘에 마지막으로 올라가실 때도 아무 사람도 타본 일이 없는 나귀를 타고 들어가셨고(막 11:2; 눅 19:30) 또 십자가에서 죽으신 후 무덤에 묻히실 때에도 아무도 사용하지 않은 무덤에 묻히셨다(27:60; 눅 23:53). 예수님은 아무와도 성적으로 교제하지 않은 처녀 마리아의 몸에서 잉태되셔야했다.

그러면 마태는 예수님께서 "성령으로 잉태된 것이 나타났다"고 말했는데 어떻게 해서 알려진 것인가. 그것은 마리아가 그런 사실을 요셉에게 말했기에 알았을 것이다. 마리아가 요셉에게 자신이 잉태한 사실을 말했기에 요셉이 고민하기 시작했을 것으로 보인다(20절).

만약 우리가 예수님의 동정녀 탄생을 믿지 못한다면 어떻게 예수님의 십자가 대속을 믿을 수 있을 것인가. 예수님의 잉태가 요셉으로 말미암아 되었다고 믿는다면 예수님은 아담으로부터 내려온 죄를 가지고 태어나셨을 터이니 우리들의 죄를 대속하실 수 있는 신분이 되실 수 없으셨다.

마 1:19-20a. 그 남편 요셉은 의로운 사람이라. 그를 드러내지 아니하고 가만히

동거하기까지는 얼마의 세월이 지나야 가능했다.

끊고자 하여 이 일을 생각할 때에.

마태는 마리아와 약혼한 "남편 요셉은 의로운 사람이라"고 말한다.[17] 마태가 요셉을 "의로운 사람이라"고 말한 것은 요셉이 율법에 기록된 대로 바르게 행하는 사람이었기 때문이었다(욥 1:8; 눅 1:6 참조). 요셉이 의로웠기에 마리아의 잉태사실을 그냥 넘어갈 수는 없었다(신 22:20-21, 23-24; 24:1). 요셉은 마리라와 약혼한 관계를 "가만히 끊고자 했다."

그러나 요셉이 마리아의 잉태 사실을 공적으로 "드러내지 않은 것"은 요셉의 인정 때문이었다. 그러니까 요셉은 인정도 있는 사람이었고 율법대로 행동하는 의로운 사람이기도 했다. 그는 두 가지를 겸하고 있었다. "요셉은 느슨한 파혼법(lax divorce laws)을 사용키로 결정하고 조용히 마리아에게 이혼장을 주고자 결심했다...요셉은 마리아를 참으로 사랑하고 있었다."[18] 아무튼 하나님은 사람을 선정하는 일에 있어서 실수하시지 않으셨다. 믿음 있는 마리아를 선정하신 하나님은 요셉과 같은 의롭고 자비로운 사람을 선정하여 마리아를 보호하셨다.

어쨌든 요셉은 "이 일들(these things)을 생각하고 있을 때" 즉 '어떻게 하면 마리아가 임신했다는 사실을 드러내지 않을 수 있는 것인가, 그리고 둘째, 마리아와 약혼한 사실을 가만히 끊어야 하는 문제를 숙고하고 있을 때' 하나님의 사자가 꿈에 나타나 해결해 주었다. 사람은 항상 하나님 앞에서 숙고하는 자세가 필요하다. 하나님의 법도 지키고 사람도 다치지 않도록 깊이 생각해야 한다.

마 1:20b. (볼지어다) 주의 사자가 현몽하여 이르되 다윗의 자손 요셉아 네 아내 마리아 데려오기를 무서워하지 말라 그에게 잉태된 자는 성령으로 된 것이라.

요셉은 이혼하기로 결정은 했지만 얼른 이혼하지 않고 깊은 생각에 잠겨있었다. 요셉은 마리아가 성령 잉태에 대해서 말해 준 것을 두고 그 의미를 곰곰이

---

17) 마태는 요셉을 마리아의 "남편"이라고 기록한다. 두 사람은 약혼한 관계인데 유대나라에서는 결혼과 같이 취급되므로 요셉을 남편이라고 부른다.

18) Homer A. Kent, Jr., "Matthew," in *the Wycliffe Bible Commentary*, edited by Charles F. Pfeiffer (Chicago: Moody Press, 1981), 93.

생각하고 있었다. 깊이 생각하는 때 "(볼지어다) 주의 사자가 현몽하여 가로되 다윗의 자손 요셉아 네 아내 마리아 데려오기를 무서워 말라. 저에게 잉태된 자는 성령으로 된 것이라"고 말씀해 준다(눅 1:35). 요셉이 이혼 문제를 깊이 생각하고 있을 때 주의 사자가 꿈에 나타나 지시하신다. 여기 "(볼지어다-ἰδοὺ)"[19]란 말은 우리 개역개정판 성경에 그 번역이 빠져 있으나 엄청나게 감격적이고도 놀라운 사건을 말하기 위해 사용된 말이다. 이 낱말(ἰδοὺ)은 '보라,' '볼지어다'라는 뜻이지만 문맥에서 '세상에 원 이런 일이 있나!'란 뜻을 나타낸다.

"주의 사자가 현몽했다"는 말은 '하나님께서 보내신 사자[20]가 꿈[21]에 나타났다'는 뜻이다. 어느 날 하루 하나님께서 보내신 천사가 꿈에 나타나서 요셉에게 "다윗의 자손 요셉아 네 아내 마리아 데려오기를 무서워하지 말라"고 말했다. 하나님의 사자는 먼저 요셉을 "다윗의 자손"이라고 부른다. 요셉은 하나님의 사자가 자기를 다윗의 자손이라고 불러준 것에 힘을 얻었을 것이다. 하나님의 사자는 요셉에게 문제의 해결책을 준다. "네 아내 마리아(당시 약혼하면 아내라고 불렀다) 데려오기를 무서워말라"고 한다. '성령에 의해 초자연적으로 마리아가 잉태했으니 마리아는 부정한 여인이 아니고 거룩한 여인이니 마리아를 아내로 맞이하는 것을 조금도 두려워할 필요가 없고 주저할 필요가 없다'고 알려준다.

두려워할 필요가 없는 이유는 "그에게 잉태된 자는 성령으로 되었기" 때문이라고 한다. 하나님의 사자는 마리아의 예수님 잉태가 성령으로 되었음을 요셉의 꿈에서 분명히 밝혀준다. 요셉의 고민은 바로 이것이었다. 어떻게 해서 마리아가 잉태했을까 하는 것이었다. 이제 하나님의 사자는 속 시원히 해결해 주었다.

---

19) 이 낱말은 본서에 61회 나타나고 마가에 8회, 누가에 56회, 요한에 4회 나타난다. 이 낱말의 문자적인 뜻은 '보라,' '볼지어다'라는 뜻이지만 본 문맥에서는 크게 감격적인 사건을 말하기 위해 사용된 말이다.

20) 천사는 인간의 구원사역에 크게 역할을 하고 있다. 천사는 하나님의 뜻을 이룬 다음에는 지체함이 없이 사라진다. 천사의 특징은 하나님 앞에 순종하는 것이다.

21) 꿈은 구원 계시의 한 방편이었다. 마태복음에 "꿈"이 6차례 나타난다(2:12-13, 19, 22; 27:19). 계시가 완료된(요한 계시록) 후에는 하나님께서 구원 계시의 방편으로 더 이상 꿈을 주시지는 않는다. 다시 말해 하나님께서 꿈을 통하여 인류를 위한 구원의 뜻을 전하시지 않는다. 오늘날 사람들이 꿈을 꾼 다음에 계시를 받았다고 말하는 것은 틀린 말이다. 다만 개인에게 어떤 선명한 꿈을 주시는 것은 그 개인만을 위해서 주시는 것이지 우리 모두의 구원을 위해 주시는 것은 아니다.

요셉은 기쁨이 충만했다. 자기가 사랑하는 약혼녀와 함께 살게 되었으니 얼마나 좋았을까. 하나님은 오늘도 우리의 고민을 해결하신다. 우리가 그 고민을 하나님께 말씀드리면 우리의 심령에 속 시원히 깨달음을 주신다.

마 1:21. 아들을 낳으리니 이름을 예수라 하라 이는 그가 자기 백성을 그들의 죄에서 구원할 자이심이라 하니라.

요셉의 꿈에 나타난 주의 사자는 또 두 가지를 말씀한다. 첫째, "아들을 낳으리라"고 알려준다(눅 1:31). 이렇게 미리 알려주는 이유는 훗날 아들을 낳았을 때 하나님의 신실하심을 더욱 믿게 하고 또 기뻐하게 함이었다. 둘째, "이름을 예수라 하라"고 명령한다. 주의 사자가 아기 이름을 예수라고 짓도록 명령한 이유는 "그가 자기 백성을 그들의 죄에서 구원할 자이기" 때문이라고 한다(행 4:12; 5:31; 13:23, 38). 예수님은 하나님으로서 세계 만민을 구원하시는 분이 아니라 "자기 백성"(요 3:16; 10:11)을 죄들로부터 구원하시는 분이시다.[22] 예수님은 벌써 태어나시기 전에 이름을 받으셨다. 그런데 예수님("여호와는 구원이시다"의 뜻)은 자신의 사명에 맞는 이름을 가지고 탄생하셨다. 오늘날 사람들이 자녀들의 이름을 지을 때는 그 아이의 사명을 위해 지어주지 않고 자기 아이들의 행복을 위해서 이름을 짓는다. 예수님은 하나님의 택함 받은 백성들을 그들의 죄 가운데서 구원하시려고 이 땅에 오신 사명자이시다.

마 1:22-23. 이 모든 일이 된 것은 주께서 선지자로 하신 말씀을 이루려 하심이니 이르시되 보라 처녀가 잉태하여 아들을 낳을 것이요 그 이름은 임마누엘이라 하리라 하셨으니 이를 번역한즉 하나님이 우리와 함께 계시다 함이라.

마태는 "이 모든 일이 된 것은 주께서 선지자로 하신 말씀을 이루려 하심이라"고

---

22) 구원의 일은 전적으로 하나님께 속해 있고 그리스도께 속해있다. 창 49:18; 왕하 19:15-19; 대하 14:11; 20:5-12; 시 3:8; 25:5; 37:39; 61:1; 81:1; 사 12:2; 렘 3:23; 애 3:26; 단 4:35; 미 7:7; 합 3:18; 슥 4:6; 마 19:28; 28:18; 눅 12:32; 18:13, 27; 요 14:6; 행 4:12; 엡 2:8; 빌 2:12-13; 계 1:18; 3:7; 5:9; 19:1, 6, 16 등.

말한다(2:15, 17, 23; 4:14; 8:17; 12:17; 21:4; 26:56; 27:9). 즉 모든 일이 진행된 것은 갑작스럽게 생긴 것이 아니라 하나님께서 700년 전에 선지자를 통하여 미리 알려 주신대로 된 일이라고 말한다(22절은 천사가 한 말이 아니라 마태가 한 말이다).

마태는 이제 선지가 이사야가 이르시는 예언을 인용한다. 이사야는 "보라 처녀가 잉태하여 아들을 낳을 것이요 그 이름은 임마누엘이라 하리라"고 예언했다(사 7:14).[23] 여기 "보라"('Iδoὺ)는 낱말은 문자대로의 뜻은 '볼지어다'라는 뜻이지만 문맥에서 '이런 일이 있을 수 있나 놀라운 일이구나'라는 뜻이다. 마태는 이사야 선지자가 주전 700년 전에 두 가지를 예언했다고 말한다. 하나는 "처녀가 잉태하여 아들을 낳을 것이라"는 예언이고, 또 하나는 "그 이름은 임마누엘이라"고 하라는 예언이다. 마태는 "임마누엘"이란 말을 당시의 말로 번역한다. 즉 "하나님이 우리와 함께 계시다"는 뜻이라고 말한다. 다시 말해 "임마누엘"이라는 이름을 번역하면 '하나님이 우리와 함께 계시다'는 뜻이라고 한다. 마태는 하나님의 천사가 요셉의 꿈에 나타나 말한 것이 우연한 일이 아니고 벌써 주전 700년 전 이사야(7:14)가 예언해 놓은 대로 진행된 것이라고 한다. 이사야는 처녀가 잉태하여 아들을 낳을 것을 예언했고 또 그 이름을 임마누엘이라고 지어야 할 것을 예언했는데[24] 그 아들의 이름을 임마누엘이라

---

23) 이사야 7:14의 역사적 배경을 간단히 말하면 주전 7세기 초 남 왕국 유다 왕 아하스의 보좌는 이스라엘 왕 베가와 아람 왕 르신의 동맹군에게 위협을 받고 있었는데 이 위급한 때에 이사야 선지자는 아하스왕에게로 보냄을 받고 그를 권하여 여호와에게 보호해 달라는 징조를 구하도록 했다. 그러나 여호와보다는 앗수를 의지한 아하스는 거짓 겸손을 발하여 여호와께서 징조를 구하기를 거절했다. 그 때 이사야는 화를 발하며 아하스에게 하나님의 뜻을 밝혔다. 즉 "그러므로 주께서 친히 징조로 너희에게 주실 것이다. 보라, (그) 처녀가 잉태하여 아들을 낳을 것이요"라고 했다. 이 예언을 두고 어떤 해석가들은 신약의 마태복음과의 관련을 전연 부인하는 사람이 있으나 그러나 마태가 성령의 감동으로 이 예언이 예수님의 처녀 탄생과 연관되는 것으로 말하므로 우리는 성령의 해석을 따라야 할 것이다. 우리가 예수님의 동정녀 탄생을 부인한다면 신약의 많은 교리는 무너지고 만다. 예수님께서 동정녀에게서 탄생하시지 않았다면 예수님은 죄 있는 인간으로서 우리를 위하여 대속의 죽음을 죽으실 수 없으셨을 것이다. 결국 대속의 교리는 완전히 무너지고 만다.

24) 처녀라는 말 히브리어 "알마"가 '젊은 여자'를 의미하느냐 혹은 '처녀'를 의미하느냐 하는 논쟁이 있으나 하나님께서는 처녀라고 규정하신다. 그러니까 마리아는 처녀일 때 성령으로 예수님을 잉태한 것이다.

고 이름 지어야 하는 이유는 그 아들이야 말로 하나님이신데 그 하나님이 인성을 입으셔서 우리와 함께 계시게 되었기 때문이라고 한다. 예수님은 하나님이시다 (요 1:1; 행 20:28; 롬 9:5; 히 1:8; 요일 5:20). 그 하나님이 우리와 함께 하시기 위해서 사람의 몸을 입으셨다.

마 1:24-25. 요셉이 잠에서 깨어 일어나 주의 사자의 분부대로 행하여 그의 아내를 데려왔으나 아들을 낳기까지 동침하지 아니하더니 낳으매 이름을 예수라 하니라.

요셉이 잠을 깨어 주의 사자의 분부대로 실천하여 마리아를 데려왔다. 요셉은 자기의 생각을 온전히 접어두고 주의 사자의 분부대로 무조건 따르는 신앙인이었다(25b, 2:14, 21). 요셉은 이런 점에서도 의로운 사람이었다. 순종의 사람은 항상 의로운 사람이다.

그리고 요셉은 "아들을 낳기까지 동침하지 아니했다." 요셉은 하나님(예수님은 하나님이시다)을 잉태한 마리아와 동침하지 않았다. "동침하지 아니했다"(οὐκ ἐγίνωσκεν)는 말이 미완료 과거 시제인 고로 '계속해서 동침하지 아니했다'는 뜻이다. 이 시제 때문에 천주교에서는 마리아의 영원 처녀설(perpetual virginity of Mary)을 주장하기도 하나 동침하지 않은 기간은 아들을 낳기까지였던 고로 영원 처녀설은 성립될 수가 없다. 아들을 낳기까지만 동침하지 않은 것뿐이다. 그 후에는 동침하여 아들과 딸을 얻었다. 요셉이 훗날 자녀들을 낳은 것을 보면(12:46-47; 막 3:31-32; 6:3; 눅 8:19, 20; 요 2:12; 7:3, 5, 10; 행 1:14) 영원 처녀 설은 잘 못된 주장이다.

그리고 요셉은 아들을 "낳으매 이름을 예수라 했다." 요셉은 주의 사자의 분부대로 아들이 탄생한지 8일 만에 아들의 이름을 예수라고 지었다(눅 2:21). 요셉은 아들의 이름을 주의 사자의 명령대로 예수라고 지음으로써 법적인 부친의 권리를 행사했다. 예수님은 이로써 법적으로 다윗의 혈통을 이어받게 되었다.

기독교 역사가 진행되어 오는 동안 18세기에 들어 자유주의가 발흥하여 동정녀 탄생을 믿는 보수주의가 심각한 공격을 받았다. 자유주의자들(G. E.

Lessing, 1778년. D. F. Strauss, 1835년. J. E. Renan, 1863년)은 1) 처녀 탄생교리는 사도들의 전통이 아니라 후대의 조작이라는 것, 2) 처녀 탄생 교리는 온전히 신화에 속한다 하고, 3) 예수님께서 사람의 몸을 입는 과정에 처녀에게서 탄생해야 할 이유가 없다고 주장했다. 오늘날도 역시 자유주의자들은 예수님의 처녀 탄생을 믿지 않는다. 그러나 그리스도의 처녀 탄생을 믿지 않는다는 것은 그리스도의 신성을 믿지 않는 일이니 있을 수 없는 일이다.

제 2 장

동방박사의 내방과 예수님의 유년시절

C.동방박사의 내방 2:1-12

마태는 예수님의 잉태로부터 탄생까지 기록한(1:18-25) 후 이제는 동방박사들의 예수님 내방에 대해서 언급하고(1-2절) 또 그에 따른 헤롯 왕과 예루살렘 사람들의 소동에 대해서 기록한다(3절). 그리고 마태는 헤롯 왕이 종교가들을 불러 자문을 구한 일과 종교가들의 답변을 기록하고(4-6절) 두려움에 찬 헤롯 왕이 예수님을 죽일 음모를 꾸민 것을 기록한다(7-8절). 마태는 박사들이 예루살렘을 벗어나 별 따라 베들레헴까지 무사히 도착해서 경배하고(9-11절) 다른 길로 고국에 돌아간 사실을 기록한다(12절).

마 2:1-2. 헤롯 왕 때에 예수께서 유대 베들레헴에서 나시매 (볼지어다) 동방으로부터 박사들이 예루살렘에 이르러 말하되 유대인의 왕으로 나신 이가 어디 계시냐 우리가 동방에서 그의 별을 보고 그에게 경배하러 왔노라 하니.

예수님은 잔인한 에돔 사람 헤롯[25]이 유대 왕으로서 유대나라를 통치하고 있을 때[26] "유대 베들레헴에서 나셨다"(눅 2:4, 6-7). 유대의 베들레헴은 예루살렘

---

25) 헤롯왕은 에돔 사람으로 헤롯 대왕을 일컫는 말로(눅 1:5) 그는 유명한 폭군이었다. 헤롯대왕은 주전 40년 안토니오와 씨이저에 의해 유대나라의 분봉왕으로 임명되어 주전 37년에 취임했다. 그는 헤롯 성전(제 3성전)의 건축자였으며 불륜 생활을 하였고 그의 자손들도 불륜으로 유명 했다.

26) 헤롯 대왕(눅 1:5)은 로마 연대로 714년에 유대 왕이 되어 37년간 재직하다가 750년에 여리고에서 죽었다고 요세보 사기가 전한다. 2:1과 19절을 비교해보면 예수님은 헤롯이 죽기 바로 전에 태어났음을 알 수 있다. 헤롯이 BC 4년 3월 말이나 혹은 4월 초 월식이 있은 직후에 죽었으므로(Josephus, Antiquities XVII. 167) 그리스도의 탄생 시기는 BC 5세기 말경이었을 것이다.

서남쪽 9.6km(6마일) 지점에 위치해 있다. 예수님께서 "유대 베들레헴에서 나신 것"은 구약의 예언을 이루기 위함이었다(미 5:2). 마태가 예수님께서 탄생하신 곳을 "유대 베들레헴"이라고 말한 것을 두고 혹자는 갈릴리의 베들레헴(수 14:15-구약에서는 "에브랏"이라고 불렀다)과 구별하기 위함이었을 것이라고 말하고(Bruce, 이상근), 또 혹자는 이는 하나의 관용적 표현이라고 주장하며(Plummer) 또 혹자는 미가의 예언이 예수 그리스도의 탄생에서 사실로 성취되었다는 것을 보여주기 위함이었다고 주장한다(헨드릭슨). 이 세 가지 견해 중에서 마지막 견해가 바른 견해로 보인다. 이유는 5-6절에 의하면 "유대 베들레헴"이라고 기록되어 있기 때문이다. 그러니까 마태가 유대 베들레헴이라고 말한 것은 미가 선지의 예언을 그대로 옮겨 기록하기 위함이었다.

예수님께서 유대 베들레헴에서 탄생하신 후 국내에서는 양치는 목자들이 예수님을 방문하여 경배했고(눅 2:8-20) 국외에서는 "동방으로부터 박사들"이 와서 예수님을 경배했다(창 10:30; 25:6; 왕상 4:30).[27] 동방으로부터 박사들이 와서 예수님을 경배한 것은 이방인이 그리스도를 믿을 것을 보여주는 일이었다. 여기 "동방"이 어디냐를 두고 많은 주장이 있는데 바벨론으로 보는 시각도 있고(Lenski), 갈대아로 보는 학자도 있으며(단 2:2, 10, 27, Origen), '파사'로 보는 견해도 있는데(Clement of Alexandria, Diodorus of Tarsus, Chrysostom, Cyril of Alexandria, Juvencus, Prudentius, Vincent) 고대로부터 많은 학자가 주장한 '파사'로 보는 것이 제일 바른 견해일 것으로 보인다.

그리고 동방에서 온 "박사들"이 무엇을 하는 직업이냐에 대해서도 여러 주장이 있으나 '천문학자들'이라고 보는 것이 일반적 견해이다. 이유는 그들이 별을 연구하다가 그리스도의 탄생의 징조를 알리는 별을 보고 유대에까지 온

---

27) 예수님께서 베들레헴에서 탄생하셨을 때 예수님께 찾아와서 경배한 두 무리가 있었는데 하나는 누가복음에 기록된 양치는 목자의 무리가 있었고(눅 2:8-20) 또 조금 뒤에 동방으로부터 박사들이 찾아와서 경배한 천문학자들의 무리가 있었다. 그런데 여기서 한 가지 이상한 대조가 보인다. 그것은 이방인을 위해 복음을 집필한 누가는 유대의 양치는 천민들이 예수님을 경배한 것을 기록했고 반면에 유대인을 위해서 복음을 기록한 마태는 동방으로부터 박사들이 찾아와서 예수님을 경배한 것을 기록했다.

것을 보면 천문학자들이라고 추측할 수 있을 것이다.

"동방으로부터 박사들이 예루살렘에 이른 것"은 천문학자들의 큰 실수였다. 그리스도의 탄생을 알리는 별을 보고 별이 멈추는 곳까지 계속해서 전진해야 했었는데 그들의 상식으로 유대나라의 수도에서 탄생하셨으리라고 믿은 것은 하나님의 계시를 버린 점에서 큰 실수가 아닐 수 없다. 우리는 상식을 따라가는 사람들이 아니라 하나님의 계시를 따라가는 사람들이 되어야 할 것이다.

그들은 예루살렘에 이르러 "유대인의 왕[28]으로 나신 이"의 거처를 물었다(눅 2:11). 그들은 예루살렘에 도착하여 만나는 많은 사람들에게 "유대인의 왕으로 나신 이가 어디 계시냐"고 물었다. 그들은 "우리가 동방에서 그의 별을 보고 그에게 경배하러 왔노라"고 계속해서 말했다(민 24:17; 사 60:3). 그런 이유로 예루살렘 사람들이 소동하게 되었다(3절). 그들은 엉뚱한 곳에 와서 물은 것이다. 우리는 항상 하나님께서 계시하신 대로 따라가야 한다. 그것을 계시의존(啓示依存) 사색이라고 말한다. 그들이 관찰한 별은 결코 보통별이 아니었다.[29] 보통 별이라고 하면 어떻게 예루살렘에서 베들레헴까지 박사들을 인도할 수 있었으며 또 아기 예수님이 계신 집 위에 가만히 머무를 수 있겠는가. 오늘 우리는 그리스도를 가리키는 별을 따라가야 한다. 오늘 별 역할을 하는 것은 율법이다. 율법은 가정교사로서 우리를 그리스도에게까지 데려다 준다(갈 3:24). 이 말은 결코 율법으로 구원을 받을 수 있다는 뜻이 아니라 율법을 순종하다 보면 우리는 순전한 죄인임을 깨닫게 되어 결국 예수님의 십자가를 믿게 된다는 말이다. 그리고 오늘 우리는 예수님을 깨닫게 해주는 성령님의 인도와 가르침을 받아야 한다. 성령님은 진리의 영으로서 성령을 따르면 성령은 우리로 하여금 예수님을 알게 해주신다(요 14:26). 우리는 하나님의 계시를 따라가서 예수님을

---

28) "유대인의 왕"이란 말은 보통 유대인의 왕이란 뜻이 아니라 메시아(4절의 "그리스도," 6절의 "다스리는 자," "목자"와 같은 뜻이다)의 별칭이었다.

29) 동방박사들은 구약성경 사본을 가지고 동방으로 이주한 구약학자들과 접촉하여 왕의 탄생을 알리는 별에 대한 지식을 얻었을 것이다. 구약성경 민수기24:17에 보면 "한 별이 야곱에게서 나오며"라고 언급하고 있다.

만나 매일 경배해야 한다.

마 2:3. 헤롯왕과 온 예루살렘이 듣고 소동한지라.

동방 박사들의 방문은 헤롯왕과 예루살렘 사람들에게 대단한 뉴스로서 그들은 크게 소동했다. 여기 "소동했다"는 말은 '마음이 흔들렸다,' '마음이 흥분되었다,' '괴롭게 되었다,' '요동하게 되었다'는 뜻이다. 헤롯 왕은 권세를 탐하는 왕인만큼 유대인의 왕이 유대에서 탄생했다는 소식에 마음이 흔들렸고, 예루살렘 사람들은 왕이 바뀌면 또 무슨 일이 벌어지지 않을까 해서 마음이 흔들린 것이다.

마 2:4. 왕이 모든 대제사장과 백성의 서기관들을 모아 그리스도가 어디서 나겠느냐 물으니.

헤롯왕은 모든 대제사장들(대하 36:14)과 백성의 서기관들(아마도 산헤드린이었을 것이다)을 소집하여 그리스도가 어디서 탄생했겠느냐고 물었다(말 2:7). 헤롯왕은 당시 그의 나이 70이 되었으니 왕위를 빼앗길까 하는 염려 때문에 헤롯은 반드시 아기를 찾아서 죽이기 위해 그리스도가 어디서 탄생했을까를 물어보았다. 하나님을 믿지 않는 사람들은 항상 불안을 느끼며 산다. 그러나 하나님을 믿는 사람들은 주위에서 일어나는 일로 인하여 하나님의 섭리를 생각하고 감사하며 산다.

마 2:5-6. 이르되 유대 베들레헴이오니 이는 선지자로 이렇게 기록된바 또 유대 땅 베들레헴아 너는 유대 고을 중에서 가장 작지 아니하도다 네게서 한 다스리는 자가 나와서 내 백성 이스라엘의 목자가 되리라 하였음이니이다.

모든 대제사장과 백성의 서기관들이 말하기를 그리스도가 "유대의 베들레헴"에서 나실 것이라고 알려준다. 그렇게 말할 수 있는 이유는 구약 선지자에 의해서 기록된 글이 있기 때문이다(미 5:2). 뿐만 아니라 당시 유대인들은 메시아가 베들레헴에서 탄생하시리라는 것은 상식으로 알고 있었다(요 7:42).

종교가들은 미가 5:2의 말씀을 인용한다. 즉 "유대 땅 베들레헴아 너는 유대 고을 중에서 가장 작지 아니하도다 네게서 한 다스리는 자가 나와서 내 백성 이스라엘의 목자가 되리라"는 말씀을 헤롯왕에게 알려준다. 마태가 인용한 구약 성경(미가 5:2과 삼하 5:2)은 세 가지를 말씀한다. 첫째, "유대 땅 베들레헴아 너는 유대 고을 중에서 가장 작지 아니하다"는 것(미가 5:2에는 "유다 족속 중에 작을지라도"로 되어 있다), 둘째, "네게서 한 다스리는 자가 나온다"는 것(계 2:27), 셋째, "내 백성 이스라엘의 목자(왕)가 되리라"(이것은 미가 5:2에서 인용한 것이 아니라 삼하 5:2에서 인용했을 것이다)는 것을 말씀한다. 베들레헴에서 탄생하는 왕은 목자(창 48:15; 시 23:1; 77:20; 80:1; 사 40:11; 겔 34:11-31)의 심정으로 나라를 다스린다고 기록되어 있다. 메시야는 결코 세상 왕과는 달라서 목자의 심정으로 다스리신다. 예수님은 친히 자신이 목자라 하셨고(요 10:11), 또 영혼의 목자라 불리셨으며(벧전 2:25), "목자장"이라 불리셨다(벧전 5:4). 우리 모두는 그 목자의 인도를 따르고 있다.

마 2:7. 이에 헤롯이 가만히 박사들을 불러 별이 나타난 때를 자세히 묻고,

산헤드린의 자문을 받아 유대인의 왕이 베들레헴에서 탄생했으리라는 것을 알게 된 헤롯왕은 몰래 박사들을 불러서 별이 나타난 때를 자세히 묻는다. 본문의 첫머리에 나타나는 "이에"(τότε)란 말은 '그때에,' '그래서'란 뜻이다. 앞의 내용과 본 절의 내용이 아주 밀접하게 연결된다는 것을 말하기 위해 사용되는 낱말이다(2:16-17; 3:5 등). 이 단어는 마태복음에 90회 나타난다.

헤롯왕은 "가만히" 박사들을 불렀다. 아기를 죽이려는 마음으로 가만히 불렀다. 아무리 가만히 불러서 물었어도 하나님은 다 아신다. 인간은 은밀하게 행해도 하나님은 다 아신다. 헤롯왕은 아기가 탄생한 장소를 알았으니 이제는 "별이 나타난 때를 자세히 물었다." 마치 박사들의 전문성을 알아주는 듯이 별에 초점을 맞추어 별이 나타난 때를 자세히 물은 것이다. 박사들이 멀리 동방에서 떠나온 날이 오래 된 것을 알고 별이 나타난 때를 자세히 알아 아기 예수가 태어난 날을 계산했을 것이다.

마 2:8. 베들레헴으로 보내며 이르되 가서 아기에 대하여 자세히 알아보고 찾거든 내게 고하여 나도 가서 그에게 경배하게 하라.

헤롯왕은 동방에서 온 박사들로부터 별이 나타난 때를 자세히 물어서 그 때를 알아놓은 다음 이제는 박사들을 "베들레헴으로 보내며 이르되 가서 아기에 대하여 자세히 알아보고 찾거든 내게 고하여 나도 가서 그에게 경배하게 하라"고 말한다. 헤롯왕은 아기에 대해서 큰 관심이나 있는 듯이 "자세히 알아보라"고 말한다. 아기를 찾는 일에 소홀함이 없기를 바란다는 것이다. 그리고 소재를 찾거든 자기에게도 알려달라고 부탁한다. 자기도 가서 경배하겠다고 한다. 박사들이 경배하러 온 것처럼 자기도 가서 경배하겠다고 말한다. 헤롯왕의 놀라운 음모가 발동하고 있다.

마 2:9. 박사들이 왕의 말을 듣고 갈 새 동방에서 보던 그 별이 문득 앞서 인도하여 가다가 아기 있는 곳 위에 머물러 서 있는지라.

동방에서 온 박사들이 헤롯 왕의 말을 듣고 길을 떠나자 "동방에서 보던 그 별이 문득 앞서 인도했다." 여기 "그 별"의 동향에 대해 세 가지 견해가 있다. 1) 박사들이 착각한 것이다. 마치 오늘날 우리가 밤길을 걸어갈 때 별이 우리를 따라오는 느낌을 받는 것과 같다는 것이다. 이 견해는 성립될 수가 없다. 이유는 그런 느낌은 잠시뿐이지 그렇게 멀리까지 한 별이 비추지는 않는다. 2) 계속해서 비치고 있던 그 별을 이제 그들이 다시 발견한 것이다. 7절의 "나타난" 이란 말이 현재분사인 점을 들어 이렇게 주장한다(Bruce). 이 주장도 설득력이 있다. 그러나 다음의 견해가 더 바른 것으로 보인다. 3) 동방에서 보던 그 별이 한동안 보이지 않다가 이제 다시 보이기 시작한 것이다(Bengel, Meyer, Lenski, Hendriksen, 이상근). 마지막 견해가 더 바른 것으로 보인다. 이유는 헬라어원문에 "보라, 동방에서 보던 그 별"(ἰδοὺ ὁ ἀστήρ, ὃν εἶδον ἐν τῇ ἀνατολῇ)이라고 표현된 것을 보면 그 별이 갑자기 다시 나타난 것으로 되어 있기 때문이다. 박사들이 헤롯을 만나는 동안 별이 안보이다가 박사들이 그 자리를 나와 길을 떠났을 때 별이 갑자기 다시 보였으니 말이다. 사람이 이성(理性)으로 돌아가면 하나님의 계시도 사라진다. 그러다가 신앙으로 돌아가면 다시 계시가 눈에 보인다.

동방에서 보이던 그 별이 "가다가 아기 있는 곳 위에 머물러 서 있게 되었다." 그 별은 대략 10km(6마일)을 가서 예수님이 계신 곳 위에 머물러 서 있었다. 우리는 별이 박사들을 인도하여 아기 있는 곳 위에 머물러 섰다는 사실을 믿어야 한다. 달리 설명한다는 것은 성경을 왜곡하는 것이 될 것이다. 하나님은 우리를 어떤 방법으로든지 인도하신다. 율법의 말씀으로 우리를 그리스도의 십자가 앞으로 인도하시고 성령님을 통하여 우리를 그리스도에게로 인도해 가신다. 그리고 결정적으로 그리스도는 우리를 천국으로 인도하신다(요 14:6). 우리는 하나님의 인도를 따라가기만 하면 우리가 가아야 할 곳에 갈 것이다.

마 2:10. 그들이 별을 보고 매우 크게 기뻐하고 기뻐하더라.
그들은 동방으로부터 자기들을 인도하던 그 별이 아기 있는 곳 위에 머문 것을 보고 "매우 크게 기뻐하고 기뻐했다." 여기 "매우"(σφόδρα)란 말은 '많이,' '크게,' '지나치게'란 뜻으로 박사들이 그 별을 보고 엄청나게 기뻐했다는 뜻이다. 그들이 그렇게까지 기뻐했던 이유는 멀리까지 별이 인도한 것을 생각하고 기뻐했을 것이며 이제는 아기를 온전히 찾았기 때문에 기뻐했을 것이다. 오늘도 그리스도를 발견한자는 이런 기쁨을 가진다. 그리스도를 발견한 기쁨을 능가할 기쁨은 세상에 다시 없다(사 66:10; 요 3:29; 살전 3:9 참조).

마 2:11. 집에 들어가 아기와 그의 어머니 마리아가 함께 있는 것을 보고 엎드려 아기께 경배하고 보배 합을 열어 황금과 유향과 몰약을 예물로 드리니라.
동방에서 온 박사들은 별의 인도를 받아 안전하고도 정확하게 아기가 머무는 집을 찾을 수 있어서 그 "집에 들어갔다." 이 때의 집은 마굿간(눅 2:7)은 아니었고 시간이 지난 때였으니 아마도 다른 집이었을 것이다. 박사들은 아기가 머무는 집으로 들어갈 때 얼마나 기뻤을까. 메시아를 찾은 기쁨은 한량없었다. 다음으로 그들은 "아기와 그의 어머니 마리아가 함께 있는 것을 보았다." 이 때 요셉은 그들의 시선에서 제외되었다. 여기서 마태는 "아기"를 먼저 언급하고 다음으로 "어머니"를 언급한다. 윌렴 헨드릭슨은 "모친과 아기가 함께 언급되어 있는 곳(11, 11-14, 20, 21절)마다 아기가 먼저 나오고 있음에 주목하라. 모든 주요 관심은 마리아가 아니라 이 아기에게 집중되고 있다는 사실을 명심해야 할 것이다. 이것은 마땅히 그렇게 되어야만 한다. 왜냐하면 이 아기 안에서 하나님의 성육신이 이루어졌기 때문이다"라고 말한다.[30)]

그런 다음 박사들은 "엎드려 아기께 경배했다." 박사들은 아기 예수님에게만 경배했다. 마리아는 박사들의 경배에서 제외되었다. 오늘 우리는 마리아에게 경배하는 것이 아니라 예수님에게만 경배한다. 우리는 예수님에게는 하루에도 천번 만번 경배해도 부족할 뿐이다. "속죄하신 구세주를 내가 찬송하리라. 내게 자유 주시려고 주가 고난 당했네. 크신 사랑 찬양 하리 나의 죄 사하려고 십자가에 돌아가신 나의 주 찬양하리"(찬송 35장).

박사들은 아기에게 경배한 다음 "보배 합을 열어 황금과 유향과 몰약을 예물로 드렸다"(시 72:10; 사 60:6). 예물을 드리는 것보다 경배가 먼저였다. 그런 다음 보배 합을 열어 세 가지 예물을 드렸다. 그들이 드린 예물, 즉 황금과 유향과 몰약 세 가지는 예로부터 황금은 예수님이 왕이시니까 드린 예물이고, 유향은 예수님이 하나님이신고로 드린 예물이며, 몰약은 예수님이 대제사장이신고로 드린 예물이라고 전해 내려왔다(오리겐으로부터 여러 해석가들이 주장하여 온 견해이다). 오리겐(Origen)의 견해는 그럴듯한 견해로 보인다고 윌렴 헨드릭슨은 말하고 있다. 황금은 왕과 관련하여 사용되었다(창 41:42; 삼하 12:30; 시 45:9; 전 2:8; 단 2:32, 38; 5:7, 29). 그리고 유향은 여호와께 예배하는 것에 관련되어 있다(출 30:37; 대상 9:29; 느 13:5; 겔 16:18). 몰약은 사람의 시신을 장사할 때 악취를 제거하기 위하여 향료로 사용된 점을 감안하면 예수님이 대제사장이시기 때문에 드린 것으로 볼 수 있다. 예수님은 우리를 다스리시는 왕이시고 우리의 하나님이시며 또 우리를 위해 대속의 죽음을 죽으시는 분이시

---

30) 윌렴 헨드릭슨, *마태복음* (상), p. 260.

다. 동방박사들이 어떻게 해서 예수님의 사명을 알았는지는 도무지 알 수 없다. 하나님께서 역사하셨기에 알았을 것이다.

마 2:12. 그들은 꿈에 헤롯에게로 돌아가지 말라 지시하심을 받아 다른 길로 고국에 돌아 가니라.

박사들이 아기 예수께 경배하고 또 예물을 드린(앞 절) 후 하룻밤을 지내고 그들은 헤롯과의 약속을 지키기 위해 헤롯에게로 돌아가려고 계획을 세웠다. 박사들은 예수님을 죽이려는 헤롯의 악질적인 음모를 전혀 눈치 채지 못했다. 그래서 헤롯에게로 돌아가려고 계획을 세운 것이다. 그런데 그들은 꿈에 헤롯왕께 돌아가지 말라는 하나님의 지시(아마도 천사가 나타나서 누구에겐가 지시했을 것이다)를 받고 다른 길로 고국(동방)으로 돌아갔다(1:20). 그들은 하나님의 지시를 받은 다음 헤롯의 부탁(8절)을 묵살하고 고국으로 돌아갔다. 헤롯의 음모는 당분간 이루어지지 못하게 되었다. 우리가 하나님 보시기에 잘 못된 약속은 지켜서는 안 된다. 그러나 그 약속을 지키지 못하게 된 것에 대해 사과해야 하고 또 그 이유를 말하는 것이 좋다. 우리는 인간사에서 잘 못된 약속을 하지 않도록 범사에 조심해야 한다. 그러나 하나님에 대한 서원은 해로울지라도 지켜야 한다(시 15:5).

박사들은 하나님의 사자가 꿈에 나타나 헤롯 왕께 돌아가지 말라는 지시를 받을 때 단순히 다른 길을 택하여 고국으로 돌아가라는 지시만 받았다. 그들이 만일 꿈에 하나님의 지시를 받을 때 헤롯왕의 음모에 대해서까지 전달 받았다면 요셉에게 헤롯왕의 음모를 말하고 베들레헴을 떠났을 것이다. 그러니까 그들은 다른 길을 이용하여 고국으로 돌아가라는 하나님의 지시만 받고 고국으로 돌아갔다. 그러기에 요셉이 아기 예수님을 죽이려는 헤롯왕의 음모를 알지 못했다. 하나님은 다시 사자를 시켜 요셉의 꿈에 나타나게 하셔서 요셉으로 하여금 애굽으로 피난하게 하셨다(13-14절). 하나님은 필요할 때마다 사자를 보내셔서 지시하신다. 우리는 불안할 필요가 없다. 그렇다고 오늘 우리가 꿈으로 지시를 받는다는 뜻이 아니라 여러 가지 방법(개인적인 꿈-이것은 계시적인 꿈이 아니다, 우리가 받는 영음, 우리의 깨달음, 환경)을 통하여 지시를 받는다는 뜻이다. 하나님은 우리의 길을 인도하신다(시 119:105).

D.애굽으로의 피난과 유아 학살 2:13-18

마태는 동방박사들의 내방을 말한(1-12절) 다음 아기 예수님께서 애굽에 피난하셔서 사신 일과(13-18절) 나사렛으로 이주하셔서 나사렛 사람으로 불리신 사실을 기록하고 있다(19-23절).

마 2:13. 그들이 떠난 후에 주의 사자가 요셉에게 현몽하여 이르되 헤롯이 아기를 찾아 죽이려 하니 일어나 아기와 그의 어머니를 데리고 애굽으로 피하여 내가 네게 이르기까지 거기 있으라 하시니.

동방박사들이 떠난 후에 주의 사자가 요셉의 꿈에 나타났다. 동방박사들이 아기 예수님께 경배하고 그 곳을 떠날 때 헤롯왕이 어떤 사람인지 전혀 말해주지 않고 떠났다. 그런고로 하나님의 사자들이 요셉의 꿈에 나타난 것이다. 사자가 나타나 세 가지를 말씀한다. 첫째, "헤롯이 아기를 찾아 죽이려 한다"고 말했다. 동방박사들의 경배를 받기까지 하신 예수님에게 이런 비극까지 있었다. 그가 우리를 위한 고난을 받아야 했고 또 십자가를 지셔야 했기에 아기시절부터 고난의 행로에 오르셔야 했다. 예수님의 어머니 마리아는 벌써 시므온을 통하여 예루살렘 성전에서 예수님이 당하실 고난에 대해서 들었는데(눅 2:34-35) 이렇게 고난이 일찍부터 찾아올 줄은 전혀 생각하지 못했을 것이다. 둘째, "일어나 아기와 그의 어머니를 데리고 애굽으로 피하라"고 말했다. 하나님의 사자는 요셉에게 아기와 그의 어머니를 데리고 피할 장소까지 소상하게 말해 준다. 하나님은 우리를 세밀하게 사랑하신다. 하나님은 우리의 머리털까지 세신다(마 10:30). 애굽은 피난하기에 안전한 곳이었다. 이유는 애굽은 로마의 지배를 받고 있었기에 헤롯의 손이 뻗치지 못했다. 그리고 당시 애굽에는 유대인이 많이 살고 있어서(렘 43:7; 44:1; 행 2:10) 요셉에게는 크게 부담스러운 피란은 아니었다. 셋째, "내가 네게 이르기까지 거기 있으라"고 말했다. 애굽에서 생활할 기간까지 말씀해 주었다. 요셉은 애굽에서 피난살이를 하는 동안 동방박사들로부터 받은 예물을 생활비로 사용했으므로 큰 어려움은 없었을 것이다.

마 2:14-15a. 요셉이 일어나서 밤에 아기와 그의 모친을 데리고 애굽으로 떠나가 헤롯이 죽기까지 거기 있었으니.

요셉은 하나님의 명령을 받고 밤(아마도 그날 밤일지도 모른다)에 아기와 모친 마리아를 데리고 애굽으로 피란했다.[31] 요셉은 순종의 사람이었다(1:24-25a). 그리고 헤롯 왕이 죽기까지 애굽에 있었다. 요셉의 피난 생활은 길지 않은 것 같다. 예수님은 BC 5년에 태어나셨고 헤롯 왕이 BC 4년 3월 말이나 혹은 4월 초 월식이 있은 직후에 죽었기 때문이다(Josephus, Antiquities XVII. 167). 16절의 기사를 감안하면 요셉은 애굽의 피난 생활을 비교적 짧게 했을 것으로 보인다.

마 2:15b. 이는 주께서 선지자를 통하여 말씀하신바 애굽으로부터 내 아들을 불렀다 함을 이루려 하심이라.

아기 예수님이 애굽에 피란해야 했던 목적은 구약 성경 호 11:1의 예언을 성취하기 위해서였다. 호세아는 "이스라엘의 어렸을 때에 내가 사랑하여 내 아들을 애굽에서 불러내었다"고 말씀한다(호 11:1). 이 구절에서 하나님은 호세아를 통하여 말씀하시기를 이스라엘의 건국 초기에 이스라엘을 사랑하셔서 애굽으로부터 구원해내셨다고 말씀하신다. 그런데 마태는 하나님께서 이스라엘을 사랑하셔서 애굽으로부터 구원해 내신 사건이 하나님께서 아기 예수님을 애굽 안으로 부른 사건의 예언이라고 말하고 있다. 다른 말로 표현해서 구약 호 11:1의 "애굽으로부터 불러내었다"를 마태는 "내 아들(예수)을 애굽 안으로 불렀다"의

---

31) 언제 요셉이 애굽으로 피신했느냐를 두고 학자들의 의견은 갈린다. 혹자는 요셉이 꿈에 천사가 나타나서 애굽으로 피난하라는 명령을 한 즉시 피신했다고 말하기도 하며 혹자는 16절에 의거하여 예수님의 나이 두 살 때 애굽으로 피난했다고 주장한다. 우리는 요셉이 꿈에 천사의 말을 듣고 즉시 갔을 것으로 본다. 이유는 아기를 찾아 죽이려 한다는 말을 듣고 며칠이라도 그냥 현지에 있을 수는 없는 일이 아니겠는가.

예언으로 본 것이다. 그 이유는 예수님께서 애굽에 피란하셨다가 출애굽하실 것임으로 호 11:1의 내용은 하나의 예언이고 예수님의 애굽 안으로의 피란은 구약 예언의 성취였다. 예수님의 애굽 피난은 애굽으로부터 나오시는 것과 연결된 사건이므로 이스라엘 민족의 출애굽 사건의 성취가 되었다. 예수님은 이스라엘 민족과 밀접하게 연결되어 있으셨다. 이스라엘 민족의 출애굽은 예수님의 애굽 안으로의 피난과 예수님의 애굽 탈출의 예표였다.

예수님은 과거에 고난 받았던 이스라엘민족처럼 애굽에서 고난을 받으시고 다시 고국으로 돌아오셨다. 예수님은 교회의 머리로서 몸의 고난에 동참하신 것이다. 예수님께서 교회의 머리로서 몸 된 교회와 함께 애굽에서 고난을 받으시기 위해서 헤롯은 악역을 연출했다. 사람의 악이 하나님의 계획을 꺾지는 못한다.

마 2:16. 이에 헤롯이 박사들에게 속은 줄 알고 심히 노하여 사람을 보내어 베들레헴과 그 모든 지경 안에 있는 사내아이를 박사들에게 자세히 알아본 그 때를 기준하여 두 살부터 그 아래로 다 죽이니.

헤롯은 동방박사들의 보고를 기다리다가(8절) 보고가 없으므로 박사들에게 속은 줄을 깨닫고 심히 분하여 사람들을 보내어 베들레헴과 그 근방에서 성장하고 있는 두 살 이하의 남자 아이들을 모두 죽였다.

사실 헤롯은 박사들을 속여 보려고 했다. 자신도 아기 왕에게 경배하려고 하니 자기에게 보고해 달라고 부탁했다(8절). 그러나 하나님은 박사들로 하여금 헤롯에게 속지 않게 하시려고 천사를 꿈에 나타나게 하셔서 헤롯에게 가지 못하도록 만드셨다(12절). 하나님은 오늘도 우리로 하여금 세상에서 속지 않고 살도록 돌보신다.

헤롯이 오래 기다려도 박사들이 나타나지 않으므로 "박사들에게 속은 줄 알고 심히 노했다." 사실은 동방 박사들이 헤롯을 속인 것은 아니었다. 자기가 박사들을 속이려다가 일이 성사되지 못한 것뿐이었다. 악인들은 남을 속이려다가 속이지 못하면 "심히 노한다." 헤롯의 분노는 하늘을 찌를 듯이 되었다. 사실은 메시아가 이 땅에 오셨으니 구원 받을 절호의 기회를 만난 것인데 예수님을 세상 왕인 줄로 알고 죽이려고 했다. 진리를 모르면 엉뚱하게 행한다. 감사를 천번 만번 했어야 했던 때에 헤롯은 심히 노하고 말았다.

헤롯은 아기 예수님을 죽이려고 "사람을 보냈다." 헤롯은 아기 예수님이 어디에 있는지 또 어떤 아기가 예수님인지 모르니 예수님 비슷한 연령의 아기들을 다 죽이려고 여러 사람들을 보냈을 것이다. 이런 악한 왕의 심부름을 해서는 안 되었다. 우리는 악인의 꾀를 좇지 아니해야 한다(시 1:1).

헤롯은 "베들레헴과 그 모든 지경 안에 있는 사내아이를 박사들에게 자세히 알아본 그 때를 기준하여 두 살부터 그 아래로 다 죽이기로" 하고 그대로 실행하게 했다. 헤롯은 먼저 아이를 죽이는데 있어서 그 지역 범위를 정했다. "베들레헴과 그 모든 지경 안에 있는" 아이들을 다 죽이기로 했다. 그리고 여자 아이들은 죽일 필요가 전혀 없어서 제외시키고 "사내 아이"로 한정했다. 그리고 연령 기준을 정했는데 동방박사들에게 자세히 알아본 그 때를 기준하여 두 살부터 그 아래로 다 죽이기로 했다. 헤롯의 머리도 악을 행하는 일에 있어서는 상당히 민첩했다. 그는 저주 받기에 아주 안성맞춤인 사람이었다.

학자들은 베들레헴을 소읍으로 말하는 데는 일치하지만 인구를 측정하는 데는 서로 달라서 살해당한 두 살 이하의 아이의 숫자 계산에도 많은 차이가 있다. 어떤 이는 수천 명이 될 것이라고 추론하는 사람도 있고 또 혹자는 계 14:1에 언급되어 있는 144,000일 것이라고 주장하는 사람들도 있다. 그런가하면 15명 혹은 20명을 넘지 못할 것이라고 추측하는 학자도 있다. 현재의 베들레헴의 인구가 20,000으로 추산한다면(Warren Wiersbe) 예수님 당시의 인구를 2,000명으로 보고 죽은 아이의 숫자는 30명쯤으로 잡을 수 있을 것이다. 우리는 그 수자를 정확하게 계산할 수가 없다.

이렇게 아이들이 살해된 것을 두고 혹자는 역사적인 사건이 아니라고 말하기도 한다. 이유는 역사가 요세푸스(Josephus)의 기록에도 없다는 이유에서다. 그러나 그리스도가 박해를 받으리라는 것은 신구약 성경에 흔하고(사 53장; 눅 2:34-35) 또 헤롯이라는 사람이 워낙 잔인해서 왕위를 지키기 위해서 자기의 아내도 죽였고 아들도 죽인 사람이니 충분히 이런 끔찍한 일을 행할 사람이었다.

마 2:17-18. 이에 선지자 예레미야를 통하여 말씀하신바 라마에서 슬퍼하며 크게 통곡하는 소리가 들리니 라헬이 그 자식을 위하여 애곡하는 것이라. 그가 자식이 없으므로 위로받기를 거절하였도다 함이 이루어졌느니라.

선지자 예레미야가 기록하고 있는 라헬의 애곡 사건(렘 31:15)은 바벨론의 유다 침략 당시 수많은 사람이 바벨론으로 포로되어 갈 때에 생겨난, 천지를 울렸던 애곡 사건을 시적으로 표현한 것이다. 사실은 유다 나라 사람들이 바벨론으로 포로 되어 갈 때 그 당시(주전 586년경)의 어떤 인물이 라마[32](예루살렘의 북쪽지역 5마일 지점)에서 슬퍼하고 통곡한다고 표현해야 했는데 이렇게 시간적으로 훨씬 이전의 라헬(야곱의 사랑하던 아내)을 끌어내어 여기에 쓴 것은 시적으로 그럴듯하게 표현하기 위한 것이었다. 그러나 예레미야는 라마의 통곡이 라헬과 전혀 무관한데도 억지로 그 이름을 끌어다가 쓴 것은 아니었다. 라헬의 아들은 북쪽 나라 이스라엘에도 있었고(요셉의 아들 에브라임과 므낫세) 또 남쪽 나라 유다에도 있었던 고로(베냐민) 라헬은 그 후손들이 포로의 집결지 라마에서 모여서 외국으로 떠나는 것을 보고 한없이 울었으리라고 보고 여기 라마와 연계시켰다.

라마에서 라헬이 유다 나라의 슬픔을 애곡한 것은 하나의 예언이 되었고 헤롯의 베들레헴 학살 사건은 그 성취가 되었다. 베들레헴 부근의 아이들이 헤롯에 의해 학살을 당했을 때 수많은 라헬들이 슬퍼하며 크게 통곡했고 위로

---

32) "라마": 라마는 이스라엘 왕국과 유다 왕국 경계 지역에 위치하고 있다(왕상 15:17; 대하 16:1). 라마는 예루살렘 북쪽 8km(5마일) 지점에 위치하고 있는데 그곳은 외국의 압제자들이 패배한 이스라엘과 유다 포로들을 먼 곳으로 데려가기 위해서 집결시킨 장소였다. 이곳은 두 왕국의 경계 지역에 위치하고 있었기에 야곱이 가장 사랑하던 아내 라헬과도 관계가 있다. 라헬의 두 아들은 남쪽과 북쪽에 있었다. 라헬이 에브라임과 므낫세의 아비 요셉을 낳았으므로 10지파의 왕국 이스라엘을 대표할 수가 있으며 동시에 베냐민을 낳았으므로 두 지파(유다와 베냐민)의 왕국 유다를 상징할 수가 있다. 예레미야(31:15)는 일찍이 세상을 떠난 라헬이 아직 살아있는 것으로 묘사하고 있다. 예레미야는 라헬이 아직도 살아서 라마에 모여 있는 포로들을 바라보며 무리들의 통곡소리를 듣다가 끝내 라헬도 울음을 토해내는 것으로 묘사하고 있다. 먼저 라헬의 자식 이스라엘이 포로로 잡혀가고(왕하 17:5-6), 다음으로 그의 자식 유다가 사로잡혀 갔다(대하 36:17, 20). 라헬은 잡혀가는 자식들을 보며 한없이 통곡한다. 이 예언은 당시 한번만 있었던 사건이 아니었고 베들레헴과 그 지경에 있는 여러 라헬들에게 성취되었다(2:15). 오늘도 많은 라헬들은 여기저기서 그리스도 때문에 가족들을 잃고 한없이 울고 있다. 그러나 그리스도 때문에 운 사람들은 그리스도 때문에 기뻐하는 때가 온다(렘 31:27, 31).

받기를 거절했다. 한 아이를 죽이기 위해서 두 살 아래의 아이 전체를 죽인 것은 잔인하기 그지없는 일이었다.

E.나사렛 거주 2:19-23

마 2:19-20. 헤롯이 죽은 후에 주의 사자가 애굽에서 요셉에게 현몽하여 이르되 일어나 아기와 그의 어머니를 데리고 이스라엘 땅으로 가라 아기의 목숨을 찾던 자들이 죽었느니라 하시니.

베들레헴과 그 지경에 있는 아이들을 무참히 죽인(16절) 헤롯은 죽었다. 복음서 저자 마태가 헤롯이 죽은 사건을 영아들 살해와 연계시킨 것은 하나님의 벌에 의하여 죽었다는 것을 암시하는 것이다. 물론 그의 나이 70이 되었으니 노환으로 죽었을 수도 있다. 요세푸스는 헤롯이 비참하게 죽었다고 전한다. 그가 통치한지 38년, 그의 아들 안티파텔(Antipater)을 죽인지 5일후인 유월절 조금 전에 죽었는데 그는 여리고에서 극히 무섭고 더러운 병에 걸려 죽었다고 한다. 요세푸스는 헤롯의 비참한 죽음을 상세히 전했는데 썩어 문들어진 내장, 곪아서 구더기가 난 음랑, 악취가 진동하는 숨, 끊임없이 일어나는 경련 등을 상세히 언급하고 있다(Josephus, Ant., xvii, 6:5). 요세푸는 헤롯의 생애를 다음과 같이 요약하고 있다. "그는 모든 사람에 대해서 똑 같이 극도로 잔혹하였으며 자기의 분노에 얽매어 살았던 노예였다"(윌렴 헨드릭슨).

마태는 "헤롯이 죽은 후에 주의 사자가 애굽에서 요셉에게 현몽하였다"고 말한다. 하나님은 요셉의 행동 하나하나를 지시하신다. 헤롯이 죽었으니 이제 애굽에서 옮기라고 하시는 것이었다. 하나님의 사자가 다시 꿈에 나타나 말하기를 "아기와 그의 어머니를 데리고 이스라엘 땅으로 가라"고 명령한다. 이유는 아기의 목숨을 찾던 자들이 죽었기 때문이라고 한다. 이 명령을 받은 요셉은 즉시 아기와 그 모친을 데리고 이스라엘 땅으로 들어왔다. 여기 이스라엘 땅이라고 한 곳은 유대 나라를 말한다(22절). 그리고 아기의 목숨을 "찾던 자들"이라고 표현된 말은 헤롯 한 사람이 죽은 것을 표시하는 표현일 수도 있으나(Bengel, Bruce) 아기의 목숨을 찾던 자들마다 다 죽었다는 말로 보는 것이 헬라어 문법에 더 맞는 표현이다(윌렴 헨드릭슨). 그리스도를 대항하는 사람들은 그 언제든지 비참하게 되는 것을 보여준다.

마 2:21. 요셉이 일어나 아기와 그의 어머니를 데리고 이스라엘 땅으로 들어가니라.

요셉은 하나님의 사자의 명령을 받자마자 순종한다. 그의 아내 마리아도 순종하는 사람이었는데 남편 되는 요셉도 역시 매사에 순종했다. 그는 의로운 사람으로(1:19) 순종하는 사람이었다. 그는 아기와 그의 어머니를 데리고 이스라엘 땅, 즉 유다 땅으로 들어갔다. 그는 아직 유다 땅의 어느 곳으로 가라는 지시는 받지 못하고 유다 땅으로 들어갔다. 우리는 범사에 하나님을 순종해야 한다. 그것이 복 받는 길이다.

마 2:22. 그러나 아켈라오가 그의 아버지 헤롯을 이어 유대의 임금 됨을 듣고 거기로 가기를 무서워하더니 꿈에 지시하심을 받아 갈릴리 지방으로 떠나가.

요셉은 주의 사자의 명령을 받고 유대 땅으로 발을 드려놓기는 했으나 아켈라오가 부친 헤롯을 이어 유대 나라의 임금이 된 것을 듣고 유대지방(베들레헴)으로 가기를 무서워하고[33] 있을 때 다시 주의 사자가 밤에 꿈에 나타나 지시함으로 갈릴리 지방으로 떠나가서 나사렛이란 동네로 가서 살았다(3:13; 눅 2:39). 아켈라오는 그의 부친만큼이나 잔인하고 잔혹했다.

요셉은 마리아와 이혼하기로 결심했을 때나(마1:20) 애굽으로 피란할 때나(2:13) 또 애굽으로부터 나올 때나(2:19) 또 애굽으로부터 나온 후 분봉왕 아켈라오 때문에 유대 나라에서 살기를 두려워했을 때에(본 절) 주의 사자의 현몽이

---

33) 요셉은 헤롯의 아들 아켈라오가 무서운 사람임을 알고 유대 땅에서 살기를 꺼려했다. 아켈라오는 그의 아버지 헤롯처럼 잔인한 성격의 소유자였다. 그는 아버지 헤롯이 죽은 후 로마 황제 아구스드에 의해 유대, 에돔, 및 사마리아를 얻었고 헤롯의 다른 아들 안디파스(Antipas)는 갈릴리와 베fp아를 얻었고 또 다른 아들 빌립은 이두래와 드라고닛 지방을 얻었다. 아켈라오는 9년간 통치하다가 로마황제의 명령으로 퇴위하고 유대에는 빌라도가 총독으로 오게 되었다.

있었다. 요셉은 하나님의 지시에 항상 순종하는 순종의 사람이었다.

마 2:23. 나사렛이란 동네에 가서 사니 이는 선지자로 하신 말씀에 나사렛 사람이라 칭하리라 하심을 이루려 함이러라.

요셉은 악한 임금 헤롯 때문에 애굽으로 피난했고 악한 임금 헤롯이 죽어서 다시 유대 땅으로 들어왔고 또 악한 임금 아켈라오가 유대 나라의 분봉 왕으로 재직하게 되었으므로 유대에서 살기를 무서워해서 나사렛으로 가서 살게 되었다(요 1:45). 그러나 세상의 이런 풍파들은 하나님의 뜻을 이루는 원동력이 되었다. 우리도 세상의 풍파 때문에 하나님의 뜻을 이룬다.

아켈라오가 잔인한 성격의 소유자였으므로 요셉은 유대에서 살기를 두려워하여 주의 사자의 명령을 받들어 나사렛으로 가서 살게 된 이유는 바로 구약 선지자들의 예언을 이루기 위함이었다. 구약의 선지자들은 예수님께서 나사렛 사람이라고 부름 받아야 한다고 예언했다(삿 13:5; 삼상 1:11). 여기 "선지자"는 단수가 아니라 "선지자들"이라고 복수로 되어 있다. 그러니까 예수님이 나사렛 사람이라고 예언한 선지자는 한 사람만 아니라 적어도 두 사람 이상이었다.

구약의 어떤 선지자들이 예수님께서 나사렛 사람이라고 부름 받아야 할 것이라고 예언했는지 정확하게 알 수가 없다. 구약 성경에는 어느 곳에도 예수님께서 나사렛 사람이라고 부름 받을 것이라고 예언한 곳이 없다. 다만 비슷한 말이 있을 뿐이다. 이사야 11:1에 "이새의 줄기에서 한 싹이 나며 그 뿌리에서 한 가지가 나서 결실할 것이요"라고 기록되어 있는데(사 14:19; 60:21) 예수님은 한 "싹"과 같으신 분이나 한 "가지"와 같으신 분이 되실 것이라고 예언되어 있다. 그런데 이 "가지"라는 말이 히브리어로 נֵצֶר(네체르-'가지'라는 뜻)라고 표현되어 있다. 그러니까 예수님은 "네체르"(가지)라는 것이다. 이 "네체르"라는 말이 나사렛 사람이라는 표현 (Ναζωραῖος)과 가장 가까운 표현이다. 그러나 이 표현을 사용한 것은 이사야 선지자 한 사람 뿐이다. 사실 다른 선지자도 이런 표현을 또 사용했어야 한다. 그런고로 이 문제를 해결하는 데는 많은 어려움이 따른다.

많은 학자들은 이 문제를 이렇게 해결한다. 구약의 여러 선지자들이 앞으로 오실 메시야가 나사렛 사람이라고 부름 받아야 할 것이라고 예언한 것은 바로 예수님의 삶 자체가 비천한 삶, 모욕을 받는 삶이 될 것이기 때문이었다고 보는 것이다. 다른 말로 표현해서 예수님은 비천한 사람들과 섞여 살며 유대인들에게 배척을 당하며 멸시와 천대를 받으실 분이기 때문에 나사렛 사람이라고 부름 받게 된 것이라고 보는 것이다. 예수님은 멸시 천대를 받고 배척을 받으실 분으로 구약 여러 곳에 예언이 되어 있다(시 22:6; 사 53:3; 단 9:26 등).

예수님 당시의 유대인들은 나사렛 사람을 멸시했다. 요 1:46에 빌립이 나다나엘을 찾아 예수님에게 소개했을 때 진실했던 나다나엘도 말하기를 "나사렛에서 무슨 선한 것이 날 수 있느냐"고 말했고, 요 7:52에 유대인들이 예수님에 대해서 혹평을 함으로 니고데모가 예수님을 변호하고 나올 때 유대인들은 예수님을 심히 무시하여 말했다. 유대인들은 니고데모를 향하여 말하기를 "너도 갈릴리에서 왔느냐. 상고하여 보라 갈릴리에서는 선지자가 나지 못하느니라"고 말했다.

예수님은 나사렛 사람이 되셨다. 그는 멸시와 천대를 받으시는 분이 되셨다(마 12:24; 27:21-23, 63; 눅 23:11; 요 1:11; 5:18; 6:66; 9:22, 24). 그는 말구유에서 탄생하셨고 또 애굽의 피난길에 올라 고생하셨으며 갈릴리 나사렛에서 사시면서 멸시와 천대를 당하셨다. 그는 공생애 3년간 심한 멸시를 받으시고 드디어 십자가에 죽으시는 수모를 당하셨다. 그는 우리를 위하여 시종 일관 멸시와 천대를 받으셨다. 예수님은 멸시를 받는 사람들과 천대받는 사람들을 외면하시지 않으신다. 그는 마음이 낮은 사람들을 찾아오신다.

제 3 장

예수님께서 사역을 준비하시다

II.예수님의 사역 준비 3:1-4:11

마태는 1장-2장에서 예수님의 탄생 사실과 유년기에 대해 언급한 후 이 부분(3:1-4:11)에는 예수님께서 사역에 앞서 진행된 몇 가지 일들을 기록한다. 마태는 예수님의 선구자 세례 요한의 활동(3:1-12)을 기록하고 예수님께서 세례를 받으신 일과(3:13-17) 시험 받으신 일을 기록한다(4:1-11).

A.선구자의 활동 3:1-12

예수님께서 베들레헴으로부터 애굽으로 피난하셔서 망명 생활을 하시다가 나사렛에 오셔서 나사렛 사람이 되신 것을 말씀한(2:13-23) 마태는 이제 유대 광야에 나타나 회개를 외치는 세례 요한에 대해 서술한다. 마태는 먼저 세례 요한이 유대 광야에서 사람들에게 회개하라고 외친 것을 기록하고(1-2절) 또 갑자기 나타난 세례 요한은 하나님께서 주전 700년경 구약의 이사야 선지자를 통하여 벌써 예언해 놓으신 소리 자체라고 밝힌다(3절). 그리고 마태는 요한의 경건한 삶을 설명하고(4절) 또 요한의 외침에 대한 전국적인 반향을 기술하며(5-6절) 요단강가에 세례 받으러 나온 종교지도자들에 대하여 엄중히 경고한 것을 기록한다(7-10절). 그리고 마지막으로 마태는 세례 요한의 사역과 예수님의 사역은 비교할 수 없을 정도로 엄청난 차이가 있음을 밝힌다(11-12절). 이 부분(1-12절)은 막 1:12-13; 눅 4:1-13과 병행한다.

마 3:1-2. 그 때에 세례 요한이 이르러 유대 광야에서 전파하여 말하되 회개하라 천국이 가까이 왔느니라 하였으니.

마태는 예수님께서 애굽에서 나사렛으로 오신 후 30년쯤 지난(눅 3:1-2, 23) "그 때에" 세례 요한(막 1:4, 15; 눅 3:2-3; 요 1:28)이 유대 광야에서(수 14:10) 유하면서 "회개하라"고 외친 것을 말한다. 세례 요한이 "회개하라"고 외친 이유는 천국이 가까이 왔기 때문이라고 한다(4:17; 10:7; 단 2:44). "요한"에게 "세례"라는 말이 붙은 이유는 그가 세례를 베풀었기 때문이다. 그는 유대 광야[34](요단강 양편에 있는 광야를 지칭함)에서 성장했고(눅 1:80) 또 유대 광야에서 회개하라고 외쳤다.

세례 요한이 외친 "회개하라"(μετανοεῖτε)는 말은 명령형으로 '마음을 완전히 고쳐먹어라,' '마음을 180도 회전해라,' 'U turn 하라'는 말이다. 그 동안 세상에서 죄를 짓는 삶으로부터 180도 회전하여 그리스도를 향하라는 뜻이다.

문맥을 살피면 3절의 "주의 길을 준비하라," "그가 오실 길을 곧게 하라"는 말씀이 곧 회개하라는 말씀이다. 다시 말해 예수님께서 가시는 길을 준비하는 것이 회개이고 예수님께서 오실 길을 곧게 하는 것이 회개이다. 예수님은 우리의 마음속으로 들어오시기를 원하신다. 우리가 그 길을 준비하는 것이 회개이다. 예수님께서 우리의 마음속으로 들어오시려고 할 때 우리의 마음속에는 더러운 것들이 많이 있다. 그 길은 첩경이고 험한 길이다. 땅위의 왕들이 행차하려고 할 때 길 바닥에 널려 있는 쓰레기를 치워야 하며 혹은 거치는 것들을 정리해야 하는 것처럼 예수님께서 우리의 마음속으로 들어오시도록 길을 예비해야 하고 평평하게 해놓아야 한다. 회개하는 방법으로는 6절에 말씀한대로 "죄를 자복함"으로 되는 것이다. 죄를 고백함이 없이는 죄로부터 돌아설 수가 없다. 우리는 죄를 고백해야 한다.

세례 요한이 회개하라고 외친 이유(γὰρ)는 "천국이 가까이 왔기"(ἤγγικεν

---

34) "유대광야는 오아시스가 거의 없는, 황량한 벌판이다. 수 마일을 계속 가도 나무 한 그루, 풀 한 포기, 시내 또는 샘을 발견할 수가 없다. 어디를 가도 석회석이 표토 하나 덮이지 않은 채 서 있다. 세례 요한이 그의 사역의 무대로 이와 같은 환경을 사용한 데에는 깊은 상징적인 의미가 있다. 3-5절 참조"(헤르만 리델보스, *마태복음* 상, 오광만 옮김, p.83)

γὰρ ἡ βασιλεία τῶν οὐρανῶν) 때문이다. 여기 "가까이 왔다"(ἤγγικεν)는 말은 현재완료형으로 '이미 가까이 와서 지금도 가까운 데 있다'는 뜻으로 천국이 아주 가까이 와서 떠나가지 않고 그냥 가까이 있다는 뜻이다. 그리고 "천국"(ἡ βασιλεία τῶν οὐρανῶν)이란 '하나님의 나라'를 가리킨다. 마태는 '하나님의 나라'라는 단어를 사용하지 않고 '천국'이란 단어를 즐겨 사용한다(마가복음과 누가복음은 "하나님의 나라"란 말을 사용한다).

"천국이 가까이 왔다"는 말씀은 '하나님의 나라가 가까이 와 있다'는 뜻으로 '하나님의 통치가 가까이 왔다'는 뜻이다. 하나님의 통치는 그리스도를 통하여 이루어진다. 하나님의 나라는 현세의 하나님의 나라와 내세의 하나님의 나라로 분류되는데 하나님은 그리스도를 통하여 통치하셔서 영적인 하나님의 나라를 땅위에 이루시고 또 그리스도의 재림으로 하나님의 나라를 완성하신다. 그러니까 현세의 하나님 나라나 내세의 하나님 나라는 모두 그리스도를 통하여 이루신다.

그리스도를 믿는 신자는 지금 두 나라에 살고 있다. 우리는 세상 나라에서 살고 있고 그리스도께서 통치하시는 영적인 하나님 나라에 살고 있다. 우리는 어머니의 태에서 나온 후에 자동적으로 세상 나라에서 살게 되었는데 그러나 그리스도께서 통치하시는 영적인 하나님의 나라에서 살기 위해서는 자동적으로 되는 것이 아니라 회개하여 예수님을 왕으로 모셔야만 한다. 회개하지 않은 사람들은 영적인 하나님의 나라에 들어갈 수가 없다. 그리고 그리스도께 순종하지 않고는 하나님 나라의 시민 역할도 하지 못한다. 세상 나라에는 반정부하는 사람도 있고 혹은 규칙을 지키지 않는 사람들도 살 수 있으나 그리스도께서 중심이 되시는 하나님의 나라에서는 왕 되신 그리스도에게 절대적으로 순종하지 않고는 시민 노릇을 할 수 없다.

세례 요한은 유대광야에서 유대인들에게 "회개하라 천국이 가까이 왔느니라"고 무섭게 외쳤다. 예수님께서 가까이 오셨으니 예수님을 향하여 마음을 돌리라는 것이었다. 지금도 인류는 세상 죄로부터 돌아서서 그리스도를 왕으로 모시고 하나님 나라의 시민으로 살아야 한다. 우리는 예수님께 순종하여 하나님의 나라에서 살면서 모든 은혜와 평강을 누려야 한다. 몸이 아프면 그리스도에게 기도하여 고침을 받아야 하고 양식이 없고 필수품이 없으면 그리스도에게 부탁하여 풍성히 받으며 살아가야 한다. 우리는 지금 세상에서 영적인 하나님의 나라에서 살다가 예수님께서 재림 하신 후에는 완성된 하나님 나라에 들어가게 된다.

마 3:3. 그는 선지자 이사야를 통하여 말씀하신 자라 일렀으되 광야에 외치는 자의 소리가 있어 이르되 너희는 주의 길을 준비하라 그가 오실 길을 곧게 하라 하였느니라.

마태는 본 절(이사야 40:3의 70인 역)에서 세례 요한이 누구인지를 말하고 또 그의 사역을 말한다. 세례 요한은 "선지자 이사야를 통하여 말씀하신 자"라고 말한다. 하나님은 선지자 이사야를 통하여 세례 요한이 이 땅에 올 것을 미리 말씀하셨다. 하나님께서 말씀하신 세례 요한은 "광야에 외치는 자"라고 하신다(사 40:3; 막 1:3; 눅 3:4; 요 1:23). 세례 요한은 광야에서 외쳤다. 그는 외치는 자의 소리로 살았다. 그는 소리만 냈고 사람 자체는 숨겼다. 세례 요한은 말하기를 "회개하라 천국이 가까이 왔느니라"라고 외쳤다. "그는(예수님) 흥하여야 하겠고 나는 쇠하여야 하리라"고 말했다(요 3:30).

그리고 하나님은 이사야 선지자를 통하여 예언하실 때 세례 요한이 어떤 사역을 할 것인지를 예언하셨다. 하나님은 세례 요한이 주님의 길을 준비하라고, 그리고 주님께서 오실 길을 곧게 하라고 외칠 소리 자체가 될 것이라고 예언하셨다. "주의 길"이란 '주님께서 우리 마음속으로 들어오시는 길'을 말하고(눅 1:76) "오실 길"이란 '오셔야 할 길'을 말하는데 주님께서 우리 마음속으로 들어오시는 길은 험한 길이다. 아담으로부터 내려오는 모든 죄가 쌓여있는 악하고 험한 길이다. 우리는 각자가 주님이 우리 마음속으로 들어오실 길을 예비해야 한다. 죄에 대한 자복이 있어야 한다.

마 3:4. 이 요한은 낙타털 옷을 입고 허리에 가죽 띠를 띠고 음식은 메뚜기와

석청이었더라.

마태는 광야에서 사역했던 세례 요한의 외모에 대해 언급하고 또 세례 요한이 먹던 음식에 대해 언급한다. 마태는 세례 요한(막 1:6)이 질긴, 순수한 광야 복장인 낙타털로 만든 옷을 입고 사역했다고 말한다(왕하 1:8; 슥 13:4). 그의 옷에 아무런 장식품이 붙어있지 않았다. 그리고 허리에는 엘리야가 그랬듯 가죽 띠를 띠고 사역했다(왕하 1:8). 이런 가죽 띠는 오늘날 아라비아의 유목민들이 두르고 있다. 그는 소박한 사람이었다.

그리고 음식은 메뚜기(레 11:22)와 석청(삼상 14:25-26)을 먹었다. 메뚜기는 오늘날 광야의 거류민들도 먹는데 익히거나 혹은 구워서 먹는다. 그리고 요한은 석청을 먹었는데 석청은 광야에서 생산되는 야생 꿀이다. 요한이 이런 두 가지 음식을 먹은 것을 두고 그런 정도의 빈약한 영향을 취하면서 생활하는 것은 연명하기에 불충분한 것이라고 말하는 사람들도 있다. 그러나 요한이 이 두 가지만 먹었다고 볼 수는 없을 것이다. 마태가 이렇게 두 가지를 말하는 것은 요한이 참으로 소박한 삶을 살았다는 것을 보여주는 말이다. 그가 옷치장도 하지 않고 먹는 것도 소박했다는 것을 말하는 것으로 보아야 한다. 그는 결코 호화롭게 사는 왕궁의 사람은 아니었다(눅 7:25 참조).

마 3:5-6. 이때에 예루살렘과 온 유대와 요단 강 사방에서 다 그에게 나아와 자기들의 죄를 자복하고 요단강에서 그에게 세례를 받더니.

마태는 여러 지역, 즉 "예루살렘과 온 유대와 요단강 사방에서 다 세례 요한에게 나아와 자기들의 죄를 자복하고(고백하고) 요단강에서 요한에게 세례를 받았다"고 말한다. 세례 요한의 사역의 범위는 대단히 넓었다. 한 지역이 아니라 넓은 세 지역이었다. "예루살렘" 사람들이 그에게 나아와 자기들의 죄를 자복하고 요단강[35]에서 세례를 받았고, "온 유대 사람들"이 다 요한에게 나아와 자기들의

35) "요단강": '연중 끊임없는 강'이라는 뜻이다. 현대의 Jordan 은 헬라어 '요르다네스'에서 유래하고 있다. 팔레스틴의 최대의 강이다. 북의 레바논, 헤르몬 산을 수원(水源)으로 하여 팔레스틴을 세로 건너, 남부의 사해로 흘러들어 가는 강이다. 도중 훌레 호수(Huleh), 갈릴리 호수를 통과하여, 강의 양상, 계곡의 지세를 바꾸고 있다. 수원지는 대략 해발 500m, 급류로서

죄를 자복하고 요단강에서 그에게 세례를 받았다(막 1:5; 눅 3:7). 그리고 "요단강 사방에서" 다 그에게 나아와 자기들의 죄를 자복하고 요단강에서 그에게 세례를 받았다(행 19:4, 18).

세례 요한이 그들을 찾아간 것이 아니라 그들이 세례 요한에게 나아왔다. 여기 "나아와"(ἐξεπορεύετο)란 말은 미완료과거 시제로 '계속해서 나아왔다'는 뜻이다. 이런 놀라운 영향은 하나님에 의한 것이었다. 아무튼 엄청난 반향이었다. 요한은 모친의 태중으로부터 성령의 충만함을 입은 사람이었을 뿐 아니라(눅 1:15) 예수님을 기뻐한 사람이었으며(눅1:41, 44) 겸손과 경건을 힘쓴 사람이었기에 이런 놀라운 사역이 가능했다(요 3:3). 모든 사람들이 요한을 선지자로 인정해서 움직였다(마 21:26).

세 지역에서 나온 사람들은 "자기들의 죄를 자복했다." 사람들은 한 사람만 아니라 수많은 사람들이 계속해서 그들의 죄를 자복하고 있었다. "자복하고"(ἐξομολογούμενοι)란 말은 미완료 과거 시제로 '계속해서 자복했다'는 뜻이다. 그들은 세례를 받기 전에 먼저 죄를 자복해야 했다. 죄를 자복하지 않은 세례는 무의미했다. 사람 앞에 죄를 자복한다는 것은 참으로 힘든 일인데 그들은 세례 요한을 선지자로 인정하였기에 죄를 자복한 것이다. 그들은 주로 생활하는 중에 지은 죄를 자복한 것으로 보인다(눅 3:10-14).

그들은 죄를 자복한 다음에 요한에게 "세례를 받았다." 여기 "세례를 받고"(ἐβαπτίζοντο)란 말은 미완료 과거 시제로 '계속해서 세례를 받았다'는 뜻이다. 사람들이 계속해서 찾아와 한 사람 한 사람 계속해서 세례를 받았다. 세례 요한이 세례를 베푼 양식을 두고 혹자는 세례 요한이 사람들에게 세례를 베풀

훌레 호수(해방 68m)에 흘러들어 가고, 다시 남하하여 약 20km거리의 갈릴리 호수에 낙차(落差) 280m로 흐른다. 갈릴리 호수 남단에서의 흐름은 사행(蛇行)이 심하여, 직경거리 104km(낙차 180m)에 대하여, 실제는 3배나 되는 길이로 되어 있다. 하류로 감에 따라, 옛 부터의 넓은 강바닥을 더욱 깊이 파서 깊은 계곡을 이루고 있다. 단구(계단 모양의 지형)의 옛 하상(河床)에는 아열대성의 소관목이 무성하고, 짙은 식물대로서 사행하는 강에 따라, 특징 있는 경관을 보여주고 있다. 이 풀숲에는 들새 및 짐승이 살고 있다. 성경 중 요단강에 관한 역사적 사건은 많아, 여호수아의 이스라엘 백성을 거느린, 요단강 도하(수 3:7-4:14), 엘리야, 엘리사의 사건(왕하 2:7-8), 나아만의 몸 씻음(왕하 5:10-14), 세례 요한의 활약, 예수의 수세(마 3:6), 기타 수 없이 많이 있다.

때 요단강에 잠기게 함으로 세례를 베풀었다고 말하고(헬만 리델보스) 또 혹자는 세례를 베풀 때 물을 사용한 것뿐이지 잠기게 하지는 않았다고 주장한다 (Lenski). 그런가하면 또 혹자는 사람들이 요단강에 들어서자 세례 요한이 물로 세례를 베푼 것으로 말한다(윌렴 헨드릭슨). 세례에는 양식이 중요한 것은 아니다. 세례 베풀기 전에 죄를 자복했느냐는 것이 중요하다.

마 3:7. 요한이 많은 바리새인들과 사두개인들이 세례 베푸는 데 오는 것을 보고 이르되 독사의 자식들아 누가 너희를 가르쳐 임박한 진노를 피하라 하더냐.

세례 요한은 요단강가로 세례 받으러 나온 바리새인들[36]과 사두개인들[37]에게 "독사의 자식들아"라고 부르면서 무슨 근거로 하나님의 심판을 피할 수 있다고 생각하느냐고 묻는다(12:34; 23:23; 눅 3:7-9). 혹자는 이들이 요단강 가에 나온 것은 구경하러 나온 것이라고 하지만 구경하러 나온 사람들에게 세례 요한이 독사의 자식들이라고 비난하지는 않았을 것이다. 그들은 회개는 하지 않고

---

36) "바리새파": 사두개파, 에세네파와 함께 유대인의 3대 당파의 하나였다. 특히 사무개인(파)과 대립한 세력으로서, 일반적으로 율법의 엄격한 준수, 특히 모세 5경에 기록되어 있는 레위적 정결을 엄수하는 것에 이 파의 특색이 있었다. 바리새라는 명칭은 히브리어 '페루쉼'(פרושים), 헬라어의 'Πηαρισαιοι'에 유래하고 '분리된 자들'이라는 뜻이다. 부활의 신앙에 있어서 사두개인과 대립하고(행 23:8), 또한 그리스문화의 침투에 대해서도 사두개인과 달리 세차게 이것을 거부했다. 그리고 종교를 국민생활의 중심에 두기를 노력하여, 국민들로부터 신망을 얻었다.

37) "사도개파": 유대의 종교 및 정치의 최고 지도자인 대제사장을 지지한 당파. 기원 전 2세기에서 예루살렘멸망(주후 70년)에 이르는 기간에 세력을 가졌던 당파로, 귀족계급에 속하고, 대제사장 및 예루살렘의 유력자들로 이룩되어 있었다. 바리새인과 대립했는데, 바리새인이 종교적인데 반하여, 그들은 아주 정치적 색채가 강했다. 수는 비교적 소수였으나, 교양도 있었고, 특히 제사장 계급을 독점하여 세력을 폈다. '사두개인'은 다윗, 솔로몬 시대에 예루살렘 성전의 지도적 제사장 '사독'의 이름에 유래하는 것으로 여겨진다. 사두개인은 현세적으로는 그리스 문화에 대하여 개방적이고 세속적이었다. 그 때문에 마카비 전쟁시대의 종교적, 민족적 혁신의 시기에는 냉대되었는데, 하스몬 왕조 (그 초기의 지도자들은 마카비로서 알려진다)가 세속화됨에 따라 세력을 펴고, 이에 비판적이었던 바리새인과 대립하게 되었다. 이 경향은 뒤의 헤롯 왕조의 친 로마 정책과도 영합(迎合)하여, 성전을 중심으로, 종교적으로는 제사장 계급으로서 강화되었다. 공회의 의원도 많았다. 따라서 민중으로부터는 떠나, 인기가 없었다. 그 신앙 사상은 일면 보수적임과 함께 한편 극히 합리적, 현세적이었다. 그들은 바리새인이 부가하고 존중한 유전(遺傳-)을 인정치 않고, 성문화된 모세의 율법만을 인정했다. 그 결과로, 부활도, 천사도, 영도, 일체의 존재를 인정치 않았다(막 12:18; 눅 20:27; 행 23:8).

임박한 구원에 참여하는 사람들과 한 무리인 것처럼 행세하려고 세례를 받으러 나왔기 때문에 요한은 그들을 호되게 책망한 것으로 보아야 한다. 예수님께서 이들을 "독사의 자식들"이라고 부르신 것은 그들이 마귀의 도구들이었기 때문이었는데(요 8:44) 구체적으로 그들의 악한 본성, 즉 그들이 사람을 죽이고 십자가에 못 박고 또 때리고 구박하기 때문이었다(마 23:34). 그들은 회개하지 않고 지내다가 주후 70년에 하나님의 심판을 받아 망했다.

"바리새인"은 유대 사회의 전통적인 종교 단체의 회원들로서 율법과 전통(traditions) 준수에 엄격했고 육체의 부활과 천사의 존재를 믿었다. 그러나 예수님은 바리새인들이 외식하는 삶을 사는 것을 보시고 위선자들이라고 통렬히 비난하셨다(눅 11:44; 12:1). "사두개인"은 모세 5경만을 읽었고 내세와 부활을 부인했던 현세주의자들이었다. 이 두 단체의 회원들은 자신들을 온전한 의인들로 착각하고 살았기 때문에 진정한 회개에 대해서는 관심이 없었고 하나님의 임박한 심판(롬 5:9; 살전 1:10)을 틀림없이 피할 줄로 생각했다. 우리는 진정으로 죄를 자복함이 살 길인 줄 알아야 할 것이다. 애통하는 자가 복이 있지 아니한가.

마 3:8-9. 그러므로 회개에 합당한 열매를 맺고 속으로 아브라함이 우리 조상이라고 생각하지 말라 내가 너희에게 이르노니 하나님이 능히 이 돌들로도 아브라함의 자손이 되게 하시리라.

세례 요한이 두 단체(바리새파, 사두개파)의 회원들을 향하여 첫째, 회개에 합당한 열매를 맺을 것을 권장하고, 둘째 마음속으로 아브라함을 조상이라고 생각하지 말라고 경고하며, 셋째 하나님은 그의 주권으로 돌을 가지고도 아브라함의 자손을 만들 수 있다고 말씀한다.

"회개에 합당한 열매를 맺으라"는 말씀은 '회개라고 하는 말에 걸 맞는 열매를 맺으라'는 말이다.[38] 회개에 합당한 열매들(TR, KJV)을 맺으라는 권고

38) "합당한"이라는 말은 "같은 분량의"란 뜻이다. 그러니까 회개에 합당한 열매를 맺으라는 말은 회개라는 말에 걸 맞는 열매를 맺으라는 말이다. 다른 말로 해서 참 회개를 하라는 말이다.

는 10절에 나오는 대로 "좋은 열매"를 맺으라는 권고와 같다. 회개에 합당한 열매들을 맺으라는 권고는 다름 아니라 예수님이 우리의 마음속에 들어오시는 길을 예비해놓으라는 말이며 우리의 마음의 악함을 자복하여 예수님이 들어오시도록 평탄케 만들어놓으라는 말이다. 결코 한두 가지 죄를 끊었다고 해서 되는 것이 아니라 예수님께서 들어오시도록 만들어놓는 것이다. 예수님께로 방향을 온전히 선회하지 않으면 한두 가지 죄를 자복했다고 해도 회개했다고 볼 수 없는 것이다.

"속으로 아브라함이 우리 조상이라고 생각하지 말라"는 말은 혈통을 의지하여 구원받을 생각을 하지 말라는 말이다(요 8:33, 39; 행 13:26; 롬 4:1, 11, 16). 중요한 것은 아브라함이 하나님을 믿었던 것처럼 참으로 믿는 믿음이 중요하다는 뜻이다. 그래서 마음속으로 아브라함이 우리들의 조상이니 우리가 구원을 받을 것이라고 생각조차 하지 말아야 한다는 것이다. 오늘 교회에 출석하는 것으로 천국에 갈 것이라고 착각하지 말아야 하는 것과 같다.

"하나님이 능히 이 돌들로도 아브라함의 자손이 되게 하시리라"는 말씀은 하나님께서 사람을 구원하실 때 어떤 혈통을 보고 구원하시는 것이 아니라 전적으로 하나님의 주권에 의해서 구원하신다는 뜻이다(눅 19:40). 그런고로 사람은 자신의 어떤 조건을 내 세울 것이 아니라 하나님의 은혜를 바라며 긍휼을 기다려야 한다.

마 3:10. 이미 도끼가 나무뿌리에 놓였으니 좋은 열매 맺지 아니하는 나무마다 찍혀 불에 던지우리라.

세례 요한은 이미 하나님의 임박한 심판이 바리새인들이나 사두개인들에게 다가왔다고 경고한다. 요한은 회개라는 말에 걸 맞는 참된 열매를 맺지 아니하는 종교가들은 "찍혀 불에 던지우리라"고 한다(7:19; 눅 13:7, 9; 요 15:6). 즉 '찍혀 지옥 불에 던져질 것이라'고 경고한다. 요한의 경고는 주후 70년에 임할 멸망에만 국한된 것이 아니라 인류 종말에 임할 불 심판을 경고하는 말이다. 주후 70년에 망한 사람들은 모두 종말의 최후 심판에 정죄 심판을 받게 될 것이다. 두 심판은 똑 같은 심판이다. 예루살렘에 임한 심판은 종말의 심판을 미리 보여주는 예표인 점에서 두 심판은 똑 같은 심판이라고 할 수 있다. 우리는 지금 회개하여 열매를 맺어야 한다(사 55:6; 눅 13:7, 9; 17:32; 요 15:6; 롬 13:11; 고후 6:2; 요일 2:18; 계 1:3).

마 3:11. 나는 너희로 회개하게 하기 위하여 물로 세례를 베풀거니와 내 뒤에 오시는 이는 나보다 능력이 많으시니 나는 그의 신을 들기도 감당하지 못하겠노라 그는 성령과 불로 너희에게 세례를 베푸실 것이요.

마태는 본 절과 다음 절(12절)에서 좋은 열매 맺지 아니하는 사람들이 그리스도에 의하여 종말에 불 심판을 받을 것을 경고한다. 마태는 종말에 임할 불 심판을 말하면서 성도들이 받을 성령 세례에 대해 언급한다. 마태는 세례 요한이 사람들로 하여금 회개하도록 하기 위해서 물로 세례를 베푸는 것이고 예수님은 성령과 불로 하나님의 택한 백성들에게 세례를 베푸셔서 천국으로 보내실 것이라고 말한다.

요한은 "나는 너희로 회개하게 하기 위하여 물로 세례를 베푼다"고 말한다(막 1:8; 눅 3:16; 요 1:15, 26, 33; 행 1:5; 11:16; 19:4). 요한은 사람들로 하여금 회개하기 위해서 물로 세례를 베푸는 것이라고 말한다. 결코 죄를 용서받은 사람에게 세례를 베푸는 것이 아니라 사람들로 하여금 회개하게 하기 위해서 세례를 베푸는 것이라는 뜻이다. 신약 시대의 세례와 완전히 다른 세례이다. 신약 시대의 물세례는 죄를 씻었다는 뜻으로 베푸는 것임에 반하여 요한의 세례는 회개하여 예수님을 영접하도록 하기 위해서 베푸는 세례이다. 세례 요한이 요단강 가에서 베푸는 세례는 예수님이 등장하시면 예수님을 영접하도록 하기 위해서 베푸는 회개의 세례에 지나지 않았다. 회개하지 않으면 예수님을 영접할 수 없으므로 회개를 독촉하는 뜻에서 베푼 세례였다.

세례 요한은 "내 뒤에 오시는 이는 나보다 능력이 많으시니 나는 그의 신을 들기도 감당하지 못하겠다"고 말한다. 요한은 "내 뒤에 오시는 이는 나보다 능력이 많다"고 말한다. "내 뒤에 오시는 이" 즉 '세례 요한보다 6개월 뒤에 사역을 시작하시는 예수님'은 세례 요한보다 능력이 많다고 말한다. 예수님은 능력이 많으셔서 세례 요한으로서는 예수님의 신발 끈을 푸는 일도 감당치 못할 정도라고 한다. 예수님의 머슴 노릇도 할 수 없을 정도라고 말한다.

요한은 "그(예수)는 성령과 불로 너희에게 세례를 베푸실 것이라"고 말한다(사 4:4; 44:3; 말 3:2; 행 2:3-4; 고전 12:13). 요한은 물로 세례를 베풀었지만 '예수님은 성령과 불로 말세의 남여 종들에게 세례를 베푸실 것이라'고 한다(욜 2:28). 예수님께서 성령과 불로 제자들에게 세례를 베푸실 것이란 말은 예수님께서 남녀 차별 없이 신분 차별 없이 누구에게나 성령을 받게 하여 예수님과 연합시키실 것을 지칭하는 말이다(고전 12:13; 갈 3:27). 예수님은 승천하신 다음 10일 만에 성령을 보내어 그 작업을 수행하셨다(행 2:1-4). 그 후 신약 시대에 계속해서 예수님은 성령으로 사람들에게 세례를 베푸신다. 문제는 여기 "성령과 불"이라고 할 때 "불"이 무엇을 지칭하는 것이냐를 두고 의견이 갈린다. 1) "불"은 '불신자들에게 임할 종말의 심판'으로 보는 견해(Meyer, Eerdman, 헤르만 리델보스). 그러나 이 견해는 문맥을 거스른다. 이유는 종말의 심판에 대해서는 다음 절(12절)에 따로 언급하고 있다. 2) 성령님의 정결 사역(purification)으로 보는 견해(Calvin, Olshausen, Alford, Bengel, 렌스키, 윌렴 헨드릭슨, 이상근). 이 견해가 타당하다. 성령님은 성도들에게 세례를 베푸실 때 성도들을 정결하게 하신다. 요 3:5에 예수님께서 "사람이 물과 성령으로 거듭나지 아니하면 하나님 나라를 볼 수 없다"고 하실 때도 역시 "물"은 성령님의 정결사역을 뜻하는 것과 맥을 같이 하는 것으로 볼 수 있다.

마 3:12. 손에 키를 들고 자기의 타작마당을 정하게 하사 알곡은 모아 곳간에 들이고 쭉정이는 꺼지지 않는 불에 태우시리라.

세례 요한은 예수님께서 "성령과 불로 너희에게 세례를 베푸실 것이라" 소개하고(앞 절) 이제 본 절에서는 예수님은 "손에 키를 들고 자기의 타작마당을 정하게 하사 알곡은 모아 곳간에 들이고 쭉정이는 꺼지지 않는 불에 태우시리라" 고 소개한다(13:30; 말 4:1). 첫째 사역은 예수님께서 승천하셔서 10일 뒤에서부터 하시는 사역이고, 둘째 사역은 인류의 종말에 하실 사역이다.

예수님은 재림하셔서 마치 농부가 타작마당에서 키[39]를 가지고 알곡과 쭉정이를 분리하는 것처럼 성령 세례를 받은 알곡 신자는 천국에 들어가게 하시고 성령 세례를 받지 않아서 믿지 않는 불신자는 꺼지지 않는 지옥 불에 태우실 것이다.

B.예수님께서 세례를 받으시다 3:13-17

마태는 세례 요한이 유대광야에서 사람들에게 회개를 촉구한 것을 기록한(1-12절) 다음 이제는 예수님께서 세례를 받으신 사실을 기록한다. 예수님께서 세례를 받으신 기사는 4복음서에 다 기록되어 있다(막 1:9-11; 눅 3:21-22; 요 1:31-32). 마태는 다른 성경기자들과 달리 예수님께서 세례를 받으신 사실을 제일 자세히 기록하고 있는데 예수님께서 세례를 받으시러 요단강에 이르신 사실과(13절) 요한이 예수님의 요청을 만류한 사실(14절), 또 예수님께서 세례의 필요성을 역설하신 사실을 기록한다(15절). 그리고 마태는 예수님께서 세례를 받으신 후에 성령께서 임하신 것을 기록하고 또 성부 하나님께서 하늘에서 말씀하신 음성을 기록하고 있다(16-17절).

마 3:13. 이때에 예수께서 갈릴리로부터 요단강에 이르러 요한에게 세례를 받으려 하시니.

세례 요한이 요단강에서 세례 베풀고 있을 때 예수님은 갈릴리 나사렛으로부터(막 1:9; 눅 3:21) 요단강에 이르러 세례 요한에게 세례를 받으려고 하셨다(2:22). 예수님은 공생애를 시작하시기 위해서 사역의 현장에 나타나 먼저 세례부터

---

39) "키"(winnowing)는 낟알을 바람에 날려 알곡과 쭉정이를 가려낼 때 사용하는 도구이다. 알곡은 바로 키 위에 떨어지지만 쭉정이는 약간 멀리 떨어진다.

받으시려고 하셨다.

예수님께서 요한에게 세례를 받으신 것은 지극한 겸손을 보여주신 것이다. 하나님이신 예수님께서 사람에게 세례를 받으신다는 것은 우리가 얼마나 겸손해야 할 것을 극명하게 보여주신다. 예수님의 수세는 사람끼리의 겸손을 훨씬 능가하신 겸손이었다.

마 3:14. 요한이 말려 이르되 내가 당신에게서 세례를 받아야 할 터인데 당신이 내게로 오시나이까.

요한은 예수님께서 세례를 받으셔야 할 이유가 없는 것을 알고 말렸다. 여기 "말려"(διεκώλυεν)란 말은 미완료과거 시제로 '계속해서 적극적으로 말렸다,' '계속해서 적극적으로 방해했다'는 뜻으로 세례 요한은 너무 황송해서 여러 차례 만류했다는 뜻이다. 요한은 만류할 뿐 아니라 오히려 요한 자신이 예수님에게 세례를 받아야 할 것이라고 말씀했다. 세례 요한은 예수님께서 죄가 없으신 분임을 알았고 또 자기보다 능력이 더 크신 분이시고 또 성령으로 세례를 주시는 분이시며 알곡은 곳간(庫間)에, 쭉정이는 꺼지지 않는 불속에 넣으시는 심판주이심을 알았다(11-12절). 그런고로 적극적으로 만류했고 오히려 요한 자신이 세례를 받아야 할 것으로 말했다.

마 3:15. 예수께서 대답하여 이르시되 이제 허락하라 우리가 이와 같이 하여 모든 의를 이루는 것이 합당하니라 하시니 이에 요한이 허락하는지라.

예수님은 요한을 향하여 예수님 자신에게 세례를 베풀라고 부탁하신다. 즉 "이제 허락하라"고 하신다. 이제 허락해야 할 이유는 세례 요한이 예수님에게 세례를 베푸는 것, 예수님께서 세례를 받는 것이 "모든 의를 이루는 것이기" 때문이라고 하신다. 다시 말해 요한이 예수님에게 세례를 베푸는 것이 요한의 의무이며 또 예수님이 세례를 받는 것이 예수님의 의무라는 것이다. 그래서 요한은 예수님의 요청을 들어드린다.

세례 요한은 죄인이었지만 세례를 베풀도록 하나님께서 세우셨다. 그런고로 그는 예수님에게 세례를 베푸는 것이 의를 이루는 일이었다. 하나님 보시기에 옳은 일이었다. 그리고 예수님께서도 세례를 받는 것이 "모든 의를 이루는 것이었다." 하나님 보시기에 옳은 일이었다는 뜻이다.

예수님께서 세례를 받으시는 것이 왜 옳은 일인가. 1) 모든 사람들의 모범이 되시기 때문이다. 예수님을 보고 사람들은 세례를 받을 것이니 예수님의 수세는 옳은 일이었다. 2) 예수님은 세례를 받으심으로 사람들과 같아지셨다. 그는 사람의 몸을 입고 오셨고 말구유에서 탄생하셨고 비천한 나사렛 사람이 되셨으며 또 사역을 시작하시면서 세례를 받으셔서 우리와 똑 같아지셨다. 그가 우리와 똑 같아지시기 위해서 사람의 몸을 입고 오셨으니 세례를 받으셔야 했다. 3) 예수님의 수세는 사람들을 위해서 의를 행하시는 행위이기 때문에 옳은 일이다. 예수님은 사람들을 위하여 율법을 완성하려고 이 땅에 오셨다(마 5:17). 예수님은 하나님께서 내신 모든 법을 완성하셨다. 예수님은 할례도 받으셨고 이제 세례도 받으신다. 예수님은 철저히 '하나님께서 명하신 모든 의'를 행하셨다.

마 3:16. 예수께서 세례를 받으시고 곧 물에서 올라오실 새 하늘이 열리고 하나님의 성령이 비둘기같이 내려 자기 위에 임하심을 보시더니.

마태는 본 절과 다음 절(17절)에서 예수님께서 세례를 받으시고 물에서 올라오실 때 벌어진 일들을 기록한다(막 1:10). 첫째, "하늘이 열렸다." 마태는 여기 "하늘이 열렸다"는 말씀 앞에 "보라"(ἰδοὺ)는 말을 첨가하여 예수님의 수세시의 놀라움을 묘사한다. "열렸다"(ἀνεῳχθῆναι)는 말은 부정(단순)과거 시제로 '단번에 열린 것'을 뜻한다.[40] 이것은 결코 환상을 말하는 것도 아니고 예수님의 마음속에서 일어났던 하나의 생각을 말함이 아니라 실제로 하늘이 열렸던 것을 지칭한다(막 1:10 참조). 에스겔은 하늘이 열린 것을 보았고(겔 1:10), 신약의

40) 부정(단순)과거는 단회적 사건을 말할 때나 또는 동사자체를 강조하기 위하여 사용한다. 동사 자체를 강조하기 위해 쓰일 때는 '참으로...,' '진정으로...'라는 말을 첨가하여 해석하는 것이 좋을 것이다.

스데반도 하늘이 열린 것을 보았다(행 7:56). "하늘이 열린 것은 별개의 사건이 아니라 그 다음(22절)에 나오는 성령 강림사건과 하늘로부터의 소리를 위한 필수적인 전제다"(존 놀랜드).[41]

둘째, 예수님은 "하나님의 성령이 비둘기같이 내려 자기 위에 임하심을 보셨다"(사 11:2; 42:1; 눅 3:22; 요 1:32-33). 성령께서 하늘에서 비둘기 같이 내려 예수님 위에 임하셨다. 불같은 성령께서(행 2:3) 예수님의 수세 시에는 온유한 비둘기 같이 임하셨다. 예수님은 온유하게 사역하실 분이시기에 이렇게 온유하신 성령께서 임하신 것이다(사 53:2-3). 한분 성령께서는 오순절 성령강림절에 사람들에게 임하실 때는 불같은 성령으로 임하여 죄를 정결케 하셨고 예수님의 수세 시에 예수님 위에 임하실 때는 온유한 사역(11:29)을 위하여 비둘기 같은 성령으로 임하셨다.

마 3:17. 하늘로부터 소리가 있어 말씀하시되 이는 내 사랑하는 아들이요 내 기뻐하는 자라 하시니라.

셋째(첫째, 둘째는 앞 절에 있음), "하늘로부터 소리가 있어 말씀하셨다"(요 12:28). 하나님께서 소리를 내어 말씀하신 내용은 "이는 내 사랑하는 아들이요 내 기뻐하는 자라"는 말씀이었다(12:18; 17:5; 시 2:7; 사 42:1; 막 1:11; 눅 9:35; 엡 1:6; 골 1:13; 벧후 1:17). 이 문장의 첫 낱말 "이는"이란 말은 하나님께서 세례 요한으로 하여금 들으라고 하신 말씀이었다. 만약 하나님께서 예수님께 이 말씀을 하시기를 원하셨다면 "너"라는 낱말을 사용하셨을 것이다. 하나님은 당시의 요한과 오늘날 우리에게 세례를 받으신 예수님이 어떤 분임을 알게 하시려고 "이는"이라고 하셨다. 하나님은 예수님이 하나님의 아들이시고(막 1:11; 눅 3:22) 또 하나님께서 기뻐하시는 자라고(사 42:1 참조) 하셔서 무수한 사람들로 하여금 믿음을 가지게 하셨고 기쁨을 가지게 하셨다. 하나님께서 이렇게 하늘에서 예수님을 인정하시는 말씀을 하신 것은

41) 존 놀랜드, *누가복음 1:1-9:20*, Word Biblical Commentary 35 (상), p. 346.

예수님을 위한 것이 아니라 세상 사람들로 하여금 예수님이 어떤 분임을 알게 하려는 것이었고 또 이제부터 예수님께서 일을 시작하신다는 것을 알리시기 위함이었다.

성부 하나님의 이 음성은 예수님께서 변화 산에 계실 때와(마 17:5) 예수님의 수난 시기에(요 12:28) 다시 들렸다. 하나님은 예수님의 사역 내내 사랑의 보장을 해주신 것이다.

예수님께서 세례를 받으실 때 3위가 뚜렷하게 보였다. 세례를 받으시는 성자, 성자 위에 내려오신 성령, 하늘에서 말씀하시는 성부하나님이 역력히 보인다.

제 4 장

예수님께서 사역을 시작하시다

C.예수님께서 시험을 받으시다 4:1-11

세례를 받으신 예수님은(3:13-17) 이제 본격적으로 사역을 시작하시기 전 마귀에게 시험을 받으신다(1-11). 그는 성령에게 이끌리시면서 마귀에게 시험을 받으러 광야로 가시고(1절) 또 40일을 금식하신 후에 물질 시험을 받으시고(2-4절) 세상에서 한번 인기를 얻어 보라는 시험을 받으신다(5-7절). 그리고 예수님은 마귀에게 경배하면 모든 것이 달라질 것이라는 유혹을 받으신다(8-10절). 시험이 끝난 후 마귀는 잠시 물러가고 천사들이 나아와서 수종 든 것을 기록한다(11절).

마 4:1. 그 때에 예수께서 성령에게 이끌리어 마귀에게 시험을 받으러 광야로 가사.

마태는 "그 때에," 즉 '예수님께서 세례를 받으신 후에'(3:13-17) 성령의 주장과 인도를 받으시면서 마귀[42]에게 시험을 받으시러 광야로 가신다. 성령님은 예수님께서 시험을 받으실 필요가 있음을 아셨고 또 성령님께서 인도하셔야 예수님께서 마귀의 시험에서 승리하실 수 있다는 것을 아셨다. 성령님은 예수님의 백성들이 성령에게 이끌려야 마귀의 시험에 이길 수 있다는 것을 보여주기 위하여 예수님의 시험에 인도자가 되셨다. 예수님께서 "성령에게 이끌리실" 수 있었던 것(막 1:12; 눅 4:1)은 예수님께서 세례 받으실 때 하나님의 성령이

---

42) "마귀"는 '대적 자,' '참소하는 자'(욥 1:9; 슥 3:1-2), '훼방하는 자'(벧전 5:8)로서 인격적 존재이다(4:1, 5, 8; 13:39; 25:41; 요 8:44; 13:2; 행 10:38; 엡 4:27; 6:11; 약 4:7; 요일 3:8, 10; 유 1:9; 계 2:10). 마귀의 목표는 그리스도의 나라를 파괴하는 것이다.

예수님 위에 임하셨기 때문이었다(3:16). 겔 3:14; 8:3; 11:1, 24; 40:2; 43:5; 행 8:39 참조. 오늘 우리도 시험을 이기려면 성령의 인도를 받아야 한다.

예수님은 성령의 주장과 인도를 받으시면서 마귀에게 시험을 받으러 "광야로 가셨다." 예수님께서 가셨던 광야가 어디냐를 두고 크게 두 가지 견해가 있다. 첫째, 이스라엘 민족이 출애굽할 때 통과했던 광야라는 견해. 둘째, 세례 요한이 사역했던 유대광야라는 견해(Bengel, De Wette, Meyer, 헤르만 리델보스, 윌렴 헨드릭슨). 둘째 번에 더 무게가 있다.

마 4:2. 사십 일을 밤낮으로 금식하신 후에 주리신지라.

예수님은 사람의 대표로서 사람이 참을 수 있는 최대한의 극기를 하셨다. 40주야 금식은 모세도 했고(출 24:18; 34:2, 28; 신 9:9, 18) 엘리야도 광야에서 40주야를 먹지 않고 여행한 일이 있었다(왕상 19:8). 그러나 예수님의 경우 금식하신(눅 4:2-"이 모든 날에 아무 것도 잡수시지 아니하시니") 후에 주리셨고 사람은 금식하는 동안 주림을 느낀다.

마 4:3. 시험하는 자가 예수께 나아와서 이르되 네가 만일 하나님의 아들이어든 명하여 이 돌들로 떡덩이가 되게 하라.

예수님을 "시험하는 자," 즉 '마귀'가 예수님께 나아와서 "네가 만일 하나님의 아들이어든 명하여 이 돌들로 떡덩이가 되게 하라"(Eἰ υἱὸς εἶ τοῦ θεοῦ, εἰπὲ ἵνα οἱ λίθοι οὗτοι ἄρτοι γένωνται)고 명한다. 하나님은 분명히 예수님을 "내 사랑하는 아들"(3:17)이라고 하셨기에 마귀는 예수님이 하나님의 아들 되심을 부인하지 아니하고 하나님의 아들이라면 "이 돌들로 명하여 이 돌들로 떡덩이가 되게 하라"고 도전한다. 예수님의 발아래에 있는 돌들로 떡덩이가 되게 해서 먹으라고 시험한다. 오늘 우리들이 이해하기 쉬운 말로 바꾼다면 '돌들을 명하여 밥덩이들이 되게 해서 먹으라'는 것이다. 무엇 때문에 하나님의 아들이 굶고 있느냐, 이치에 맞지 않으니 하나님의 아들의 권능을 행사하여 무수한 돌들에게 명령을 내려 밥이 되게 해서 주린 배를 채우라는 시험이다. 아담이 먹는 것(선악과)으로 시험받아 실패했으니 마귀는 예수님으로 하여금 먹는 것으로 시험하여 실패하게 하려 했다. 오늘도 역시 사탄은 그리스도인들로 하여금 물질 시험을 한다. 부정과 비리를 저질러 물질을 축적하라고 말하고 남을 속여 재물을 탈취하라고 말하며 남에게 주어야 할 것들을 덜 주고 먹으라고 말한다. 예수님은 시험을 어떻게 이기셨는지 다음 절에서 말씀한다.

마 4:4. 예수께서 대답하여 이르시되 기록되었으되 사람이 떡으로만 살 것이 아니요 하나님의 입으로부터 나오는 모든 말씀으로 살 것이라 하였느니라 하시니. 예수님은 마귀의 시험을 맞이하여 구약 성경에 기록된 말씀을 인용하여 물리치신다. 사람이 떡으로만 사는 것이 아니고 하나님의 입으로 나오는 모든 말씀으로 산다는 말씀(신 8:3)을 가지고 시험을 물리치셨다.

예수님은 마귀의 세 가지 시험에 한 가지도 순순히 응하지 않으셨다. 아무리 그럴듯한 시험이라 할지라도 마귀의 시험이라면 모두 물리치셨다. 돌들을 떡덩이가 되게 하여 먹으라는 마귀의 시험은 그럴듯한 시험이었다. 그러나 예수님은 물리치셨다. 만약 예수님께서 돌들로 떡덩이들을 만들어 잡수셨더라면 예수님은 자신의 어려움이나 해결하시기 위해서 이적을 행사하시는 분으로 낙인찍힐 것이었다. 예수님은 절대로 자신의 곤경을 해결하시기 위해서 이적을 행사하지 않으셨고 그의 백성들을 위해서 이적을 행하셨다.

예수님은 사탄의 세 번에 걸친 시험을 맞이해서 모두 구약에 "기록된" 말씀으로 이기셨다. 기록된 말씀의 내용은 "사람이 떡으로만 살 것이 아니요 하나님의 입으로 나오는 모든 말씀으로 살 것이라"(신 8:3)는 말씀이다. 구약 성경에는 "사람이 떡으로만 살 것이 아니라"고 기록되어 있다. 신명기의 말씀은 사람이 떡만 가지고, 물질만 가지고 사는 것은 아니라고 말씀한다. 떡의 필요성을 부인하는 말씀은 아니다. 오늘도 물질만 가지고 사는 줄 아는 사람은 무수한 시험에서 넘어진다. 물질만 위해서 일하고 물질만 위해서 뛰니 하나님 앞에서 엉망으로 살고 인간관계를 헝클어트린다.

예수님은 사람이 떡으로만 사는 것이 아니라 "하나님의 입으로 나오는 모든 말씀으로 살 것이라"고 하신다. 여기 "나오는"(ἐκπορευομένῳ)이란 말은 현재 분사형으로 '지금 나오는,' '지금 나오고 있는'이란 뜻으로 예수님 당시를 표준하여 1,400년 전 모세시대의 신명기 말씀이 예수님 당시에도 하나님의 입으로부터 계속해서 나오고 있는 말씀이라는 것이다. 그러니까 성경에 기록된 구약성경의 말씀이나 신약 성경의 모든 말씀은 지금도 하나님의 입에서 나오는 말씀이다. 성경 말씀은 옛날에 선지자들이 한번 말해놓은 역사적인 말씀만 아니라 지금도 하나님의 입에서 나오는 말씀이다. 우리가 성경을 읽을 때 우리가 읽고 있는 성경은 과거 어느 시대에 기록되었든지 지금 하나님의 입에서 나오는 말씀이다.

예수님은 굶주린 사람을 살리는 것이 떡이라고만 말씀하시지 않고 하나님의 입에서 나오는 모든 말씀이라고 하신다. 하나님의 입에서 나오는 모든 말씀이 굶주린 사람의 생명을 유지하는 원동력이라고 하신다. 하나님은 말씀으로 우주를 창조하셨고 또 유지하시며 또한 사람의 식생활에 필요한 모든 것을 만드신다. 지금도 말씀이 있는 곳에 필요한 양식이 있다. 오늘날 기독교의 말씀이 있는 나라마다 그리고 지역마다 풍성하게 살고 있다.

성령님은 예수님을 주장하시고 인도하셔서 그 시험에 승리하게 하셨다. 이 승리는 예수님을 믿는 사람들도 똑 같이 승리하게 만들어준다. 예수님을 따르는 사람들도 성령님의 주장과 인도를 따른다면 역시 승리할 수 있다.

마 4:5-6. 이에 마귀가 예수를 거룩한 성으로 데려다가 성전 꼭대기에 세우고 이르되 네가 만일 하나님의 아들이어든 뛰어내리라 기록하였으되 그가 너를 위하여 그의 사자들을 명하시리니 그들이 손으로 너를 받들어 발이 돌에 부딪히지 않게 하리로다 하였느니라.

마귀는 예수님에게 부과했던 첫째 시험에 실패하자, 이제는 둘째 번 시험을 준비한다. 즉 "이에 마귀가 예수를 거룩한 성으로 데려다가 성전 꼭대기에 세웠다"(27:53; 느 11:1, 18; 사 48:2; 52:1; 계 11:2). 누가복음의 저자 누가는 마귀가 예수님에게 부과한 둘째 번 시험과 세 번 째 시험의 순서가 마태가 기록한 순서와는 다르다. 이를 두고 혹자는 누가의 순서가 바르다 하고 또 혹자는 마태의 순서가 바르다고 한다. 우리는 이 두 견해 중에 마태의 순서가 시간적으로 바른 것으로 본다. 이유는 누가는 성경을 기록할 때 연대적으로(chronologically) 기록하기보다는 사상적으로 질서정연하게 배열하는 일에 집중했기 때문이다(눅 1:3). 그리고 실제로 시험과 시험 사이를 연결하는 낱말을 보아도 알 수 있다. 마태는 "이에"(τότε-4:5)라는 낱말을 사용하여 문장을 연결했고 누가는 "또"(눅 4:5)라는 단어만 사용하고 있다.

마귀는 예수님을 예루살렘 성전 꼭대기에 세우고 뛰어내리라고 한다. 마귀의 둘째 시험과 셋째 시험의 실제성을 두고 학자들의 견해는 갈린다. 1) 예수님을 실제로 성전 꼭대기에 세웠다는 견해. 마귀가 예수님을 실제로 성전 꼭대기에 세웠다고 해서 크게 문제될 것은 없다고 보는 견해이다. 그 이유는 예수님은 사람들에게 매도 맞으셨고 또 침 뱉음을 당하시기도 하셨으며 십자가에 달리시기도 하셨기 때문이라고 한다. 그러나 이런 시험은 예수님의 성품에 너무 어긋나는 시험이라고 해야 할 것이다. 2) 하나의 심리적인 현상으로 보아야 한다는 견해. 예수님의 심리 속에서 이런 시험이 진행되었다고 하는 견해는 예수님의 심리를 더러운 심리로 보기 때문에 있을 수 없는 것으로 보인다. 3) 예수님의 환상 중에 진행된 시험으로 본다(Calvin, De Wette, Hendriksen). 예수님께서 성전 꼭대기에 서신다든지 혹은 산꼭대기로 올라가신다든지 하는 시험은 예수님의 환상 중에 진행된 것이라고 보는 것이 더 바르다고 보인다.

마귀는 예수님에게 성전 꼭대기에서 뛰어내려서 한번 인기를 얻어 보라고, 명성을 얻어 보라고 유혹한다. 즉 "네가 만일 하나님의 아들이어든 뛰어내리라 기록하였으되 그가 너를 위하여 그의 사자들을 명하시리니 그들이 손으로 너를 받들어 발이 돌에 부딪히지 않게 하리로다"라고 힘을 실어준다(시 91:11-12). 마귀는 첫 번 째 시험에서와 마찬가지로 "네가 만일 하나님의 아들이어든"이라고 말한다. 곧 '네가 하나님의 아들이니' 한번 뛰어내려서 명성을 얻어 보라고 한다. 마귀는 이 시험을 하면서 예수님으로 하여금 안심하고 시험에 응하도록 구약성경에 기록된 하나님의 말씀으로 안심시켜준다. 마귀는 시 91:11-12의 말씀("그가 너를 위하여 그의 천사들을 명령하사 네 모든 길에서 너를 지키게 하심이라 그들이 그들의 손으로 너를 붙들어 발이 돌에 부딪히지 아니하게 하리로다")을 인용한다. 마귀는 예수님을 시험하면서 아주 적절한 말씀을 구약 성경에서 빼냈다.

마귀는 오늘도 성도들의 마음속에 세상에서 이름을 내고 인기를 얻으며 또 명예를 얻어 보라고 유혹한다. 그러나 성도들은 오직 겸손만이 높아지는 유일의 길임을 알고 사탄의 시험을 확실하게 물리쳐야 한다(마 18:1-4; 벧전 5:5-6).

마 4:7. 예수께서 이르시되 또 기록되었으되 주 너의 하나님을 시험하지 말라 하였느니라 하시니.

예수님은 마귀를 향하여 "또 기록되었으되"라고 구약 성경을 인용하신다. 마귀가 예수님을 시험할 때 성경을 인용하니 예수님은 그 말씀만 성경에 있는 것이 아니라 또 기록된 것이 있다고 하시면서 "주 너의 하나님을 시험하지 말라"는 말씀을 인용하신다(신 6:16). 우리는 성경 전체를 살펴야 한다. 성경의 몇 군데만을 인용하고 연구하여 사람들을 혼란시키는 이단들이 많이 있다. 그런 이단들은 마귀의 수법을 따르는 이단들이다.

예수님께서 인용하신 처음 낱말 "주"란 말씀은 하나님께서 우리의 주님이 되신다는 뜻이다. 하나님은 창조주이시고 우주 통치주이시며 인류를 심판하실 심판 주이시다. 예수님은 "주 너의 하나님을 시험치 말라"는 말씀(신 6:16)을 인용하시면서 마귀의 시험을 물리치신다. 성도들도 세상에서 이름을 내고 명예를 얻어 보라는 사탄의 유혹을 받을 때 사탄에게 하나님을 시험치 말라고 물리쳐야 한다. 높아지는 방법은 오직 한 가지 방법, 즉 겸손밖에 없는데 다른 방법을 시도해보라고 유혹하는 것은 하나님을 시험하는 일이다. 사람이 영예로워지는 방법은 단 한 가지 방법밖에 없다. 그것은 겸손이다. 다른 방법을 통하여 우리로 하여금 높아지라고 시험하는 것은 모두 마귀의 시험이다.

마 4:8-9. 마귀가 또 그를 데리고 지극히 높은 산으로 가서 천하만국과 그 영광을 보여 이르되 만일 내게 엎드려 경배하면 이 모든 것을 네게 주리라. 마귀는 두 번의 시험에 실패하자 "또" 예수님을 시험한다. 이 시험이 세 번째이다. 마귀는 "그(예수)를 데리고 지극히 높은 산으로 가서 천하만국과 그 영광을 보여 이르되 만일 내게 엎드려 경배하면 이 모든 것을 네게 주리라"고 말한다. 마귀가 실제로 예수님을 데리고 지극히 높은 산으로 갔을까? 그리고 천하만국과 그 영광을 보였을까? 이 문제에 대해서는 5절 주해를 참조하라. 마귀는 환상 중에 예수님을 지극히 높은 산으로 인도하여 천하만국과 그 영광을 보여주면서 시험했다. 마귀는 예수님에게 말하기를 자기에게 엎드려 경배하면 천하만국뿐 아니라 그 영광전체를 주겠다고 유혹한다.

마귀는 배고프신 예수님을 시험하다가 실패하고 다음으로 인기를 얻어 보라고 유혹하다가 실패하고는 마지막으로 자기에게 머리 숙여 경배하면 모든 것을 주겠다고 유혹한다. 마귀의 시험이 점점 고차원적으로 올라가는 것을 볼 수 있다. 오늘도 마귀는 우리를 향하여 자기에게 엎드려 경배하면 모든 것(천하만국과 그 영광-이것은 영광의 극치이다)을 주겠다고 말한다. 우리가 마귀에게 경배한다면 우리는 인생의 패배자가 된다.

마 4:10. 이에 예수께서 말씀하시되 사단아 물러가라 기록되었으되 주 너의 하나님께 경배하고 다만 그를 섬기라 하였느니라. 예수님은 마귀의 시험을 받으시고 두 가지를 말씀하신다. 첫째, "사탄아, 물러가라"고 하신다. 그리고 둘째, "주 너의 하나님께 경배하고 다만 그를 섬기라"는 말씀이 구약 성경에 있다고 하신다(신 6:13; 10:20; 수 24:14; 삼상 7:3). 예수님은 구약 성경(신 6:13)을 인용하셔서 하나님께 경배하고 다만 하나님만을 섬기라고 말씀하신다.

예수님은 마귀의 세 차례의 시험을 받으시고 물리치실 때 세 번 모두 신명기 말씀으로 이기신 것을 두고 몇 가지 견해가 있다. 첫째, 특별히 신명기를 사랑하셨기에 신명기 말씀으로 이기셨다는 견해. 그러나 이 견해는 받기가 어려운 견해이다. 이유는 구약의 말씀들이 모두 예수님께서 하신 말씀들이니 모든 말씀을 사랑하시지 꼭 신명기만 사랑하신다는 것은 납득하기 어려운 견해이다. 둘째, 예수님은 이 때 바로 이 구절들을 묵상하고 계셨기에 신명기의 말씀을 가지고 마귀를 물리치셨다는 견해. 그러나 이런 견해는 바른 견해는 아니다. 이유는 예수님은 구약에 정통하신 분이니 묵상하고 계신 말씀만을 사랑하시는 것이 아니고 마귀를 물리치는데 필요한 말씀이니까 신명기의 말씀을 꺼내셨다. 셋째, 차라리 예수님은 구약에 정통하셔서 어떤 시험이 와도 그리고 어떤 문제가 닥쳐도 구약 중에서 말씀을 꺼내실 수 있다고 보아야 할 것이다.

오늘도 사탄은 성도들의 마음속에서 그리고 주위에서 계속해서 성도들을 시험한다. 사탄은 성도들을 향하여 세상의 부정한 수단을 사용해서 영광을 얻어 보라고 도전한다. 많은 성도들이 그 유혹에 넘어가서 훗날 비참한 최후를 맞이하게 된다. 성도들은 오직 한 길, 즉 "먼저 그의 나라와 그의 의를 구하라. 그리하면 이 모든 것을 너희에게 더하시리라"는 말씀을 따라 예수님께 나아가야 한다. 그럴 때 모든 것을 얻게 된다.

성도들은 마귀의 모든 시험을 물리치기 위해서는 성령의 충만함을 입어야 한다. 예수님께서 성령의 인도를 따라서 광야로 가셨듯이(1절) 성도들도 성령의 인도를 따라서 마귀의 시험을 물리쳐야 한다. 성령의 인도가 있을 때 하나님의 말씀이 생각나서 마귀에게 제시할 수가 있다. 사탄은 우리의 말을 듣고 물러가는 존재가 아니다. 하나님의 말씀을 가지고 대해야 물러간다.

마 4:11. 이에 마귀는 예수를 떠나고 천사들이 나아와서 수종드니라.

예수님을 시험하던 사탄은 잠시 떠난다(눅 4:13). 사탄은 그 후 계속해서 예수님께 도전한다(16:23; 눅 22:28). 사탄이 예수님을 떠난 후 천사들이 나아와서 아마도 식사 수종을 들었을 것이다(왕상 19:5-6; 히 1:14 참조).

III. 예수 그리스도의 사역 4:12-25:46

마태는 예수님께서 사역을 위해 준비를 끝내신(3:1-4:11)후 제일 먼저 갈릴리에서 사역하신 것을 기록하고(4:12-18:35), 다음 베레아에서 사역하신 것을 기록하고(19:1-20:16), 다음으로 유대 사역을 기록한(20:17-34) 다음 예루살렘에서 사역하신 것을 기록한다(21:1-25:46).

A.갈릴리 사역 4:12-18:35

1.가버나움 전도본부 4:12-17

마태는 예수님께서 유대 광야에서 시험 받으신 후(마 4:1-11) 유대에서 개인 전도를 하신 사실을 생략하고(요 1:35-3:36) 갈릴리로 물러가셨다가(12절) 가버나움으로 이주하신 사실을 기록한다(13-16절). 그리고 마태는 가바나움에 전도본부를 정하신 다음에 "회개하라 천국이 가까웠느니라"고 외치기 시작하셨음을 기록한다(17절). 이 부분(12-17절)은 막 1:14-15; 눅 4:14-15과 병행한다.

마 4:12. 예수께서 요한이 잡혔음을 들으시고 갈릴리로 물러가셨다가.

예수님은 세례 요한이 잡힌 사실(14:1-12; 막 1:14; 눅 3:30; 4:14, 31; 요 4:43)을 들으시고 석방에는 관심을 보이지 않고 갈릴리 나사렛으로 물러가신다. 예수님이 갈릴리로 물러가신 이유는 유대 종교지도자들과의 충돌을 원하지 않으셨기 때문인 것으로 보인다. 예수님은 요 1:19-4:42에 의하면 유대에서 사역을 하셨는데(마태는 이것을 기록하지 않고 있다)이제 종교지도자들과 너무 일찍부터 충돌하시면 제자 훈련에 지장이 있을 것을 아시고 갈릴리로 물러가신다.

요한이 잡힌 이유는 헤롯에게 직언을 하다가 잡혔다(14:1-12). 예수님은 요한이 잡힌 사실을 들으시고 석방운동을 전혀 하시지 않고 갈릴리로 물러가신다. 예수님은 요한의 사역이 그것으로 족한 줄 아셨다. 이제 예수님이 나타나신 이상 선구자는 비켜야 했다. 세례 요한의 "그(예수)는 흥하여야 하겠고 나는 쇠하여야 하리라"(요 3:30)는 말이 실현되고 있었다. 예수님 앞에서 물러난 세례 요한에게 예수님은 냉정하지 않으셨다. 예수님은 세례 요한에게 엄청난 칭찬을 하셨다(마 11:7-15).

마 4:13. 나사렛을 떠나 스불론과 납달리 지경 해변에 있는 가버나움에 가서 사시니.

예수님께서 성장하신 나사렛을 떠나신 이유는 나사렛의 배척 때문이었고(눅 4:29-31), 가버나움에서 본격적으로 전도하시기 위함이었다. 마태는 "가버나움"이라는 지역을 설명하기 위하여 "스불론과 납달리 지경 해변에 있는 가버나움"이라고 묘사한다. 그러니까 가버나움은 스불론과 납달리의 경계에 위치해 있고 또 갈릴리 해변에 위치해 있다는 말이다. 스불론(갈멜산과 갈릴리 바다 중간지대)과 납달리(남쪽은 스불론과 갈릴리 중간에 위치하고 북으로 뻗어 요단강 상류와 아셀의 중간을 점하고 있다) 지방은 유대에서 멀리 떨어져 있어서 문화가 열악했고 외국의 침략을 받아 전쟁의 화를 많이 입었을 뿐 아니라 이방인이 많이 살고 있었다.

"가버나움"은 갈릴리 호수의 서 북편에 위치해 있던 공업도시로 오랜 동안 그 위치조차 찾기가 힘들었었는데 1905년 성 프란시스 교단(the Franciscans)에 의해 발굴되어 '갈리리 바다 북서 해안에 위치한 텔 훔'(Tell Hum)이 바로 가버나움이 있던 자리라는 것을 알게 되었다.[43)]

가버나움이 망하게 된 이유는 가버나움이 예수님께서 베푸신 은혜를 망각하고 교만해졌기 때문이라고 예수님은 말씀하신다. "가버나움아 네가 하늘에까지 높아지겠느냐 음부에까지 낮아지리라. 네게서 행한 모든 권능을 소돔에서 행하였더면 그 성이 오늘날까지 있었으리라. 내가 너희에게 이르노니 심판 날에 소돔 땅이 너보다 견디기 쉬우리라 하시니라"(마 11:23-24)고 하셨다. 마태는 가버나움을 그리스도의 "본 동네"로 부르고 있다(9:1). 예수님께서 가버나움에 가서 사신 이유는 다음 절에 기록되어 있다.

마 4:14-16. 이는 선지자 이사야를 통하여 하신 말씀을 이루려 하심이라 일렀으

---

43) 윌렴 헨드릭슨은 "성 프란시스 교단의 발굴단은 요단강이 북으로부터 갈릴리 바다로 들어오는 곳에서 서쪽으로 약 4km지점(2.5마일) 정도의 거리에 위치한 텔 훔(Tell Hum)이 옛 가버나움의 터임을 보여주는 증거를 제시하여 주었다"고 말한다. *마태복음* (상), p. 367.

되 스불론 땅과 납달리 땅과 요단 강 저편 해변 길과 이방의 갈릴리여 흑암에 앉은 백성이 큰 빛을 보았고 사망의 땅과 그늘에 앉은 자들에게 빛이 비치었도다 하였느니라.

예수님께서 가버나움으로 이주하시게 된 이유는 "선지자 이사야를 통하여 하신 말씀"을 이루기 위함이었다(사 9:1-2). 예수님은 주전 700년경 예언했던 이사야 선지자를 통하여 예언하신 말씀을 그대로 이루시기 위하여 가버나움으로 이주하여 사셨다. 그 지역 사람들에게는 엄청난 은혜가 아닐 수 없었다. 마태는 이사야가 예언한바(사 9:1-2)를 자신의 독창적인 방법으로 다시 배열시켰다. 즉 "스불론 땅과 납달리 땅과 요단 강 저편 해변 길과 이방의 갈릴리여 흑암에 앉은 백성이 큰 빛을 보았고 사망의 땅과 그늘에 앉은 자들에게 빛이 비치었도다"라고 기록했다(사 9:1-2). 마태가 인용한 본문은 이사야의 예언과 내용에 있어서 온전히 일치된다.

마태가 기록한 다섯 지역(15절)은 갈릴리 전 지역을 지칭하는 곳들이다. "스불론 땅"이란 말은 '스불론에 사는 사람들'을 지칭하는데 "스불론"은 갈릴리 바다 서쪽, 즉 갈멜산과 갈릴리 바다 중간에 위치하고 있다. 그리고 "납달리 땅"이란 말도 역시 '납달리에 사는 사람들'을 지칭하는 말인데 "납달리"는 스불론의 북쪽에 위치하고 있다. "요단강 저편"은 '요단강 동편 지역'을 가리키고, "해변 길"이란 '지중해 해변' 즉 북으로부터 남쪽에 이르는 지중해 해변을 지칭한다. 그리고 "이방의 갈릴리"는 흔히 '납달리 지역의 최북단 고산 지대'를 지칭한다. 이 지역이 행정구역상으로는 납달리에 속하긴 했으나 이방인들이 거주하는 지역이기 때문에 이렇게 따로 언급되었고 "이방의 갈릴리"라는 이름이 생긴 이유는 이 지역에 이방인들이 많이 살았을 뿐 아니라 이방인들의 영향을 크게 받았기 때문이다.

이사야의 예언은 팔레스틴의 북부에 사는 백성들은 모두 하나님의 진리를 모르는 깜깜한 백성들, 따라서 절망 중에 살아가는 사람들이었는데 큰 빛 되신 예수님을 보게 될 것이고 또 영적으로 죽어버린 이 사람들에게 영생으로 인도하는 복음의 진리가 비취게 될 것이라는 말씀이다(사 42:7; 눅 2:32). 이 지역이 이렇게 불행했던 이유는 여러 차례 외세의 침략을 받았고 수리아와 앗시리아와의 수차례에 걸친 전쟁에 시달렸기 때문이었다. 마태는 이런 지역에 예수님이 오심으로 큰 빛(큰 기쁨-구원의 기쁨)이 찾아왔다고 묘사한다.

하나님은 죄 중에 빠진 백성들, 하나님과 멀리멀리 떨어져 영적으로 죽어버린 백성들, 따라서 불행하게 된 백성들을 잊지 않으시고 꼭 찾아오신다. 이 말씀은 우리가 흑암에 있는 백성이라는 것을 의식하면 의식할수록 그리스도께서는 더욱 우리에게 찾아오신다는 것을 보여주는 말씀이기도 하다.

C. 사역의 시작 4:17

마태는 예수님께서 가버나움에서 거주하신 사실을 기록한 다음(12-16절) 예수님의 사역이 이제 시작되었다고 알린다(17절).

마 4:17. 이때부터 예수께서 비로소 전파하여 이르시되 회개하라 천국이 가까이 왔느니라 하시더라.

예수님은 가버나움으로 이주하신 후 공적으로 사역을 시작하신 "때부터" 본격적으로 "회개하라. 천국이 가까웠느니라"고 외치셨다(3:1-2; 10:7; 막 1:14-15 참조). 여기 "회개하라"는 말씀은 '돌아서라,' 'U-turn하라'는 뜻으로 지금까지 행하던 죄를 끊고 그리스도에게로 돌아서라는 뜻이다. 그리고 "천국이 가까웠느니라"는 말씀은 '예수님을 통한 하나님의 통치가 임했다'는 뜻이다. "천국"은 '영적인 천국'이란 뜻으로 '영적으로 하나님의 나라'가 왔다는 뜻이다. 예수님은 사람들에게 '예수님에게 돌아서라. 영적으로 그리스도를 통한 하나님의 통치가 임했다'고 외치셨다. 오늘도 우리 전도자들은 '회개해서 그리스도를 통하여 이루어지는 하나님의 통치를 받고 살라'고 외쳐야 한다. 그러면 빛(구원의 기쁨) 가운데 살 수 있는 것이다(14-16절).

2.네 제자를 부르시다 4:18-22

마태는 예수님께서 이제 본격적으로 사역을 시작하신(17절) 후 4 제자들을 부르신 사실을 밝힌다. 먼저 예수님께서 베드로 형제를 부르신 것을 말하고(18-20절) 다음 야고보 형제를 부르신 사실을 밝힌다(21-22절). 예수님께서 갈릴리 바다의 고기잡이 어부들을 부르신 이유는 부름 받은 제자들로 하여금 자랑하지 못하도록 하시기 위함이었다(고전 1:26-31, 막 1:16-20; 눅 5:1-11 참조).

마 4:18. 갈릴리 해변에 다니시다가 두 형제 곧 베드로라 하는 시몬과 그 형제 안드레가 바다에 그물 던지는 것을 보시니 그들은 어부라.

예수님은 갈릴리 해변[44]에 다니시다가 두 형제 곧 베드로[45]와 안드레가 바다에 "그물 던지는 것을 보셨다"(막 1:16-18; 눅 5:2). 본 절에서 말한 "그물"(ἀμφίβληστρον)은 '투망'을 의미한다. 투망을 바다에 던지면 원을 그리면서 펼쳐진다. 투망의 가장자리에는 추돌이 부착되어 있어서 그물이 빨리 바닥에 가라앉으므로 고기가 미처 달아나지 못하고 사로잡히게 된다. 베드로와 안드레 형제는 고기잡이를 하던 어부로서 사도로 부르심을 받았다.

안드레는 원래 세례 요한의 제자였었는데 예수님을 먼저 알아보고 그 형제 베드로를 예수님께 인도한 적이 있었다(요 1:35-42). 이 두 형제는 벌써 유대에서 세례 요한의 소개로 예수님을 따랐던 경험을 가지고 있었는데(요 1:40-42) 갈릴

---

44) "갈릴리 바다": 팔레스틴의 북부에 있는 담수호(淡水湖)이다. 구약성경에서는 '긴네렛 바다'(민 34:11; 수 13:27)라 불리고 있다(수 12:3에는 '긴네롯 바다'). 이 호수의 모양이 수금(揷琴)과 비슷하므로, 또는 호반에 있던 '긴네렛'(신 3:17; 수 19:35; 11:2에는 '긴네롯')이라는 성읍의 이름을 따서 붙였을 것이다. 바벨론 포로 귀환 후는 '게네사렛 물'이라 불렸다. 신약성경에서는 누가복음 5:1에만 '게네사렛 호수'라고 기록되어 있지만, 이것은 호수의 북 서안에 펼쳐져 있는 게네사렛 들(땅)에서 이름을 딴 것이다(14:34; 막 6:53). 신약 시대에는 '갈릴리 바다'(4:18; 15:29; 막 1:16; 7:31; 요 6:1) 또는 호반에 있는 성읍 디베랴의 명칭에 따라 '디베랴의 바다'라 불리고 있다(요 6:1). 혹은 단순히 '바다'(막 2:13; 요 6:16-25) 또는 '호수'(눅 8:22-23, 33)라 불리고 있다. 갈릴리 바다는 팔레스틴에 있어서 최대의 담수호이며, 남북 20㎞, 동서는 가장 폭이 넓은 곳에서 12㎞, 면적은 144㎢, 물이 많을 때는 166㎢인데, 해면은 지중해면 보다 212m나 낮다. 수심은 50m를 넘지 못한다. 요단 강은 호수의 동북단으로 흘러 들어갔다가 동서단에서 흘러나오고 있다.

45) 베드로와 안드레는 벳새다 사람이었는데(요 1:44) 베드로는 가버나움으로 이주했다(눅 4:31, 33, 38). 베드로가 부름을 받을 당시 베드로라고 불리지는 않았다. 복음서 기자 마태가 이 복음을 기록할 때 사람들이 베드로라고 불렀기에 그저 베드로라고 기록하고 있다.

리로 돌아와서 어업에 종사하는 중에 사도로 부르심을 받은 것이다.

마 4:19. 말씀하시되 나를 따라오라 내가 너희를 사람을 낚는 어부가 되게 하리라 하시니 그들이 곧 그물을 버려두고 예수를 따르니라.

예수님은 이 두 형제를 보시고 "나를 따라오라 내가 너희를 사람을 낚는 어부가 되게 하리라"고 하신다(눅 5:10-11). 예수님은 그 두 형제를 만나자 "나를 따라오라"고 하신다. "따라오라"는 말씀은 계속해서 따르라는 뜻이다. 다시 말해 자신들의 과거의 삶을 철저히 청산하고 예수님만을 따르라는 뜻이다. 그리고 예수님은 그들로 하여금 "사람을 낚는 어부가 되게 해주시겠다"고 하신다. "사람을 낚는 어부가 되게 해주시겠다"는 말씀은 '사람을 취하는 사람들이 되게 하시리라'는 말씀이다(눅 5:10). 다시 말해 사람들에게 영생의 말씀을 전하여 천국으로 인도하는 일을 하게 하시리라는 말씀이다. 예수님은 이 말씀대로 훗날 성령님이 강림하신 오순절 후에 제자들로 하여금 수많은 사람들에게 그리스도의 복음을 전하여 그리스도 앞으로 인도하셨다.

마 4:20. 그들이 곧 그물을 버려두고 예수를 따르니라.

두 형제는 "곧 그물을 버려두고" 예수님을 따랐다(막 10:28; 눅 18:28). 비장한 결단이었다. 그들이 그물을 버리지 않고 그냥 그물을 가지고 갈릴리 바다에서 고기잡이를 했더라면 세상을 뒤집는 그 위대한 일을 하지 못했을 것이다. 교역자는 하나님의 부름을 받는 경우 예전에 하던 일을 버려두고 즉시 순종해야 한다. 그리고 일반 신자들도 주님을 따르기에 부적절한 직업을 가졌다면 즉시 버리고 다른 직업으로 바꾸고 그리스도를 따라야 한다.

마 4:21. 거기서 더 가시다가 다른 두 형제 곧 세베대의 아들 야고보와 그 형제 요한이 그의 아버지 세베대와 함께 배에서 그물 깁는 것을 보시고 부르시니.

예수님은 베드로와 안드레 두 형제를 부르신 다음 야고보와 요한을 부르신다. 예수님은 베드로와 안드레 두 형제를 부르신 장소에서 조금 더 가시다가 역시 갈릴리 바닷가에서 야고보와 그 형제 요한을 부르신다.

"세베대"는 어부 야고보와 요한의 아버지(4:21; 10:2; 20:20; 26:37; 27:56; 막 1:19-20; 3:17; 10:35; 눅 5:10; 요 21:2)이며 살로메의 남편(27:56; 막 15:40; 16:1)이었다. 삯군을 부린 것으로 보아 꽤 유복한 것으로 생각된다(막 1:19-20). 그는 아들들이 예수를 좇는 것을 반대하지 않았다(4:21).

"야고보"는 12제자 중 최초의 순교자였다. 예수님께서 야고보를 특수 훈련하셨는데 그를 많이 사용하지 않으시고 일찍이 순교하게 하신 이유는 야고보를 순교의 제물이 되게 하셔서 사도들과 성도들로 하여금 예루살렘 교회에서 멀리 흩어져 복음을 전하게 하시기 위함이었다. 야고보는 순교함으로 하나님을 영화롭게 하였다.

"요한" 사도는 야고보와는 달리 오래 살면서 복음을 전했고 훗날(AD 95년경) 요한복음과 요한 1,2,3서를 기록했고 요한 계시록을 기록했다. 요한 사도는 "주님의 사랑하시는 제자"라는 별명을 가지고 있었다(요 13:23).

예수님은 야고보 형제가 열심히 일하는 중에 부르셨다. 그들은 고기를 잡기 위하여 그물을 던지고 있지는 않았으나 그물로 고기를 잡으려고 그물을 깁는 중이었다. 주님의 참된 종들은 모두 부지런한 사람들이었다.

마 4:22. 그들이 곧 배와 부친을 버려두고 예수를 따르니라.

야고보와 요한 두 형제는 엄청난 결단을 내린다. 그들은 유대에서 예수님을 만난(요 1:39 참조) 다음 그리고 훗날 예수님의 명령으로 베드로와 안드레가 그물이 찢어지도록 고기를 잡은 경험을 했던 고로(눅 5:1-11) 이제는 아주 본격적으로 배와 부친을 버려두고 예수님을 따른다. 사생(死生)결단이 없다면 주의 종이 될 수는 없다. 우리는 철저하게 그리스도를 따라야 한다. 세베대는 아들 두 사람을 보낸 다음 다른 사람들을 품꾼으로 불러 일을 시켰을 것이다.

3.갈릴리 사역을 총괄하다 4:23-25

마태는 예수님께서 갈릴리 해변에서 네 제자를 부르신 것을 말한(18-22절)

후 예수님의 갈릴리 사역을 총괄한다. 예수님의 갈릴리 사역은 첫째 교육, 둘째 천국복음 전파, 셋째 치유 사역이라고 말한다(23절). 그리고 마태는 예수님의 치유 사역에 많은 사람들이 호응했음을 말하고(24절) 허다한 무리가 말씀도 듣고 병 고침을 얻고자 예수님을 좇았던 사실을 기록한다(25절). 막 1:21-39; 눅 4:31-44 참조.

마 4:23. 예수께서 온 갈릴리에 두루 다니사 그들의 회당에서 가르치시며 천국복음을 전파하시며 백성 중의 모든 병과 모든 약한 것을 고치시니.

예수님은 가버나움에서만 사역하신 것이 아니라 "온 갈릴리에 두루 다니시면서 그들의 회당에서" 세 가지 사역을 하셨다(9:35; 막 1:21, 39; 눅 4:14, 44). 예수님의 사역의 범위는 수리아에까지 이르렀다(다음 절). 놀라운 사실이다. 본문의 "두루 다니사"(περιῆγεν)란 말은 미완료과거 시제로 예수님께서 '계속해서 두루 다니셨다'는 뜻으로 예수님은 넓은 지역을 두루 다니시면서 세 가지 사역을 하셨다. 예수님은 "회당"을 중심해서 사역하셨다. 세례 요한은 야외에서 전파한 반면 예수님은 유대인들이 모이는 회당에서 사역 하셨다. 물론 예수님은 야외에서도 하셨다.

예수님의 사역은 세 가지로 요약할 수가 있는데 첫째, "회당에서 가르치셨고" 둘째, "천국복음을 전파하셨으며"(24:14; 막 1:14) 셋째, "모든 병과 약한 것을 고치셨다"(막 1:34). "가르치셨다"는 말씀은 '전파하신 바를 더 자세히 풀어 말씀하셨다'는 뜻이다. 세례 요한의 사역은 가르침이란 말이 사용되지 않았고 전파함이라는 말로 표현되었는데 예수님은 가르치시는 사역을 많이 하셨다. 헤르만 리델보스는 "본 절에 사용된 두 동사 '가르치시며'와 '전파하시며' 사이에는 공식상의 차이가 있다. 전파하는 것은 어떤 것을 선포하는 것을 뜻하고, 가르치는 일은 전파된 것 속에 있는 보다 자세하고 광범위한 교훈을 뜻한다"고 주장한다. 그리고 윌렴 헨드릭슨은 "전파함과 가르침 사이에는 차이가 있다....가르침이란 그 전파하신 바에 관한 지식을 더 자세히 풀어 말씀하심을 뜻한다"고 주장한다.

"천국 복음을 전파하셨다"(κηρύσσων τὸ εὐαγγέλιον τῆς βασιλείας)는 말씀은 "그 나라의 복음을 전파하셨다"는 말로 번역되어야 한다. 뜻에는 서로 차이가 없다. 예수님께서 "그 나라의 복음을 전파하셨다"는 말씀은 '예수님께서 통치하시는 그 나라에 관한 복된 소식을 전파하셨다'는 뜻이다(3:2; 4:17 참조). 예수님께서 통치하시는 그 나라는 하나님의 통치권이 절대적으로 작용하고 있으며 온전한 구원과 물질적인 복이 풍성하며 또한 온전한 미래의 천국으로 변해갈 것이다. 예수님께서 통치하시는 "그 나라"는 현재적이며(5:3; 12:28; 19:14; 막 10:15; 12:34; 눅 7:28; 17:20-21; 요 3:3-5; 18:36) 또한 미래적이다(7:21-22; 25:34; 26:29). 오늘 우리도 예수님께서 주장하시는 현재적인 나라와 미래적인 나라에 대한 기쁜 소식을 끊임없이 전해야 한다. 누구든지 영적인, 즉 현재적인 천국에 들어가지 못하면 미래의 천국에 들어가지 못한다. 다시 말해 지금 천국 생활 못하면 앞으로 천국에 들어가지 못한다.

예수님은 교육과 전파만 하신 것이 아니라 치유사역을 하셨다. 예수님은 "백성 중의 모든 병과 모든 약한 것을 고치셨다." 본문에는 "모든"이란 말이 두 번 사용되어 예수님은 "모든 병"을 고치셨고 또 "모든 약한 것"을 고치셨다. 예수님은 아무리 심한 병이라도 고치셨고 또 아무리 심하게 허약한 사람도 고치셨다. 예수님께서 이렇게 모든 질병과 모든 허약함을 고치신 것은, 1) 그리스도의 메시지가 참으로 믿을 수 있는 메시지임을 확증해 주었고, 2) 그리스도 자신이 참 메시아임을 보여주었으며, 3) 그 이적들은 천국이 이미 이 땅에 이르렀음을 보여주었다(윌렴 헨드릭슨).

여기 예수님께서 갈릴리에 두루 다시신 것은 제 1차 갈릴리 사역을 말하고 있는 부분이다(막 1:35-39; 눅 4:42-43). 예수님께서 갈릴리를 두루 다니시면서 세 가지 사역을 감당하셨던 것처럼 오늘날의 교회도 이 세 가지 사역을 감당해야 한다. 그러나 예수님의 치유 사역은 사람들의 병 고침에 중점을 두신 것이 아니라 예수님께서 바로 천국의 왕이시라는 사실을 부각시키려는 것이었다. 그런고로 오늘의 성도들은 이적에 치중할 것이 아니라 이적을 행하시는 예수님에게 집중해야 한다. 예수님에게 집중할 때 영 육간에 은혜를 받는다.

마 4:24. 그의 소문이 온 수리아에 퍼진지라 사람들이 모든 앓는 자 곧 각종 병에 걸려서 고통 당하는 자, 귀신들린 자, 간질하는 자, 중풍병자들을 데려오니 저희를 고치시더라.

마태는 본 절에서 예수님의 세 가지 사역이 큰 열매가 있었음을 말한다. 첫째, 예수님에 대한 소문이 "온 수리아에 퍼지게" 되었다고 한다. 여기 "수리아"라 하는 곳은 '갈릴리 북부 안디옥과 다메섹 지방'을 지칭하는데 많은 유대인들이 이 북부 성읍에 정착하였다. 예수님에 대한 소문이 이렇게 삽시간에 넓은 지역에 퍼진 것은 예수님의 사역이 그만큼 능력이 있었던 증거였다.

둘째, 예수님의 치유에 대한 소문이 온 수리아(Syria)에 퍼져서 그 지역 "사람들이 모든 앓는 자 곧 각종 병에 걸려서 고통당하는 자, 귀신들린 자, 간질하는 자, 중풍병자들을 데려오니 저희를 고치셨다." 사람들은 모든 병자들을 데려왔다. 예수님은 한 사람도 빠트리지 않으시고 다 "고쳐주셨다." "모든 앓는 자"란 말은 뒤따라 나오는 다른 병자들을 총칭(generalization)하는 말이다. 그리고 "각종 병에 걸려서 고통당하는 자"란 말은 '모든 질병에 걸렸기에 고통을 당하는 자'라는 뜻으로 예수님은 못 고치실 질병이 없다는 것을 보여주는 말이다. 그리고 "귀신들린 자, 간질하는 자, 중풍병자들"은 모든 질병들 중에서 특수하게 고치기 힘든 병들을 지칭한다. 이 특수한 병들 중에서 "귀신들린 자"란 말이 제일 앞선 것은 귀신 들림이 다른 병의 원인이 되었기 때문일 것이다(9:32-34; 12:22; 막 9:25; 눅 13:11, 16). 간질병 역시 귀신 때문에 일어난 병이다(17:15, 18). 중풍병자도 아주 고치기 힘든 병이었는데(8:5-13; 9:1-8; 막 2:1-12; 눅 5:17-26; 7:1-10) 예수님께서 쉽게 고쳐주셨다. 오늘도 여전히 예수님은 우리의 질병을 고치신다.

마 4:25. 갈릴리와 데가볼리와 예루살렘과 유대와 요단 강 건너편에서 수많은 무리가 따르니라.

예수님의 소문은 수리아에만 퍼진 것(앞 절)이 아니라 "갈릴리와 데가볼리와 예루살렘과 유대와 요단 강 건너편에서 수많은 무리가 따랐다"(막 3:7). 마태는 예수님의 소문이 수리아에 퍼져서 사람들이 병자들을 데려왔다고 말하고(앞절) 본 절에서는 "수많은 무리가 따랐다"고 말한다. 이 말씀은 한쪽에서는 병자들을 데려오고 또 다른 쪽에서는 사람들이 따랐다는 것을 드러낸 것이 아니라 예수님의 소문이 전 지역에 퍼졌다는 것을 드러낸 말로 해석해야 할 것이다.

예수님의 소문이 "갈릴리"에 퍼진 것은 당연한 일이고, "데가볼리" 즉 '갈릴리 동북부에 위치한 10도시'[46]와 "유대" 지방과 "예루살렘" 그리고 "요단강 건너편"(헬몬 산에서 아르논 강에 이르는 지역)에까지 퍼져서 허다한 무리가 좇았다. 데가볼리와 요단강 건너편은 동쪽에 위치한 지역들이고, 유대와 예루살렘은 남쪽에 위치한 지역들이다. 예수님의 가르침과 복음 전파 그리고 치유 사역은 놀랍게 팔레스틴과 주변 지역에 퍼져나가 큰 무리를 이루었다.

---

46) "데가볼리" 즉 10개의 성읍들의 이름은 Damascas, Kanata, Dion, Hippos, Gadara, Abila, Scythopolis, Pella, Geresa, Philadelphia 등이다.

제 5 장

천국 시민의 자격은 무엇인가

4.산상에서 설교하시다　5:1-7:29

5:1-7:29을 읽고 묵상한 사람마다 그리스도의 산상보훈을 통하여 받은바 은혜를 영원히 잊을 수 없어 최대한으로 평가하지 않고는 견딜 수 없을 것이다. 그래서 어떤 이는 이 교훈이야 말로 세계 문학계의 최고 강화(Erdman)라 하고, 혹은 인간윤리의 최고봉(Robinson)이라 하며 혹은 그리스도의 전 교훈의 요약(De Wette, Bruce)이라 하고 혹은 산상보훈은 천국의 대 헌장(Tholuck)이라고 극찬했다. 이런 극찬을 아끼는 것이 오히려 이상할 것이다.

산상보훈은 마태복음의 6대 교훈 집(제 5장-7장의 산상보훈, 제 10장의 제자 파송교훈, 제 13장의 천국비유, 제 18장의 겸손과 용서의 교훈, 제 23장의 바리새인 공격, 제 24-25장의 감람산 강화) 중에서도 가장 유명한 교훈 집으로 그리스도인의 삶에 대한 근본적인 교훈으로 주신 것이다. 산상보훈은 그리스도를 왕으로 그리고 신자들을 그리스도의 거듭난 신하로 보고 현세적인 그리스도의 왕국 속에서 어떻게 살아야 하는지를 교훈하고 있다. 산상보훈은 "갈릴리와 데가볼리와 예루살렘과 유대와 요단 강 건너편에서 수많은 무리가 따를 때"(4:25; 5:1-"예수께서 무리를 보시고 산에 올라가 앉으시니") 어느 산 위에서 주신 교훈으로 그리스도의 사역의 초기에 주신 교훈이다.

5:1-7:29의 말씀과 눅 6:17-49의 말씀은 예수님께서 한 곳에서 말씀하신 것으로 보는 것이 옳을 것이다. 혹자는 5:1-7:29의 말씀이 누가복음에서 여기 저기 흩어져 있다는 이유로 마태가 편집한 것이라고 주장하기도 하나 한 설교로 보아야 할 것이다. 한 장소에서 예수님께서 설교하신 것을 예수님께서 이곳저곳

에서 다시 말씀하셨기에 누가는 이곳저곳에서 산상보훈을 말씀하고 있다.

마태가 기록한바 예수님께서 설교하신 장소나 시간, 그리고 누가가 기록한바 예수님께서 설교하신 장소와 시간은 동일하다. 첫째, 두 복음서 모두 무리가 병 고침을 받으려고 나아와 병 고침을 받은 후 예수님께서 이 산상보훈을 말씀하신 것을 기록했고(4:23-24; 눅 6:18-19), 둘째, 이 산상설교 다음에는 두 복음서 똑같이 백부장의 종을 고치신 사실을 기록하고 있다(8:5-13; 눅 7:2-10). 그리고 셋째, 두 복음서 모두 많은 분량에 걸쳐 사상의 연결이 동일한 것을 볼 수 있다(5:3-12과 눅 6:20-23을, 5:43-48과 눅 6:27-38을, 7:24-27과 눅 6:47-49을 비교하라).

예수님께서 말씀하신 산상설교는 아무렇게나 이 말씀 저 말씀을 장황하게 늘어놓으신 것이 아니라 주제별로 말씀하셨다. 즉 천국 시민의 자격이 어떠해야 하는지를 말씀하셨고(5:1-48), 천국 시민이 어떻게 살아야 하는지를 말씀하셨으며(6:1-34), 천국 시민이 조심해야 할 일은 무엇인가를 말씀하셨고(7:1-23), 말씀을 실행하라고 하셨다(7:24-29).

a.천국 시민의 자격 5:1-48

5장은 대체적으로 보아 그리스도인의 자격을 말하고 있다. 다시 말해 천국 시민이라면 어떠해야 하는지를 알려준다. 마태는 먼저 서문(1-2절)을 말하고 그리스도인의 팔복이 무엇인가를 말한다(3-12절). 그리고 신자가 세상에서 어떻게 살아야 마땅한 지를 말하며(13-16절) 그리스도인이라면 마땅히 율법을 행하고 가르쳐야 할 것을 천명한다(17-48절).

ㄱ.서문 5:1-2

마태는 이 부분(1-2절)에서 예수님께서 산상보훈을 주신 대상과 장소 그리고 어떤 환경에서 이 말씀을 하시는지를 말씀한다.

마 5:1-2. 예수께서 무리를 보시고 산에 올라가 앉으시니 제자들이 나아온지라. 입을 열어 가르쳐 이르시되.

예수님께서 허다한 무리(4:25)를 보시고 당시에 잘 알려진 그 산(아마도 Kun Hattin 산일 것임)에 올라가 책상다리 자세로 앉으셔서 제자들에게 교훈하셨다. 아마도 제자들이 앞으로 나아와서 있고 무리가 뒤에 서 있는 중에 예수님께서 앉으셔서 말씀하신 것으로 보인다. 예수님께서 "무리를 보시고 산에 올라가 앉으신 것"은 밤이 새도록 기도하시고(눅 6:12) 또 열두 제자들을 택하시며(눅 6:13-16) 허다한 병자들을 고치신(눅 6:17-19) 다음 산상보훈을 주시기 위함이었다(눅 6:20). 본문의 "그 산"(τὸ ὄρος)이라고 하는 산이 어느 산인지는 오늘날 명확하게 말하기는 어렵다. 우리는 본문의 제자들처럼 예수님 앞으로 진리를 들으러 가까이 나아가야 한다.

ㄴ. 팔복 5:3-12

이 부분(3-12절)에 말씀하신 복이 몇이냐를 두고 혹자는 7가지(10-12절을 하나로 묶는 경우 7가지 복으로 규정하는 수가 있다) 복으로, 또 혹자는 9가지(이 부분에 "복이 있도다"라는 말이 9번 나오는 것을 감안하여 9가지 복으로 규정한다) 복으로 규정하기도 하나, 보통 8복으로 말하는 것이 통례이다.

오늘날 행복이라는 것을 여러 측면에서 정의하면서 '행복 강사' 혹은 '행복 전도사'라는 타이틀을 가지고 이곳저곳 다니면서 가르치기도 하고 배우기도 하나 그들 대부분은 기분 좋은 것이 바로 행복이라고도 하고 혹은 건강한 것이 행복이라고도 말하며 혹은 가정이 먹고 사는데 큰 어려움이 없고 무사태평하면 행복이라고 말한다. 그러나 예수님께서는 그런 정도를 가지고 행복이라고 하시지 않고 그리스도의 통치(이것이 천국이다)를 받으면서 그 영역에 들어가서 천국 시민답게 사는 것을 행복이라고 하신다.

8복은 그저 하나의 모래 알갱이처럼 따로따로 있는 복들이 아니다. 이 관계들을 모두 파악한다는 것은 불가능하지만 처음에 기록된 복을 받아야 다음에 기록된 복을 기대할 수 있다. 다시 말해 복들이 점진적으로 전진해 나가고 있다. 우리가 죄인임을 깨달아야 다음으로 애통할 수가 있고 애통해야 온유해 지는 것이며...이런 식으로 해서 최후로 그리스도를 위해서 박해를 받는 사람이 될 수 있다. 우리는 8복 중에 제일 끝에 기록되어 있는 복부터 먼저 받을 수는 없다.

우리는 한 사람이 8복을 소유해야 한다. 8복중에 하나만 소유하는 것으로 만족해서는 안 된다. 바로 내 자신이 죄 많은 인생임을 알아야 하고 애통해야 하며 온유한 사람이 되어야 하고 하나님께서 그리스도를 통하여 주시는 의를 계속해서 동경해야 하며 다른 이들을 불쌍히 여기는 마음으로 무장해야 하고 마음이 청결해야 하고 그리스도를 전하기 위하여 박해를 받는 사람이 되어야 한다.

마 5:3. 심령이 가난한 자는 복이 있나니 천국이 그들의 것임이요.

"심령이 가난한 자"란 말은 '마음속에 죄밖에 없는 것을 아는 자'를 지칭하는 말이다. 이것은 마치 육신이 가난한 자라고 하면 돈도 없고 부동산도 없고 좋은 집이나 혹은 좋은 자동차도 없고 아무 가진 것도 없는 빈 털털이를 가리키는 말과 같이 '마음속 깊은 곳에 의(義)도 없고 선을 행할만한 힘도 없으며 지혜도 없으며 아무 좋은 것이 없는 것을 인식하는 사람'을 지칭하는 말이다(시 51:17; 69:29; 70:5; 74:21; 86:1-7; 잠 16:19; 29:23; 사 61:1; 습 3:12; 눅 6:20).[47)]

마음이 가난한 사람도 육신이 가난한 사람과 마찬가지로 심히 불행할 것같이 보이는데도 "복"이 있는 이유는 자기들의 죄를 회개하며 또한 자기들의 전적인 무능을 깨닫고 하나님을 의지하기 때문에 천국이 그들의 것이 되기 때문이다(사 66:2; 시 34:6, 18, 51:17). 예수님은 마음속에 좋은 것이 없고 죄만 있는 것을 깨닫는 사람에게 오셔서 그 마음속에 천국을 이루신다. 다시 말해 하나님의 통치(=천국)를 받게 하신다. 이는 마치 예수님께서 마음이 가난한 세리와 죄인을

47) 헤르만 리델보스는 "심령이 가난한 자"라는 말은 "이 세상에서 억압받고 부당하게 취급받고 무시되고 있는 사람들, 그러나 그들은 세상적인 방법으로 이를 위해 투쟁하는 대신 하나님을 의존하고 하나님에 의해 구원받기를 겸손히 기다리는 사람들"이라고 말한다(*마태복음* -상- p. 147). 그러나 이 해설은 문맥에 잘 맞지 않는 흠이 있다. 예수님은 심령의 가난함을 언급하셨는데 리델보스는 육신방면의 가난함을 언급했다. 그러나 리델보스의 해설 중에서 "그러나 그들은 세상적인 방법으로 이를 위해 투쟁하는 대신 하나님을 의존하고 하나님에 의해 구원받기를 겸손히 기다리는 사람들이다"라고 말한 점은 잘 된 해설이라고 할 수 있다.

찾아오셔서 하나님의 통치를 받게 하시는 것과 같다(마 9:10; 눅 15:1). 예수님이 찾아오시는 사람은 예수님의 통치를 받게 된다. 바로 그것이 현세의 천국이다. 오늘 우리는 자신들이 가난하고 가난한 줄 알아야 한다. 심령 속에 좋은 것은 없고 순전히 죄로 가득 찬 줄 알아야 한다. 그럴 때 우리는 예수님을 모시게 되고 또 예수님의 통치를 받아 천국의 삶을 살게 된다.

마 5:4. 애통하는 자는 복이 있나니 그들이 위로를 받을 것임이요.

마음이 가난함을 깨닫고, 다시 말해 마음속에 죄밖에 없음을 것을 깨달고(앞 절) "애통하는 자는 복이 있다"고 예수님께서 말씀하신다(사 61:2-3; 눅 6:21; 요 16:20; 고후 1:7; 계 21:4). "애통한다"(πενθοῦντες)는 말씀은 현재분사로 '현재 계속해서 운다,' '지금 계속해서 통회한다'는 뜻이다. 죄 때문에 가슴을 치며 마음 아프게 자복하는 것을 뜻한다.

죄의 용서를 받기 위해 하나님 앞에 죄를 자복하면 하나님으로부터 "위로"를 받는다(고후 7:10). 죄를 자복하는 사람에게는 하나님께서 용서의 위로를 주시고 구원의 은혜를 주시며 힘 있게 하시고 확신을 주시며 또 함께 하시며 크게 사용하시기도 하신다(11:28-30; 시 30:5; 50:15; 사 55:6-7; 미 7:18-20). 다윗은 자신의 죄를 생각하고 심각하게 애통하여 큰 위로를 받았다(시 51:1-19). 다윗은 "상하고 통회하는 마음을 하나님께서 멸시하지 않을 줄을 알고" 통회했다. 이사야는 "무릇 시온에서 슬퍼하는 자에게 화관을 주어 그 재를 대신하며 희락의 기름으로 그 슬픔을 대신하며 찬송의 옷으로 그 근심을 대신하시고 그들로 의의 나무 곧 여호와의 심으신 바 그 영광을 나타낼 자라 일컬음을 얻게 하려 하심이라"고 예언한다(사 61:3). 이사야의 예언은 예수님께서 죄 때문에 슬퍼하는 사람에게 화관, 희락의 기름, 찬송, 의를 주신다는 뜻이다. 이사야의 예언 그대로 예수님은 실제로 통회하는 사람들에게 구원의 위로를 주신다. 또한 하나님께서 죄를 애통하는 자로부터 고난 자체를 물러가게도 하셔서 위로가 되게 하신다(대하 20:1-30; 32:9-23; 시 116:1-19; 사 38:1-20).

그리고 죄를 생각하며 애통하는 사람에게 하나님은 영적인 위로만 주시는 것이 아니라 크게 사용하셔서 위로를 주시기도 하신다. 바울 사도는 "큰 집에는 금 그릇과 은그릇 뿐 아니라 나무 그릇과 질그릇도 있어 귀하게 쓰는 것도 있고 천하게 쓰는 것도 있나니 누구든지 이런 것에서 자기를 깨끗하게 하면 귀히 쓰는 그릇이 되어 거룩하고 주인의 쓰심에 합당하며 모든 선한 일에 준비함이 되리라"고 말한다(딤후 2:19-21). 죄를 애통하는 자가 하나님으로부터 쓰임 받는 것도 큰 위로이다. 어거스틴은 참회록을 기록하여 세상에 내놓을 만큼 그는 많은 통회를 해서 하나님으로부터 쓰임을 받아 1천년 동안 교계(신앙사회)를 위하여 쓰임을 받았다. 우리는 철저히 애통해야 한다. 그래서 마음에 임하는 위로와 또 하나님으로부터 쓰임 받는 위로도 받아야 할 것이다.

마 5:5. 온유한 자는 복이 있나니 그들이 땅을 기업으로 받을 것임이요.

예수님은 죄를 생각하며 많이 애통하여(3-4절) 온유하게 된 사람이 받을 복에 대해서 말씀하신다(시 37:11). 본문의 "온유한 자"는 '다른 사람이 나에게 어떻게 대하든 항상 친절하고 부드럽게 대하는 사람'을 지칭한다(마 11:29; 약 3:13; 벧전 3:4). 캘빈(Calvin)은 "온유는 부드러운 태도에서 살며 해를 받고도 쉽사리 노하지 않으며 보복하고자 하지 아니하고 자기에 대한 악의에 오래 참는 것이다"라고 말했다. 윌렴 헨드릭슨은 온유한 사람이란 "주님 안에서 피난처를 발견하고 자기의 길을 전적으로 그에게 의탁하고 사랑하시고 돌보시는 그의 손에 모든 것을 맡기는 자"라고 정의한다.[48] "온유"라고 하는 것이 겸손이라는 것과 다른 점은 겸손은 자기를 낮추는 것을 말하는 반면 온유는 인간과의 관계에서 부드러운 것을 말한다. 그래서 빈센트(Vincent)는 온유란 "하나님께 대한 절대 순종과 사람에 대한 선의(善意)"라고 정의했다.

예수님은 말씀하시기를 온유한 자는 "땅을 기업으로 받을" 것이라고 하신다(시 37:11). "땅을 기업으로 받을 것"이란 말은 '현세에서 수많은 사람을 협력자로 혹은 친구로 얻는다는 말이고 또 내세의 하늘나라를 차지한다'는 말이다.

48) 윌렴 헨드릭슨, *마태복음* (중), 이정웅옮김, p. 215.

"땅"이란 때로는 '땅위에서 사는 사람'을 의미하기도 한다. 4:15의 말씀, 곧 "스불론 땅과 납달리 땅과 요단 강 저편 해변 길과 이방의 갈릴리여"라는 말씀에서 "스불론 땅"이란 말은 '스불론 땅위에서 사는 사람'을 의미하고 "납달리 땅"이란 말은 '납달리 땅위에서 사는 사람'을 의미하며 "요단 강 저편"이란 말은 '요단강 저편에서 사는 사람들'을 지칭한다(10:15; 11:21, 23 참조). 이는 마치 "세상"(요 3:16)이란 말이 '세상 사람들'을 의미하는 것과 같다. 그러니까 온유한 사람들은 땅덩이를 기업으로 얻는다는 것이 아니라 그 위에서 사는 사람들을 협력자로 얻고 친구로 얻는다는 뜻이다(Matthew Henry).

온유한 사람은 교회 안에서나 혹은 교계(신앙사회) 사회에서 많은 협력자를 얻게 되고 친구를 얻게 된다. 온유하지 않고 강퍅한 사람들은 주위에 협력자나 진정한 친구가 없다. 온유한 사람들은 이 땅에서만 잘 되는 것이 아니라 앞으로 하나님의 나라를 차지할 것이다(계 5:10; 21:1). 온유하여 하나님만 의지하는 사람들은 미래에 하나님의 나라를 유업으로 차지할 것이다.

온유한 사람들이 하늘나라를 기업으로 받는 것은 온유한 성품에 대한 보상으로 받는 것이 아니다. 온유한 자는 예수님 안에 있기 때문에 하늘나라를 기업으로 받는다. 하나님을 모신 사람은 예수님께서 온유하셨던 것처럼(마11:29) 온유한 것이 특징이다. 온유는 신자의 특징이다. 그러나 오늘날 온유라는 말은 찾아보기 힘들어졌다. 걸핏하면 화를 내며 사람에게 상처를 주며 사람을 짐승 죽이듯이 죽여서 아무데나 버리는 시대를 만났다. 우리는 온유의 덕을 회복해야 할 것이다.

마 5:6. 의에 주리고 목마른 자는 복이 있나니 그들이 배부를 것임이요.

예수님은 "심령이 가난한 자"(3절), "애통하는 자"(4절), "온유한 자"(5절)가 복이 있다고 말씀하신 후 이제 적극적으로 "의에 주리고 목마른 자는 복이 있다"고 말씀하신다.[49] 본 절은 눅 6:21과 병행하는데 누가복음의 표현과 약간

---

49) 본 절과 병행절인 눅 6:21에서는 "지금 주린 자는 복이 있나니 너희가 배부름을 얻을 것임이요"라고 표현하고 있다. 마태는 주림과 목마름의 방향을 "의"라고 말하는 점에서 누가의 기록과는 약간 차이가 있다. 그러나 본질적으로는 똑 같은 뜻이다.

다르다. 즉 본 절에는 "의"란 말이 나오고 "목마름"이란 표현이 나온다. 누가복음과는 달리 본 절에 "의"란 말이 등장하는 이유는 본서의 수신자가 "의"에 관심이 많은 유대인들이기 때문인 것으로 보인다(누가복음의 수신자는 이방인이었다).

본 절의 "의"가 무엇을 지칭하느냐를 두고 여러 가지 학설이 있다. 첫째, '사회적인 정의' 혹은 '우리가 세우는 덕'이라고 하는 견해. 이 학설은 문맥에 맞지 않아 보인다. 우리가 사회적인 정의를 실현했다고 해서 참으로 만족하다는 것(하반 절)은 경험상으로 있을 수가 없다. 성경은 하나님의 의(義, 롬 8:3-5; 고후 3:18; 살후 2:13)만이 우리의 주림과 목마름을 해결할 수 있다고 말씀한다(요 6:35; 계 7:16-17). 둘째, '칭의'(稱義)라고 주장하는 견해(Grundmann, Lohmeyer, McNeile, Schniewind, Schrenk, Zahn, Bornkamm, Bultmann). 그러나 이 견해는 성경의 주장과 충돌한다. 우리가 예수님을 처음 믿을 때 하나님으로부터 최초로 의롭다고 하는 선언을 받는 것을 칭의라고 하는데(창 15:6; 시 106:31; 롬 4:3, 9, 22; 갈 3:6; 약 2:23) 그 최초의 경험을 가지기 위하여 우리는 칭의에 주리고 목말라하지는 않는다. 그렇게 칭의를 얻기 위하여 헐떡거린 사람은 성도들 중에는 아무도 없을 것이다. 본 절의 "의에 주리고 목마른 자"는 이미 의롭다 함을 받은 자(3절, 4절, 5절)가 거룩한 삶, 바른 삶을 갈구할 때 만족함을 얻는다고 말씀한다. 셋째, '하나님께서 왕으로서 가지신 의, 곧 모든 불의한 세력들과 거짓들을 종식시키고 억압하는 자들에게(3절)에게 공의를 행하시는 하나님의 의(義)'라고 하는 견해(헤르만 리델보스, David Hill, Donald A. Hagner). 이 견해는 바르기는 하나 너무 편협함을 드러내는 흠이 있다. 하나님께서 더 넓은 의미에서 우리에게 의를 주시기를 원하시는 것 아닌가. 넷째, '예수님 자신'이라고 하는 견해(John MacArthur). 이 견해는 다음의 다섯째 견해와 약간 다른 설명일 뿐 같은 의견이므로 각주에 기록한다. 다섯째, "의"(τὴν δικαιοσύνην)라는 낱말 앞에 관사가 있으니 '천국의 의' 혹은 '하나님께서 선물로 주시는 의'[50]라는 견해. 이 견해가 가장 타당한 학설이고 또 많은

50) 6절의 "의"를 예수님이라고 주장하는 학자가 있다. 그렇게 주장하는 이유는 10절의 "의"가 예수님을 지칭하고 있기 때문이라고 한다(10절의 "의"와 11절의 "나"를 비교하면 10절의

학자들은 이 의견에 동의한다(캘빈, Meyer, Lange, John Ryle, Lenski, Albert Barnes, Hendrksen, Leon Morris). 의(義)란 '거룩한 삶, 의로운 삶'을 지칭한다.

본 절에서 예수님께서 말씀하시는 "의"란 '이미 하나님을 믿어 의롭다 함을 받은 자가(창 15:6) 이 땅에서 의롭게 살기 위해서 구하는 의를 지칭함이 분명하다(죤 스토트). 우리가 하나님의 의를 구할 때 하나님께서 거룩하게 해주시고 의로운 삶을 살게 해주신다. 그러니까 이 "의"는 우리가 최초로 얻는 의를 말하는 것이 아니다. 우리는 우리가 주리고 목말라한다고 해서 최초의 의, 즉 구원을 얻을 수 없다. 그러니까 본 절에서 예수님께서 말씀하는 의는 하나님으로부터 주어지는 의이지 우리가 성취하는 의가 아니다. 모리스(Leon Morris)는 "이 의는 주어진 의(given righteousnes)이지, 성취하는 의(achieved righteousness)가 아니다. 복 있는 사람은 사람의 힘으로 의를 성취하는 것이 아니라 그저 주리고 목말라하면 채움을 받는다. 그러면 그들은 채움을 받을 것이다. 이 말은 하나님께서 채워주실 것이라는 의미이다"고 말한다.[51] 우리는 일단 구원(의)을 얻은

"의"는 예수님을 지칭한다고 할 수 있다). 그러니까 10절의 "의"를 예수님이라고 하면 본 절의 "의"도 예수님이라고 말해야 한다는 것이다. 똑같은 산상보훈에서 "의"라고 하는 말을 달리 해석할 이유가 없다고 한다(맥아더). 예수님은 우리의 의(義)가 되신다고 성경은 말씀한다. "예수는 하나님께로서 나와서 우리에게 지혜와 의(義)로움과 거룩함과 구속함이 되셨다"고 말씀한다(고전 1:30). 예수님은 "의(예수님)에 주리고 목마른 자 복이 있나니 그들이 배부를 것임이요"라고 말씀하신다. 예수님을 더욱 소유하기 위해서 헐떡이는 사람은 만족하게 될 것이라는 말씀이다. 시 42:1-2에 보면 "하나님이여 사슴이 시냇물을 찾기에 갈급함같이 내 영혼이 주를 찾기에 갈급하니이다. 내 영혼이 하나님 곧 생존하시는 하나님을 갈망하나니 내가 어느 때에 나아가서 하나님 앞에 뵈올꼬"라고 말씀하고 있다. 시 63:1-2에 "하나님이여 주는 나의 하나님이시라 내가 간절히 주를 찾되 물이 없어 마르고 곤핍한 땅에서 내 영혼이 주를 갈망하며 내 육체가 주를 앙모하나이다. 내가 주의 권능과 영광을 보려 하여 이와 같이 성소에서 주를 바라보았나이다"라고 말씀한다. 예수님을 더욱 소유하기 위해서 강한 욕망을 가진 사람마다 결국에는 "배부름을 얻게 되는" 것이다. 만족하게 된다는 말이다. 다윗은 노래하기를 "여호와는 나의 목자시니 내가 부족함이 없으리로다"라고 말했다(시 23:1-6). 그리고 바울 사도는 빌 3:7-9에 "무엇이든지 내게 유익하던 것을 내가 그리스도를 위하여 다 해로 여길뿐더러 또한 모든 것을 해로 여김은 내 주 그리스도 예수를 아는 지식이 가장 고상하기 때문이라 내가 그를 위하여 모든 것을 잃어버리고 배설물로 여김은 그리스도를 얻고 그 안에서 발견되려 함이니 내가 가진 의는 율법에서 난 것이 아니요 오직 그리스도를 믿음으로 말미암은 것이니 곧 믿음으로 하나님께로부터 난 의라"라고 말씀한다. 우리는 예수님을 더욱 알기를 원해야 하고 그리스도를 더욱 소유하기를 원해야 하며 예수님과 연합되어 있는 나 자신을 더욱 발견하기를 소원해야 한다. 우리가 알아야 할 것은 6절의 "의"를 '예수 그리스도'라고 하는 것이나 '그리스도를 통하여 나타난 하나님의 의'라고 설명하는 것이나 똑 같은 설명이라고 할 수 있다.

다음에야 의에 주리고 목마를 수 있다.

예수님은 우리가 의를 얻는 방법으로 눅 18:13-14의 말씀을 주셨다("세리는 멀리 서서 감히 눈을 들어 하늘을 쳐다보지도 못하고 다만 가슴을 치며 이르되 하나님이여 불쌍히 여기소서 나는 죄인이로소이다 하였느니라. 내가 너희에게 이르노니 이에 저 바리새인이 아니고 이 사람이 의롭다 하심을 받고 그의 집으로 내려갔느니라. 무릇 자기를 높이는 자는 낮아지고 자기를 낮추는 자는 높아지리라 하시니라"). 헨드릭슨은 "여기 5:6에서는 그리스도께서...단순히 법적 상태의 의(義)만이 아니라 또한 윤리적 행위의 의까지 언급하고 계신 사실이 마태복음 6:1의 '사람에게 보이려고 그들 앞에서 너희 의를 행하지 않도록 주의하라'는 말씀에서 분명해진다. 그 두 의는 불가분의 관계에 놓여있다. 선행(善行)으로는 그 누구도 의롭게 될 수도 없지만 의롭다 함을 받은 사람이 선행 없이 살아간다는 것은 또한 있을 수없는 일이다. 그리스도께서 사용하신 '의'라는 말은 그러므로 매우 포괄적인 용어로서 법정적인 의(the forensic righteousness)와 윤리적인 의(the ethical righteousness)를 모두 포함한다"고 주장한다.[52)]

예수님은 "의에 주리고 목마른 자는 복이 있나니 그들이 배부를 것이라"고 말씀하신다(사 55:1; 65:13). 우리는 하나님께서 주시는 의를 간절하게 소원해야 하고 동경해야 한다. 시 42:1에 다윗은 "하나님이여 사슴이 시냇물을 찾기에 갈급함 같이 내 영혼이 주를 찾기에 갈급하나이다"라고 말씀한다(계 22:17 참조). 본문의 "주리고 목마름"(πεινῶντες καὶ διψῶντες)은 두 낱말 다 현재분사로 표현되어 있다. 계속해서 우리는 주리고 목말라해야 한다. 사람이 주리고 목이 마르면 강렬한 소망을 보인다. 만족을 얻을 때까지 계속해서 주리고 목말라 한다. 우리는 완전하다고 해서는 안 된다. 우리가 계속해서 하나님의 의에 주리고 목말라 해야 한다(시 42:1-2; 63:1-2). 렌스키는 "'배부를 것임이요'는 미래 시상이며 이 동사는 굶주림과 목마름의 비유와 일치한다. 그러나 미래는 하나의

---

51) Leon Morris, *The Gospel According to Matthew* (Grand Rapids: William B. Eerdmans Publishing Co., 1992), p. 99.

52) 윌렴 헨드릭슨, *마태복음* (상), p. 414.

가상된 천년왕국이나 하늘나라에서의 먼 미래가 아니라, 굶주린 자를 즉시 먹이며 갈한 자에게 즉시 마시게 하는 미래이다. 그리스도에 대한 신앙이 작용하는 순간 의는 촌각의 지체도 없이 선언된다. 그리고 우리가 하나님의 심판 아래서 의롭기를 바라는 한에는 언제나 그의 말씀은 그 어느 곳에서나 우리한테 의롭다고 선언한다...날마다 그리스도의 의로 음식을 공급받는 자는 얼마나 복된가!"라고 말한다.[53] 우리가 거룩하게 살고자 의에 주리고 목말라 하면 하나님은 우리들에게 흡족하게 채워주신다.

우리가 하나님의 의를 간절하게 소원하고 동경할 때 하나님의 의는 성령님의 역사로 말미암아 우리를 윤리적으로 의롭게 한다(롬 8:3-5; 고후 3:18; 살후 2:13 참조). 우리는 의로워지기 위하여 열심히 기도해야 한다. 우리가 능력을 구하고 지혜를 구하듯 하나님의 의를 구해야 한다.

마 5:7. 긍휼히 여기는 자는 복이 있나니 그들이 긍휼히 여김을 받을 것임이요.
예수님은 "긍휼히 여기는 자" 곧 '비참한 처지에 있는 자들에게 사랑을 베푸는 사람'은 복이 있다고 하신다. "긍휼히 여기는 자"는 하나님으로부터 무한한 사랑을 받았기에 '비참한 처지에 있는 다른 사람들을 불쌍히 여기는 사람들'을 지칭한다. 마 18:21-35은 주인(하나님)으로부터 불쌍히 여김을 받은 종은 똑같은 형편에 있는 다른 종을 불쌍히 여겨야 된다고 교훈한다(요일 4:19). 그러나 긍휼히 여김을 받은 자가 다른 사람을 긍휼히 여기지 못할 때 비참하게 된다는 교훈이다. 우리는 다른 사람들을 불쌍히 여기고 용서해 주어야 한다. 눅 10:30-36의 선한 사마리아 사람은 국적이 다른 유대인을 불쌍히 여겨 자기의 돈을 쓰면서 돌보아 주었다(25:31-46; 롬 15:7, 25-27; 고후 1:3-4; 엡 4:32; 5:1; 골 3:12-14 참조). 성도들은 신자들 가정에만(갈 6:10) 아니라 우리를 박해하는 사람에게까지도 사랑을 베풀어야 한다(5:44-48). 성도는 이기적인 사람이 되어서는 안되고 이타적인 사람이 되어야 한다.

---

53) 렌스키, *마태복음* (상), 성경주석, pp. 166-67.

예수님은 우리가 남들을 불쌍히 여길 때 "긍휼히 여김을 받을 것이라"고 말씀하신다(6:14; 시 41:1; 막 11:25; 딤후 1:16; 히 6:10; 약 2:13). 우리가 불쌍히 여김을 받는 것은 현세와 내세에서이다. 현세에서는 우리가 하나님의 크신 사랑을 더욱 체험하게 된다. 그리고 내세에서는 우리가 하나님으로부터 큰 상급을 받는다. 내세는 비참한 곳이 아니니 하나님께서 우리를 불쌍히 여기시지 않으실 것이다. 다만 내세에서는 우리가 이 땅에서 다른 사람들을 불쌍히 여긴 것에 대한 상급이 있을 것이다. 우리는 이 땅에서 하나님의 사랑을 반영하는 삶을 살아야 할 것이다.

마 5:8. 마음이 청결한 자는 복이 있나니 그들이 하나님을 볼 것임이요.

먼저 어떤 사람이 "마음이 청결한 자"인가를 해석한 학자들의 견해를 적어본다.

박윤선-"하나님에 대해서 단순하게 된 마음"을 뜻한다.

이상근(Tholuck)-"외식과 두 마음에서 벗어난 사람들, 하나님을 향한 단순한 마음"이다.

Zahn-"숨은 의도가 없는 정직, 이기주의가 없는 상태, 온갖 일에 진실하고 열려 있는 마음의 소유자들"이라고 정의한다.

렌스키-"정직한 마음으로써 다른 숨은 동기나 자아의 이익을 품지 않은 모든 일에 참되고 개방된 마음을 가진 사람들"을 지칭한다고 말한다.

헤르만 리델보스-"진실됨, 동기의 순수함, 그리고 내적 체험과 외적 행위간의 일관성있는 사람들"이라고 말한다.

J. C. Ryle-"내적으로 거룩한 자이다. 그들은 성내지 않는 마음과 양심을 가지려고 노력하며 성령과 속사람으로 하나님께 봉사하려고 노력하는 사람이다."

Arthur Robertson-"위선을 부리지 않고 성실을 나타내는 사람"을 말한다.

David Hill-"성전 예배 중에 손이 깨끗하고 마음이 순수한 것"이라고 말한다.

Homer A. Kent-"도덕적 존재가 죄의 오염으로부터 자유한 것"이라고 말한다.

Edward E. Hinson-"중생해서 믿음으로 구원받고 거룩한 사람"을 말한다.

Donald A. Hagner-"생각과 동기가 깨끗한 것"을 말한다.

Blomberg-"도덕적으로 바른 것"을 말한다.

Frederick Dale Bruner-"사람의 중심이 맑은 것"을 뜻한다고 한다.

William Macdonald-"동기가 순수하고 그 생각이 거룩하고 그 양심이 깨끗한 사람"을 말한다.

Albert Barnes-"사고와 행동의 동기와 기준이 순결한 사람들"을 뜻한다고 한다.

Rudolf Schnackenburg-"방문자가 성전에 들어갈 때에 요구되는 깨끗한 손과 순수한 마음이다(시 24:4). 마음의 청결이란 순수한 마음으로부터 나오는 행위의 문제인데 특별히 믿을만한 언어, 약속한 바를 지키는 것, 이웃에게 정직하게 행하는 것(시 15:2-5)과 하나님의 믿을만함과 선하심 그리고 신실하심(시 26; 미 6:8)에 걸맞은 행위"를 지칭한다.

윌렴 헨드릭슨-"신실하고 정직한 사람, 위선 혹은 외식함이 없이 생각하고 말하며 행동하는 사람들이 청결한 사람들인데 이들만이 신령과 진정으로 하나님을 예배하며 고전 13장; 갈 5:22-23; 엡 4:32; 5:1; 빌 2:1-4; 4:8-9; 골 3:1-17 등에 언급되어 있는 덕들을 깊이 묵상하고 또한 실천에 옮기기를 즐거워하는 자들"이라고 주장한다.

대체적으로 성경 해석가들은 "마음이 청결한 자"를 정의할 때 '사람의 중심이 깨끗하고 그 행위가 하나님을 향하여 순수한 사람'이라고 정의한다. 그러나 8복의 문맥을 살필 때, 즉 8복은 모래 알갱이처럼 서로 무관한 복들이 아니라 서로 관계가 있으며 앞에 기록된 복으로부터 뒤에 기록된 복으로 이전할 때 점진적이라는 것을 감안하면 마음이 청결한 자란 다음과 같이 정의할 수 있을 것이다. 즉 '자신의 심령이 죄로 가득한 줄 알고(3절) 애통하며(4절) 또 애통했기에 온유하고(5절) 적극적으로 하나님으로부터 의를 전가받기를 동경하고(6절), 비참한 처지에 있는 사람을 불쌍히 여길 줄 아는 사람들(7절), 그 중심과 행위가 순수한 사람들'을 지칭하는 것으로 보면 바를 것이다(시 15:2; 24:4; 히 12:14). 사람이 죄를 자복하지 않고야 어떻게 청결할 수 있을까. 애통하지 않고야 어찌 중심이 청결하다고 할 수 있을까. 그리스도의 의를 동경하지 않고야 어찌 중심이 청결하다고 할 수 있을 것인가. 남을 불쌍히 여기는 마음이 아니면 그 중심이 순수하다고 말할 수 있을까.

예수님은 마음이 청결한 사람들은 "하나님을 볼 것이라"고 하신다(고전 13:12; 요일 3:2-3). 하나님을 본다는 말은 실제로 육안으로 하나님을 본다는 말이 아니다. 육안으로 하나님을 보고서는 살 자가 없다(출 19:21; 33:20; 삿 6:22 참조). 하나님을 본다는 것은 영안으로 하나님을 본다는 것을 의미하고 또 하나님의 손길을 의식하는 것을 지칭한다(시 24:3-4 참조). 하나님을 인지하며 의식하며 산다는 것은 참으로 복된 것이다. "청결하신 하나님과 청결한 마음 사이에는 근사(近似)함이 있다"(렌스키).

마 5:9. 화평케 하는 자는 복이 있나니 그들이 하나님의 아들이라 일컬음을 받을 것임이요.

"화평케 하는 자"(οἱ εἰρηνοποιοι-the peacemakers)는 '화평을 힘쓰는 자,' '화평을 조성하는 자'란 뜻이다. 렌스키는 "화평케 하는 자"를 정의하여 '화평 속에 살며 가능하면 모든 사람들과 화평하려 하며 평화가 위협을 받거나 상실되는 곳에서 평화를 유지하며 평화를 만들려고 애쓰는 사람'을 지칭한다고 말한다. 평화를 힘쓰는 자들은 결코 하나님의 뜻에 어긋나는 평화를 힘쓰지 않는다. 진정한 화평론자들은 결코 분리주의자들의 교리나 논리를 따르지 않는다. 결코 죄와는 타협하지 않는다. 화평케 하는 자들은 할 수 있는 한 모든 사람들과 평화하고(롬 12:18; 히 12:14) 평안의 복음을 전파하며(엡 6:15) 평화의 왕을 본받아 살기를 힘쓰며(요 13:12-15) 평화의 하나님을 지도자로 모시고 살기를 힘쓴다(고전 14:33; 살전 5:23).

예수님은 "화평케 하는 자는 복이 있나니 그들이 하나님의 아들이라 일컬음을 받을 것이라"고 하신다. 세상에서 화평을 조성하는 자들은 "하나님의 아들이라 일컬음을 받을 것이다." 누구에 의해서 "하나님의 아들이라 일컬음을 받을 것"인가. 하나님에 의해서 하나님의 아들이라 일컬음을 받을 것인가. 아니면 사람들에 의해서 하나님의 아들이라 일컬음을 받을 것인가. 이는 하나님에 의해서 일컬음을 받을 것이란 뜻이다. 사람들은 하나님을 잘 알지 못하니 화평케 하는 자들을 하나님의 아들이라 일컫지 못한다. 오직 하나님만이 화평을 힘쓰는 자들을 하나님의 아들이라 일컬으신다. 여기 "일컬음을 받을 것이다"(κληθήσονται)라는 말이 미래 시제인 것은 그들이 예수님 재림 후에 하나님의 아들이라는 고귀한 위엄을 얻게 될 것이란 뜻이다. 하나님께서 화평을 힘쓰던 사람들을 천국에서 하나님의 자녀로 소유하실 것이다. 하나님께서 독생자를 이 땅에 보내셔서 사람들을 하나님과 화목시키시고 또 유대인과 이방인 사이를 화목시키셨으며 또 개인과 개인 사이를 화목시키셨는데 그 일에 사용된 사람들을 아주 귀한 자녀들로 여기실 것이다. 그런데 화평을 힘쓰는 사람들이 현세에서는 하나님으로부터 하나님의 아들이라고 일컬음 받지 못할 것인가. 화평을 힘쓰는 성도들은 현세에서도 하나님에 의해 하나님의 아들이라 일컬음을 받을 것이다(5:16, 45, 48). 비록 사람들에 의해서 하나님의 아들이라 일컬음을 받지 못하더라도 하나님에 의해서 하나님의 아들이라 일컬음을 받을 것이다.

마 5:10. 의를 위하여 박해를 받은 자는 복이 있나니 천국이 그들의 것임이라.
예수님은 8복의 마지막 복을 말씀하신다. 즉 "의를 위하여 박해를 받은 자는 복이 있다"고 하신다(고후 4:17; 딤후 2:12; 벧전 3:14). 그런데 이 "의"가 무엇을 지칭하느냐는 것에 대해서는 여러 견해가 있다. 첫째, "사람들의 정직성"이라는 견해(William Macdonald), 둘째, "사람의 생활을 지배하는 규범"이라는 견해(헤르만 리델보스), 셋째, "의"란 앞에 기록된 "일곱 가지 덕을 다 종합한 것"이라고 주장하는 견해(이순한), 넷째, "참된 그리스도인으로 살려고 노력하는 것"이라는 견해(J. C. Ryle, Blomberg, David Hill), 다섯째, "정의를 수호하고 하나님의 친구로서의 삶을 사는 것"이라는 견해(Albert Barnes), 여섯째, "그리스도 안에 있는 하나님의 의"를 지칭한다고 보는 견해(렌스키, 윌렴 헨드릭슨, 이상근), 일곱째, "예수 그리스도 자신"을 지칭한다(박윤선)는 견해로 나누어진다. 위에 기록한 3번-5번의 견해들도 잘 정의된 견해들이지만 6번-7번의 견해는 똑 같은 뜻으로 문맥에 걸맞은 견해이다.

본문의 "의"가 '예수 그리스도'와 '예수 그리스도 안에 있는 하나님의 의'(6

절과 똑 같은 뜻)라고 말할 수 있는 이유는 문맥 때문이다. 즉 11절과 12절에 보면 본 절의 "의"는 '예수 그리스도'이심을 알 수 있다(본 절의 "의"와 11절의 "나"는 동의어이다). 그러니까 우리가 예수 그리스도를 위하여 박해를 받는다는 말은 예수 그리스도 안에 있는 하나님의 의를 위해 박해를 받는다는 말과 똑 같은 뜻이다.

예수님께서 일곱째 복으로서 "화평하게 하는 자는 복이 있다"는 것을 말씀하시다가 제 8복, 즉 "의를 위하여 박해를 받는 자는 복이 있다"는 말씀으로 넘어오신 것은 두 복의 관계가 깊기 때문이다. 세상에서 화평을 힘쓰는 일이야말로 그리스도의 의를 위하여 사는 것이다.

우리는 세상에서 하나님의 뜻을 위해서 박해를 받아야 하고, 우상과 타협하기를 거부하여 박해를 받아야 하며, 하나님의 나라 확장위해 박해를 받아야 하고, 예수님의 이름을 빛내기 위해 모든 박해를 당해야 한다. 그리스도 안에서 경건하게 살고자 하는 자는 세상에서 박해를 받도록 되어 있다(딤후 3:12). 본문의 "박해를 받은"(δεδιωγμένοι)이란 낱말이 현재완료 분사 수동형으로 쓰인 이유는 제자들이 이미 박해를 받았고 또 지금도 박해를 받기 때문이다.

예수님은 제자들이 그리스도를 위하여 박해를 받기 때문에 큰 복이 있다고 하신다. 즉 "천국이 그들의 것이라"고 하신다. 예수님은 "심령이 가난한 자"에게 임하는 "천국이 그들의 것임이라"는 첫 번째 복을 여기 여덟째 복에서 다시 반복하신다. 그리스도를 따르는 사람들은 여덟 가지 천국의 복을 모두 세상에서도 받는다. 의를 위해서 박해를 받은 사람들과 지금도 박해를 받고 있는 사람들은 예수님께서 베푸시는 모든 은혜와 은사와 영광을 받게 된다. 베드로 사도는 주님을 위해 고난을 받으면 성령의 놀라운 은혜를 받는다고 말한다(벧전 4:14-"너희가 그리스도의 이름으로 치욕을 당하면 복 있는 자로다 영광의 영 곧 하나님의 영이 너희 위에 계심이라").

마 5:11-12. 나로 말미암아 너희를 욕하고 박해하고 거짓으로 너희를 거슬러 모든 악한 말을 할 때에는 너희에게 복이 있나니 기뻐하고 즐거워하라 하늘에서

너희의 상이 큼이라 너희 전에 있던 선지자들도 이같이 박해하였느니라. 예수님은 제 8복을 앞 절에서 말씀하셨는데 이제 이 부분(11-12절)은 앞 절의 제 8복을 부연 설명한다. 이렇게 제 8복을 자세히 설명하시는 이유는 그리스도를 위한 박해가 다른 모든 복보다 더 값진 것이기 때문일 것이다. 문장의 제일 앞에 나온 "나"는 그리스도를 지칭하며 10절의 "의"와 동의어로 볼 수 있다.

예수님은 "나로 말미암아 너희를 욕하고 박해하고 거짓으로 너희를 거슬러 모든 악한 말을 할 때에는 너희에게 복이 있다"고 하신다(눅 6:22; 벧전 4:14 참조). 이 부분(11-12절)의 "너희를 욕하고 박해하고 거짓으로 너희를 거슬러 모든 악한 말을 하는 것"은 10절에 나온 "박해를 받았다"는 말과 동의어이다. 이 부분의 "욕을 한다"는 말은 사람들이 예수님을 욕한 것처럼(요 7:20; 9:34) 제자들에게도 욕을 한다는 뜻이고, "박해한다"는 말은 사람들이 예수님을 박해했던 것처럼 제자들을 박해한다는 뜻이다(요 7:49). 그리고 "거짓으로 너희를 거슬러 모든 악한 말을 한다"는 말은 박해하는 사람들은 항상 거짓을 말했고 제자들을 거슬렀으며 또 모든 악한 말을 서슴없이 했다는 뜻이다.

예수님은 제자들이 박해를 받을 때 어떤 고통이 있다는 말씀 보다는 "기뻐하고 즐거워하라"고 하신다(눅 6:23; 행 5:41; 롬 5:3; 약 1:2; 벧전 4:13). 여기 "기뻐하라"(χαίρετε)는 말씀은 현재 명령형으로 '기뻐하라,' '즐거워하라'는 뜻이다. 그리고 "즐거워하라"(ἀγαλλιᾶσθε)는 말씀은 현재 명령형으로 '환성을 질러라,' '뛸지어다'라는 뜻이다. 너무 기뻐서 어쩔 줄 모르는 상태를 가리키는 말이다. 우리가 박해를 받을 때 참으로 예수님께서 말씀하신대로 기뻐하고 뛰놀 수 있을까. 우리는 그대로 해야 할 것이다(요 8:56; 행 2:26; 5:41-"사도들은 그 이름을 위하여 능욕 받는 일에 합당한 자로 여기심을 기뻐하면서 공회 앞을 떠나니라"; 16:34; 벧전 1:8; 계 19:7). 이유는 "하늘에서 너희의 상이 크기" 때문이라고 하신다. 여기 "상"(misqo;")이란 말은 박해를 받은 값(공로)으로 얻은 것을 의미하는 것이 아니라 하나님의 풍성하신 은혜로 거저 주셨다는 뜻에서 사용된 말씀이다. 이 단어가 하나님의 풍성한 은혜에 의한 것이기 때문에 엄청나게 큰 것을 뜻한다고 보아야 한다. 이 상은 앞으로 우리의 엄청난 영광이 될 것이다.

예수님은 제자들의 "상이 크다"고 말씀하신 후 "(γὰρ-왜냐하면) 너희 전에 있던 선지자들도 이같이 박해하였느니라"고 말씀하신다(23:34, 37; 느 9:26; 대하 36:16; 행 7:52; 살전 2:15). 제자들의 상이 큰 것을 알 수 있는 이유는 예수님의 제자들보다 이전에 있었던 구약의 선지자들이 구약 당시 유대인들에 의해 박해를 받아 큰 상을 받을 것이 예상되기 때문이라는 것이다. 그러니까 예수님의 제자들도 상을 받는 점에 있어서는 구약의 선지자들 틈에 낀다는 뜻이다. 구약의 모세, 사무엘, 엘리야, 엘리사, 이사야, 예레미야, 아모스, 스가랴 등 많은 순교자들 틈에 제자들이 끼어 큰 상을 받을 것이기에 기뻐하라고 권장하신다. 오늘날 많은 신자들은 그리스도 때문에 조그마한 상처라도 입을까 두려워하고 무서워한다. 우리는 박해 때문에 기뻐해야 할 것이다. 다시 말해 억지로 기뻐하는 것이 아니라 기뻐서 뛰어야 한다.

ㄷ.천국시민의 책임 5:13-16

예수님은 여덟 가지 복을 말씀하신(3-12절) 후 이 부분(13-16절)에서는 여덟 가지 복을 받은 자가 져야 할 남들에 대한 책임을 말씀하신다. 예수님은 신자가 남들에 대하여 져야할 책임을 설명하심에 있어 소금과 빛이라는 것을 들어 설명하신다. 이 두 가지보다 더 나은 것은 없다. 예수님은 여덟 가지 복을 받은 자는 이미 소금이 되었고 또 이미 빛이 된 것으로 말씀하신다. 우리는 소금이 되어야 하는 것도 아니고 빛이 되어야 하는 것도 아니다. 이미 소금이 되었고 빛이 되었으니 역할을 잘 해야 하는 것이다.

마 5:13. 너희는 세상의 소금이니 소금이 만일 그 맛을 잃으면 무엇으로 짜게 하리요 후에는 아무 쓸 데 없어 다만 밖에 버려져 사람에게 밟힐 뿐이니라.

예수님은 "너희"(Ὑμεῖς) 즉 "제자들"(1절)이나 제자들 뒤에 서 있던 "무리"(1절)만 아니라 '여덟 가지 복을 받은 사람들'(3-12절) 모두는 "세상의 소금이라"고 하신다. 즉 '세상을 위한 소금이라'는 뜻이다. 성도는 세상 중에 살면서 소금의 역할을 다해야 한다는 말씀이다.

예수님은 "소금이 만일 그 맛을 잃으면" 두 가지 결과가 일어난다고 말씀하신다. 첫째, 맛 잃은 소금을 짜게 할 수 없다고 하신다. 즉 "무엇으로 짜게 하리요"라고 하신다(막 9:50; 눅 14:34-35). 즉 '만일 소금이 그 맛, 즉 짠 맛을 잃으면 무엇을 가지고 그 짠맛 잃은 소금을 짜게 할 것이냐'고 하신다. 불가능하다는 말씀이다. 그런데 여기서 문제는 소금이 그 맛을 잃을 수 있느냐를 두고 성경 해석가들 간에 의견이 갈린다. 1) 소금이 "그 맛을 잃는다"는 말씀은 하나의 가상적인 말씀이라고 보는 시각이 있다(렌스키). 2) 실제로 소금이 그 맛을 잃는 수가 있다고 증거를 대는 학자도 있다(윌렴 헨드릭슨). 윌렴 헨드릭슨은 소금이 그 맛을 잃을 수 있다는 것을 다음과 같이 증명한다. 1) "사해 바다의 습지나 개펄 혹은 그 근처의 바위들에서 나는 소금은 석고(石膏-석회질 광물)등의 불순물이 섞여 있어서 쉽사리 변질되거나 알카리성의 맛을 내게 된다"고 주장한다(Thomson, Hauck, A. Sizoo). 2) 문맥을 살필 때 "후에는 아무 쓸데없어 다만 밖에 버리워 사람에게 밟힐 뿐이니라"는 결론은 마치 그러한 경우들이 실제로 일어났던 것처럼 들린다고 주장한다. 우리는 실제 그러한 사실이 있다고 주장하는 학자들의 견해에 동의해야 할 것이다.

둘째, 예수님은 소금이 그 맛을 잃으면 "아무 쓸 데 없어 다만 밖에 버려져 사람에게 밟힐 뿐이라"고 하신다. 다른 용도로도 쓸 수 없다고 하신다. 예수님의 제자들(1절)이나 무리(1절)나 오늘 성도들(3-12절)도 신앙을 잃으면 세상에서 소금의 역할 즉 방부제의 역할을 감당할 수가 없다.[54] 다시 말해 세상과 함께 썩어갈 수밖에 없다. 그래서 우리는 세상에서 버려진 존재가 된다(12:32; 히 6:4-6).

---

54) 본 절의 소금의 역할은 한 가지로 보아야 한다. 그것은 방부제 역할이다. 소금의 역할은 방부제 말고도 더 많이 있다. 예를 들어 조미제, 정결제, 비료, 제물 등 많이 있으나 본문에서 방부제로 보아야 하는 이유는 "소금이 만일 그 맛을 잃으면 무엇으로 짜게 하리요"란 말씀에서 맛 잃은 소금을 짜게 해서 원래의 소금의 짠 맛을 내게 할 수 없다는 말씀을 보면 방부제 역할을 언급하는 것으로 보아야 할 것이다. 지구상의 모든 식료품은 소금의 짠맛으로 부패를 방지한다.

우리는 그리스도를 믿는 믿음을 가지고 세상 사람들을 부패로부터 방지해야 한다. 우리가 세상 사람들과 함께 살면서 세상 사람들의 음담패설을 중지시키고 악한 계획을 중지시키며 모든 죄를 억제하고 하나님을 거스르는 말을 그치게 해야 한다.

마 5:14-15. 너희는 세상의 빛이라 산 위에 있는 동네가 숨겨지지 못할 것이요 사람이 등불을 켜서 말 아래에 두지 아니하고 등경 위에 두나니 이러므로 집 안 모든 사람에게 비치느니라.

예수님은 여덟 가지 복을 받은 신자가 소금의 역할을 감당해야 할 것을 말씀하신(앞 절) 후 이제 본 절부터 16절까지 성도는 세상에서 빛을 비추어야 한다고 하신다. 예수님은 "너희"(Ὑμεῖς), 즉 '예수님의 제자들(1절)과 무리들(1절) 그리고 여덟 가지 복을 받은 성도들'(3-12절)은 "세상의 빛이라"라고 하신다(잠 4:18; 빌 2:15). '세상을 비추기 위한 빛이라'는 뜻이다.

예수님은 우리가 세상에서 마땅히 비추어야 한다고 말씀하신다. 예수님은 성도가 마땅히 비추어야 한다는 말씀을 두 가지 실례를 들어 설명하신다. 첫째, "산 위에 있는 동네가 숨겨지지 못하는 것"처럼 성도들은 숨겨져 있어서는 안 된다고 하신다. 이스라엘의 경우 산꼭대기나 산비탈에 동리를 세웠다. 예수님은 참 빛으로서(요 8:12; 9:5; 12:35-36, 46; 고후 4:6) 우리 성도들을 통하여 비추시기를 원하시니 우리는 성도들로서 그리스도를 비추는 역할을 잘 감당해야 한다. 구체적으로 주님의 종들과 성도들은 세상 사람들에게 하나님의 말씀을 설교하고 성경을 강의하며 기도해주고 이단을 방지해주며 그리스도를 전해주고 병을 고쳐주며 사회의 각 기관과 기독교 기관에서 하나님 앞에 충성해야 한다. 이런 일을 행할 때 세상은 더 밝아지게 된다.

둘째, "사람이 등불을 켜서 말 아래에 두지 아니하고 등경 위에 두나니 이러므로 집 안 모든 사람에게 비쳐야 한다"고 하신다(막 4:21; 눅 8:16; 11:33). 예수님은 아주 당연한 예를 들으신다. 즉 사람이 등불을 켜서 말(곡식을 되는 말) 아래에 두지 아니한다고 하고 등경(등을 올려놓는 기구) 위에 둔다고 하신다.

사람이 등불을 켜서 등경위에 올려 놓는 것처럼 그리스도의 빛을 반사하는 성도들은 숨어 있어서는 안 되고 계속해서 그리스도의 복음을 말하고 있어야 한다. 그래서 모든 사람으로 하여금 복음을 듣게 하고 성경을 배우게 하며 함께 기도하면서 기도를 듣게 하여 기도를 배우게 하고 선행을 배우게 해야 한다.

오늘 하나님께서 성도들로 하여금 돌출부분에 세워주시는 것을 작은 일로 여겨서는 안 된다. 사회의 각계각층에서 두각을 나타내게 하시는 일을 결코 우리 자신들의 출세를 위해서 세워주신 줄로 알아서는 안 된다. 그리스도의 빛을 비추라고 계획하신 것으로 알아야 한다. 우리는 세월을 허송하지 말고 열심히 그리스도를 보여주어야 한다.

마 5:16. 이같이 너희 빛이 사람 앞에 비치게 하여 그들로 너희 착한 행실을 보고 하늘에 계신 너희 아버지께 영광을 돌리게 하라.

본 절의 "이같이"(οὕτως)란 말은 '성도들이 산위에 있는 동네처럼 그리고 등경위의 등불처럼 드러나서'란 뜻으로 성도들은 세상에서 숨어살지 말고 자기가 받은 빛을 비추어야 한다는 뜻이다. 예수님은 성도들의 "빛이 사람 앞에 비치게 하라"고 말씀하신다. 즉 성도들의 믿음의 열매, 성령의 열매를 사람 앞에 비치게 하라는 것이다. "사랑과 희락과 화평과 오래 참음과 자비와 양선과 충성과 온유와 절제"(갈 5:22-23) 같은 성령의 열매를 사람들에게 보여주어 사람들로 하여금 "너희 착한 행실을 보고 하늘에 계신 너희 아버지께 영광을 돌리게 하라"고 말씀하신다(요 15:8; 고전 14:25; 벧전 2:12). 성도들이 오래 참고 온유하며 시기하지 아니하며 자랑하지 아니하며 교만하지 아니하며 무례히 행하지 아니하며 자기의 유익을 구하지 아니하며 성내지 아니하며 악한 것을 생각하지 아니하며 불의를 기뻐하지 아니하며 진리와 함께 기뻐하고 모든 것을 참으며 모든 것을 믿으며 모든 것을 바라며 모든 것을 견디면 다른 사람들이 보고 하늘에 계신 아버지께(6:1; 16:17; 18:10, 14, 19) 영광을 돌리게 해야 한다. 그리고 성도들이 세상에서 고아사업도 바르게 하고 양로원 사업도 바로 하며 구제 사업도 바로 하여 세상 사람들로 하여금 성도들이 믿는 하나님께 영광을 돌리게 해야 한다. 우리는 우리의 명예를 위하여 의를 행해서는 안 되고(6:1, 5, 16) 하나님께 영광이 되도록 의를 행해야 한다.

ㄹ.온전하라 5:17-48

8가지 복을 말씀하시고(3-12절) 또 세상의 부패를 막고 세상을 밝게 비추라고 말씀하신(13-16절) 예수님은 이제 성도들은 세상에서 율법을 온전히 이루라고 부탁하신다(17-48절). 이 부분(17-48절)에서는 먼저 예수님께서 구약의 율법을 완성하셨으니 율법을 온전히 행하고 가르치라 하시고(17-20절) 성도들은 남을 미워해서는 안 되고(21-26절), 음욕을 품고 여자를 보아서도 안 되며(27-30절), 이혼하지 말고(31-32절), 맹세하지 말고 진실만 말하며(33-37절), 무저항주의자가 되어야 하고(38-42절), 원수를 사랑하라고 하신다(43-48절).

마 5:17-18. 내가 율법이나 선지자를 폐하러 온 줄로 생각하지 말라 폐하러 온 것이 아니요 완전하게 하려 함이라 진실로 너희에게 이르노니 천지가 없어지기 전에는 율법의 일점일획도 결코 없어지지 아니하고 다 이루리라.

예수님은 성도들로 하여금 세상에 대한 책임을 다하라고 말씀하신(13-16절) 다음 이 부분(17-18절)에서는 예수님 자신이 구약의 율법을 철저히 완성하실 것이라고 말씀하신다. 예수님은 "내가 율법이나 선지자를 폐하러(요 5:18) 온 줄로 생각하지 말라 폐하러 온 것이 아니요 완전하게 하려 함이라"고 하신다(롬 3:31; 10:4; 갈 3:24). 예수님께서 "율법이나 선지자" 즉 '구약의 말씀 전체'를 폐지하러 온 줄로 생각하지 말라고 하시며 폐하러 오신 것이 아니고 율법 전체를 완전히 이루려고 오셨다고 말씀하신다. 베드로도 역시 오순절 때의 설교에서 예수님은 구약 예언을 성취하신 분이라고 말했고(행 2장), 바울도 역시 이신칭의의 교리가 전혀 새로운 교리가 아니라 구약 성경의 가르침에 뿌리를 박고 있다는 것을 밝혀주고 있다(롬 3:21; 4:1-25; 7:7-16; 9:1-11:32; 갈 3:6-22; 4:21-31).

그리고 예수님은 더욱 중대한 것을 말씀하시기 위해서 "진실로 너희에게 이르노니"라는 언사를 사용하시면서 "천지가 없어지기 전에는 율법의 일점일획도 결코 없어지지 아니하고 다 이루리라"고 중대한 말씀을 하신다(눅 16:17). 예수님께서 재림하셔서 이 땅이 없어져서 새 하늘과 새 땅이 나타나기 이전까지 예수님은 율법의 일점일획까지 다 이루실 것이라고 하신다. 여기 "율법의 일점일획"이란 말은 '히브리어 글자 중에서 가장 작은 한 점(작은 점 하나 차이로 뜻이 달라진다)과 아무 것도 아닌 듯이 보이는 한 획'(한 획이 달라짐으로 뜻이 달라진다)을 지칭하는 말이다. 이 말은 예수님은 구약의 말씀 전체의 요구를 철저하게 이루실 것이라는 뜻이다. 예수님은 구약의 율법(모세 5경)과 시편과 선지자들이 말한 내용을 철저하게 이루려고 이 땅에 오셨다. 어떤 교파에서는 예수님께서 구약의 말씀을 폐지하셨다고 교훈하나 사실은 정반대로 예수님은 이 땅에 오셔서 구약의 모든 말씀을 이루시려고 오셨다. 예수님은 구약 성경을 버리거나 폐하러 오신 것이 아니라 그것을 성취하며 완전케 하려고 오셨다.

마 5:19. 그러므로 누구든지 이 계명 중의 지극히 작은 것 하나라도 버리고 또 그같이 사람을 가르치는 자는 천국에서 지극히 작다 일컬음을 받을 것이요 누구든지 이를 행하며 가르치는 자는 천국에서 크다 일컬음을 받으리라.
문장 초두의 "그러므로"(οὖν)란 말씀은 '예수님께서 구약의 율법과 선지자들의 설교의 내용을 완성하시기 위하여 이 땅에 오셨으므로'란 뜻이다. 바리새인들은 예수님께서 안식일을 지키지 않으신다고 비난하면서 예수님을 율법 파괴자로 몰아세웠지만 예수님은 구약의 뜻을 온전히 이루시고 온전히 해석하셨으므로 제자들과 성도들에게 계명[55] 중의 지극히 작은 계명조차도 버리지 말고 지키라고 하신다.

---

55) 계명이란 말은 율법이란 말과 동일하지만 계명이란 말은 율법 조문 하나하나를 말할 때 사용되는 명칭이고(예: 제 1계명, 제 2계명) 율법이란 말은 계명을 전체적으로 말할 때 쓰이는 단어이다.

그러나 예수님은 계명을 지켜야 구원을 받는다고 하시지는 않으셨다. 즉 "누구든지" 즉 '8복을 받은 사람은 누구든지'(3-12절) 계명을 지켜야 구원을 받는다는 것이 아니라 계명을 잘 행하고 가르치는 여부에 따라 천국에서 상급이 달라진다는 것이다. 예수님은 "누구든지 이 계명 중의 지극히 작은 것 하나라도 버리고 또 그같이 사람을 가르치는 자는 천국에서 지극히 작다 일컬음을 받을 것이요 누구든지 이를 행하며 가르치는 자는 천국에서 크다 일컬음을 받으리라"고 하신다(약 2:10). 계명 중에는 큰 것도 있고 작은 것도 있다는 것을 예수님께서도 인정하신다. 23:23에 예수님은 "화 있을진저 외식하는 서기관들과 바리새인들이여 너희가 박하와 회향과 근채의 십일조는 드리되 율법의 더 중한 바 정의와 긍휼과 믿음은 버렸도다. 그러나 이것도 행하고 저것도 버리지 말아야 할지니라"고 말씀하신다. 덜 중요한 계명이 있고 더 중한 계명이 있다고 하신다. 본 절에서 말씀하시는 예수님의 가르침은 아무리 작은 계명 하나라도 버리고 또 사람들에게 그 계명을 버리라고 가르치면 천국에서 지극히 작다고 여김을 받을 것이고 누구든지 아주 작은 계명을 행하고 또 사람들에게 작은 계명을 행하도록 가르치는 자는 천국에서 크다는 칭찬을 들을 것이라고 하신다. 우리는 구약의 계명 613 중에서 어느 것이 작은 것이고 어느 것이 큰 것인지 다 분별하지 못하니 다 행하고 다 지켜야 할 것이다. 가장 큰 계명이 어떤 계명이냐 하는 것은 오늘 성도들이 다 알고 있다(눅 10:27-"네 마음을 다하며 목숨을 다하며 힘을 다하며 뜻을 다하여 주 너의 하나님을 사랑하고 또한 네 이웃을 네 자신 같이 사랑하라"). 오늘 어느 교파에서는 예수님께서 계명을 아주 폐지하셨다고 가르치고 또 계명을 행하지도 않는다. 우리는 모든 계명을 지키는 성도들이 되어야 할 것이다.

마 5:20. 내가 너희에게 이르노니 너희 의가 서기관과 바리새인보다 더 낫지 못하면 결단코 천국에 들어가지 못하리라.

예수님은 본 절에서 아주 중요한 진리를 말씀하시려고 "내가 너희에게 이르노니"라는 언사를 사용하신다. 예수님께서 말씀하시기를 원하시는 중요한 진리란

"너희 의가 서기관과 바리새인보다 더 낫지 못하면 결단코 천국에 들어가지 못하리라"는 말씀이다(롬 9:31; 10:3).[56] 예수님은 너희 의(義)가 서기관들과 바리새인들이 이룩한 의보다 더 낫지 못하면 결단코 천국에 들어가지 못하리라고 하신다. 예수님께서 말씀하신 "너희 의"란 다름 아니라 지금까지 말씀해 오신 계명 지킴을 뜻한다(앞 절). 다시 말해 아주 작은 계명이라도 버리지 않고 행하고 또 다른 이들에게 가르침을 뜻한다. 그렇다면 예수님은 예수님의 제자들(1절)과 또 예수님 주위에 모여든 무리들(1절)이 계명을 행해야 구원을 받는다고 가르치신 것인가. 예수님은 계명을 행해야 구원을 받는다고 가르치신 것이 아니라 구원은 어디까지나 그리스도를 믿는 믿음으로 얻는 것이지만 그리스도를 믿는 사람이라면 율법의 작은 계명이라도 행할 수 있는 믿음이어야 한다는 것이다. 믿음이란 행함을 포함하는 것이다(약 2:14-26). 믿음에다가 행함을 보태야 하는 것이 아니라 믿음이란 행할 수 있는 믿음이어야 하는 것이다. 오늘 우리의 믿음도 계명을 행하는 믿음이어야 한다.

이런 믿음은 서기관과 바리새인들의 의보다 훨씬 나은 의를 수행하는 믿음이다. 서기관과 바리새인들의 의는 형식적이고 피상적이며 거짓된 의였다. 이유는 그들의 율법지식이 틀렸기 때문이었다. 예수님은 서기관과 바리새인들의 율법 지식이 틀렸음을 6차례에 걸쳐서 말씀하셨다(5:21, 27, 31, 33, 38, 43). 그들의 율법 지식은 율법의 참 의미로부터 멀리 떨어져 있었다. 유대의 랍비들이 구약 율법을 아주 잘 못 해석해서 전달해 놓았다. 예수님은 "옛 사람에 의해서 말해진 바..."(5:21, 27, 31, 33, 38, 43)라는 언사를 사용하시면서 랍비들이 잘 못 해석해 놓은 율법의 내용을 고쳐 주셨다. 서기관들과 바리새인들은 잘 못된 율법을 가지고 생활하고 있었다. 그들은 살인만 하지 않으면 되는 것으로 알았다. 그러나

56) 20절에 대한 잘 못된 두 가지 해석을 리델보스가 제공한 것을 여기 써 보면, 1) 예수님께서는 기본적으로 바리새인들의 구원론을 견지하셨다고 한다. 구원은 선행에 달려있다고 하셨다는 것이다. 2) 예수님께서 그렇게 엄격한 용어로 율법의 요구를 말씀하신 것은 그의 청중들에게 구원을 얻는 것이 불가능하다는 것을 간접적으로 알리시기 위함이었다고 한다. 이렇게 함으로써 그들은 자극을 받아 예수께서 그의 백성들을 위하여 얻게 될 더 좋은 의를 강구할 것이라고 한다(고전 1:30). 이 두 견해는 전적으로 본 절의 뜻을 잘 못 본 것이다. 예수님은 유대인들의 구원론을 지지하신 일이 없으시다.

예수님의 제자들과 성도들은 사람에게 노해도 안 되었고 욕해도 안 되었으며 미련한 놈이라고 해서도 안 되었다(22절). 서기관과 바리새인들은 여자들과 실제로 간음만 하지 않으면 되었으나(27절) 예수님의 제자들과 성도들은 음욕을 품고 여자를 보아도 안 되었다(28-30절). 서기관과 바리새인들은 이혼증서를 주면서 이혼할 수 있었으나(31절) 예수님의 제자들은 아내가 음행한 일이 없으면 이혼할 수 없었다(32절). 서기관과 바리새인들은 상처를 받으면 대신 상처를 줄 수 있었으나(38절) 예수님의 제자들과 성도들은 무저항으로 나아가야 했다(39-42절). 서기관들과 바리새인들은 원수를 미워할 수 있었으나(43절) 예수님의 제자들이나 성도들은 원수까지 사랑하라는 권면을 받았다(44-45절). 예수님의 제자들이나 성도들은 믿음으로 이런 계명들을 능히 행해야 했다. 그런 점에서 서기관들과 바리새인들보다 더 우수해야 했다. 그러나 그렇다고 예수님의 제자들이나 성도들이 율법을 지켜서 천국에 간다고 말할 수는 없다. 그들은 믿음을 가졌기에, 다시 말해 8가지 복을 받았기에(3-12절) 율법을 지킬 수 있는 것이다.

바리새인들은 안식일에 할 수 없는 일이 39가지나 되었고 고르반 신앙도 가지고 있었다(마 15:3-6). 그래서 그들의 행함은 외식이었고 피상적이었다. 예수님의 제자들과 성도들의 의는 서기관과 바리새인들의 의보다 더 나아야 천국에 들어갈 수 있다는 것이다. 다시 말해 제자들과 성도들은 믿음을 가지되 계명을 행하는 믿음을 가져야 한다.

마 5:21. 옛 사람에게 말한바 살인하지 말라 누구든지 살인하면 심판을 받게 되리라 하였다는 것을 너희가 들었으나.

예수님은 본 절부터 48절까지 유대의 랍비(율법 교사=서기관)들이 율법을 잘못 해석해 놓은 것을 바로 잡으신다. 예수님은 랍비들이 잘못 해석한 변형된 율법이 전통이 되어 계속해 내려오던 왜곡된 율법 6가지를 지적하신다. 사실은 이 보다 훨씬 더 많았으나 6가지만 지적하신다. 예수님은 랍비의 잘못된 해석을 지적하실 때마다 "옛 사람에게 말한바"라고 말씀하신다. 다시 말해 '옛사람에 의해서 말 된바'라는 뜻이다(27절, 31절, 33절, 38절, 43절에도 같은 말이 있다).

여기 "옛 사람에게 말한바...을 너희가 들었으나"(ἠκούσατε ὅτι ἐρρέθη τοῖς ἀρχαίοις)라는 말을 두고 많은 번역판들이나 주석가들은 대체로 '옛 사람들에게로 말 되어진 것'이라고 해석하나(RSV, NASB, NIV), 몇몇 번역판이나 주석가들은 '옛 사람에 의해서 말되어진 것'이라고 해석한다(KJV, Grosheide, Riderbos, Lloyd Jones, Hendriksen). 그러니까 전자의 해석을 따르면 '모세가 유대의 옛 사람들에게 말한 것'이란 뜻이 되고, 후자의 해석을 택하면 '유대의 옛 사람들에 의해서 말 된 것'이란 뜻으로 된다. 이 두 번역과 해석은 문법적으로는 가능하나 문맥으로는 후자를 택해야 한다. 이유는 첫째, 유대 문학에서 "옛 사람"(men of old)이란 종종 교사들을 의미하기 때문이고(리델보스), 둘째, "옛 사람에 의해서"("by them of old time")라고 번역하는 것이 22절에서 예수님께서 가르쳐주시는 가르침("나는 너희에게 이르노니")과 대조를 극명하게 드러내기 때문이다(리델보스). 즉 "옛 사람에 의해서...이렇게 말 되었으나"(21절) "나는 너희에게 이르노니"(22절)라고 날카롭게 대조하시는 것을 보면 "옛 사람에게"가 아니라 "옛 사람에 의해서"라고 번역하고 해석하는 것이 바르다. 셋째, 예수님은 구약을 인용하실 때마다 항상 "기록하였으되"라는 문구를 사용하셨지(4:4, 7, 10; 11:10; 막 11:17; 눅 7:27; 18:31) "말한바"라는 어투를 사용하지 않으셨다(헨드릭슨). 그런고로 본 장에 나온 "옛 사람에게 말한바"라는 말은 '옛 사람에 의해서 해석되어진바'라는 뜻이다. 이는 필시 21절, 27절, 31절, 33절, 38절, 43절 말씀이 모세가 조상들에게 직접 말씀하신 것이 아니라 유대의 랍비들에 의해서 잘 못 해석되어진 왜곡된 율법이라는 뜻이다. 예수님은 하나님이신고로 랍비들이 잘 못 해석한 율법을 교정하실 수 있는 권한이 있으셨다.

예수님은 제자들과 무리가 유대 랍비에 의해서 잘못 해석된 율법을 들었을 것이라고 하신다. 즉 "살인하지 말라 누구든지 살인하면 심판을 받게 되리라 하였다는 것을 너희가 들었다"고 하신다(출 20:13; 신 5:17). "살인하지 말라"는 말씀은 모세 5경에 있는 말씀이지만 "누구든지 살인하면 심판을 받게 되리라"는 말은 모세 5경에 없는 말이다. 이 말은 유대의 랍비가 만든 것으로 유대의 유전(전통)에 부가된 말이다. "심판을 받게 되리라"는 말은 23명으로 구성된 유대법정(Jewish Courts-이 법정은 이스라엘 나라 안의 대부분 도시에 있었다)에서 심판을 받는다는 말이었다. 예루살렘의 산헤드린 공의회는 대제사장이 살인을 저질렀을 경우에만 판결했다(리델보스). 유대의 랍비들은 살인자들에게 임하는 하나님의 심판에 대해서는 함구하고 있다. 예수님은 이것을 분명하게 바로 해석하시려 하신다(다음 절)

마 5:22. 나는 너희에게 이르노니 형제에게 노하는 자마다 심판을 받게 되고 형제를 대하여 라가라 하는 자는 공회에 잡혀가게 되고 미련한 놈이라 하는 자는 지옥 불에 들어가게 되리라.

예수님은 중대한 것을 말씀하시기 위해서 "나는 너희에게 이르노니"라고 말씀하신다. 예수님은 율법의 수여자로서 유대 랍비가 말한 것(앞 절)을 시정하시기 위해 "나는 너희에게 말하노니"라고 말씀하신다(7:29 참조). 예수님은 살인이란 사람의 중심에서 나오는 노여움, 그리고 노여움이 욕설로 나타나는 것, 또 사람에게 미련한 놈이라고 말하는 것이라고 말씀하신다. 서기관과 바리새인은 외적(外的)으로 나타난 살인만 벌을 받게 된다고 주장하나 예수님은 마음이 어떠냐가 문제라고 하신다. 예수님은 본 절에서 단 한 가지 노여움(미움) 자체가 살인이라고 하신다(요일 3:15-"그 형제를 미워하는 자마다 살인하는 자니 살인하는 자마다 영생이 그 속에 거하지 아니하는 것을 너희가 아는 바라").

예수님은 "형제에게 노하는 자마다 심판을 받게 된다"고 하신다(약 4:1 참조). 형제에게 분노하는 것, 증오감을 가지는 것이 제 6계명을 범하는 것이라고 하신다. 다시 말해 분노가 살인이라는 뜻이다. 그래서 예수님은 분노를 없애버리라고 하신다. 사람들은 화를 낸 다음 화를 내는 것은 건강에 좋다고 합리화한다. 그러나 예수님은 형제에게 분노하는 사람은 "심판을 받게 된다"고 하신다.

또 예수님은 "형제를 대하여 라가라 하는 자는 공회에 잡혀가게 된다"고 하신다. "라가"라는 말은 아람어로 된 욕인데, 형제에게 마음에 지독한 미움을 가지고 내뱉는 욕설("라가"-'바보'라는 욕)을 하는 자는 산헤드린에 잡혀갈만하다고 하신다. 각 나라마다 수많은 욕설이 있는데 우리는 사람을 향하여 욕설을 퍼붓지 말아야 할 것이다.

또 예수님은 "미련한 놈이라 하는 자는 지옥 불에 들어가게 되리라"고 하신다. 지독한 증오감을 마음에서 삭히지 않고 그냥 가지고 있다가 형제에게 "미련한 놈"('바보,' '천치' 등의 욕)이라고 하는 사람은 지옥 불에 들어가게 된다고 하신다. 지옥 불에 들어가게 된다는 말은 그 영혼이 지옥 형벌을 받아야 한다는 뜻이다.

본문의 해석에는 크게 두 가지 다른 견해들이 있다. 첫째, 예수님의 세 가지 설명을 두고 혹자는 미움의 정도가 점점 더 심해져서 말로 나타나는 것이라고 말하며 동시에 심판도 점점 더 심해지는 것으로(지방관청의 심판, 산헤드린의 심판, 게헨나의 불 심판) 해석하는 학자들이 있다(F. W. Grosheide, C. R. Eerdman, A. Plummer). 둘째, 예수님께서 살인죄를 세 가지로 구분하신 것이 아니라 마음속의 분노가 살인이라는 것을 세 가지로 설명하신 것이고 게헨나는 예루살렘 성벽 남쪽에 있는 쓰레기장을 의미하는 것이 아니라 실제로 지옥 불을 의미하는 것이라고 해석하는 학자들이 있다(헤르만 리델보스, Zahn, 렌스키, 윌렴 헨드릭슨). 둘째 번 해석이 타당하다. 이유는 예수님은 지금 마음속의 분노가 살인이라는 것을 말씀하시는 것이지 결코 분노가 밖으로 표출된 정도에 따라 처벌이 달라진다는 것을 말씀하시는 것이 아니기 때문이다. 그리고 형제를 향한 마음속의 분노가 심판받을 만하다고 말씀하시는 것이지 분노를 내면 지방법정에 회부될 것이라는 것을 말씀하시는 것은 아니기 때문이다. 분노를 냈다고 누가 지방법정에 고소하겠는가. 고소할 수가 없으나 하나님 보시기에는 벌써 살인죄가 성립되는 것이다. 우리는 미움이 살인의 원인이 되는 것을 알아야 한다(창 4:1-16; 욥 5:2; 잠 14:17; 22:24; 전 7:9; 욘 4:4).

마 5:23-24. 그러므로 예물을 제단에 드리려다가 거기서 네 형제에게 원망들을 만한 일이 있는 것이 생각나거든 예물을 제단 앞에 두고 먼저 가서 형제와 화목하고 그 후에 와서 예물을 드리라.

예수님은 본 절부터 25절까지 제자들과 성도들이 형제를 미워해서 형제에게 상처를 주었다는 것을 의식하게 되면 즉시 해결하는 방법을 제시하신다. 예수님은 이 부분(23-24절)에서 제단에 예물을 드리려는 중에 생각났을 경우에 어떻게 처리할지를 말씀하시고 25절에서는 길에서 형제를 만났을 경우에 어떻게 처리할지를 말씀하신다.

"그러므로"란 말은 '미움이 살인에 해당하는 고로'란 뜻이다. 예수님은 "예물을 제단에 드리려다가 거기서 네 형제에게 원망들을 반한 일이 있는 것이 생각나는" 경우에 어떻게 대처해야 하는지를 말씀하신다. 하나님께 예물을 드리는 것보다는 사람과의 화목이 더 중요하다는 뜻이 아니라, 시간적인 선후에 있어서 사람에게 원망들을 만한 일을 먼저 처리해야 한다는 뜻이다(6:15; 막 11:25; 요일 3:15 참조). 살인을 한 다음 무슨 제사냐는 뜻이다(요일 4:20). 여기서 예수님은 제자들 하나하나에게 말씀하신다. 즉 "네 형제에게 원망들을 만한 일이 있는 것이 생각나거든"이라고 단수("네")를 사용하신다. 21-22절에서는 복수("너희")를 사용하시다가 이제는 개인 개인에게 말씀하신다.

예수님은 우리 한 사람 한 사람이 살인한 다음에는 "예물을 제단 앞에 두고 먼저 가서 형제와 화목하고 그 후에 와서 예물을 드리라"고 하신다(18:19; 욥 42:8; 딤전 2:8; 벧전 3:7 참조). 예물을 아주 버리지는 말고 먼저 형제와 화목한 다음 그 후에 와서 예물을 드리라고 하신다. 여기서 "화목"이란 내 측에서 상대방을 미워한 잘못을 고백하고 따뜻한 형제관계를 복원하는 것을 뜻한다. 우리가 형제와 화목하지 않고는 예물을 드려도 하나님께서 받지 아니하신다(창 4:5; 삼상 15:22; 사 1:11; 렘 6:20; 암 5:22 참조).

마 5:25. 너를 고발하는 자와 함께 길에 있을 때에 급히 사화하라 그 고발하는 자가 너를 재판관에게 내어주고 재판관이 옥리에게 내어주어 옥에 가둘까 염려하라.

예수님은 앞(23-24절)에서는 예배드리기 전에 화목하라고 하셨는데 이제 본 절에서는 "너를 고발하는 자와 함께 길에 있을 때에 급히 사화하라"고 하신다(시

32:6; 잠 25:8; 사 55:6; 눅 12:58-59 참조). 예배드리기 전에 화목을 못해서 재판관에게 끌려가게 되어 고발하는 자와 함께 길에 있을 때에 급히 사화하라는 말씀이다.

그렇지 못할 경우 "그 고발하는 자가 너를 재판관에게 내어주고 재판관이 옥리에게 내어주어 옥에 가둘까 염려하라"고 하신다. 일단 고발하는 자가 우리를 재판관에게 넘겨주고 또 재판관이 옥리에게 넘겨주면 금방 감옥에 갇히기 때문에 길에 있을 때에, 즉 아직 재판이 시작되기 전에 빨리 형제에게 잘못한 것을 빠른 동작으로 화해해야 한다고 하신다. 여기 "옥리"란 말은 '감옥을 주관하는 관리'를 지칭한다. 일단 옥에 가두면 어떻게 되는지에 대해서는 다음 절이 밝힌다.

마 5:26. 진실로 네게 이르노니 네가 한 푼이라도 남김이 없이 다 갚기 전에는 결단코 거기서 나오지 못하리라.

예수님은 심각한 진리를 말씀하시기 위해서 "진실로 네게 이르노니"라고 말씀하신다음 "네가 한 푼이라도 남김이 없이 다 갚기 전에는 결단코 거기서 나오지 못하리라"고 하신다. 즉 '벌을 다 받지 아니하고는 결단코 감옥에서 나오지 못하리라'고 하신다. 여기 "한 푼"(κοδράντην)이란 말은 로마의 가장 작은 화폐 단위를 지칭한다. 이 돈은 눅 21:2의 두 렙돈(λεπτὰ δύο)에 해당한다. 아주 작은 돈이다. 그리스도의 재림 후 그리스도께서 개정하시는 재판에 일단 회부되면 별 수 없이 최후의 벌까지 받아야 한다는 뜻이다(18:30, 35). 그러면 이 말씀은 지옥의 고통이 끝나는 날이 있다는 표현인가. 일단 한번 지옥으로 가면 영원히 거기서 나오지는 못한다는 것이 성경의 증언이다(눅 16:26). 우리가 세상에 있을 때 우리의 죄 문제를 다 해결해야 한다.

마 5:27-28. 또 간음하지 말라 하였다는 것을 너희가 들었으나 나는 너희에게 이르노니 음욕을 품고 여자를 보는 자마다 마음에 이미 간음하였느니라.

27절의 "...하였다는 것을 너희가 들었으나"의 의미를 알기 위하여 21절을 참조하라. 예수님은 살인하지 말라는 말씀을 하신(21-26절) 후 본 절부터 30절까지 간음하지 말라는 말씀을 하신다. 예수님은 "또 간음하지 말라 하였다는 것을 너희가 들었으나"라고 말씀하신다(출 20:14; 신 5:18). 즉 '또 랍비가 잘못 해석한바 간음하지 말라는 말씀을 너희가 들었으나'란 뜻이다. '예수님 당시의 유대인들은 모세가 직접 말씀한 바를 들은 것이 아니라 랍비가 모세의 7계를 잘못 해석해 놓은 것을 들었다'고 하신다. 유대인들은 랍비들이 잘못 해석해 놓은 것을 듣고 있었는데 예수님은 하나님의 아들의 권위로 "나는 너희에게 이르노니 음욕을 품고 여자를 보는 자마다 마음에 이미 간음하였다"고 말씀하신다. 랍비가 잘못 해석해 놓은 것은 외부적인 간음, 신체적인 간음만 간음으로 정의해 놓았는데 예수님은 그게 아니라 마음에 "음욕을 품고 여자를 보는 자마다" 마음에 이미 간음하였다고 하신다(창 34:2; 삼하 11:2; 욥 31:1; 잠 6:25 참조). "음욕을 품고 여자를 보는 자마다"(whatsoever looketh on a woman to lust after her)란 말은 '여자를 온전히 소유하고 지배하기 위해서 여자를 보는 사람마다,' '여자를 쾌락의 도구로 삼기 위해서 여자를 보는 사람마다'라는 뜻이다. 여자를 쾌락의 도구로 삼기 위해서 여자를 보는 사람마다 모두 간음을 했다는 뜻이다. 이기적인 욕망을 가지고 여자를 보는 것은 간음이다(7:12 참조). 구약의 간음죄는 보통 유부녀를 범하는 것으로 말했으나 그리스도는 그런 제한이 없이 모든 여자에게 적용하신다. 우리는 그리스도의 철저한 교훈에 참으로 귀를 기울여야 한다.

마 5:29. 만일 네 오른 눈이 너로 실족하게 하거든 빼어 내버리라 네 백체 중 하나가 없어지고 온 몸이 지옥에 던져지지 않는 것이 유익하며.

예수님은 본 절과 다음 절에서 사람이 간음했을 경우 해결책을 말씀하신다. 예수님은 "만일 네 오른 눈이 너로 실족하게 하거든 빼어 내버리라"고 하신다(18:8-9; 19:12; 막 9:43, 47; 롬 8:13; 고전 9:27; 골 3:5). 우리의 눈이 간음하는데 동원되었으면 오른 눈을 빼어 버리라고 하신다. 이 말씀은 글자대로 수행하라는 말씀은 아니다. 그 만큼 단단히 죄를 자복하라는 뜻으로 받아드려야 할 것이다. 만일 글자대로 수행한다면 남자들은 두 눈을 다 빼도 모자랄 것이다. 아마도 눈을 가지고 사는 남자들은 별로 없을 것이다.

예수님은 눈을 빼야 할 이유로 "네 백체 중 하나가 없어지고 온 몸이 지옥에 던져지지 않는 것이 유익하기" 때문이라고 하신다. 우리 몸의 지체 중에 하나가 없어지고 온 몸이 지옥에 던져지지 않는 것은 말할 수 없이 유익한 것이다. 그만큼 천국에 가기 위해서는 죄 자복이 철저해야 한다. 우리의 삶은 현세만이 아니다. 지옥 아니면 천국이 있다. 천국에 가기 위해서는 죄를 철저히 자복함이 필요하다. 죄를 자복할 때 그리스도의 피로 씻음을 받는다(요일 1:9).

마 5:30. 또한 만일 네 오른손이 너로 실족하게 하거든 찍어 내버리라 네 백체 중 하나가 없어지고 온 몸이 지옥에 던져지지 않는 것이 유익하니라.

예수님은 앞(28-29절)에서 여자를 자기의 쾌락의 도구로 삼기 위하여 노려보는 것을 간음이라고 하시면서 심각하게 죄를 자복하라고 하셨는데 이제 본 절에서는 혹시 여자를 자기의 쾌락의 도구로 삼기 위하여 오른 손이 동원되었다면 그 오른 손을 찍어 내버리라고 하신다. 이 말씀도 역시 문자대로 수행하라는 뜻은 아니다. 문자대로 수행한다면 이 땅에 있는 남자들 중에서 양 손을 다 가지고 사는 남자가 별로 없을 것이다. 남자들은 손을 가지고 성추행을 하고 성폭행을 했을 경우 완전히 빼버리듯 철저하게 자복해야 한다. 심각하게 자복해야 할 이유는 "네 백체 중 하나가 없어지고 온 몸이 지옥에 던져지지 않는 것이 유익하기" 때문이라고 하신다. 여러 지체 중에 하나가 없어진 상태로 천국에 가는 것이 낫지 죄를 범한 두 손을 가지고 살다가 지옥 가는 것보다 낫다는 것이다. 이제 세월이 가면 갈수록 세상은 더 음란해지고 있다. 여자들의 노출과 유혹이 더 심해지고 있다. 남자들은 유혹을 뿌리쳐야 한다. 외설영화 관람을 자제하고 인터넷의 음란물 접속을 자제할 것이며 사회의 음란문화에 자신을 내주지 말아야 한다. 죄와의 싸움에서 피나는 전쟁을 벌려야 한다(고전 6:19-20). 뼈를 깎는 자복을 해야 한다. 여자들도 남자들에게 준하는 극기가 필요하다. 예수님은 이 부분에서 여자들에게는 무엇을 말씀하시지 않으셨는데 그렇다고 여자들은 음란죄를 그냥 마구 지으라는 것은 아니다. 주로 남자들에게 말씀하신 것뿐이다.

마 5:31-32. 또 일렀으되 누구든지 아내를 버리려거든 이혼 증서를 줄 것이라 하였으나 나는 너희에게 이르노니 누구든지 음행한 이유 없이 아내를 버리면 이는 그로 간음하게 함이요 또 누구든지 버림받은 여자에게 장가드는 자도 간음함이니라.

31절의 "일렀으되...하였으나"의 의미를 알기 위하여 21절을 참조하라. 예수님은 랍비가 모세의 말(신 24:1-"사람이 아내를 맞이하여 데려온 후에 그에게 수치 되는 일이 있음을 발견하고 그를 기뻐하지 아니하면 이혼 증서를 써서 그의 손에 주고 그를 자기 집에서 내보낼 것이요")을 받아서 이 말씀 중에서 "수치 되는 일"이라는 말을 뺀 채 후대에게 전해준 말 "누구든지 아내를 버리려거든 이혼 증서를 줄 것이라"는 말을 인용하시면서 예수님은 유대인들이 유전으로 받은 말이 아주 잘못되었다고 하신다. 예수님은 랍비들의 율법 해석에 의해서 남자가 이혼증서를 여자에게 주어서 다른 남자에게 시집가게 하면 여자도 간음하는 것이고 또 그 여자와 결혼하는 남자도 간음하게 만드는 것이라고 하신다(렘 3:1; 막 10:2 참조).

그래서 예수님은 "나는 너희에게 이르노니 누구든지 음행한 이유 없이 아내를 버리면 이는 그로 간음하게 함이라"고 말씀하신다(19:9; 눅 16:18; 롬 7:3; 고전 7:10-11). 랍비는 누구든지 이혼하려면 이혼증서만 주면 된다고 했으나 예수님은 아내가 음행한 이유 없이 아내를 버리게 되면 아내로 하여금 간음하도록 방치함이라고 말씀하신다. 다시 말해 아내가 간음한 이유 없이 남편이 일방적으로 버리면 여자로 하여금 간음의 현장으로 내 모는 것이라고 하신다. 간음한 일이 없으면 남편과의 결혼계약(marriage bond)이 깨뜨러지지 않아 그냥 결혼 계약으로 묶여 있는데 여자를 버려서 다른 남자와 결혼하게 하는 경우 여자는 결국 자기의 본 남편(아직 결혼 계약이 깨지지 않은 남편)을 두고 다른 남자와 결혼예식을 올리는 것이니(세상 사람들은 이런 결혼을 두고 정당하다고 하지만 하나님 보시기에는 간음이다) 간음하는 것이다.

또 반대로 예수님은 "누구든지 버림받은 여자에게 장가드는 자도 간음함이라"고 하신다. 즉 '누구든지 음행한 이유 없이 버림받은 여자를 다른 남자가 취하면 그 남자도 간음하는 것이라'고 하신다. 음행하지 않은 여자를 어느 남자가 버렸다면 그 여자는 아직도 그 남자와 결혼계약이 깨지지 않았기에 그 남자와 결혼계약으로 묶여 있으니 그런 여자와 딴 남자가 결혼하면 남자도 남의 여자를 범하는 것이니 간음하는 것이라고 하신다.

그러니까 '여자를 온전히 소유하고 지배하기 위해서 여자를 보는 사람,' '여자를 쾌락의 도구로 삼기 위해서 여자를 보는 사람'(28절)만 간음하는 것이 아니라 음행한 이유 없이 여자를 버리는 것도 그 여자로 하여금 간음하게 하는 것이고 또 음행한 이유 없이 버림받은 여자와 결혼하는 남자도 간음하는 것이라는 논리이다. 그런고로 음행한 이유 없이 유대인 랍비들의 견해대로 이혼증서나 주어서 여자를 내 보내는 것은 있을 수 없는 일이다.

마 5:33. 또 옛 사람에게 말한바 헛맹세를 하지 말고 네 맹세한 것을 주께 지키라 하였다는 것을 너희가 들었으나.

본 절의 "옛 사람에게 말한바"를 알기 위하여 21절을 참조하라. 예수님은 간음하지 말라(27-32절)는 말씀을 하신 후 본 절부터 37절까지 맹세하지 말라고 가르치신다.[57] 예수님은 옛 사람에 의해서 말한바(it has been said by them of old time), 즉 랍비에 의해서 다시 해석된 모세 율법(레 19:12; 민 30:2; 신 23:21)이 유전되어 내려온바 "헛맹세를 하지 말고 네 맹세한 것을 주께 지키라 하였다는 것을 너희가 들었다"는 말씀을 인용하신다(출 20:7; 레 19:12; 민 30:2; 신 5:11; 23:23 참조). 랍비가 가르친바는 헛맹세를 하지 말고 네 맹세한 것을 하나님께 지키라는 말을 예수님 당시의 제자들이 들은 일이 있었는데 예수님은 당시의 유대인들이 랍비 때부터 유전되어 내려온 말씀들을 잘못 적용하고 있음을 아셨다. 랍비들은 레 19:12; 민 30:2; 신 23:21의 말씀을 요약했다.

57) 예수님께서 맹세하지 말라는 말씀을 하시게 이유는 예수님 당시에 사람들이 너무 쉽게 맹세했기 때문이었을 것이다. 예수님께서 "화 있을진저 눈 먼 인도자여 너희가 말하되 누구든지 성전으로 맹세하면 아무 일 없거니와 성전의 금으로 맹세하면 지킬지라 하는도다. 어리석은 맹인들이여 어느 것이 크냐 그 금이냐 그 금을 거룩하게 하는 성전이냐"고 책망하신 것을 보면 참으로 너무 쉽게 맹세한 것이 드러난다(23:16-17).

레위기 19:12-"너희는 내 이름으로 거짓 맹세함으로 네 하나님의 이름을 욕되게 하지 말라."
민수기 30:2-"사람이 여호와께 서원하였거나 결심하고 서약하였으면 깨뜨리지 말고 그가 입으로 말한 대로 다 이행할 것이니라."
신명기 23:21-"네 하나님 여호와께 서원하거든 갚기를 더디하지 말라 네 하나님 여호와께서 반드시 그것을 네게 요구하시리니 더디면 그것이 네게 죄가 될 것이라." 랍비가 요약하여 후대에게 물려준 것은 잘 못된 것은 없었다.

랍비는 구약의 성경구절을 요약하여 "헛맹세를 하지 말고 네 맹세한 것을 주께 지키라"고 했다. 즉 "너는 네 맹세한 것을 파기하지 말고 네가 주께 한 맹세들을 지키라"고 했다. 랍비는 맹세를 파기하지 말라고 했고 또 일단 맹세한 것은 지키라고 했다. 랍비에 의해서 요약된 것으로서 서기관들이나 바리새인들이 가지고 있었던 유전(전통-tradition)의 내용은 소극적인 면과 적극적인 면으로 요약되었다. 소극적인 면의 것은 파기하지 말라는 것이었고, 또 적극적인 면의 것은 맹세한 것을 지키라는 것이었다. 그러나 서기관과 바리새인들은 당시에 랍비가 요약해서 전해준 것을 가지고 많은 맹세의 형식을 남발하였다. 그 사실을 다음 절이 밝히고 있고 또 23:16-22이 밝히고 있다.

마 5:34-36. 나는 너희에게 이르노니 도무지 맹세하지 말지니 하늘로도 하지 말라 이는 하나님의 보좌임이요 땅으로도 하지 말라 이는 하나님의 발등상임이요 예루살렘으로도 하지 말라 이는 큰 임금의 성임이요 네 머리로도 말라 이는 네가 한 터럭도 희고 검게 할 수 없음이라.

예수님은 본 절부터 36절까지 도무지 맹세하지 말라고 하신다. 예수님은 중대한 말씀을 하시기 위해서 "나는 너희에게 이르노니"라는 언사를 사용하시면서 "도무지 맹세하지 말라"고 하신다(23:16; 약 5:12). 예수님 당시의 유대인들은 맹세를 하는 일에도 신실하지 않았고 지키는 일에도 신실하지 않았다. 하나님은 신실을 원하셨는데(시 15:2; 24:4; 51:6; 잠 8:7; 12:19; 렘 5:3; 호 4:1; 슥 8:16; 말 2:6) 사람들이 신실하지 아니하여 "주께" 한 맹세는 지켜야 하나 주님의 이름이 붙지 아니한 맹세는 보다 덜 중요하다는 쪽으로 흘렀다. 주의 이름이 붙지 아니한 맹세는 지키려고 그다지 노력하지 않게 되었다. 그래서 일상생활에서 "하늘로," "땅으로," "예루살렘으로," "성전으로," "제단으로" 하는 맹세(23:16, 18)까지 생겨났다. 그러나 예수님은 사람들이 무엇을 두고 맹세했든지 지키라고 하신다. 하늘을 두고 맹세한 것도 역시 하나님을 두고 맹세한 것이니 지켜야 한다고 하신다. 이유는 하늘은 하나님의 보좌이기 때문이다(사 66:1). 그리고 땅으로 맹세해도 지켜야 한다고 하신다. 이유는 땅은 하나님의 발등상이기 때문이다(사 66:1). 또 예루살렘을 두고 맹세한 것도 지켜야 한다고 하신다. 이유는 예루살렘은 큰 임금(하나님)의 성이기 때문이다(시 48:2-3; 87:3). 무엇을 두고 맹세해도 그 맹세를 지켜야 한다고 하신다. 무엇을 두고 맹세했어도 역시 그 맹세를 지켜야 할 책임이 있다는 것이다. 심지어 "자기의 머리로" 맹세하는 자도 자기가 한 맹세를 지켜야 한다. 이유는 머리털을 희게 하고 검게 하는 것도 하나님께서 하시는 것이니 머리로 맹세하는 것도 하나님과 관계된 것이니 지켜야 하는 것이라고 하신다. 그래서 예수님은 다음 절과 같이 결론을 내신다.

마 5:37. 오직 너희 말은 옳다 옳다, 아니라 아니라 하라 이에서 지나는 것은 악으로부터 나느니라.

무엇을 두고 맹세하더라도 다 지켜야 하는 것이니 예수님은 무엇을 두고 맹세할 것이 아니라 아예 예수님은 "오직 너희 말은 옳다 옳다, 아니라 아니라 하라"고 하신다(골 4:6; 약 5:12). 무엇을 확실히 말하고 싶을 때는 '옳으면 옳다'고 말하고, 무엇을 부정하고 싶을 때는 '아니면 아니라'고 말하라고 하신다. 이것보다 더 강하게 말하고 싶어지는 것은 마음의 악으로부터 나오는 것이라고 하신다(창 3:1, 4; 마 4:6, 10-11; 요 8:44; 행 5:3; 살후 2:9-11).[58]

---

58) 사람은 자기의 불신실함을 감추기 위해서 쉽게 맹세할 수가 있다. 자신의 불신실함을 감추기 위해서 신실하신 하나님을 빙자하거나 땅에 있는 권위자를 빙자한다. 또는 다른 어떤 것을 빙자하여 자기의 고난을 피하고자 한다. 즉 사람은 자기의 추하고 약한 점을 감추기 위해서 자기보다 더 권위 있고 더 신실한 무언가를 빙자함으로써 자신의 부끄러운 점을 감추고 자기를 한층 높은 데로 올려놓으려고 한다. 야고보는 사람들의 본성을 잘 알고 있었기 때문에

주의할 것은 남을 속이려고 하는 맹세가 아니면 맹세를 할 수가 있다. 아브라함이 소돔 왕과 아비멜렉에게 한 맹세(창 14:22-24; 21:23-24), 이삭이 한 맹세(창 26:31), 야곱이 한 맹세(창 31:53), 요셉이 한 맹세(창 47:31; 50:5) 등은 속이려고 한 것이 아님으로 그것이 금해져야 한다고 말할 수가 없다. 예수님도 친히 맹세하셨다(26:63-64).[59] 히 6:16을 참조하라. 우리는 인간관계에 있어서 내 자신을 돋보이게 하기 위해서 그리고 남을 속이기 위해서 맹세해서는 안 된다. 우리는 우리 속에서 거짓을 빼내야 한다. 거짓을 빼내기 위해서는 거짓 자체를 하나님께 많이 고백해야 한다. 그러면 하나님께서는 우리의 거짓을 빼주신다(요일 1:9).

마 5:38. 또 눈은 눈으로, 이는 이로 갚으라 하였다는 것을 너희가 들었으나.
본 절의 "...하였다는 것을 너희가 들었으나"라는 말씀의 의미를 알기 위하여 21절 주해를 참조하라. 예수님은 랍비들이 구약의 율법(출 21:22-25; 레 24:20; 신 19:21)을 근거하여 그들 나름대로 해석해서 후대 사람들에게 전해준 사실을

이런저런 맹세를 하지 말고 그저 "그렇다" 혹은 "아니라"고만 사실대로 말하라고 권한다. 만약에 사실대로 "그렇다" 혹은 "아니라"고 말하는 대신 "그렇다"고 말해야 할 때 하나님의 이름을 빌려서 "아니라"고 한다든지 혹은 땅위에 있는 권위자의 이름을 빌려서 "아니라"고 해도 안 되고 또 "아니라"고 말해야 할 때 하나님의 이름을 빌려서 "그렇다"고 한다든지 혹은 땅위에 있는 권위자의 이름을 빌려서 "그렇다"고 해도 안 된다는 것이다. 헛소리를 하면 죄가 되는 것이며, "그렇다"거나 "아니라"거나 사실대로만 말하면 "죄 정함을 면하게" 된다는 것이다. 우리는 함부로 맹세해서 죄를 지어서는 안 될 것이다.

59) 목사나 장로나 안수집사가 장립식을 맞이하여 서약하는 것은 성경에서 금하는 맹세가 아니다. 상대방을 속이려고 하는 것이 맹세인데 장립식 때 서약하는 것은 속이려고 하는 것이 아니므로 맹세라고 할 수 없다. 서약하는 내용대로 하려는 마음만 있다면 하나님께서 그런 서약을 기쁨으로 받으신다. 또 결혼예식 때 하는 서약도 마찬가지다. 사실 결혼하는 사람들은 그런 서약을 피차 해야 한다. 그러나 요즘에 많이 유행하는 대로 위장 결혼을 하는 사람들이 서약하는 것은 맹세에 속한다. 위장 결혼하는 사람들은 속셈은 딴 곳에 있으면서 자기를 감추기 위해서 서약하는 것이니 그런 서약은 맹세라고 할 수 있다. 거짓이 난무하는 현대를 살아가는 우리 신자들은 언어에 있어서도 긍정과 부정을 정확히 할 필요가 있다. 그런 것은 "그렇다"고 해야 할 것이고, 아닌 것은 "아니라"고 해야 할 것이다. 긍정과 부정을 정확히 하지 않으면 죄를 짓게 된다. 그러나 긍정을 긍정하지 못할 경우가 있다. 그럴 때는 침묵을 지켜야 할 것이다. 노아의 아들 함은 장막에서 자기의 아버지 노아의 벗은 몸을 보고 나와서 사실대로 말은 했으나 그렇게 말한 것은 예의를 벗어난 행동이었다. 그래서 그는 저주를 받았다. 오늘 교회에서도 사실대로 말한다고 해서 모든 일이 다 사람들에게 유익을 주는 것은 아님을 알아야 할 것이다(고전 10:23)(김수흥, *공동서신주해*).

제자들도 들어 알고 있는 것을 아셨다.

출애굽기 21:22-25 "사람이 서로 싸우다가 임신한 여인을 쳐서 낙태하게 하였으나 다른 해가 없으면 그 남편의 청구대로 반드시 벌금을 내되 재판장의 판결을 따라 낼 것이니라 그러나 다른 해가 있으면 갚되 생명은 생명으로, 눈은 눈으로, 이는 이로, 손은 손으로, 발은 발로, 덴 것은 덴 것으로 상하게 한 것은 상함으로, 때린 것은 때림으로 갚을지니라."

레위기 24:20-"상처에는 상처로, 눈에는 눈으로, 이에는 이로 갚을지라. 남에게 상해를 입힌 그대로 그에게 그렇게 할 것이라."

신명기 19:21-"네 눈이 긍휼히 여기지 말라 생명에는 생명으로, 눈에는 눈으로, 이에는 이로, 손에는 손으로, 발에는 발로이니라." 이 말씀들은 개인적으로 보복하라는 말씀이 아니라 민사 법정에서 보복해주라는 말씀이다. 구약 사람들은 누구로부터 상해(傷害)를 받았을 때 개인적으로 복수하지 말고 공적으로 재판정에 넘겨 복수하라는 명령을 받았다. "그 저주한 사람을 진영 밖으로 끌어내어 그것을 들은 모든 사람이 그들의 손을 그의 머리에 얹게 하고 온 회중이 돌로 그를 칠지니라"(레 24:14). "원수를 갚지 말며 동포를 원망하지 말며 네 이웃 사랑하기를 네 자신과 같이 사랑하라"(레 19:18). "너는 악을 갚겠다 말하지 말고 여호와를 기다리라 그가 너를 구원하시리라"(잠 20:22). "너는 그가 내게 행함 같이 나도 그에게 행하여 그가 행한 대로 그 사람에게 갚겠다 말하지 말지니라"(잠 24:29). 그럼에도 불구하고 서기관과 바리새인들은 랍비들이 해석해 준 것을 개인복수에 적용하고 있었다. 예수님은 유대인 사회에서 개인적으로 실제로 복수하는 것을 보시고 다음 절과 같이 복수하지 말고 사랑으로 대하라고 권고하신다.

마 5:39-42. 나는 너희에게 이르노니 악한 자를 대적하지 말라 누구든지 네 오른편 뺨을 치거든 왼편도 돌려 대며 또 너를 고발하여 속옷을 가지고자 하는 자에게 겉옷까지도 가지게 하며 또 누구든지 너로 억지로 오 리를 가게 하거든 그 사람과 십 리를 동행하고 네게 구하는 자에게 주며 네게 꾸고자 하는 자에게

거절하지 말라.

예수님은 중대한 말씀을 하시기 위해서 "나는 너희에게 이르노니"라는 언사를 사용하시면서 "악한 자를 대적하지 말라"고 하신다(잠 20:22; 24:29; 눅 6:29; 롬 12:17, 19; 고전 6:7; 살전 5:15; 벧전 3:9). 예수님은 사회적으로 여러 종류의 "악한 자"를 나열하신다. 예수님은 이 부분(39-42절)에서 네 종류의 악한 자를 나열하시면서 그들을 대항하지 말고 사랑으로 대하라고 하신다.

예수님은 "누구든지 네 오른편 뺨을 치거든 왼편도 돌려 대라"고 하신다(사 50:6; 애 3:30). '오른 편 뺨을 치는 사람을 피하지도 말고 그냥 오른 편 뺨을 다시 돌려대지 말고 왼편을 돌려대어 외편도 맞아주라'고 하신다. 또 다른 실례로서 "너를 고발하여 속옷을 가지고자 하는 자에게 겉옷까지도 가지게 하라"고 하신다. '제자들과 성도들을 고발하여 속옷을 가지고자 하는 사람에게 겉옷까지도 가지게 하라'고 명하신다. 그리고 "누구든지 너로 억지로 오리를 가게 하거든 그 사람과 십리를 동행하라"고 명령하신다(27:32; 막 15:21). 누구든지 제자들과 성도들로 하여금 억지로 오리를 가게 하면 그 사람과 십리를 동행하라고 하신다. 그리고 또 "네게 구하는 자에게 주며 네게 꾸고자 하는 자에게 거절하지 말라"고 명하신다(신 15:8, 10; 눅 6:30, 35). 제자들과 성도들에게 구하는 사람에게 주어야 하고 꾸고자 하는 사람에게 거절하지 말라고 명하신다. 예수님은 "네게 구하는 자에게 주며 네 것을 가져가는 자에게 다시 달라 하지 말라"고 하신다(눅 6:30). 물론 이외에도 더 많은 악자들을 나열할 수 있을 것인데 그들 모두에게 우리는 사랑으로 대해야 할 것이다. 이런 처신 법은 악을 더욱 조장하라는 말씀이 아니라 악한 자를 대적하지 말고 사랑으로 대하여 우리가 그리스도인임을 보여주라는 말씀이고 하나님 앞에 영광을 돌리라는 말씀이다. 우리에게 해를 끼친 사람들에게 사랑으로 대하면 우리가 복을 받는다(창 50:19-21; 삼상 24:1-22; 26:1-25; 왕하 6:1-33; 행 7:60).

마 5:43. 또 네 이웃을 사랑하고 네 원수를 미워하라 하였다는 것을 너희가 들었으나.

본 절의 "...하였다는 것을 너희가 들었으나"의 의미를 알기 위하여 21절을 참조하라. 랍비들이 구약 율법을 해석하여 서기관들과 바리새인들에게 전수한 말씀, 즉 "네 이웃을 사랑하고 네 원수를 미워하라"는 말씀은 아주 잘못되었다. "네 이웃을 사랑하라"는 말씀은 있어도(레 19:18) "네 원수를 미워하라"(비슷한 말만 있을 뿐, 신 23:6; 시 41:10)는 말씀은 없는데도 구약의 율법을 해석하는 사람들이 아주 잘못 해석해서 후대에 전수하였다. 그래서 예수님 당시 이스라엘 사람들은 "네 이웃을 사랑하고 네 원수를 미워하라"는 말씀에 익숙해 있었다. 심지어는 예수님의 제자들까지도 그 사실을 들어 알고 있었다. 이스라엘 사람들은 동족을 사랑했으나 이방인들을 미워해서 이방인에 대해서는 심지어 개 취급했다(마 15:26). 그 뿐 아니라 이스라엘 사람들은 동족 안에서도 세리와 창기에 대해서는 아주 미워하고 있었다(눅 15:1-2). 종교지도자들의 잘못된 가르침이 얼마나 무서운가를 알 수 있다.

마 5:44-45. 나는 너희에게 이르노니 너희 원수를 사랑하며 너희를 박해하는 자를 위하여 기도하라 이같이 한즉 하늘에 계신 너희 아버지의 아들이 되리니 이는 하나님이 그 해를 악인과 선인에게 비추시며 비를 의로운 자와 불의한 자에게 내려주심이라.

예수님은 서기관들(막 12:33-34; 눅 10:25-27)과 바리새인들(23:2-7)이 잘못 가르치고 있는 사실을 아시고 "나는 너희에게 이르노니 너희 원수를 사랑하며 너희를 핍박하는 자를 위하여 기도하라"고 교훈하신다(눅 6:27, 35; 23:34; 행 7:60; 롬 12:14, 20; 고전 4:12-13; 벧전 2:23; 3:9). 여기 "너희 원수"란 말은 "너희를 핍박하는 자"와 동의어로 사용되었고 "사랑하라"는 말과 "기도하라"는 말도 동의어로 사용되었음을 알 수 있다. 예수님의 제자들과 성도들은 세상에서 박해를 받아야 할 사람들이니 박해자들을 위하여 기도해야 할 것이다.

예수님은 제자들과 성도들이 원수를 사랑하며 박해하는 자를 위하여 기도하면 "하늘에 계신 너희 아버지의 아들이 될 것이라"고 하신다. "하늘에 계신 아버지의 아들이 되리라"는 말씀은 '하늘에 계신 아버지의 아들로 여겨지게 된다'는 뜻이다. 그렇게 원수를 사랑하고 박해자를 사랑할 때에 비로소 하늘에 계신 아버지의 아들이 된다는 말이 아니라 하늘에 계신 아버지의 아들이 되는 것은 성령으로 거듭나는 순간에 되는 것이고 다만 원수를 사랑하고 박해자를 위해 기도할 때에야 하늘에 계신 아버지의 아들같이 여겨지게 되고 하나님의 자녀로 입증된다는 뜻이다.

예수님은 "이는 하나님이 그 해를 악인과 선인에게 비추시며 비를 의로운 자와 불의한 자에게 내려주심이라"고 하신다(욥 25:3). 즉 '아들로 여겨지게 되는 이유는 하나님께서 하늘에 떠 있는 태양을 악인과 선인에게 비추시며 또 하늘로부터 내리는 비를 의로운 자와 불의한자에게 골고루 내려주시기 때문이라고 하신다. 본문에 사용된 "악인"과 "불의한 자", 그리고 "선인"과 "의로운 자"는 동의어로 사용되었다. 하나님은 자기가 지으신 것들을 사랑하신다(창 17:20; 39:5; 시 36:6; 145:9, 15-16; 욘 4:10-11; 막 8:2; 눅 6:35-36; 요 4:10-11; 행 14:16-17; 딤전 4:10). 하나님께서 악인과 불의한 자를 사랑하듯(롬 5:8-10) 예수님의 제자들과 성도들도 그들을 사랑하고 기도해주어야 한다는 것이다.

마 5:46-47. 너희가 너희를 사랑하는 자를 사랑하면 무슨 상이 있으리요 세리도 이같이 아니하느냐 또 너희가 너희 형제에게만 문안하면 남보다 더하는 것이 무엇이냐 이방인들도 이같이 아니하느냐.

예수님은 제자들과 성도들이 원수를 사랑하지 않고 박해자들을 위해 기도해주지 않고 자신들을 사랑하는 자들만을 사랑한다면 잘하는 일도 아니고 상도 없다고 하신다(눅 6:32). 유대인 사회에서 멸시와 천대를 받는 세리도 그런 정도의 사랑은 한다고 하신다. 세상에서 가장 악하다고 정평이 나 있는 세리들도 자신을 사랑하는 사람에게는 사랑의 손길을 뻗친다고 하신다.

예수님은 제자들과 성도들이 원수를 사랑하지 못하고 겨우 형제에게만 문안하면 다른 사람보다 더하는 것이 없다고 하신다. 그런 정도의 이웃에 대한 관심은 이방인들도 다 가지고 있다고 하신다. 그런고로 성도들은 자신들을 사랑하는 사람만을 사랑할 것이 아니고 또 성도들의 형제에게만 관심을 가져서는 안 되고 원수까지도 사랑하고 기도해 주어야 한다는 것이다. 그렇게 할 때 하나님의 아들로 여겨질 것이고 또 상도 받게 되며 하나님의 복음이 세상에 널리 전파될 것이다.

마 5:48. 그러므로 하늘에 계신 너희 아버지의 온전하심과 같이 너희도 온전하라.

예수님은 지금까지 원수 사랑을 말씀하신 다음 이제 결론을 내신다. 예수님은 제자들과 성도들에게 "하늘에 계신 너희 아버지의 온전하심과 같이 너희도 온전하라"고 명령하신다. 하늘의 하나님 아버지는 사랑을 베푸시는 일에 있어서 온전하시다(엡 5:1). 해를 악인에게도 비추어주시고 비를 불의한 자들에게도 내려 주시니 사랑이 온전하시다. 그처럼 제자들과 성도들도 원수까지도 사랑하고 위하여 기도해주어야 한다(창 17:1; 레 11:44;. 19:2; 눅 6:36; 골 1:28; 4:12; 약 1:4; 벧전 1:15-16). 예수님은 본 절에서 하나님의 다른 방면의 온전하심을 말씀하시는 것이 아니다. 예를 들어 권능의 온전하심, 지혜의 온전하심, 거룩의 온전하심처럼 성도들이 온전하라고 하신 것이 아니라 원수를 사랑하는 방면에서 하나님께서 선한 자와 악한 자 그리고 불의한 자와 의로운 자에게 사랑을 베푸시는 것처럼 성도들도 세상 누구에게나 사랑을 베풀라고 하신다. 우리는 하나님께서 온전하신 것처럼 온전해야 한다.

우리가 온전하게 된다는 것을 불가능한 것으로 생각해서는 안 된다. 이유는 하나님께서 우리를 향하여 "온전하라"고 명령하셨기 때문이다. 비록 우리가 하나님처럼 원수(롬 5:8-10)를 사랑할 수는 없어도 원수를 위해서 기도하는 일을 계속해야 하며 우리를 박해하는 사람들의 구원을 위하여 계속해서 기도해야 할 것이다.

제 6 장
천국 시민답게 살라

b.천국 시민의 삶 6:1-34

예수님은 5장에서는 천국 시민의 자격을 말씀하셨고 이제 6장에서는 천국 시민이 어떻게 살아야 하는지를 말씀하신다. 예수님은 본 장에서 구제생활을 어떻게 해야 하는지를 말씀하시고(1-4절), 기도 생활(5-15절)과 금식생활(16-18절) 및 물질생활(19-34절)을 어떻게 해야 하는지를 교훈하신다. 예수님은 구제생활, 기도생활 그리고 금식생활을 어떻게 해야 하는지를 말씀하실 때는 바리새인들처럼 사람에게 보이려고 무엇을 해서는 안 된다는 것을 말씀하시고, 물질생활에 대해서 말씀하실 때에는 바리새인들에게 있었던 외식이라는 약점을 탈피하라는 것을 말씀하시지 않고 제자들과 성도들을 위해 그리스도의 특유의 교훈을 말씀하신다. 본 장 전체에서 예수님은 사람 앞에서 생활하지 말고 하나님 앞에서 생활하라고 권하신다. 예수님은 5장에서 제자들과 성도들에게 서기관들과 바리새인들이 가르치고 있던 잘못된 것들을 버리고 예수님께서 가르쳐주시는 바른 교훈을 따를 것을 권하셨으나 6:1-18에서는 서기관들과 바리새인들의 외식적인 행동을 본받아 잘못하고 있던 것들을 탈피하여 하나님 앞에서 바로 행하라고 교훈하신다.

ㄱ.은밀하게 구제하라 6:1-4

예수님은 구제생활에 있어서 사람들에게 보이려고 할 것이 아니라 하나님 보시는 앞에서 하라고 권하신다. 예수님은 제자들과 성도들에게 유대 종교지도자들을 본받지 말고 순전히 하나님이 보시는 앞에서만 행동하라고 하신다.

마 6:1. 사람에게 보이려고 그들 앞에서 너희 의를 행하지 않도록 주의하라 그리하지 아니하면 하늘에 계신 너희 아버지께 상을 받지 못하느니라.

본 절은 2-18절까지를 위한 서론이다. 예수님은 먼저 "사람에게 보이려고 그들 앞에서 너희 의를 행하지 않도록 주의하라 그리하지 아니하면 하늘에 계신 너희 아버지께 상을 받지 못하느니라"고 말씀하신 다음 본론을 위하여 2절 초두에 "그러므로"라는 말씀을 사용하시면서 바른 구제 생활(2-4절), 바른 기도 생활(5-15절) 그리고 바른 금식생활(16-18절)을 권장하신다.

예수님은 "사람에게 보이려고 그들 앞에서 너희 의를 행하지 않도록 주의하라"고 말씀하신다. 즉 '사람에게 보이고 또 사람으로부터 칭찬(영광)을 얻으려고 사람들 앞에서 너희 의(윤리적인 의)를 행하지 않도록 주의하라'고 하신다. 여기 "너희 의(義-5:6에서 말씀하는 의)"란 구체적으로 구제생활, 기도생활, 금식생활이다. 우리는 이 세 가지 의로운 행동만 아니라 더 많은 봉사활동을 하면서 사람에게 보이려고 하는 수가 있지 않은가.

만약 우리가 사람에게 보이고 사람으로부터 칭찬을 얻으려고 사람 앞에서 의를 행한다면 예수님은 말씀하시기를 "하늘에 계신 너희 아버지께 상을 받지 못한다"고 하신다. 혹자는 우리가 하늘에 계신 우리 아버지로부터 상을 받는 것을 가소롭게 생각하고 천단한 생각이라고 말한다. 그러나 우리가 무한이 크시고 사랑이 무한하시며 능력이 한량없으신 아버지로부터 상을 기대하지 않는 심리를 가지고 있다면 우리는 우리 자신을 대단한 존재로 착각하는 것이다. 우리는 상을 기대해야 한다. 우리는 모두 피조물들임을 알아야 한다.

마 6:2. 그러므로 구제할 때에 외식하는 자가 사람에게서 영광을 받으려고 회당과 거리에서 하는 것 같이 너희 앞에 나팔을 불지 말라 진실로 너희에게 이르노니 그들은 자기 상을 이미 받았느니라.

문장 초두에 나타나는 "그러므로"(οὖν)란 말은 앞 절에서 예수님께서 말씀하신 바 '사람에게 보이려고 그들 앞에서 의를 행하면 하나님으로부터 상을 받지 못하므로'란 말이다. 사람에게 보이려고 그들 앞에서 의를 행하면 하나님으로부터 칭찬과 상급을 받지 못하므로 예수님은 제자들과 성도들에게 교훈하시기를 "구제할 때에 외식하는 자가 사람에게서 영광을 받으려고 회당과 거리에서 하는 것 같이 너희 앞에 나팔을 불지 말라"고 하신다(롬 12:8). '구제하는 것(7:12; 출 23:10-11; 30:15; 레 19:10; 신 15:7-11; 렘 22:16; 단 4:27; 암 2:6-7; 눅 6:36, 38)도 의(義)를 행하는 것이니 구제할 때에 외식하는 바리새인들이 사람에게서 영광(칭찬)을 받으려고 회당과 거리에서 구제하는 것 같이 제자들과 성도들은 지금 우리가 구제하고 있다고 크게 광고하면서 하지 말라'고 하신다. 한마디로 구제하면서 널리 드러내고 광고하지 말라고 하신다.

예수님은 광고하지 말라고 하시고는 중대한 것을 말씀하시기 위해서 "진실로 너희에게 이르노니"라는 언사를 사용하셔서 "그들은 자기 상을 이미 받았느니라"고 하신다. 예수님은 구제하는 일을 널리 드러내고 광고하면서 하는 사람들은 구제하는 일을 크게 떠버릴 때 이미 사람들로부터 칭찬을 받았다고 하신다. 사람들은 외식자들에게 '아이고 참 잘 하십니다,' '아이고 참 할 일을 하십니다'라고 칭찬을 하게 되니 칭찬을 이미 받아버리고 만 것이다. 그리스도를 믿는 신자들 중에도 이처럼 사람 보는 앞에서 의를 행하는 수가 있다. 우리는 하나님 보시는 앞에서 의를 행해야 할 것이다.

마 6:3-4. 너는 구제할 때에 오른손이 하는 것을 왼손이 모르게 하여 네 구제함을 은밀하게 하라 은밀한 중에 보시는 너의 아버지께서 갚으시리라.

예수님은 제자들과 성도들에게 구제할 때에 널리 광고해서 많은 사람들로 하여금 알게 하지 말라고 하신(2절) 다음 이 부분(3-4절)에서는 "너는 구제할 때에 오른손이 하는 것을 왼손이 모르게 하여 네 구제함을 은밀[60]하게 하라"고 명령하신다. 사람의 오른 손과 왼손은 항상 행동을 같이 하고 있고 일치된 행동을 한다. 무슨 일을 하든지 서로가 안다. 그러나 구제할 때에 오른 손이

60) "은밀"(κρυπτῷ)이란 말은 마태복음에 5번 사용되었다. 어떤 다른 책보다 많이 사용되었다. "은밀"이란 말은 '숨겨진 것'을 지칭한다. 이 낱말이 4절과 6절에서 하나님에게도 적용되었다.

하는 것을 왼손이 모르게 하라는 말은 은밀하게 행하라는 속담적인 표현이지 실제로 가능한 것은 아니다. 다시 말해 구제하는 사람 자신도 자기가 크게 잘하고 있다는 생각을 버리고, 장하다는 생각을 버리고, 마음 뿌듯해하지 말고 자기의 엄청난 죄를 하나님의 사랑으로 용서받은 감격을 가지고 자기도 모를 정도로(25:37-39) 구제하라는 표현이다.

자기도 모를 정도로 은밀하게 하면 예수님은 "은밀한 중에 보시는 너의 아버지께서 갚으시리라"고 하신다(눅 14:14). 즉 '은밀하게 구제하는 것을 보시는 너의 아버지께서 갚으신다'는 뜻이다(10:26-27; 전 12:14; 막 4:22; 눅 8:17; 12:2-3; 롬 2:16; 고전 3:13; 14:25; 계 20:12-13). 하나님은 우리가 은밀하게 행하는 모든 것을 다 보고 갚으신다. 혹시 어떤 성도는 자신이 행하는 은밀한 선행을 하나님께서 안 갚아주시면 어떻게 하나 하고 염려할 수도 있으나 전혀 염려할 것이 없다. 하나님은 모르시는 것이 없이 다 아신다. 하나님은 우리가 내 자신까지 모르게 하려고 숨어서 한 일도 다 보신다. 하나님은 우리가 행한 일을 내세에 갚아주시고 또 현세에서도 갚아주신다. 가난한 자를 구제하는 것은 "여호와께 꾸어드리는 것"(잠 19:17)이므로 금생 내세에 하나님께서 갚아 주신다.

ㄴ.은밀하게 기도하라 6:5-15

구제를 어떤 마음 자세로 해야 하는가를 교훈하신(1-4절) 예수님은 이제 이 부분(5-15절)에서 기도를 어떻게 해야 할지를 교훈하신다. 먼저 어떤 곳에서 기도해야 할지를 교훈하시고(5-6절), 또 어떤 마음을 가지고 기도해야 할지를 교훈하시며(7-8절), 기도의 본을 알려주신다(9-15절).

마 6:5. 또 너희는 기도할 때에 외식하는 자와 같이 하지 말라 그들은 사람에게 보이려고 회당과 큰 거리 어귀에 서서 기도하기를 좋아하느니라 내가 진실로 너희에게 이르노니 그들은 자기 상을 이미 받았느니라.

예수님은 본 절과 다음 절에서 어떤 곳에서 기도해야 할지를 말씀하신다. 예수님은 제자들에게 "너희는 기도할 때에 외식하는 자와 같이 하지 말라 그들은 사람에게 보이려고 회당과 큰 거리 어귀에 서서 기도하기를 좋아하느니라"고 하신다. 예수님은 제자들에게 외식하는 자(바리새인들)[61]와 같이 외식적인 기도를 드리지 말라고 하신다. 예수님은 "그들은 사람에게 보이려고 회당과 큰 거리 어귀에 서서 기도하기를 좋아한다"고 말씀하신다. 성전이나 회당(눅 18:9-14; 행 3:1)이나 큰 거리 어귀(모퉁이)는 사람들이 많이 보이는 번화한 곳이다. 바리새인들은 회당에서 하루 세 번씩 기도했는데(시 55:17; 단 6:10; 행 3:1; 10:9) 그 시간에 외출중이면 일부러 길가에서 기도하기를 좋아했다. 그들은 하나님 상대하여 기도(감사, 죄 고백, 간구)하지 않았고 사람들에게 보이기 위해 기도했다. 사람들로부터 기도를 열심히 한다는 칭찬을 듣기 위해 기도했다.

유대인들이 "서서" 기도한 것은 하나의 습관이었다(막 11:25). 때로는 앉아서 기도하였고, 무릎 꿇어 기도하기도 하였으며(대하 6:13; 눅 22:41; 엡 3:15) 엎드려 하기도 했다(스 10:1). 예수님은 사람들의 기도 자세에 대해서는 무어라고 책망하시지 않았다.

예수님은 제자들에게 중대한 것을 발표하시려고 "내가 진실로 너희에게 이르노니"라는 언사를 사용하시면서 "그들은 자기 상을 이미 받았다"고 하신다. 즉 '그들은 사람들로부터 이미 칭찬(영광)을 받았으니 하나님으로부터 기도 응답을 받을 것이 남아있지 아니하다'고 하신다. 참으로 불행한 일이다.

마 6:6. 너는 기도할 때에 네 골방에 들어가 문을 닫고 은밀한 중에 계신 네 아버지께 기도하라 은밀한 중에 보시는 네 아버지께서 갚으시리라.

---

61) "외식하다": 특히 종교인에게 흔한 일로서, 겉으로는 종교적 경건을 가장하고 있으나, 안으로는 세속적이며, 불경건한 바리새인적인 태도를 말한다. "외식하는 자"란 말은 '무대에서 가면을 쓰고 연출하는 배우'를 가리킨 말이다. 외식은 의식적으로 행해지기도 했는데(마 6:2,5,16; 22:18) 때로는 무의식적으로 행하는 경우도 있었다(마 7:5; 막 7:6; 눅 6:42; 12:56). 예수께서는, 의식적이거나 무의식적이거나를 불문하고, 참으로 종교적이 아니면서, 종교적인 체하는 자를 외식자로 보시고, 엄하게 비난하셨다(마 23장). 외식(위선)은 크리스천이 가장 경계해야 할 부덕(不德)한 일 중의 하나이다(딤전 4:2; 벧전 2:1).

예수님은 제자들에게 외식하는 자와 같이 기도하지 말라고 말씀하신(앞 절) 다음 이제 기도할 때에 "네 골방에 들어가 문을 닫고 은밀한 중에 계신 네 아버지께 기도하라"고 권하신다. 다시 말해 골방 기도(왕하 4:33; 단 6:10)를 권장하신다. 사람들이 북적거리고 또 많이 왕래라는 복잡한 곳을 떠나 후미진 구석이나 굴속이나 혹은 골방을 택하여 기도하라고 하신다. 여기 "은밀한 중에 계신 네 아버지께 기도하라"는 말씀은 '사람이 없는 곳, 다시 말해 자기가 금식하는 것을 보여주고자 하는 사람들이 없는 곳에 계신 아버지께 기도하라'는 뜻이다. 자기가 금식하는 것을 보여주어 자기에게 칭찬을 하는 사람들이 일체 없는 곳에 계신 아버지께 기도하라는 뜻이다. 하나님은 천지에 무소부재(無所不在)하신 고로(왕상 8:27; 시 139:7-10; 사 66:1; 렘 23:23-24; 행 7:48-49; 17:27-28) 우리들이 사람들에게 보이려고 기도하는 그 현장에도 계시긴 하지만 하나님은 마치 그 현장에 안 계신 것처럼 우리의 기도에 응답하시지 않으신다. 그런고로 우리는 우리를 보아주고 우리를 칭찬할 사람들이 없는 곳에서 기도해야 한다. 사람들 눈에 띄게 기도하려는 생각은 아예 버려야 한다.

우리가 조용한 곳을 골라 하나님께 기도하면 예수님은 "은밀한 중에 보시는 네 아버지께서 갚으시리라"고 말씀하신다. 여기 "은밀한 중에 보시는 네 아버지" 란 말은 '은밀하게 기도하는 것을 관찰하시는 네 하나님 아버지'란 뜻이다. 예수님은 우리가 하나님 아버지께만 상대하여 기도할 때 기도를 응답하신다(엡 3:20-21).

마 6:7. 또 기도할 때에 이방인과 같이 중언부언하지 말라 그들은 말을 많이 하여야 들으실 줄 생각하느니라.

예수님은 우리가 하나님께만 기도할 수 있는 골방을 택하여 기도할 것을 권하신(앞 절) 다음 이제 이 부분(7-8절)에서는 어떤 마음 자세를 가지고 기도해야 할 것을 가르치신다. 예수님은 제자들과 성도들에게 "기도할 때에 이방인과 같이 중언부언하지 말라"고 말씀하신다(전 5:2 참조). 이방인들은 자기들의 신 앞에 "중언부언했다." 즉 '이미 한 말을 자꾸 되풀이했다.' 바알 신을 섬기던 사람들은 바알의 이름을 부르며 "바알이여 우리에게 응답하소서"(왕상 18:26)라고 아침부터 낮까지 반복했고, 아데미 신을 섬겼던 아데미 교도들은 "크다 에베소 사람의 아데미여!"(행 19:34)라고 2시간 동안이나 반복했으며, 불교도들은 "나무아미타불"('아미타부처님께 귀의합니다'라는 뜻)을 100만 번씩이나 반복해야 한다. 유대교에서도 같은 기도문을 일정 시간 반복하기도 했다. 예수님은 제자들과 성도들에게 말을 반복해야 하나님께서 들으실 것이라고 생각하지 말라고 하신다.

이교도들이 이렇게 말을 반복하는 이유는 "말을 많이 하여야 들으실 줄 생각하기" 때문이었다(왕상 18:26, 29). 말을 반복하여야 하나님이 들으시는 것은 아니다. 하나님은 우리가 우리의 마음을 쏟아 명료하게 기도하기를 원하신다. 성경에 나오는 기도의 상당수는 비교적 간결하고 명료했다. 모세의 기도(출 32:31-32), 솔로몬의 기도(왕상 3:6-9), 엘리야의 기도(왕상 18:36-37), 히스기야의 기도(왕하 19:14-19), 야베스의 기도(대상 4:10), 세리의 기도(눅 18:13), 십자가에 달려 기도한 강도의 기도(눅 23:42), 스데반의 기도(행 7:60)는 간략하고 명료했다.

그러나 예수님은 마음의 간절함을 가지고 반복하는 것을 반대하시지 않았다. 우리는 간절한 마음으로 하나님께 길게 기도할 수 있다(대하 6:14-42; 느 9:1-38; 시 18:1-50; 89:1-52). 예수님도 세 번 반복 기도하셨고(26:44), 바울 사도도 세 번 반복 기도했다(고후 12:8). 우리는 쉬지 말고 분명하게 간구해야 한다(눅 18:1-8).

마 6:8. 그러므로 그들을 본받지 말라 구하기 전에 너희에게 있어야 할 것을 하나님 너희 아버지께서 아시느니라.

예수님은 "그러므로" 즉 '말을 반복하지 말아야 하므로' "그들을 본받지 말라 구하기 전에 너희에게 있어야 할 것을 하나님 너희 아버지께서 아시느니라"고 하신다. 중언부언하지 말아야 할 이유는 우리가 간구하기 전에 우리에게 있어야 할 것을 하나님 아버지께서 아시기 때문이다.

혹자는 예수님께서 이렇게 성도들이 구하기 전에 하나님께서 필요한 것을 다 아신다면 기도할 필요가 무엇이 있느냐고 반문할 것이다. 그러나 예수님은 하나님께서 우리의 필요를 아시니 공연히 필요 없이 반복해서 말할 필요가 없다고 하신 것이지 마음을 쏟아놓는 간절한 기도를 하지 말라고 하시지는 않으신다. 예수님은 마음에 원한(영광을 돌리는 간절한 생각)을 가지고 계속해서 기도하라고 하셨고(눅 18:1-8), 바울 사도도 우리에게 쉬지 말고 기도하라고 가르쳤다(살전 5:17).

마 6:9. 그러므로 너희는 이렇게 기도하라 하늘에 계신 우리 아버지여 이름이 거룩히 여김을 받으시오며.

예수님은 제자들에게 기도를 다음과 같이 드려야 한다고 말씀하신다(9-15절). 예수님은 "그러므로 너희는 이렇게 기도하라"고 말씀하신다. 즉 '하나님께서 우리가 필요한 것을 다 아시니 우리가 중언부언할 필요가 없으므로 너희는 내가 너희에게 가르쳐는 대로 기도하라'고 하신다. 그러나 이 기도만 반복하라는 뜻은 아니다. 예수님은 하나의 기도의 본, 기도의 모형(6개의 간구)을 가르쳐주신 것뿐이다. 이런 틀을 유지하라고 하신 것이다.

예수님은 먼저 기도의 대상을 부르도록 말씀하신다. 즉 "하늘에 계신 우리 아버지여!"라고 부르라고 하신다. 우리는 "하나님"을 "아버지"로 부르면서 기도해야 한다. 우리는 한 분 아버지를 모시고 있는 자녀들임을 알고 서로 아끼는 마음이 되어야 한다.

그리고 기도 중에 첫 번 내용으로 "이름이 거룩히 여김을 받으시오며"라고 교훈하신다(눅 11:2). 여기 "이름"이란 '하나님의 이름'으로서 '하나님 자신'을 지칭한다. "이름"은 항상 '본체 자체'를 지칭한다. 그러니까 "하나님의 이름이 거룩히 여김을 받으시오며"란 기도는 '하나님 자신이 거룩히 여김을 받으시오며'라는 기도이다. "거룩하다"는 말은 하나님께서 '피조물들과 구별되신 위대하신 분'이심을 지칭하는 말이다. 성도들은 하나님 자신이 하늘에서 천사들과 천상의 피조물들 사이에서 위대하심이 알려진 것처럼 이 땅에서도 하나님 자신의 위대하심이 드러나기를 기도해야 한다. 우리는 기도할 때 언제든지 하나님 자신이 이 땅에 살고 있는 우리들로부터 그리고 수많은 사람들로부터 위대하심이 드러나도록 기도해야 한다. 혹자들은 이 기도가 하나의 찬양이라고 주장하나[62] 기도라고 보는 것이 옳다. 이유는 "너희는 기도할 때에 이렇게 하라"고 말씀하셨기 때문이다. 우리는 간절한 마음으로 이 기도를 드려야 한다. 즉 우리는 하나님의 거룩하심(위대하심)이 우리를 통하여 더욱 드러나도록 기도해야 하며 또 하나님의 위대하심이 전파되도록 힘써 기도해야 할 것이다. 하나님의 위대하심은 더욱 이 땅에서 우리들을 통하여 드러나야 한다(김수홍의 누가복음주해).

마 6:10. 나라가 임하시오며 뜻이 하늘에서 이룬 것 같이 땅에서도 이루어지이다.

둘째로 예수님은 우리들에게 "나라가 임하시오며"라고 기도해야 한다고 교훈하신다. 여기 "나라가 임하시오며"란 기도는 '하나님의 통치가 이 땅에 임하게 하시오며'란 기도이다. 우리는 하나님의 통치가 이 땅에 더욱 광범위하게 되도록 기도해야 한다. 하나님께서 통치해주실 때 이 땅의 모든 부조리도 물러가고 음란도 물러가며 모순도 물러가게 되며 질서가 회복되고 평화롭게 될 것이다. 우리는 하나님의 통치가 우리 개인과 가정과 교회와 사회에 나타나기를 기도하고 나아가 하나님의 재림 때 이루어질 하나님 나라를 바라보아야 할 것이다(김수홍의 누가복음주해). 우리는 간절한 심정으로 하나님의 통치가 이 땅에 더욱 넓혀지기를 위해 기도해야 할 것이다.

주기도문의 셋째 번 기도는 "뜻이 하늘에서 이룬 것 같이 땅에서도 이루어지이다"라는 기도이다(26:39, 42; 시 103:20-21; 행 21:14). '하나님의 뜻이 하늘에서 천사들에 의해 이루어진 것같이 땅에서도 성도들을 통하여 하나님의 뜻이 이루어지기'를 소원하는 기도이다. 마귀는 하나님의 뜻(성경에 기록된 하나님의 뜻)이 이루어지지 못하도록 방해하고 있는데 성도들은 하나님의 거룩하신 뜻이

---

62) 만약 이 기도가 찬양이라고 하면 그저 찬양대원들과 혹은 성도들과 함께 하나님의 위대하심만을 찬양하면 될 것이나 기도형식 속에 들어 있는 기도이기에 우리는 간절히 이 기도를 드려야 할 것이다.

성도들에 의해서 이루어지기를 위해 기도해야 한다. 벌써 하나님의 뜻을 이룬 사람들이 많이 있다. 노아(창 6:22), 아브라함(창 11:28-32과 행 7:3 비교; 창 12:1과 히 11:8 비교; 창 22:2과 약 2:23을 비교), 여호수아(수 5:13-15), 사무엘(삼상 3:1-10), 베드로와 안드레(4:19-20; 눅 5:5), 야고보와 요한(4:21-22), 베드로와 사도들(행 5:29), 바울(행 16:6-10; 26:19) 등 수많은 성도들이 이 땅에서 하나님의 뜻을 이루었다. 우리는 하나님의 뜻이 이 땅에서 이루어지기를 위해 간절히 기도하여 하나님의 뜻(성경에 기록된 뜻)을 많이 이루어야 할 것이다.

마 6:11. 오늘 우리에게 일용할 양식을 주시옵고(τὸν ἄρτον ἡμῶν τὸν ἐπιούσιον δὸς ἡμῖν σήμερον)**.**

예수님은 네 번째 기도를 소개하신다. "오늘 우리에게 일용할 양식을 주시옵고"라는 기도를 드리라고 하신다. 예수님은 기도문에서 우리가 "오늘"(σήμερον-'지금,' '현재,' '오늘') 먹고, 오늘 필요한 것을 위해서 기도하라고 하신다. 우리는 하루하루 살면서 그날그날에 필요한 것을 구해야 한다. 내일과 모레를 위해서 염려할 필요가 없다. 그리고 예수님은 우리가 나 개인을 위한 기도가 아니라 "우리" 전체를 위하여 기도하라고 하신다(5:45 참조). 우리는 나 개인만을 생각하는 약점에 빠져 있다. 그러나 예수님은 우리가 "우리"를 생각하는 마음으로 무장하도록 권장하신다. 그리고 예수님은 그날그날 "일용할 양식"(τὸν ἄρτον ἡμῶν τὸν ἐπιούσιον)을 구하라고 하신다(욥 23:12; 잠 30:8 참조). 여기 "일용할"(ἐπιούσιον)이란 말은 그 어원을 정확하게 알지 못하여 성경해석학자들은 숙제로 남겨놓았는데 필자는 리델보스(Ridderbos)의 견해에 동의해야 할 것 같다. 즉 '필요한 만큼의'라는 뜻으로 보는 것이 가장 가까운 뜻일 것 같다.[63] 그래서 11절의 번역은 "오늘날 우리에게 필요한 (만큼의) 양식을 주시옵고"라고 될 것이다. 우리는 절제할 줄 알아야 할 것이다. 필요 이상으로 구해서는 안

---

63) "일용할"이란 낱말은 헬라어에 매우 희귀하여 본 절과 눅 11:3에만 나타난다. 이 낱말의 뜻은 '내일을 위한 충분한'이란 뜻으로 볼 수도 있다. 그래서 11절의 번역은 "오늘 우리에게 하루 동안 필요로 하는 몫을 주옵소서"일 것이다(윌렴 헨드릭슨).

된다. 여기 "양식"이란 말은 먹는 음식에 국한하지 않고 육신 생활에 필요한 모든 필수품을 지칭한다. 잠언 기자는 "나를 가난하게도 마옵시고 부하게도 마옵시고 오직 필요한 양식으로 나를 먹이시옵소서 혹 내가 배불러서 하나님을 모른다 여호와가 누구냐 할까 하오며 혹 내가 가난하여 도둑질하고 내 하나님의 이름을 욕되게 할까 두려워함이니이다"라고 기도했다(잠 30:8-9). 우리는 영혼만을 위해서 기도하도록 명령받지 않았고 육신의 필요를 위해서 기도하도록 명령받고 있음을 알아야 한다.

누가복음에서는 "우리에게 날마다 일용할 양식을 주시옵고"(τὸν ἄρτον ἡμῶν τὸν ἐπιούσιον δίδου ἡμῖν τὸ καθ' ἡμέραν)라고 기록되어 있다. 여기 "날마다"(καθ' ἡμέραν)란 말은 '매일의'(every day)란 뜻이고 "일용할 양식"(τὸν ἐπιούσιον)이란 말은 '우리의 존재(ούσια)를 위하여 필요한 것'이란 뜻이다. "일용할 양식"이란 헬라어 낱말(τὸν ἐπιούσιον)에는 '일용할'이란 뜻은 없다. "일용할"이란 뜻은 "날마다"(καθ' ἡμέραν)란 말에 내포되어 있는 것뿐이다. "일용할 양식"(τὸν ἐπιούσιον)이란 말은 '우리의 삶(존재)에 필요한 양식(필수품)'이란 뜻이다. 그러니까 "날마다"(καθ' ἡμέραν)란 말과 "양식"(τὸν ἐπιούσιον)이란 말을 합치면 '날마다 필요한 필수품'이란 뜻이 된다. 우리는 삶에 필요한 것들을 날마다 구해야 한다. 우리는 물건을 쌓아 놓을 생각을 할 것이 아니라 날마다 구하면서 감사해야 할 것이다. 하나님의 나라(통치)가 이 땅에 임할 때 모든 것이 풍부해야 하나 그러나 죄악이 많은 세상이라 우리의 존재에 필요한 것들을 매일매일 구해야 한다(김수홍의 누가복음주해).

마 6:12. 우리가 우리에게 죄 지은 자를 사하여 준 것 같이 우리 죄를 사하여 주시옵고.

예수님은 다섯 번째 기도를 말씀하신다. 즉 "우리가 우리에게 죄 지은 자를 사하여 준 것 같이 우리 죄를 사하여 주시옵고"라고 기도하라고 하신다(18:21). 우리가 이 기도를 드리기 위해서는 "우리가 우리에게 죄 지은 자를 사하여 주어야 한다." 이 행위가 조건으로 걸려 있다. 14절에 "너희가 사람의 잘못을 용서하면 너희 하늘 아버지께서도 너희 잘못을 용서하시려니와"라는 말씀이 있다. 만약에 우리에게 죄를 지은 사람을 용서하지 않으면 15절에 의하면 하나님께서 우리의 잘못을 용서하지 않는다고 하신다. 많은 신자들은 "우리에게 죄 지은 자를 사하여" 주지 않았기에 주기도문을 외울 때 바로 이 기도를 그냥 넘어가고 다른 사람들이 다음 여섯 번째의 기도를 외울 때 합류한다는 것이다. 참으로 솔직한 고백이긴 하지만 많은 손해를 보고 사는 신자들이다. 우리는 우리에게 죄를 지은 사람들의 죄를 용서해 주어야 한다. 이유는 두 가지이다. 하나는 하나님께서 그리스도의 십자가 피를 근거하여 우리의 큰 죄를 사하셨기 때문이다(18:23-36). 또 하나는 우리가 다른 이들의 죄를 용서하여 주지 않으면 하나님께서도 우리의 죄를 사하여 주시지 않기 때문이다(15절; 막 11:25; 약 2:13). 하나님은 우리가 형제의 죄를 용서하는 것을 기다리신다. "사하여 준"(ἀφήκαμεν)이란 말은 부정(단순)과거 시제로 '철저히 사하여주었다,' '완전히 사하여 주었다'는 뜻이다. 우리는 철저히 용서해 주어야 한다. 우리는 그리스도의 피로 용서받은 것을 항상 기억하고 형제를 대해야 한다.

성도는 형제의 죄를 용서한 다음 "우리 죄를 사하여 주시옵고"라고 기도해야 한다. 우리가 "우리의 죄를 사하여 주시옵고"라고 기도하도록 명령 받은 것을 보아 "우리" 모두가 죄인임을 알아야 한다. 한 사람도 예외가 없이 모두 죄인이다. 우리는 하나님과 화목한 사람들이지만(5:9) 우리는 여전히 죄 있는 사람들이라는 것을 알아야 한다. 우리의 "죄"란 우리의 원죄와 자범죄를 모두 포함하는 죄들을 지칭한다. 다시 말해 원죄로부터 흘러나온 자범죄를 지칭한다. 우리는 형제의 죄를 용서한 다음 하나님께 우리의 죄를 용서하여 주십사고 기도해야 한다. 그러면 하나님은 우리의 죄를 사하여 주신다. 하나님은 우리의 죄를 기억하지 않으신다(미 7:19).

마 6:13. 우리를 시험에 들게 하지 마시옵고 다만 악에서 구하시옵소서 (나라와 권세와 영광이 아버지께 영원히 있사옵나이다 아멘).

예수님은 여섯 번째 기도를 말씀하신다. 혹자는 이 기도를 둘("우리를 시험에 들게 하지 마시옵고"+"다만 악에서 구하시옵소서")로 나누려고 한다. 그러나 하반 절 초두의 "다만"(ἀλλὰ)이라는 말은 이 기도를 둘로 나누는 것이 아니라 상반 절을 강화하는 단어로 사용되었다.

예수님은 제자들과 성도들에게 "시험에 들게 하지 마시옵고 다만 악에서 구하시옵소서"라는 기도를 드리라고 하신다(26:41; 눅 22:40, 46; 고전 10:13; 벧후 2:9; 계 3:10). "시험에 든다"는 말은 '악한 시험에 쏙 빠져 들어간다'는 뜻이다. 본문에 나오는 시험이 악한 시험이라고 말할 수 있는 이유는 하반 절의 기도를 살펴보면 알 수 있다. 즉 "다만('도리어') 악에서 구하시옵소서"라는 기도 내용을 살펴보면 시험이라는 것이 악한 시험임을 알 수 있다. 세상에는 성도들을 악의 구덩이 속으로 빠뜨리는 시험이 많이 있는데(요셉이 보디발의 아내로부터 당한 시험 같은 것) 그 유혹에 빠지지 않도록 기도해야 한다. 하나님은 아무도 시험에 빠지게 하시지 않으신다(약 1:13). 우리를 악으로 빠지게 하는 것은 사탄이다(12:28-29; 13:19, 39; 막 8:33; 눅 10:19; 22:31). 사탄이 우리를 악(惡)속으로 빠뜨리는 시험은 우리보다 강하다. 그래서 힘이 무한하신 하나님께 기도하여 악의 시험 속으로 빠지지 않게 기도해야 한다.

예수님은 상반 절의 기도에다가 하반 절의 기도를 더하신다. 즉 시험에 빠져들지 않게만 기도할 것이 아니라 "다만 악에서 구하시옵소서"라는 기도를 드리라고 하신다(요 17:15). 즉 '도리어 악에서 구하시옵소서'라는 기도를 드려야 한다. 우리는 악으로부터 구원 받기를 위해 기도해야 한다. 다시 말해 우리는 악한 시험에 빠지지 않게만 기도할 것이 아니라 악으로부터 멀리 서 있도록(안전지대에 있도록) 기도해야 한다.

괄호 안에 들어 있는 송영은 초기 사본들(시내산 사본, 바티칸 사본, 베사사본)에는 없고 후기 사본들 속에 있다. 아마도 후대에 삽입한 예전(禮典)의 형식(기도문의 격식을 갖춘 형식)으로 이해되고 있다(대상 29:11 참조). 리델보스(Ridderbos)는 "송영은 주기도문의 주된 내용과 밀접한 관계가 있다. 이보다 더 적절한 종결부를 찾기가 어렵다. 하나님 나라의 도래가 전체 기도에 점철되어 있고, 특히 앞의 세 간구에서 그러하다. 그래서 송영의 시작은 '나라가 아버지께 있아옵나이다'(For thine is the Kingdom)로 되어 있다. 하나님께 속한 것으로는 '권세'도 있다. 그것은 기도 응답에 필요한 모든 것을 할 수 있는 능력을 의미한다. '영광'은 시대 말에 일어날 하나님의 엄위의 현현(顯現-명백하게 나타남)이다. 마지막으로 '영원히'라는 단어는 송영에 무한하고 신적인 의의를 부여한다" 고 말한다.[64)]

마 6:14-15. 너희가 사람의 잘못을 용서하면 너희 하늘 아버지께서도 너희 잘못을 용서하시려니와 너희가 사람의 잘못을 용서하지 아니하면 너희 아버지께서도 너희 잘못을 용서하지 아니하시리라.

예수님은 제자들과 성도들이 다른 사람의 잘못을 용서하는 경우와 용서하지 않는 경우를 비교하시면서 다른 사람의 잘못을 용서하라고 권하신다. 다른 사람의 잘못을 용서하면 "너희 하늘 아버지께서도" 역시 우리의 잘못을 용서한다고 하시며(막 11:25-26; 엡 4:32; 골 3:13) 만약 반대로 우리가 다른 사람의 잘못을 용서하지 아니하면 "너희 아버지께서도" 우리의 잘못을 용서하지 않으실 것이라고 하신다(12절; 18:35; 약 2:13). 이 원리는 교회 안에서도 역력히 나타나서 다른 사람의 잘못을 용서하지 않는 사람들은 하나님으로부터 용서를 받지 못해 영적으로 그리고 육신적으로 비참해지는 것을 관찰할 수가 있다.

ㄷ.은밀하게 금식하라 6:16-18

예수님은 앞에서 기도하는 자의 마음 자세가 어떠해야 할 것을 말씀하시고 또 기도할 때 어떻게 기도해야 할 모형을 가르쳐주신(5-15절) 다음 이제 이 부분(16-18절)에서는 금식 기도하는 자의 마음 자세를 가르쳐주신다. 모세가 받은 율법에 의하면 이스라엘 백성이 1년에 한 번(7월 10일-속죄일에) 금식해야 했는데(레 23:27) 그 후 포로기 이후에는 국가가 당한 수난을 기념하여 일년에 4차의 금식을 했다(슥 7:5; 8:19). 게다가 유대인들은 한 주에 두 번씩

---

64) 헤르만 리델보스, *마태복음* (상), p. 211-12.

금식 기도했다(눅 18:12). 예수님은 금식기도를 반대하시지는 않으셨고 올바로 금식 기도할 것을 교훈하셨다.

마 6:16. 금식할 때에 너희는 외식하는 자들과 같이 슬픈 기색을 보이지 말라 그들은 금식하는 것을 사람에게 보이려고 얼굴을 흉하게 하느니라 내가 진실로 너희에게 이르노니 그들은 자기 상을 이미 받았느니라.

예수님께서 금식하는 자가 가져야 할 자세에 대해 말씀하신 이유는 바리새인들이 한 주에 두 번씩 금식하는 가운데서(눅 18:12) 외식했기 때문이었다. 예수님은 제자들과 성도들에게 "금식할 때에 너희는 외식하는 자들과 같이 슬픈 기색을 보이지 말라"고 말씀하신다(사 58:5 참조). 여기 "외식하는 자들"은 '바리새인들'이었다. 그들은 금식할 때에 "슬픈 기색을 보였다." 머리에 기름을 바르지도 않았고 또 얼굴을 씻지도 않았으며 이런 일 저런 일로(얼굴에 재를 바르기도 했다) 자기가 금식한다는 것을 사람들에게 보이기 위해서 슬픈 표정을 보였다(사 58:5). 즉 "그들은 금식하는 것을 사람에게 보이려고 얼굴을 흉하게 했다." 그래서 예수님은 중대한 것을 발표하시려고 "내가 진실로 너희에게 이르노니"라는 언사를 사용하시면 "그들은 자기 상을 이미 받았다"고 하신다. 이미 사람들로부터 칭찬(영광)을 받았으니 하나님으로부터 받을 칭찬(기도 응답)은 없다고 하신다. 힘든 금식을 하면서도 사람에게 보이려고 할 것이 무엇이 있는가. 그래서 응답도 받지 못할 이유가 무엇 있는가. 사람에게 칭찬을 받으려고 하는 일은 큰 손해를 불러온다.

마 6:17-18. 너는 금식할 때에 머리에 기름을 바르고 얼굴을 씻으라 이는 금식하는 자로 사람에게 보이지 않고 오직 은밀한 중에 계신 네 아버지께 보이게 하려 함이라 은밀한 중에 보시는 네 아버지께서 갚으시리라.

예수님은 제자들과 성도들 개인 개인에게 "너는 금식할 때에 머리에 기름을 바르고 얼굴을 씻으라"고 권하신다(룻 3:3; 단 10:3). 머리에 기름을 바르고 얼굴을 씻으라고 하신다. 사람들에게 자신이 금식한다는 것을 보일 필요가 없다.

이렇게 얼굴을 단정히 하고 몸도 단정히 하면서 금식 기도를 해야 하는 이유는 금식하는 것을 "사람에게 보이지 않고 오직 은밀한 중에 계신 네 아버지께 보이게 하려 함이라"고 하신다. 문장 안의 "오직 은밀한 중에 계신 네 아버지"란 말씀은 '은밀하게 보시는 네 아버지'란 뜻이다. 6절 주해를 참조하라. 하나님은 사람에게 칭찬받으려고 금식기도하지 않고 은밀하게 금식하는 사람에게 은혜를 주신다. 우리는 사람에게 무엇을 보이려는 천단한 삶을 살 것이 아니라 항상 하나님 상대하여 모든 일을 해야 할 것이다.

ㄹ.건전한 물질생활 6:19-34

예수님은 구제, 기도, 금식을 어떻게 해야 할지에 대해 교훈하신(1-18절) 다음 이제는 물질생활을 어떻게 해야 할지에 대해서 교훈하신다. 세 가지(구제, 기도, 금식) 교훈은 제자들이 바리새인들의 잘못된 외식을 본받지 않도록 하기 위해서 교훈하셨는데 물질생활에 대해 교훈하시는 이유는 이방인들의 불신앙을 본받지 않게 하기 위해 교훈하시는 것이다. 예수님은 이 부분(19-34절)에서 보물을 하늘에 쌓으라고 하시고(19-24절), 염려하지 말고 하나님을 신뢰하라고 권하신다(25-34절).

마 6:19. 너희를 위하여 보물을 땅에 쌓아 두지 말라 거기는 좀과 동록(銅綠)이 해하며 도둑이 구멍을 뚫고 도둑질하느니라.

예수님은 "너희를 위하여 보물을 땅에 쌓아 두지 말라"고 명하신다(잠 23:4; 딤전 6:17; 히 13:5; 약 5:1). "보물"이란 '사람들이 귀하게 여기는 것들'을 지칭하고, "땅"이란 '현 세상'을 말한다. 제자들과 성도들이 보물을 땅에 투자하지 않아야 하는 이유는 땅에 쌓아놓으면 좀이나 동록이 해하며 도둑이 구멍을 뚫고 도둑질하기 때문이다. "좀"[65]이란 옷을 좀먹는 작은 벌레이고(사 51:8;

---

65) "좀":좀은 하등 곤충류로 약 9mm정도의 길이에 은백색이고, 가늘고 평평한 곤충으로, 습기진 어두운 옥내를 좋아한다. 의류, 지류, 전분질의 풀, 미적, 인견 등을 먹어 해하는 해충이다.

눅 12:33; 약 5:2) 동록[66]은 금속 겉을 부식하는 것을 뜻한다. 아무튼 이 땅에 보물을 쌓아놓으면 별별 일이 다 생겨 허무하게 없어지게 마련이다. 그러니까 자그마한 벌레가 생겨서 먹고 녹이 슬고 도둑이 그냥 놓아두지 않는다. 그뿐인가. 세상에 무엇을 쌓아놓으면 어느 때 어떤 일이 생길지 알 수가 없다. 식물의 병, 동물의 병, 지진, 태풍, 쓰나미, 물가상승, 엄청나게 뛰는 세금, 무서운 전염병 등 대형 사고들이 줄을 잇는다. 다 어떻게 감당하겠는가. 그래서 하늘에 쌓아야 한다(다음 절).

마 6:20. 오직 너희를 위하여 보물을 하늘에 쌓아 두라 저기는 좀이나 동록이 해하지 못하며 도둑이 구멍을 뚫지도 못하고 도둑질도 못하느니라.

예수님은 제자들과 성도들에게 "오직 너희를 위하여 보물을 하늘에 쌓아 두라"고 하신다(19:21; 눅 12:33-34; 18:22; 딤전 6:19; 벧전 1:4). 예수님은 "너희를 위하여" 즉 '제자들 자신들을 위해서' 보물을 하늘에 쌓아 두라고 하신다. 이유는 하늘에 쌓아두면 땅에서 받던 해들(좀, 동록, 도둑)을 받지 않는다고 하신다. 하늘에 쌓아 놓으면 좀도 동록도 도둑의 손길이 닿지 않으니 아주 안전하다. 우리는 보물을 하늘에 쌓아야 한다. 다시 말해 그리스도의 십자가 복음 전도를 위해 보물을 바치고(26:6-13), 구제하고, 선한 사업(엡 4:28; 딤전 3:1; 6:18-19 등)을 해야 한다.

마 6:21. 네 보물 있는 그 곳에는 네 마음도 있느니라.

예수님은 우리의 보물이 가는 곳에 우리의 마음도 간다고 하신다. 우리나라에는 바늘 가는 곳에 실도 간다는 속담이 있다. 우리의 마음은 두 곳에 있을 수는

일본, 한국, 중국, 열대아시아, 인도에 분포되어 있다. 전 세계에 약 200종이나 되는 것으로 알려져 있다

66) "동록": 동록은 금속 거죽에 생기는 화합물의 막(膜-얇은 평면상의 꺼풀)을 지칭한다. 금속은 공기 중 특히 습기 많은 곳에서는 산화되고, 산화물 및 수산화물의 막으로 덮인다. 그러한 금속 화합물의 막이 녹이다. "동록"으로 번역된 헬라어는 명사 '브로-시스'로서, 원래는 '먹는 것'(eating)을 뜻하는 말인데, 금속에 대해서는 '동록'(rust)으로 번역되었다(마 6:19-20),

없다. 보물을 하늘에 쌓는 사람은 마음도 하늘에 가 있고 보물을 땅에 쌓아 놓으면 마음도 땅에서 맴돈다. 그런고로 보물을 하늘에 쌓아야 한다. 그래서 우리의 마음도 하늘에 있게 해야 한다.

마 6:22-23. 눈은 몸의 등불이니 그러므로 네 눈이 성하면 온 몸이 밝을 것이요 눈이 나쁘면 온 몸이 어두울 것이니 그러므로 네게 있는 빛이 어두우면 그 어둠이 얼마나 더하겠느냐.

예수님은 우리의 마음이 하늘에 가 있어서 우리의 눈이 밝아져야 한다고 본 절에서 말씀하신다. 예수님은 "눈은 몸의 등불이라"고 하신다(신 15:9; 잠 23:6; 28:32; 눅 11:34, 36 참조). 즉 '눈은 몸을 위한 등불이라'고 하신다. 예수님은 "그러므로 네 눈이 성하면 온 몸이 밝을 것이요 눈이 나쁘면 온 몸이 어두울 것이라"고 하신다. 즉 '눈은 몸을 위한 등불인고로 우리의 눈이 밝으면 온 몸이 밝은 삶을 살게 되고, 만일 우리의 영안이 어두우면 우리의 삶이 어두움의 삶을 살게 된다'고 하신다. 그러므로 예수님은 "네게 있는 빛이 어두우면 그 어둠이 얼마나 더하겠느냐"고 하신다. 영안이 어두우면 우리의 삶 자체가 얼마나 어둡겠느냐고 물으신다. 삶 자체가 혼돈으로 들어갈 수밖에 없다. 우리는 우리의 보물을 하늘에 쌓는 삶을 살아서 우리의 영안이 밝아져야 한다. 그래서 우리의 삶 자체를 밝게 만들어야 한다. 우리의 영안이 밝으면 우리의 우주관, 세계관, 인생관, 문화관, 가치관 등 모든 분야에서 환한 삶을 살게 된다는 것이다.

마 6:24. 한 사람이 두 주인을 섬기지 못할 것이니 혹 이를 미워하고 저를 사랑하거나 혹 이를 중히 여기고 저를 경히 여김이라 너희가 하나님과 재물을 겸하여 섬기지 못하느니라.

예수님은 제자들과 성도들에게 하늘에 보물을 쌓으라고 권하신(19-23절) 다음 본 절에서는 "한 사람이 두 주인을 섬기지 못할 것이라"고 하신다(눅 16:13). 즉 '한 사람이 재물을 세상에 쌓고 또 한편으로 하늘에 쌓는 삶을 살지 못한다'고 하신다. 다시 말해 재물도 섬기고 하나님도 섬기는 삶을 살지 못한다고 하신다. 이유는 "이를 미워하고 저를 사랑하거나 혹 이를 중히 여기고 저를 경히 여기기" 때문이라고 하신다. 둘 중 하나를 미워하고 경히 여기며 또 다른 하나를 사랑하고 중히 여길 것이기 때문이라고 하신다. 예수님은 결론적으로 "너희가 하나님과 재물을 겸하여 섬기지 못하느니라"고 하신다(갈 1:10; 딤전 6:17; 약 4:4; 요일 2:15). 하나님과 재물 양편에게 종노릇을 못하게 되는 법이라고 하신다. 하나님은 우리의 전부를 요구하신다. 마음을 다하고 목숨을 다하고 모든 것을 다해야 한다. 다시 말해 우리의 인격 전체를 다해야 한다(10:37-38; 눅 14:26). 인격 전체를 다하여 섬겨야 하는 하나님을 섬기면서 세상에 보물을 쌓는 일에 정신을 쓸 수는 없다. 보물을 하늘에 쌓으므로 하나님만 섬기는 사람들이 되어야 한다.

마 6:25. 그러므로 내가 너희에게 이르노니 목숨을 위하여 무엇을 먹을까 무엇을 마실까 몸을 위하여 무엇을 입을까 염려하지 말라 목숨이 음식보다 중하지 아니하며 몸이 의복보다 중하지 아니하냐.

예수님은 앞(19-24절)에서 "하나님과 재물을 겸하여 섬기지 못한다"고 교훈하신 다음 이 부분(25-34절)에서는 세상 것을 얻기 위하여 염려할 것이 아니라 전적으로 하나님의 나라와 그의 의를 추구하라고 권하신다.

예수님은 본 절 초두에 "그러므로" 즉 '한 사람이 하나님과 세상 재물을 겸하여 추구할 수 없으므로' 예수님은 이제부터 해결책을 내신다. 예수님은 중대사를 말씀하실 때 사용하시는 "내가 너희에게 이르노니"라는 언사를 사용하시면서 "목숨을 위하여 무엇을 먹을까 무엇을 마실까 몸을 위하여 무엇을 입을까 염려하지 말라"고 하신다(시 55:22; 눅 12:22-23; 빌 4:6; 벧전 5:7). 이 말씀도 우리에게는 복음이 아닐 수 없다. 사람들은 얼마나 많은 염려를 하면서 한 생애를 살아가는가. 예수님은 무엇을 먹을까 무엇을 마실까 그리고 몸을 위하여 무엇을 입을까 염려하지 말라고 하신다. 모든 것을 넉넉하게 주실 수 있으신 예수님께서 우리에게 염려하지 말라고 하신다.

예수님은 제자들과 성도들에게 염려하지 않아야 하는 이유를 말씀하신다.

즉 "목숨이 음식보다 중하지 아니하며 몸이 의복보다 중하기" 때문이라고 하신다. 우리의 목숨이 음식(먹을 것, 마실 것)보다 더 중하고 몸이 의복보다 더 중하기 때문에 더 중요한 목숨과 몸을 주신 하나님께서 덜 중요한 음식과 의복을 반드시 주실 것이기 때문에 덜 중요한 것을 가지고 염려할 필요가 없다고 하신다. 더 중요한 것을 받은 우리는 덜 중요한 것을 얻기 위해서 한 생애동안 물질에게 종노릇을 하면서 살아서야 되겠는가. 더욱이 우리는 그리스도의 피로 죄를 씻어서 영혼의 생명을 얻은 사람들인데 덜 중요한 음식과 의복, 다시 말해 세상 것을 얻기 위해서 염려하고 살아서야 되겠는가. 덜 중요한 것들은 하나님 나라를 추구하는 가운데 다 얻게 된다. 그렇다고 덜 중요한 것을 위해서 전혀 기도도 하지 말아야 한다는 말은 아니다. 기도하라고 예수님께서 말씀하신다(11절). 다만 염려는 말아야 한다.

마 6:26. 공중의 새를 보라 심지도 않고 거두지도 않고 창고에 모아들이지도 아니하되 너희 하늘 아버지께서 기르시나니 너희는 이것들보다 귀하지 아니하냐.

예수님은 제자들과 성도들로 하여금 먹을 것과 마실 것 그리고 의복을 염려하지 말아야 할 것을 교훈하시기 위하여 "공중의 새를 보라"고 하신다(욥 38:41; 시 147:9; 눅 12:24). "공중의 새를 보라 심지도 않고 거두지도 않고 창고에 모아들이지도 아니하되 너희 하늘 아버지께서 기르신다"고 하신다. 즉 '공중에 나는 새를 보라'고 하신다. 공중에 나는 새는 세 가지 수고(심는 수고, 거두는 수고, 창고에 모아들이는 수고)를 않는다고 하신다. 그런데도 하나님께서 참새를 기르신다고 하신다. 이 말씀도 역시 우리에게 복음이 아닐 수 없다. 하나님께서 참새를 기르신다는 사실은 우리의 심령에 쉼을 주신다. 예수님은 하나님께서 참새를 기르신다는 것을 말씀하시고는 "너희는 이것들보다 귀하다"고 하신다. 예수님의 제자들과 성도들은 참새들보다 귀한고로 하나님께서 먹을 것과 마실 것 그리고 입을 것을 반드시 주시니 염려하지 말라고 하신다. 그렇다고 이 말씀이 우리를 향하여 아무 수고도 하지 말라는 말씀은 아니다. 수고는 하되 염려할 필요가 없다는 뜻이다.

마 6:27. 너희 중에 누가 염려함으로 그 키를 한 자라도 더할 수 있겠느냐.

예수님은 제자들과 성도들에게 염려하면서 살 필요가 없는 이유를 또 하나의 예를 들어 교훈하신다. 예수님은 우리에게 "너희 중에 누가 염려함으로 그 키를 한 자라도 더할 수 있겠느냐"고 물으신다. 키를 한 자나 더하는 일은 염려해서 될 일이 아니다. 여기 "키"(ἡλικία)라는 말은 두 가지로 번역 가능한 말이다.67) 하나는 '(사람의) 키'라고 번역할 수가 있고 또 하나는 '(사람의) 생명'이라고 번역할 수가 있다. 문맥을 살필 때 생명이라고 번역하는 것이 더 바람직하다. 이유는 사람의 키를 한 자(46cm)나 더 한다는 것은 과장 표현으로 보이기 때문에 우리의 생명을 한 자 거리를 걷는 시간만큼 연장할 수 있겠느냐는 말로 보아야 할 것이다. 잠시의 시간만큼 생명을 연장하는 것도 염려해서 될 일은 아니라는 것이다. 그러니까 세상에 염려해서 될 일이 없고 하나님께서 되게 하시므로 되는 것이다.

마 6:28-30. 또 너희가 어찌 의복을 위하여 염려하느냐 들의 백합화가 어떻게 자라는가 생각하여 보라 수고도 아니하고 길쌈도 아니하느니라 그러나 내가 너희에게 말하노니 솔로몬의 모든 영광으로도 입은 것이 이 꽃 하나만 같지

---

67) "키":여기 "키를 한 자라도 더할 수 있느냐"는 말씀은 개역개정판 각주에는 "목숨을 한 시간이라도 연장할 수 있느냐"라고 번역했다. 헬라어 "키"(ἡλικία)라는 말은 "생명의 길이" "한 생애"를 의미하기도 하니까 본문은 "너희 중에 누가 염려함으로 생명의 길이를 한 자(18인치-해가 18인치의 거리를 지나는 시간을 뜻한다)나 더 할 수 있느냐"고 번역하는 것이 더 옳을 것이다. 다시 말해 '우리의 긴 생애에다가 한 시간의 길이를 연장할 수 있단 말인가'라는 뜻이다. 또 문맥을 보아도 "키"를 "생명의 길이"로 번역하는 것은 타당한 것으로 보이다. 키를 한 자(18인치 혹은 46cm)를 더한다는 것은 결코 "작은 일"이 아니다. 그것은 큰일이다. 그런고로 "그 키를 한 자라도 더할 수 있느냐"는 말씀은 "그 목숨을 한 시간이라도 연장할 수 있느냐"고 번역하는 것이 문맥에 맞는다. 우리는 이런 작은 일도 할 수 없는데 "어찌 다른 일들을 염려할" 수 있겠는가? 예수님의 이 말씀을 들으면서 혹자들은 오늘날 생명의 길이를 한 시간 연장하는 것은 쉬운 일이 아니겠는가라고 말할 것이다. 그러나 과학의 힘을 가지고 생명을 한 시간 연장하는 것은 진정한 의미에서 생명 연장이라고 볼 수 없다. 그것은 진정한 의미에서 사는 것이 아니다. 생명은 전적으로 하나님께서 주장하신다(김수흥, 누가복음주해).

못하였느니라 오늘 있다가 내일 아궁이에 던져지는 들풀도 하나님이 이렇게 입히시거든 하물며 너희일까보냐 믿음이 작은 자들아.

예수님은 앞(26절)에서는 하나님께서 공중의 새에게 먹을 것을 주시는 것을 보면서 염려하지 말라고 하셨는데 이제 본 절부터 30절까지는 들의 백합화68)를 보면서 우리가 무엇을 입을까 염려하지 말라고 하신다. 예수님은 "너희가 어찌 의복을 위하여 염려하느냐"고 물으신다. 어떻게 입고 사는지 하고 염려하지 말라고 하신다. 예수님은 "들의 백합화가 어떻게 자라는가 생각하여 보라 수고도 아니하고 길쌈도 아니하느니라"고 하신다. 어떻게 세상을 살까를 염려하는 성도들에게 들의 백합화가 어떻게 자라는가 생각하여 보라고 하신다. 수고도 않고 길쌈도 안한다고 하신다.

백합화 자신이 하는 일도 아무 것도 없는데 "그러나 내가 너희에게 말하노니 솔로몬의 모든 영광으로도 입은 것이 이 꽃 하나만 같지 못하였느니라"고 하신다. 본문의 "그러나"라는 말은 백합화 자신은 아무 것도 한 일이 없는데 솔로몬의 모든 영광스러운 옷이 백합화의 영광만 못했다고 말하는 "그러나"이다. 예수님은 심각한 것을 선언하시기 위해서 "내가 너희에게 말하노니"라고 말씀하신다. 그 심각한 선언은 다름 아니라 "솔로몬의 모든 영광으로도 입은 것이 이 꽃 하나만 같지 못했다"는 것이다. 이것은 우리 표준으로가 아니라 하나님 표준으로 엄연한 현실이다. 사람 중에 가장 호화롭게 살았던 솔로몬의 옷이 백합화가 입었던 아름다움보다 못했다고 하신다. 하나님의 그 손길을 생각할 때 우리가 염려할 것이 없다.

예수님은 들에 핀 백합화가 더 잘 입은 이유는 "오늘 있다가 내일 아궁이에 던져지는 들풀도 하나님이 이렇게 입히셨기" 때문이라고 하신다. 아주 단명한 백합화를 하나님께서 아름답게 입히셨기 때문에 인생 중에 가장 영광스러웠던 솔로몬의 영광보다 더 했다는 것이다.

---

68) "백합화": 이 꽃이 우리나라에도 있는 백합화를 지칭함인지 혹은 다른 꽃을 지칭함인지 확실하지 않다. 리델보스는 "팔레스틴 들판을 화려하게 장식하고 있는 여러 종류의 글라디올러스와 붓꽃"을 지칭하셨을 듯하다고 말한다.

예수님은 들에 핀 백합화를 가지고 말씀하신 다음에 염려하는 인생들에게 "하물며 너희일까 보냐 믿음이 작은 자들아"고 말씀하신다. 하나님께서 공중에 나는 새를 먹이시고 들의 백합화를 입히시는데 그 보다 훨씬 중요한 너희 제자들과 성도들이 무엇을 염려하느냐고 하신다. 그러시면서 "믿음이 작은 자들아"라고 하신다(8:26; 14:31; 16:8). 결국 염려는 믿음이 적기 때문에 생긴다. 참으로 믿으면 염려는 멀리멀리 사라진다. 예수님 당시 네 종류의 사람들이 있었다. 믿음이 전혀 없었던 바리새인들과 서기관들, 그리고 믿음이 약간 있었던 백성들, 또 믿음이 적었던 제자들, 그리고 믿음이 컸던 몇몇 사람들(8:10; 15:28)이 있었다. 우리는 하나님의 사랑이 엄청나게 크기에 전혀 염려 없이 살아야 할 것이다. 그리고 우리의 기도에 하나님께서 응답하시니 전혀 염려 없이 살아야 한다.

마 6:31. 그러므로 염려하여 이르기를 무엇을 먹을까 무엇을 마실까 무엇을 입을까 하지 말라.

예수님은 25절-30절의 내용을 본 절에서 요약하신다. 문장 초두의 "그러므로"(οὖν)란 말은 '하나님께서 공중에 나는 새를 먹이시고 또 들에 피는 백합화를 입히시므로'란 뜻이다. 예수님은 하나님께서 제자들과 성도들을 돌보심으로 "염려하여 이르기를 무엇을 먹을까 무엇을 마실까 무엇을 입을까 하지 말라"고 하신다. 예수님은 하나님께서 사람보다 덜 중요한 새를 먹이시고 백합화를 입히시는 고로 성도들은 전혀 염려할 것이 없다고 말씀하신다. 그리고 예수님은 우리가 염려할 필요가 없는 두 가지 이유를 다음 절에서 또 말씀하신다.

마 6:32. 이는 다 이방인들이 구하는 것이라 너희 하늘 아버지께서 이 모든 것이 너희에게 있어야 할 줄을 아시느니라.

우리가 세상에 살아가는데 염려할 필요가 없는 두 가지 이유 중 첫째, "이는 다 이방인들이 구하는 것이라"고 하신다. 이방인들은 하나님을 의뢰하지 않고 자기들의 힘으로 모든 것을 해결해야 함으로 이방인들이 염려하는 것이지 하나님을 믿는 성도들이 무슨 염려를 하는 것이냐는 것이다. 둘째, "너희 하늘 아버지께서 이 모든 것이 너희에게 있어야 할 줄을 아신다"고 하신다. 우리 하나님은 우리에게 필수품이 있어야 한다는 사실을 아신다고 하신다. 8절에 "구하기 전에 너희에게 있어야 할 것을 하나님 너희 아버지께서 아신다"고 하신다. 우리 개인 사정, 아이들 사정, 우리 집 사정을 우리의 부모가 아는 것보다 하나님께서 더 잘 아시고 우리의 양식과 옷이 필요한 것을 아버지께서 더 잘 아신다. 그러니 무슨 염려를 할 것인가.

마 6:33. 너희는 먼저 그의 나라와 그의 의를 구하라 그리하면 이 모든 것을 너희에게 더하시리라.

예수님은 제자들과 성도들이 먹을 것과 마실 것 또는 입을 것 등 모든 필수품을 얻는 것에 대해서는 염려하지 말고(25-32절) "먼저 그의 나라와 그의 의를 구하라 그리하면 이 모든 것을 너희에게 더하시리라"고 하신다(왕상 3:13; 시 37:25; 막 10:30; 눅 12:31; 딤전 4:8 참조). 여기 "먼저"란 말은 우선순위를 말하는 단어이다. 먼저 할 일을 하면 다음의 일은 하나님께서 해결해주신다는 것이다.

본문의 "하나님의 나라(3:2; 4:17; 5:3; 6:10 참조)를 구하라"는 말씀은 '하나님을 왕으로 모시고 하늘 시민으로서 그의 다스림 받기'를 열심히 추구하라는 말씀이다.[69] 여기 "구하라"(ζητεῖτε)는 말씀은 현재 명령형으로 '열심히 찾기를 계속하라,' '얻기 위해 끈질기게 노력하라'는 말씀이다(골 3:1 참조). 하나님을 왕으로 모시고 그의 통치를 구하는 사람은 하나님의 통치가 놀랍게도 은혜롭기

69) 눅 12:31주해를 여기에 옮긴다. "그의 나라를 구하라"는 말씀은 '하나님의 통치를 구하라'는 말씀이다. 하나님의 나라를 구하라는 말씀은 우리가 하나님의 백성이 되어 하나님의 통치를 적극적으로 구해야 한다는 뜻이다. 본문에 "구하라"는 말씀은 현재형으로 되어 있어 우리는 하나님의 통치를 끊임없이 구해야 한다. 우리가 성경을 읽으면서 하나님의 뜻을 알아서 계속해서 하나님의 뜻을 실천해야 한다. 우리가 하나님의 통치를 받으면 하나님은 그의 백성인 우리들에게 필요한 모든 것들을 주신다. 그래서 예수님은 "그리하면 이런 것들을 너희에게 더하시리라"고 하신다. 하나님의 뜻을 알기 위하여 노력하며 또 그 뜻을 실천하는 일에 최선을 다하면 하나님께서 우리가 세상에서 사는 동안에 필요한 것들을 계속해서 더해주신다(김수홍, 누가복음주해).

때문에 더 열심히 구하게 된다. 하나님은 성령으로 통치하시고 또 말씀으로 통치하시기 때문에 하나님의 통치를 받기를 더욱 원하는 사람은 성령 충만을 구해서 성령의 인도만 따라가야 한다. 또 하나님의 통치를 더 원하는 사람은 성경말씀을 부지런히 읽어 성경 말씀을 따라가야 한다. 우리는 내 마음대로 살아서는 안 된다. 하나님의 다스림을 따라야 한다.

그리고 "그의 의"란 사람에게 보이기 위해 사람들 앞에서 행하는 바리새인들과 서기관들의 의와 구별되는 것으로서 하나님이 설정하신 의를 말한다. 하나님의 의는 먼저 예수 그리스도에게 나타나 있으며(롬 1:2-4, 17) 우리가 예수님을 믿음으로 하나님의 의를 얻을 수 있다. 또한 하나님의 의는 산상보훈에서 이때까지 가르치신 새로운 차원의 의도 포함한다. 하나님의 나라와 의는 서로 조화를 이루며 하나님의 나라는 의를 내포한다(롬 14:17). 여기 "그의 나라"와 "그의 의"는 서로 결합되어 있다.[70] 이유는 "그의"(αὐτοῦ)라는 소유격이 두 단어("나라"와 "의")에 걸리기 때문이다(ζητεῖτε δὲ πρῶτον τὴν βασιλείαν ((τοῦ θεοῦ)) καὶ τὴν δικαιοσύνην αὐτοῦ). 성도들은 이미 그리스도를 믿음으로 의롭다하는 선언을 받았으니 하나님의 백성으로 살기 위해서 그리스도를 통하여 하나님의 의를 전가 받아야 하는 고로 자신을 드리기를 힘써야 한다.

예수님은 우리가 하나님의 은혜로운 통치를 구하고 우리가 이 땅에서 의롭게 살기 위해서 의(義)의 선물을 넘치게 구하면 풍성하게 주실 뿐 아니라 "이 모든 것을 너희에게 더하시리라"고 하신다. 여기 "이 모든 것"이란 '음식과 의복 그리고 이 땅에서 필요한 것들'을 지칭한다. 우리는 "더 하시리라"는 말씀에 주의해야 한다. 그것만 주시는 것이 아니라 그 무엇에 더 보태주시라는 뜻이다. 우리는 이미 육신의 생명을 받았고 구원(영적인 생명)을 받았다. 그것 위에 더하시리라는 뜻이다. 우리가 그리스도를 통한 하나님의 통치와 또 의를

---

70) 존 스토트(John Stott)는 "하나님의 의는 하나님의 나라보다 더 넓은 개념이다. 그것은 이미 산상설교에서 언급된 개인적인 의와 사회적인 의를 포함한다. 그리고 하나님께서는 자신이 의로우신 하나님이시기 때문에 모든 그리스도인의 사회에서 뿐만이 아니라 모든 인간사회에서 의를 바라신다. 히브리 선지자들은 이스라엘과 유다의 불의 뿐만이 아니라 주위의 이방민족들의 불의를 비난했다"고 주장한다(*예수님의 산상설교*, 김광택역 p. 203).

열심히 구하면 그것도 은혜롭게 받게 되고 다른 세상의 필수품들도 은혜로 받게 되는 것을 알아야 한다. 그러나 그렇다고 일용할 양식을 전혀 구할 필요가 없다는 뜻은 아니다. "나라가 임하시오며"(10절)라고 기도한 후 "오늘 우리에게 일용할 양식을 주시옵고"(11절)라고 기도하라고 예수님께서 가르쳐주셨으니 우리는 기도해야 한다(렌스키).

우리는 지금 계속해서 하나님의 나라와 그의 의를 구하고 있는가. 다시 말해 우리의 마음과 생활에 하나님을 왕으로 모시고 우리의 직업 현장과 사회생활에서 왕으로 모시고 하나님의 통치를 받는 일에 열심을 다하고 있는가. 하나님은 우리들에게 세상에서 필요한 필수품을 넉넉하게 주실 것이다.

마 6:34. 그러므로 내일 일을 위하여 염려하지 말라 내일 일은 내일이 염려할 것이요 한 날의 괴로움은 그 날로 족하니라(μὴ οὖν μεριμνήσητε εἰς τὴν αὔριον, ἡ γὰρ αὔριον μεριμνήσει ἑαυτῆς· ἀρκετὸν τῇ ἡμέρᾳ ἡ κακία αὐτῆς).

예수님은 앞 절에서 말씀하신바 성도가 하나님의 통치와 그의 의를 구하면 하나님께서 성도의 지상 생활에 필요한 모든 것을 더하실 것이므로 "내일 일을 위하여 염려하지 말라"고 하신다. 문장 초두의 "그러므로"(οὖν)란 말은 앞 절을 받는 접속사이다. 하나님을 왕으로 모시고 그 통치에 순종하고 하나님의 의를 구하여 의롭게 살면 모든 것에 대해서 하나님께서 책임지시고 더해주실 것이니 성도들은 내일 일을 위하여 전혀 염려하지 말아야 한다.

예수님은 성도들이 내일 일을 전혀 염려하지 말아야 할 이유를 또(앞 절에서도 말씀하셨다) 말씀하신다. 즉 "내일 일은 내일이 염려할 것이기" 때문이다. "내일 일은 내일이 염려한다"는 말씀은 '내일을 은혜롭게 주관하시는 하나님께서 내일 일을 염려하신다'는 뜻이다. 내일은 내 날이 아니다. 하나님께서 주관하시고 섭리하시는 날이다. 우리가 내일 일을 오늘로 끌어당겨서 우리가 염려한다면 우리는 하나님의 권한을 월권하는 것이다. 우리는 하나님의 소관업무를 우리가 맡아서는 안 된다. 우리는 내일이 닥치면 그 때 가서 다시 하나님의 나라와 의를 구하여 우리의 지상 생활에 필요한 필수품을 받으면 된다. 우리는 내일에 닥칠 염려를 오늘 미리 당겨서 염려할 이유가 없다.

그런고로 우리는 “한 날의 괴로움은 그 날로 족한”(ἀρκετὸν τῇ ἡμέρᾳ ἡ κακία αὐτῆς) 줄로 알아야 한다. 여기 “괴로움”(κακία)이란 말은 글자대로는 ‘악’(惡)이라는 뜻인데 본문에서는 도덕적 악을 뜻하지 않고 ‘하루를 살아가는데 생기는 어려운 문제들, 고통, 무거운 짐들’을 지칭한다. 우리는 하루를 살아가는데 어려운 문제들이 생기고 무거운 짐들이 생긴다. 우리는 그날 당하는 그 괴로움을 족한 것으로 알아야 한다. 우리는 그 괴로움을 하나님께 의탁하여 하나님의 힘으로 해결 받고 은혜의 삶을 살면서 염려는 하지 말아야 한다.

제 7 장

천국 시민이 조심할 일들은 무엇인가

c.천국 시민이 경계할 일들 7:1-23

예수님은 산상보훈 제 5장에서 천국 시민의 자격은 어떤 것인가를 말씀하시고 제 6장에서는 천국 시민답게 살라고 권고하시며 제 7장에서는 천국 시민이 조심해야 할 일은 무엇인가를 말씀하신다. 예수님은 이 부분(1-23절)에서 사람을 비판하지 말 것(1-5절), 거룩한 것을 개에게 주지 말 것(6절), 기도를 힘쓸 것(7-12절), 넓은 문을 버리고 좁은 문으로 들어갈 것(13-14절), 거짓 선지자를 삼갈 것(15-23절) 등을 말씀하신다.

ㄱ. 판단하지 말라 7:1-5

예수님은 천국 시민은 남을 판단하지 말고 자기 심판에 엄격하라고 권장하신다. 이 부분(1-5절)은 눅 6:37-38, 41-42과 병행한다.

마 7:1. 비판을 받지 아니하려거든 비판하지 말라.

예수님은 본 절에서 남을 심판하지 말라고 당부하시고 다음 절에서는 남을 심판하면 반드시 내 자신이 심판을 받는다는 것을 말씀하신다. 예수님은 "비판을 받지 아니하려거든 비판하지 말라"(μὴ κρίνετε, ἵνα μὴ κριθῆτε)고 하신다(눅 6:37; 롬 2:1; 14:3-4, 10, 13; 고전 4:3, 5; 약 4:11-12). "비판한다"는 말은 '형제의 눈 속에 티를 보고 그 티를 빼려고 형제를 말로 비난하는 것'(3-4절; 눅 6:36-37)을 지칭한다. 자기 눈에 있는 들보는 깨닫지 못하면서 형제의 눈 속에 있는 티를 빼려고 형제를 비난하는 일은 우리 가운데 아주 흔하다. 사람은 자기의 큰 약점에 대해서는 전혀 깨닫지도 못하고 자기는 별로 흠이 없는 사람인 줄 착각하고 남에게 있는 작은 약점을 고쳐보겠다고 비난하고 욕한다.

우리는 다른 사람에게서 심판을 받지 않기 위해서는 비판하지 말아야 한다. 우리가 남을 심판하면 반드시 심판을 받게 된다. 반드시 그 사람으로부터 심판을 받는 것은 아니다. 주위 사람들로부터 심판을 받을 수도 있다. 혹자는 우리가 심판을 받는 시기를 내세로 보기도 하나 현세에서 심판을 받는다. 신자들은 내세에서 심판의 형식을 거치기는 하나(고후 5:10) 내세에서는 정죄 심판을 받지 않는다. 우리가 현세에서 지은 죄에 대해서는 현세에서 심판을 받는다(벧전 4:17).

주의할 것은 우리가 사람을 심판하지 않는다고 해서 사람의 수준이 어느 정도가 되는지 판단도 못한다는 뜻은 결코 아니다. 사람을 직원으로 채용하기 위해서 사람을 평가하는 일은 얼마든지 가능하다. 그런 평가는 본 절의 말씀과 전혀 무관하다. 그리고 사람이 큰 죄를 지어 당회에서나 노회에서나 그 사람의 죄를 논하는 것은 얼마든지 가능하다. 그런 평가는 본 절의 심판과는 전혀 무관하다.

마 7:2. 너희가 비판하는 그 비판으로 너희가 비판을 받을 것이요 너희가 헤아리는 그 헤아림으로 너희가 헤아림을 받을 것이니라.

예수님은 제자들과 성도들이 남을 비판하면 "너희가 비판하는 그 비판으로 너희가 비판을 받을 것이요 너희가 헤아리는 그 헤아림으로 너희가 헤아림을 받을 것이라"고 하신다(막 4:24; 눅 6:38). 우리가 사람을 심판하면 바로 그러한 심판을 다른 사람들로부터(눅 6:38) 그리고 하나님으로부터(6:14-15) 받을 것이다. 우리가 사람을 헤아리면 그대로 헤아림을 받을 것이다. 우리가 다른 사람을 잔인하게 대하면 잔인한 대우를 받을 것이고 우리가 다른 이를 사랑으로 대하면 사랑의 대우를 받을 것이다.

마 7:3-4. 어찌하여 형제의 눈 속에 있는 티는 보고 네 눈 속에 있는 들보는

깨닫지 못하느냐 보라 네 눈 속에 들보가 있는데 어찌하여 형제에게 말하기를 나로 네 눈 속에 있는 티를 빼게 하라 하겠느냐.

예수님은 이 부분(3-4절)에서 형제 비판에는 큰 관심이 있고, 자기 비판에는 관심이 없는 사람에게 "어찌하여 형제의 눈 속에 있는 티는 보고 네 눈 속에 있는 들보는 깨닫지 못하느냐"고 질타하신다(눅 6:41-42). 우리는 형제의 눈 속에 있는 티(작은 약점)에 대하여 관심을 가질 것이 아니라 내게 있는 들보[71](큰 약점)를 볼 줄 알아야 할 것이다. 우리는 자기 비판에 아무리 엄격하게 해도 부족하다.

예수님은 우리 누구에게나 큰 약점이 있는 줄 알라고 하신다. 즉 "보라 네 눈 속에 들보가 있다"고 하신다. 우리는 우리에게 큰 약점이 있는 줄을 알 때까지는 그냥 큰 약점을 그냥 가지고 있게 된다. 예수님은 자기 자신에게 큰 약점이 없는 줄로 착각하는 사람들에게 "어찌하여 형제에게 말하기를 나로 네 눈 속에 있는 티를 빼게 하라 하겠느냐"고 질타하신다. 자기의 눈에서 큰 들보를 빼지 않은 상태에서 형제를 향하여 나로 하여금 네 눈 속에 있는 티를 빼게 하라고 말하면 안 된다고 하신다.

마 7:5. 외식하는 자여 먼저 네 눈 속에서 들보를 빼어라 그 후에야 밝히 보고 형제의 눈 속에서 티를 빼리라.

예수님은 형제의 눈 속에 있는 티는 보고 자기의 눈 속에 있는 들보를 깨닫지 못하는 사람을 "외식[72]하는 자여!"라고 부르시면서(6:2) "먼저 네 눈 속에서 들보를 빼라"고 명령하신다. 다른 사람의 눈 속에서 티를 빼려고 할 것이 아니라 먼저 우리의 눈 속에서 큰 약점을 빼라고 하신다. 예수님은 바리새인들

---

71) "들보": 지붕을 받치기 위해 벽 위에 건너지른 커다란 목재(대하 3:7; 아 1:17)를 지칭한다. 신약에서는 대소의 대비에 관하여 씌어져 있다(마 7:3-5; 눅 6:41-42). 남의 흠은 크게 보고, 자기의 결점은 가볍게 넘겨 버리는 인간의 위선적인 결점 및 사랑의 결핍이 예수님에 의해 지적되었다(7:1-5; 눅 6:37-42).

72) "외식"(Hypocrisy): 자기가 가지고 있지 못하는 덕성(德性), 또는 자질(資質) 등을 가지고 있는 듯이 가장하는 일을 말한다. 특히 종교인에게 흔한 일로서, 겉으로는 종교적 경건을 가장하고 있으나, 속으로는 세속적이며, 불경건한 바리새인적인 태도를 말한다.

만 아니라 우리 모두에게 우리의 약점을 빼라고 하신다. 우리는 우리에게 있는 큰 약점을 발견하기 위해 노력해야 한다. 성경 말씀을 보면서 죄를 발견하고 성령 충만한 가운데 죄를 발견하여 우리가 죄인의 괴수임을 알아야 한다. 그런 다음 우리 하나님께 우리의 죄를 고백하면 하나님은 그 아들의 피로 우리의 죄를 씻어주신다. 그런 다음에는 우리는 다른 이들의 약점을 고쳐주는 사람이 된다. 즉 "그 후에야 밝히 보고 형제의 눈 속에서 티를 빼리라." 내 눈에서 들보가 빠지면 우리의 영안이 밝아져서 형제의 눈 속에 있는 "티"(죄)를 빼게 된다. 바울 사도가 영안이 밝아지니 수많은 사람들의 문제를 해결할 수가 있었다. 우리의 큰 죄를 해결하면 세계적인 큰 종들처럼 우리는 다른 이들을 회개하게 만들 수가 있다.

ㄴ.거룩한 것을 개에게 주지 말라 7:6

마 7:6. 거룩한 것을 개에게 주지 말며 너희 진주를 돼지 앞에 던지지 말라 그들이 그것을 발로 밟고 돌이켜 너희를 찢어 상하게 할까 염려하라.

예수님은 형제(3-5절)를 함부로 판단하지 말라고 명령하셨는데 그러나 그렇다고 또 아무에게나 거룩한 것을 주어서는 안 된다고 하신다. 다시 말해 심판하지 말라는 말은 아무에게나 적용해서는 안 된다. 심판할 사람들이 우리 주위에 있다.

예수님은 "거룩한 것을 개에게 주지 말며 너희 진주를 돼지 앞에 던지지 말라"고 하신다(잠 9:7-8; 23:9; 행 13:45-46). 본문의 "거룩한 것"과 "진주"는 동의어로 쓰였는데 '복음의 메시지'와 '복음의 교리'를 뜻한다.[73] 그리고 "개"와 "돼지"도 역시 동의어로 사용되었는데 복음의 메시지를 "발로 밟는 사람들"과 "복음 전도자들을 찢어 상하는 사람들" 모두를 지칭한다. 복음이 귀한 줄 모르고 발로 짓밟고 또 복음을 전해주는 사람들을 배척하고 상해하는 사람들은 유대인이나 이방인이나 다 같이 이 부류에 들어가는 것으로 보아야 한다. 윌렴 헨드릭슨

---

73) "거룩한 것"과 "진주"가 성직을 포함한다(윌렴 헨드릭슨, 박윤선)는 해석도 옳다고 여겨진다.

은 "여기 7:6에서 실제로 예수께서 말씀하고 계신바는 곧 하나님과 특별한 관계를 맺고 있어 아주 귀한 가치를 지니는 것은 무엇이나 다 정중하게 다루어져야만 하며, 전적으로 타락하여 사악하고 야비한 본성으로 인해서 개들과 돼지들에게나 비교될 수 있는 자들에게는 맡길 것이 아니라는 뜻으로 결론 내릴 수가 있다"고 말한다.[74] 렌스키는 본 절에 대한 "최선의 주석은 행 13:45-46; 18:6의 바울의 행동에서, 유 1:1-13의 진술에서, 벧전 4:4; 롬 16:17-18; 빌 3:18-19; 딤전 6:5에서 발견된다"고 말한다.[75]

ㄷ.기도를 힘써라 7:7-12

예수님의 산상보훈은 앞뒤가 서로 연결되어 있는데 이 부분(7-12절)을 만나고 보면 얼핏 보아 전혀 앞부분과 연결점이 없어 보인다. 그래서 1) 앞부분과의 연결점이 있는지를 전혀 언급을 하지 않고 지나는 해석가들이 많고, 2) 어떤 학자들은 앞부분과 전혀 연관이 없음을 밝히기도 하고, 3) 어떤 이들은 앞부분과 어떤 관련이 있는 것으로 말하기도 한다(헤르만 리델보스, 윌렴 헨드릭슨). 헨드릭슨은 "주께서는 그의 청중들에게 다른 사람들을 비판하지 말되(1-5절) 판단하라고 하셨고(6절), 혹평하지 말되 비평하라 하셨고, 겸손하고 인내하되 지나치게 인내하지는 말라고 훈계하셨다. 앞의 문단(1-6절)을 전체적으로 상세히 검토하고 나면 '누가 이것을 감당하리요?(고후 2:16)하는 질문을 하지 않을 수 없다. 이 질문에 대해서는 예수께서 정직한 노력이 뒤따르는 끈기 있는 기도의 필요성을 강조하심으로써 답변을 하셨다"고 말한다.[76] 예수님은 6:33(너희는 먼저 그의 나라와 그의 의를 구하라)의 말씀을 이루기 위해서는 기도가 필요한 것을 아셨고 또 내 눈에서 들보를 빼기 위해서는 큰 기도가 필요한 것을 아시고 이 부분(7-12절)에서 기도할 것을 강조하신 것으로 보인다. 이 부분은 눅 11:9-13과 병행하는데 기도를 점점 더 간절하게

---

74) 윌렴 헨드릭슨, *마태복음* (중), p. 21.
75) 렌스키, *마태복음* (상), p. 259.
76) 윌렴 헨드릭슨, *마태복음* (중), p. 23.

할 것을 교훈하신다.

마 7:7-8. 구하라 그리하면 너희에게 주실 것이요 찾으라 그리하면 찾아낼 것이요 문을 두드리라 그리하면 너희에게 열릴 것이니 구하는 이마다 받을 것이요 찾는 이는 찾아낼 것이요 두드리는 이에게는 열릴 것이니라.

예수님은 제자들과 성도들에게 말씀하신 산상설교를 이루기 위해서 기도하라고 권장하신다. 기도하되 물러가지 말고 "구하고" "찾고" "두드리라"고 하신다(21:22; 막 11:24; 눅 11:9-10; 18:1; 요 14:13; 15:7; 16:23-24; 약 1:5-6; 요일 3:22; 5:14-15). 혹자는 이 세 단어가 단순한 동의어라고 주장하나 점점 더 간절하게 구하라는 뜻으로 받아야 할 것이다.77) "구하라"는 말씀은 '신분이 낮은 자가 겸손한 자세로 높은 자에게 호소하라'는 뜻이다. 세리는 "멀리 서서 감히 눈을 들어 하늘을 쳐다보지도 못하고 다만 가슴을 치며 이르되 하나님이여 불쌍히 여기소서 나는 죄인이로소이다"라고 구했다(눅 18:13). 우리는 겸손한 마음으로 하나님께 탄원해야 한다. 그리고 "찾으라"는 말은 '낮은 마음 자세

---

77) "구하는 것"이나 "찾는 것," 그리고 "두드리는 것"이 단순히 동의어로 쓰인 것인가. 다시 말해 세 동사가 똑 같은 것을 지칭하는 것인가. 아니면 "구하는 것"보다는 "찾는 것"이 더 강하고 "찾는 것" 보다는 "두드리는 것"이 더 강한 것인가. 혹자들은 이 세 단어를 동의어로 보는가 하면, 또 다른 학자들은(Trench, Lenski, Godet, Hendriksen, 이상근, 이순한) "구하는 것"보다는 "찾는 것"이 더 강하고 "찾는 것" 보다는 "두드리는 것"이 더 강한 의미를 가지고 있다고 말한다. 문맥(5-8절)을 보면 뜻이 점점 더 강해지는 것으로 되어 있다. 간청하는 사람(8절)은 밤중에 갑자기 벗이 찾아와서 떡 세 덩이를 꾸러 밤중에 자기의 벗을 찾아 떡 세 덩이를 꾸어달라고 구했다(5-6절). 그 사람은 밤중이라 벗의 집 문을 찾는 노력을 했다(7-8절). 그런데도 떡을 얻지 못하자 문을 계속해서 두드렸다(8절). 그런고로 세 단어가 동의어로 사용되었다고 보기 보다는 점점 더 강한 뜻을 가진 단어로 보는 것이 바를 것이다. 그러나 "구하는 것"이나 "찾는 것," 그리고 "두드리는 것" 모두는 간청(importunity)이라는 범주에 속한 단어들이다. 그러니까 간청하는 기도의 요소 속에는 구하는 방면도 있고 찾는 노력도 있고 두드리는 노력도 있다고 보아야 한다. 다시 말해 간청하는 기도 속에는 이 세 요소가 포함되어 있다고 보아야 할 것이다. 우리는 문이 열릴 때까지 구하고 찾고 두드려야 한다. 우리는 응답을 받을 때까지 간청해야 할 것이다(김수흥, 누가복음주해에서). 헤르만 리델보스는 "'구하라', '찾으라', '두드리라'는 단어들은 기도의 세 가지 각기 다른 방법을 나타낸다. '구하라'고 번역된 헬라어 단어는 정열과 집요한 관심을 기울이는 욕망을 표현한다. '찾으라'는 단어는 욕망이 쉽게 충족될 수 없는 것이라도 발견할 때까지 더 많은 수고를 기울여야 할 것을 지시한다. '두드리라'는 표현은 기도로써 하나님께 집요하게 강청해야 할 것이라는 사상을 전해주며, 반드시 열려야 할 것인데 닫힌 문을 생각나게 한다(눅 11:5-8 참조). 끊임없이 구하고, 찾고, 두드리는 사람은 모두 응답을 받을 것이다"라고 주장한다(*마태복음* -상- p. 233.)

로 호소할 뿐 아니라 무엇을 얻기 위하여 힘써 행동으로 옮기라'는 뜻이다. 필요한 것을 얻기 위하여 교회의 예배에도 출석하고 성경도 상고하며 하나님의 뜻대로 살기를 힘쓰는 일까지 해야 한다.

그리고 "두드리라"는 말은 '겸손한 마음으로 탄원하고 또 행동을 더할 뿐 아니라 그 위에 인내심을 가지고 끈질기게 매달리는 것'을 지칭한다. 문이 열릴 때까지 계속해서 두드리고 또 두드려야 한다(눅 18:1, 7; 롬 12:12; 엡 5:20; 6:18; 골 4:2; 살전 5:17). 우리는 하나님께서 문을 열어주실 때까지 계속해서 문을 두드려야 한다(눅 11:5-8).

이렇게 우리가 구하고 찾고 두드리면 반드시 응답하신다고 예수님께서 말씀하신다. "주실 것이요," "찾아낼 것이요," "열릴 것이니"라고 보장하신다(잠 8:17; 렘 29:12-13). 그리고 예수님은 8절에서는 온통 보장의 말씀만 하신다. 즉 "구하는 이마다 받을 것이요 찾는 이는 찾아낼 것이요 두드리는 이에게는 열릴 것이니라"고 하신다. 예외가 없다고 하신다. 한 사람도 실망하지 않을 것이다.

마 7:9-10. 너희 중에 누가 아들이 떡을 달라 하는데 돌을 주며 생선을 달라 하는데 뱀을 줄 사람이 있겠느냐.

예수님은 제자들과 성도들 앞(5:1)에서 바로 앞(7-8절)에서 말씀하신바 하나님께서는 반드시 응답하신다는 것을 알리시기 위해서 "너희 중에 누가 아들이 떡을 달라 하는데 돌을 주며 생선을 달라 하는데 뱀을 줄 사람이 있겠느냐"고 예를 들으신다(눅 11:11-13). 아들이 떡을 달라고 하는데 돌을 주며 생선을 달라고 하는데 뱀을 줄 사람이 있겠느냐고 물으신다. 부성애는 반드시 떡을 주며 생선을 준다는 것을 상기시키신다.

마 7:11. 너희가 악한 자라도 좋은 것으로 자식에게 줄 줄 알거든 하물며 하늘에 계신 너희 아버지께서 구하는 자에게 좋은 것으로 주시지 않겠느냐.

예수님은 본 절에서 사람이 좋은 것을 자식에게 준다면 선하신 하나님께서는 마땅히 구하는 자에게 최고 좋은 것(성령-눅 11:13)을 주신다고 하신다. 하나님 아버지는 구하는 자에게 절대로 해로운 것은 주시지 않고 좋은 것을 주신다. 우리가 기억할 것이 바로 이것이다. 우리는 아버지께 구해야 한다는 것이다. 우리에게 있어야 할 것을 다 아시는 하나님이시지만 우리는 구해야 받도록 되어 있다.

마 7:12. 그러므로 무엇이든지 남에게 대접을 받고자 하는 대로 너희도 남을 대접하라 이것이 율법이요 선지자니라.

예수님은 제자들과 성도들이 하나님께 기도하면 하나님께서 좋은 것으로 주시는(앞 절) 고로 제자들과 성도들도 남을 대접하라고 하신다. 즉 "그런고로 무엇이든지 남에게 대접을 받고자 하는 대로 너희도 남을 대접하라"고 하신다(눅 6:31).[78] '기도하면 하나님께서 좋은 것(성령-눅 11:13)으로 응답하시는 고로 무엇이든지 남에게 대접을 받고자 하는 대로 너희도 남을 대접하라'고 하신다. 기도하면 하나님께서 반드시 응답하신다(11절). 그런고로 제자들과 성도들은 무엇이든지 남에게 대접 받고자 하는 정도로 남을 대접해야 한다고 하신다. 우리는 하나님으로부터 받으면 남을 대접해야 한다.

본 절의 "그러므로"(οὖν)가 앞 절과 어떤 관계가 있느냐를 두고 세 가지 견해가 있다. 첫째, 아무 관련이 없다는 견해, 둘째, 관계가 있을 것이지만 우리는 다만 그 관계를 모른다는 견해, 셋째, 우리의 기도가 잘 응답되기 위해서는 남에게 대접해야 한다는 견해가 있다. 그러나 본 절에서 예수님께서 가르치는 교훈은 하나님으로부터 좋은 것(성령)을 받은 성도는 마땅히 남을 대접해야 한다는 것으로 보아야 한다. 하나님으로부터 성령을 받고 꿀 먹은 벙어리처럼

---

78) 예수님께서 말씀하신 황금률과 비슷한 말을 다른 이들도 했다. 공자-"뒤에 가서 네 이웃에게 대접받기 싫은 일은 너희도 네 이웃에게 하지 말라." 필로-"네 자신이 싫어하는 것은 네 이웃에게 하지 말라." Hillel-"네 자신이 싫어하는 것은 누구에게도 하지 말라." 렌스키는 이런 소극적인 말들은 이기주의에서 나왔다고 비판한다. 즉 "이런 말들은 이기주의자가 해(害)를 되돌려 받을까 해서 해를 억제하는 이기주의에서 나온 소리이다"라고 말했다. 일리 있는 비판으로 보인다. 그러나 윌렴 헨드릭슨은 렌스키의 이런 지나친 비판은 너무 지나치다고 보았다. 그런 부정적인 황금률도 한편 쓸모가 있다고 보았다(*마태복음* -중- p. 27).

가만히 있어서는 안 되고 마땅히 이웃에게 우리의 사랑이 흘러가야 하는 것 아닌가. 은혜를 받은 성도는 이웃을 내 몸같이 사랑해야 한다는 것이 구약의 가르침이다. 예수님은 우리가 남을 대접하는 것이 아주 중요하다고 하신다. 즉 "이것이 율법이요 선지자니라"고 하신다(22:40; 레 19:18; 롬 13:8-10; 갈 5:14; 딤전 1:5). 여기 "율법이요 선지자"라는 말씀은 '구약 전체'를 지칭하는 말이다(5:17). 무엇이든지 내가 다른 사람으로부터 대접을 받고자 하는 대로 남을 대접하라는 것이 구약이 가르치는 총 요점이다(5:17). 우리는 성경이 중요하게 교훈하는 것을 지켜야 하고 형제를 내 몸같이 사랑해야 한다(19:19; 레 19:18; 막 12:31; 눅 10:27; 롬 13:9; 갈 5:14; 약 2:8).

ㄹ.좁은 문으로 들어가라 7:13-14

예수님은 지금까지 산상설교를 하시고 이제 산상보훈의 끝부분에 와서 좁은 문으로 들어가라고 권고하신다. 그렇다면 이 부분(13-14절)은 앞부분과 어떤 관련을 가지고 있는 것인가. 이 부분(13-14절)은 바로 앞부분(7-12절)과도 연관이 있지만 산상보훈의 전체(5:3-7:12)와도 연관이 있는 것으로 보아야 할 것이다. 다시 말해 산상보훈을 실천하는 것이 바로 좁은 문으로 들어가는 것이고 좁은 길을 가는 것이다. 이미 중생한 사람들(5:3-12)이 산상보훈을 수행하면 자신들이 좁은 문으로 들어와 있고 또 협착한 길을 걷고 있으며 매우 소수의 사람들만이 동행자임을 알게 된다. 산상보훈을 실행해서 생명에 이른다는 말과 오직 믿음으로만 구원 얻는다고 주장하는 교리는 서로 어긋나는 주장이 아니라 누구든지 참 믿음이 있으면 반드시 행위를 산출(표출)한다는 것을 보여주는 말이다. 누구든지 믿음이 있으면 산상보훈을 실행에 옮길 수 있는 것이다.

마 7:13-14. 좁은 문으로 들어가라 멸망으로 인도하는 문은 크고 그 길이 넓어 그리로 들어가는 자가 많고 생명으로 인도하는 문은 좁고 길이 협착하여 찾는 이가 적음이라.

예수님은 제자들과 성도들에게(5:1) "좁은 문으로 들어가라"고 권고하신다(눅

13:24).[79] 사실 그들은 이미 좁은 문으로 들어온 사람들인데(5:3-12) 이제 다시 한 번 확인하라고 하신다. 우리도 좁은 문으로 들어섰는지를 다시 한번 확인해야 한다.

그렇다면 "좁은 문으로 들어가라"는 말씀은 구체적으로 무엇을 지칭하는 것인가. 좁은 문으로 들어가라는 말씀을 막연히 힘들고 어려운 문으로 들어가라는 뜻으로 해석해서는 안 되고 문맥을 살펴서 말해야 할 것이다. 좁은 문으로 들어가라는 말씀은 구체적으로 산상보훈을 실천하라는 말로 보아야 한다. 산상보훈을 실천하는 것은 쉽지 않다. 세상에서 소금의 역할을 다해야 하고 빛의 역할을 다해야 하며(5:13-16), 예수님의 계명을 철저히 수행해야 하고(5:17-20), 사람을 미워하지 말아야 하며(5:21-26), 여자를 쾌락의 도구로 삼지 말아야 하고(5:27-32), 공연히 맹세하지 말고 옳으면 옳다하고 아니면 아니라고 말해야 하고(5:33-37), 악한 사람을 대적하지 말아야 하며(5:38-42), 원수를 사랑해야 하고(5:44-48), 또 자기 속으로도 자랑하는 마음 없이 구제해야 하며(6:1-4), 기도 생활도 사람에게 보이려고 할 것이 아니라 하늘 아버지께만 해야 하고(6:5-18), 모든 보화를 하늘에 쌓고 도무지 생활에 대한 염려를 하지 않아야 하며(6:19-32), 특히 하나님의 절대적인 통치를 구하고 순종하며 하나님의 의를 구해서 의롭게 살아야 하고(6:33), 내일 일을 전혀 염려하지 말고 하나님께 맡기는 삶을 살아야 하며(6:34), 남을 비판하지 말고(7:1-5), 모든 것을 기도로 해결해야 하는 삶(7:7-12)이야 말로 쉽지 않은 것이다. 우리는 이 생활로 들어왔는지 확인해야 할 것이다.

예수님은 "멸망으로 인도하는 문은 크고 그 길이 넓어 그리로 들어가는 자가 많기" 때문에 "멸망으로 인도하는 문" 안으로 들어서라 하지 않으시고 좁은 문 안으로 들어가라고 권고하신다. 우리는 "멸망으로 인도하는 문" 곧 '끝장에 가서는 멸망으로 이끄는 문'으로 들어가라는 권고를 받지 않고 있다.

---

79) 구약성경에도 두 문이 있다고 말씀한다. 신 30:15-"보라 내가 오늘 생명과 복과 사망과 화를 네 앞에 두었나니"라는 말씀이 있고, 신 30:19-"내가 오늘 하늘과 땅을 불러 너희에게 증거를 삼노라 내가 생명과 사망과 복과 저주를 네 앞에 두었은즉 너와 네 자손이 살기 위하여 생명을 택하고"라는 말씀이 있다.

멸망으로 가는 문은 커서 많은 사람들이 들어갈 수가 있다. 산상보훈을 지키지 않고 세상 사람의 식으로 살 수 있는 선택은 그 폭이 대단히 크다. 불교를 선택할 수 있고 무슬림을 선택할 수가 있으며 진화론도 선택할 수가 있고 무신론도 선택할 수가 있으며 세상의 다른 수많은 철학을 선택할 수가 있다.

그리고 일단 멸망문 안으로 들어서면 그 길이 넓다고 예수님은 말씀하신다. 가기가 편하다. 산상보훈의 말씀을 하나도 지키지 않아도 된다. 적당히 한 생애를 살면 된다. 길이 넓기 때문에 그 길을 택해서 걷는 사람들이 무수하다. 거기에는 불교인들, 회교인들, 힌두교들, 각종 철인들, 사탄숭배자들, 무수한 사람들이 함께 간다.

그리고 좁은 문이라고 하는 문은 다른 말로 하면 "생명으로 인도하는 문"이라고 할 수 있는데 그 문은 "좁고 길이 협착하여 찾는 이가 적다"고 예수님은 말씀하신다. 좁은 문 즉 예수님의 산상보훈을 지켜야 하는 힘든 관문을 통과하면 길도 좁다. "길이 협착하다"는 말씀은 '길이 좁다'는 뜻이다. 쉽게 갈 수 있는 길이 아니다. 산상보훈을 지키는 일이야 말로 쉽지 않은 길이다. 그 어느 것 하나도 쉬운 것은 없다. 그래서 그 길을 잘 통과하기 위하여 하나님께 기도하고 찾고 문을 두드려야 한다. 그래서 예수님은 그 길을 찾는 사람들이 적다고 하신다. 예수님의 말씀을 수행하는 사람들의 숫자는 아무렇게나 사는 사람의 숫자에 비해 비교할 수 없을만큼 적다.

여기서 한 가지 문제가 되는 것은 좁은 문이 있고 좁은 길이 있으며 또 넓은 문이 있고 넓은 길이 있는데(사람의 한 생애는 두 문과 두 길 중에 하나를 선택하게 되어 있다) 문이 먼저이고 길이 문 다음에 나타나는 것인가 아니면 길이 먼저 있고 길 끝에 문이 있어 천국과 지옥으로 연결되는 것인가. 그 선후가 어떻게 되는 것인가에 대해서 몇 개의 견해가 있다. 첫째, 이에 대해서는 전혀 언급하지 않는 해석가들이 있다. 둘째, 좁은 문으로 들어가라는 말씀은 헬라어 원본에 있었으나 그 다음에 나오는 말씀들은 훗날 누군가가 첨가했을 가능성이 있다고 하는 해석가도 있다. 셋째, 먼저 길이 나오고 길 끝에 문이 있어 천국이나 지옥으로 들어가는 것이라고 말하는 해석가들이 있다(R. V. G. Tasker, J.

Jeremias). 넷째, 문이나 길은 동일한 것을 지칭하는 것이라고 주장하는 해석가가 있다(헤르만 리델보스). 다시 말해 문이나 길은 순종을 가리키는 것으로서 무엇이 먼저냐 물을 필요가 없다고 주장한다. 다섯째, 문이 먼저이고 길은 일단 문을 통과한 다음에 나타나는 것이라고 주장하는 해석가들이 있다(Grosheide, Albert Barnes, William Hendrksen). 위의 여러 견해 중에서 다섯 번째 주장이 가장 타당한 것으로 보인다. 이유는 1) 예수님은 길보다는 먼저 문을 언급하고 계시기 때문이다. 그러니까 길보다는 문이 먼저 있고 그 문을 통과한 다음 길이 있는 것으로 보아야 할 것이다. 2) 거의 모든 경우 문이 먼저 있고 다음에 길이 있기 때문이다. 반스는 "주님은 고대도시들을 지적하여 말씀하시는 것 같다. 고대 도시들은 성벽으로 둘러싸여 문을 통하여 들어갈 수가 있었다. 도시의 큰 길과 연결되는 문들은 넓고 많은 사람들이 다닐 수 있지만 특별한 목적으로 만든 다른 문들은 좁고 들어가는 사람들이 별로 없다. 그리스도는 하늘나라에 이르는 길도 이와 같다고 말씀하신다"고 했다.[80)]

좁은 문을 통과하여 좁은 길을 가기 위해서, 다시 말해 산산보훈의 말씀을 수행하기 위해서는 많은 거짓들을 벗어버려야 한다. 예수님의 산상보훈 한 조문 한 조문을 살펴보라. 어느 것 하나 쉬운 것이 있는가. 우리는 이기심을 버려야 하고 자기 의(義)를 버려야 한다. 자기를 부인하지 않으면 좁은 문을 통과할 수가 없으며 그 길을 갈 수가 없다. 그리스도를 따르지 않고는 우리는 아무 힘이 없어 그 순종의 길을 걸을 수가 없다. 그리스도를 따르는 사람들은 한 생애 동안 성화의 길을 걸어야 한다. 자기를 쳐 복종시켜야 하고 영혼의 때를 벗기기 위해 죄를 힘써 자복해야 한다.

넓은 문을 통과하고 또 넓은 길을 가는 사람들은 무엇 하나 절제할 필요도 없다. 옛날 아담 시대부터 입고 온 죄악의 옷들을 그대로 입고 가도 걸리는 것이 없다. 문이 넓고 길이 넓으니 수많은 죄악의 옷들 중에서 한 가지 옷이라도 벗을 필요가 없다. 방종의 길을 가도 마음 괴로워할 필요가 없이 끝까지 갈

80) Albert Barnes, *마태복음, 마가복음*, p. 184.

수가 있다. 우리 모두는 지금 좁은 문을 통과하였는지 확인해야 하고 또 좁은 길을 가고 있는지 스스로 점검해야 할 것이다.

ㅁ.거짓 선지자를 삼가라 7:15-23

예수님은 좁은 문으로 들어가라 하시고(13-14절) 연이어 이 부분(15-23절)에서는 거짓 선지자들을 삼가라고 하신다. 좁은 문을 통과하여 좁은 순례의 길을 가는 신자들은 일단 좁은 길을 가고 있다고 하여 안심할 것이 아니라 모퉁이 모퉁이마다 웅크리고 있는 거짓 선지자들을 삼가야 한다.

마 7:15. 거짓 선지자들을 삼가라 양의 옷을 입고 너희에게 나아오나 속에는 노략질하는 이리라.

예수님은 좁은 문을 통과하여 좁은 길을 걷고 있는 제자들과 성도들에게 "거짓 선지자들을 삼가라"고 하신다(24:4-5, 11, 24; 신 13:3; 렘 23:16; 막 13:22; 롬 16:17-18; 엡 5:6; 골 2:8; 벧후 2:1-3; 요일 4:1). "거짓 선지자들"이란 '가짜 선지자들,' '거짓 교사들'을 지칭한다. 거짓 교사에 대한 경계는 신약성경에 많이 있다(24:5, 11, 24; 막 13:22; 눅 6:26; 행 13:6; 벧후 2:1; 요일 4:1; 계 16:13; 19:20; 20:10). 예수님의 산상보훈을 실천하는 사람들이 거짓 교사들을 멀리하지 않고 그들의 말을 듣다가는 혼선을 일으키기 쉽다. 예수님은 거짓 선지자의 모습과 역할을 말씀하신다. 그들은 "양의 옷을 입고 너희에게 나아오나 속에는 노략질하는 이리"라고 하신다(미 3:5; 행 20:29-30; 딤후 3:5). 그들은 겉모습은 틀림없는 온순한 양인데 속은 노략질 하는 이리이기(10:16; 눅 10:3; 요 10:12; 행 20:29) 때문에 제자들과 성도들을 잡아먹는다고 하신다. "노략질 한다"는 말은 '약탈하다,' '휩쓸다,' '걸귀같이 먹다,' '욕심 사납게 먹다'는 뜻이다. 서기관과 바리새인들도 거짓 교사들임에 틀림없다. 교회는 사탄의 사자들을 경계하고 멀리해야 한다. 그렇지 않으면 교회는 그것들에 의해서 잡아먹히고 만다.

마 7:16. 그들의 열매로 그들을 알지니 가시나무에서 포도를, 또는 엉겅퀴에서 무화과를 따겠느냐.

예수님은 겉으로는 양처럼 보이지만 속은 노략질 하는 이리 같은 거짓 선지자들(가짜 선지자들=거짓 교사들)을 알아보는 방법을 알려주신다. 즉 "그들의 열매로 그들을 알 수" 있다고 하신다(20절; 12:13). 다른 방법으로는 알 수 없다. 이유는 겉으로 보기에는 양처럼 온유하게 보이기 때문이다. 그들을 알아보는 방법은 열매로 알 수 있다고 하신다. 다시 말해 그들의 실생활 또는 행실로 알 수 있다고 하신다. 말은 그럴듯하게 하지만 실생활이 잘 못된 사람들이 많이 있는데 그들도 역시 실생활이 잘 못되었다.

예수님은 제자들과 성도들이 분명하게 깨닫게 하기 위해 "가시나무에서 포도를, 또는 엉겅퀴에서 무화과를 따겠느냐"고 반문하신다(눅 6:43-44). 이것은 불가능한 일이다. 거짓 선지자들(거짓 교사들)은 마음속이 가시나무이고 또는 엉겅퀴(창 3:18)라고 묘사될 수 있는 사람들인데 그들에게서 좋은 행실, 훌륭한 실생활을 기대한다는 것은 전혀 불가능하다고 하신다(눅 3:8-14; 요 15:8-10; 갈 5:22-24; 엡 5:9-12; 빌 1:11; 골 1:10; 약 3:17-18 참조). 눅 6:45에서 예수님은 "선한 사람은 마음의 쌓은 선에서 선을 내고 악한 자는 그 쌓은 악에서 악을 내나니 이는 마음에 가득한 것을 입으로 말함이니라"고 하신다. 행실이나 실생활이 그리스도의 말씀에 부합하지 않은 사람들은 거짓 선지자들, 거짓 교사들인 줄 알아야 한다.

마 7:17-18. 이와 같이 좋은 나무마다 아름다운 열매를 맺고 못된 나무가 나쁜 열매를 맺나니 좋은 나무가 나쁜 열매를 맺을 수 없고 못된 나무가 아름다운 열매를 맺을 수 없느니라.

예수님은 "이와 같이"(οὕτως) 즉 '가시나무에서 포도를, 또는 엉겅퀴에서 무화과를 따지 못하는 것 같이'(앞 절 하 반절) "좋은 나무마다 아름다운 열매를 맺고 못된 나무가 나쁜 열매를 맺나니 좋은 나무가 나쁜 열매를 맺을 수 없고 못된 나무가 아름다운 열매를 맺을 수 없다"고 하신다(12:33; 렘 11:19). 예수님은 좋은 나무마다...그리고 못된 나무마다 거기에 해당한 열매를 맺는다고 하신다. 그리고 또 예수님은 부정적인 측면에서 좋은 나무마다...또 못된 나무마다 그 본성에 반대되는 열매를 맺을 수 없다고 하신다. 우리는 우리의 마음을 선(말씀과 성령)으로 채워서 선한 행실을 나타내야 한다.

마 7:19. 아름다운 열매를 맺지 아니하는 나무마다 찍혀 불에 던져지느니라.
예수님은 "나무"를 빗대서 말씀하시면서 아름다운 행실을 내지 못하는 거짓 선지자들은 지옥 불에 들어가게 된다고 하신다. 세례 요한은 3:10에서 "이미 도끼가 나무 뿌리에 놓였으니 좋은 열매 맺지 아니하는 나무마다 찍혀 불에 던져지리라"고 했다(3:10; 눅 3:9; 요 15:2, 6). 거짓 선지자들은 종말의 심판에서 모두 지옥 불로 들어갈 것이다(시 1:6; 37:20; 73:18-20; 잠 29:1; 사 66:24; 요 15:6).

마 7:20. 이러므로 그들의 열매로 그들을 알리라.
예수님은 "이러므로"(ἄρα) 즉 '나무를 빗대서 진리를 알아보았으므로' "그들의 열매로 그들을 알리라"고 하신다. '그들의 행실, 실생활을 보고 그들이 거짓 선지자 즉 거짓 교사들인 줄 알라'는 말씀이다. 예수님은 제자들과 성도들에게 이만큼 가르쳐주셨으니 그들의 행실을 보고 그들을 알아보라고 하신다.

마 7:21. 나더러 주여 주여 하는 자마다 다 천국에 들어갈 것이 아니요 다만 하늘에 계신 내 아버지의 뜻대로 행하는 자라야 들어가리라.
예수님은 거짓 선지자들의 열매로 그들을 알아볼 수 있다고 말씀하신(앞 절) 후 본 절에서는 "나더러 주여 주여 하는 자마다 다 천국에 들어갈 것이 아니요 다만 하늘에 계신 내 아버지의 뜻대로 행하는 자라야 들어가리라"고 하신다(25:11-12; 호 8:2; 눅 6:46; 13:25; 행 19:13; 롬 2:13; 약 1:22). '입으로 예수님을 "주여 주여"라고 부른다고만 해서 다 천국에 들어가는 것이 아니라 하늘에 계신 아버지의 뜻대로 행하는 자라야 들어갈 것이라'고 하신다. 입술만의 신자는 천국에 들어가지 못한다. 여기 "내 아버지의 뜻대로 행하는 자"란 말씀은 특별히 '산상보훈을 실행하는 자들'을 염두에 두신 말씀으로 보인다. 물론 예수님께서 "아버지의 뜻"을 산상설교에만 국한하시는 것은 아니지만 본 장도 역시 산상보훈을 말씀하는 곳이니 산상보훈을 지키는 자들을 염두에 두신 말씀이라고 볼 수 있다(24절, 26절 참조). 이미 중생한 자(5:3-12)는 산상보훈을 실행할 수 있는데 바로 그런 사람들이 종말의 천국에 들어가게 된다는 뜻이다. 결코 중생하지 않은 자는 산상보훈을 실행할 수가 없고 천국에 들어갈 수가 없다.

마 7:22-23. 그 날에 많은 사람이 나더러 이르되 주여 주여 우리가 주의 이름으로 선지자 노릇하며 주의 이름으로 귀신을 쫓아내며 주의 이름으로 많은 권능을 행하지 아니하였나이까 하리니 그 때에 내가 저희에게 밝히 말하되 내가 너희를 도무지 알지 못하니 불법을 행하는 자들아 내게서 떠나가라 하리라.

예수님은 앞(21절)에서 말씀하신 것을 이 부분(22-23절)에서 더 구체적으로 말씀하신다. 예수님은 "그 날에" 즉 '그리스도의 날에'(빌 1:6, 10), '주의 날에'(고전 5:5; 살전 1:8), '그 날에'(롬 13:12; 살후 1:10) "많은 사람이 나더러 이르되 주여 주여 우리가 주의 이름으로 선지자 노릇하며 주의 이름으로 귀신을 쫓아내며 주의 이름으로 많은 권능을 행하지 아니하였나이까 할 것을" 아신다(민 24:4; 요 11:51; 고전 13:2). 예수님은 많은 거짓 선지자들이 예수님에게 "주여 주여"라고 부르면서 세 가지로 말할 것을 미리 요약하여 말씀하신다. 즉 그들은 자기들이 주의 이름으로 선지자 노릇했다고 말할 것을 아셨고 또 주의 이름을 의지하여 귀신을 쫓아냈다고 말할 것을 아셨으며 또 주의 이름을 의지하고 많은 권능을 행했다(10:1)고 말할 것을 미리 아시고 그들이 할 말을 미리 말씀하시면서 그들을 거부하시겠다고 하신다. 그들이 행한 세 가지를 보면 그들은 보통 사역자들보다 더 권능을 행한 사역자들임을 알 수 있다. 그들이 예수님으로부터 거부되는 이유는 그들이 이런 능력은 행하면서도 예수님의 뜻대로 살지 않았기 때문이다.

그러나 예수님은 종말의 심판에서 이렇게 말씀하실 것이라고 하신다. 즉

"그 때에 내가 저희에게 밝히 말하되 내가 너희를 도무지 알지 못하니 불법을 행하는 자들아 내게서 떠나가라 할 것이라"고 하신다(25:12, 41; 시 5:5; 6:8; 눅 13:25, 27; 딤후 2:19). 예수님은 거짓 선지자들이 말한 것을 들으시고 예수님은 저희 거짓 선지자들에게 분명하게 두 가지를 말씀하실 것이다. 첫째는 "내가 너희를 도무지 알지 못하겠다"고 하신다. "도무지 알지 못하겠다"는 말씀은 '내가 너희를 전혀 사랑해 본 적이 없었다,' '전혀 사랑의 관계가 아니었다'는 뜻이다(암 3:2; 나 1:7; 요 10:14; 고전 8:3; 갈 4:9; 딤후 2:19). 이 말씀은 예수님께서 그들에 대해서 전혀 아무 것도 모르신다는 뜻이 아니다. 예수님께서는 그들을 샅샅이 아시니까(요 1:47, 49; 2:24-25; 21:17 참조) 그들이 불법을 행한 것도 아시는 것이 아닌가. 이 말씀은 예수님께서 그들을 사랑하는 사이가 아니라는 것을 뜻한다. 그리고 둘째는 "불법을 행하는 자들아 내게서 떠나가라"고 하실 것이라고 한다. '산상보훈을 행하지 않은 자들아 나로부터 떠나가라'고 말씀할 것이라고 하신다. 그들이 "불법을 행했다"는 말은 그들이 주님의 뜻을 행하지 않았다는 것으로, 문맥으로 보아 산상보훈을 실행하지 않았다는 것을 뜻하는 말씀이다(24절, 26절). "내게서 떠나가라"는 말씀은 예수님으로부터 떠나서 지옥으로 들어가라는 말씀이다. 그들은 불법을 행하는 사람들로서 영원히 고통 받는 곳으로 가게 되었다(25:46; 눅 13:27-28; 살후 1:9). 산상보훈을 진지하게 수행하는 것은 너무나 중요한 일이다.

ㅂ.말씀을 실행하라 7:24-29

예수님은 제자들과 성도들에게(5:1) 좁은 문으로 들어가서 좁은 길을 가는 동안 거짓 선지자들을 멀리하라고 말씀하신(13-23절) 후 이제 이 부분(24-27절)에서는 산상보훈 전체를 들은 제자들과 성도들에게 한 생애를 위한 결론을 주신다. 결론의 내용은 산상보훈을 수행하는 지혜로운 사람들이 되라는 것이며(24-25절) 만약 이 말씀을 수행하지 않으면 한 생애는 물거품이 된다고 경고하신다(26-27절).

마 7:24-25. 그러므로 누구든지 나의 이 말을 듣고 행하는 자는 그 집을 반석 위에 지은 지혜로운 사람 같으리니 비가 내리고 창수가 나고 바람이 불어 그 집에 부딪치되 무너지지 아니하나니 이는 주추를 반석 위에 놓은 까닭이요.

예수님은 산상에서 설교를 다 마치신(5:3-7:23) 후 이제 "그러므로"란 말로 결론을 내리신다. 예수님은 "누구든지 나의 이 말을 듣고 행하는 자는 그 집을 반석 위에 지은 지혜로운 사람 같다"고 하신다(눅 6:47). "누구든지" 즉 '그 산상에서 예수님의 산상설교를 들은 사람들만 아니라 간접적으로 예수님의 설교를 들은 사람까지 포함하여 누구든지' 예수님의 설교를 듣고 실천하는 사람은 집을 반석 위에 지은 지혜로운 사람과 같다고 하신다. 예수님의 말씀 한마디 한마디를 듣고(5:3-7:6) 기도하여(7-11절) 실제로 수행하는(13-14절) 사람은 모두 자신의 집을 반석 위에 지은 지혜로운 사람 같다고 하신다. 반석 위에 지은 집은 "비가 내리고 창수가 나고 바람이 불어 그 집에 부딪치되 무너지지 않는다"고 하신다. 반석 위에 지은 집은 하늘에서부터 비가 내려 지붕을 때리고 창수(홍수)가 주추를 치며 바람이 불어 그 집의 벽을 쳐도 무너지지 않는다. 이유는 "주추를 반석 위에 놓은 까닭이다." 주추(기둥 밑에 괴는 돌)를 바위 위에 놓았기 때문에 그 집은 어떤 환난이 와도 무너지지 않는다. 예수님의 말씀을 실천하는 사람은 어떤 환난이 오고 시험이 와도(26:69-75; 창 22:1; 39:7-18; 42:36; 욥 1:18-22; 눅 7:11-17; 요 11:1-39; 행 7:59-60; 9:37) 무너지지 않고 오히려 더욱 연단된 인격이 된다. 눅 6:47-48에서는 예수님께서 "내게 나아와 내 말을 듣고 행하는 자마다 누구와 같은 것을 너희에게 보이리라 집을 짓되 깊이 파고 주추를 반석 위에 놓은 사람과 같으니 큰물이 나서 탁류가 그 집에 부딪치되 잘 지었기 때문에 능히 요동하지 못하게 하였다"고 하신다. 문제는 주추를 어디에 두느냐가 문제다. 우리는 주추를 반석 위에 두어야 한다. 다시 말해 예수님의 말씀을 듣고 실천해야 한다. 역사상 신앙의 위인들은 예수님의 말씀을 어기지 않고 실천하는 사람들이었다. 예수님을 의뢰하며 그 말씀을 수행하는 사람들은 환난의 날 자체도 승리의 날이었다.

마 7:26-27. 나의 이 말을 듣고 행하지 아니하는 자는 그 집을 모래 위에 지은 어리석은 사람 같으리니 비가 내리고 창수가 나고 바람이 불어 그 집에 부딪치매 무너져 그 무너짐이 심하니라.

예수님은 자신의 입에서 나온 모든 말씀을 듣고 실행하는 사람은 반석 위에 집을 지은 지혜로운 사람 같다는 말씀을 하신(24-25절) 후 이 부분(26-27절)에서는 완전히 반대 되는 사람에 대해서 언급하신다. 언제나 역사상에는 두 부류의 사람들이 존재해 왔다(6:22-23; 7:13-14; 7:17-18; 10:39; 13:11-12, 14-16, 19-23).

예수님은 "나의 이 말을 듣고 행하지 아니하는 자는 그 집을 모래 위에 지은 어리석은 사람 같다"고 하신다. '예수님의 입에서 나온 모든 말씀을 듣고 행하지 아니하는 사람은 그 집을 모래 위에 지은 사람과 같다'고 하신다. 모래 위에 지은 집은 "비가 내리고 창수가 나고 바람이 불어 그 집에 부딪치매 무너져 그 무너짐이 심하다"고 하신다. 반석 위에 지은 집에 임했던 그 환난은 모래 위에 세운 집에도 똑 같이 임한다. 많은 비가 위에서 내려 지붕을 때리고 큰물이 주추를 흔들며 세찬 바람이 불어 벽을 때릴 때 집이 아주 쉽사리 무너져 홍수에 휩쓸려 내려간다. 예수님의 말씀을 듣고도 실천하지 않는 사람에게도 환난과 시험이 찾아오기는 마찬가지이다. 그러나 그런 사람들은 마치 환난이 자기에게만 찾아온다고 말한다. 그러면서 자기처럼 고생한 사람이 있을 것이냐고 한탄한다. 세상에 고생 없고 환난 없고 시험 없는 사람이 있는가. 그것들은 모두에게 찾아온다. 이유는 하나님께서 그렇게 섭리하시기 때문이다. 하나님은 그런 것들을 통하여 사람을 연단하신다.

이 부분은 우리의 구원이 마치 우리의 행함에 의해서 얻어지는 것처럼 비치고 있다. 그러나 우리의 구원은 예수님께서 우리를 부르시고 중생시킴에 의해서 되는 것이다(5:3-12). 중생한 자는 반드시 예수님의 말씀을 수행하게 되어 있다. 다시 말해 그리스도를 믿는 사람은 반드시 믿음을 표출하게 되어 있다. 믿음이 있으면 예수님의 산상보훈을 수행하게 된다. 수행하지 않으면 양심이 괴로워 견디지 못한다.

마 7:28-29. 예수께서 이 말씀을 마치시매 무리들이 그 가르치심에 놀라니 이는 그 가르치시는 것이 권위 있는 자와 같고 그들의 서기관들과 같지 아니함일러라.

마태는 이 부분(28-29절)에서 예수님께서 산상설교를 마치신 다음 청중들의 반응을 말한다. 마태는 예수님께서 산상 설교를 끝내신 다음 제자들과 성도들이 놀랬다는 것을 말함으로써 후대의 유대인들로 하여금 예수님이 하나님의 아들이심을 알게 하려고 한다. 마태는 예수님께서 산상 설교를 마치시매 "무리들이 그 가르치심에 놀랐다"고 말한다(13:54-55; 막 1:22; 6:2; 눅 4:32 참조). 여기 "놀랐다"(ἐξεπλήσσοντο)는 말은 미완료과거 수동태로 '계속해서 제 정신들이 아니었다,' '오래 동안 제 자신들을 잃었다,' '제 정신들을 잃고 있었다'는 뜻이다. 아마도 그들은 예수님의 설교를 듣고 꿈인지 생시인지가 분간되지 않는 정도로 은혜에 휩싸인 채 오래 지내게 되었다(13:54-55; 눅 4:32).

제자들과 성도들이 놀란 이유는 "그 가르치시는 것이 권위 있는 자와 같고 그들의 서기관들과 같지 아니했기" 때문이었다(요 7:46). 그들은 예수님께서 가르치시는 것을 듣고 예수님에게 권위가 있음을 알게 되었다. 그들은 정확하게 알지는 못했지만 예수님에게 하나님의 권위가 있음을 알게 되었다. 그리고 그들은 서기관들의 가르침을 많이 들어보아서 알게 되었는데 서기관들의 가르침은 지루하고 장황하였고(5:21, 27, 33, 38, 43), 하찮은 문제를 가지고 시간을 많이 썼으며(23:23; 눅 11:42), 서로 다른 서기관의 해석을 가지고 가르쳤다. 예수님의 제자들과 청중들은 서기관들의 가르침에서 은혜를 받지 못하고 지루하던 차 예수님의 설교를 듣고 완전히 매혹되어 제 정신을 잃고 오래 지냈다. 예수님의 설교에는 성령님이 함께 하셨고 서기관들의 설교에는 성령님이 함께 하시지 않았다. 이유는 그들이 예수님을 대적하고 있었기 때문이었다. 현대의 전도자들에게 성령님의 역사가 함께 하시는가. 많은 기도가 필요하다.

제 8 장

이적을 행하시는 메시아

5.열 가지 이적과 그에 관련된 일들 8:1-9:38

예수님은 말씀 사역과 치유사역을 겸하셨는데(4:12-25) 마태는 5:3-7:27에서 예수님께서 말씀사역을 하신 것을 기록하고 8:1-9:34에서 치유사역을 하신 것을 기록한다. 예수님의 이적은 구약의 예언을 실현하는 것으로 그가 메시아임을 증명하고 있다. 이 부분(8:1-9:38)은 모두 9가지 이적이 기록되어 있는데 세 가지씩 세 묶음으로 되어 있고 그 중간에는 삽화들이 들어 있다.

a.첫째 이적들 8:1-17

마태는 이 부분(1-17절)에서 첫째 번으로 나오는 세 가지 이적을 기록하고 있는데 예수님께서 나병과 중풍병 그리고 열병을 고치신 이적을 취급하고 있다. 나병환자는 환자 자신이 나아와서 고침받기를 구하였고 중풍병자는 중풍병자의 상전이 고쳐주시기를 구하였으며 열병환자는 환자의 사위가 구하여 고쳐주셨다. 누가 구하든지 구하는 사람이 있었다.

ㄱ.나병환자를 치유하시다 8:1-4

이 부분(1-4절)은 막 1:40-45; 눅 5:12-16과 병행한다.

마 8:1. 예수께서 산에서 내려오시니 수많은 무리가 따르니라.

예수님께서 산상 설교를 하신(5:1) "산에서 내려오시니 수많은 무리가 따랐다." 예수님은 산에서 설교만 하신 것이 아니라 산 아래서 하실 일이 있어서 내려오셨다. 우리 앞길에도 한 가지 일만 아니라 여러 가지 일이 기다리고 있다. 그런데 예수님께서 내려오셔서 가버나움으로 가시려 했을 때(5절) "수많은 무리가 따랐다." 산에서 내려온 무리(5:1)와 산에 올라가지 않은 무리가 더해진 것으로 보인다(4:25). 이렇게 수많은 무리가 따른 것은 예수님의 산상 설교를 듣고 큰 은혜를 받았기 때문이었을 것이다.

마 8:2. 한 나병환자가 나아와 절하며 이르되 주여 원하시면 저를 깨끗하게 하실 수 있나이다 하거늘.

예수님께서 산에서 내려오셔서 가버나움으로 가려 하실 때(5절) "한 나병환자가 나아와 절하며 이르되 주여 원하시면 저를 깨끗하게 하실 수 있나이다"라고 말했다(막 1:40; 눅 5:12). 한 나병환자(λεπρὸς)가 나아와서 병을 고쳐달라고 구한 것은 참으로 끔찍한 일이라는 것을 말하기 위해 마태는 이 문장 초두에 "보라"(ἰδοὺ)라고 말한다. 즉 '보라 이런 끔찍한 일이 있나!'라고 말한다. 나병환자가 예수님 앞에 나타나다니 있을 수가 없는 일이라는 것이다. 당시에 나병은 불치병이었고 너무 혐오스러워 사람들 앞에 나타나서는 안 되는 병이었다(레 13:46; 민 5:2; 왕하 15:5; 대하 26:21).[81] 한 나병환자는 예수님께 나아와 먼저 예수님께 "절했다." "절했다"는 말은 '경배했다'는 뜻이다(2:2, 8, 11; 4:9, 10; 8:2; 9:18; 14:33; 15:25; 18:26; 20:20; 28:9, 17). 우리는 그리스도에게 100번, 1000번 경배해도 부족한 사람들이다. 이유는 그리스도께서 우리를 위해 십자가에서 대속의 죽음을 죽어주셨기 때문이다.

나병환자는 예수님께 경배하면서 두 가지를 말씀 드린다. 첫째는 주님의 소원을 여쭈어본다. "주여 원하시면"이라고 한다. 우리는 몸의 병 치유가 주님께서 원하시는 것인지 여쭈어 보아야 한다. 주님의 소원이 아닐 수도 있다(주님은 바울 사도의 병을 고치시기를 원하지 않으셨다. 고후 12:8-9). 우리는 어떤 직업을 택해야 할지 주님께 여쭈어야 하고, 어떤 사람을 배후자로 택해야 할지 여쭈어야 하며, 어떤 전공을 택해야 할지도 여쭈어야 하고, 매일 어떤 일을

81) 구약 시대에는 미리암이 나병에 걸렸었고(민 12:10), 나아만 장군(왕하 5:1), 사마리아의 네 사람(왕하 7:8), 웃시아 왕이 나병환자였었다(왕하 15:9). 신약에서는 본 기사와 사마리아 지방의 10명의 나병환자가 있었는데 예수님의 치유에 의해 모두 치유 받았다(눅 17:12).

해야 할지를 여쭈어야 한다. 우리는 주님의 소원을 여쭈어야 한다. 둘째는 "저를 깨끗하게 하실 수 있나이다"라고 말씀드린다. 나병환자는 주님께서 원하시기만 하면 자신의 나병을 얼마든지 고치실 수 있음을 믿었다. 그는 주님의 능력을 의심 없이 믿었다. 문제는 주님의 뜻을 알아보는 것이 중요하다.

마 8:3. 예수께서 손을 내밀어 그에게 대시며 이르시되 내가 원하노니 깨끗함을 받으라 하시니 즉시 그의 나병이 깨끗하여진지라.

나병환자의 치유 요청을 받으시고 예수님은 기쁨으로 손을 내 미셨다. 그냥 말씀으로만 고치실 수 있으셨지만(8절) 나병환자에게 사랑을 표현하시기 위해 시 손을 내밀어 그에게 대셨다(8:15; 9:18, 25, 29; 17:7; 20:34; 눅 7:14; 22:51). 율법은 나병환자와 접촉하는 것을 허용하지 않았다(레 13:46). 그러나 예수님은 사랑으로 나병환자에게 손을 대셨다. 예수님께서 나병환자에게 손을 대실 때 예수님의 능력이 그에게 임하여 나병이 떠났다(막 5:30; 눅 8:46).

그리고 예수님은 말씀하시기를 "내가 원하노니 깨끗함을 받으라"고 하신다. 나병환자가 예수님에게 자신의 병을 고치시는 것을 원하시는지 여쭈어 보았기에(앞 절) 예수님은 "내가 (네 병을 고치기를) 원한다"고 말씀하신다. 예수님께서 원하신다면 병을 치유하신 것이나 다름없는 일이다. 예수님께서 원하시는 것이면 불가능하신 것은 없었다.

예수님은 나병환자의 병을 고치시기를 원하신다고 말씀하시면서 "깨끗함을 받으라"고 하신다(막 1:41; 눅 5:13). 나병환자가 예수님에게 "주여 원하시면 저를 깨끗하게 하실 수 있나이다"라고 믿음을 표현한데(앞 절) 대한 응답으로 예수님은 "내가 원하노니 깨끗함을 받으라"고 하신다. 예수님은 믿음에 대해서는 반드시 응답하신다. 예수님은 지금도 우리의 믿음에 응답하신다. 우리가 믿은 대로 응답해 주신다.

예수님께서 "깨끗함을 받으라"고 명령하셨을 때 "즉시 그의 나병이 깨끗하여졌다." 지체 없이 그의 나병이 떠나가고 말았다. "이마, 눈, 눈썹, 속눈썹, 피부, 코와 목구멍의 점막, 손가락과 발가락 그리고 나병 세균에 의해 감염된 몸의 모든 부분이 즉각적으로 완전하게 회복되었다"(윌렴 헨드릭슨). 신앙인은 믿음대로 복을 받게 마련이다.

마 8:4. 예수께서 이르시되 삼가 아무에게도 이르지 말고 다만 가서 제사장에게 네 몸을 보이고 모세가 명한 예물을 드려 그들에게 입증하라 하시니라.

나병을 고침 받은 사람에게 예수님은 세 가지를 말씀하신다. 첫째, "삼가 아무에게도 이르지 말라"고 하신다(9:30; 12:16; 16:20; 17:9; 막 1:44; 3:12; 5:43; 눅 4:41; 8:56). 예수님께서 나병환자의 병을 고치신 것을 아무에게도 이르지 말라고 하신 이유에 대해 여러 견해가 있으나 가장 받을만한 견해는 다음과 같다. 1) 예수님은 자신을 이적이나 행하는 사람으로 알려지기를 원하지 않으셨기 때문이다(Matthew Henry, Stonehouse, Carson). 2) 공연히 소문이 나면 유대 종교지도자들의 시기를 받게 되고 복음 전도에 방해가 될 것이므로 입을 다물라고 하셨다(Clarke, Plummer, 박윤선, 이상근, 이순한).

둘째, "가서 제사장에게 네 몸을 보이라"고 하신다. '예루살렘으로 가서 제사장에게 진찰 받으라'는 말씀이다. 나병환자가 나으면 제사장에게 진찰을 받게 되어 있었다(레 13:16-17). 진찰을 받고 제사장으로부터 공적인 판결을 받아야 사회에서 다른 사람들과 어울려 살 수 있는 특권을 얻게 되고 또 성전에서 예배드릴 수 있는 특권을 회복하게 되었다. 예수님은 율법에 기록된 말씀을 준행하시는 분이었다.

셋째, "모세가 명한 예물을 드려 그들에게 입증하라"(προσένεγκον τὸ δῶρον ὃ προσέταξεν Μωϋσῆς)고 하신다(레 14:3-4, 10; 눅 5:14). 제사장이 환자를 진찰한 다음 환자가 나은 것이 확인되면 모세가 명령한 예물을 드리게 되어 있었다. 모세가 명령한 예물은 정한(clean) 산(alive) 새 두 마리와 백향목(cedar wood)과 홍색실(scarlet) 과 우슬초(hyssop)를 바치고(레 14:2-32), 8일 후에 다시 흠 없는 어린 수양 둘과 암양 하나를 바치게 되어 있다(레 14:2-32). 예수님은 율법을 폐하러 오신 분이 아니고 율법을 완전히 지키러 오신 분임을 보여주셨다(5:17). 이런 의식 법은 예수님의 구속 사역으로 말미암아 폐지되었다. 그러고로 우리는 이런 의식 법을 지키지 않는다.

그런데 본 절의 "그들에게 입증하라"(εἰς μαρτύριον αὐτοῖς-φορ α τεστιμονψ υντο τηεμ)는 말씀은 무엇을 지칭하는지 몇 가지 견해가 있다. 먼저 "그들에게"란 말이 누구를 지칭하느냐 하는 것이 문제이다. 첫째, 여기 "그들에게(저희에게)"란 말은 '일반 백성들에게'란 뜻이라고 한다. 이유는 "그들에게"(저희에게)란 말은 복수인고로 바로 앞에 나온 "제사장"(단수임)이란 낱말을 지칭할 수가 없기에 '일반 백성들에게' 자신이 완전히 나았고 또 일반 백성들과 교제할 수 있는 사람이 되었다는 것을 입증하라는 뜻으로 보는 견해(Albert Barnes, Donald Hagner, 옥스포드 원어 성경대전). 둘째, '예루살렘에 있는 제사장들에게'라는 뜻으로 보는 견해. 다시 말해 모세가 명한 예물을 제사장에게 드려서 예수님도 율법을 지키시는 분임을 제사장들에게 증거하라는 뜻으로 본다(Lenski).[82] 위의 두 가지 견해는 다 가능한 견해로 보아야 한다. 그러나 문법 보다는 문맥이 더 중요하고 우선임으로 둘째 견해가 더 타당한 것으로 보인다. 즉 환자가 예루살렘 성전에 갔으니 거기서 제사장들과 유대종교 지도자들에게 예수님께서 모세의 율법을 지키시는 분임을 증거해야 하는 것은 당연한 것으로 보인다. 나병환자는 모세의 예물을 드림으로 자연적으로 예수님께서 모세의 율법을 지키시는 분으로 입증하게 되었다.

ㄴ.백부장의 하인을 고치시다 8:5-13

이 부분(5-13절)은 눅 7:1-10과 병행한다. 요 4:46-54과는 다른 사건이다. 앞 부분(1-4절)의 이적은 유대인의 구원을 보여주고 이 두 번째의 이적은 이방인의 구원을 보여준다. 이 부분에서 예수님은 이방인의 믿음에 놀라움을 표하신다.

---

82) 힐(David Hill)은 헬라어가 이 두 가지(일반 백성들, 제사장들)를 다 의미할 수 있다고 주장한다(*The Gospel of Matthew,* The New Century Bible Commentary), p. 157. 리온 모리스(Leon Morris)는 여기 "그들에게"란 말은 세 가지(제사장들, 유대 종교지도자들, 일반 백성들)를 의미할 수 있다고 한다(*The Gospel According to Matthew*, p. 190). 학자들의 이런 주장을 반대할 수는 없다. 도날드 해그너(Donald Hagner)는 나병환자가 제사장들에게 예수님께서 율법을 지키는 분임을 입증하도록 명령받았다는 말은 문맥에 반대된다고 주장한다(p. *마태복음* 1-13, 33 상, WBC, 363).

마 8:5-6. 예수께서 가버나움에 들어가시니 한 백부장이 나아와 간구하여 이르되 주여 내 하인이 중풍병으로 집에 누워 몹시 괴로워하나이다.

예수님께서 산상에서 내려오셔서 가바나움으로 가시는 중에 첫 번째(1-4절) 이적을 행하시고 이제 예수님은 "가버나움에 들어가신다"(눅 7:1). 예수님께서 가버나움으로 들어오셨을 때 "한 백부장이 나아와 간구하여 이르되 주여 내 하인이 중풍병으로 집에 누워 몹시 괴로워하나이다"라고 보고한다. 가버나움의 "백부장"은 아마도 헤롯왕의 용병이었을 것이다. 이유는 가버나움은 헤롯왕의 관할구역이었으니 말이다. 백부장은 군사 100명을 지휘하는 장교였다.

누가에 의하면(눅 7:1-10) 백부장이 직접 나아온 것이 아니라 장로들이 나아왔다(눅 7:3)). 장로들이 나아와 예수님께 백부장의 종이 중풍병으로 몹시 괴로워하는 것을 보고했다. 우리는 나 한 사람의 괴로움만 가지고 예수님 앞으로 나아갈 것이 아니라 가정의 괴로움, 민족의 괴로움을 가지고 예수님께 보고해서 큰 은혜를 체험해야 한다.

장로들이 예수님께 백부장의 종에 대해 보고할 때 장로들은 백부장이 어떤 사람임을 곁들여 보고했다. 즉 장로들은 예수님에게 "이 일(종을 고쳐주시는 것)을 하시는 것이 이 사람에게는 합당하니이다. 저가 우리 민족을 사랑하고 또한 우리를 위하여 회당을 지었나이다"라고 보고했다(눅 4b-5). 유대민족으로부터 칭찬을 받는 백부장이니 고쳐주시는 것이 좋다고 추천한 것이다.

마 8:7. 이르시되 내가 가서 고쳐 주리라.

장로들을 통해 백부장의 종의 괴로움을 보고 받으신 예수님은 지체 없이 말씀하시기를 "내가 가서 고쳐 주리라"고 하신다. 여기 "내가"(ἐγω)라는 말이 강조되어 있다. 예수님께서 불치의 병을 고쳐주시겠다고 하신다. 예수님은 우리의 문제를 해결하시고 가정의 문제를 해결하시며 또 나라와 민족과 세계의 문제를 다 해결 하실 수 있으시다.

마 8:8. 백부장이 대답하여 이르되 주여 내 집에 들어오심을 나는 감당하지

못하겠사오니.

예수님께서 백부장의 집(6절)을 향해 오고 계시는 것을 목격한 백부장[83]은 자기의 친구들을 보내어(눅 7:6b-8) 말씀드리기를 "주여 내 집에 들어오심을 나는 감당하지 못하겠다"고 했다. 백부장은 예수님을 "주여!"(Κύριε-Lord)라고 불렀다. 예수님을 지극히 존귀하신 분으로 알았다. 우리도 예수님을 "주여"라고 불러야 한다.

백부장은 친구들을 통하여 예수님께 "내 집에 들어오심을 나는 감당하지 못하겠다"고 말씀드린다(눅 15:19, 21). 백부장은 자신과 예수님을 비교할 때 자기의 무가치함과 예수님의 위대하심을 알고 견딜 수가 없는 심정이 되었다. 백부장은 사신이 이방 사람이라는 자각 때문에 예수님께서 자기 집에 들어오시면 예수님께서 더럽혀지게 될 것으로 알았을 것이다(요 18:28; 행 10:28; 11:2-3). 그리고 백부장이 예수님의 소문을 들었을 때 성령님께서 강하게 역사하셨기에 자신의 무가치함을 알게 되었고 또 예수님이야 말로 무한한 능력의 소유자이며 상상을 초월하는 지혜의 소유자이시라는 것을 알게 되었다. 누구든지 성령의 역사가 아니고는 예수님이 누구신지 알지 못한다(고전 12:3). 우리는 그리스도 앞에서 나 자신의 무력함과 그리스도의 무한대하심을 깨닫고 나는 감당하지 못할 사람이라는 것을 매일 고백해야 할 것이다. 이 사실을 매일 기도하는 중에 제일 먼저 고백하며 다른 기도를 드려야 할 것이다.

마 8:8b-9. 다만 말씀으로만 하옵소서 그러면 내 하인이 낫겠사옵나이다 나도 남의 수하에 있는 사람이요 내 아래에도 군사가 있으니 이더러 가라 하면 가고 저더러 오라 하면 오고 내 종더러 이것을 하라 하면 하나이다.

백부장은 자기의 부족함과 예수님의 위대하심을 뼈저리게 느껴 자기 집에 모시지 못하겠다고 말한(8절 상반 절) 다음 백부장은 "다만 말씀으로만 하옵소서"라

---

83) 백부장은 장로들을 예수님께 보내어 자신의 종을 고쳐주시라는 요청을 한 뒤에 예수님께서 자신의 집을 향해 오신다는 소식을 듣고 가만히 그냥 집에 앉아 있지 않고 예수님을 마중 나갔을 것으로 보인다. 백부장은 예수님께서 장로들과 함께 자기 집에 오시는 것을 보고 부랴부랴 친구들을 보내 자기 집에 모실 수 없다고 말했다.

고 말씀 드린다(시 107:20). 말씀 한마디로 자신의 종을 고쳐주십사고 부탁한다. 오셔서 안수하실 필요도 없고 기도하실 필요도 없이 그저 멀리서 말씀 한마디면 (질병에게 '가라,' 혹은 '나가라'는 말씀) 자신의 종이 고쳐질 줄을 확신했다. 그는 "그러면 내 하인이 낫겠사옵나이다"라고 확신을 피력한다.

백부장이 이렇게 확신하는 이유는 자기의 군 생활에서 터득한 것이었다. 즉 "나도 남의 수하에 있는 사람이요 내 아래에도 군사가 있으니 이더러 가라 하면 가고 저더러 오라 하면 오고 내 종더러 이것을 하라 하면 하나이다"라고 말씀드린다. 자신은 백부장이니 천부장 수하에 있고 또 자기 아래에도 50부장이 있고 10부장이 있으며 졸병들도 있어 자기가 명령하면 명령한대로 아래 지위에 있는 군인들이 복종하는 원리에 따라 예수님은 최고의 분이시니 모든 병들도 예수님의 말씀 한 마디에 온전히 물러갈 것이라고 확신한다는 것이었다. 백부장은 최고 사령관은 아니었고 중간 지위에 있는 군인일지라도 자기의 부하들이 복종했는데 하물며 예수님이야 말로 최고의 위치에 계신 분이니 병 같은 것은 아주 쉽게 물러갈 줄 알았다. 그는 신학 공부는 하지 않았지만 성령의 역사로 깊은 원리를 깨달은 것이다. 예수님의 말씀 한마디는 지금도 엄청난 권위로 우주를 주장하시고 인생들을 주장하시며 질병들을 물러가게 하시는 것으로 믿어야 할 것이다(4:4-10 참조).

마 8:10. 예수께서 들으시고 놀랍게 여겨 따르는 자들에게 이르시되 내가 진실로 너희에게 이르노니 이스라엘 중 아무에게서도 이만한 믿음을 보지 못하였노라.
마태는 본 절에서 백부장의 신앙을 들으시고 예수님께서 반응하신 일과 또 예수님의 칭찬을 기록한다. 첫째, 예수님의 반응을 기록한다. 예수님은 "놀랍게 여기셨다." 예수님은 나병환자의 요청을 들으시고 기이히 여겨 "내가 원하노니 깨끗함을 받으라"고 하셨고(8:1-4), 가나안 여인의 겸손과 간절한 기도를 들으시고 "여자야! 네 믿음이 크도다. 네 소원대로 되리라"고 하셨다(15:28). 예수님은 놀라운 불신자들을 만나서 놀라셨고(막 6:6), 놀라운 신앙인을 만나서 놀라셨다 (본 절). 우리는 자신의 무가치함을 깨닫고 예수님의 무한하신 사랑과 무한하신 능력과 무한하신 지혜를 고백하여 예수님을 기쁘시게 해야 할 것이다.

둘째, 마태는 예수님의 칭찬을 기록한다. 예수님은 "내가 진실로 너희에게 이르노니 이스라엘 중 아무에게서도 이만한 믿음을 보지 못하였노라"고 말씀하신다. 예수님은 중대한 것을 발표하시기 위하여 "내가 진실로 너희에게 이르노니"라는 언사를 사용하신다. 그리고 예수님은 "이스라엘 중 아무에게서도 이만한 믿음을 보지 못하였노라"고 말씀하신다. 믿음이 컸어야 할 이스라엘 사람들 중에서도 이방인 백부장의 믿음 같은 믿음을 소유한 사람을 만나본 적이 없다고 하신다. 우리는 성경대로 믿어서 이런 칭찬을 들어야 할 것이다(고전 15:3-4 참조).

마 8:11. 또 너희에게 이르노니 동 서로부터 많은 사람이 이르러 아브라함과 이삭과 야곱과 함께 천국에 앉으려니와.

예수님은 이방인 백부장의 놀라운 신앙을 들으시고 놀라운 칭찬을 하신(앞절) 다음 중대한 선언을 하시기 위해서 "너희에게 이르노니"라는 언사를 사용하시면서 앞으로 "동 서로부터 많은 사람이 이르러 아브라함과 이삭과 야곱과 함께 천국에 앉을 것이라"고 하신다(창 12:3; 사 2:2-3; 11:10; 45:6; 49:12; 59:19; 렘 3:18; 말 1:11; 눅 13:29; 행 10:45; 11:18; 14:27; 롬 15:9; 엡 3:6). 유대나라 밖의 동서로부터(눅 13:29 참조) 많은 사람이 예수님을 믿고 유대인의 믿음의 족장들과 함께 천국에 들어가 앉을 것이라고 하신다. 백부장의 믿음은 앞으로 이방인의 믿음을 미리 보여준 것이었다. 오늘 우리는 백부장처럼 믿어야 할 것이다.

본문의 "앉을 것이라"(ἀνακλιθήσονται)는 낱말은 미래 시제로 '앞으로 (식사자리에) 앉을 것이다'는 뜻이다. 식사자리에 앉을 때는 비스듬한 자세를 취한다. 천국은 연회장소와 같은 고로(26:29; 눅 14:15; 22:30; 계 19:9) 이 낱말을 사용하셨을 것이다.

마 8:12. 그 나라의 본 자손들은 바깥 어두운 데 쫓겨나 거기서 울며 이를

갈게 되리라.

많은 이방인들이 천국 잔치에 참여하는 것(앞 절)과는 달리 예수님은 "그 나라의 본 자손들은 바깥 어두운 데 쫓겨나 거기서 울며 이를 갈게 되리라"고 하신다(13:42, 50; 21:43; 22:13; 24:51; 25:30; 눅 13:28; 벧후 2:17; 유 1:13). 여기 "그 나라의 본 자손들"(οἱ υἱοὶ τῆς βασιλείας)이란 '천국의 아들들'이란 뜻으로 이스라엘 백성들을 지칭하는데 그들은 아브라함의 자손들이기 때문에 응당 천국에 가리라고 기대했었다(롬 9:4). 그러나 그들은 그리스도를 불신하여 "바깥 어두운 데 쫓겨나 거기서 울며 이를 갈게 되리라"고 하신다. "바깥"이란 말은 '천국의 바깥 즉 지옥'을 지칭하는 말로, 천국 바깥, 지옥이 "어두운 곳"이라고 하신다(22:13; 25:30). 지옥이 어두운 이유는 빛 되신 하나님의 은혜가 임하지 않는 곳이기 때문이다. 예수님은 지옥의 삶에 대해서 "울며 이를 가는 곳"이라고 하신다(13:42, 50; 22:13; 24:51; 25:30). 지옥으로 간 사람들은 '슬픔의 삶, 고통의 삶을 살 것이라'고 하신다. 오늘 하나님을 떠난 사람의 심령은 지옥 가기 전에도 이 세상에서 지옥의 삶을 살고 있다.

마 8:13. 예수께서 백부장에게 이르시되 가라 네 믿은 대로 될지어다 하시니 그 즉시 하인이 나으니라.

예수님은 자신을 영접할 이방인의 운명(11절)과 이스라엘 자손들의 운명(12절)에 대해 예언을 마치신 후 백부장에게 "가라 네 믿은 대로 될지어다"라고 선언하신다. 예수님은 백부장의 집에서 장로들이 와서 백부장의 종을 고쳐주시기를 요청했을 때(5-6절; 눅 7:3-5) "내가 가서 고쳐주리라"고 하셨는데(7절) 이제 백부장의 요청을 들으시고 그 집에 가기를 중단하신 다음 백부장에게 "가라"고 하신다. '종이 누워있는 네 집으로 돌아가라'는 뜻이다. 그러시면서 예수님은 "네 믿음대로 될지어다"라고 선언하신다(9:22, 29; 15:28; 17:18). 즉 '네가 믿은 대로 될지어다,' '네 믿음에 걸맞게 될지어다'라는 뜻이다. 믿으면 믿은 대로 된다. 하나님에게는 무한한 사랑이 있고 무한한 능력이 있으시며 무한한 지혜가 있으신데 우리의 믿음의 분량대로 대로 된다.

예수님께서 선언하신 "그 즉시 하인이 나았다." '바로 그 순간에 백부장의 종이 중풍병에서 놓여났다.' 예수님께서 선언하신 후 장로들과 친구들이 백부장의 집으로 발걸음을 돌려 집에 도착했는데 그들이 집에 도착하기 전에 벌써 종은 나아 있었다. 예수님의 병 고치심은 즉각적이었다.

ㄷ.베드로의 장모를 고치시다 8:14-17

마태는 예수님께서 백부장의 종을 고치신 기사를 기록한 다음 이제는 베드로의 장모를 고치신 일과 또 날이 저물었을 때 동리 사람들이 데리고 온 많은 병자들을 고치신 일을 기록한다. 예수님께서 베드로의 장모를 고치신 이적은 예수님께서 가버나움 회당에서 예배하신 후에 행하셨을 뿐 아니라 사람들의 요구를 받으시고 행하셨다(막 1:29-31; 눅 4:38-39). 누가는 이 이적을 기록하면서 의사답게 베드로의 장모의 열병이 중한 열병이라는 것을 기록했으며 또한 예수님께서 그 열병을 꾸짖으셨다는 것을 기록한다.

마 8:14. 예수께서 베드로의 집에 들어가사 그의 장모가 열병으로 앓아 누운 것을 보시고.

예수님께서 백부장의 종을 고치시고(1-13절) 안식일을 당하여(백부장의 종을 고치신 날과 베드로의 장모의 열병을 고치신 날이 같은 날인지 다른 날인지 확인할 수가 없다) 회당에서 예배하신 후(막 1:29-31; 눅 4:38-39) "베드로의 집에 들어가셨다"(막 1:29-31; 눅 4:38-39). 예수님께서 하실 일이 있으셔서 베드로의 집(베드로는 가버나움에 살고 있었다)에 들어가신 것이다. 예수님은 베드로의 "장모가 열병으로 앓아 누운 것을 보셨다"(고전 9:5). 베드로는 결혼한 사람이기에(베드로는 전도 여행에 아내가 동행하기도 했다-고전 9:15) 장모가 있었는데 예수님께서 베드로의 장모가 중한 열병에 걸려 누어있는 것을 보셨다. 예수님께서 베드로의 장모가 열병으로 앓아누운 것을 보신 것은 사람들의 요구를 받으셨기 때문이었다(막 1:30; 눅 4:38). 오늘 우리는 예수님께서 내 개인의 문제와 가정의 문제와 국가의 문제를 보시고 관심을 가지시도록 기도해야 한다.

우리는 우리의 매사에 예수님께서 관심을 가지시도록 도움을 요청해야 한다.

마 8:15. 그의 손을 만지시니 열병이 떠나가고 여인이 일어나서 예수께 수종들더라.

예수님은 베드로의 "장모의 손을 만지셨다." 누가에 의하면 예수님은 열병을 꾸짖으셨다(눅 4:39). 예수님께서 열병을 꾸짖으셨다는 말을 두고 혹자는 그 열병의 배후에 있는 사탄을 꾸짖으셨다고 주장하기도 하고 혹자는 귀신이 그 배후에 있기에 꾸짖으셨다고 말하기도 하나 문맥을 보아 병을 향하여 나가라고 명령하신 것을 지칭할 것이다(김수홍, 누가복음주해). 그러니까 예수님은 베드로의 장모의 손을 만지시고 열병을 꾸짖으셨을 때 "열병이 떠나갔다." 열병이 떠나간 후 "여인이 일어나서 예수께 수종들었다." 여인이 중한 열병에서 놓인 후 회복기간이 필요한 법인데 그 여인은 즉시 튼튼한 몸이 되었다. 이적 중 이적이었다. 병이 나은 것이 이적이었고 회복 기간도 없이 튼튼하게 된 것도 이적이었다. 그녀는 예수님과 일행의 식사 봉사를 했다. 우리가 은혜를 받았다면 즉시 봉사를 해야 한다.

마 8:16. 저물매 사람들이 귀신 들린 자를 많이 데리고 예수께 오거늘 예수께서 말씀으로 귀신들을 쫓아내시고 병든 자들을 다 고치시니.

토요일 안식일이 다 가고 "저물매 사람들이 귀신 들린 자를 많이 데리고 예수께 왔다"(막 1:32; 눅 4:40-41). 토요일 안식일이 다 가고 저물었을 때는 안식일이 지난 때여서 유대인들은 안식일을 범하는 것이 아니었던 고로(막 1:21, 32 참조) 사람들이 귀신들린 자를 많이 데리고 예수님께로 왔다. 예수님은 두 종류의 병자들을 다 고쳐주셨다. 예수님은 "말씀으로 귀신들을 쫓아내시고 병든 자들을 다 고치셨다"(4:23-24). 12:29; 눅 10:18; 계 20:2-3 참조. 귀신들린 자들을 말씀으로 고쳐주셨고 일반 병자들을 일일이 안수하여 고쳐주셨다(눅 4:40). 아무튼 예수님으로 데려온 병자들을 하나도 빠짐없이 다 고쳐주셨다. 지금도 예수님은 우리의 병을 고쳐주신다.

마 8:17. 이는 선지자 이사야를 통하여 하신 말씀에 우리의 연약한 것을 친히 담당하시고 병을 짊어지셨도다 함을 이루려 하심이더라.

마태는 예수님께서 귀신을 쫓아내시고 병자들을 고쳐주시는 것이 선지자 이사야의 예언을 이루시는 행위라고 말한다. 마태는 "이는 선지자 이사야를 통하여 하신 말씀에 우리의 연약한 것을 친히 담당하시고 병을 짊어지셨도다 함을 이루려 하심이라"고 말한다(사 53:4; 벧전 2:24). 마태는 이사야 53:4의 말씀을 인용한다. 마가와 누가는 구약의 예언을 인용하지 않았는데 마태는 유대인들을 위하여 자기의 복음서를 쓰는 고로 예수님의 사역은 구약 예언을 이루시는 것이라고 말해준다. 이사야는 53:4에서

"אָכֵן חֳלָיֵנוּ הוּא נָשָׂא וּמַכְאֹבֵינוּ סְבָלָם וַאֲנַחְנוּ חֲשַׁבְנֻהוּ נָגוּעַ מֻכֵּה אֱלֹהִים וּמְעֻנֶּה"
(그는 실로 우리의 질고를 지고 우리의 슬픔을 당하였거늘 우리는 생각하기를 그는 징벌을 받아 하나님께 맞으며 고난을 당한다 하였노라)라고 말한다. 그런데 얼핏 보면 마태가 본 절에서 말한 것은 예수님께서 귀신들을 내쫓으시고 또 병자들을 고치신 것이었는데 이사야는 메시아가 고난 받으실 것을 예언했다는 점에서 약간 내용이 달라 보인다. 즉 마태는 예수님의 권능으로 귀신을 축출하고 병을 고치신 것을 말했는데 이사야는 대속의 고난을 지시는 메시아를 묘사하고 있다. 그러나 이사야가 예언한 대로 고난을 받으시는 메시아가 이스라엘의 고난을 짊어지셨다는 것은 서로 어긋남이 없는 내용이다. 마태는 이사야의 예언이 이루어진 줄 알고 본 절에 기록한 것이다. 마태는 성령의 감동으로 그 사실을 알았다.

예수님은 우리의 죄를 대신 지심으로 우리의 질병을 해결해 주신다. 예수님은 우리의 죄와 또 죄 때문에 생겨진 모든 불행을 그의 등에 짊어지심으로 해결해 주신다. 그러나 주님 앞으로 나아가지 않는 자는 이런 은혜를 받지 못한다. 오늘도 우리는 그리스도 앞으로 나아가야 한다(9:1-8).

b.예수님을 따르는 자가 취할 각오 8:18-22

마태는 예수님의 첫째 이적 그룹(8:1-17)과 둘째 이적 그룹(8:23-9:8) 사이에

예수님을 따르는 자는 희생을 각오해야 한다는 예수님의 말씀을 삽입한다(18-22절). 마태는 이 부분(18-22절)에서 예수님께서 예수님을 따르려는 첫째 번 사람에게는 세상에서의 고난을 각오해야 한다고 말씀하시고 둘째 번 사람에게는 예수님을 따르는 것은 세상일과 달리 대단히 존엄하다는 것을 말씀하신 것을 기록한다. 예수님은 앞 절(17절)에 기록되어 있는 대로 고난의 종으로서 인류의 죄를 대속하시는 분으로서 자신을 따르는 자들도 희생을 각오해야 한다고 이 부분(18-22절)에서 교훈하신다.

마 8:18. 예수께서 무리가 자기를 에워싸는 것을 보시고 건너편으로 가기를 명하시니라.

예수님께서 세 가지 이적을 행하신(나병환자 치유, 백부장의 종 치유, 베드로의 장모와 동네 사람들 치유) 결과 "무리가 자기를 에워싸는 것을 보시고 건너편으로 가기를 명하신다." "무리가 자기를 에워싸던" 시간은 저녁때였다(막 4:35). 예수님은 병 고치시는 것보다는 제자들에게 교육하시는 것이 더 중요하다는 것을 보여주시는 사례였다. 예수님은 병 고치러 오신 분이 아니었다. 만약 병 고치러 오셨다면 가버나움을 떠나지 않으셨어야 했다. 본문의 "건너편"이란 말은 '갈릴리 호수 동 북편'을 가리키는 말이다. 예수님은 그곳에 가셔서 제자들을 교육하기 원하셨다.

마 8:19. 한 서기관이 나아와 예수께 말씀하되 선생님이여 어디로 가시든지 저는 따르리이다.

첫 번 사람 "한 서기관이 나아와 예수께 말씀하되 선생님이여 어디로 가시든지 저는 따르겠다"고 말한다(눅 9:57-58). 한 서기관은 예수님의 가르침과 이적에 매료된 것으로 보인다. 그는 자신이 예수님의 제자단 속에 끼어 함께 교육받고 함께 다니기를 소원했다. 그는 예수님을 "선생님"으로 부르며 예수님이 어디로 가시든지 따르겠다고 말씀드린다. 그는 예수님을 따르면 교수법도 배우고 또 실제로 이적으로부터 큰 유익을 얻을 것이라고 생각했다. 이 서기관은 기특한 서기관이었다. 다른 서기관들은 언제든지 예수님의 적대 관계에 있었는데(22:15) 이 서기관은 예수님을 어디까지나 따르겠다고 나선 것을 보면 용기가 대단함을 알 수 있다.

마 8:20. 예수께서 이르시되 여우도 굴이 있고 공중의 새도 거처가 있으되 인자는 머리 둘 곳이 없다 하시더라.

어디까지나 예수님을 따르겠다고 나선 서기관에게 예수님은 "여우도 굴이 있고 공중의 새도 거처가 있으되 인자는 머리 둘 곳이 없다"는 말씀을 해주셨다. 땅위에서 살고 있는 여우도 굴이 있고 또 공중에 나는 새도 거처가 있는데 "인자," 즉 '고난 받으시는 메시아'는 머리 둘 곳이 없다고 하신다. 다시 말해 일정한 거처가 없다고 하신다. 예수님은 갈릴리를 순회하시면서 제자들을 교육하셨고 또 훗날에는 사마리아, 베레아, 유대, 예루살렘 이렇게 여기 저기 다니시면서 사역하셔야 하고 드디어는 십자가에서 대속의 죽음을 죽으셔야 하는데 마음의 각오도 없이 예수님을 따르겠다고 하는 것은 감당하기 힘든 일임을 알려 서기관의 헌신의 정도를 높여주신다(눅 14:25-33 참조). 제자의 길은 십자가의 길임을 우리는 알아야 한다(10:24; 눅 14:26; 요 16:33; 딤후 3:12; 히 13:13).

마 8:21. 제자 중에 또 한 사람이 이르되 주여 내가 먼저 가서 내 아버지를 장사하게 허락하옵소서.

예수님께서 제자들과 함께 갈릴리 호수를 건너려고 배를 타시기 전 또 "제자 중에 또 한 사람," 즉 '이미 예수님을 믿던 넓은 의미의 제자 한 사람'이 예수님께 나타나(눅 9:59-60) "주여 내가 먼저 가서 내 아버지를 장사하게 허락하옵소서"라고 소원한다(왕상 19:20 참조). 본 절의 "또"라는 말 때문에 19절의 서기관을 예수님의 넓은 의미의 제자라고 할 필요는 없다. 여기 "제자 중에 또 한 사람"이란 말은 '그의 제자 가운데 한 사람인 또 다른 사람'이란 뜻이다. 좁은 의미의 제자가 아니라 넓은 의미의 제자란 뜻이다. 19절의 서기관은 제자가 아니었다.

본문의 제자는 예수님을 "주"라고 부르면서 접근했다. 이 사람은 예수님을 높이는 제자였다. 그러나 그는 상당히 미온적이고 소극적인 제자였다. 예수님을 따르기는 따를 터인데 따르기 전에 먼저 집에 가서 아버지를 장사하게 허락해 주십사고 소원을 말한다. 그런데 여기서 문제가 되는 것은 1) 그의 아버지가 당장 죽었다는 소식을 듣고 요청한 것이라는 견해(Carson, Lenski, Hendriksen, Donald A. Hagner, Leon Morris, Homer A. Kent, Jr., J Knox Chamblin)와, 2) 아직 별세한 것은 아니고 언제인가 별세할 터인데 그때까지 아버지를 모시다가 아버지가 별세하면 장례를 치르고 예수님을 따를 터이니 그 때까지만 말미를 주십사는 요청으로 보는 견해(Calvin, Theophylact, Blomberg, 박윤선)로 나누어진다. "나로 먼저 가서 내 아버지를 장사하게 허락하옵소서"라는 내용으로 보면 그의 아버지가 이미 죽은 것으로 보이지만 다음 절(22절)의 예수님의 말씀으로 보면("죽은 자들이 그들의 죽은 자들을 장사하게 하고")[84] 이 사람의 부친이 당장 죽은 것이 아니고 예수님을 따르려는 사람은 누구든지 죽은 자들을 장사하는 것보다는 예수님을 따르는 것이 더 중요하다는 말씀으로 들린다. 문맥으로 보아 후자의 견해에 동의를 해야 할 것으로 보인다. 그러나 두 번째 견해에 동의한다고 해서 그리스도를 따르려는 사람의 어려움은 경감되지 않는다. 이유는 예수님께서 그 사람으로 하여금 아버지가 지금 죽으나 훗날 죽으나 부친 장례를 하도록 허락하시는 것은 아니기 때문이다.

마 8:22. 예수께서 이르시되 죽은 자들이 그들의 죽은 자들을 장사하게 하고 너는 나를 따르라 하시니라.

예수님은 둘째 사람의 "나로 먼저 가서 내 아버지를 장사하게 허락하옵소서"(앞절)라는 요청을 받으시고 "죽은 자들이 그들의 죽은 자들을 장사하게 하고 너는 나를 따르라"고 답하신다. 앞에 기록된 "죽은 자들"은 '영적으로 죽은

84) 22절의 "죽은 자들을 장사하게 하고"라는 예수님의 말씀은 두 번째 사람의 부친만을 지칭한 것이 아니고 일반적으로 죽은 사람들을 장사하는 문제를 말씀하고 계신 것으로 볼 수 있다. 그러니까 불신자들이 죽은 사람들의 장례를 염려해야 하고 예수님을 가까이 따르는 사람들은 영적인 일에 힘쓰라는 말씀으로 보아야 할 것이다.

자들'(롬 6:3; 엡 2:1) 즉 '불신자들'을 지칭하고, 뒤에 기록된 "죽은 자들"은 '육신적으로 죽은 사람들'을 지칭한다. 그러니까 예수님의 말씀은 예수를 믿지 않는 불신자들이 육신적으로 죽은 사람 시신을 장례하고 예수를 따르는 "너는 나를 따르라"는 말씀이다. 본 절 해석은 아주 조심스럽다. 예수님께서 이 두 번째 사람의 요청, 즉 부친 장례식을 치르고(당장이든지 아니면 훗날이든지) 오겠다는 요청을 거부하셨다는 점에서 기독교는 부모 공경을 부인하느냐는 질타를 받을 가능성이 있기 때문이다. 사실 이 사람의 요청은 당연한 요청으로 보아야 한다(창 35:29; 49:28-50:3; 50:13-14, 26; 출 20:12; 신 27:16; 마 15:1-6; 수 24:29-30). 그런데 예수님은 왜 이 사람의 요청을 들어주지 않으셨을까? 잠시 장례를 치르고 오면 될 것인데 예수님은 왜 그 사람으로 하여금 가지 못하게 하셨을까? 1) 이 사람이 당장 예수님을 따르지 않으면 장례식을 치르는 동안 해이해져서 예수님을 따르지 않을 수도 있어 예수님은 이 사람의 요청을 수락하지 않으셨을 것이다. 다시 말해 예수님은 세상에서 아무 것도 우리의 마음을 빼앗아서는 안 된다는 것을 가르쳐 주시기 위해 이 사람의 귀가를 허용하지 않으셨을 것이다. 2) 예수님을 따르는 것은 성경의 계명을 지키는 것보다 더 중요해서 예수님은 그 사람에게 허용하지 않으셨을 것이다. 10:37에서 예수님은 "아버지나 어머니를 나보다 더 사랑하는 자는 내게 합당하지 아니하고 아들이나 딸을 나보다 더 사랑하는 자도 내게 합당하지 아니하다"고 말씀하신다.

예수님의 이 말씀은 아무에게나 적용해서는 안 될 것이다. 바로 이 사람에게 적용되어야 할 것으로 보아야 한다. 이 사람에게는 이런 명령이 아니면 예수님을 따를 수 없으므로 이 명령을 주신 것으로 보아야 한다. 아무튼 예수님을 따르는 일보다 더 중요한 것은 없다는 것을 보여주신 말씀으로 보아야 한다. 예수님은 어떤 경우 하나님을 섬긴다는 미명하에 부모 공경을 소홀히 한 사람들을 엄하게 경고하시지 않았는가(15:1-6). 우리는 세상에서 그 어떤 것보다 예수님을 따르는 것이 제일 중요함을 알고 진력 따라야 한다.

c.둘째 그룹의 이적들 8:23-9:8

마태는 이 부분(8:23-9:8)에서 예수님께서 행하신 둘째 그룹의 세 가지 이적을 기록한다. 예수님께서 바다의 풍랑을 잔잔케 하신 일(8:23-27), 귀신을 쫓아내신 일(8:28-34), 중풍병자를 고치신 일(9:1-8)을 기록한다. 예수님은 바다위에서, 바다 건너편 가다라에서, 그곳에서 돌아와 가버나움에서 이적을 행하셨다.

ㄱ.바다를 잔잔케 하시다 8:23-27

예수님께서 바다 위에서 풍랑을 잔잔케 하신 일은 마가복음에는 중풍환자를 고치신 이적 다음에 된 일(막 2:1-12)로 되어 있으나 본서에서는 그 이전에 행하신 것으로 기록되어 있다. 이 부분(23-27절)의 이적은 막 4:35-41; 눅 8:22-25과 병행한다.

마 8:23. 배에 오르시매 제자들이 따랐더니.

마태는 첫 번째 그룹의 이적들을 기록하고(1-17절) 연이어(18-22절) 예수님을 따르는 사람들이 가져야 할 각오가 어떠해야 하느냐 하는 것을 기록한 다음, 이제 둘째 그룹의 이적들 중 첫 번째 이적(23-27절)을 기록한다.

마태는 예수님께서 "배에 오르시매 제자들이 따랐다"고 말한다. 예수님은 배에 오르시기 전에 오전에는 오전 과목을 교수하신 다음 그 날 저물 때에(막 4:35) 먼저 제자들에게 호수 저편으로 건너가자고 요청하셨다(18절; 막 4:35; 눅 8:22). 호수에서 제자들에게 훈련하실 것이 있었기에 그날 저녁 때에 호수 저편으로 가자고 하신 것이다. 제자들은 예수님의 인도를 따라 배를 타고 바다로 들어선 것이다. 이 배를 뒤따라 다른 배들도 함께 갔다(막 4:36).

마 8:24. 바다에 큰 놀이 일어나 물결이 배에 덮이게 되었으되 예수께서는 주무시는지라.

배가 가다라 지방(28절)을 향하여 가고 있을 때 "바다에 큰 놀이 일어나 물결이 배에 덮이게 되었다"(막 4:37; 눅 8:23). 갈릴리 바다는 해발 200m나 낮고 둘러 있는 산맥은 높으며 또 그 산들에는 깊은 골들이 있어 산에서 내리치는 광풍의 힘은 무서웠다. 그런데 혹자는 이런 광풍은 돌발적으로 불어오기 때문에 예비할 길도 없었기에 예수님께서 당하신 것처럼 주장하나 예수님께서 모르시는 것이 어디 있는가. 예수님은 제자들을 훈련하시기 위해서 바로 이런 때를 택하신 것이다.

이 사건이 큰 사건이므로 저자 마태는 문장 초두에 "보라"(ἰδοὺ)는 말을 사용한다. 마태는 바다에 큰 "놀"(σεισμὸς)이 일어났기에 물결이 일어 배에 덮이게 되었다고 말한다. "놀"이란 '흔들림,' '동요,' '지진'이란 뜻으로 바다가 대단히 흔들렸음을 표현하는 말이다. 바다가 이렇게 흔들렸기에 물결이 일어나 배를 덮쳤다. 그런데 이런 와중에서도 예수님은 고물을 베개하고 주무셨다. 여기 "주무시는지라"(ἐκάθευδεν)는 낱말은 미완료과거 시제로 '계속해서 주무시고 계셨다'는 뜻이다. 예수님께서 이 풍랑 중에서 제자들에게 가르쳐 주시기를 원한 교훈은 세상이 뒤집힐 듯해도 그 중에서 항상 평안을 유지해야 한다는 것이고 또 잘 믿어야 한다는 것이었다. 우리도 예수님처럼 혼란의 와중에서 평안할 수 있어야 할 것이다.

마 8:25. 그 제자들이 나아와 깨우며 가로되 주여 구원하소서 우리가 죽겠나이다.

예수님의 제자들이 물결이 배에 들어와 덮치게 되었던 중에도 계속해서 가다라 지방을 향해 노를 저어가다가 도저히 더 이상 감당할 수 없어 예수님께 "나아와 깨우며 가로되 주여 구원하소서 우리가 죽겠나이다"라고 외치게 되었다. 제자들 중에 몇 사람은 어부 출신으로 갈릴리 바다에서 뼈가 굵은 사람들이었는데 이제는 어부로서도 한계를 느끼고 예수님께 나아와 깨우면서 말하기를 주여 구원하소서 우리가 죽겠나이다라고 구원을 요청했다. 예수님께 요청한 것을 보면 예수님을 의지하는 믿음이 있었다. 우리는 무슨 환란을 만나도 그리스도를 의지하여 구원을 받아야 한다.

마 8:26. 예수께서 이르시되 어찌하여 무서워하느냐 믿음이 적은 자들아 하시고 곧 일어나사 바람과 바다를 꾸짖으시니 아주 잔잔하게 되거늘.

제자들의 구원 요청을 받으신 예수님은 일어나셔서 "어찌하여 무서워하느냐 믿음이 적은 자들아 하시고 곧 일어나사 바람과 바다를 꾸짖으신다." 예수님은 "어찌하여 무서워하느냐 믿음이 적은 자들아"라고 책망하신다. 예수님은 먼저 무서워하는 제자들을 꾸짖으시고 다음으로 바람과 바다를 꾸짖으셨다. 막 4:39-40에 의하면 이 순서는 바뀌어 있다(눅 8:24-25도 역시 순서를 바꾸고 있다). 즉 예수님은 먼저 바람을 꾸짖으시고 다음으로 제자들을 꾸짖으셨다.

무서워하는 것과 믿음이 적은 것은 서로 밀접한 관계가 있다. 믿음이 아주 없는 자는 무서워하지도 않는다. 그리고 믿음이 있는 자는 진정한 담력을 갖는다. 그러나 믿음이 작은 자는 무서워한다. 무서워하는 것을 보면 믿음이 작은 것을 알 수 있다. 우리는 그리스도를 철저히 믿어야 한다. 그리스도를 철저히 믿기 위하여 우리는 성경을 보고 묵상하며(롬 10:17) 기도를 많이 해야 한다.

다음으로 예수님은 "일어나사 바람과 바다를 꾸짖으시니 아주 잔잔하게 되었다"(시 65:7; 89:9; 107:29). 바람만 꾸짖지 않으시고 바다까지 잔잔하라고 소리치시며 꾸짖으신 이유는 바람을 잠재웠다고 해도 바다가 얼른 잔잔해지지 않으니까 바다를 잠재우신 것이다. 예수님은 귀신을 향하여 꾸짖기도 하시고(막 1:25), 사람의 열병을 향하여 꾸짖기도 하시며(눅 4:39), 바람을 향하여 꾸짖기도 하신다. 예수님은 모든 경우에 예수님 자신이 우주의 창조주이시며 통치주이심을 보여주신다. 이렇게 두 가지(바람과 바다)를 향하여 예수님께서 꾸짖으시니 아주 잔잔하게 되었다(시 93:3-4). 예수님의 말씀 한마디에 순간적으로 고요가 찾아왔다.

마 8:27. 그 사람들이 놀랍게 여겨 이르되 이이가 어떠한 사람이기에 바람과 바다도 순종하는가 하더라.

그 배에 타고 있던 제자들(막 4:40-41; 눅 8:25) 이 놀랍게 여겨 이르기를 "이이가 어떠한 사람이기에 바람과 바다도 순종하는가"라고 말했다. 즉 '이 분이 어떤 분이기에 바람과 바다도 순종하는가'라고 말했다. 제자들은 예수님께 구원의 요청을 하기는 했지만 자기들이 생각하던 이상의 놀라운 일이 벌어져 그들은 놀라고 말았다. 그들은 이번 기회에 예수님에 대한 지식이 한층 늘게 되었다. 예수님께서 이들을 이 바다로 데려온 제일 큰 목적이 이루어진 것이다. 우리도 바로 예수님의 행적에 자주 놀라야 한다.

ㄴ.군대귀신을 내쫓으시다 8:28-34

갈릴리 바다의 풍랑을 잔잔하게 하신 예수님께서 건너편 가다라 지방에 도착하셔서 귀신들린 광인을 고치신다. 이 기사는 막 5:1-20; 눅 8:26-39과 병행한다. 세 기사에서 귀신 들린자의 숫자에 차이를 보인다. 본서만 귀신들린 사람이 둘이라 하고 다른 복음서들은 한 사람이라고 말한다. 그리고 세 복음서가 예수님께서 도착하신 장소에 차이를 보인다. 본서는 "가다라" 지방이라 하고 마가복음과 누가복음은 "거라사"라고 말한다.

마 8:28. 또 예수께서 건너편 가다라 지방에 가시매 귀신 들린 자 둘이 무덤 사이에서 나와 예수를 만나니 그들은 몹시 사나워 아무도 그 길로 지나갈 수 없을 지경이더라.

예수님은 갈릴리 바다 "건너편 가다라 지방에 가셨다"(막 5:1; 눅 8:26). 마가와 누가는 이 지역을 "거라사"라고 표현한다. "가다라 지방"이라고 하는 곳은 '가다라 시와 그 근방지역'을 지칭한다. 가다라 지방은 갈릴리 바다로부터 좀 멀리 떨어져 있는, 최남단의 구릉 지대에 자리하고 있다. 이 부근 지역은 갈릴리 저편의 다른 지역들에 비해 인구가 덜 조밀하고 게다가 이곳은 이방인들이 살고 있었기에 예수님께서 떼를 지어 모여드는 군중들에게서 물러나 계시기에 좋은 여건이었다(리델보스).

예수님께서 가다라 지방에 도착하셨을 때 "귀신 들린 자 둘이 무덤 사이에서 나와 예수를 만났다." 귀신 들린 자 둘이 예수님께서 가다라 지방에 도착하시는 것을 보고 예수님 일행을 공격할 목적으로 무덤 사이에서 나와 예수님께로 마주 나갔다. 그 둘이 예수님 일행을 공격하려고 했던 것은 그들은 "몹시 사나워 아무도 그 길로 지나갈 수 없을 지경이었기" 때문이었다. 몹시 사나웠던 그들은 예수님 일행을 그냥 놓아두지 않을 것처럼 예수님 일행에게 다가온 것이다. 귀신들은 지금도 막강한 힘을 과시하기 위해 사회에서 무수한 일을 저지른다. 사회의 광인들을 제어하기 위해서는 예수님께 의뢰해야 한다.

마 8:29. 이에 그들이 소리 질러 이르되 하나님의 아들이여 우리가 당신과 무슨 상관이 있나이까 때가 이르기 전에 우리를 괴롭게 하려고 여기 오셨나이까 하더니.

예수님 일행을 만난 귀신들린 자 두 사람은 예수님을 만나자 큰 소리를 지른다. 지금도 귀신들은 가정에서 그리고 사회에서 큰 소리를 지른다. 귀신들은 사람들을 방탕하게 만들고 사납게 만들어서 사람들을 폐인으로 만든다. 가다라 지방의 무덤에서 나온 귀신들린 자 두 사람은 두 마디 소리를 지른다. 첫째, 예수님을 보고 "하나님의 아들이여 우리가 당신과 무슨 상관이 있나이까"라고 말한다. 그들은 먼저 예수님을 얼른 알아보고 "하나님의 아들이여!"라고 부른다.[85] 귀신들은 예수님이 하나님의 아들인 줄 얼른 알아보았다. "하나님의 아들"이란 칭호는 예수님의 별칭으로 예수님은 "인자"이시고 "메시아"이시며 동시에 "하나님의 아들"이시다. 귀신들린 자들은 예수님에게 "우리가 당신과 무슨 상관이 있나이까"라고 대들었다. 즉 '우리와 네가 무엇이냐'는 뜻으로(삿 11:12; 왕상 17:18; 왕하 3:13; 대하 35:21) '나를 가만히 두라,' '나를 번거롭게 하지 마라'는 뜻이다. 좀 더 풀어보면 '우리에게 무슨 일을 꾸미시려는 것입니까?'라는 뜻이다. 그들은 자기들이 예수님으로부터 괴롭힘 당할 것을 벌써 알아차린 것이다. 그들은 예수님이 누구이시며 또 예수님께서 행하실 일이 무엇인지 얼른 알아보았다.

둘째, 그들은 "때가 이르기 전에 우리를 괴롭게 하려고 여기 오셨나이까"라고 말했다. 그들은 '마지막 때의 무저갱 심판(계 20:10)이 이르기 전에 우리를

85) 예수님은 "하나님의 아들"이신데, 예수님은 1) 윤리적인 뜻에서 하나님 아들이시고, 2) 동정녀에게서 나셨다는 뜻에서 하나님 아들이시며, 3) 영원 전에 하나님에게서 발생하셔서 아버지와 성령으로 더불어 하나님의 본질을 동등하게 소유하고 계시다는 뜻에서 하나님의 아들이시다.

괴롭게 하려고 여기 오셨나이까'라고 벌벌 떨면서 부르짖었다. 그들은 인류의 최후 심판 때에는 자기들이 비참한 심판을 받을 것을 예상하고 있었지만 그 때가 이르기 전에 예수님께서 그들을 괴롭히실 수 있는 권한이 있는 줄 알았다. 그들은 예수님의 제자들도 가지고 있지 않았던 지식을 가지고 있었다. 예수님이야 말로 사탄을 지하 감옥(무저갱)에 넣으실 수 있는 분이시다. 귀신들은 예수님께서 귀신들에게 이 사람들로부터 나오라고 말한 것 때문에(막 5:8; 눅 8:29) 심히 불안해했고 무서워했다. 귀신들은 사람 속에 있는 때가 제일 좋은 때인데 예수님께서 사람으로부터 나오라 하시니 이제 어디로 가야 할 것인가를 두고 심히 괴로워했다. 이 때 곧 마지막 심판 때가 되기 전에 지하 감옥(무저갱)으로 가기는 원치 않고 있었다.

마 8:30-31. 마침 멀리서 많은 돼지 떼가 먹고 있는지라 귀신들이 예수께 간구하여 이르되 만일 우리를 쫓아내시려면 돼지 떼에 들여보내소서 하니.

예수님으로부터 사람들에게서 나오라는 명령을 받은 귀신들(막 5:8; 눅 8:29)은 쩔쩔 매면서 어찌할 바를 알지 못하고 있을 때 "마침 멀리서 많은 돼지 떼가 먹고 있었다." 지하 감옥으로 가기 원하지 않았던 귀신들에게 절호의 기회가 찾아온 것이었다. 사람들 속에 있는 것이 제일 좋지만 사람들 속으로부터 나오라고 명령받은 이상 그래도 돼지 속으로 들어간다는 것은 귀신으로서 그래도 다행으로 알았다. 그런데 돼지가 한두 마리가 아니었고 많은 돼지 떼가 있었으니 천만 다행이었다.

귀신들이 예수님께서 간구하여 말하기를 "만일 우리를 쫓아내시려면 돼지 떼에 들여보내소서"라고 애원해 본다. 귀신들은 만일 우리를 사람들 속으로부터 밖으로 쫓아내시려면 돼지 때 속으로나 들여보내달라고 외친 것이다. 귀신들은 예수님의 승낙이 없이는 돼지 떼 속으로 들어갈 수도 없는 줄 알았다. 그래서 예수님의 허락을 기다린 것이다. 예수님이야 말로 왕 중 왕이시고 주중의 주이시다. 예수님은 우주를 주장하시는 분이시다.

마 8:32. 그들에게 가라 하시니 귀신들이 나와서 돼지에게로 들어가는지라 온 떼가 비탈로 내리달아 바다에 들어가서 물에서 몰사하거늘.

귀신들의 요청을 받으신(앞 절) 예수님은 귀신들에게 "가라"고 하신다. 이것이 웬일인가. 왜 예수님께서 귀신들에게 돼지 떼 속으로 들어가라고 하셨을까. 이에 대해서는 여러 견해가 있다. 합당해 보이는 몇 가지 이유를 써 보면 1) 예수님은 사탄이 고통 받을 때가 아직 이르지 않았기에 돼지 떼 속으로 들어가게 허락하셨다(헤르만 리델보스, 헨드릭슨). 2) 예수님에게 사탄을 통제하는 권세가 있음을 보여주시기 위해서 허락하셨다(헤르만 리델보스). 3) 예수님은 귀신들린 두 사람이 돼지들보다 훨씬 귀중하다는 것을 보여주시기 위해서 허락하셨다. 즉 인간의 가치는 물질적인 가치를 훨씬 능가한다는 것을 보여주시기 위해서 허락하셨다(Rosenmueller, 헨드릭슨). 4) 마귀가 그 사람에게서 떠난 증거를 보여주시기 위해서 허락하셨다(Euthymius). 5) 예수님에게 미래의 심판의 권한이 있다는 것을 미리 보여주시기 위해서 허락하셨다(Bengel).

예수님께서 귀신들에게 돼지 떼에 들어가라고 허락하시자 귀신들은 급하게 돼지 떼 속으로 들어갔다. 그래서 "온 떼가 비탈로 내리달아 바다에 들어가서 물에서 몰사했다." 예수님은 거의 2,000마리(막 5:13)되는 돼지 보다는 두 사람의 생명이 귀중함을 보여주셨고 예수님께서 천하 사람들에게 천지의 모든 것을 주관하시는 것을 보여주셨으며 동물의 참 주인은 바로 예수님이라는 것을 보여주셨다.

마 8:33. 치던 자들이 달아나 시내에 들어가 이 모든 일과 귀신 들린 자의 일을 고하니.

돼지가 갈릴리 바다 속으로 들어가 죽자 돼지를 "치던 자들이 달아나 시내에 들어가 이 모든 일과 귀신 들린 자의 일을 고했다." 돼지를 치던 자들이 급히 뛰어서 온 시내(다음 절)에 알렸고 또 돼지 주인이 살고 있는 시내에 들어가 두 가지를 고했다. 하나는 "이 모든 일" 즉 '예수님이 가다라 지방에 오셔서 귀신 들린 사람 두 사람으로부터 귀신들을 명하여 돼지에게로 들여보내어 죽게 했다는 것을 고했고(막 5:9-13), 둘째, 귀신들렸던 사람들이 정신이 온전하여 옷을 입은 정상인이 되었다는 것을 고했다(막 5:15). 그들은 난생 처음 이런 일을 당하여 당황 중에 모든 일을 동네 사람들에게 말하고 특별히 돼지 주인에게 보고했다. 돼지가 갈릴라 바다에 들어가 몰살한 것은 자기들의 책임이 아니라 예수라는 사람이 와서 벌여놓은 일이라는 것을 소상히 전했다.

마 8:34. 온 시내가 예수를 만나려고 나가서 보고 그 지방에서 떠나시기를 간구하더라.

온 데가볼리 사람들(물론 전체 사람들은 아닐 것이다)은 예수님을 만나려고 나가서 보고 예수님에게 "그 지방에서 떠나시기를 간구했다"(신 5:25; 왕상 17:18; 눅 5:8; 행 16:39 참조). 그들은 귀신들린 사람이 정신이 온전하여졌고 또 옷도 입은 정상인이 된 것보다 재산을 잃은 것을 더 중시하여 예수님을 사건 피의자로 알아 그 지방에서 떠나시기를 간구했다. 다음에도 또 무슨 일이 벌어질지 모른다는 불안감을 가지고 이렇게 요청한 것이다. 그들에게는 예수님은 중요하지 않았고 재물이 더 중요했다. 예수님은 그들의 요청을 들어주셔서 "배에 오르사 본 동네에 이르셨다"(마 9:1). 예수님은 배에 오르셔서 본 동네 가버나움으로 가신 다음 다시는 그 곳에 오시지 않으신 것 같다. 가다라 동네 사람들은 예수님에게 너무 냉정했다. 귀신들린 사람 두 사람을 고쳐주신 것에 대해 감사 한마디 하지 않았고 또 자기들의 문제를 예수님께 가져오지도 않았다. 그저 돼지 없어진 것만 가지고 마음 아파했고 예수님을 무서워했다. 우리는 무엇을 택해야 할 것인가를 조심스럽게 택해야 한다. 우리는 물질을 택할 것이 아니라 예수님을 택해야 한다.

제 9 장

마태를 부르시고 금식에 대해 교훈하시며 병을 고치시는 메시아

ㄷ.중풍병자를 고치시다 9:1-8

가다라 지방에서 가버나움 동네로 돌아오신 예수님은 그 동네의 선교본부에서 사람들에게 복음을 전하시고 계실 때 사람들이 중풍병자를 들 것에 싣고 와서 지붕에 올라가 구멍을 내고 달아 내리는 것을 보시고 그 중풍병자에게 죄 사함 받았다고 선언하시고 중풍병을 고쳐주신다. 이 기사는 막 2:1-12; 눅 5:17-26과 병행한다.

마 9:1. 예수께서 배에 오르사 건너가 본 동네에 이르시니.

가다라 지방 사람들이 예수님에게 그 지방에서 떠나 주시기를 간청하므로 예수님은 배에 오르셔서 갈릴리 바다를 건너 "본 동네" 즉 '가버나움' 이르셨다(4:13; 막 2:1). 예수님은 가버나움에 오셔서 또 큰 이적을 베푸시고 놀라운 진리를 알려 주신다.

마 9:2. 침상에 누운 중풍병자를 사람들이 데리고 오거늘 예수께서 그들의 믿음을 보시고 중풍병자에게 이르시되 작은 자야 안심하라 네 죄 사함을 받았느니라.

가버나움의 선교본부에서 모여든 사람들에게 진리를 말씀하실 때 입추의 여지가 없이 모였는데(막 2:2) "침상에 누운 중풍병자를 사람들이 데리고 왔다"(막 2:3; 눅 5:18). 그런데 이 문장 초두에 "볼지어다"(ἰδοὺ)라는 말이 있어 이 사건의 중요성을 말해주고 있다. 본 절에는 사람들이 중풍병자를 데리고 왔다고 했는데 마가에는 "네 사람에게"(막 2:3) 메워가지고 왔다고 기록하고 있다. 네 사람이 한 사람의 중풍병자를 메고 와서 사람들이 너무 많은 것을 보고 예수님 앞으로 데려 갈 수 없는 것을 보고 그 계신 곳의 지붕을 뜯어 구멍을 내어 예수님 앞으로 달아 내렸다(막 2:4).

그때 예수님께서 "그들의 믿음을 보셨다"(8:10 참조). 다섯 사람(들 것을 들고 온 네 사람의 믿음과 환자의 믿음)을 보신 것이다. 만약에 환자가 믿음이 없었다면 여기에 오겠다고 동의를 하지 않았을 것이니 환자도 믿음이 있었던 것으로 말해야 한다. 예수님은 사람을 보실 때 믿음이 있느냐 없느냐만 보신다. 다른 외모를 보시지 않으신다. 학력이나 가문이나 국적 같은 외모를 보시지 않으신다. 오로지 예수님을 믿는 믿음만 보신다. 캘빈은 "실로 믿음을 보실 수 있는 분은 하나님 뿐이시다"라고 말한다. 우리는 지금 어떤 형편에 있든지 예수님을 믿는 믿음만 가지고 살아야 한다.

예수님은 믿음을 확인하신 후 "중풍병자에게 이르시되 작은 자야 안심하라 네 죄 사함을 받았다"고 하신다. 예수님은 중풍병자를 "작은 자야!"(τέκνον-Son)라고 부르신다. 친근감이 넘치는 호칭이고 사랑이 넘치는 호칭으로 부르신다. 이 때 이 환자는 예수님께서 "작은 자야!"라고 부르실 때 마음으로 따뜻함을 느꼈을 것이다. 그래도 중풍병자는 마음에 불안을 느끼고 있었다. 이유는 그 사람의 마음 속 깊은 곳에 자리하고 있는 죄 때문이었다. 그런고로 예수님은 이 사람에게 "안심하라. 네 죄 사함을 받았느니라"고 선언하신다. 여기 "안심하라"(be of good cheer)는 말씀은 '불안을 버리고 마음에 평안을 가지라,' '기운을 내라'는 말이다(22절; 14:27; 막 6:50; 10:49; 요 16:33; 행 23:11). 예수님께서 중풍병자에게 "안심하라"고 하신 이유는 중풍병자의 죄를 사하실 것이기 때문이었다. 사람의 죄는 사람을 불안하게 만든다. 사람의 심중 깊은 곳에 도사리고 있는 죄는 사람을 항상 불안하게 만들고 평안으로부터 멀리 떨어져 있게 만든다. 예수님께서 "네 죄 사함을 받았느니라"고 말씀하신 것은 '네 죄를 말끔히 씻음 받았다'는 선언이다(시 103:12; 사 1:18; 55:6-7; 렘 31:34; 미 7:19; 요일 1:9). 마치 칠판에 쓴 글씨를 지우개로 깨끗이 지우듯이 죄를 깨끗이 지우셨다는 뜻이다. 예수님은 중풍병을 고치러 온 병자에게 먼저 죄를 말끔히 씻어주셨다. 예수님께서 그 환자의 죄를 대신 짊어지셨기에(8:16-17) 죄가 씻어진 것을 선언하셨다. 누구든지 그리스도 앞에만 나아가면 죄 사함을 받는다는 것은 엄청난 복음이 아닐 수 없다.

여기서 문제는 중풍병자의 병이 죄와 관련이 있느냐 아니면 전혀 관련이 없느냐 하는 것이다. 혹자는 전혀 관련이 없다하고 또 혹자는 질병과 죄는 관련이 있다고 말한다. 결론은 관련이 있다고 답해야 한다(눅 13:1-5). 그러나 때로는 관련은 있으나 예수님께서는 직접적인 관련이 있는 것으로 말씀하시지 않고 하나님의 영광이 나타나도록 하시기 위해서 질병이 생겼다고 말씀하신다(요 9:2; 고후 12:7). 중풍병자의 경우 중풍병과 질병은 관련이 있는 것으로 보아야 한다. 그런고로 예수님은 중풍병을 고치시기 전에 먼저 죄 문제를 해결해 주신다. 우리의 죄는 병을 유발한다. 그러나 모든 병마다 다 죄 때문에 발생했다고 말할 수는 없는 것이다. 하나님의 영광을 위해서 하나님께서 주신 것도 있고 혹은 특별한 환경 속에서 생기기도 한다(현대인의 암은 음식물 섭취를 잘 못함으로 생기는 것이 아닌가).

마 9:3. 어떤 서기관들이 속으로 이르되 이 사람이 신성을 모독하도다.

예수님께서 중풍병자에게 죄를 사하신 것을 두고 "어떤 서기관들이 속으로 이르되 이 사람이 신성을 모독한다"고 생각했다. 여기 서기관 몇 사람(이들은 소위 율법 전문가들이었다)이 속으로 예수님이 신성을 모독한다[86]고 한 것은 자기들이 성경에 제일 밝은 사람들로서 하나님 한 분만이 죄를 사하시는데 예수님께서 죄를 사하신다고 하니 예수님이야말로 하나님을 모독하는 사람이라고 생각한 것이다.

---

86) "신성모독": 하나님의 영광을 가리거나, 욕되게 하는 일과 말을 가리킨다. 예수에 대한 유대인의 비난의 말로서 씌어져 있는 것을 볼 수 있는데(마 26:65; 막 14:64) 예수께서 친히 자기가 '하나님의 아들' 이심을 확언하신 때, 대제사장은 그것을 신성모독이라 하여 옷을 찢고, 한편 군중은 그것이 사형에 해당된다고 했다(마 26:65-68; 레 24:16 참조).

마 9:4. 예수께서 그 생각을 아시고 이르시되 너희가 어찌하여 마음에 악한 생각을 하느냐.

예수님은 서기관들이 마음속에 가지고 있는 생각을 다 아셨다(12:15; 삼상 16:17; 대상 28:9; 시 139:2; 막 2:8; 12:15; 눅 5:22; 6:8; 9:47; 11:17; 요 2:25; 6:64; 16:30; 21:17; 행 1:24; 계 2:23). 예수님은 사람의 속에 가지고 있는 생각을 완전히 꿰뚫고 계신다. 예수님은 "너희가 어찌하여 마음에 악한 생각을 하느냐"고 하신다. 이들은 문맥을 보아 마음에 두 가지 악한 생각을 했다. 하나는, 예수라고 하는 분이 사람이 되어서 하나님처럼 어찌 죄를 사한다고 말할 수 있단 말이냐. 하나님을 이렇게 모독할 수 있단 말이냐. 또 하나는 죄 사함을 선언하는 일이야 쉬운 일이 아니냐. 그런 것쯤을 누가 선언 못하겠느냐. 누가 하나님에게 찾아가서 확인할 수 있는 것도 아니니 얼마든지 죄를 용서한다고 선언할 수 있지 않겠느냐고 했다. 누구든지 예수님이 누구인지 모르면 이런 악한 생각을 할 수 있는 것이다. 현대인들도 예수님에 대해서 수많은 악한 생각을 하고 있다.

마 9:5. 네 죄 사함을 받았느니라 하는 말과 일어나 걸어가라 하는 말 중에 어느 것이 쉽겠느냐.

예수님은 서기관들이 마음속으로 사람의 죄를 사하는 것쯤이야 아주 쉽지 않겠느냐고 생각한 악독함을 아시고 서기관들에게 "네 죄 사함을 받았느니라 하는 말과 일어나 걸어가라 하는 말 중에 어느 것이 쉽겠느냐"고 물으신다. 인간적으로는 죄를 사하는 것이 쉽다. 그 이유는 사기꾼도 "네 죄 사함을 받았느니라"하고 선언할 수 있기 때문이다. 죄를 선언한 다음에 누가 하나님에게 가서 그 사람의 죄가 사해졌는지 확인할 수 없으니 죄를 사한다는 선언이야 말로 쉽게 할 수 있는 반면 "일어나 걸어가라 하는 말"은 비교도 할 수 없이 어려운 것이다. 이유는 그렇게 선언한 후에 실제로 사람이 일어나 걸어야 하니 말이다. 예수님은 인간적으로 심히 어려운 일, 즉 중풍병자를 일으키시므로 중풍병자의 죄를 사한 사실을 보여주시려 하신다.

마 9:6. 그러나 인자가 세상에서 죄를 사하는 권능이 있는 줄을 너희로 알게 하려 하노라 하시고 중풍병자에게 말씀하시되 일어나 네 침상을 가지고 집으로 가라 하시니.

문장 초두의 "그러나"라는 말은 "네 죄 사함을 받았느니라"(앞 절)는 말이 더 쉬우나 예수님은 인간적으로 더 어려운 일을 하심으로 인간적으로 더 쉬운, 죄를 사하는 권세를 가지고 계심을 보여주시겠다고 하신다. 예수님은 꼭 "인자[87]가 세상에서 죄를 사하는 권능이 있는 줄을 너희로 알게 하겠다"고 하신다. 그것을 보여주시기 위하여 예수님은 중풍병자에게 "일어나 네 침상을 가지고 집으로 가라"고 하신다.

마 9:7. 그가 일어나 집으로 돌아가거늘.

예수님의 명령 한 마디에(앞 절 하반 절) 중풍병자가 "일어나 집으로 돌아갔다." 예수님은 이 중풍병자에게 안수하신 일도 없고 기도하신 일도 없이 말씀 한마디로 중풍병이 삽시간에 떠나가게 하셨다. 그래서 그는 일어났고 또 집으로 돌아갔다. 예수님은 이로써 자신이 하나님이심을 보여주셨다. 예수님은 이 이적을 통하여 세 가지를 보여주셨다. 첫째, 병자의 죄를 사하신 이적. 둘째, 서기관의 심령을 꿰뚫으신 이적. 셋째, 중풍병자를 말씀 한마디로 고치신 이적이었다. 서기관들은 예수님을 하나님으로 믿어야 했다. 그러나 그들은 끝까지 예수님을 하나님으로 믿지 않았다(9:11, 34; 12:2, 14, 24; 막 2:16, 24; 3:2, 5, 22; 7:1-13; 눅 5:30; 6:2, 7, 11).

마 9:8. 무리가 보고 두려워하며 이런 권능을 사람에게 주신 하나님께 영광을 돌리니라.

바리새인들과 서기관들과는 달리 일반 백성들은 예수님께서 행하신 이적을

---

87) "인자"란 말은 '고난 받으시는 메시아'를 지칭한다. 이 말은 메시아를 지칭하는 말로서 반드시 많은 고난을 당하시는 메시아를 가리키는 말이다. 메시아는 고난이 없이는 메시아가 되시지 못한다.

보고 두려워했으며 또 "이런 권능을 사람에게 주신 하나님께 영광을 돌렸다." 이런 권능을 사람에게 주셔서 이적을 행하게 하신 하나님께 영광을 돌렸다. 그러나 일반 백성들은 아직도 예수님 자신이 하나님이신 줄은 알지 못했다. 하나님께서 인간 예수에게 권능을 주셔서 이런 이적을 행한 줄로만 알았다. 그들은 많은 세월 예수님을 더 배워야 했고 성령을 받아야 했다. 그래야 그들은 예수님을 알 수 있게 된다(고전 12:3). 아마 이들 중에는 오순절 성령 강림 시에 참여하여 큰 은혜를 받아 큰 종이 된 사람들도 있었을 것이다.

d.마태를 부르시다 9:9-13

둘째 이적 그룹에 이어 삽화들(9-17절)이 나온다. 첫째는 예수님께서 마태를 부르신 사건(9:9-13)과 둘째는 금식에 대한 교훈(9:14-17)이다. 이 부분(9-13절)은 막 2:13-17; 눅 5:27-32과 병행한다. 마태가 부름 받은 사건이 예수님께서 중풍병자를 고치신 사건 뒤에 나오는 이유는 마태가 부름 받은 사건이 중풍병자를 고치신 이적 다음에 즉시 일어났기 때문일 것이다.

마 9:9. 예수께서 그 곳을 떠나 지나가시다가 마태라 하는 사람이 세관에 앉아 있는 것을 보시고 이르시되 나를 따르라 하시니 일어나 따르니라.

마태는 "예수께서 그 곳을 떠나 지나가시다가 마태라 하는 사람이 세관에 앉아 있는 것을 보시고 이르시되 나를 따르라 하시니 일어나 따랐다"고 기록한다(막 2:14; 눅 5:27). 예수께서 "그곳을 떠나셨다"는 말은 '가버나움의 집에서 떠나셨다'는 뜻이다. 예수님은 가버나움의 집에서 떠나 해변에 가셨다가 돌아오시던 중 갈릴리 해변에서 가까운 세관(막 2:13-14)에 앉아 있는 마태를 보시고 이르시기를 "나를 따르라"고 하신다. 마태가 일했던 세관이 갈릴리 바다 근처에 있었던 것을 보면 분명히 시리아에서 애굽으로 이어지는 국제간선도로를 따라서 이루어지는 상거래를 하는 사람들에게서 세금을 거두는 곳이었을 것이다(리델보스).

마태는 예수님으로부터 "나를 따르라"는 명령을 받자 즉시 "일어나 따랐다." 여기 "일어나"(ἀναστὰς)라는 말은 부정(단순)과거 분사로 '단번에 일어났다'는 뜻으로 마태는 그 세관의 자기 자리에서 한번 일어나 영원이 그 자리를 떠났다. 마태가 즉시 일어나 따른 것을 보면 그가 직접 세금을 거두는 사람이 아니라 하위직 말단 직원이었던 것으로 보인다. 만약 마태가 세금을 직접 거두는 사람이었다면 세금을 거두다 말고 따랐을 수는 없는 일이었다. 마태가 이렇게 얼른 따른 것을 보면 마태는 부름 받기 전에 예수님에 대해서 많이 알았던 것 같이 보인다. 마태는 그 직장을 떠남으로 모든 것을 포기하게 되었다(눅 5:28). 그는 큰 희생을 각오하고 따랐다.

마가(막 2:14)나 누가(5:27)는 마태를 마태라 하지 아니하고 유대인 이름인 "레위"라고 부른다. 마태가 어떻게 "마태"라는 이름을 얻었는지는 성경에 아무런 언급이 없다. 당시 한 사람이 두 개의 이름을 가진다는 것은 유대인들에게 흔한 일이었다(10:3; 막 3:18; 눅 6:14; 요 11:6; 행 1:13). 세 복음서를 비교해 보면 레위와 마태는 동일인임을 알 수 있다(10:3; 눅 5:27). 마태는 분명히 레위와 동일인이다(10:2-4; 막 3:14-19; 눅 6:13-16; 행 1:13). 마태는 세관에서 무엇을 기록하고 보관하는 일을 했던 사람으로 그리스도의 말씀을 기록하고 보존할 사람으로 부름 받은 것이다.

마태는 성령의 감동으로 성경을 기록하는 일에 참으로 능한 작가였고 예수님을 설명하는 일에 능한 사도였다. 그의 글은 참으로 거의 완벽에 가까운 필치를 보이고 있다. 예수님은 그가 어떤 사람이 될 것을 미리 아시고 사도로 택하셨다.

마 9:10. 예수께서 마태의 집에서 앉아 음식을 잡수실 때에 많은 세리와 죄인들이 와서 예수와 그의 제자들과 함께 앉았더니.

마태는 예수님으로부터 부름을 받고(앞 절) 예수님께 감사를 표하는 뜻에서, 그리고 자기가 이제부터는 옛 생활을 청산하고 새 삶을 시작한다는 것을 공공연히 표명하는 뜻에서, 그리고 지금까지 함께 일했던 세리들에게 송별의 정을 나누는 뜻에서 잔치를 베풀었는데 예수님과 제자들을 초청하여 자기 집에서 식사를 했다(막 2:15; 눅 5:29). 그런데 예수님께서 마태의 집에서 앉아 음식을 잡수실 때에 바리새인들(다음 절)이 보면 참으로 어울리지 않는 회식자리였다.

이유는 "많은 세리와 죄인들이 와서 예수와 그의 제자들과 함께 앉아" 식사를 하기 때문이었다. 여기 "많은 세리"란 세리들의 숫자가 많은 것을 지칭하는데 이들은 당시에 무리를 짓고 있었다(요 7:49 참조). 당시 세리들은 사회에서 가장 부정직한 사람들로 여겨졌으며 비애국적인 사람들로 여겨져서 만나기가 끔찍한 사람들로 여겨졌다. 그리고 "죄인들"이란 비율법적인 사람들로 여겨졌고 비도덕적인 사람들로 여겨졌으며 때로는 창기들이 죄인들 중 대표적인 사람들로 여겨졌다(21:31). 마태가 초청의 범위를 정할 때 예수님께 여쭈어 보고 초청했을 가능성이 있는데 예수님께서 세리들과 죄인들을 초청하는 일에 반대하지 않으셨던 것으로 보인다. 예수님께서 이들을 구원하러 오셨기 때문이었다. 마대의 집에 초청받은 마태의 친구들은 예수님과 또 예수님의 제자들에 대해서는 전혀 반감이 없었다. 바리새인들이 보면 참으로 어색한 잔치자리였지만 예수님의 제자들이나 이들(세리들, 죄인들) 간에는 서로 어색함을 느끼지 않았을 것이다.

마 9:11. 바리새인들이 보고 그의 제자들에게 이르되 어찌하여 너희 선생은 세리와 죄인들과 함께 잡수시느냐.

바리새인들이 마태의 집 식사자리에 참석했었는지(Carr) 혹은 식사가 끝나고 바리새인들(11:19; 눅 5:30; 15:2)이 예수님의 제자들을 만났는지(윌렴 헨드릭슨) 확실히 알 수는 없지만 그들은 회식 자리의 사람 배정이 너무 이상하게 느껴져서 예수님의 제자들에게 "어찌하여 너희 선생은 세리와 죄인들과 함께 잡수시느냐"고 물었다. 바리새인들의 눈으로 보기에는 참으로 용납할 수 없는 모임이었다. 예수라는 분이 사회에서 제일 인정받지 못하는 세리와 죄인들(갈 2:15)과 함께 앉아서 식사를 한다는 것은 이해가 되지 않았다. 바리새인들이 이해할 수 없었던 것은 두 가지였다. 하나는 세리 마태의 초청에 어떻게 응하느냐는 것이었고 또 하나는 그 자리에 어떻게 세리들과 죄인들이 참석하게 되었느냐는 것이었다. 그들은 견딜 수가 없어서 예수님의 제자들에게 어떻게 해서 그런 일이 벌어진 것이냐고 묻기에 이르렀다.

마 9:12. 예수께서 들으시고 이르시되 건강한 자에게는 의사가 쓸 데 없고 병든 자에게라야 쓸 데 있느니라.

바리새인들이 예수님의 제자들에게 "어찌하여 너희 선생은 세리와 죄인들과 함께 잡수시느냐"는 냉소적인 질문을 예수님께서 들으시고 예수님 자신이 세리들과 죄인들을 구원하러 오셨다는 것을 말씀하시기 위하여 당시에 널리 알려져 있는 격언을 하나 인용하신다. "건강한 자에게는 의사가 쓸 데 없고 병든 자에게라야 쓸 데 있느니라"고 하신다. 예수님은 의사로서 건강하다고 자만하는 바리새인들에게는 쓸데 없고 병든 자라라고 지탄받는 세리들과 죄인들에게는 쓸데 있다고 하신다. 바리새인들은 자신들이 의인이라고 자처했으나 성경은 의인은 없다고 공언한다(롬 3:10). 그들은 스스로 의인이라고 공언한 것뿐이었다.

마 9:13. 너희는 가서 내가 긍휼을 원하고 제사를 원치 아니하노라 하신 뜻이 무엇인지 배우라 나는 의인을 부르러 온 것이 아니요 죄인을 부르러 왔노라 하시니라.

예수님은 바리새인들에게 "너희는 가서 내가 긍휼을 원하고 제사를 원치 아니하노라 하신 뜻이 무엇인지 배우라"고 하신다(12:7; 호 6:6; 미 6:6-8). 구약 성경을 배우고 자기들에게 구약 성경의 의미를 적용하라는 뜻이다. 구약 성경 호세아서 6:6에 보면 "너희는 가서 내가 긍휼을 원하고 제사를 원치 아니하노라"는 말씀이 있다(12:7). 예수님은 바리새인들에게 호 6:6의 뜻을 배우라고 하신다. 예수님은 바리새인들이 세리들과 죄인들에게 긍휼을 베풀기를 원하시면서 하나님을 기쁘시게 하려는 생각에서 나온 것이 아닌 그 어떤 것도 예수님은 원하지 않으신다고 말씀하신다. 바리새인들은 예수님께서 말씀하시는 진리를 힘써 배워서 그 진리를 자기들에게 적용해야 했다.

예수님은 호세아 선지가 말한 것을 인용하신 다음 바리새인들 앞에서 "나는 의인을 부르러 온 것이 아니요 죄인을 부르러 왔노라"고 말씀하신다(딤전 1:15). 즉 '나는 바리새인들을 부르러 온 것이 아니라 죄인들을 부르러 왔으므로 이렇게 그들과 함께 식사하는 것은 아주 당연한 것이라'고 주장하신다(5:6; 11:28-30; 22:9-10; 눅 14:21-23; 15:1-32; 19:10; 요 7:37-38). 예수님께서 바리새인들에게 이렇게 말씀하심으로써 바리새인들도 자기들이 죄인인 줄 알고 예수 그리스도 앞에 나아올 필요가 있음을 역설하셨다고 볼 수 있다.

e.금식에 대한 교훈 9:14-17

예수님께서 마태의 집에서 식사하시던 때나 혹은 식사를 마치셨을 때 세례 요한의 제자들이 예수님에게 나아와 자신들과 바리새인들은 금식하는데 예수님의 제자들을 금식하지 않느냐고 여쭈어본다. 이 질문에 대해 예수님의 제자들이 금식할 수 없는 이유를 세 가지 비유를 설명하신다. 한 마디로 새로운 종교는 새로운 형식을 따르는 법이라고 하신다. 이 부분(14-17절)은 막 2:18-22; 눅 5:33-39과 병행한다.

마 9:14. 그 때에 요한의 제자들이 예수께 나아와 이르되 우리와 바래새인들은 금식하는데 어찌하여 당신의 제자들은 금식하지 아니하나이까.

문장 초두의 "그 때에"(τότε)란 말은 앞부분(9-13절)과 이 부분(14-17절)이 시간적으로 연결되어 있다는 것을 보여주고 있다. 예수님께서 마태의 집에서 식사하시는 때에(9-13절) "요한의 제자들이 예수께 나아왔다." 요한의 제자들은 세례 요한이 감옥에 갇힌 후에도 얼마간 남아 있어 함께 단체를 이루고 있었던 것이 본문에 의해 밝혀진다. 그러니까 일부(베드로와 안드레 같은 사람들)는 세례 요한의 지시에 따라 예수님에게로 돌아왔고 또 일부는 지도자 세례 요한이 없는 때에도 한 그룹이 되어 활동했다. 헨드릭슨(William Hendriksen)은 세례 요한의 제자들이 여러 세기나 존속하였다고 말한다.

요한의 제자들이 예수님께 나아와 "우리와 바래새인들은 금식하는데 어찌하여 당신의 제자들은 금식하지 아니하나이까"(18:12; 막 2:18; 눅 5:33)라고 질문한 것은 예수님을 비판하기 위함이 아니라 예수님의 제자들이 왜 금식하지 않는 것인지 의문이 있어서 질문한 것으로 보인다. 렌스키(Lenski)는 세례 요한의 제자들이 주님께 금식에 대하여 질문한 것은 "적개심 때문이 아니라 당혹감 때문일 것이라"고 말했다. 율법이 요구하는 금식은 오직 속죄일(레 23:27)에만 국한되어 있었는데 바리새인들은 한 주간에 두 번씩 금식하였고(6:16; 눅 18:12) 요한의 제자들은 요한이 강력하게 회개를 주장했기에 금식하기에 이른 것같이 보인다.

바리새인들만 아니라 세례 요한의 제자들도 그 식사에 참여했었는데 그 때에 세례 요한의 제자들이 바리새인들과 합세하여 예수님께 질문한 것 같이 보인다(눅 5:33). 그들은 합세하여 "우리와 바리새인들은 금식하는데 어찌하여 당신의 제자들은 금식하지 아니하나이까"라고 질문한다. 그들로서는 예수님과 예수님의 제자들이 금식하지 않는 것이 이상해보였다. 예수님의 제자들이 금식을 하지 않는 것은 요한의 제자들이나 바리새인들로서는 의문되는 사항이었다. 이 질문에 대하여 예수님은 세 가지 비유를 들어 예수님의 제자들이 당시 금식할 필요가 없음을 상기시켜 주셨다(다음 세 절).

마 9:15. 예수께서 그들에게 이르시되 혼인집 손님들이 신랑과 함께 있을 동안에 슬퍼할 수 있느냐 그러나 신랑을 빼앗길 날이 이르리니 그 때에는 금식할 것이니라.

예수님은 첫째, "혼인집 손님들이 신랑과 함께 있을 동안에 슬퍼할 수 있느냐"고 반문하신다(요 3:29). 여기 "혼인집 손님들"(οἱ υἱοὶ τοῦ νυμφῶνος)이란 말을 직역하면 "신랑방의 아들들"이라고 번역되는데 구체적으로 누구를 지칭하느냐는 것을 두고 어떤 이는 '혼인집에 축하하러 온 축하객들'이라 하기도 하고(Calvin) 또 혹자는 '신랑 친구들,' '신랑 들러리들'을 지칭한다고 주장하기도 한다(렌스키, 헤르만 리델보스, Donald Hagner, 박윤선, 이상근). 어원을 보아 신랑의 친구들이라고 보는 것이 타당할 것이다.

예수님은 '신랑의 친구들은 신랑과 함께 있는 동안에 금식하며 슬퍼한다는 것은 있을 수가 없다'고 하신다. 다시 말해 신랑의 친구 격에 해당하는 예수님의 제자들이 신랑 되시는 예수님(25:1-10; 사 62:5; 렘 2:32; 31:32; 고후 11:2;

엡 5:32)과 함께 있는 동안에 슬퍼하는 뜻으로 금식하는 것은 있을 수 없는 일이라고 하신다. 신랑과 함께 있다면 기뻐해야지 슬퍼할 수는 없는 일이다. 예수님께서 구원사역을 하시는 동안 예수님의 제자들이 금식한다는 것은 아주 이상한 일이다.

그러나 예수님은 단서 조항을 다신다. 즉 "그러나 신랑을 빼앗길 날이 이르리니 그 때에는 금식할 것이니라"고 하신다(행 13:2-3; 14:23; 고전 7:5). 신랑 되시는 예수님이 원수들에 의해서 빼앗겨 십자가에 달리시는 때에는 금식할 것이라고 하신다. 그러니까 성도들은 금식을 할 때와 금식을 할 이유가 없는 때가 있다고 하신다. 예수님은 예수님께서 지상에 계시는 동안은 제자들이 금식할 이유가 없다고 하신다. 예수님과 함께 있으면서 꿀보다 더 단 말씀을 듣는 중에 그리고 제자들이 함께 있어 예수님으로부터 진리를 배우고 있는 때 그리고 예수님 때문에 사탄이 물러가는 때 금식할 이유가 없다. 요한의 제자들과 바리새인들은 예수님과 함께 있는 것이 얼마나 즐겁고 기쁜 일인지 알 수가 없어 바리새인들의 관습에 젖은 금식을 계속하고 있었다.

마 9:16. 생베 조각을 낡은 옷에 붙이는 자가 없나니 이는 기운 것이 그 옷을 당기어 해어짐이 더하게 됨이요.

예수님은 둘째, "생베 조각을 낡은 옷에 붙이는 자가 없다"고 하신다. "생베 조각"(ἐπίβλημα ῥάκους ἀγνάφου)은 '아직 입지 않았던 베 조각,' '아직 사용한 적이 없는 베 조각,' '새로운 베 조각'을 지칭하는데 생베 조각을 낡은 베옷에 붙이는 사람은 한 사람도 없다고 하신다. 만약 그렇게 하는 경우 생베 조각이 물에 젖었다가 오그라들면 낡은 옷을 당기어 헤어지기 때문에 아예 깁지 않은 편이 더 낫다고 하신다. 예수님의 생명의 도는 생베 조각에 해당하는 것으로 낡은 유대교와 비교가 안 된다고 하신다. 예수님의 가르침은 유대교를 완성한 것으로서 예수님의 가르침을 유대교에 가져다가 붙이면 유대교의 분열은 더욱 심해진다고 하신다.[88]

마 9:17. 새 포도주를 낡은 가죽 부대에 넣지 아니하나니 그렇게 하면 부대가 터져 포도주도 쏟아지고 부대도 버리게 됨이라 새 포도주는 새 부대에 넣어야 둘이 다 보전되느니라.

예수님은 셋째, "새 포도주를 낡은 가죽 부대에 넣지 아니한다"고 하신다. 새 포도주에 해당하는 예수님의 교훈은 낡은 가죽부대에 해당하는 바리새인들과 세례 요한의 제자들의 교훈과는 서로 맞지 않는다고 하신다. 예수님이 중심이 되신 기독교와 예수님이 안 계신 유대교 사이에는 건널 수 없는 강이 있다고 하신다. 만일 "그렇게 하면 부대가 터져 포도주도 쏟아지고 부대도 버리게 된다"고 하신다. 즉 새 포도주를 낡은 가죽 부대에 넣으면 낡은 가죽 부대가 터져 새 포도주도 쏟아지고 낡은 가죽 부대도 버리게 된다고 하신다. 예수님의 희열에 넘치는 교훈과 유대교와는 전혀 맞지 않는다는 것이다.[89]

예수님은 결론적으로 "새 포도주는 새 부대에 넣어야 둘이 다 보전된다"고 하신다. 여기 "새 포도주는 새 부대에"(οἶνον νέον εἰς ἀσκοὺς καινούς)라는 헬라어 원어를 살피면 앞의 "새"(νέον)라는 낱말은 '시간적으로 새로운'이라는 뜻이고 뒤에 나온 "새"(καινούς)라는 낱말은 '질적으로 새로운'이란 뜻으로 새로 만든 포도주는 질적으로 새로운 부대에 넣어야 한다는 뜻이다. 기독교의 복음은 새로운 형식으로 유지해야지 묵은 형식, 즉 바리새인들이 주장했던

---

88) 낡은 유대교의 전통과 교훈을 지키는 자들이 예수님의 교훈을 이해하지 못하고 오히려 자기들의 교훈이 우월한 것으로 생각할 때에 예수님은 예수님의 생명력 있는 복음을 "생베조각"으로 비유하시고 유대교의 낡은 전통을 "낡은 옷"에 비유하여 도무지 서로 합하지 않는다고 말씀하신다. 생베조각을 낡은 옷에 붙여놓으면 처음에는 붙는 것처럼 보이지만 생베조각에 물이 묻었다가 마르면 그 생베조각이 오그라들어서 결국은 힘이 없는 낡은 옷을 다 찢어버려 낡은 옷이 못쓰게 된다. 생베조각이 낡은 옷을 그냥 두지 않고 용납할 수 없는 것처럼 그리스도의 생명력 넘치는 은혜의 복음과 유대교의 낡은 전통은 서로 절대로 합할 수 없다. 유대교의 금식의 규례를 은혜의 복음이 그냥 그대로 받아들일 수 없다(김수흥의 *마가복음주해*로부터).

89) 그리스도의 희열에 넘친 복음은 유대교의 낡은 전통의 교훈과 맞지 않는다고 하신다. 예수님께서 첫 번째 비유와 두 번째 비유를 말씀해주셨는데도 요한의 제자들이 잘 이해하지 못하니 예수님께서 이 세 번째 비유를 말씀하신 것으로 보인다. 예수님은 "만일 그렇게 하면 새 포도주가 부대를 터뜨려 포도주와 부대를 버리게 된다"고 하신다. 다시 말해 발효 중에 있는 새 포도주를 낡은 가죽 부대에 넣으면 포도주가 부대를 터뜨려 둘 다 못쓰게 된다는 뜻이다. 아예 그런 일은 하지 말아야 한다고 하신다. 기쁨이 충만한 복음과 유대교의 낡은 전통의 교훈은 피차 맞지 않는다. 슬픔을 표시하는 금식기도는 아무 때나 하는 것이 아니다.

금식 같은 것으로 유지할 수는 없다는 것이다(바리새인들의 주장은 구약도 아니다. 그들이 만든 교리다). 세리나 죄인들도 다 예수님 앞에만 나오면 구원을 받는 기독교의 복음은 새 부대, 즉 "감사와 자유와 하나님의 영광을 위한 자발적인 봉사를 하는, 튼튼하고 새로운 가죽 부대에 담아야 하는 것이다"(윌렴 헨드릭슨의 누가복음주해). 기독교의 복음 운동과 바리새주의는 서로 용납할 수 없다. 거리가 너무 멀다. 오늘 우리는 옛날의 바리새주의로 돌아가서는 안 된다. 바리새주의식 안식일 준수, 바리새주의식 금식일 준수 등을 고집해서는 안 되고 예수님께서 지키셨던 안식일 준수(오늘날은 주일을 지킨다), 예수님께서 말씀하신 새로운 계명을 따라야 한다(김수홍의 누가복음 주해).

f.셋째 이적들 9:18-34

둘째 그룹의 이적들(8:23-9:8)을 기록하고 또 삽화들(9:9-17)을 기록한 마태는 이제 셋째 그룹의 이적들을 소개한다. 이 셋째 그룹의 이적들은 엄격히 말해 네 가지 이적들로 구성되어 있다. 그러나 마태는 야이로의 딸과 혈루증 환자를 고친 기사를 하나로 묶은 것으로 보인다. 이유는 야이로의 딸을 살리러 가시는 도중에 혈루증 환자를 고치셨기 때문일 것이다. 이 부분(18-34절)은 1) 야이로의 딸과 혈루증 환자를 고치신 이적(18-26절), 2) 두 소경을 고치신 이적(27-31절), 3) 말 못하는 사람을 고치신 이적(32-34절)이다.

ㄱ.야이로의 딸과 혈루증을 고치시다 9:18-26

마태는 예수님께서 세례 요한의 제자들에게 예수님의 제자들이 예수님께서 땅 위에서 구원사역을 하시는 동안에는 금식할 필요가 없다(14-17절)고 말씀하신 것을 기록한 다음 회당장의 딸을 고치시러 가시는 도중 혈루증 환자를 고치시고 야이로의 집에 가셔서 야이로의 딸을 고치신 이적을 기록한다. 이 부분(18-26절)은 막 5:22-43; 눅 8:41-56과 병행한다.

마 9:18. 예수께서 이 말씀을 하실 때에 한 관리가 와서 절하며 이르되 내

딸이 방금 죽었사오나 오셔서 그 몸에 손을 얹어 주소서 그러면 살아나겠나이다 하니.

마태는 마가와 누가와는 달리 예수님께서 야이로의 딸을 고치러 가시던 때에 대해 말씀다. 마태는 "예수께서 이 말씀을 하실 때에"(ταῦτα αὐτοῦ λαλοῦντος αὐτοῖς)라고 기술한다. 마태가 기록한바 "예수께서 이 말씀을 하실 때에"란 말씀이 무엇을 말하느냐를 두고 견해가 갈린다. 첫째, 마태가 즐겨 사용하는 사건 도입의 표현이라고 주장한다(월렴 헨드릭슨, 도날드 해그너, 옥스퍼드 원어성경 대전). 마가(마 5:22)와 누가(눅 8:41)에는 이런 시간을 나타내는 서술이 없고, 마가는 예수님께서 야이로의 딸을 고치신 사건을 예수님께서 바닷가에 계실 때와 연관된 사건으로 기록하고 있다(막 5:21). 헨드릭슨은 "예수께서 이 말씀을 하실 때에"란 말이 어떤 특별한 말씀을 하고 계셨다는 뜻이 아니라 하나의 도입부의 성격을 띠고 있다고 생각한다고 주장한다. 둘째, 예수님께서 이적(야이로의 딸을 살리고 또 혈루증 환자를 고치시는 이적)을 행하러 가실 때의 시간을 나타내는 말씀이라고 한다(Lenski, Herman Ridderbos). 즉 예수님과 제자들이 마태의 집에서 식사하실 때 금식을 할 필요가 없다는 것을 말씀하시던(9-17절) 때에 예수님께서 떠나셨다는 것을 보여주는 말씀이라고 한다. 이 두 견해 중에 어느 견해가 바르냐 하는 것을 결정하기는 힘든 일로 보이나 두 번째 견해가 바른 견해로 보인다. 이유는 "예수께서 그들에게 이 말씀을 하실 때에"(ταῦτα αὐτοῦ λαλοῦντος αὐτοῖς)란 말이 무엇을 구체적으로 묘사하는 말이기 때문에 도입부의 표현으로 보기에는 무리가 있다. 만약 도입부의 표현이라고 하면 그저 "그 때에"라든지 혹은 "그런데"라는 표현으로 족할 터인데 이렇게 길게 표현하는 것은 무엇인가 구체적인 것을 지적하는 것으로 보아야 할 것이다. 그리고 또 다른 한 가지 이유를 들자면 렌스키(Lenski)는 확신을 가지고 이 문구는 마태가 사건의 순서를 정확히 기록하기 위해서 쓴 것이라고 한다.[90] 렌스키(Lenski)의 주장에 의하면 세리 마태의 집이 바닷가에 있었는데

---

90) Lenski, *마태복음* (상) p. 329.

(막 5:21) 예수님께서 그 집에서 식사하실 때 회당장이 와서 예수님을 모셔갔다고 말한다. 렌스키의 주장이 옳다면 마태의 기록과 마가의 기록에는 모순이 없고 시간 순서도 맞게 된다.

마태는 "한 관리가 와서 절했다"고 말한다. 여기 "한 관리"란 병행구절에 의하여 회당장[91]인 것이 밝혀진다(막 5:22; 눅 8:41). 회당장은 사회적인 지위도 있는 사람이었는데 사회적인 무명의 예수님께 와서 절한 것(경배한 것을 뜻함)은 반드시 자기 집의 다급한 사정 때문만은 아니고 믿음이 있었던 까닭이었다. 그가 믿음이 있었던 것은 "내 딸이 방금 죽었사오나 오셔서 그 몸에 손을 얹어 주소서 그러면 살아나겠나이다"라고 말한 것을 보면 알 수 있다. 그가 백부장의 믿음에는 이르지 못했어도 예수님을 확실히 믿고 있었음에 틀림없다. 그가 예수님께서 죽은 자도 살리실 수 있다는 믿음을 얻은 것은 성령의 역사에 의해서였다(고전 12:3). 그가 가버나움에 살고 있으면서 회당장의 일을 보았으니 필시 가버나움 회당을 책임지고 있었을 것이다. 그는 그 회당 일을 보면서 자주 예수님께서 회당에서 설교하시고 또 이적을 베푸는 것을 눈여겨 보는 중에 믿음을 얻었을 것으로 보인다. 여기 "죽었다"(ἐτελεύτησεν)는 말은 부정(단순) 과거 시제로 '분명히 죽었다'는 것을 표하는 시제이다. 우리는 예수님이 죽은 자를 살리는 분으로 믿어야 한다.

마태는 야이로가 죽었다고 표현한 반면 마가는 야이로가 딸이 "죽게 되었아오니"(막 5:23)라고 표현했고, 누가는 "죽어감이러라"(눅 8:42)고 표현했다. 그러니까 마태는 야이로의 딸이 아주 죽었다고 기록했고 마가와 누가는 죽게 된 형편을 기록했는데 이 차이는 마태는 야이로가 딸이 죽어가는 것을 보고

---

91) "회당": 유대인의 예배 장소의 이름인 "집회소"(집회의 장소)이다. 따라서 회당은 또한 재판이나, 자녀를 위한 교육(학교) 등의 장소로서의 지역공동체의 중심이기도 했다. 바벨론 포로 이전에 있어서의, 예배의 중심은 예루살렘 성전이었는데, 그런 중에서도 이 지방 회당의 역할은 컸다(렘 36:6,10, 12-15). 그리고 회당의 중요성이 특히 커진 것은, 성전을 잃고 포로된 때부터였다. 물론, 성전 예배로 행해지고 있던 희생 제사를 회당이 대행할 수는 없었지만, 주로 율법교육의 터로서, 신앙의 전통을 지키는 일을 했다. 그리고 신약시대에 이르기까지 유대인 사회가 있는 곳에는 어떤 장소에나 회당은 건설되어 있었다(행 13:5; 14:1; 17:10). 그 각각의 회당은 백성의 장로들에 의해 관리되고(눅 7:3-5), 또 회당장이 여러 가지 일의 지도를 했다(막 5:2; ,눅13:14; 행 13:15).

예수님께 왔으나 예수님과 함께 자기 집으로 가는 도중 집에서부터 사람들이 와서 딸이 죽었다고 보고받은 시점을 중심으로 기록했기에 죽었다는 표현을 사용했다. 그런 반면 마가와 누가는 처음에는 아직 죽지는 않은 것으로 예수님께 말씀드렸으나 야이로가 예수님과 함께 자기 집으로 가는 도중에 아이가 죽은 사실을 보고 받았기에 딸이 죽었다고 기록하고 있다(막 5:35; 8:49). 세 복음서 기자는 똑 같은 것을 기록하고 있으나 마태는 야이로의 딸이 죽은 시점을 중심해서 기록했고 마가와 누가는 처음에는 죽어가고 있는 것을 기록했는데 나중에 야이로의 딸이 죽었다는 것을 기록했다.

마 9:19. 예수께서 일어나 따라가시매 제자들도 가더니.

예수님은 야이로가 와서 예수님께 경배하면서 자기의 딸이 죽었으니 오셔서 손을 얹어 살게 해주십사는 요청(앞 절)을 받으시고 "일어나 따라가시매 제자들도 갔다." 예수님은 믿음으로 나아온 야이로의 요청을 거절하지 않으시고 따라가셨다. 더욱이 죽었다는 보고를 들으셨음에도 불구하고 야이로를 따라가셨다. 바로 이것이 복음이다. 보통 의사같으면 사망진단이나 하러 따라가겠지만 살리러 간다는 것은 불가능한 일이었다. 우리는 우리의 형편이 어떻든지 예수님께 고하기만 하면 복을 받는다. 예수님께서 따라가시니 제자들도 따라갔다.

마 9:20-21. 열두 해 동안이나 혈루증으로 앓는 여자가 예수의 뒤로 와서 그 겉옷 가를 만지니 이는 제 마음에 그 겉옷만 만져도 구원을 받겠다 함이라.

마태는 예수님께서 제자들과 함께 야이로의 집을 향해 가고 계실 때(앞 절) "열두 해 동안이나 혈루증으로 앓는 여자가 예수의 뒤로 와서 그 겉옷 가를 만졌다"고 기록한다(막 5:25; 눅 8:43). 세 복음서 기자들은 모두 혈루증을 앓던 환자가 "열 두해 동안이나" 앓았다고 말한다. 참으로 너무 오랜 동안 고생했다는 것을 말하고 있다. 그런데 마태는 그가 얼마나 고생했는가에 대해서는 침묵하고, 마가는 그 여자가 심각하게 고생을 했다는 것을 여러 가지 설명을 들어 말한다. 마가는 그녀가 가지고 있던 재산도 다 허비했다고 말하며 또 많은 의원들에게 많은 괴로움만 받았다고 말한다(막 5:26). 그리고 누가도 역시 그 여자가 아무에게도 고침을 받지 못했다고 말한다(눅 8:43). 누가는 자신이 의사였던 고로 의사들에게 해당한 부분만 말하고 재산을 탕진한 것이나 괴로움을 많이 당한 사실에 대해서는 직접적으로 말하지 않는다. 그 여자가 많은 의원들의 치료 행위에도 불구하고 낫지 않은 것은 예수님을 만나 고침받기에 아주 안성맞춤이었다. 오늘도 병원에서 고침 받지 못하는 사람이 얼마나 많은가. 그러다가 그들이 예수 그리스도를 만나 고침 받는 사람들이 얼마나 많은가. 여인은 의사 중의 의사를 만나려고 이렇게 오래 고생을 한 것으로 보인다.

그런데 마태는 그 여자가 "예수의 뒤로 왔다"는 사실을 기록한다. 마가나 누가도 역시 그 여자가 예수님의 뒤로 왔다고 말한다(막 5:27; 눅 8:44). 그 여자는 혈루증을 앓고 있었기에 사회에서 격리되어 살다가(레 15:19-27) 겸손한 마음으로 예수님의 뒤로 왔다고 말한다. 그 여자는 자기의 형편 때문에 사회에서 인정받지 못하고 살다가 낮은 마음으로 예수님의 뒤로 오는 수밖에 없었다.

그리고 마태는 또 "그 겉옷 가를 만졌다"고 말한다. 마가는 "그의 옷에 손을 댔다"고 말하고, 누가는 "그 겉옷 가에 손을 댔다"고 표현한다. 이 세 가지 표현은 결국 이 여자가 예수님께서 입고 계셨던 겉옷 네 귀에 달려 있는 술 중의 하나에 손을 댄 것을 지칭한다. 그가 예수님의 겉옷 가를 만진 것은 "제 마음에 그 겉옷만 만져도 구원을 받겠다"는 믿음이 있었기 때문이었다. 예수님의 겉옷을 만진 이유에 대해 마가는 "내가 그의 옷에만 손을 대어도 구원을 받으리라 생각되었기" 때문이라고 말하고, 누가는 혈루증 앓던 여인이 예수님의 겉옷 가에 손을 댄 이유를 기록하지 않았고 그 여자가 예수님께 개인적으로 그 이유를 말했다고 기록한다. 우리는 그 여자가 손을 댄 이유를 두고 미신이라고 말해서는 안 된다. 그녀는 예수님의 겉옷이 병을 낫게 한다고 생각한 것이 아니라 예수님의 옷 가에만 손을 대어도 예수님께서 병을 고쳐주실 줄 믿었으니 그녀의 믿음도 대단한 믿음인 것을 알 수 있다. 예수님께서 이 여자의 믿음을 칭찬한 것을 보면 이 여자의 믿음이 미신이 아님을 알 수가 있다(눅 8:48).

마 9:22. 예수께서 돌이켜 그를 보시며 이르시되 딸아 안심하라 네 믿음이 너를 구원하였다 하시니 여자가 그 즉시 구원을 받으니라.

여자가 예수님의 겉옷에 달려 있는 술 중의 하나를 만졌을 때 예수께서 돌이켜 그를 보시며 말씀하시기를 "딸아 안심하라 네 믿음이 너를 구원하였다"고 말씀하신다(눅 7:50; 8:48; 17:19; 18:42). 마태는 여자가 예수님의 겉옷 가를 만진 다음 예수님께서 뒤를 돌아보시며 그 여자가 구원받은 것을 간단히 선언하신 것을 기록한 반면 마가와 누가는 아주 극적으로 표현하고 있다. 마가는 예수님께서 뒤를 돌아보시며 "누가 내 옷에 손을 대었느냐"고 질문하셨을 때 손을 댄 여자가 즉시 나타나지 않자 제자들이 누가 손을 댄 것이 아니라 사람이 밀다가 예수님의 겉옷 가를 만진 줄로 안다고 보고 했을 때 예수님께서 기어코 그 여자를 찾으시니 그 여자가 더 이상 숨길 수 없는 줄로 알고 할 수 없이 손 댄 연고를 말씀한 것을 기록한다(막 5:31-33). 그리고 누가도 역시 마가와 비슷하게 기록한다(눅 8:45-47).

마태는 예수님께서 "딸아 안심하라"고 말씀하신 것을 기록한다(막 5:34; 8:48 참조). 마가나 누가는 "평안히 가라"는 말로 기록되어 있다. "딸아"란 말은 여자를 향하여 애칭으로 부르는 말씀이다. 고생한 여자는 얼마나 큰 사랑을 느꼈을까(남자인 경우 예수님은 "소자야!"라고 하신다). 여기 "안심하라"는 말씀은 '힘을 내라,' '기운을 내라'는 뜻이다(9:2-3 참조). 예수님께서 그녀에게 "안심하라"고 하셨을 때 그녀의 행동을 전혀 불쾌하게 생각하시지 않으셨다는 것을 보여주셨다. 우리 역시 다른 사람들에게 안심하도록 격려하는 것이 좋다는 것을 알아야 할 것이다.

예수님은 그녀를 안심시키신 후 그녀로 하여금 안심하도록 "네 믿음이 너를 구원하였다"고 선언하신다. 예수님은 그녀가 예수님을 믿은 믿음 때문에 영 육간 구원을 받았다고 선언하신다. 예수님의 겉옷 가에만 손을 대어도 구원을 받으리라고 믿은 것은 결코 헛되지 않았다. 그녀의 믿음대로 12년의 혈루증은 즉시 중지되었고 흔적 없이 마르고 말았다. 그리고 그녀는 넘치는 건강을 얻었고 육신의 힘이 생겼다.

예수님께서 여자에게 "네 믿음이 너를 구원하였다"는 말씀을 하시자 "여자가 그 즉시 구원을 받았다." 예수님의 선언이 떨어지자 그 즉시 구원을 받은 것이다. 육신이 깨끗해졌고 영혼도 깨끗함을 받게 되었다. 그녀는 영혼에 큰 힘이 생겼고 희열을 느끼게 되었다.

마 9:23. 예수께서 그 관리의 집에 가사 피리 부는 자들과 떠드는 무리를 보시고

예수님은 혈루증 환자를 고치신(앞 절) 다음 지체 없이 "그 관리의 집에 가셨다"(막 5:38; 눅 8:51). 예수님은 혈루증 환자를 치유하시는 일 때문에 늦어져서 야이로의 딸이 죽게 되었지만(막 5:23, 35; 눅 8:42, 49) 그 딸을 살리러 그 관리의 집에 가신다. 예수님 앞에는 죽음이 없었다. 지금도 예수님 앞에는 슬픔이 없다.

예수님께서 회당장의 집에 가셔서 "피리 부는 자들과 떠드는 무리를 보셨다"(대하 35:25 참조). 두 종류의 사람들을 보신 것이다. 피리를 불어 슬픔을 표시하는 사람들과 그 피리 소리에 맞추어 울며 떠드는 무리를 보셨다. 유대인들의 풍습으로는 사람이 죽으면 피리 부는 사람들과 울어주는 여자들을 고용해서 떠들게 했다(렘 9:17-18). 사람이 죽은 가정의 사람들은 이렇게 사람을 고용해서 피리를 불게하고 또 사람을 불러 떠들게 함으로 슬픔을 잊어보려고 했다. 사람들이 할 수 있는 일은 괴로움과 슬픔을 잊어보려고 하는 것뿐이었다. 예수님이 계시지 않은 곳에는 항상 슬픔뿐이라 그저 잊어보려는 시도뿐이다. 오늘도 사람들은 세상의 괴로움을 잊어보려 하는 것뿐이다.

마 9:24. 이르시되 물러가라 이 소녀가 죽은 것이 아니라 잔다 하시니 그들이 비웃더라.

예수님은 야이로의 집에서 사람들이 떠드는 것을 보시고 말씀하시기를 "물러가라 이 소녀가 죽은 것이 아니라 잔다"고 하셨다. 예수님은 생명이시니 슬픔을 표시하기 위하여 떠드는 사람들을 향하여 모두 방으로부터 물러가라고 하셨다. 생명(요 14:6) 앞에서 슬픔은 물러가야 한다. 예수님은 이제 이 소녀를 살리실 계획으로 "이 소녀가 죽은 것이 아니라 잔다"고 선언하신다. 사람들의 눈으로 보기에는 죽은 것이지만 예수님께서 소녀를 살리실 것이므로 이 소녀가 자고 있다고 말씀하신다. 소녀가 자고 있다고 할 수 있는 이유는 예수님께서 소녀를 잠에서 깨우는 것처럼 아주 쉽게 죽음에서 일어나게 할 것이기 때문이었다.

예수님께서 이들을 향하여 "물러가라"하시고 또 "죽은 것이 아니라 잔다"고 말씀하시니 "그들이 비웃었다." 그들의 생각으로는 분명히 그 소녀가 죽었고 또 도무지 살릴 수 없는 것을 확실히 아는 고로 그들은 하나같이 모두 예수님의 말씀을 어리석은 것으로 알고 예수님을 비웃은 것이다. 오늘도 세상은 예수님을 비웃고 있으며 예수님의 몸 된 교회를 비웃고 있다.

마 9:25. 무리를 내보낸 후에 예수께서 들어가사 소녀의 손을 잡으시매 일어나는지라.

예수님께서 무리를 다 방에서 내 보내신 후에 들어가셔서(이 때 방안에 있던 사람들은 아이의 부모와 베드로 야고보 요한이었다) 소녀의 손을 잡으셨다. 회당장의 소원대로 하신 것이다(18절). 예수님은 이 소녀를 살리실 때에도 나사로를 살리실 때처럼(요 11:43), 그리고 나인성과부의 외아들 청년을 살리실 때처럼(눅 7:14) 얼마든지 말씀으로("일어나라"와 같은 말씀으로) 살리실 수 있었으나 야이로의 소원대로 소녀의 손을 잡으셨다. 그러나 마가복음에는 예수님께서 이 소녀의 손을 잡으시고 "달리다굼"("소녀야 내가 네게 말하노니 일어나라"는 뜻임)이라고 말씀하셔서 일으키셨다(막 5:41). 그리고 누가복음에도 "아이야 일어나라"는 말씀을 하셨다(눅 8:54). 예수님께서 손을 잡으시고 말씀하시니 "일어났다." 예수님에게는 아주 쉬운 일이었다. 인류의 종말에도 예수님은 말씀으로 모든 사람을 부활시키실 것이다.

마 9:26. 그 소문이 그 온 땅에 퍼지더라.

예수님께서 죽은 아이의 손을 잡으시고 "소녀야 내가 네게 말하노니 일어나라" 고 하셨을 때 즉시 일어난 "그 소문이 그 온 땅에 퍼졌다." 예수님께서 소녀의 손을 잡고 말씀으로 일으키신 이적의 소문이 그 온 땅에 퍼지게 되었다. 예수님은 이 일을 아무도 알지 못하게 하라고 그들을 많이 경계하셨으나(막 5:43; 눅 8:56) 그 온 땅에 퍼지고 말았다. 이렇게 예수님의 소문이 퍼져 유대종교지도자들의 시기심은 점점 더해갔고 예수님을 죽이려는 열기도 더 심해갔다.

ㄴ.두 맹인을 고치시다 9:27-31

마태는 예수님께서 야이로의 딸을 살리신(18-26절) 후 두 맹인을 고치신 사건(27-31절)을 기록한다. 마태는 그의 복음서에서 또 한 번 두 맹인을 고치신 사건을 기록한다(20:29-34). 마가도 역시 그의 복음서에서 예수님께서 맹인을 고치신 두 가지 사건을 기록한다(막 8:22-26; 10:46-52). 그러나 누가는 예수님께서 맹인을 고치신 한 번의 사건만을 기록한다(눅 18:35-43).

마 9:27. 예수께서 거기에서 떠나가실 새 두 맹인이 따라오며 소리 질러 이르되 다윗의 자손이여 우리를 불쌍히 여기소서 하더니.

마태는 "예수께서 거기에서 떠나가실 새 두 맹인이 따라왔다"고 말한다. 여기 "거기에서"란 말은 '야이로의 집'을 지칭한다. 예수님께서 야이로의 집에서 나가시자 두 맹인이 따라왔다. "두 맹인"이라고 말하는 것은 마태 뿐이다. 마태는 숫자를 정확하게 표현하나 마가와 누가는 그 둘 중에 대표적으로 한 사람만을 기록한다. 두 맹인이 따라온 것은 그들의 눈을 고치기 위해서였다.

그들은 예수님을 따라오면서 계속해서 소리를 질렀는데 소리를 지른 내용은 "다윗의 자손이여 우리를 불쌍히 여기소서"라고 했다(15:22; 20:20, 31; 막 10:47-48; 눅 18:38-39). 다윗의 자손이란 말은 메시아(구주)라는 뜻인데 성경에 다윗의 자손이란 말이 많이 나온다(1:1; 9:27; 12:23; 15:22; 20:30; 21:9, 15; 막 10:47-48; 12:35; 눅 18:38-39; 20:14). 맹인들이 예수님을 다윗의 자손이라고 부른 이유는 예수님은 구약의 다윗과 같은 분이라는 뜻에서 사용한 것 같다. "다윗의 자손이여!"란 호칭을 사용한 것은 바로 두 맹인이 처음이다. "불쌍히 여기소서"[92]란 기도는 '눈이 보이지 않는 자기들을 사랑해 주소서'라는 기도이다. 우리는 하나님을 향하여 계속해서 "불쌍히 여기소서"라는 기도를 드려야 한다. 이유는 우리가 아무리 죄를 용서받았다 할지라도 완전한 존재가 아니기 때문이다.

마 9:28. 예수께서 집에 들어가시매 맹인들이 그에게 나아오거늘 예수께서 이르시되 내가 능히 이 일 할 줄을 믿느냐 대답하되 주여 그러하오이다 하니.

마태는 예수님께서 "집에 들어가셨을 때" 즉 '가버나움 집에 들어가셨을 때'(4:13 참조) 맹인들이 그에게 나아왔다고 전한다. 아마도 그들은 예수님께서 야이로의 집에서 나오신 후 계속해서 따라오면서 "우리를 불쌍히 여기소서"라고 외쳤을 것이다. 매인들의 믿음을 확인하신 예수님은 "내가 능히 이 일 할 줄을 믿느냐"고 물으신다. 예수님은 그들의 믿음을 확인하는 순서를 가지신다(요 5:6 참조). 우리는 예수님께서 우리의 모든 문제를 해결하실 수 있는 분으로 믿어야 한다. 맹인들은 예수님의 질문에 "주여 그러하오이다"라고 대답한다. 우리 역시 "그렇습니다"라는 대답을 해야 한다.

마 9:29-30a. 이에 예수께서 그들의 눈을 만지시며 이르시되 너희 믿음대로 되라 하시니 그 눈들이 밝아진지라.

---

92) "불쌍히 여김": 비참한 상태에 있는 자를 불쌍히 여기는 일. 불쌍히 여김이란 주로 어버이(부모)가 자식에 대하여, 형이 동생에 대하여 가지는 근친적(近親的) 사랑을 가리키는 말로서, 이 원뜻에 가까운 것은 시 103:13의 "아비가 자식을 불쌍히 여김 같이", 사 13:18에 "태의 열매를 긍휼히 여기지 아니하며", 49:15에 "여인이 어찌…자기 태에서 난 아들을 긍휼히 여기지 않겠느냐" 등에 보인다. 이렇듯 이 말이 자식에 대한 어버이의 간절한 정을 가리키는데서, 동경, 연민을 의미하기에 이르렀다. 예수 그리스도에 의한 구원의 사실이야말로 하나님의 긍휼이었다(엡 2:4; 딛 3:5-6). 다시 말해 하나님의 긍휼은, 예수 그리스도를 통하여 나타난 것이다(벧전 1:3). 그리하여 그리스도를 믿음으로써 [하나님의 백성]으로 되고, "전에는 긍휼을 얻지 못하였더니 이제는 긍휼을 얻은 자"로 되었다(벧전 2:10). 이 하나님의 백성은, 바울에 의하면, "긍휼의 그릇"이었다(롬 9:23). 그리고 바울은 "주의 자비(긍휼)하심을 받아 충성된 자, 신임을 받고 있는 자"로서의 자각을 가지고 있었다(고전 7:25). 또한 신약에 있어서는 하나님께서 명하시며, 기뻐하시는 것이 "긍휼"이심을 보여주고 있고(마 9:13), 예수께서 말씀하신 사마리아 사람의 가르치심에 있어서는 긍휼의 행위가 어떠한 형태로 나타나는지를 보이고 있다(눅 10:30-37).

그들의 믿음을 확인하신(앞 절) 후 예수님은 그들을 사랑하셔서 "그들의 눈들을 만지셨다." 예수님은 말씀으로 얼마든지 병을 고치실 수 있으시지만 사람들을 사랑하셔서 종종 사람들의 신체를 만지신다(8:3; 20:34). 예수님은 맹인들의 눈들을 만지시면서 "너희 믿음대로 되라"고 하신다. 그들은 예수님께서 자기들의 눈들을 뜨게 하실 수 있다고 믿었기에 그 믿음대로 눈이 열리도록 선언하신다(앞 절; 8:13). 우리는 자신들의 믿음의 정도를 강화해야 한다. 이유는 믿음대로 되기 때문이다. 결국 "그 눈들이 밝아졌다." 두 사람의 눈들이 밝아진 것이다. 그들은 이제 세상을 볼 수 있게 되었고 자기들이 원하는 일을 할 수 있게 되었으며 일상생활에 조금도 불편함이 없게 되었다. 그들은 이제부터는 예수님을 찬양하는 사람들이 되었다.

마 9:30b-31. 예수께서 엄히 경고하시되 삼가 아무에게도 알리지 말라 하셨으나 그들이 나가서 예수의 소문을 그 온 땅에 퍼뜨리니라.

예수님께서 그들의 눈들을 고쳐주시자 그들은 아마도 너무 좋아서 소리를 질렀을 것이다. 그들의 감격을 어찌 잠재울 수 있을 것인가. 그러나 예수님은 그 두 사람에게 엄하게 경고하시기를 "삼가 아무에게도 알리지 말라"고 하셨다(8:4; 12:16; 17:9; 눅 5:14). 예수님께서 세상에 오신 목적이 이적을 행하러 오신 것이 아니라 사람을 구원하러 오셨기 때문에 아무에게도 알리지 말라고 경고하셨으며 또 많은 사람에게 알렸다가 예수님께서 지상에서 사역하시는 일에 지장을 초래할까 보아 아무에게도 알리지 말라고 하신 것이다.

그러나 그 두 사람은 눈을 뜬 후 예수님께서 자기들의 눈을 뜨게 하신 사실을 온 땅에 퍼뜨렸다(막 7:36). 우선 가족들에게 말했고 친척들과 친구들한테 말하는 수밖에 없었으며 또 동네 사람들과 지역 사람들에게 자기들이 받은 놀라운 은혜를 말했고 세월을 지나면서 자연적으로 널리 알리게 되었다. 그들은 악의적으로가 아니라 자연적으로 널리 예수님의 위대하심을 알리게 되었다. 그들의 행동은 예수님의 명령을 어긴 것이지만 그들로서는 어쩔 수 없는 일이었다.

ㄷ.벙어리를 고치시다 9:32-34

마태는 예수님께서 두 맹인의 눈들을 뜨게 하시자 연이어 귀신들려서 말 못하는 사람을 데려와서 예수님께서 그 귀신을 쫓아내신 기사를 기록했는데 무리의 반응과 바리새인들의 반응이 서로 엇갈린 사실을 기록한다. 12:22-37에도 이와 유사한 이적이 기록되어 있다.

마 9:32. 그들이 나갈 때에 귀신 들려 말 못하는 사람을 예수께 데려오니.
두 맹인이 눈을 떠서 나갈 때에 연이어 사람들이 "귀신 들려 말 못하는 사람을 예수께 데려왔다"(12:22; 눅 11:14 참조). 여기 "귀신 들려 말 못하는 사람"은 '사람 속에 귀신이 들었기에 그 귀신의 작용으로 말을 못하는 사람'을 지칭한다(4:24). 사람이 말을 못하게 되는 것은 선천적인 경우도 있지만 이 사람의 경우는 귀신이 들려서 그렇게 된 것이다. 귀신은 사람 속에 들어가 때로는 말을 못하게 만들고(12:22; 막 9:25) 혹은 귀를 먹게 하며(막 9:25), 허리를 꼬부라지게 하고(눅 13:11, 16) 혹은 간질현상을 일으키고(17:15, 18) 또 혹은 광인이 되게도 한다(막 5:2-5). 오늘 세상의 많은 사람들은 귀신의 영향을 받으면서 광인처럼 사는 사람이 많이 있다. 그러나 광인처럼 산다고 해서 모두 귀신의 영향은 아니다. 다른 영향도 많이 있다.

마 9:33a. 귀신이 쫓겨나고 말 못하는 사람이 말하거늘.
"귀신 들려 말 못하는 사람을 예수께 데려오니"(앞 절) "귀신이 쫓겨나고 말 못하는 사람이 말하게 되었다." 귀신은 예수님과 공존하지 못한다. 예수님께서 말씀으로 귀신을 쫓아내셨을 것이다(8:16). 귀신이 쫓겨나니 말 못하는 사람이 말을 하게 되었다. 이 사람은 원래 말을 하던 사람이었는데 귀신이 들려 말을 못하게 되었다가 귀신이 나가니 말을 할 수 있게 되었다. 오늘 우리는 그리스도의 능력으로 우리 주위와 사회로부터 귀신의 영향을 물리칠 수 있어야 한다.

마 9:33b-34. 무리가 놀랍게 여겨 이르되 이스라엘 가운데서 이런 일을 본 적이 없다 하되 바리새인들은 이르되 그가 귀신의 왕을 의지하여 귀신을 쫓아낸다 하더라.

예수님께서 귀신을 쫓아내어 말 못하던 사람이 말하는 것을 보고 두 종류의 반응이 나타났다. 항상 모든 일에는 두 가지 반응이 있기 마련이다. 첫째, 무리들은 "놀랍게 여겨 이르되 이스라엘 가운데서 이런 일을 본 적이 없다"고 했다 (7:28-29; 9:8, 26; 15:31; 막 7:37; 4:41; 눅 4:15, 36-37; 5:26). 무리는 예수님의 이적을 아주 놀랍게 여겨 '이스라엘 가운데서 이런 일을 본 적이 없었다'고 말했다. 구약 시대부터 자기들이 살고 있던 그 시점까지 그런 일, 곧 말 못하는 사람이 말하는 일은 처음 있는 일이라고 말했다. 무리는 예수님께서 행하신 한 번의 이적으로 놀랐다기보다는 예수님께서 행해오신 이적들을 보고 놀라지 않을 수 없었고 도무지 이런 일이 이스라엘 사회에서 있었던 적이 없다고 말했다. 그들은 막연하게나마 역사를 더듬어 볼 때 예수님께서 행하신 이적 같은 것들은 일찍이 없었다고 감탄했다. 둘째, 바리새인들의 사악한 평가였다. "바리새인들은 이르되 그가 귀신의 왕을 의지하여 귀신을 쫓아낸다"고 말했다(12:24; 막 3:22; 눅 11:15). 바리새인들은 예수님의 이적을 부정하는 것이 아니었다. 그들은 예수님께서 여러 이적을 행하신 것을 부정할 수는 없었다. 그들은 예수님께서 이적을 행하신 것을 인정하면서도 예수님께서 귀신의 왕을 의지하여 행한다고 말했다(12:24). 바리새인들은 예수님께서 이적을 행하시는 것을 보고 예수님이야말로 구약 성경에 예언한 메시아라고 고백했어야 했는데(사 35:5-7) 귀신의 왕 사탄의 힘을 의지하여 그런 이적을 행했다고 말했다.

g.추수할 일꾼들을 위해 기도하라 9:35-38

마태는 예수님께서 산상설교를 마치시고(5장-7장) 또 여러 이적을 행하신 것(8장-9장)을 기록한 다음 이제 이 부분(35-38절)에서는 예수님께서 그 동안에 행하신 사역을 요약하고(35절; 참조 4:23), 또 예수님께서 무리를 보시고 불쌍히 여기시는 것을 기록하고(36절), 제자들에게 목자 없는 양과 같은 사람들을 잘 돌볼 수 있는 일꾼들을 위해 하나님께 기도하라고 말씀하신 것을 기록하고 있다(37-38절).

마 9:35. 예수께서 모든 도시와 마을에 두루 다니사 그들의 회당에서 가르치시며 천국 복음을 전파하시며 모든 병과 모든 약한 것을 고치시니라.

마태는 본 절에서 예수님께서 그 동안에 행하신 사역에 대해 요약한다. 본 절은 4:23과 매우 흡사한데 그러나 4:23과 다른 점은 그곳에서는 "온 갈릴리에 두루 다니신 것"을 기록한 반면 본 절에서는 다니신 지역이 더욱 확장되었다는 것을 말한다. 즉 본 절에서는 "예수께서 모든 도시와 마을에 두루 다니셨다"고 말한다(막 6:6; 눅 13:22). 더 넓은 지역을 순회하신 것을 말한다. 그리고 나머지 하반 절 주해는 4:23주해를 참조하라.

마 9:36. 무리를 보시고 불쌍히 여기시니 이는 그들이 목자 없는 양과 같이 고생하며 기진함이라.

마태는 예수님께서 지금까지 사역하신 것을 요약한(앞 절) 다음 이제 본 절에서는 예수님께서 "무리를 보시고 불쌍히 여기신 것"을 기록한다(14:14; 15:32; 막 1:41; 6:34; 눅 7:13). 즉 '이스라엘 사람들을 보시고 불쌍히 여기신 사실'을 기록한다. 예수님께서 그들을 보시고 불쌍히 여기신 이유는 "그들이 목자 없는 양과 같이 고생하며 기진하기" 때문이었다(민 27:17; 겔 34:5; 슥 10:2). 그들의 형편은 한 가지로 표현할 수가 있었다. 목자 없는 양과 같다는 것이었다(26:31; 막 14:27). 잘 돌보고 인도할 목자가 없는 것이 문제였다. 먹을 것이 없고 경제력이 약한 것이 문제가 아니라 그들을 올바로 인도할 목자가 없다는 것이 비극이었다. 맹수들은 혼자서도 얼마든지 생존해 갈수가 있는데 양들은 반드시 목자가 있어야 하는데 바리새인들은 참 목자가 아니라 이스라엘 사람들은 목자가 없는 양들로서 비참한 상태에 있었다. 그들은 목자가 없어서 "고생하며 기진해"(ἦσαν ἐσκυλμένοι καὶ ἐρριμμένοι) 있었다. 여기 "고생하며"(ἐσκυλμένοι)란 말은 현재완료 분사 수동태 시제로 '벌써 괴롭힘 당했는데 지금도 여전히 괴롭힘을 당하고 있다'는 뜻이다. 다시 말해 '벌써 지칠 대로 지쳤는데 여전히 지쳐있는 상태로 있다'는 뜻이다. 그리고 "기진하며"(ἐρριμμένοι)란 말은 현재완료 분사 수동태 시제로 '벌써 땅에 내동댕이쳐졌는데 지금도 여전히 땅에 내동댕이쳐진 상태로 있다'는 뜻이다. 그들은 바리새인들 밑에서 율법적으로 무거운 짐만 많이 지게 되어 심령이 무거워 많은 고생을 하며 영혼이 기진한 상태가 되어버리고 말았다. 이스라엘 사람들은 안식이 없었고 마음에 평화가 없었다(마 11:28; 15:14; 23:4). 목자로 택함 받은 자는 참 목자가 되어야 하고 양들은 참 목자를 잘 따라야 할 것이다.

마 9:37-38. 이에 제자들에게 이르시되 추수할 것은 많되 일꾼이 적으니 그러므로 추수하는 주인에게 청하여 추수할 일꾼들을 보내어 주소서 하라 하시니라.

예수님은 제자들에게 하나님에게 추수꾼들을 보내주시도록 기도하라고 부탁하신다. 바리새인들은 참 목자가 아니었다. 그들을 목자로 알고 따를 수는 없었다. 그들은 양들을 괴롭혔고 지치게 만들었고 또 땅에 내동댕이쳐서 사람들이 이리저리 방황하게 했다. 그런고로 예수님은 제자들에게 "추수할 것은 많되 일꾼이 적으니 그러므로 추수하는 주인에게 청하여 추수할 일꾼들을 보내어 주소서 하라"고 부탁한다. 예수님은 "추수할 것은 많다"고 하신다(눅 10:2; 요 4:35). 오늘 추수할 것은 얼마나 많은지 모른다. 아직 전도가 되지 않은 곳이 얼마나 많은지 참으로 엄청나다. 불교의 스님들에게도 예수님을 알려줄 일꾼이 필요하고 불자(불교신자)들에게도 예수님을 소개해 주어야 할 일꾼들이 필요하다. 또 무수한 회회교 사람들에게도 예수님이 참 하나님이심을 전해 주어야할 일꾼들이 필요하다.

그런고로 "추수하는 주인에게 청하여 추수할 일꾼들을 보내어 주소서"라고 기도해야 한다(살후 3:1). 즉 추수하시는 하나님에게 요청하여 추수할 일꾼들을 보내 주소서하고 기도해야 한다. 오늘도 추수할 일꾼들을 위하여 기도해야 한다. 소위 자칭 일꾼은 많이 있다. 그러나 하나님께서 보낸 일꾼은 적다. 그런고로 참 일꾼이 필요하다.

제 10 장

열두 제자들을 부르시고 교훈하시다

6.열 두 제자의 사명 10:1-42

마태는 예수님께서 갈릴리에서 여러 가지 이적을 행하시고(9:18-34) 제자들에게 목자 없는 양 같은 이스라엘 사람들을 위해 하나님께 일꾼들을 보내주시라는 기도를 하라고 부탁하신(9:35-38) 후 열두 제자들을 불러 교훈하신 것을 기록한다. 이 부분(1-42절)의 기사는 1) 12제자를 부르신 것(1-4절), 2) 사명 수행을 위하여 일반적인 교훈을 주신 것(5-15절), 3) 사명 수행을 위하여 특수 교훈을 주신 것(16-39절), 4) 전도자를 영접하는 사람들이 받을 복(40-42절)이 무엇인가를 말하고 있다. 이 부분은 막 3:13-19; 6:7-13; 눅 6:12-16; 9:1-6과 병행한다. 다른 두 복음서는 예수님께서 제자들을 부르신 기사와 그들에게 교훈을 주신 기사가 분리되어 있으나, 본서는 이 둘이 한 곳에 모여 있다. 본 장 5-42절까지의 강화는 예수님의 여섯 강화 중 두 번째의 강화이다.

a.12제자를 부르시다 10:1-4

마태는 예수님께서 그의 열두 제자들을 부르셔서 사명을 감당하도록 권능을 주신 것(1절)과 열두 제자들이 누구인가를 기록한다(2-4절).

마 10:1. 예수께서 그의 열두 제자를 부르사 더러운 귀신을 쫓아내며 모든 병과 모든 약한 것을 고치는 권능을 주시니라.

예수님은 열두 제자들[93]을 부르신 다음 일반적인 교훈과 특수 교훈을 주시기

---

93) 마태는 예수님께서 열두 제자를 택하신 사실을 언급하지 않은 채 그들을 부르셔서

(5-39절) 전 먼저 사명을 감당할 수 있는 권능을 주신다. 예수님은 산에서 밤을 새워 기도하신 후 제자들을 택하셨는데(막 3:13-18; 눅 6:12-16) 이제 파송하시기 위해 그들을 부르셔서(막 3:13-14; 6:7; 눅 6:13; 9:1) 권능을 주신다. 예수님께서 열두 제자들을 부르셔서 권능을 주신 것은 목자 없는 양 같은 이스라엘 사람들(9:36)을 목양하도록 하기 위함이었다.

"열두 제자"란 말(본 절; 11:1; 20:17; 26:20)은 다른 곳에서는 "제자"란 말이 없이 그저 "열둘"이라고만 표현하고 있는데(막 3:14; 14:10, 17, 20, 43; 눅 6:13; 22:3, 47; 요 6:70-71) 오랜 세월이 지나는 동안 영예로움을 나타내는 고유명사로 자리 잡았다. 12라는 숫자는 구약 시대의 12족장이 12지파를 대신했던 것처럼 12 제자는 새로운 이스라엘을 대표하도록 선택받은 핵심 요원이 된 것을 의미한다. 이처럼 12라는 숫자는 유명하게 된 고로 가룟 유다가 12 제자의 반열에서 빠져나갔을 때 사도들은 한 사람을 보선하는 일을 했다(행 1:15-26).

예수님은 제자들에게 "더러운 귀신을 쫓아내며 모든 병과 모든 약한 것을 고치는 권능을 주신다." 예수님은 자신이 가지고 계시던 권능(4:23; 7:29)을 제자들에게 주신다. 그 권능을 주셔서 제자들로 하여금 귀신들을 쫓아내게 하셨고, 모든 병과 모든 약한 것을 고치게 하셨다. 제자들의 사역이 바로 이 두 가지(귀신 쫓아내는 것과 병 고치는 것)는 아니나 그러나 이 두 가지는 그들의 사역에 있어 중요한 부분인 것은 사실이었다.

마 10:2. 열두 사도의 이름[94]은 이러하니 베드로라 하는 시몬을 비롯하여 그의

권능을 주신 사실만을 언급한다. 예수님께서 열두 제자를 택하신 것은 누가복음 6:12-13("이때에 예수께서 기도하시러 산으로 가사 밤이 새도록 하나님께 기도하시고 밝으매 그 제자들을 부르사 그 중에서 열둘을 택하여 사도라 칭하셨으니")에 기록되어 있다. 그리고 그들이 언제 택함을 받았느냐 하는 것은 눅 6:20에 기록되어 있다. 거기를 보면 "예수께서 눈을 들어 제자들을 보시고 이르시되 너희 가난한 자는 복이 있나니 하나님의 나라가 너희 것임이요"라는 문장을 보면 예수님께서 열두 제자들 택하신 것은 산상보훈을 말씀하시기 전이다. 예수님은 제자들에게 산상설교를 들려주신 후에 선교 여행을 시키려고 권능을 주셨다(본 절).

94) 열두 사도의 이름은 마태복음에는 "베드로라 하는 시몬, 그의 형제 안드레, 세베대의 아들 야고보와 그의 형제 요한, 빌립과 바돌로매, 도마와 세리 마태, 알패오의 아들 야고보와

형제 안드레와 세베대의 아들 야고보와 그의 형제 요한. "사도"(ἀποστόλων)란 '보냄을 받은 자' 혹은 '대리자'란 뜻으로 그리스도로부터 보냄을 받은 자 혹은 그리스도를 대리하는 자라는 뜻이다. 마태는 열두 사도의 이름을 거론하면서 "사도"란 말은 이곳 한곳에서만 기록하고 있다. 사도란 원래 12사도를 지칭했으나 훗날 그 범위가 넓어져 바울과 바나바에게도 적용되었고(행 14:4, 14), 실루아노(살전 2:6)등에도 적용되었다. 사도들의 이름을 거론하면 다음 같다.

"베드로라 하는 시몬"(요 1:42)은 마가와 누가도 똑 같이 기록했고 사도행전은 "시몬"이란 이름을 빼고 단순히 "베드로"라고만 기록하고 있다. "베드로"라는 이름은 헬라 이름(아람어로는 "게바"이다)으로 그가 위대한 신앙고백을 한 후 예수님으로부터 받은 이름이다(16:18). 베드로의 본 이름 "시몬"이란 이름은 히브리 이름으로 "들음"이라는 뜻이다(창 29:33). 베드로의 성격과 인격은 4:18-22; 26:58, 69-75; 요 13:6-9; 18:15-18, 25-27; 21:1-23에 기록되어 있다. 마태는 다른 저자들과 마찬가지로 사도들 중에 베드로의 이름을 제일 먼저 기록했고 예수님을 판 가룟 유다를 제일 마지막에 기록했다. 베드로가 제일 먼저 기록되어 있어 제자들을 대표한다는 말은 맞지만 그렇다고 천주교의 교황이 그를 계승한다는 논리는 설득력이 없다. 그렇다면 베드로를 뺀 다른 제자들은 천주교의 누구에 의해서 계승되고 있는가. 오직 베드로만 후대의 누구에 의해서 계승되고 있다는 학설은 문제가 있다. 베드로는 베드로전서 및 후서를 기록했다.

"그의 형제 안드레" 즉 '베드로의 형제 안드레'는 원래 어부로서 세례 요한의 제자였으나 세례 요한의 말을 듣고 예수님을 따르게 되었고 또 그의 형 베드로를 예수님께 인도하였다(요 1:40-42). 안드레에 관하여는 4:18-22; 막 1:16, 29;

다대오, 가나안인 시몬 및 가룟 유다"(마 10:2-4). 마가복음에는 "시몬 베드로, 세베대의 아들 야고보, 야고보의 형제 요한, 안드레, 빌립, 바돌로매, 마태, 도마, 알패오의 아들 야고보, 다대오, 가나안인 시몬, 가룟 유다"(막 3:16-19). 누가복음에는 "베드로라고도 이름을 주신 시몬, 그의 동생 안드레와 야고보, 요한, 빌립, 바돌로매, 마태, 도마, 알패오의 아들 야고보, 셀롯이라는 시몬, 야고보의 아들 유다, 예수를 파는 자 될 가룟 유다"(눅 6:14-16). 사도행전에는 "베드로, 요한, 야고보, 안드레, 빌립, 도마, 바돌로매, 마태, 알패오의 아들 야고보, 셀롯인 시몬, 야고보의 아들 유다"(행 1:13).

13:3; 요 6:8; 12:22주해를 참조하라.

"세베대의 아들 야고보와 그의 형제 요한"은 이미 4:21에 기록되었다(그곳 주해 참조). 야고보와 요한은 베드로와 더불어 예수님의 가장 유명한 3제자에 속한다. 이 두 제자는 젊었을 때 성격이 급하여 "보아너게"(우레의 아들이란 뜻)라는 별명을 얻었다(막 3:17). 야고보는 주후 44년 헤롯 아그립바에게 목 베임을 당한 최초의 순교자가 되었다(행 12:1-2). 그의 순교로 말미암아 기독교의 선교는 더욱 활발하게 퍼지게 되었다. 요한은 사도들 중에 유일하게 순교당하지 않고 오래 동안 목회를 하다가 95년경 도미시안 황제의 박해 때에 밧모섬에 귀양살이 갔다가 종말에 일어날 계시를 받았다(계 1:9-10). 요한은 예수님의 "사랑하시는 제자"(요 13:23; 19:26; 20:2; 21:7, 20)라고 불렸다. 그는 요한복음, 요한일서, 요한이서, 요한삼서, 요한계시록을 기록했다.

마 10:3. 빌립과 바돌로매, 도마와 세리 마태, 알패오의 아들 야고보와 다대오.

"빌립과 바돌로매"는 마태가 사도들의 이름을 나열하는 중에 세 번째 짝으로 기록했는데(첫 번째는 베드로 안드레, 두 번째 짝은 야고보와 요한) "빌립"은 베드로 형제와 동향인이었고(요 1:44) 나다나엘을 주님께 인도한 제자였다(요 1:45). 그의 활동은 미약한 것으로 보이는데 그러나 그는 주님과 대화를 많이 한 사도로 보인다(요 6:5-7; 14:8). 빌립이 안드레와 함께 헬라인을 주님께 인도한 것으로 보나(요 12:20-22) 또 그들의 이름이 헬라이름인 것으로 보나 제자들 중에서 제일 헬라사회와 가까운 것으로 보인다. "바돌로매"는 히브리 이름으로 '돌로매의 아들'이란 뜻이다. 바돌로매는 요 1:45-49; 21:2의 나다나엘과 동일인으로 보는 것이 일반적인 견해이다(Ewald, Meyer, Westcott, Carr, Ridderbos). 빌립과 바돌로매는 요 1:43-46에 보면 예수님께서 그들을 부르시기 전에 이 친구사이였다는 인상을 준다(Ridderbos).

"도마와 세리 마태"는 제자들 중에서 네 번 째 짝으로 "도마"(Qwma'")는 히브리 이름인데 '쌍동이'라는 뜻이다(요 11:16). 그는 좀 끔찍한 것을 예상 잘하는 성격의 소유자였고(요 11:16) 질문을 잘 하는 성격의 소유자였으며(요

14:5), 의심이 많은 제자였다(요 20:25-29). 그가 엉뚱한 소리를 잘 하고 또 질문을 잘 하며 의심을 많이 표했기 때문에 밝혀진 진리가 많다. 그는 훗날 인도와 팔티아에서 전도하다가 순교했다는 전설이 있고 또 도마가 현재 인도의 가장 오랜 교회인 "성 도마교회"(Mar Thomas Church)의 설립자라는 전설은 신빙성이 있는 것으로 보인다. 도마와 짝을 이룬 "마태"에 대해서는 총론을 참조하라. 마태는 자신의 이름에 "세리"라는 직명을 붙여 그의 겸손을 보이고 있는데 9:9의 마태가 바로 자신이라는 암시를 주고 있다.

"알패오의 아들 야고보와 다대오"는 제자들 중에서 다섯 번 째 짝으로 "알패오의 아들 야고보"는 세베대의 아들 야고보와 구별하여 "작은 야고보"로 불리기도 한다(막 15:40). 여기 "야고보"는 "27:56; 막 16:1; 눅 24:10에서 언급된 야고보일 가능성이 있다. 만일 이것이 정확하다면 그의 어머니의 이름은 마리아이다. 이 여자는 예수를 따라가 십자가 가까이에서 있었던 여자들 중 한 사람이었다"(윌렴 헨드릭슨). "다대오"[95]는 '야고보의 아들 유다'로 불리고(눅 6:16; 행 1:13) 요 14:22의 "가룟인 아닌 유다"일 가능성이 있다.

마 10:4. 가나안인 시몬 및 가룟 유다 곧 예수를 판자라.

"가나안인 시몬 및 가룟 유다"는 제자들 중에 여섯 번 째 짝으로 "가나안인 시몬"의 "가나안인"이란 말은 아람어 별명으로 '열심당원'이란 뜻이다(눅 6:15; 행 1:13). 실제로 누가는 그를 '셀롯이라 하는 시몬'으로 명명하고 있다(눅 6:15; 행 1:13). 그가 이전에 셀롯당에 속해 있었기 때문에 이곳에서도 그에게 그런 이름이 붙은 것 같이 보인다. 그의 일대기는 잘 알려져 있지 않다.

"가룟 유다"는 '찬송함'의 뜻인데(창 29:35) 이름과는 달리 악명의 대명사가 되었다. 가룟 유다는 12제자 중에서 유일한 남방 유다 사람이다. 그는 다른 제자들과 달리 지역이 달라서 고독감을 가졌을 것이고 또 12제자단의 재무를 맡음으로 물욕(요 12:6; 13:29)을 이겨내지 못하고 결국은 그리스도를 반역하는

---

95) "다대오"는 10:3과 막 3:18의 어떤 사본(D)에는 "렙바오스"(Λεββαιος)라고 기록되어 있다.

자리에 오른 것으로 보인다. 그는 주님의 제자로 택함 받고 사명을 감당할 수 있는 권능도 받았는데(10:1; 눅 9:1) 결국은 주님을 은 30에 팔고 자살하여 지옥으로 가고 말았다(행 1:25). 복음서는 그에 대하여 많이 언급하고 있다(26:14, 25, 47; 27:3; 막 14:10, 43; 눅 22:3, 47-48; 요 6:71; 12:4; 13:2, 26, 29; 18:2-5). 마귀는 유다로 하여금 도둑질을 하게 했고 또 유다로 하여금 예수님을 팔게 했으며 지옥으로 가게 했다.

b.사명 수행을 위한 일반적 교훈 10:5-15

예수님은 열두 제자들을 불러 모으시고 권능을 주신(1-4절) 다음 이제 그들이 전도를 떠나기 전에 일반적인 교훈을 주신다. 이 부분(5-15절)은 1) 전도의 대상이 누구냐를 알려주시고(5-6절), 2) 어떤 말을 할 것인가 하는 것과 또 어떤 사역을 할 것인가를 지시하시며(7-8절), 3) 무엇을 준비해서 나갈 것인가를 말씀하시고(9-10절), 4) 유숙에 필요한 몇 가지 교훈을 주신다(11-15절).

마 10:5-6. 예수께서 이 열 둘을 내보내시며 명하여 이르시되 이방인의 길로도 가지 말고 사마리아인의 고을에도 들어가지 말고 오히려 이스라엘 집의 잃어버린 양에게로 가라.

예수님은 이 부분(5-6절)에서 가지 말아야 할 지방과 가야할 지방을 지정하신다. 예수님은 제자들에게 "이방인의 길로도 가지 말라"고 하시고(4:15) 또 "사마리아인의 고을에도 들어가지 말라"고 하시고(왕하 17:24; 요 4:9, 20 참조) "오히려 이스라엘 집의 잃어버린 양에게로 가라"고 하신다. 예수님께서 이방(팔레스틴의 국경 밖의 지역)과 사마리아(유다와 갈릴리 중간지역)를 전도에서 제외시키신 것은 영원한 작정이 아니라 한시적으로 제한하신 것이다. 예수님께서 이방인들의 믿음을 칭찬하셨고(8:10; 15:28; 눅 17:18) 또 실제로 사마리아 지방에서 전도하신 것을 보면 확실하다(요 4:5-42). 이렇게 전도의 순서를 정하신 것은 첫째, 이스라엘을 먼저 복음화 하셔서 이스라엘 사람들로 하여금 사마리아도 전도하게 하시고 또 이방도 전도하게 하시기 위함이었다. 둘째, 이스라엘을 우선으로 두심으로 훗날 이스라엘이 불신한다고 해도 그 책임은 이스라엘에게 있게 하시려는 것이었다. 복음 전도의 이 순서는 훗날 성령님이 오신 후에도 똑같이 나타났다. 먼저 예루살렘-유다-사마리아-땅 끝의 순서로 진행되었다. 복음이 일단 이방으로 넘어간 다음에는 유대인과 이방인의 장벽이 철폐되고 말았다(롬 10:12; 갈 3:9, 29; 엡 2:14, 18; 골 3:11; 벧전 2:9).

예수님은 제자들에게 "오히려 이스라엘 집의 잃어버린 양에게로 가라"고 하신다(15:24; 사 53:6; 렘 50:6, 17; 겔 34:5-6, 행 13:46; 16; 벧전 2:25 참조). 이스라엘이 먼저 하나님의 말씀을 받았으니 그리스도의 소식이 먼저 이스라엘에 전파되는 것은 지당한 순서였다(창 12:3; 18:18; 22:18; 26:4). 이스라엘이 먼저 복음을 받고 그들이 이방에 전도해야 했기에 제자들은 먼저 이스라엘 집의 잃어버린 양에게로 가야 했다. 예수님은 이스라엘 무리를 불쌍히 여기셨다. 이유는 "그들이 목자 없는 양과 같이 고생하며 기진하기 때문이었다"(9:36). 본문의 "이스라엘 집의 잃어버린 양"이란 말은 이스라엘 나라 중에 잃어버린 양이 따로 있다는 뜻이 아니라 "이스라엘 집"="잃어버린 양"이라는 등식이다. 지구상에 존해하는 모든 사람들이 잃어버린 양이다. "의인은 없나니 하나도 없다"(롬 3:10).

마 10:7. 가면서 전파하여 말하되 천국이 가까이 왔다 하고.

예수님은 제자들이 이스라엘 땅으로 나가서 전해야 할 말을 입에 넣어주신다(눅 9:2). "천국이 가까이 왔다"는 말을 하라고 일러주신다(3:2; 4:17; 눅 10:9). "천국이 가까이 왔다"는 말씀은 '영적인 천국이 가까이 왔다'는 뜻으로 '하나님의 영적인 다스림이 가까이 왔다'는 뜻이다. "천국이 가까이 왔다"는 말은 세례요한이 외친 말이고(3:2), 또 예수님께서 친히 외치신 말씀이다(4:17, 23). 예수님은 이제 제자들에게 바로 그 말씀을 전하라고 부탁하신다. 예수님은 제자들에게 이제 이스라엘 사람들 마음 속에 하나님의 통치, 하나님의 다스림이 시작되었다고 외치라고 부탁하신다. 즉 사도들의 사역 즉 본 절의 사역과 다음 절의 사역으로 말미암아 하나님의 다스림이 시작되니 그것을 외치라는 것이었다.

마 10:8. 병든 자를 고치며 죽은 자를 살리며 나병환자를 깨끗하게 하며 귀신을 쫓아내되 너희가 거저 받았으니 거저 주어라.

예수님은 본 절에서 사도들이 해야 할 일들이 무엇인지 알려주신다. 첫째, "병든 자를 고치라"고 하신다. 그들은 병든 자를 고칠 수 있는 권능을 받았으니(1절) 얼마든지 병든 자를 고칠 수 있었다. 둘째, "죽은 자를 살리라"고 하신다. 이 명령은 마가복음이나 누가복음에는 없는 것이므로 후대에게 삽입한 것으로 보는 견해가 있으나 베드로가 죽은 자를 살린 것을 보면 후대에 삽입한 것으로 보는 것이 억지의 흠이 있다. 셋째, "나병환자를 깨끗하게 하라"고 하신다. 예수님께서 제자들에게 병을 고칠 수 있는 권능을 주셨으니 나병환자도 얼마든지 고칠 수 있었다. 넷째, "귀신을 쫓아내라"고 하신다(막 6:13, 30; 눅 9:6-10; 행 3:1-10; 5:12-16; 9:32-43; 14:8-10; 19:11-12; 20:7-12; 28:7-10). 1절에 예수님께서 사도들에게 더러운 귀신을 쫓아내는 권능을 주셨으니 얼마든지 쫓아낼 수 있었다. 그런데 예수님은 사도들로 하여금 이 모든 이적들을 거저 해주라고 하신다. 이유는 사도들이 예수님으로부터 거저 받았기 때문이라고 하신다(1절; 행 8:18, 20).

마 10:9-10. 너희 전대에 금이나 은이나 동을 가지지 말고 여행을 위하여 배낭이나 두 벌 옷이나 신이나 지팡이를 가지지 말라 이는 일꾼이 자기의 먹을 것 받는 것이 마땅함이라.

예수님은 사도들의 "전대에 금이나 은이나 동을 가지지 말라"고 하신다(삼상 9:7; 막 6:8; 눅 9:3; 10:4; 22:35). 여기 "전대"는 '돈을 넣어 허리에 차는 돈 주머니'를 지칭한다. "금이나 은" 로마와 헬라의 화폐이다. 그리고 "동"(앗사리온)은 헤롯왕의 화폐이다. 예수님은 사도들에게 전도 여행을 다니기 위하여 돈을 가지고 다니지 말라고 하신다. 하나님께서 다 공급하시기 때문이다.

그리고 예수님은 "여행을 위하여 배낭이나 두 벌 옷이나 신이나 지팡이를 가지지 말라"고 하신다. 전도 여행을 위하여 4가지를 가지지 말라고 하신다. "배낭"은 여러 가지 필수품을 넣고 다니는 여행 가방이고, "두 벌" 옷은 갈아입기 위한 옷을 지칭하고, "신"은 '신고 다니는 신'을 제외한, 여분의 신을 말하고 "지팡이"는 옛 지팡이 외에 새 지팡이를 뜻한다. 이 지팡이에 대해서는 막 6:8에는 가지고 다니도록 허락했고 눅 9:3에서는 예수님께서 금하신다. 예수님의 의도는 사도들이 이스라엘 지방을 전도 여행하면서 아주 단순하게 여행하도록 배려한 것으로 볼 수 있고 또 특별히 "일꾼이 자기의 먹을 것 받는 것이 마땅하기" 때문이었다(눅 10:7; 고전 9:7; 딤전 5:18). 예수님은 사도들이 전도 여행하면서 복음을 전하는 동안 복음을 전하는 일꾼으로서 일꾼이 먹어야 할 것을 받는 것이 마땅하다고 하신다. 준비해가지고 다니지 말고 받아 먹으라고 하신다. 그러나 사도들은 훗날 세계 선교에 나설 때는 여행 준비를 해야 한다고 말씀하신다(눅 22:36).

마 10:11. 어떤 성이나 마을에 들어가든지 그 중에 합당한 자를 찾아내어 너희가 떠나기까지 거기서 머물라.

예수님은 제자들에게 "어떤 성이나 마을에 들어가든지 그 중에 합당한 자를 찾아내라"고 하신다(눅 10:8). 제자들은 성이나 마을에 들어가면서 그 성중의 집들 중에서 그리고 그 마을의 집들 중에서 합당한 자를 찾아내야 한다. 여기 "합당한 자"란 '전도자를 기쁨으로, 감심으로 맞이하여 공궤할 자'를 지칭한다. 전도자가 미리 기도하고 가면 하나님의 섭리로 만나게 된다. 그러나 우리의 찾음의 행위도 필요한 것은 사실이다. 기도하고 가서 찾으면 잘 찾아진다. 전도자가 교회를 정할 때 이 원리를 이용해야 한다.

예수님은 전도자가 머무를 집을 찾아낸 다음 "떠나기까지 거기서 머물라"고 하신다. 무엇이 좀 불편하더라도 불평하지 말고(눅 10:7) 그 도시나 마을을 떠날 때까지 거기서 머물라고 하신다. 하나님은 항상 손님을 잘 대접하는 사람들을 예비하신다. 아브라함(창 18:1-8), 리브가(창 24:25), 르우엘(출 2:20), 마노아(삿 13:15), 수넴 여인(왕하 4:4-10), 레위(9:10; 눅 5:29), 삭개오(눅 19:5, 10), 마르다와 마리아(요 12:1-2), 루디아(행 16:14-15), 데살로니가의 야손(행 17:5), 아굴라와 브리스길라(행 18:26; 롬 16:3-4), 뵈뵈(롬 16:1-2), 빌레몬(몬 1:7,

22), 오네시보로(딤후 1:16), 가이오(요삼 1:5-6)등은 손님을 잘 대접하는 사람들이었다.

마 10:12. 또 그 집에 들어가면서 평안하기를 빌라.

전도자는 도시나 마을에서 합당한 자를 찾아낸 다음 "그 집에 들어가면서 평안하기를 빌라"는 명령을 받았다. 실제로 그 집 사람들을 만나면 "평강이 있을지어다"라고 인사해야 한다. 이런 인사는 성경에 많이 기록되어 있다(창 44:23; 삿 6:23; 19:20; 삼상 25:6; 대상 12:18; 시 122:8; 단 4:1; 6:25; 10:19; 눅 10:5; 24:36; 요 20:19, 21, 26). 전도자가 평안을 선언하면 하나님께서 그 가정에 평강이 임하게 하신다(눅 24:36; 요 20:19).

마 10:13. 그 집이 이에 합당하면 너희 빈 평안이 거기 임할 것이요 만일 합당치 아니하면 그 평안이 너희에게 돌아올 것이니라.

예수님은 전도자는 마땅히 전도자가 머물 집에 들어가면서 평안하기를 빌라고 명령하셨는데(앞 절) 전도자가 선언한 평안을 받을 집이 있고 또 받지 못할 집이 있다고 하신다. 전도자가 집에 들어가면서 평안을 선언하면 "그 집이 이에 합당하면 너희 빈 평안이 거기 임할 것이라"고 하신다(눅 10:5). 즉 '그 집이 평안을 받기에 합당하면 전도자가 기원한 평안이 그 집에 임할 것이라'고 하신다. 그러나 "만일 합당치 아니하면 그 평안이 너희에게 돌아올 것이니라"고 하신다. 즉 '만일 평안을 받기에 합당하지 아니하면 전도자가 기원한 평안이 전도자 자신에게 돌아올 것이라'고 하신다(시 35:13). 그리스도의 이름으로 평안을 선언하면 그리스도께서 그 집에 평안을 주시는데 그 평안을 받을만하지 못한 집은 복음을 받지 못하는 집이라는 뜻이다. 전도자는 남에게 부지런히 평안을 빌어야 할 것이다. 상대방이 받을만하면 받을 것이고 받을만하지 못하면 그 평안이 돌아올 것이다.

마 10:14. 누구든지 너희를 영접하지도 아니하고 너희 말을 듣지도 아니하거든

그 집이나 성에서 나가 너희 발의 먼지를 떨어 버리라.
예수님은 누구든지 "너희를 영접하지도 아니하고 너희 말을 듣지도 아니하거든 그 집이나 성에서 나가 너희 발의 먼지를 떨어 버리라"고 명하신다(느 5:13; 막 6:11; 눅 9:5; 10:10-11; 행 13:51; 18:6). 즉 '전도자를 영접하지 않고 복음을 듣지도 아니하는 경우 그 집에서 나오면서 그리고 그 성에서 나오면서 너희 발의 먼지를 떨어버리라'고 하신다. 그 유대인 집을 이방인 취급하라는 말씀이다. 유대인들은 이방지역을 여행하다가 성지에 다시 돌아오기 전 그들의 신에 묻은 먼지를 떨어버렸고 옷에 묻은 먼지를 떨어버리는 습관이 있었는데 비록 유대인이라 할지라도 전도자를 영접하지 아니하고 복음을 듣지 않는다면 이방인이나 마찬가지라는 뜻으로 먼지를 떨어야 한다는 뜻이었다. 바울과 바나바는 실제로 비시디아 안디옥의 유대인 지역에서 조직적인 박해를 받았을 때(행 13:50-51) 그 성에서 나올 때 발에 묻은 먼지를 떨어버렸다. 이렇게 먼지를 떠는 행위는 죄책이 그 집이나 성에 임할 것을 보여주는 행위이다.

마 10:15. 내가 진실로 너희에게 이르노니 심판 날에 소돔과 고모라 땅이 그 성보다 견디기 쉬우리라.
전도자가 갔는데도 영접하지 않고 복음을 듣지 않은 성이나 집은 큰 심판을 받을 것이라고 예수님께서 말씀하신다. 예수님은 그런 동네는 큰 심판을 받을 것이라는 것을 심각하게 말씀하시기 위해 "내가 진실로 너희에게 이르노니"라는 언사를 사용하신다. 전도자를 영접하지 않는 동네나 복음을 거부하는 동네는 종말의 심판 날에 "소돔과 고모라 땅이 그 성보다 견디기 쉬우리라"고 하신다(11:22, 24). 소돔과 고모라(창 13:13; 18:20; 신 29:23; 사 1:9; 3:9; 렘 50:40; 겔 16:46; 유 1:7)에 임한 심판도 컸었는데 그런 곳들이 받은 심판 보다 더 큰 심판을 받을 것이라고 하신다. 전도자를 영접하지 않고 복음을 듣지 않는 사람이나 동네나 나라는 엄청난 심판을 기다리는 수밖에 없다. 오늘날 반 기독 행위는 얼마나 심한 심판을 받아야 하는지 알아야 한다.

c.사명자를 위한 특수 교훈 10:16-39

예수님은 앞에서 전도하러 떠나는 제자들을 위해 일반적인 교훈을 주시고 (5-15절) 이제 이 부분(16-39절)에서는 복음을 전파해야 할 제자들에게 특별히 경계하시는 말씀을 하신다. 이 부분은 1) 앞으로 고난과 박해가 있을 것을 예고하시고(16-23절), 2) 박해 중에도 결코 두려워하지 말라고 하시며(24-33절), 3) 십자가를 질 것을 각오하라고 말씀하신다(34-39절).

ㄱ.박해가 있을 것을 각오하라 10:16-23

예수님은 제자들을 이스라엘 각 처로 파송하기에 앞서 박해가 있을 것을 예고하시며 세사들에게 박해에 대비하여 여러 가지로 대처해야 한다고 경고하신다.

마 10:16. 보라 내가 너희를 보냄이 양을 이리 가운데로 보냄과 같도다 그러므로 너희는 뱀 같이 지혜롭고 비둘기 같이 순결하라.

예수님은 사도들을 파송하기로 하시면서 "보라"('Ἰδου)라는 말을 사용하여 파송 자체가 엄숙한 일이라고 하신다. 그러시면서 사도를 파송하시는 주체를 말씀하신다. 즉 "내가 너희를 보내는 것"(ἐγὼ ἀποστέλλω ὑμᾶς)이라고 하신다. 다른 사람이 "너희를 보내는 것"이 아니라 "내가"(권세가 무한하신 "내가"라는 뜻이다) 너희를 보내는 것이라고 하신다. 예수님은 오늘 또 우리를 파송하신다.

예수님은 "내가 너희를 보냄이 양[96]을 이리[97] 가운데로 보냄과 같다"고

---

96) "양": 소(牛)과에 속하는 가축으로 대체로 몸은 회백색이고, 뿔은 있는 것과 없는 것이 있으며, 얼굴은 나출(裸出)하고, 몸은 섬세한 털로 싸여있다. 군서성(群棲性)이고, 건조지에 적당하며 초식성으로 소화력이 강하다. 수태 5개월 만에 한두 마리의 새끼를 낳는다. 면양은 소아시아 및 동부 이란(Iran)에 야생한는 적양(赤羊)의 채모용(採毛用) 개량종인데, 호주, 뉴질란드, 남북미, 남아프리카, 몽고 등에서 방목사육하며, 한국, 일본에서도 사육한다. 대별하여 장모종(長毛種), 단모종, 산악종(山嶽種)이 있으며, 메리노종(merino 種)과 육용의 영국종은 유명하다. 모피는 섬유 및 공업용, 지방은 비누제조용으로 사용된다. 양은 젖(신 32:14; 사 7:21-22), 고기(신 14:4; 삼상 25:18; 암 6:4)등의 음식물은 물론, 가장 중요한 양털을 산출한다(욥 31:20; 잠 27:26). 양은 온순함과 인내 강한 성질 때문에(사 53:7), 또는 속죄 제물로 쓰이므로(레 4:32; 5:6과 레 14:10; 민 6:14 비교), 세상 죄를 지시는 그리스도의 형(型)으로 되어 있다(요 1:29).

97) "이리": 개(犬)과의 짐승으로 산에 살고 있다. 개 비슷한데 늑대와 승냥이보다 크다.

하신다(눅 10:3). 즉 '예수님께서 사도들을 보내시는 것이 마치 온순한 양(요 10:11, 14, 27-28)을 포학한 이리(9:36; 겔 22:27; 습 3:3; 행 20:29) 가운데로 보냄과 똑 같다'고 하신다. 예수님은 70인 전도 대를 보내실 때도 같은 말씀을 하셨다. 즉 "갈지어다 내가 너희를 보냄이 어린 양을 이리 가운데로 보냄과 같도다"라고 하셨다. 예수님은 이때나 저때나 전도자를 파송하실 때는 똑 같은 심정이시다. 사실 양 같은 전도자들을 보냄이 세상 이리 떼 같은 불신자들 가운데 보내는 것이 참으로 위험한 일이지만 예수님은 그들을 보호하신다는 뜻으로 "내가 너희를 보내는 것"이라고 하신다. 보냄을 받는 전도자들은 얼마나 든든할 것인가.

예수님께서 그들을 돌보실 것이지만 그러나 그들은 그들대로 여러 가지로 대처하라고 하신다. 즉 "그러므로 너희는 뱀 같이 지혜롭고 비둘기 같이 순결하라"고 하신다(롬 16:19; 고전 14:20; 엡 5:15; 빌 2:15). 양이 이리가운데로 파송 받는 것처럼 위험한 상황인고로 첫째, 사도들은 "뱀 같이 지혜로워야" 한다고 하신다. 뱀은 간교하고 지혜가 있는 동물로 구약 시대부터 묘사되어 왔다(창 3:1; 시 58:5). 사도들은 위험한 환경, 대적하는 환경 속에서 지혜롭게 행해야 했는데 지혜롭게 행하기 위해서는 하나님께 지혜를 구해야 했다. 솔로몬은 지혜를 구하여 백성을 통치했다(왕상 3:4-15). 둘째, 사도들은 "비둘기같이 순결해야" 한다고 하신다(아 1:15; 5:2). 사도들은 바로 말하고 또 바로 행동하는 지혜도 있어야 하나 그들의 말과 행동의 동기가 순전하며 행위도 순수해야 했다.[98] 사도들은 지혜로운 자들이 되고 아주 기민한 자들이 될 때 거짓을 범할 수 있는 고로 항상 그리스도를 중심한 순전한 말과 순수한 행위를 가져야 한다.

마 10:17. 사람들을 삼가라 그들이 너희를 공회에 넘겨주겠고 그들의 회당에서

털빛은 변화가 많고 흔히 회갈색 바탕에 검은 털이 섞여 있다. 성질은 사납고 육식성인데 때로는 사람을 해치기도 한다.

98) 성경의 인물들 중에는 지혜롭고 순결한 사람들이 많이 있다. 구약시대의 인물로는 다윗이 있고, 신약의 인물로는 바울 사도가 있다(행 24:16; 고전 9:22; 살전 5:22).

채찍질하리라.

예수님은 이리같이 포악한 사람들이 많은 사회로 제자들을 파송하시면서 "사람들을 삼가라 그들이 너희를 공회에 넘겨주겠고 그들의 회당에서 채찍질하리라"고 하신다(24:9; 막 13:9; 눅 12:11; 21:12; 행 5:40). 본문의 "사람들"이란 말은 일반 불신자를 지칭하기 보다는 앞 절과의 관계를 살필 때 '이리같이 포학하고 대적하는 사람들'을 지칭한다. 예수님께서 사도들에게 "사람들을 삼가라"고 하신 말씀은 전도의 현장에서 이리 같은 사람들을 경계하라, 또는 주의하라는 말씀이다. 아마도 사람들을 경계하는 방법으로는 여러 가지가 있었을 것이다. 사람들을 쉽게 믿지 말 것이고, 사람들을 책망하지 말 것이며, 그들을 정죄하지 말 것이고, 그들의 질문을 받고 하나님께 그 답을 구할 것 등을 들 수 있을 것이다.

예수님께서 사람들을 삼가라고 하시면서 구체적으로 경계할 사람들을 말씀하신다. 첫째, "그들이 너희를 공회에 넘겨줄 것"이라고 하신다. 여기 "공회"란 말은 '23명의 의원들로 구성된 유대인의 법정'을 지칭하는데 이 법정은 유대인의 모든 주요 도시에 있었다(헤르만 리델보스). 그리고 이 공회의 최고부는 예루살렘에 있었던 산헤드린 공의회였다(5:21, 27; 6:12, 72명으로 구성되어 있었음). 둘째, "그들의 회당에서 채찍질하리라"고 하신다. 여기 "회당"이란 말은 공회와는 달리 예배 장소로 사용되었고 재판이 열리기도 했으며 자녀 교육장소로도 사용되던 장소였다. 그런데 이런 장소에서 전도자들을 매질했다(행 22:19). 그러니까 체형은 공회에서 뿐 아니라 회당에서도 가해졌음을 알 수 있다.

마 10:18. 또 너희가 나로 말미암아 총독들과 임금들 앞에 끌려가리니 이는 그들과 이방인들에게 증거가 되게 하려 하심이라.

셋째(첫째, 둘째는 앞 절 하반 절에 있다), "너희가 나로 말미암아 총독들과 임금들 앞에 끌려가리라"고 하신다(행 12:1; 24:10; 25:7, 23; 딤후 4:16). 예수님은 사도들이 예수님을 전파하기 때문에 총독들과 임금들 앞에 끌려가서 심문을 받고 고문을 받으리라고 하신다. 여기 "총독들"이란 '본디오 빌라도, 벨릭스, 베스도 같은 높은 직위에 있는 사람들'을 지칭하고 "임금들"이란 '이방의 임금들'을 지칭한다. 예를 들어 헤롯 아그립바 I세(행 12:1), 아그립바 II세(행 25:13, 24, 26) 등을 말한다.

예수님은 사도들이 그들에게 끌려가는 이유는 사도들에게 무슨 잘 못이 있어서가 아니라 "그들과 이방인들에게 증거가 되게 하려 하심이라"고 말씀하신다. 즉 '총독들이나 임금들과 이방 사람들에게 예수님을 증거하기 위해서'라고 하신다. 사도들이 그런 사람들에게 끌려가서 예수님을 증언할 때 성령께서 역사하셔서 총독들이 예수님을 알게 되고 또 이방의 임금들도 예수님에 대해서 듣는 중에 성령께서 역사하여 그들로 하여금 예수님을 알게 하려 하신다는 것이다.

마 10:19-20. 너희를 넘겨 줄 때에 어떻게 또는 무엇을 말할까 염려하지 말라 그 때에 너희에게 할 말을 주시리니 말하는 이는 너희가 아니라 너희 속에서 말씀하시는 이 곧 너희 아버지의 성령이시니라.

예수님은 사도들에게 박해 받을 때에 전혀 염려 말라고 하신다(6:25, 31; 참조). 예수님은 "너희를 넘겨 줄 때에 어떻게 또는 무엇을 말할까 염려하지 말라"고 하신다(막 13:11-13; 눅 12:11; 21:14-15;). 즉 '공회에 넘겨줄 때에, 그리고 회당에 넘겨줄 때에, 또 총독들과 이방의 임금들에게 넘겨줄 때에 어떻게 말할까 또는 무슨 내용으로 말할까 염려하지 말라'고 하신다. 어떤 방식으로 말해야 할까 또 무슨 말을 해야 할까하고 미리 염려하거나 걱정하지 말라는 것이다. 이유는 "그 때에 너희에게 할 말을 주시리니 말하는 이는 너희가 아니라 너희 속에서 말씀하시는 이 곧 너희 아버지의 성령이시라"고 하신다(출 4:12; 삼하 23:2; 렘 1:7; 행 4:8; 6:10; 딤후 4:17). 바로 공회에서나 회당에서 그리고 총독들 앞에서나 임금들 앞에서 말해야 할 바로 그 때에 제자들의 심령 속에서 역사하시는 성령께서 말씀을 주실 것이라고 하신다. 성령께서 말씀을 주시니 그 말씀이야 말로 강력한 말씀이다(행 4:8-12; 5:29-32; 7:1-53; 26:2-29). 전도자는 강단에서 설교할 때에도 성령께서 주시는 말씀을 선포할 수 있다. 성경을 많이 읽고 묵상하고 연구하며 기도하고 설교를 작성하면 성령님의 인도를 받아 참으로 은혜로운 말씀을 전할 수가 있다. 사도들은 벌써 이때에 성령으로 거듭나 있었다. 오늘 우리도 우리 혼자 고생하는 것이 아니라 성령께서 함께 하시는 줄 알고 염려하지 말아야 한다.

예수님은 성령을 "너희 아버지의 성령"이라고 묘사한다. 성령님은 때로는 '주의 영'으로 불리기도 하고(사 11:2), 때로는 '그리스도의 영'(롬 8:9; 갈 4:6)으로 묘사되기도 한다. 마가와 누가는 아무런 형용사 없이 그냥 "성령"이라고 표현하고 있다.

마 10:21. 장차 형제가 형제를, 아비가 자식을 죽는 데에 내주며 자식들이 부모를 대적하여 죽게 하리라.

예수님은 제자들이나 성도들이 예수님을 믿고 전하기 때문에 당할 박해는 가족 안에서도 이루어진다고 하신다. 예수님은 "장차 형제가 형제를, 아비가 자식을 죽는 데에 내주며 자식들이 부모를 대적하여 죽게 하리라"고 하신다(35-36절; 미 7:6; 눅 21:16). 즉 '장차, 믿지 않는 형제가 믿는 형제를 죽음으로 내어주고, 믿지 않는 아버지가 믿는 자식을 예수님을 믿는다는 이유 때문에 죽음으로 내주고, 믿지 않는 자식들이 믿는 부모들을 대적하여 죽게 할 것이라'고 하신다. 이런 일이 있을 것이라는 말씀은 벌써 미가 7:5-6에 예언되어 있다. "너희는 이웃을 믿지 말며 친구를 의지하지 말며 네 품에 누운 여인에게라도 네 입의 문을 지킬지어다. 아들이 아버지를 멸시하며 딸이 어머니를 대적하며 며느리가 시어머니를 대적하리니 사람의 원수가 곧 자기의 집안 사람이리로다"라고 예언한다. 예수님을 믿는다는 것은 믿지 않는 것과는 천리만리 떨어진 것이다. 약간 차이가 나는 것이 아니다. 절대적으로 차이가 난다. 오늘날은 이런 정도의 차이를 느끼지 못하는데 그 이유는 오늘날 사람들의 믿음이 약화되어 있기 때문이다. 참으로 믿는 사람들은 가족 내에서도 박해를 받을 줄 각오해야 한다. 이유는 믿지 않는 자가 믿는 자를 미워하기 때문이다. 예수님을 믿는 자가 받을 미움이나 박해는 사회 전반에서 일어난다.

마 10:22. 또 너희가 내 이름으로 말미암아 모든 사람에게 미움을 받을 것이나 나중까지 견디는 자는 구원을 얻으리라.

예수님은 "또 너희가 내 이름으로 말미암아 모든 사람에게 미움을 받을 것이라"고 하신다(눅 21:17). '제자들은 예수님 때문에 즉 예수님을 믿고 전하기 때문에 모든 계층의 사람들에게 미움을 받을 것이라'고 하신다. 여기 "모든 사람"이란 한 사람도 빠짐없이 모든 사람을 의미하는 말이 아니라 모든 계층의 사람들을 의미한다. 모든 인종의 사람들, 모든 신분의 사람들, 모든 직위의 사람들, 남녀 구별 없이, 연령도 차별 없이 모든 사람들을 지칭한다(막 1:37; 5:20; 11:32; 눅 3:15; 요 3:26; 딤전 2:1; 딛 2:11). 제자들이나 성도들은 예수님을 믿기 때문에 그리고 전하기 때문에 모든 계층의 사람들에게 미움을 받고 더 심하게는 박해를 받는다.

이렇게 미움을 받고 박해를 받아도 그 미움이 끝이나고 구원을 받을 때가 있다고 하신다. 즉 "나중까지 견디는 자는 구원을 얻으리라"하신다(24:13; 단 12:12-13; 막 13:13). 여기 "나중"(τέλος)이란 말은 "끝"이란 뜻이다. "끝"이란 말은 '개인 생명의 끝'을 지칭하고(요 16:33; 딤후 3:12) 또 '세상 끝'을 지칭한다(살후 1:7; 계 11:10-12). 사도들이 세상 끝까지 살지 못하니 그들은 자신들의 생명의 끝까지만 미움을 받으면 되는 것이고 일반 성도들도 세상 끝까지 살지 못하는 사람들은 자신의 생명의 끝까지 미움과 박해를 견디면 되는 것이다. 아무튼 미움과 박해는 세상 끝까지 계속된다. 이유는 사탄이 그때까지 계속해서 존재하면서 우리를 미워하고 박해하기 때문이다. 우리는 우리 생애의 끝까지 세상의 미움과 박해를 받으며 참아야 하는데 우리가 참는 것이 아니라 우리 안에서 역사하시는 성령께서 참을 힘을 주심을 알아야 한다.

마 10:23. 이 동네에서 너희를 박해하거든 저 동네로 피하라 내가 진실로 너희에게 이르노니 이스라엘의 모든 동네를 다 다니지 못하여서 인자가 오리라.

예수님은 자신 때문에 미움을 받고 박해를 받는 사도들과 성도들에게 "이 동네에서 너희를 박해하거든 저 동네로 피하라"(ὅταν δὲ διώκωσιν ὑμᾶς ἐν τῇ πόλει ταύτῃ, φεύγετε εἰς τὴν ἑτέραν)고 하신다(2:13; 4:12; 12:15; 행 8:1; 9:25; 14:6). 여기 "저 동네로"(εἰς τὴν ἑτέραν)란 말은 '박해가 없는 전혀 새로운 동네'를 지칭한다. 헬라어를 보면 박해가 없는 전혀 새로운 동네를 지칭하는 말로 예수님의 제자들은 '어떤 한 동네에서 박해를 받으면 전혀 새로운 동네, 전혀 박해가 없는 새로운 다른 동네로 피하라'고 하신다. 예수님도 한 곳에서 박해를 받으셨을 때 다른 곳으로 피해가셨고(눅 4:30; 요 8:59; 10:39), 베드로도 다른 곳으로 피했으며(행 12:17), 바울도 전혀 새로운 환경으로 피해서 전도했다(행 13:46, 51; 14:6, 20; 16:40; 17:10, 14). 바울은 전혀 새로운 다른 곳으로 가서 전도하다가 그 도시나 마을에서 다시 박해를 심하게 받으면 다른 곳을 피해가서 전도했다. 한 곳에서 박해가 심해지면 그곳은 이제 복음의 씨를 뿌린 곳이니 다른 곳으로 피해가라는 뜻인 줄 알고 박해가 없는 곳으로 피해갔다. 바울은 박해가 생길 때마다 다른 지역으로 옮겨가서 수많은 곳을 거치면서 그리스도를 전했다.

사도들이나 사도들을 계승한 전도자들이 박해를 피하여 동네를 옮겨가며 전도하다 보면 전도자들이 이스라엘의 모든 동네를 다 다니지 못하여서 예수님께서 오시리라고 하신다. 예수님은 전도자들이 이스라엘의 모든 동네에 들어가서 전도를 마치기 전에 오신다는 말씀이다. 예수님은 이 중요하고 장엄한 것을 말씀하시기 위하여 "내가 진실로 너희에게 이르노니"라는 언사를 사용하신다(5:18). 예수님은 중대한 발언으로 "이스라엘의 모든 동네를 다 다니지 못하여서 인자가 오리라"고 하신다. 여기 "이스라엘"이란 말이 무엇을 뜻하느냐 하는 것이다. 지리적인 이스라엘 즉 팔레스틴을 지칭하는 것이냐 아니면 지구상에 흩어져 있는, 택한 백성들(영적 이스라엘)을 지칭하느냐 하는 것이다. 다시 말해 지구상에 살고 있는 신령한 이스라엘을 지칭하는 것으로 볼 수도 있는데 문제는 본 절이 예수님의 종말의 재림을 언급하는 것으로 해석하기 어렵다는 것이다. 이유는 예수님께서 종말에 재림하실 때는 이스라엘의 모든 동네를 다 전도했을 때 오신다고 하셨기 때문이다(24:14). 따라서 예수님의 재림을 제외한 다른 해석을 시도하는 것이 바를 것으로 보인다. 제일 바람직한 견해는 예루살렘 멸망으로 보아야 할 것이다.

본문의 "인자가 오리라"(16:28)는 말씀이 무엇을 지칭하느냐를 두고 여러 견해가 있다. 1) 혹자는 예수님께서 12제자를 파송하신 후 주님께서 그들을 뒤따라가서 그들과 합류하시게(만나게) 되신다는 뜻이라고 한다. 그러나 이 견해는 "인자가 오리라"라는 표현과 맞지 않는 듯이 보인다. 예수님께서 말씀하신 "오리라"는 표현과 해석자의 합류한다는 표현은 맞지 않는 표현이다. 2) 예수님의 부활을 지칭한다는 견해(Jeremiah). 이 견해는 역사적인 정황에 잘 맞지 않는다. 예수님께서 부활하신 때는 사도들이 아직 본격적으로 박해를 받기 시작도 않은 때였다. 3) 오순절 성령 강림을 가리킨다는 견해(Chrysostom, Calvin, Beza, Matthew Henry, 박윤선). 이 견해도 역시 역사적인 정황과 잘 맞지 않는 듯이 보인다. 이유는 오순절 성령 강림 때는 사도들이 아직 본격적으로 박해를 받기 시작도 않은 때였다. 4) 예수님의 재림을 지칭한다는 견해(Arthur Robertson, Allen, Meyer, Homer A. Kent, William MacDonald, Ridderbos, Gundry, Louis A. Barbieri). 그런데 이 견해는 24:14과 조화되지 않는다. 본절은 모든 동네에 복음을 전파하지 않은 상태를 말하고 24:14은 모든 동네에 복음을 전파한 후에 그리스도께서 오신다고 했기 때문이다. 5) 예루살렘 멸망을 가리킨다는 견해(Lenski, Albert Barnes, J. T. Robinson, Donald Hagner, 이상근, 옥스퍼드 원어 성경대전). 이 견해가 가장 무난한 견해로 볼 수 있다.

ㄴ.박해 중에도 두려워하지 말라 10:24-33

예수님은 제자들에게 박해가 있을 것을 예고하시며 박해를 만날 때에 대비할 것을 교훈 하신(16-23절) 후 이 부분(24-33절)에서는 그리스도에게 박해가 있는 것처럼 그리스도를 따르는 제자들에게도 박해가 있을 것이라고 말씀하신다. 먼저 예수님은 그리스도를 따르는 제자들은 마땅히 박해를 받으리라고 알려주시고(24-28절), 박해를 받는 제자들에게 크게 격려하신다(29-33절).

마 10:24-25. 제자가 그 선생보다, 또는 종이 그 상전보다 높지 못하나니 제자가 그 선생 같고 종이 그 상전 같으면 족하도다 집 주인을 바알세불이라 하였거든 하물며 그 집 사람들이랴.

제자들에게 박해가 있을 것을 예고하시며 박해에 대비해야 한다는 것을 말씀하신(16-23절) 예수님은 이 부분(24-28절)에서 제자들이 박해를 만나도 놀라지 말라는 뜻으로 말씀하신다. 이유는 스승이 박해를 받는데 제자들이야 말할 것이 무엇인가라고 하신다. 예수님은 당시 격언처럼 돌았던 말씀을 인용하신다. 즉 "제자가 그 선생보다, 또는 종이 그 상전보다 높지 못하다"는 말씀을 인용하신다(눅 6:40; 22:27; 요 13:16; 15:20). 제자나 종은 선생이나 상전보다 높지 못한 것처럼 예수님께서 존경을 받지 못하신다고 하면 그 제자들도 역시 존경을 받지 못하는 것이고 또 예수님께서 박해를 받으신다고 하면 제자들도 역시 박해를 받게 된다는 것이다.

예수님은 또 "제자가 그 선생 같고 종이 그 상전 같으면 족하도다"고 못박아 말씀하신다. 즉 원수가 제자들을 더 나쁘게 대하지 않는다면 그것으로 제자들은 만족해야 한다고 하신다. 즉 더 심하게 대할 것이라는 뜻이다. 바리새인들은 예수님께서 이적을 행하시는 것을 보고 귀신의 왕 바알세불이 짚여서 행했다고 했으니 제자들을 역시 박해할 것이라고 하신다. 예수님은 "집 주인을 바알세불이라 하였거든 하물며 그 집 사람들이랴"고 하신다(12:24; 막 3:22; 눅 11:15; 요 8:48, 52). 즉 '예수님을 바알세불[99]이라고 불렀다면 제자들을 무엇이라 불렀겠느냐'고 하신다. 바리새인들은 예수님의 능력의 원천이 마귀라고 했으니 제자들을 박해하는 것은 당연한 일이라고 하신다(고전 12:27; 엡 2:19-20; 5:30). 예수님께서 제자들에게 이런 말씀을 하시는 이유는 예수님도 욕을 들으시고 박해를 받으셨으니 제자들도 박해를 받을 것을 예상하고 박해를 받을 때에

---

99) "바알세불": 신약에서는 귀신의 왕으로 되어있으며, 사단의 별명으로도 되어 있다(마 10:25; 12:24, 27; 막 3:22; 눅 11:15, 18, 19). 일반적으로 구약의 '바알세붑'에서 온 말이라고 한다(왕하 1:2). 이 구약의 명칭에 근거하여 신약에서도 수리아역과 라틴역 불가타(Versio latina vulgata)는 '바알세붑'(Beelzebub)이라고 읽고 있다. 언어학자들은 "바알세불"이란 말은 '오물의 주인' 또는 '똥의 왕'이라는 뜻이 있다고 한다.

의기소침하지 말고 용기를 가지고 그리스도를 증언하라고 하신다. 우리는 그리스도에게 속한 사람들로서 그리스도께서 받으셨던 박해를 피해갈 생각을 하지 말아야 한다.

마 10:26. 그런즉 그들을 두려워하지 말라 감추인 것이 드러나지 않을 것이 없고 숨은 것이 알려지지 않을 것이 없느니라.

예수님은 제자들이 원수들의 박해를 만날 때 두려워하지 말아야 할 이유를 벌써 앞에서도 두 가지로 말씀하셨다. 하나는 예수님께서 다시 오시기 때문이며(23절) 또 하나는 제자들이 예수님과 연합된 존재들, 결탁된 존재들이기 때문이라고 하셨다(24-25절). 그런고로 예수님은 "그런즉 그들을 두려워하지 말라"고 하신다. 위에 기록된 것들을 생각만 해도 두려워하지 않을 수 있는데 예수님은 본 절부터 33절에 이르기까지 두려워하지 말아야 할 이유를 몇 가지 더 말씀하신다.

제자들이 박해를 받을 때 두려워하지 말아야 할 첫째 이유(γάρ)는 "감추인 것이 드러나지 않을 것이 없고 숨은 것이 알려지지 않을 것이 없기" 때문이라고 하신다(12:36; 16:27; 전 11:9; 12:14; 막 4:22; 눅 8:17; 12:2-3; 롬 2:6, 16; 고전 4:5; 골 3:3-4; 계 2:23; 20:12-13). 즉 '주님께서 말씀하신 교훈(복음)이 당분간 감추어 있지만 그 언젠가는 반드시 드러나게 될 것이고 주님의 교훈이 당분간 숨어 있지만 그 언젠가는 반드시 알려지게 될 것이라'는 뜻이다. 하나님의 권능으로 드러내실 것이기 때문에 드러나게 된다고 하신다. 그런데 여기 "감추인 것" 혹은 "숨은 것"이 무엇이냐를 두고 견해가 약간 갈린다. 혹은 천국이라고 주장하기도 하고(헤르만 리델보스) 혹은 원수(바리새인)의 정체라고 주장하기도 한다(Lenski, Hendriksen, 이순한-이 학자들은 한편으로는 원수의 정체라고 주장하며 또 다른 한편으로는 복음이라고 말한다). 천국이라든지 혹은 원수의 정체라든지 하는 주장도 다 가능한 견해라고 보이지만 문맥으로 보아(다음 절) 예수님께서 말씀하신 교훈(복음)이라고 보는 것이 가장 타당할 것으로 보인다. 하나님은 그리스도와 복음을 반드시 드러내신다. 드러내시기 위해서 그리스도를 이 땅에 보내셨고 또 그리스도의 복음을 우리에게 주셨다.

마 10:27. 내가 너희에게 어두운데서 이르는 것을 광명한 데서 말하며 너희가 귓속말로 듣는 것을 집 위에서 전파하라.

이렇게 주님의 복음이 드러날 것이기 때문에 주님은 제자들에게 "내가 너희에게 어두운 데서 이르는 것을 광명한 데서 말하며 너희가 귓속말로 듣는 것을 집 위에서 전파하라"고 하신다. 하나님의 섭리로 모든 것은 백일하에 드러날 것이지만 또 전도자들은 전도자들대로 복음을 만천하에 전파해야 한다는 말씀이다. 예수님은 제자들에게 어두운 곳에서 말씀하신 것을 밝은데 나가서 전파하며 또 제자들이 귓속말[100]로 들은 것을 지붕위에서 전파하라고 하신다. 지붕위에서 전파하라는 말씀은 우리나라에서는 이해하기 어려운 말씀으로 유대인의 지붕은 평평해서 그 위에서 기도도 하고(행 10:9), 걸을 수도 있고(삼하 11:2) 담화할 수도 있고 가르칠 수도 있다. 그러니까 본문에서는 지붕을 강단으로 사용하라는 말씀이다. 예수님은 전도자들에게 귓속말로 들은 복음을 그대로 간직하고 있지 말고 큰 소리로 담대하게 전파하라고 하신다. 모든 것은 드러나게 되어 있으니 두려워말고 전파해야 한다.

마 10:28. 몸은 죽여도 영혼은 능히 죽이지 못하는 자들을 두려워하지 말고 오직 몸과 영혼을 능히 지옥에 멸하실 수 있는 이를 두려워하라.

둘째, 예수님은 바리새인들이나 원수들은 제자들의 "몸은 죽여도 영혼은 능히 죽이지 못하는 자들"이니 그들을 "두려워하지 말라"고 하신다(사 8:12-13; 눅 12:4; 벧전 3:14). 그러시면서 예수님은 참으로 두려워할 분을 소개하신다. 즉 "오직 몸과 영혼을 능히 지옥에 멸하실 수 있는 이를 두려워하라"고 하신다. '하나님은 우리의 몸과 영혼을 능히 지옥에 멸하실 수 있는 분(25:46; 막 9:47-48;

---

100) "귓속말"이란 '속삭이는 말로 말하는 것'을 지칭한다. 유대인이나 헬라인은 비밀을 말할 때 귓속말, 속삭이는 말로 했다고 한다. 우리 한국인도 마찬가지로 비밀을 말할 때 조용조용 말한다.

살후 1:9)이니 하나님만 두려워하라'고 하신다. 사실 하나님만 두려워할 때 원수들을 두려워하지 않을 수도 있는 것이다. 우리는 세상에서 아무 것도 두려워하지 말고 복음을 전파해야 한다.

마 10:29. 참새 두 마리가 한 앗사리온에 팔리지 않느냐 그러나 너희 아버지께서 허락하지 아니하시면 그 하나도 땅에 떨어지지 아니하리라.

셋째, 제자들이나 성도들이 박해자들을 두려워하지 말아야 할 이유는 복음의 원수들이 하나님께서 성도들을 돌보시는 일을 폐할 수 없기 때문이라고 하신다. 예수님은 이 진리를 본 절부터 31절까지 말씀하신다.

예수님은 "참새 두 마리가 한 앗사리온에 팔리지 않느냐"고 하신다. 여기 "한 앗사리온"[101]은 동전의 명칭으로 10분의 1 드라크마(로마의 화폐 단위)에 해당한다. 참새 두 마리가 한 앗사리온에 팔린다고 해도 하나님께서 돌보신다고 예수님은 말씀하신다(눅 12:6 참조). 예수님은 "그러나 너희 아버지께서 허락하지 아니하시면 그 하나도 땅에 떨어지지 아니하리라"고 하신다. 하나님은 참새 한 마리도 주장하시고 돌보시는데 제자들과 성도들을 반드시 돌보신다고 확언하신다. 그런고로 성도들은 조금도 두려워할 필요가 없다.

마 10:30-31. 너희에게는 머리털까지 다 세신 바 되었나니 두려워하지 말라 너희는 많은 참새보다 귀하니라.

예수님은 하나님께서 참새를 돌보시는데 성도들을 반드시 돌보신다고 말씀하시고 이제 본 절에서는 "너희에게는 머리털까지 다 세신 바 되었나니 두려워하지 말라 너희는 많은 참새보다 귀하니라"고 하신다(삼상 14:45; 삼하 14:11; 눅 21:18; 행 27:34). '하나님은 성도들의 머리털까지도 다 세시니 도무지 두려워하지 말라'고 하시며 '성도들은 많은 참새보다 귀하다'고 하신다. 무한히 크신

---

101) "앗사리온": 로마의 화폐의 일종으로, 소액동화. 라틴어 [아스 as]의 고형(古形) '앗사리우스 assarius'에서 온 것. 원래는 34g에 가까운 무게의 청동화였는데, 차츰 감량되어 데나리온의 16분의 1로 되었다. 중량 14g.

하나님은 무한히 작은 머리털까지 다 주관하시니 성도들은 무엇을 두려워할 것인가. 하나님은 오늘도 우리의 머리털 숫자까지 다 세시고 또 한 가닥의 머리털을 주관하시는 것을 알 때 세상에서 무엇을 염려하며 무엇을 겁낼 것이 있으랴. 하나님께서 우리의 머리털을 돌보시는 이유는 그의 자녀의 머리털이기 때문이다. 오늘 우리는 값싸게 팔리는 참새보다 수 천배 수 만배 귀한 존재라는 것을 알아야 한다(시 91:14-16; 116:15; 사 49:16; 호 8:8; 눅 12:32; 요 13:1; 14:3; 17:24; 요일 4:19; 계 3:2).

마 10:32. 누구든지 사람 앞에서 나를 시인하면 나도 하늘에 계신 내 아버지 앞에서 그를 시인할 것이요.

하나님께서 성도들을 돌보시는 고로(24-31절) 예수님은 본 절에서 제자들과 성도들이 담대하게 복음을 전해야 한다고 말씀하신다. 본 절 초두의 "그러므로"(οὖν)란 말(우리 성경에는 없으나 헬라어에는 이 말이 있다)은 본 절과 다음 절이 이 부분(24-33절)의 결론임을 말해주고 있다. 하나님께서 성도들을 돌보시는 고로(24-31절) 예수님은 제자들과 성도들이 담대하게 사람들 앞에서 예수님을 시인해야 한다고 격려하신다. "누구든지 사람 앞에서 나를 시인하면 나도 내 아버지 앞에서 그를 시인할 것이라"고 하신다(눅 12:8; 롬 10:9-10; 계 3:5). '어떤 전도자든지 사람들 앞에서 예수님을 구주라고 시인하면 예수님도 바로 그 사람을 하나님 앞에서 하나님의 아들로 인정하실 것이라'고 하신다. 여기 "시인한다"(ὁμολογήσει)는 말은 미래형으로 '공공연히 선언할 것이다,' '솔직하게 인정할 것이다'라는 뜻이다. 그리고 "나를 시인하면"(ὁμολογήσει ἐν ἐμοι)이란 말은 '나와 연합된 것을 공공연히 시인하면,' '나에게 속해 있음을 시인하면'이란 뜻이다. 이 낱말이 미래형인 것은 앞으로 많은 사람들 앞에서 전도자들이 예수님과 연합되어 있음을 고백하고 예수님과 일체임을 시인하며 예수님 때문에 구원받았음을 시인해야 할 것이라는 뜻이다. 우리는 사람들 앞에서 우리가 예수님과 결탁되어 있음을 시인해야 할 것이다. 우리가 예수님과 연합되어 있고 예수님으로부터 복을 받고 살고 있으며 예수님 위해서 죽을 수도 있음을 고백해야 한다. 그렇게 하면 예수님도 하나님 아버지 앞에서 그 사람을 시인하시겠다고 하신다. 즉 예수님께서 그 사람과 하나라는 것, 일체라는 것, 그 사람을 위해서 죽으셨음을 하나님 아버지 앞에서 거침없이 인정하실 것이라고 하신다.

마 10:33. 누구든지 사람 앞에서 나를 부인하면 나도 하늘에 계신 내 아버지 앞에서 그를 부인하리라.

예수님은 본 절에서 앞 절과 완전히 반대되는 말을 하는 사람들은 누두든지 하나님 아버지 앞에서 예수님으로부터 부인을 당하리라고 하신다. 우리는 본문의 "누구든지"라는 말에 주의해야 한다. 나 자신을 결코 제외시켜서는 안 된다. "누구든지 사람 앞에서 나를 부인하면 나도 하늘에 계신 내 아버지 앞에서 그를 부인하리라"고 하신다(막 8:38; 눅 9:26; 딤후 2:12). 본문의 "부인하면"(ἀρνήσηταί)이란 말은 부정과거 가정법으로 '참으로 부인하면,' '진정으로 거절하면'이란 뜻으로 우리가 예수님께 속하지 않았다는 것을 사람 앞에서 공언하면 예수님도 하늘에 계신 아버지 앞에서 그런 사람을 부인하리라고 하신다. 예수님께서 사람을 부인하신다면 그 사람이야 말로 비참한 것이고 암울한 것이며 불행이 극할 수밖에 없을 것이다. 하나님께서 우리를 돌보아주심으로 (24-31절) 우리는 사람들 앞에서 담대하게 예수님과 우리와의 관계를 분명하게 인정하고 예수님과 연합되어 있음을 말해야 할 것이다.

ㄷ.십자가를 질 것을 각오하라 10:34-39

예수님은 앞에서(24-33절) 박해 중에도 두려워하지 말라고 말씀하시고 이제 이 부분(34-39절)에서는 박해 중에도 그 박해를 받으면서 주님을 따르라고 하신다. 신앙인은 자기가 가지고 있는 신앙 때문에 세상에서 불화가 있는 것을 당연시하고(34-37절), 그 어려운 십자가를 지고 주님을 계속해서 따르라고 하신다(38-39절).

마 10:34. 내가 세상에 화평을 주러 온 줄로 생각하지 말라 화평이 아니요 검을 주러 왔노라.

예수님은 사람들의 잘 못된 고정관념을 깨뜨리신다. 즉 "내가 세상에 화평을 주러 온 줄로 생각하지 말라 화평이 아니요 검을 주러 왔다"고 하신다(눅 12:49, 51-53). '예수님이 세상에 화평을 주려고 오신 것이 아니라 도리어 검을 주러 왔다'고 하신다. 여기 "검"이란 다음 절의 "불화"란 말과 동의어로 사용되었다. 누가복음의 병행구절에는 "내가 세상에 화평을 주려고 온 줄로 아느냐 내가 너희에게 이르노니 아니라 도리어 분쟁하게 하려 함이로라"고 기록하고 있다. 그리스도를 믿는 자들과 믿지 않는 자들 사이에는 엄청난 간격이 있어 불화할 수밖에 없고 분쟁할 수밖에 없다. 단 우리는 그리스도 신앙을 양보하지 않는 범위에서 화평을 힘쓸 뿐이다(5:9).

마 10:35-36. 내가 온 것은 사람이 그 아버지와, 딸이 어머니와, 며느리가 시어머니와 불화하게 하려 함이니 사람의 원수가 자기 집안 식구리라.

예수님은 조금 더 구체적으로 신앙을 가진 자와 갖지 않은 자 사이에 불화하는 곳이 어디임을 밝히신다. 남남 사이만 아니라 식구들 사이에서도 불화하게 된다고 하신다(미 7:6; 눅 12:51). "사람이 그 아버지와, 딸이 어머니와, 며느리가 시어머니와 불화하게 하려 함이니." 한 가정의 식구가 중요하지만 예수님이 더 중요한고로 예수님을 믿는 식구는 예수님을 믿지 않는 식구와 불화하게 되고 분쟁하게 된다는 것이다. 아들과 아버지, 딸과 어머니, 며느리와 시어머니 사이가 그리스도 때문에 금이 가고 분쟁이 생기게 된다. 사실은 예수님께서 식구끼리 불화하게 하시려 오신 것이 아니라 예수님께서 오신 결과 그런 현상이 자연적으로 생긴다는 것이다. 그리스도를 믿는 사람들은 최대한 평화를 힘써야 하나 그리스도 신앙을 양보하고 포기하면서까지 평화할 수는 없는 일이다. 신앙을 양보하지 못하고 포기하지 못하니 그리스도를 믿지 않는 식구와 알력이 생겨 원수관계가 된다(창 4:8; 삼상 25:2-3, 10-12, 23-31; 왕상 15:13; 시 41:9; 55:13; 미 7:6; 요 13:18).

마 10:37. 아버지나 어머니를 나보다 더 사랑하는 자는 내게 합당하지 아니하고 아들이나 딸을 나보다 더 사랑하는 자도 내게 합당하지 아니하며.

한 가정에서 불화 상태, 분쟁상태를 피하기 위해서 부모를 예수님보다 더 사랑하는 자나 아들이나 딸을 예수님보다 더 사랑하는 사람도 예수님께 합당하지 않다고 하신다(눅 14:26; 행 5:29). 우리는 부모님보다 예수님을 더 사랑하고 자식들보다 예수님을 더 사랑해야 한다. 예수님을 제일 사랑하면서 부모님이나 자식들을 다음으로 사랑하면 예수님으로부터 책망을 듣지 않게 된다. 막 10:29에는 예수님보다 더 사랑해서는 안 되는 항목을 몇 가지 말씀한다. 즉 "집과 전토"를 더 사랑하지 말라고 한다. 그리고 눅 14:26에는 "처와 형제와 자매"를 예수님보다 더 사랑하지 말라고 말씀한다. 오늘날은 다른 항목을 더 넣을 수가 있을 것이다(컴퓨터 게임, 관광지 여행 등).

마 10:38. 또 자기 십자가를 지고 나를 따르지 않는 자도 내게 합당하지 아니하니라.

예수님은 가정불화 혹은 식구 사이의 분쟁(34-36절)을 본 절에서는 "자기 십자가"란 말로 바꾸어 말씀하신다. 예수님은 가정불화 같은 어려움을 지고 계속해서 예수님을 따르지 않는 자는 예수님에게 합당하지 않은 사람이라고 하신다. 다시 말해 예수님의 제자가 아니라는 말씀이다.

"자기 십자가"란 '예수님을 따를 때 생기는 어려움'을 지칭하는 말이다. 예수님을 따를 때는 예기치 않은 어려움들이 생긴다. 때로는 어떤 불이익이 생기고 때로는 박해가 따르며 때로는 순교가 따른다. 그럴 때 신앙인은 그런 어려움들을 그냥 감수하면서 그리스도를 따라야 한다(16:24; 막 8:34; 눅 9:23; 14:27). 어떤 이들은 자기의 질병이나 다른 어려움들을 십자가라고 말하나 그런 것들은 대부분 죄 때문에 생긴 것들이다. 그런 것들을 자기 십자가라고 표현해서는 안 된다. 우리는 각자가 자기에게 생기는 십자가를 지고 평생 그리스도를 따라야 한다.

마 10:39. 자기 목숨을 얻는 자는 잃을 것이요 나를 위하여 자기 목숨을 잃는 자는 얻으리라.

가정의 불화상태 분쟁상태(34-36절)를 피하기 위해 그리스도 보다는 부모와 자식들을 더 사랑하고 아내를 더 사랑하며 자매들을 더 사랑하는 사람들 즉 자기 입장을 더 생각하고 자기의 위신을 세우는 사람들은 영원한 생명을 잃을 것이고 그 반대로 예수님을 믿고 또 예수님을 전하기 위하여 자기를 포기하고 자기를 희생하는 사람들은 영원한 생명을 얻으리라는 말씀을 하신다(16:25; 막 8:34-38; 눅 9:23-24). 16:26; 17:32-33; 요 12:25). 우리가 그리스도를 믿고 따르며 전하기 위하여 모든 것(목숨 포함하여)을 희생하면 영생을 얻을 뿐 아니라 세상의 생명도 풍성해진다.

d.전도자를 영접하는 사람들 10:40-42

예수님은 앞(34-39절)에서 예수님을 영접하여 믿는 자와 믿지 않는 자 사이에는 큰 불화가 있다고 하셨는데 이제 이 부분(40-42절)에서는 예수님을 믿지 않는 자들이 예수님을 믿고 전하는 사람들을 영접하는 사람들은 바로 예수님을 전하는 사람들이 받는 상급에 참여할 것이라고 하신다. 예수님은 이 부분에서 가정의 범위를 넘어 어디서든지 적용되는 말씀을 하신다.

마 10:40. 너희를 영접하는 자는 나를 영접하는 것이요 나를 영접하는 자는 나 보내신 이를 영접하는 것이니라.

예수님은 자신의 메시지를 가진 "너희를 영접하는 자는 나를 영접하는 것이요 나를 영접하는 자는 나 보내신 이를 영접하는 것이라"고 하신다(18:5; 눅 9:48; 10:16; 요 12:44; 13:20; 갈 4:14). 예수님께서 제자들을 보내셨으니(10:5) 제자들을 영접하는 사람들은 제자들을 보내신 예수님을 영접하는 것이고 또 성부 하나님께서 성자를 보내셨으니(15:24; 21:37; 막 9:37; 12:6; 눅 4:18; 10:16; 요 3:17, 34; 5:23-24; 9:4, 7; 10:36; 갈 4:4; 요일 4:9) 성자를 영접하는 것은 성부를 영접하는 것이라고 하신다. 요 13:20 참조. 우리는 전도자를 영접해야 한다. 그들을 영접하고 존경하며 물질적으로 잘 대접해야 한다.

마 10:41. 선지자의 이름으로 선지자를 영접하는 자는 선지자의 상을 받을 것이요 의인의 이름으로 의인을 영접하는 자는 의인의 상을 받을 것이요.

예수님은 자신의 제자들을 선지자로 인정하고 그 선지자(제자)를 자기 집으로 영접하고 대접하면 선지자(제자)가 받을 상을 받을 것이라고 하신다(왕상 17:10; 18:4; 왕하 4:8). 여기 "선지자의 이름으로"란 말은 '선지자이기 때문에,' '선지자로 알기 때문에,' '선지자로 간주하기 때문에'란 뜻이다. "이름"이란 '본체'를 뜻하는 것으로 '선지자의 이름'이란 '선지자 자신'을 지칭한다(6:9 참조).

예수님은 또 자신의 제자들을 의인으로 알고 또는 의인으로 간주하고 의인(제자)을 자기 집으로 영접하고 대접하는 사람은 누구든지 그 의인(제자)이 받는 상을 똑같이 받는다고 하신다. 여기 "의인"이란 '회개하고 의롭게 사는 사람,' '의에 주리고 목마른 사람으로 의롭게 사는 사람들'(6:1-2)을 지칭한다. 예수님의 제자들만 아니라 누구든지 그리스도의 말씀을 전파하는 목사들이나 전도자들을 하나님의 말씀을 전하는 선지자로 알고 영접하고 선대하는 사람들은 바로 그 목사와 전도자가 받을 상을 받을 것이다. 전도자를 영접하는 사람들은 전도자가 전하는 예수님을 영접하는 것이고 동시에 하나님을 영접하는 것이니 그 전도자가 받는 상을 받을 것이니 크게 영광스러운 일이다.

마 10:42. 또 누구든지 제자의 이름으로 이 작은 자 중 하나에게 냉수 한 그릇이라도 주는 자는 내가 진실로 너희에게 이르노니 그 사람이 결단코 상을 잃지 아니하리라 하시니라.

예수님은 앞(41절)에서 자신의 제자들을 선지자로 알고 영접하는 사람들, 또 의인으로 간주하고 대접하는 사람들이 상을 받을 것이라고 말씀하시고 본 절에서는 자신의 제자들은 사회적인 신분상으로 어느 정도인가를 말씀하시고 또 어느 정도 대접해서 상을 받는가를 가르치신다.

예수님은 "또 누구든지 제자의 이름으로 이 작은 자 중 하나에게 냉수

한 그릇이라도 주는 자는 내가 진실로 너희에게 이르노니 그 사람이 결단코 상을 잃지 아니하리라"고 하신다(8:5-6; 25:40; 막 9:41; 히 6:10). 즉 '누구든지 예수님의 제자라는 이유 때문에 사회적으로는 보잘 것 없는 작은 사람들 중 한 제자에게 냉수 한 그릇(팔레스틴에서는 냉수 한 그릇도 큰 것이었다)이라도 대접하는 사람들은 결코 상을 잃지 아니하리라고 하신다. 문장 중에 "내가 진실로 너희에게 이르노니"라는 말은 예수님에게 장엄하게 말씀하시기 위해서 사용하시는 어법이다. 그러니까 가장 작은 대접이라도 반드시 상을 받을 것이라고 말씀하신다. 그 상이란 현세에서도 받고(10:13), 예수님 재림하신 후에도 받는다(25:34-40).

제 11 장

세례 요한에게 답하심, 불신도시들에 심판선언, 안식에로 초청

7.세례 요한에게 답하시다 11:1-19

마태는 예수님께서 예수님 자신을 신앙하는 일 때문에 가정에까지 불화가 일어난다고 말씀하신 것을 기록하고(10:34-39) 또 예수님께서 예수님의 복음을 전하는 전도자들을 영접하는 사람들은 상급을 받는다고 말씀하신 것을 기록한(10:40-42) 다음 이 부분(11:1-19절)에서는 먼저 예수님께서 어떤 일을 하실 것인지에 대해 말씀하고(1절) 예수님께서 세례 요한의 질문(2-3절)에 대해 답하신 것(4-19절)을 기록한다. 1절은 사실은 앞 장 마지막 위치에 분류해 두어야 했는데 편의상 여기서 다룬다.

마태는 예수님께서 세례 요한에게 답하신 내용(4-19절)을 몇 가지로 요약한다. 첫째, 예수님 자신이 활동하시는 것을 보고 예수님이 메시아인 줄 알라고 말씀하시고(4-6절), 둘째, 세례 요한이 어떤 사람임을 사람들에게 말씀하시며(7-15절), 셋째, 나아가 세례 요한 같은 선지자를 몰라본 당시 세대를 책망하신다(16-19절). 이 부분(1-19절)은 눅 7:18-35과 병행한다.

마 11:1. 예수께서 열두 제자에게 명하기를 마치시고 이에 그들의 여러 동네에서 가르치시며 전도하시려고 거기를 떠나가시니라.

본 절은 내용상 앞 절 마지막에 놓아야 했는데 11장으로 분류되었기에 여기서 다룬다. 그러나 본 절이 2-19절까지의 서론 역할을 하는 것도 사실이다. 이유는 세례 요한이 질문하고 있는 예수님의 활동, 교훈, 전도 등에 관해 기록하고 있기 때문이다.

마태는 본 절에서 예수님께서 어떤 일을 하실 것에 대해 언급한다. 마태는 "예수께서 열두 제자에게 명하기를 마치시고 이에 그들의 여러 동네에서 가르치시며 전도하시려고 거기를 떠나가셨다"고 말씀한다. 여기 "여러 동네"란 '갈릴리의 여러 동네'를 지칭한다. 그리고 "열 두 제자에게 명하시기를 마치셨다"는 말씀은 '10:2-42의 교훈을 마치셨음'을 말한다. 그리고 마태는 예수님께서 열두 제자들에게 여러 가지 교훈을 주신 다음 "그들의 여러 동네에서 가르치시며 전도하시려고 거기를 떠나가셨다"고 말씀한다. 여기 "거기"라는 곳이 어디인지 정확히 알 수는 없으나 열 두 사도를 파송한 가버나움인 것으로 보인다. 예수님은 한 시도 가만히 계신 법이 없으셨다. 제자들을 교훈하신 다음에는 전도하시려고 떠나셨다. 본문의 "가르치시며 선노하시는 일"의 차이에 대해서는 4:23주해를 참조하라.

마 11:2-3. 요한이 옥에서 그리스도께서 하신 일을 듣고 제자들을 보내어 예수께 여짜오되 오실 그이가 당신이오니이까 우리가 다른 이를 기다리오리이까.
마태는 "요한이 옥에서 그리스도께서 하신 일을 듣고 제자들을 보내어 예수께 여쭈었다"고 말씀한다(14:3; 눅 7:18-19). 즉 '세례 요한이 감옥에서 그리스도께서 행하신 일을 듣고 제자들을 보내어 예수님께 여쭈었다.' 요한의 질문 내용은 "오실 그이가 당신이오니이까 우리가 다른 이를 기다려야 하겠습니까"라는 것이었다(창 49:10; 민 24:17; 단 9:24; 요 6:14). '이 땅에 오실 메시아(3:11; 시 40:7; 118:26; 단 7:13; 눅 3:16; 막 1:7; 요 1:27)가 바로 당신입니까? 우리가 다른 이를 기다려야 하겠습니까?'라는 것이었다. 본문의 "옥"이란 마케루스(Machaerus)에 있는 어두운 감옥을 지칭한다. 요한은 헤롯 안디바스에게 직언하다가 감옥에 갇혔다. 헤롯 안디바스가 동생의 아내를 자기 아내로 취한 것이 윤리적으로 잘 못 되었다고 말하다가 마케루스 감옥(사해 동쪽 8km, 사해 북쪽 끝에서 24km 지점에 있는 감옥)에 갇히게 되었다.[102) 그는 그곳에 갇혀있으면서

---

102) Josephus, *Jewish War* VII. 175: *Antiquities* XVIII. 119. 4:12주해를 참조하라.

그리스도께서 행하신 일들(5절-설교와 이적들)을 듣고 자기 제자들을 위해서 두 사람의 제자들(눅 7:19)을 예수님께 보내어 질문했다.

요한이 이렇게 예수님께 질문한 이유를 두고 학자들의 견해는 갈린다. 1) 요한 자신에게 예수님의 사역에 대한 의심이 생겨서 질문을 했다는 해석이 있다(Tertullian, Bruce, Gilmour, Lenski, Norval Geldenhuys, Plummer, Hendriksen, Joel B. Green, Bruce B. Barton, Dave Veerman, Herman Ridderbos, Linda K. Taylor, 이상근, 이순한). 렌스키(Lenski)는 "요한의 의심은 그의 신앙이 부딪힌 어려움에 의해서 발생하였다. 그것은 신앙에 기인한 의심이었다. 하나님은 예수가 메시아라는 것을 지적해주었었다(요 1:33-34). 예수는 메시아적인 모든 활동, 즉 첫째는 은혜의 활동(눅 3:3-6), 둘째는 심판의 활동을 행할 수 있었다. 그래서 요한은 믿고 전파했고 기대했다. 그러나 예수가 그의 활동을 계속했을 때 이것은 심판에 대한 하나의 신호적 행위조차 없는, 은혜에 지나지 않는 것처럼 보였다. 이것은 세례 요한이 예수가 행하고 있었던 것을 모두 들었을 때 그를 당황케 한 것이었다. 심판의 활동, 타작기의 휘두름, 도끼의 사용은 어디에 있었는가? 그것들은 없었다. 이것은 어떻게 설명되어야 할까? 이러한 심판의 활동을 수행할 다른 이가 뒤따라 올 것인가'라고 의아해 했다.[103] 그러나 세례 요한은 결코 예수님께서 자신을 구하여주지 않는다고 해서 예수님의 사역에 대해 그런 의심은 하지 않았을 것이다. 요한은 자기는 쇠하여야 한다고 말한 적이 있었는데(요 3:30) 지금 자기가 감옥에 갇힌 것이 바로 자기가 쇠하여 가는 한 과정으로 생각했을 것이다. 그리고 윌렴 헨드릭슨(William Hendriksen)은 "세례 요한은 '만일 예수께서 그처럼 능력이 많으시다면 왜 그는 내 투옥에 대해서 손을 쓰지 않으셨는가?'라고 의아하게 여겼을 것이다. 그러나 특히 요한이 볼 때에는 구주의 입으로부터 나왔던 은혜로운 말씀과 그가 행하셨던 자비로운 이적들이, 세례자인 자기가 그 분을 공중 앞에 공포했던 방법과는 일치하지 않았다. 그는 그 분을, 벌을 주고 소멸시키기 위해서 오신

103) 렌스키(Lenski), *누가복음* (상), 성경주석, pp. 351-52.

분으로 설명했었다(마 3:7, 10; 눅 3:7, 9)"고 말한다.[104] 그러나 렌스키나 윌렴 헨드릭슨의 해석은 세례 요한의 심리를 추론하는 데는 크게 기여하고 있지만 문맥을 살피는 데는 미흡한 것 같이 보인다. 예수님은 세례 요한의 신앙에 요동이 없었던 것으로 말씀하신다(눅 7:24-25절). 세례 요한은 예수님께서 세례를 받으실 때 성령을 통하여 예수님이 메시아이신 것을 이미 알았던(3:13-17) 고로 예수님에 대한 믿음이 흔들렸다고 보기는 어려울 것이다. 세례 요한은 여전한 신앙을 가지고 있었던 것으로 보아야 할 것이다. 2) 자기 제자들의 신앙을 굳게 하기 위해서라는 해석이 있다(Chrysostom, Hilary, Augustine, Luther, Calvin, Beza, Grotius, Ryle, Bengel, 박윤선). 요한은 아직도 자기의 제자들 중에서 예수님을 믿지 않는 사람이 있어 예수님을 믿게 하기 위해 그런 질문을 했을 것이다. 세례 요한은 자기의 제자들이 하루 빨리 예수님에게로 나아가야 하는데 아직도 나아가지 않고 세례 요한을 의지하고 혹은 가까이 따르는 사람들이 있어(눅 7:18) 제자들의 신앙을 위해 예수님께 질문하도록 만들었다. 이것은 세례 요한으로서 당연한 처세였다. 만약 세례 요한의 신앙이 흔들려서 이런 질문을 했다면 예수님께서 세례 요한을 칭찬하지 않고 책망하셨을 것이다. 예수님은 세례 요한을 크게 칭찬하셨다(눅 7:24-28). 더욱이 눅 7:19과 눅 7:20의 질문자가 세례 요한과 함께 "우리"로 되어 있는 것은 제자들의 신앙 교육을 위해 이 질문이 기획된 것으로 보인다. 전체적인 문맥을 살필 때 둘째 견해를 택하는 것이 바를 것으로 보인다(김수홍, *누가복음주해*)

마 11:4-5. 예수께서 대답하여 이르시되 너희가 가서 듣고 보는 것을 요한에게 알리되 맹인이 보며 못 걷는 사람이 걸으며 나병환자가 깨끗함을 받으며 못 듣는 자가 들으며 죽은 자가 살아나며 가난한 자에게 복음이 전파된다 하라. 예수님께서 세례 요한의 제자들에게 대답해주신다. "너희가 가서 듣고 보는 것을 요한에게 알리라"고 하신다. '너희가 요한에게 가서 내 설교를 듣고 또

104) 헨드릭슨(Hendriksen), *누가복음* (중), 헨드릭슨 성경주석, p. 43.

내가 이적을 행하는 것을 보고(5절) 요한에게 알리라'고 하신다. 예수님은 세례 요한에게 예수님 자신이 5가지 이적과 또 가난한 자에게 복음을 전파하시는 것을 말하라고 하신다. 예수님께서 이적을 행하시는 일이라든지 또는 가난한 자에게 복음을 전파하시는 일은 예수님이 바로 구약에 예언한 메시아라는 것을 증명하는 것이라고 하신다(사 29:18; 35:4-6; 42:7; 61:1; 요 2:23; 3:2; 5:36; 10:25, 38; 14:11;). 첫째, 예수님은 "맹인을 보게" 하시는 분이시고 둘째, 예수님은 "못 걷는 사람을 걷게" 하시는 분이시며 셋째, 예수님은 "나병환자를 깨끗하게" 하시는 분이시고 넷째, 예수님은 "못 듣는 자"를 고치시는 분이시며 다섯째, 예수님은 "죽은 자를 살리는 분"이라고 하신다. 그런데 이사야 35:4-6에는 메시아가 죽은 자를 살리실 것이라는 예언은 없는데 예수님은 실제로 죽은 자를 살리셨으니(눅 7:11-17) 예수님은 구약 예언 이상의 분이심을 알 수 있다. 세례 요한의 제자들은 이런 사실을 요한에게 전해야 한다고 하신다.

그리고 또 예수님 설교하신 것에 대해서 전하라고 하신다. 예수님에 의해서 "가난한 자에게 복음이 전파된다 하라"고 하신다(시 22:26; 사 61:1; 눅 4:18; 약 2:5). 즉 '영적인 걸인들, 다시 말해 영적으로 의와 선, 거룩, 평화, 기쁨이 없는 가난뱅이들에게 그리스도의 복음이 전파되어 의롭게 되고 선하게 되며 거룩하게 되고 평화하게 되며 기쁨이 충만해진다고 말하라고 하신다. 이 모든 것들을 요한에게 알려서 요한으로 하여금 제자들의 신앙교육에 유익을 주라는 내용이었다. 세례 요한은 예수님께서 세례를 받으실 때 성령을 통하여 예수님이 메시아이신 사실을 이미 믿었으니(3:13-17) 예수님께서 전해주시는 말씀을 근거하여 제자들을 교육하라는 것이다(김수홍, *누가복음주해*).

마 11:6. 누구든지 나로 말미암아 실족하지 아니하는 자는 복이 있도다 하시니라.

예수님은 역시 요한의 제자들에게 "누구든지 나를 인하여 실족하지 아니하는 자는 복이 있다"(And blessed is *he*, whosoever shall not be offended in me)고 하신다(13:57; 사 8:14-15; 24:10; 26:31; 롬 9:32-33; 고전 1:23; 2:14; 갈 5:11; 벧전 2:8). 그리고 이 말씀은 요한에게만 주신 것이 아니라 누구든지 복을 받기

원하는 자에게 주신다. 복을 받기 원하는 자는 누구든지 "나를 인하여"(in Me) 즉 '예수님 안에서' 실족하지 아니해야 한다는 것이다. 다시 말해 누구든지 예수님께서 설교하시는 것을 듣고 또 예수님께서 행하시는 이적을 보고 떨어져 나가지 않으면 구원을 받는다고 하신다. 오늘도 누구든지 예수님을 믿는 믿음에서 떨어져 나가지 않으면 구원을 받는다. 요한은 이 메시지를 받고 자기의 제자들을 교육시켜야 했다.

마 11:7. 그들이 떠나매 예수께서 무리에게 요한에 대하여 말씀하시되 너희가 무엇을 보려고 광야에 나갔더냐 바람에 흔들리는 갈대냐.

세례 요한이 보낸 제자들이 "떠나매" 예수님은 무리에게 요한의 훌륭한 점들을 여러 가지로 말씀하신다(7-15절; 눅 7:24). 예수님은 세례 요한이 보낸 제자들이 그 현장에 있을 때 세례 요한을 칭찬하신 것이 아니라 그들이 떠난 후 여러 가지로 칭찬하셨다. 오늘 우리는 사람의 면전에서나 뒷전에서나 똑 같이 사람을 평해야 한다. 예수님께서 세례 요한을 칭찬하신 것을 보면, 첫째, 요한은 갈대 같은 사람이 아니라고 말씀하신다. 예수님은 무리를 향하여 "너희가 무엇을 보려고 광야에 나갔더냐 바람에 흔들리는 갈대냐"고 물으신다(엡 4:14 참조). '너희가 무엇을 보려고 그렇게 많이 광야에 나갔던 것이냐? 바람에 흔들리는 갈대냐?'고 물으신다. 세례 요한이 광야에서 회개를 외치고 세례를 베풀 때 무수한 사람들이 나갔었는데(3:1) 그 때 무리들이 세례 요한을 갈대 같은 사람으로 알고 나갔던 것이냐고 물으신다. 예수님은 세례 요한은 절대로 갈대 같은 사람이 아니라고 강변하신다. 예수님은 세례 요한을 알아주신다. 세례 요한은 믿음이 확고부동한 사람이었다. 우리는 우리의 심령 속에 갈대 같은 흔들리는 요소를 제거해야 한다. 예수님을 분명히 모시고 든든히 서 있어야 한다.

마 11:8. 그러면 너희가 무엇을 보려고 나갔더냐 부드러운 옷 입은 사람이냐 부드러운 옷을 입은 사람들은 왕궁에 있느니라.

둘째, 예수님은 세례 요한이 검소하게 사는 선지자라고 칭찬하신다. 예수님은 무리를 향하여 "그러면 너희가 무엇을 보려고 나갔더냐 부드러운 옷 입은 사람이냐 부드러운 옷을 입은 사람들은 왕궁에 있느니라"고 하신다. '갈대 같이 흔들리는 사람을 보려고 나간 것이 아니라면 무엇을 보려고 나갔더냐'고 질문하신다. 예수님은 '부드러운 옷을 입은 사람을 보려고 나갔더냐?'고 물으신다. 예수님은 군중의 대답을 기다리시지 않고 "부드러운 옷을 입은 사람들은 왕궁에 있다"고 하신다. 요한은 결코 화려하게 옷을 입고 화려하게 사는 사람이 아니라 그는 약대 털옷을 입고 허리에 가죽 띠를 띠고 검소하게 사는 사람이었다고 인정하신다(3:4). 우리는 세상에 취하여 호화찬란하게 사는 사람들이 아니라 하나님의 말씀을 따라 검소하게 전제 있게 살아가는 사람들이 되어야 한다.

마 11:9. 그러면 너희가 어찌하여 나갔더냐 선지자를 보기 위함이었더냐 옳다 내가 너희에게 이르노니 선지자보다 더 나은 자니라.

셋째, 예수님은 세례 요한이 구약의 다른 선지자들보다도 위대한 선지자라고 칭찬하신다. 예수님은 무리에게 "그러면 너희가 어찌하여 나갔더냐 선지자를 보기 위함이었더냐 옳다 내가 너희에게 이르노니 선지자보다 더 나은 자니라"고 세례 요한을 칭찬하신다(14:5; 21:26; 눅 1:76; 7:26). 즉 세례 요한이 호화롭게 사는 사람이 아니라고 하면 어찌하여 광야에 나갔던 것이냐고 무리에게 물으신다. 예수님은 무리의 대답을 기다리시지 않고 무리를 향하여 선지자를 보려고 나갔더냐고 물으시고, 역시 대답을 기다리시지 않고 예수님께서 친히 무리에게 말씀하시기를 세례 요한이야 말로 일반 선지자보다 나은 선지자라고 칭찬하신다. 예수님은 무리가 세례 요한을 선지자로 알고 광야에 나간 것은 바른 것이라고 인정하신다. 세례 요한이 일반 다른 선지자들보다 나은 이유는 바로 다음 두 절에서 설명된다.

마 11:10. 기록된바 보라 내가 내 사자를 네 앞에 보내노니 그가 네 길을 네 앞에 준비하리라 하신 것이 이 사람에 대한 말씀이니라.

예수님은 세례 요한이 일반 다른 선지자보다 더 훌륭한 이유는 바로 세례 요한은 구약 말라기 3:1이 예언한 예언의 대상이라는 점이라고 하신다. 다른 선지자들은 멀리서 예수님께서 오실 것을 예언했는데 세례 요한은 구약의 말라기 선지자가 예언한 예언의 대상이라는 것이다. 예수님은 구약 말라기 3:1(히브리어에서 인용-"보라 내가 내 사자를 보내리니 그가 내 앞에서 길을 준비할 것이요")을 인용하여 해석을 하신다. 즉 "보라 내가 내 사자를 네 앞에 보내노니 그가 네 길을 네 앞에 준비하리라 하신 것이 이 사람에 대한 말씀이니라"고 인용하신다(말 3:1; 막 1:2; 눅 1:76; 7:27). '보라 하나님 내가 내 사자(세례 요한)를 네(예수) 앞에 보내노니 그(세례 요한)가 네(예수) 길을 네(예수) 앞에 준비하리라'고 하나님께서 말라기 선지자를 통하여 예언하셨는데 예수님은 이 말라기의 예언(3:1)이 바로 "이 사람에 대한 말씀이라"고 하신다. 다시 말해 '세례 요한에 대한 말씀이라'고 해석하신다. 다른 선지자들은 예수님을 멀리서 예언했는데 세례 요한은 예수님보다 조금 먼저 와서 사람들로 하여금 예수님을 믿도록 길잡이를 했다는 점에서 다른 선지자들보다 위대하다는 것이다. 그러니까 세례 요한은 예언의 대상이었고 또 예수님 가까이에서 예수님을 예언하고 예수님의 길잡이를 했다는 점에서 훨씬 위대한 선지자였다.

마 11:11. 내가 진실로 너희에게 말하노니 여자가 낳은 자 중에 세례 요한보다 큰 이가 일어남이 없도다 그러나 천국에서는 극히 작은 자라도 그보다 크니라.
예수님은 세례 요한이 위대한 선지자였다는 것을 계속해서 말씀하신다. 예수님은 세례 요한이 위대한 선지자였다는 것을 강조하시기 위해서 "내가 진실로 너희에게 말하노니"라는 언사를 사용하신다. 그런 언사를 사용하시면서 예수님은 "여자가 낳은 자 중에 세례 요한보다 큰 이가 일어남이 없다"고 하신다. '여자가 낳은 선지자들 중에 세례 요한보다 더 큰 선지자가 나타난 일이 없다'고 하신다.

예수님은 "그러나 천국에서는 극히 작은 자라도 그보다 크다"고 하신다. '신약 시대에서는 극히 작은 제자나 성도라도 세례 요한보다 크다'는 말씀이다. 여기 "하나님의 나라"란 다름 아니라 예수님으로 말미암아 오고 있는 하나님 나라를 지칭한다. 예수님은 사람들로 하여금 "회개하라. 천국이 가까웠느니라" 고 말씀 하셨는데(4:17; 10:7) 이제 예수님의 복음 운동으로 말미암아 하나님의 통치가 임하고 있었다. 세례 요한이 감옥에 갇혀있는 동안 예수님은 계속해서 사역하고 계셔서 하나님의 나라가 오고 있었다. 세례 요한도 역시 하나님의 나라에 속해 있었으나 예수님으로 말미암아 오고 있던 하나님의 나라에 속해 있었던 다른 제자들이나 성도들보다는 예수님의 계시를 덜 접하게 되었다. 다시 말해 세례 요한은 예수님의 복음 운동에 덜 참여하게 되었다. 따라서 복음 운동에 덜 접하게 된 요한은 예수님의 계시에 더 접하게 된 신약 시대의 사도들이나 성도들보다는 덜 위대하다는 것이다. "천국에서 극히 작은 자"가 누구인가를 규명하는데 있어서 많은 해석이 주어졌다. 1) 혹자들은 '가장 작은 천사'라고 해석한다. 그러나 세례 요한을 사람이 아닌 천사와 비교하는 것은 받아드리기 어려운 해석이다. 2) 혹자들은 '예수님 자신'을 지칭하는 것으로 해석한다. 그러나 세례 요한을 예수님과 비교하는 것은 문맥에 맞지 않는다. 3) '그리스도의 십자가와 부활, 그리고 오순 절 성령 강림을 경험한 지극히 작은 사역자(성도)'라고 해석하는 것이 바른 해석일 것이다(Calvin, Meyer, Ryle, Alford, Bengel, Carr, Bruce, Plummer, Hendriksen, Merrill C. Tenney, 박윤선). 세례 요한은 예수님의 십자가와 부활 그리고 오순절을 경험하지 못한 선지자이니 그 모든 것을 경험하면서 예수님을 믿었던 신약의 성도들보다도 작다는 뜻이다. 세례 요한은 예수님의 초림과 또 초기 사역을 예언한 선지자로서 구약시대의 그 어떤 선지자보다도 큰 선지자였지만 그는 신약시대의 사역자(성도 포함), 곧 예수님의 대속의 십자가와 부활을 경험하고 오순절에 성령을 체험한 성도들에 비하면 작다는 내용이다. 예수님을 더 안다는 것, 예수님을 더 가까이 섬긴다는 것은 참으로 엄청난 사건이다. 그리스도의 계시를 접한다는 것은 참으로 엄청난 복이다. 사람의 크고 작음은 그리스도를 얼마나 경험했느냐에 달려 있다. 구약 시대에 멀리 그리스도를 바라본 선지자들보다 요한이 더 가까이 대했기에 더 위대했고 또 요한보다는 그리스도의 계시를 충분히 경험했던 사도나 성도들이 더 컸다. 겸손히 그리스도를 모셨던 사도들이나 성도들이 그렇지 못했던 성도들보다 더 크다는 칭찬을 들었다. 우리가 그리스도로 충만하고 그리스도로 옷 입고 산다면 우리는 그 누구보다도 더 클 수가 있다는 것을 알아야 할 것이다. 꼭 같은 시대를 살고 또 똑같은 기간을 살아도 예수님을 얼마나 더 경험하느냐 하는 정도에 따라 크기에 차이가 생긴다고 할 수 있다(김수홍, *누가복음주해*).

마 11:12. 세례 요한의 때부터 지금까지 천국은 침노를 당하나니 침노하는 자는 빼앗느니라.

넷째, 예수님은 세례 요한의 놀라운 사역을 칭찬하신다. 예수님은 "세례 요한의 때부터 지금까지 천국은 침노를 당하고 있다"고 말씀하신다(눅 16:16). 즉 '세례 요한이 사역하던 때부터 바로 지금까지 천국이 침노를 당하고 있다'고 하신다. 세례 요한은 사람들을 자기에게로 시선을 집중하게 하지 않고 모든 사람으로 하여금 예수님을 바라보게 함으로써 예수님의 나라(영역)가 침노를 당하게 했다는 것이다. 요한은 예수님을 뵈었을 때 "보라 세상 죄를 지고 가는 하나님의 어린 양이로다"라고 소개했다(요 1:29, 36). 요한은 자신이 요단강에서 한참 세례 사역을 행하고 있을 때 "나는 너희로 회개하게 하기 위하여 물로 세례를 베풀거니와 내 뒤에 오시는 이는 나보다 능력이 많으시니 나는 그의 신을 들기도 감당하지 못하겠노라"고 말했다(3:11). 그리고 그는 자기의 제자들이 예수님 앞으로 몰린다는 말을 듣고 그것은 당연한 것이라고 말했다. 요한은 "그(예수)는 흥하여야 하겠고 나는 쇠하여야 하리라"고 말했다(요 3:30). 이렇게 요한의 사역으로 말미암아 자기의 제자들뿐 아니라 많은 사람들이 예수님 앞으로 나아갔기에 사람들은 천국을 침노하는 사람들이 되었다.

본문의 "천국은 침노를 당하나니"란 말은 '세리들과 죄인들, 그리고 이방인들이 예수님 앞으로 몰려와서 천국의 삶을 살고 있다'는 뜻이다(9:10; 눅 15:1). "침노를 당하나니"(βιάζεται)란 말은 수동태로도 볼 수 있고 혹은 중간태로도 볼 수 있다. 중간태로 보면 '스스로 침입하다' 혹은 '스스로 힘에 의하여 압도하다'라는 뜻이고, 수동태로 보면 '침입을 당하다' 혹은 '힘에 의하여 압도당하다'

라는 뜻이다. 혹자는 이 동사를 중간태로 보기고 하고(Zahn), 혹자는 수동태로 취급하기도 한다(William Hendriksen). "비아제타이"(βιάζεται)라는 동사를 어떻게 취급하든 결국 뜻은 같다. 중간태로 취급하면 '예수님의 천국은 힘 차게 사탄의 영역을 침략하다'라는 뜻이 되고, 수동태로 보면 '예수님의 천국이 많은 사람들에 의해 침입을 받다'는 뜻이 된다. 예수님의 천국이 많은 사람에 의해서 침입을 받는 것은(많은 사람들이 예수님 앞으로 나아오는 것) 결국 사탄의 영역으로 침입하는 것이 된다. 세례 요한은 큰일을 해냈다. 그의 사역으로 말미암아 수많은 사람들이 그리스도 앞으로 나아가서 천국의 삶을 살게 했으니 말이다. 우리는 많은 사람을 내 앞으로 끄는가 아니면 예수님 앞으로 모아주고 있는가. 우리는 인기를 모으려고 할 것이 아니다.

본문의 "침노하는 자는 빼앗느니라"는 말은 '힘 있게 침입하는 사람들은 결국은 빼앗게 된다'는 뜻으로 '예수님 앞으로 나아오는 사람은 천국을 빼앗는다'는 뜻이고 혹은 위의 "비아제타이"(βιάζεται)라는 낱말을 중간태로 취급하면 '천국은 힘 있게 나아가서 사탄의 영역을 빼앗는다'는 뜻이 된다. 우리는 열심히 예수님께 나아가서 천국의 삶을 살아야 한다.

마 11:13. 모든 선지자와 율법이 예언한 것은 요한까지니.

본 절 초두에는 이유접속사(γὰρ)가 있다. 본 절은 예수님께서 앞 절에서 "세례 요한의 때부터"라고 말씀하신 이유를 설명하고 있다. "세례 요한의 때부터" 예수님께서 사역하시는 때까지 수많은 사람들이 예수 앞으로 나아오게 된 이유는 바로 "모든 선지자와 율법이 예언한 것은 요한까지이기" 때문이라는 것이다 (말 4:6). "모든 선지자" 즉 '구약의 많은 선지자들'과 "율법" 즉 '모세 5경'(이 표현은 구약 전체를 지칭하는 명칭이다-5:17)이 예언을 했는데 그것은 세례 요한으로 끝이 났다는 것이다. 세례 요한은 구약의 끝 선지자였고 동시에 신약 시대를 여는 교량역할을 한 선지자로서 세례 요한의 사역 때문에 무수한 사람들이 예수님 앞으로 나아오게 되었다는 뜻이다. 예수님은 세례 요한의 도움을 받지 않으셨어도 역시 하나님의 아들로서 놀라운 구원역사를 하셨을 것이지만 하나님은 세례 요한을 쓰셔서 많은 사람들을 그리스도 앞으로 나아오게 하셨다. 하나님은 요한을 크게 사용하셨다.

마 11:14. 만일 너희가 즐겨 받을진대 오리라 한 엘리야가 곧 이 사람이니라.
다섯째, 예수님은 세례 요한이 엘리야 선지자와 같은 사람이라고 칭찬하신다. 예수님은 "만일 너희가 즐겨 받을진대 오리라 한 엘리야가 곧 이 사람이라"고 하신다."만일 너희가 즐겨 받을진대"란 말은 '만일 너희가 즐겨 받는다면'이란 뜻으로 예수님은 세례 요한을 엘리야라고 믿으라고 하시지 않고 기쁨으로 받는다면 그가 엘리야 선지자와 같은 사람인 줄 알라고 하신다. 예수님은 당시 사람들의 분위기를 잘 알고 계셨다. 세례 요한이 옥에 갇혔으니 이제 끝난 사람이 아니냐고 생각하는 분위기였고, 또 그 동안 너무 엄격하게 회개를 외쳤으니 엘리야와 같은 사람은 아닐 것이라고 생각하는 분위기였다. 사람들은 요한을 엘리야와 같은 사람이 아닐 것이라고 생각하게 되었다. 그래서 예수님은 "너희가 즐겨 받을진대"라고 말씀하신다. 예수님은 사람들이 세례 요한을 즐겨 받는다면 "오리라 한 엘리야가 곧 이 사람이라"고 하신다(17:12; 말 3:1; 4:5-6; 눅 1:17). 문자적으로는 엘리야와 똑 같은 사람은 아니라도(요 1:21) 사명을 감당한 면에 있어서는 엘리야라고 하신 것이다. 그만큼 예수님은 요한을 큰 인물로 인정하신다. 아무튼 예수님은 요한을 아주 큰 사람으로 인정하신다. 누구든지 믿음을 가지고 겸손하게 그리스도에게 충성하는 사람을 예수님은 인정하신다(8:10-11; 15:28).

마 11:15. 귀 있는 자는 들을지어다.
예수님은 요한을 칭찬하시는 말씀(7-14절)을 마치시면서 "귀 있는 자는 들을지어다"라고 하신다(13:9, 43; 눅 8:8; 계 2:7, 11, 17, 29; 3:6, 13, 22 등). 예수님께서 하신 말씀은 영적인 안목이 있어야 들을 수 있는 말씀이라는 뜻이다. 그냥 세상 사람들이 가지고 있는 귀를 가지고는 아무리 들으려고 해도 무슨 말씀인지 모른다는 뜻이다. 그런고로 들을 귀, 영적인 귀가 있는 자는 들으라고 하신다. 오늘도 영적인 귀가 있는 사람들만 성경의 말씀을 듣는다. 예수님은 오늘날의 사람들에게도 예수님의 말씀을 듣는데 있어 신중함이 있어야 한다고 주문하신다. 우리는 하나님께 신령한 귀를 주십사고 기도해야 한다.

마 11:16-17. 이 세대를 무엇으로 비유할까 비유하건대 아이들이 장터에 앉아 제 동무를 불러 이르되 우리가 너희를 향하여 피리를 불어도 너희가 춤추지 않고 우리가 슬피 울어도 너희가 가슴을 치지 아니하였다 함과 같도다.

예수님은 세례 요한에 대해서 칭찬하신(7-15절) 다음 이렇게 훌륭한 요한을 당대의 사람들(유대의 종교지도자들-12:39, 41-42; 16:4)이 귀신들렸다고 평가한 것을 심히 책망하신다. 이 부분(16-19절)은 세례 요한을 우습게 생각하는 당대의 사람들(유대 종교지도자들과 그들을 따르는 사람들)을 책망하면서 비록 사람들이 세례 요한이나 예수님을 알아주지 않을지라도 요한이 행한 행적이 요한을 높이고 또 예수님이 행하신 행적(회개를 외치신 것)이 예수님을 높일 것이라고 하신다.

예수님은 "이 세대를 무엇으로 비유할까"라고 고심하신다. 참으로 악한 세대이기 때문에 무엇으로 비유할까하고 고심하신 것이다. 그러나 예수님은 금방 장터에서 아이들이 무슨 일을 행해도 도무지 관심을 보이지 않는 다른 아이들의 예를 들어 비유하신다.[105] 장터에서 아이들이 친구들에게 피리를 불어도(혼인예식 놀이를 해도) 춤추지 않는 동무들, 그리고 전혀 반대로 울어보아도(장례식 놀이를 해도) 가슴을 치지 않는 동무들의 예를 들어 말씀하신다. 신앙생활을 해나가면 성령으로 인한 기쁨도 있는 법이고 또 때로는 죄 때문에 회개하느라 슬픔의 기회도 있는 법인데 유대 종교지도자들은 도무지 기쁨도 없었고 슬픔도 없는 무감각한 사람들이었다는 것이다. 예수님 당시의 유대교가 그랬던 것처럼 오늘도 그런 형편이 아닌가. 옆에서 벼락을 쳐도 자기에게 관계가 없으면 꿈쩍도 하지 않는다. 무심한 세대, 신뢰하지 않는 세대, 관심을 보이지

---

105) 예수님의 놀라운 관찰을 보라. 그는 유대 장터에서 아이들이 놀이를 하는 것을 유심히 보시고 진리를 전달하는데 사용하신다. 오늘 우리도 주위의 모든 것들이 진리를 전달하는데 쓰일만한 자료들임을 알아야 할 것이다.

않는 세대, 상식을 잃어가고 있는 세대, 거꾸로 말하는 세대, 이 세대는 참으로 무서운 세대가 아닐 수 없다.

마 11:18-19. 요한이 와서 먹지도 않고 마시지도 아니하매 그들이 말하기를 귀신이 들렸다 하더니 인자는 와서 먹고 마시매 말하기를 보라 먹기를 탐하고 포도주를 즐기는 사람이요 세리와 죄인의 친구로다 하니 지혜는 그 행한 일로 인하여 옳다 함을 얻느니라.

예수님은 앞(16-17절)에서 장터에서 벌어지는 행태를 가지고 말씀하신 후 이제 이 부분(18-19절)에서는 실제로 당시 사람들이 세례 요한과 예수님을 향해서 무십게 비평하시는 소리를 들으시면서 책망하시고 동시에 요한이나 예수님은 그 행하신 일로 인하여 하나님이나 사람들로부터 옳다는 인정을 받으실 것이라고 하신다.

예수님은 "요한이 와서 먹지도 않고 마시지도 아니하매 그들이 말하기를 귀신이 들렸다"고 비평하시는 것을 들으신다(눅 7:33). 요한이 자주 금식한 것을 두고 사람들은 요한이 먹지도 않고 마시지도 않는다고 말하면서 귀신이 들렸다고 악평했다. 그에 반해 "인자" 즉 '고난 받으시는 메시아'이신 예수님께서 먹고 마시는 것을 보고(9:10; 요 2:2) 사람들은 "보라 먹기를 탐하고 포도주를 즐기는 사람이요 세리와 죄인의 친구로다"라고 평했다(9:10-11). 사람들은 예수가 세리들과 죄인들과 함께 먹고 마시는 사람이라고 말했다.

이에 대해 예수님은 "지혜는 그 행한 일로 인하여 옳다 함을 얻을 것이라"고 말씀하신다(눅 7:35). 즉 세례 요한이나 예수님은 지혜(고전 1:30)이신고로 사람들이 그 지혜 자체를 알아보아야 하는데 알아보지 못해도 세례 요한이 행한 일 즉 회개를 외친 일과 예수님이 행하신 일 즉 예수님의 복음 전파와 예수님께서 행하신 이적으로 인하여 결국은 하나님과 사람들로부터 옳다 하는 평가를 얻을 것이라고 하신다. 세상은 요한과 예수님을 알아주지 못하고 악평해도 하나님은 바로 평가하실 것이고 또 하나님의 사람들은 요한(요한이 외친 회개)과 예수님을 옳다고 평가할 것이라는 뜻이다. 참으로 오늘날 하나님의 사람들은 세례 요한을 옳다고 평가하고 있고 예수님을 옳다고 평가하면서 무한한 영광을 돌리고 있다.

8.불신 도시에 대해 심판을 선언하시다 11:20-24

세례 요한에 대해 길게 말씀하신(2-19절) 예수님은 회개하지 않은 불신 도시들에 대해서 심판을 선언하신다(20-24절). 예수님께서 몇몇 도시들을 책망하신 것을 마태가 이곳에 기록한 이유는 아마도 세례 요한의 회개의 외침을 듣지 않았고 또 실제로 회개하지 않았다는 것을 보여주기 위한 것으로 보인다. 그리고 그 도시들은 요한의 회개의 외침만 듣지 않은 것이 아니라 예수님의 은혜를 받고도 회개하지 않았다. 회개하지 않는 사람들은 그 어느 사람의 외침도 외면하는 습성에 빠진다. 이 고을들이 심판 선언을 받은 것은 앞으로 있을 모든 불신 세계에 대한 심판 선언의 그림자이다.

마 11:20. 예수께서 권능을 가장 많이 베푸신 고을들이 회개하지 아니하므로 그 때에 책망하시되.

예수님은 고라신, 벳새다, 가버나움(21-23절) 등 "권능을 가장 많이 베푸신 고을들이 회개하지 아니하므로 그 때에 책망하신다"(눅 10:13). 즉 '이적들("권능"으로 이적들을 베푸셨기에 "권능"을 베푸셨다고 표현한다)을 많이 베푸신 고을들은 마땅히 마음을 고쳐먹고 예수님에게 돌아왔어야 했는데 돌아오지 않았으므로 예수님께서 책망하셨다. 책망도 그냥 나무라신 정도가 아니라 앞으로 심판을 받을 것이라고 선언하신다.

본문의 "그 때에"(τότε)라는 말은 '어떤 분명한 때'를 말하는 말이 아니라 예수님께서 갈릴리에서 많은 이적을 베푸신 후를 지칭하는 말로 보인다. 예수님께서 갈릴리에서 수많은 권능으로 이적을 베푸셨는데 그 고을들이 예수님 앞으로 돌아오지 않으므로(4:17 참조) 예수님은 그 고을들에게 책망하신다. 그리고 본문의 "책망하시되"(ἤρξατο ὀνειδίζειν)라는 말은 '책망하기 시작했다'는 뜻이다. 우리는 은혜를 받은 후 그 은혜에 보답하면 칭찬을 받기 시작하고, 감사하지 않으면 책망을 받기 시작하는 것을 알아야 한다.

마 11:21. 화 있을진저 고라신아 화 있을진저 벳새다야 너희에게서 행한 모든 권능을 두로와 시돈에서 행하였더라면 그들이 벌써 베옷을 입고 재에 앉아 회개하였으리라.

예수님은 두 고을 사람들, 곧 예수님께서 권능(이적)을 많이 베푸신 고라신 고을[106] 사람들과 벳새다 고을[107] 사람들에게 화가 있을 것이라고 선언하신다. 이유는 두 고을 사람들이 그리스도로부터 큰 은혜를 받고도 그리스도 앞으로 돌아오지 않았기 때문이라고 하신다. 예수님은 두 고을 사람들에게 "행한 모든 권능을 두로와 시돈에서 행하였더라면 그들이 벌써 베옷을 입고 재에 앉아 회개하였으리라"고 하신다. 만약 예수님께서 두 고을에 베푸신 은혜를 두로[108]

---

106) "고라신": 고라신이라는 지명은 구약성경에는 없고 요세푸스(Josephus)도 기록하고 있지 않으나, 오늘날 '델 훔'(Tell Hum)이라고 하는 가버나움의 북쪽 약 3㎞지점에 있는 길베트 게라세(Khirbet kerazeh)라는 것이 거의 인정되고 있다. 고라신은 가버나움 윗쪽 현무암의 구릉 위에 세워진 것인데, 그 유적은 골짜기와 골짜기의 좌단에 걸쳐 남아 있다. 그 광대한 폐허는 그것이 적잖게 중요한 성읍이었다는 것을 보이고 있다.

107) "벳새다": 이 고을 이름은 '어획 장소(魚獲場所)'라는 뜻이다. 갈릴리 바다 동 북안의 성읍이다(막 6:45; 눅9:10). 시몬 베드로, 안드레, 빌립의 고향이었다(요 1:44; 12:21). 예수께서는 여기서 소경의 눈을 뜨게 해 주셨다(막 8:22). 그러나 이 성읍 사람들의 불신앙을 크게 슬퍼하셨다(마 11:21; 눅 10:13). 갈릴리 바다 북단, 요단 강 하구의 동북쪽 1㎞, 비옥한 충적평야(沖積平野) 엘 바디하(El-Batiha)의 북단에 있는 에트 텔(Et-Tel)과 동일시된다. 신약 시대에는 헤롯 빌립 Ⅱ세의 분봉영이었으며(눅 3:1참조), 그가 이를 확장하고 황제 아구스도의 왕녀 율리아(Julia)의 이름을 따라 '벳새다 율리아스'(Bethsaida-Julias)라 이름하였다. 오늘날은 수리아 영에 속해 있다. 옛터는 245m×125m의 명적인데, 높이 30m의 텔(Tel, 인공 구릉)로 되고, 거기에는 고대의 건축 재료였던 현무암의 파편이 겨우 남아 있다. 여기에 근접해 있는 길벳 엘 아라즈(Khirbet el-'Araj)를 벳새다와 동일시하는 학자도 있다. 5,000명의 무리가 빵을 먹은 곳은(마14:13-23) 이 남쪽의 엘 바디하 평야가 동쪽으로 뻗어 있는 구릉의 중복이라고 한다. 벳새다는 복음서에 세 번 나타난다(막 6:45; 8:22; 눅 9:10).

108) "두로": 베니게에 있던 가장 유명한 고대 성읍으로 지중해의 동안에 위치하며, 이스라엘 땅에서 멀지 않은(수 19:29) 시돈의 남쪽 32㎞ 지점에 있었다. 성경 이외의 문헌에 있어서의 많은 인용은 성읍의 한계를 분명히 하고 있다. 원래는 본토에서 떨어진 (550m) 암석만으로 된 작은 섬이었다(58ha). 발굴 결과에 의하면 주요항은 섬의 남쪽에 있었고, 방파제로 보호되어 있었던 듯하다. 현재의 지표면에서 15m 밑에 그 자리가 남아 있다. 이것은 BC 10세기에 솔로몬 왕과 동시대의 히람 왕에 의해 만들어진 것이다. 방파제의 길이는 750m, 폭은 8m였는데, 그 배후에 베니게 유일의 양항이 있었다. 이 섬에 건설된 성읍은 포위 공격을 잘 감당했으나 현재는 본토와 맞붙어 버렸다. 그것은 BC 333년 알렉산더 대왕이 여기를 포위했을 때 그가 약800m에 이르게 바닷 속으로 제방을 쌓으므로 반도처럼 되었다. 두로는 아주 옛날 성읍이라고 생각되나 이것이 언제 건설되었는지는 분명하지 않다. 희랍의 역사가 헤로도터스는 머케이트의 제사장이 두로의 창설은 2300년 전이었다고 기록 하고 있는데, 그렇다면 그것은 BC 28세기가 된다. 여하튼 성읍은 최초에는 본토(우슈, Ushu라 불리기도 하는)에 설치되었으나, 곧 전략상,

사람들과 시돈[109] 사람들에게 베푸셨다면 그 도시 사람들이 벌써 베옷을 입고 재에 앉아(삼하 13:19; 왕상 21:27; 왕하 6:30; 욥 16:15; 사 32:11; 58:5; 렘 6:26; 겔 27:30; 욘 3:6-8) 회개했으리라고 말씀하신다. 예수님은 사람들에게 은혜를 베푸시면 그들이 반드시 회개하기를 원하신다. 다시 말해 예수님 앞으로 돌아오기를 원하신다. 은혜를 받은 사람들은 반드시 베옷을 입고 재에 앉아 죄를 자복하고 예수님 앞으로 돌아와야 하는 것이다. 그런데도 죄를 자복하지 않고 예수님 앞으로 나아오지도 않으며 예수님을 믿지 않으면 반드시 화를 받을 것이라고 하신다.

마 11:22. 내가 너희에게 이르노니 심판 날에 두로와 시돈이 너희보다 견디기 쉬우리라.

예수님은 고라신 사람들과 벳새대 사람들이 받아야 할 화가 너무 심각할 것이라는 것을 심각하게 말씀하시기 위하여 "내가 너희에게 이르노니"라는 언사를 사용하신다. 예수님은 진실로 고라신 사람들과 벳새대 사람들에게 "심판 날에 두로와 시돈이 너희보다 견디기 쉬우리라"고 하신다(24절; 10:15). 두로 사람들과 시돈 사람들이 종말 심판에서 큰 심판을 받을 것인데 그보다도 고라신 사람들과 벳새대 사람들이 더 고통스러운 심판을 받을 것이라고 하신다. 종말 심판에서 받는 상급도 크고 작은 것이 있지만 심판도 무겁고 가벼움의 차이가 있음을 시사(示唆)하신다.

마 11:23. 가버나움아 네가 하늘에까지 높아지겠느냐 음부에까지 낮아지리라 네게 행한 모든 권능을 소돔에서 행하였더라면 그 성이 오늘까지 있었으리라.

통상상의 이점에서 섬에 건설되기에 이른 것으로 보인다.

109) "시돈": 두로와 베이루트의 대략 중간이며, 두로의 북쪽 36㎞에 있는 베니게의 성읍인데, 지중해로 돌출한 구릉 위에 있다. 고대의 항구는 해안에 병행하고 있는 바위산으로 형성되어 있었는데, 어떤 부분은 17세기에 파괴되고 돌과 흙으로 메워졌다. 성읍의 산 쪽에는 방벽이 있고, 남쪽이 가장 높고, 거기는 성채가 서 있다. 성읍은 동산이나 과수원에 싸여 있다. 상업은 그리 성하지 않다. 시내와 그 근방에는 약간 부서진 화강암의 원주가 있고, 기타 각종 석관(石棺)이 부근의 묘지에서 발굴되었다. 현재 레바논 공화국 서남부의 항구 도시이다.

예수님은 고라신 고을과 벳새다 고을에 화가 있을 것이라고 말씀하시고 이제 본 절과 다음 절에서는 가버나움에 화를 선언하신다. 예수님은 가버나움에 화를 선언하실 때 "가버나움아 네가 하늘에까지 높아지겠느냐"고 책망하시면서(사 14:13-15; 애 2:1 참조) 화를 선언하신다. 가버나움은 예수님의 선교본부가 있어서(9:1) 예수님의 설교도 많이 들었고 또 이적도 많이 체험했는데도 낮아지지 않고 오히려 하늘에까지 높아지려고 했던 것이 드러난다. 그들은 마음으로 심히 높아지기를 소원했으나 "음부에까지 낮아지리라"고 선언하신다. 다시 말해 지옥으로 떨어질 것이라고 하신다. 아무리 큰 은혜를 받았다고 할지라도 예수님 앞으로 돌아오지 않으면 여지없이 망한다는 것을 볼 수 있다. 이는 마치 유대 민족이 그리스도 앞으로 돌아오지 않아서 복음이 이방으로 넘어간 것과 같다.

예수님은 가버나움 사람들에게 베푸신 은혜가 적지 않았다고 말씀하신다. 즉 "네게 행한 모든 권능을 소돔에서 행하였더라면 그 성이 오늘까지 있었으리라"고 하신다. 가버나움에 행한 모든 권능(이적들)을 소돔 사람들에게 베푸셨더라면 소돔 성 사람들이 유황불 심판을 받지 않고 오늘까지 존재해 있었을 것이라고 하신다. 우리가 은혜를 받을수록 더 예수님을 영화롭게 해야 한다.

마 11:24. 내가 너희에게 이르노니 심판 날에 소돔 땅이 너보다 견디기 쉬우리라 하시니라.

예수님은 심각한 경고를 하시기 위하여 "내가 너희에게 이르노니"라는 언사를 사용하신다. 진심으로 말씀하신다는 뜻이다. 예수님은 가버나움을 향하여 "심판 날에 소돔 땅이 너보다 견디기 쉬우리라"고 하신다(10:15). 종말의 심판 때에 가버나움은 소돔 사람보다도 더 큰 심판에 이를 것이라고 하신다. 우리는 예수님의 이런 말씀을 항상 머리속에 그리고 가슴속에 품고 살아야 한다. 우리는 언제나 예수님의 발치에서 살아야 한다.

9.그리스도께서 초대하시다 11:25-30

마태는 세례 요한과 예수님을 냉대한 유대교권주의자들의 실상을 기록하고

(1-19절), 예수님의 은혜를 받고도 회개하지 않은 갈릴리 사람들(고라신 고을 사람들, 벳새다 고을 사람들, 가버나움 고을 사람들)에게 예수님께서 종말에 임할 심판을 선언하신 것(20-24절)을 기록한 후 이 부분(25-30절)에서는 그리스도께서 수고하고 무거운 짐 진자들을 초청하신 것을 기록한다. 마태는 예수님께서 초청하시기 전에 하나님께 감사하신 것을 기록하고(25-26절), 또 초청하신 예수님 자신이 어떤 분임을 말씀하신 것을 기록한다(27절). 그런 다음 예수님께서 수고하고 무거운 짐진 자들을 초청하신 것을 기록한다(28-30절).

마 11:25. 그 때에 예수께서 대답하여 이르시되 천지의 주재이신 아버지여 이것을 지혜롭고 슬기 있는 자들에게는 숨기시고 어린 아이들에게는 나타내심을 감사하나이다.

마태는 문장초두에 "그 때에"(Ἐν ἐκείνῳ τῷ καιρῷ)라고 기록한다. 마태는 "그 때에" 예수님께서 하나님께 감사하시고 또 수고하고 무거운 짐진자들을 초청하신 것을 기록한다. 곧 '갈릴리 주변의 교만한 여러 고을들의 교만한 사람들에 대해 예수님께서 심판을 선언하신 그 때에' 사람들을 초청하신 것을 기록한다. 예수님은 심판하실 사람들을 심판하시고 구원받을 사람들을 초청하신다.

마태는 예수님께서 "대답하여 이르셨다"고 기록한다. 누가 질문한 것에 대해 대답하신 것이 아니라 상황에 대해 대답하셨다는 뜻이다. 예수님은 갈릴리 지방 여러 고을들이 예수님으로부터 은혜를 받고도 회개하지 않고 예수님을 배신하였기에 깊이 반응하셔서 사람들을 초청하신다.

예수님은 "천지의 주재이신 아버지여 이것을 지혜롭고 슬기 있는 자들에게는 숨기시고 어린 아이들에게는 나타내심을 감사하나이다"라고 하신다(눅 10:21). 예수님은 먼저 감사할 대상 즉 "천지의 주재이신 아버지"를 부르신다. 즉 '아버지는 천지의 소유자이시며 천지의 주관자'라는 뜻이다(시 146:6; 사 42:5; 눅 10:21; 행 17:24). 예수님은 천지의 주관자 하나님을 우리 아버지라고 부르시지 않는다(6:9). "우리 아버지"라는 호칭은 신자들이 하나님을 부르는 호칭이고, 예수님은 "아버지"(막 14:36; 눅 10:21; 22:42; 23:34; 요 11:41)나 혹은 "나의 아버지"라고 칭하신다(10:32-33; 11:27; 12:50; 18:10; 26:39, 42; 눅 10:22; 22:29; 24:49; 요 5:17; 6:32, 65; 8:19, 28, 38, 49, 54; 10:30). 이는 예수님과 하나님과의 긴밀한 관계를 보여주는 낱말이다.

예수님께서 아버지께 감사(찬양)하는 이유는 "이것을 지혜롭고 슬기 있는 자들에게는 숨기시고 어린 아이들에게는 나타내시기" 때문이라고 하신다. 여기 "이것(들)"이란 말이 무엇을 지칭하느냐에 대한 견해는 두 가지이다. 첫째, '앞에 나온 말씀(20-24절), 즉 그리스도를 대적하는 사람들은 망한다는 지식'을 지칭한다는 견해(David Hill). 둘째, 예수님에 대한 지식 혹은 복음의 신비를 지칭한다는 견해(Calvin, Lenski, Barnes, Ridderbos, Hagner, 이상근. 이순한). 문맥 전체(20-30절)를 살필 때 둘째 번 견해가 바른 것으로 보인다. 예수님은 하나님께서 그리스도의 복음(신비)을 지혜롭고 슬기 있는 자들에게는 숨기시고 어린 아이들에게는 나타내시는 것을 생각할 때 감사(찬송)가 넘치셨다(16:17; 시 8:2; 고전 1:19, 27; 2:8; 고후 3:14).

본문의 "지혜롭고 슬기 있는 자들"이란 문맥에 의하여 서기관들과 바리새인들(16절-"이 세대"로 표현되어 있음)과 갈릴리 지방의 몇몇 고을 사람들, 즉 예수님의 이적을 경험하고도 도무지 예수님 앞으로 돌아오지 않는 교만한 사람들을 지칭한다(20-24절). 하나님은 어느 시대를 물론하고 마음이 높아서 예수님 앞으로 돌아오지 않는 사람들에게는 예수님의 복음을 숨기신다.

그리고 본문의 "어린 아이들"이란 지혜롭고 슬기 있는 자들과는 전혀 반대되는 사람들을 지칭하는 말로서 자신들의 무지를 절감하고 전적으로 하나님만 바라보는 자들(시 19:7; 119:130)을 지칭한다. 오늘 우리는 전적으로 자신의 무지함을 깨닫고 하나님만을 바라보아야 한다.

마 11:26. 옳소이다 이렇게 된 것이 아버지의 뜻이니이다.

예수님은 하나님께서 "슬기 있는 자들에게는 그리스도의 복음을 숨기시고 어린 아이들에게는 나타내시는 것을" 전적으로 옳은 것으로 시인하신다. 그리고 예수님은 하나님께서 그렇게 하신 것이 "아버지의 뜻" 즉 '아버지의 선하신 뜻'이라고 말씀하신다. 우리 역시 하나님께서 하신 일에 대해서는 모든 것이 옳은 것으로 시인해야 한다. 왈가왈부는 불가하다.

마 11:27. 내 아버지께서 모든 것을 내게 주셨으니 아버지 외에는 아들을 아는 자가 없고 아들과 또 아들의 소원대로 계시를 받는 자 외에는 아버지를 아는 자가 없느니라.

예수님은 본 절에서 자신이 사람들을 초청할만한 중보자이심을 천명하신다. 다시 말해 사람들을 자신 앞으로 초청할 만큼 자격이 넉넉하심을 말씀하신다. 예수님은 "내 아버지께서 모든 것을 내게 주셨다"(Πάντα μοι παρεδόθη ὑπὸ τοῦ πατρός μου-직역하면 "모든 것들이 나의 아버지에 의해서 내게로 주어졌다"이다)고 말씀하신다(28:18; 눅 10:22; 요 3:35; 13:3; 17:2; 고전 15:27). 여기 "모든 것"이란 '예수님으로 하여금 중보자 역할을 하실 수 있도록 하나님께서 예수님에게 주신 모든 것'을 지칭한다. 이 모든 것이 무엇이냐를 두고 많은 해석이 가해졌다. '모든 인류를 통활하실 권위'(Bengel), '성부께서 위임하신 모든 것에 대한 통치권'(Meyer), '보이는 것과 보이지 않는 것'(Weiss), '하나님에 관한 지식과 예수께서 백성들을 가르치신 구원에로의 길'(Ridderbos), '인간을 위한 하나님의 계시'(Wicliffe), '중보자의 직무를 수행하는 데 필요한 모든 것'(William Hendriksen)을 지칭한다. 이 모든 견해들은 틀린 견해들이 아니라 "모든 것"이 무엇이냐를 밝히는 여러 설명들이다. 헨드릭슨(hendriksen)은 "예수께서 사탄(4:1-11)과 귀신들(8:28-32)을 제어하는 권세를 받으셨고 인간의 질병과 장애(9:20-22; 9:1-8), 바람과 파도(8:23-27), 육체와 영혼(9:1-8), 생명과 죽음(9:18-19, 23-26), 그의 제자와 다른 모든 사람을 구원하고(9:13) 심판하는(7:22-23) 권세를 받으신 것이 분명하다"고 말한다. 하나님은 예수님께서 중보자의 일을 수행하시기에 부족함이 없는 모든 것을 주셨다. 본문의 "주셨으니"(paredovqh)란은 부정(단순)과거 시제로 영원 전에 하나님께서 예수님에게 단번에 주신 것을 지칭한다. 예수님은 우리들이 필요한 모든 것들을 소유하고 계신다.

이렇게 하나님께서 예수님께 모든 것을 주신고로 예수님은 "아버지 외에는 아들을 아는 자가 없고 아들과 또 아들의 소원대로 계시를 받는 자 외에는 아버지를 아는 자가 없다"고 하신다(요 1:18; 6:46; 10:15). 첫째, "아버지 외에는 아들을 아는 자가 없다"(οὐδεὶς ἐπιγινώσκει τὸν υἱὸν εἰ μὴ ὁ πατὴρ-직역하면 "그 아버지 외에는 그 아들을 아무도 알지 못한다"이다)고 하신다. 모든 것을 가지신 아들(예수님)의 위대하심을 아는 것은 아버지 외에는 없으시다는 뜻이다. 아들은 무한한 지식과 지혜와 사랑을 가지셨고 또 무한한 권세를 가지고 계시다. 이런 위대하신 분을 누가 다 알 것인가. 하나님 이외에는 정확하게 알 분은 없으시다. 이런 위대하신 아들이야 말로 수고하고 무거운 짐진자들을 얼마든지 초청하실 수 있으시다.

예수님은 또 "아들과 또 아들의 소원대로 계시를 받는 자 외에는 아버지를 아는 자가 없다"(οὐδὲ τὸν πατέρα τις ἐπιγινώσκει εἰ μὴ ὁ υἱὸς καὶ ᾧ ἐὰν βούληται ὁ υἱὸς ἀποκαλύψαι-직역하면 "아들과 또 아들이 계시해주고 싶어하는 사람밖에는 아버지를 아는 자가 없다"이다)고 말씀하신다. 예수님은 첫째, "아들"이 "아버지"를 "안다"고 말씀하신다. 여기 "안다"(ἐπιγινώσκει)는 말은 '경험적으로 안다,' '완전히 안다,' '철저하게 안다'는 뜻이다. 예수님은 하나님으로부터 모든 것을 받으셨으니 하나님을 완전히 아시고 또 하나님과 일체이시니(요 10:30) 하나님을 완전히 아신다. 둘째, 예수님은 "아들의 소원대로 계시를 받는 자"가 아버지를 안다고 하신다. 즉 '그 아들이 그에게 계시하시기를 소원하는 사람'이 아버지를 안다는 뜻이다. 다시 말해 예수님께서 아버지를 계시하시기를 소원하는 제자들은 아버지를 경험적으로 안다고 하신다. 예수님께서 아버지를 계시하시기를 소원하는 제자들이나 성도들은 자기들 스스로 아버지를 아는 것이 아니라 예수님께서 아버지를 그들에게 보여주기를 소원하셨기에 그들이 하나님 아버지를 알게 된 것임을 알 수 있다. 오늘 우리가 아버지를 알게 된 것은 우리의 머리가 좋아서가 아니고 또 우리의 노력이 있어서가 아니라 예수님께서 아버지를 우리에게 계시하기 원하셔서 된 것이다. 예수님은 우리에게 하나님을 계시해주셨으니 위대하신 분이시다. 그는 우리를 얼마든지 자신 앞으로 초청하실 수 있는 중보자이시다.

마 11:28. 수고하고 무거운 짐진자들아 다 내게로 오라 내가 너희를 쉬게 하리라(Δεῦτε πρός με πάντες οἱ κοπιῶντες καὶ πεφορτισμένοι, κἀγὼ ἀναπαύσω ὑμᾶς).

여기 "수고하고 무거운 짐진자들"이란 말은 두 종류의 사람들을 지칭하는 것이 아니고 한 종류의 사람들을 지칭하는 말이다. 이유는 두 낱말(κοπιῶντες καὶ πεφορτισμένοι) 앞에는 하나의 관사(οἱ)만 붙어있기 때문이다. 즉 수고하는 사람들은 무거운 짐을 졌기에 수고하는 것이다. 본문의 "수고하고"(κοπιῶντες)란 말은 현재분사형으로 '노동으로 지쳐있는,' '힘들게 수고하는'이란 뜻이고, "무거운 짐진"(πεφορτισμένοι)이란 말은 현재완료 분사 수동형으로 '이미 무거운 짐을 지게 된'이란 뜻이다. 그러니까 이 두 낱말의 뜻을 합쳐보면 '이미 과거부터 무거운 짐을 져왔기에 현재 수고하고 있는' 사람들을 지칭하는 말이다.

그러면 무거운 짐을 지고 수고하는 사람들은 구체적으로 어떤 사람들인가. 이에 대한 견해는 여러 가지이다. 첫째, 삶에 지친 사람들이라는 견해. 둘째, 죄를 범했기에 힘들어서 고생하는 사람들을 지칭한다는 견해. 셋째, 율법이라는 무거운 짐을 졌기에 수고하는 사람들이라는 견해, 다시 말해 율법의 무거운 짐을 지고 괴로워하는 사람들을 지칭한다는 견해(23:4, Herman Ridderbos, David Hill, Arthur Robertson, Albert Barnes, 윌렴 헨드릭슨). 이 견해들 중에서 셋째 견해가 문맥에 어울린다. "수고하고 무거운 짐을 진자"들이란 바로 생활고(生活苦)에 허덕여 고생하는 사람들이나 혹은 죄 짐을 지고 고생하는 사람들을 가리키는 말이 아니라 율법을 지켜 구원을 얻으려고 수고하는 사람들을 지칭한다. "수고하고 무거운 짐을 진자"들이란 말이 생활고에 허덕여 고생하는 사람들을 지칭하지 않는 이유는 만약 생활고에 허덕이는 사람들을 지칭한다면 예수님께서 그 사람들에게 하나님께 기도하면 해결될 것이라고 교훈하셨을 것이며, 만약 또 "수고하고 무거운 짐을 진자"들이란 말이 죄짐 때문에 지친 사람들을 지칭하는 것이라면 예수님 앞에 나아오면 예수님께서 사해주신다고 하셨을 것이다. 예수님께서 우리가 예수님의 멍에를 메어야 한다고 교훈하신 것을 보면 "수고하고 무거운 짐을 진 사람들"이 율법을 지켜 의(구원)를 얻어 보려고 고생하는 사람들을 지칭한다. 우리는 예수님께서 지워주시는 멍에와 짐을 지고 가볍게 살아야 할 것이다(30절).

위대하신 예수님(27절)께서 우리를 향해서 "다 내게로 오라"고 하신다. "다 내게로 오라"는 말씀은 '다 예수님을 믿으라'는 말씀이다(요 6:35; 7:37). 여기서 예수님은 우리를 보고 예수님을 믿으라고 하시고 다음 절에는 "내게 배우라"고 덧붙이신다. 그러니까 예수님을 믿으면서 예수님의 학생(제자)이 되어 배워야 한다는 말씀이다.

우리가 예수님에게 가면 예수님은 "내가 너희를 쉬게 하리라"고 하신다. 율법주의의 의무들 때문에 마음이 눌림으로 평안이 없던 사람들에게 평안을 주시겠다는 것이며 구원의 확신이 없었던 사람들에게 구원의 확신을 주시며 구원의 기쁨을 주시겠다고 하신다. 우리는 그리스도를 믿으며 그리스도의 학생이 되어 평안을 누려야 하겠다. 예수님은 장담하고 쉬게 하시겠다고 하신다. 오늘 문자적인 바리새인들은 이 땅에 없지만 그래도 율법주의자들, 도덕주의자들, 불교의 교리나 다른 종교의 교리로써 극락에 가려고 안간힘을 쓰는 사람들이 있는데 이들은 헛수고를 버리고 예수님 앞으로 나아가서 예수님의 학생이 되어 놀라운 평화를 누리고 살아야 할 것이다.

마 11:29. 나는 마음이 온유하고 겸손하니 나의 멍에를 메고 내게 배우라 그리하면 너희 마음이 쉼을 얻으리니.

율법의 무거운 짐을 지고 의를 얻으려고 고생하는 제자들과 성도들에게 자신에게 오라고 초청하신(앞 절) 예수님은 또 다른 것을 부탁하신다. 즉 "나는 마음이 온유하고 겸손하니 나의 멍에를 메고 내게 배우라"고 하신다(슥 9:9; 요 13:15; 빌 2:5, 7-8; 벧전 2:21; 요일 2:6). 예수님은 자신의 마음이 온유하고 겸손하다고 밝히신다. 온유하고 겸손하다는 두 낱말은 동의어이다. 이사야는 예수님이 겸손히 고난을 받으실 분으로 묘사했고(53:1-3) 스가랴는 예수님이 겸손하여 나귀를 타실 분이라고 예언했다(슥 9:9). 바울 사도는 예수님이 겸손한 분임을 자세히 말하고 있다(빌 2:5-8).

예수님은 자신이 "온유하고 겸손하시기 때문에"(ὅτι πραΰς εἰμι καὶ ταπεινὸς τῇ καρδίᾳ) 제자들에게 "나의 멍에를 메고 내게 배우라"고 격려하신다. 다시 말해 예수님께서 자신이 온유하고 겸손하시다고 말씀하신 것은 제자들로 하여금 그에게 배우라는 격려의 말씀이다. 결코 예수님의 온유와 겸손만을 배우라는 뜻으로 이해해서는 안 된다. 우리가 배워야 할 것은 그 이상 훨씬 더 많다. 예수님은 우리를 위해서 낮아지셔서 십자가를 지실 것이고 무덤에 들어가실 것이다. 예수님은 높은 마음의 소유자가 아니시다. 우리는 얼마든지 예수님의 멍에를 메고 배울 수 있는 것이다.

본문의 "멍에"란 말은 사람이 짊어져야 할 의무들의 총체를 뜻하는 말로 "나의 멍에를 메라"는 말씀은 '예수님이 지워주시는 예수님의 계명의 멍에를 메라'는 뜻이다. 다시 말해 '예수님의 제자가 되라'는 말이다. 예수님은 제자들이 예수님의 계명들을 메고 예수님에게 배우라고 하신다. 본문의 "배우라"(μάθετε)는 말은 부정(단순)과거 명령형으로 '참으로, 진정으로 배우라'는 뜻이다. 온유함과 겸손함만을 배우는 것이 아니라 예수님의 교훈을 배우며 예수님을 알아가라는 말이다. 예수님의 제자(학생)가 되어 예수님을 알아가는 것이 바로 구원이고 평안이다.

리델보스(Ridderbos)는 "예수님의 멍에를 메는 사람들은 그 영혼, 즉 그의 깊은 내적 존재에 평안함(쉼)을 얻을 것이다. 이것은 그의 계명들이 하찮거나 천박하기 때문이 아니라 그 계명들이 구주의 계명들이기 때문이다. 예수님의 계명은 사람들로 하여금 힘들고도 불확실한 구원의 길을 가게 하지 않는다. 오히려 그 반대다. 천국에의 약속과 구원의 확신이 그 계명의 출발점이다(5:13-16, 20). 예수께서 주시는 평안(쉼)은 그가 하나님의 자녀라는 것을 앎에서 오는 것이며, 또한 순종의 길을 따라 하나님의 아버지 됨을 경험하는 것에서부터 오는 것이다"라고 말한다.[110)]

"그리하면 너희 마음이 쉼을 얻을 것이라"고 하신다(렘 6:16). 즉 '예수님을 배우면 너희 마음이 평안에 이를 것이라'고 하신다. 율법의 짐을 내려놓고 예수님의 제자가 되어 예수님을 배우고 예수님을 알면 우리의 마음은 평안을 얻을 것이고 기쁨을 얻을 것이다. 이런 복을 받는 이유는 그리스도께서 복을 주시기 때문이다.

마 11:30. 이는 내 멍에는 쉽고 내 짐은 가벼움이라 하시니라.

예수님의 학생이 되어 예수님께 배우고 예수님을 알면 우리의 마음이 평안을 얻을 것이라고 하셨는데(앞 절) 그 이유는 "내(예수님의) 멍에는 쉽고 내 짐은 가볍기" 때문이라고 하신다(요일 5:3). 여기 "멍에"란 말과 "짐"이란 말은 동의어로 쓰였나. 예수님의 멍에는 아주 쉽고 가볍다고 하신다(행 15:10, 28). 렌스키는 "우리는 새 주인을 맞이한다. 그는 우리 위에 새 짐을 지우신다. 그러나 얼마나 다른 짐이냐!"고 말한다. 예수님께서 힘을 주시니 예수님의 계명은 쉽고 가벼운 것이다. 우리는 기쁨으로 그 짐을 져야 한다. 다시 말해 예수님의 제자(학생)가 되어야 한다. 그래서 우리는 쉼을 얻어야 한다.

---

110) 리델보스(Herman Ridderbos), *마태복음* (상), 여수룬 성경주석시리즈, 오광만옮김, 353.

제 12 장

바리새인들의 각종 시비와 가족의 불신

마태는 본 장에서 예수님께서 바리새인들로부터 여러 모로 반대를 받기 시작하신 것을 기록한다. 1) 밀밭 사이에서 시비를 걸은 것(1-8절), 2) 안식일에 병 고치셨다고 시비한 것(9-21절), 3) 귀신들린 자를 고치셨다고 시비한 것(22-37절), 4) 예수님을 반대하려고 표적을 구한 것(38-45절), 5) 가족들이 예수님을 불신한 것 등(46-50절)을 기록한다.

a.밀밭 사이에서 시비를 걸다 12:1-8

바리새인들은 예수님과 제자들을 율법을 지키지 않는 이상한 단체로 규정하고 가까이 지켜보는 중에 안식일에 예수님과 제자들이 밀밭 사이로 가실 때에 이삭을 잘라 비비어 먹은 것을 목격하고 시비를 걸었다. 바리새인들은 예수님의 제자들이 안식일에 하지 못할 일을 했다고 예수님께 직접 시비를 걸었다. 그에 대해 예수님은 두 가지 역사적인 실례를 들어 변명하신다. 이 부분(1-8절)은 막 2:23-28; 눅 6:1-5과 병행한다.

마 12:1. 그 때에 예수께서 안식일에 밀밭 사이로 가실새 제자들이 시장하여 이삭을 잘라 먹으니.

마태는 앞 장 25절에 "그 때에"란 말을 기록하였고 또 본 절 초두에도 "그 때에"(εν ἐκείνῳ τῷ καιρῷ)란 말을 기록하고 있다. 이를 두고 헨드릭슨(Hendriksen)은 "(본 절의) '그 때'가 11:25과 관련이 있다는 사실은 부인하지 못할 것이다. 그러므로 산상수훈과 11장의 내용, 그리고 이 본문의 내용은 거의 같은 시기에 있었던 일로 보인다"고 했다. 본문의 "그 때"가 언제인가를 두고 렌스키(Lenski)는 "곡식이 익었던 것으로 판단해 볼 때 이때는 예수께서 돌아가시기 전의 1년 전의 4월의 유월절이 가까운 때였음이 틀림없다"고 했다.

마태는 예수님께서 십자가에서 죽으시기 1년 전 유월절이 가까운 어느 4월 "안식일에 밀밭 사이로 가실새 제자들이 시장하여 이삭을 잘라 먹었다"고 기록한다(신 23:25; 막 2:23; 눅 6:1). 여기 "안식일"(τοῖς σάββασιν)이란 말이 헬라어에서 복수로 쓰였지만 단수로 사용되기도 한다. 예수님께서 안식일에 밀밭 사이를 통과해 가실 때 제자들이 시장하여 이삭을 잘라 손으로 비비어 먹었다. 제자들은 어디서 정규적인 수입이 없어서 생존을 위하여 이삭을 잘라 비비어 먹은 것이다. 예수님의 제자들은 가난해서 굶주리고 있었다. 구약의 율법은 이웃 사람의 곡식밭에서 몇 개의 이삭을 자르는 것을 허용하고 있다(신 23:24-25). 제자들이 죄를 지은 것은 아니었다.

마 12:2. 바리새인들이 보고 예수께 말하되 보시오 당신의 제자들이 안식일에 하지 못할 일을 하나이다.

제자들이 이삭을 잘라 손으로 비비어 먹는 것(앞 절)을 "바리새인들이 보고 예수께 말했다." 말할 이유도 없었고 또 말할 필요도 없었는데 바리새인들은 제자들을 정죄하기 위하여 예수님께 말했다. 바리새인들은 "보시오 당신의 제자들이 안식일에 하지 못할 일을 하나이다"라고 말했다. 바리새인들은 안식일에 "하지 못할 일"이라고 말한 것은 모세 율법에 규정된 것을 말함이 아니라 랍비들이 안식일에 하지 못할 일로 만들어 놓은 39가지 규정 중에 이삭을 자르는 일이 들어있었다. 바리새인들과 유대인들은 랍비들이 만들어 전해준 안식일의 39가지 무거운 규정을 지키느라 수고했다(11:28절 참조). 안식일에 이삭을 자르는 것은 추수하는 죄였고 그것을 손으로 비비어 입으로 부는 것은 탈곡하고 정미(精米)하는 죄였다.

마 12:3-4. 예수께서 이르시되 다윗이 자기와 그 함께 한 자들이 시장할 때에

한 일을 읽지 못하였느냐 그가 하나님의 전에 들어가서 제사장 외에는 자기나 그 함께 한 자들이 먹어서는 안 되는 진설병을 먹지 아니하였느냐.

예수님은 바리새인들이 말한 랍비들의 규정이 잘 못되었음을 두 가지 역사적인 실례를 들어 교정하신다. 하나는 이 부분(3-4절)에 기록되어 있고 또 하나는 5절에 기록되어 있다.

예수님은 첫 번째 실례로 다윗의 예를 들으신다. 예수님은 바리새인들에게 "다윗이 자기와 그 함께 한 자들이 시장할 때에 한 일을 읽지 못하였느냐"고 질타하신다(삼상 21:6). 다윗과 동행자들이 시장할 때에 한 일은 삼상 21:1-6에 기록되어 있다. 바리새인들이나 유대인들이 모두 존경하는 큰 신앙인 다윗이 사울을 피하여 놉이라는 곳에 갔을 때 제사장 아히멜렉이 다윗에게 진설병(거룩한 떡)을 주어서 먹게 했었는데, 이 진설병은 성소 안의 금상 위에 두 줄로 진열한 12개의 떡으로서(출 25:30; 레 24:5-8) 금요일에 구어서 안식일에 대체(代替)하고 거둔 것은 제사장이 먹었다. 예수님은 바리새인들에게 "그(다윗)가 하나님의 전에 들어가서 제사장 외에는 자기나 그 함께 한 자들이 먹어서는 안 되는 진설병을 먹지 아니하였느냐"고 하신다(출 29:32-33; 25:30; 레 8:31; 24:5, 9). 랍비들은 이런 성경구절을 무시하고 엉뚱하게도 사람을 얽어매는 규정(5:21-48 참조)을 만들어 사람들을 피곤하게 만들었다.

마 12:5. 또 안식일에 제사장들이 성전 안에서 안식을 범하여도 죄가 없음을 너희가 율법에서 읽지 못하였느냐.

예수님은 두 번째 실례로 "안식일에 제사장들이 성전 안에서 안식을 범해도 죄가 없다"는 구약 성경을 가지고 변호하신다(민 28:9; 요 7:22). 이 성경 말씀은 레 24:8; 민 28:9-10에 기록되어 있다. 제사장들은 성전 안에서 직무상 안식일 규례를 범하는 것이 허락되었었다. 이렇게 구약 율법에 기록된 것을 읽어보지 않고 랍비들이 다시 만들어 전해준 '안식일에 하지 못할 39가지 규정'을 예민하게 준수했던 바리새인들에게 예수님은 "제사장들이 성전 안에서 안식을 범하여도 죄가 없음을 너희가 율법에서 읽지 못하였느냐"고 질타하신다. 바리새인들은 구약의 율법을 버리고 율법 선생들(랍비들)이 만들어준 규정을 중요시 했다. 오늘도 성경을 버리고 사람이 만들어 놓은 규칙을 더 중요시 하는 수가 있지 않은가.

마 12:6. 내가 너희에게 이르노니 성전보다 더 큰 이가 여기 있느니라.

예수님은 바리새인들의 시비를 받으시고 구약 성경 말씀 두 곳을 들어 안식일에 이삭을 잘라 비비어 먹은 것이 죄가 되지 않음을 설명하신(3-5절) 다음 "내가 너희에게 이르노니"라는 중대한 언사를 사용하시면서 "성전보다 더 큰 이(τοῦ ἱεροῦ μεῖζόν)가 여기 있다"고 하신다(대하 6:18; 말 3:1). 여기 "성전"이란 4절의 "하나님의 전"을 지칭하고 또 5절의 "성전"을 지칭한다. 그런데 예수님은 "성진보다 더 큰 이가 여기 있다"고 하신다. 다시 말해 '예수님이 성전보다 더 큰 이'라고 하신다. "더 큰 이"(μεῖζόν)이란 말이 중성("더 큰 것)이지만 문맥에 의하여 '(예수님이) 더 크시다'는 뜻이다. 예수님이 '성전보다 더 큰 이'란 말씀은 구약 성전은 예수님에 대한 하나의 예표 혹은 그림자뿐이시고 예수님은 실물로서 예수님이 예표보다 더 크다는 뜻이다.

예수님께서 자신이 성전보다 더 크다고 말씀하신 이유는 구약의 제사장들이 성전 안에서 죄를 범하여도 죄가 없었다고 하면 예수님 안에서 안식일을 범한 제자들은 죄를 범한 것이 아니라는 뜻이다. 예수님의 제자들은 예수님 안에 있는 사람들이다. 예수님의 제자들은 성령 세례에 의하여 예수님과 연합하게 되었다(5:3-12; 요 3:3-5; 14:20; 15:3; 갈 2:20). 따라서 예수님의 제자들은 예수님 안에 있게 되었다. 예수님 안에 있는 제자들이나 오늘 우리 성도들은 토요일 안식일을 지키지 않아도 아무 죄가 되지 않는다. 우리는 그리스도께서 부활하신 날을 예배하는 날로 지킨다.

마 12:7. 나는 자비를 원하고 제사를 원하지 아니하노라 하신 뜻을 너희가 알았더라면 무죄한 자를 정죄하지 아니하였으리라.

예수님은 본 절에서 바리새인들이 하나님의 뜻을 몰라서 예수님의 제자들을 정죄했다고 책망하신다(9:13 참조). 예수님은 "나는 자비를 원하고 제사를 원하지 아니하노라 하신 뜻을 너희가 알았더라면 무죄한 자를 정죄하지 아니하였으리라"고 하신다(9:13; 호 6:6; 미 6:6-8). 예수님은 '하나님께서는 사람들이 사람들에게 자비를 베풀기를 원하시고 또 형식적인(자비 없는) 제사를 원하지 않으신다는 것을 너희(바리새인들)가 알았더라면 무죄한 제자들을 안식일 범법자라고 정죄하지 않았을 것이다'고 말씀하신다. 바리새인들이야 말로 하나님의 뜻을 모르는 무지한 대중이었다. 그들은 예수님을 정죄했고 예수님의 제자들을 많이 정죄했다. 성경을 모르는 사람들은 많은 죄를 범하기 마련이다.

마 12:8. 인자는 안식일의 주인이니라 하시니라.

예수님은 1-7절의 결론으로 "인자는 안식일의 주인이라"고 하신다. 예수님은 안식일을 우지좌지 하실 수 있는 주인이 되신다는 말씀이시다. 예수님은 앞 절에서는 하나님의 거룩하신 뜻을 언급하시고 본 절에서는 자신을 "인자"라고 언급하신다. "인자"란 '고난을 받으시는 그리스도'를 지칭하는 말이다. 다시 말해 십자가를 지시는 그리스도를 뜻한다. 십자가 없는 그리스도는 생각할 수 없는 것이다. 예수님은 바리새인들이 안식일의 주인이 아니라 예수님 자신이 안식일의 주인 즉 주장자라고 하신다. 예수님께서 안식일에 사람이 할 수 있는 일과 할 수 없는 일을 주장하실 수 있으시다는 것이다. 안식일은 사람을 위하여 있는 것이니 이상적인 사람이신 그리스도는 안식일의 주가 되신다(Plummer, Bruce). 막 2:27에서 예수님은 "안식일이 사람을 위하여 있는 것이요 사람이 안식일을 위하여 있는 것이 아니라"고 하신다.

b.안식일에 병 고치셨다고 시비하다 12:9-21

밀밭에서 바리새인들이 시비함으로 논쟁을 벌이신 예수님(1-8절)은 당일 회당에 들어가셔서 한쪽 손 마른 병자를 고치신다(9-14절). 그런 다음 예수님은 그 자리를 떠나가시면서 많은 사람들의 병을 고치시고(15절) 예수님은 자기를 나타내지 말라고 경고하신다(16-21절). 이 부분(9-21절)은 막 3:1-12과 병행한다. 눅 6:6-11 참조.

마 12:9. 거기에서 떠나 그들의 회당에 들어가시니(Καὶ μεταβὰς ἐκεῖθεν ἦλθεν εἰς τὴν συναγωγὴν αὐτῶν).

마태는 "거기에서 떠나"라는 또 하나의 개괄적인 전환의 어구를 사용한다(Hagner, 참조. 11:1; 15:29). 다시 말해 이 어구는 앞 단락에 기록한 밀밭(1-8절)에서 떠났다는 것을 말하는 것이 아니라 앞의 단락과 이 부분의 단락을 연결짓는 하나의 전환구로 보인다. 만약 이 어구("거기에서 떠나")를 문자대로 해석하면 눅 6:6의 내용과 상충된다. 눅 6:6은 말하기를 "또 다른 안식일에 예수께서 회당에 들어가사"라고 기록하고 있기 때문이다. 즉 마태는 예수님께서 밀밭 사이에서 바리새인들과 안식일 논쟁을 벌인 당일에 그 밀밭에서 떠나 회당에 들어가신 것으로 말하나 누가는 다른 안식일에 예수님께서 유대인의 회당에 들어가신 것으로 기록했기 때문에 마태가 기록한 "거기에서 떠나사"란 말이 어디에서 떠난 것인지를 알 수 없게 된다. 그런고로 해그너(Hagner)가 말한 대로 이 구절을 하나의 전환 구를 이루는 구절로 보는 것이 타당할 것같이 보인다.

마태는 예수님께서 다른 안식일에(눅 6:6) "그들의 회당에 들어가셨다"고 기록한다(막 3:1). "그들의 회당"이란 말은 막연한 기록으로 유대인들의 회당을 지칭하는 말이다(막 3:1 참조). 예수님은 회당에 들어가서서 갑자기 한편 손 마른 사람을 만나신다(다음 절). 예수님께서 가시는 곳에는 항상 하실 일이 있었다.

마 12:10. 한쪽 손 마른 사람이 있는지라 사람들이 예수를 고발하려 하여 물어 이르되 안식일에 병 고치는 것이 옳으니이까.

마태는 본 절 초두에 "보라"(ἰδου)라는 말을 기록하고 있다(우리 번역에는 없다). 갑작스러운 환경이 벌어지고 있다는 것을 보여주는 말이다. 마태는 예수님께서 유대인의 회당에 들어서시자 갑자기 "한쪽 손 마른 사람이 있는지라"고 말한다. 예기치 못한 상황이 발생한 것이다.

마태는 "사람들" 즉 '바리새인들'(14절)이 "예수를 고발하려 하여 물어 이르되 안식일에 병 고치는 것이 옳으니이까"고 물은 것을 기록한다(눅 13:14; 14:3; 요 9:16). 바리새인들은 예수님께서 그 사람을 고쳐주실 때까지 기다린 것이 아니라 처음부터 다짜고짜 안식일에 병 고치는 것이 옳은 것이냐고 물었다. 밀밭 사이에서 안식일 논쟁에서 패한 바리새인들은 때를 기다렸다가 예수님을 당국에 고발조치하려고 이렇게 당돌하게 물은 것이다. 바리새인들은 한쪽 손 마른 사람을 안식일에 고치는 것은 분명히 안식일을 범하는 것으로 확신하고 있었다. 중환자가 아니라는 생각으로 가득 차 있었다.

마 12:11-12. 예수께서 이르시되 너희 중에 어떤 사람이 양 한 마리가 있어 안식일에 구덩이에 빠졌으면 끌어내지 않겠느냐 사람이 양보다 얼마나 더 귀하냐 그러므로 안식일에 선을 행하는 것이 옳으니라 하시고.

예수님은 바리새인들의 질문을 받으시고(앞 절) "너희 중에 어떤 사람이 양 한 마리가 있어 안식일에 구덩이에 빠졌으면 끌어내지 않겠느냐"고 반문하신다(출 23:4-5; 신 22:4 참조). 예수님은 바리새인들이 꼼짝 못하고 긍정할 수밖에 없는 질문을 하신다. 예수님은 바리새인들의 대답을 기다리시지 않고 "사람이 양보다 얼마나 더 귀하냐"고 말씀하신다. 사람이 양보다 100배, 1,000배, 아니 천하보다 귀하니 마땅히 고쳐주어야 한다는 대답 이외에는 다른 대답이 없도록 입막음 하시면서 예수님은 이렇게 결론을 내리신다. 즉 "그러므로 안식일에 선을 행하는 것이 옳으니라." 오늘 우리 역시 주일을 지키는 시대에도 주일에 사람을 고쳐주는 것이 옳다는 예수님의 말씀을 들어야 한다.

마 12:13. 이에 그 사람에게 이르시되 손을 내밀라 하시니 그가 내밀매 다른 손과 같이 회복되어 성하더라.

예수님은 바리새인들로 하여금 꼼짝 못하게 입을 막으신(11-12절) 다음 그 사람에게 이르시기기를 "손을 내밀라"고 명령하신다. 예수님은 이 명령을 하실 때 환자가 이 명령에 순종할 수 있는 힘을 동시에 공급하셨다. 이 명령을 받은 그 환자는 그리스도로부터 힘을 받아(눅 8:46) 손을 "내 밀었다." 결국 그 환자의 손은 다른 손과 같이 회복되었다. 예수님은 명령 한 마디로 순식간에 마른 손을 회복시키셨다. 예수님은 말씀 한 마디로 우주를 창조하셨고(요 1:3) 또 말씀으로 우주를 통치하신다(히 1:3).

마 12:14. 바리새인들이 나가서 어떻게 하여 예수를 죽일까 의논하거늘.

예수님 앞에서는 더 이상 입을 열어 예수님께 대항하지 못하고 그들은 밖으로 "나가서 어떻게 하여 예수를 죽일까 의논했다"(27:1; 막 3:6; 눅 6:11; 요 5:18; 10:39; 11:53). 바리새인들은 "어떻게 하여 예수를 죽일까" 하는 의논이 중요했다. 이유는 쉽게 죽일 수가 없었다. 로마의 법이 있어서 쉽게 죽일 수가 없었고 또 예수께서 병을 고치셨기 때문에 군중들에게 인기가 많으시니 쉽게 죽일 수가 없어서 그들은 예수님을 죽이는 일에 연구가 필요했다. 그런데 그들은 자기들의 힘만 가지고는 불가능한 것으로 판단하여 정치가들을 이용하기로 했다. 막 3:6에는 "바리새인들이 나가서 곧 헤롯당과 함께 어떻게 하여 예수를 죽일까 의논하니라"고 기록하고 있다. 바리새인들은 종교인들이었는데 정치가들과 합작했다. 예수님의 이적을 보고 크게 은혜를 받았어야 했던 사람들이 예수님을 죽일 연구를 했다는 사실이 슬픈 현실임을 말해주고 있다.

마 12:15. 예수께서 아시고 거기를 떠나가시니 많은 사람이 따르는지라 예수께서 그들의 병을 다 고치시고.

예수님은 바리새인들이 헤롯 당원과 함께 자신을 죽이려는 음모를 아시고(앞 절) 그 회당을 떠나셨다(10:23; 막 3:7 참조). 예수님께서 제자들에게 명령하신 대로 이 동네에서 핍박하면 저 동네로 피해야 하는 원칙에 따라 그 장소를 피하셨다(10:23). 예수님이 그 회당을 떠나시니 많은 사람들이 따랐다(19:2). 예수님은 자신을 따르는 사람들 중에 병든 자의 병을 다 고쳐주셨다.

마 12:16. 자기를 나타내지 말라 경고하셨으니.

예수님은 병 나은 사람들에게 "자기를 나타내지 말라 경고하셨다"(9:30). 그는 결코 인기로 사시는 분이 아니셨다. 단지 사람들을 불쌍히 여기셔서 고쳐주셨다. 이렇게 처신 하신 이유는 다음 이사야 42:1-4의 말씀과 일치한다. 그는 성경에 예언된 대로 활동 하셨다.

마 12:17. 이는 선지자 이사야를 통하여 말씀하신 바.

마태 사도는 예수님께서 "자기를 나타내지 말라"(앞 절)고 경고하신 일이 선지자 이사야를 통하여 말씀하신 바와 같다고 말한다. 마태는 선지자 이사야가 다음의 18-21절처럼 예언하신 것이 이루어지기 위해서 예수님께서 그렇게 겸손하셨다고 말씀한다. 마태가 예수님께서 인기도 원하시지 않고 겸손하게 행하시는 것을 보고 성령의 감동으로 이사야 42:1-4의 글의 성취라고 본 것이다. 마태는 히브리어 원전 이사야 42:1-4을 그대로 여기에 인용한 것도 아니고 또는 70인역 이사야 42:1-4을 그대로 여기에 인용한 것이 아니라 자신이 기억해 둔 것을 자유롭게 인용하고 있다. 하나님은 그의 택한 종 그리스도의 아름다운 점을 이사야를 통하여 기록해 놓았는데 마태가 자신의 기억속에 있던 것을 자유롭게 인용했다.

마 12:18. 보라 내가 택한 종 곧 내 마음에 기뻐하는바 내가 사랑하는 자로다 내가 내 영을 그에게 줄 터이니 그가 심판을 이방에 알게 하리라.

마태 사도는 예수님께서 겸손하시다는 것(16절)을 말하기 위하여 사 42:1을 본 절에 인용하지 않아도 되었고 다만 사 42:2-3만을 19-20절에 인용하면 충분했는데 예수님의 위대하심과 또 하나님과의 관계를 묘사하기 위해 사 42:1을 본 절에 인용했다.

마태는 하나님께서 예수님을 두고 미리 말씀하신 예언의 말씀 "보라 내가 택한 종 곧 내 마음에 기뻐하는바 내가 사랑하는 자로다"라는 말씀을 인용한다 (3:17; 17:5; 사 42:1). 하나님은 예수님을 "내가 택한 종"(ὁ παῖς μου ὃν ᾑρέτισα) 이라고 하신다. 여기 "종"(ὁ παῖς)이란 말은 '하인'(下人)이란 뜻이다(8:6). 하나님께서 예수님을 하인이라고 부르신 이유는 예수님께서 사역 면에서 전적으로 하나님께 순종하실 것이란 뜻으로 말씀하신 것이다(사 49:6; 52:13; 53:2, 11). 결코 예수님께서 능력이나 지혜나 사랑 면에서 열등하시다는 뜻은 아니다. 예수님은 하나님의 종으로서 이 땅에 성육신하셨고 또 모든 사역을 감당하시는데 있어서 전적으로 아버지께 순종하셨다. 그리고 "택한"(ᾑρέτισα)이란 낱말은 부정(단순)과거 시제(히브리어의 과거 시제와 맞먹는 시제이다)로 성부께서 성자를 택하셨다는 뜻인데 성부께서는 성자로 하여금 메시아의 직무를 감당하도록 그를 '택하셨다.' 이 "택한"이란 낱말은 성부께서 성자를 모든 피조물보다 높이셨다는 뜻으로 성자의 엄청난 특권을 말해주고 있다(Ridderbos).

그리고 성부는 성자를 두고 "내 마음에 기뻐하는바 내가 사랑하는 자"라고 묘사하신다. 성자는 '성부의 마음에 기뻐하는 자'라고 하신다. 다시 말해 중심으로 기뻐하는 자라는 뜻이다(3:17; 17:5). 예수님에게는 아버지를 불쾌하게 할 수 있는 것은 아무 것도 없을 것이라는 뜻이다. 그래서 성부는 성자를 사랑하신다고 말씀하신다. 중심으로 기뻐하시는 아들을 사랑하신다는 뜻이다. 성부와 성자의 관계는 전적으로 사랑의 관계이다.

성부는 성자 예수님에게 사역을 맡기실 것이라고 하신다. "내가 내 영을 그에게 줄 터이니 그가 심판을 이방에 알게 하리라." 즉 '성부는 그의 영을 성자에게 줄 터이니 아들이 심판을 이방에 알게 하리라'고 하신다. 예수님은 세례를 받으실 때 성부로부터 성령을 받으셨다(3:16; 요 3:34-35). 이것은 아들이 심판을 이방에 알리기 위함이었다. 여기 "심판"(מִשְׁפָּט)이란 '공의'라는 뜻으로 신약의 술어로 '복음'을 지칭한다. 아들은 성부가 주신 성령을 받고 복음을 이방에 전파하셨다. 아들은 먼저 복음을 유대인들에게 전파했으나 그들이 거부하였기에 결국 이방으로 가셨다(8:10; 15:28; 롬 9:1-11:32).

마 12:19. 그는 다투지도 아니하며 들레지도 아니하리니 아무도 길에서 그 소리를 듣지 못하리라.

성부는 이사야를 통하여 "그는 다투지도 아니하며 들레지도 아니하리니 아무도 길에서 그 소리를 듣지 못하리라"고 예언하신다. 즉 '아들은 누구와 다투지도 아니하며 떠들지도 아니하리니 아무도 길에서 그 소리를 듣지 못하리라'고 하신다. 이 예언의 말씀대로 예수님은 온유하고 겸손하셨다(16절; 11:29). 예수님은 외적(外的)으로 과시할 필요도 없으셨고 널리 선전할 필요도 없으셨다. 내적(內的)으로 조용히 성령의 능력으로 하나님으로부터 받으신 사명을 수행하시면 되었다. 예수님은 바리새인들과 싸우실 필요가 없으셨다. 그들을 피하셔서 그저 사역을 수행하시면 되었다.

마 12:20. 상한 갈대를 꺾지 아니하며 꺼져가는 심지를 끄지 아니하기를 심판하여 이길 때까지 하리니.

아들은 "상한 갈대를 꺾지 아니하며 꺼져가는 심지를 끄지 아니하기를 심판하여 이길 때까지 하리라"고 성부는 예언하신다. 여기 "상한 갈대"란 '연약한 인생들'을 지칭하는 것으로 예수님은 연약하다고 생각하는 어쩔 수 없는 사람들을 "꺾지 않으셨다." 즉 '망가뜨리지 않으셨다.' 그리고 "꺼져가는 심지"란 "상한 갈대"와 똑 같은 뜻으로 '기름이 없어 꺼져가는 심지' 같은 인생들을 지칭한다. 예수님은 두 종류의 인생들, 결국은 한 종류의 인생들인데 연약한 인생들 즉 꺼져가는 인생들(병자, 고아, 과부, 불행한 사람들)의 불을 끄지 아니하기를 "심판하여 이길 때까지 하실 것이다." 즉 '복음을 전하여 복음으로 승리할 때까지' 연약한 인생들을 붙드실 것이다. 본 절의 예언의 말씀은 예수님의 사역에서 많이 볼 수 있다. 예수님은 병자들을 치유하셨고(4:23-25; 9:35; 11:5; 12:15), 세리와 죄인들을 가까이 하시며 구원해 주셨으며(9:9-10), 먹을 것이 없는 자들에게 양식을 주셨다(14:13-21). 그리스도께서 하신 일을 낱낱이 기록할 수 없을 것이다(요 21:25).

마 12:21. 또한 이방들이 그 이름을 바라리라 함을 이루려 하심이니라.

성부는 이사야를 통하여 "이방들이 그 이름을 바랄 것이라"고 예언하신다. 구약 이사야 42:4 하반 절에는 "섬들이 그 교훈을 앙망할 것이라"고 되어 있다. 마태는 구약 성경의 "섬들"이란 말을 "이방들"이란 말로 고쳐 인용했다. 결국 같은 뜻이다. 본문의 "그 이름"이란 '예수님 자신'을 뜻하는 것으로 이방인들은 예수님 자신과 그 구원을 학수고대할 것이란 예언이다. 이 예언대로 예수님에 의한 구원의 복음은 이방으로 넘어갔다(요 4:42; 요일 4:14). 28:18-20; 행 22:21; 엡 2:11-22 참조.

c.귀신들린 자를 고치셨다고 시비하다 12:22-37

마태는 바리새인들이 예수님의 제자들이 밀밭 사이에서 밀 이삭을 잘라 손으로 비비어 먹었다고 시비한 것을 기록하고(1-8절) 또 예수님께서 안식일에 병 고치셨다고 시비한 것을 기록한(9-21절) 다음 이제 이 부분(22-37절)에서는 예수님께서 귀신들린 자를 고치셨다고 시비하는 것을 기록하고 있다. 이 부분은 예수님께서 귀신들려 눈멀고 벙어리 된 자를 고치신 이적 자체를 취급하고(22-23절), 그에 따른 바리새인들의 반감을 취급하며(24절), 예수님의 반격을 다룬다(25-37절). 12:22-32을 위해서는 막 3:19-30; 눅 11:14-23; 12:10을 참조하고, 12:33-37을 위해서는 눅 6:43-45을 참조하라.

마 12:22. 그 때에 귀신 들려 눈멀고 말 못하는 사람을 데리고 왔거늘 예수께서 고쳐 주시매 그 말 못하는 사람이 말하며 보게 된지라.

"그 때에"란 말은 막연한 접속어로 보인다. 렌스키는 여기 "그 때에"란 말이 1절의 "그 때에"란 말과 거의 동일한 때로 말하나 눅 6:6은 본 장 1절의 때와 9절의 때를 다른 안식일에 일어난 사건으로 말하는 것을 감안하면 1절의 "그 때"와는 다른 때로 보아야 할 것이다. 그런고로 본 절의 "그 때에"란 말은 앞부분(9-21절)과 이 부분(22-37절)을 연결 짓는 접속어로 보는 것이 좋을 듯하다. 마태는 "귀신 들려 눈멀고 말 못하는 사람을 데리고 왔다"고 말한다(9:32; 막 3:11; 눅 11:14). 마태에게는 누가 데리고 왔느냐는 것은 중요하지 않았다. 예수님께서 치유하신 것이 중요했다.

마태는 "귀신 들려 눈멀고 말 못하는 사람"의 질병의 원인은 귀신 때문이라고 말한다. 9:32에는 귀신 들려 말 못하는 사람이 등장했었는데 여기서는 귀신

들렸기에 말만 못하는 것이 아니라 눈까지 멀었다고 말한다. 그러니까 귀신들리면 여러 가지 병이 발생하는 것을 보여주고 있다. 아무리 병이 많이 발생해도 귀신들려 질병이 발생했으니 귀신만 축출하면 되는 것이므로 누군가가 그 사람을 예수님께 "데려왔다." 마태는 예수님께서 그 사람을 "고쳐 주시매 그 말 못하는 사람이 말하며 보게 되었다"고 말한다. 예수님은 병자를 보시고 못 고치시는 질병이 없으셨다. 이것을 지켜 본 사람들의 반응은 다음과 같았다.

마 12:23. 무리가 다 놀라 이르되 이는 다윗의 자손이 아니냐 하니.

예수님을 따르는 무리(15절 참조)가 예수님께서 병을 고치시는 것을 보고 다 놀랐다. 그리고 말하기를 "이는 다윗의 자손이 아니냐"고 말했다. 즉 '이 사람은 다윗의 자손이 아니냐'고 했다. "다윗의 자손"이란 말은 '메시아의 별칭'이다(9:27; 15:22). 사람들은 두 맹인의 간증("다윗의 자손이여")도 들어 알고 있었을 것이다. 사람들은 점점 예수님을 알아가고 있었다(8:27을 참조하라). 그러나 무리가 노골적으로 예수님이 메시아라고 말할 수는 없었다. 거기에 바리새인들이 있었기 때문이었다(다음 절). 다만 의문문으로 표시하는 수밖에 없었다("이는 다윗의 자손이 아니냐").

마 12:24. 바리새인들은 듣고 이르되 이가 귀신의 왕 바알세불을 힘입지 않고는 귀신을 쫓아내지 못하느니라 하거늘.

바리새인들의 반응은 무리의 반응과는 큰 차이가 있다. 바리새인들은 "이가 귀신의 왕 바알세불을 힘입지 않고는 귀신을 쫓아내지 못하느니라"는 반응이었다(9:34; 막 3:22; 눅 11:15). 바리새인들은 귀신 들려 눈이 멀었던 사람이 눈을 떠서 본다고 야단이고 또 말 못하던 사람이 입이 열려 말을 하고 야단하니 이적 자체를 부인할 수는 없었다. 그래서 그들은 예수님이 귀신의 왕 바알세불을 힘입어서 귀신을 쫓아냈다고 둘러댔다. 그들은 꼬아도 너무 꼬았다. 물론 그들은 예수님께서 들으신 곳에서 이런 말을 공공연히 하지는 못하고 자기들끼리만 말했다(다음 절). 본문의 바알세불이란 말의 해석을 위해서는 10:25의 주해를 참조하라.

마 12:25-26. 예수께서 그들의 생각을 아시고 이르시되 스스로 분쟁하는 나라마다 황폐하여질 것이요 스스로 분쟁하는 동네나 집마다 서지 못하리라 사탄이 만일 사탄을 쫓아내면 스스로 분쟁하는 것이니 그리하고야 어떻게 그의 나라가 서겠느냐.

바리새인들의 악의에 찬 생각을 알아차리신(24 절) 예수님은 바리새인들의 주장을 두 가지로 반박하신다. 첫째, 사탄의 나라는 절대로 분쟁하는 일이 없다고 하신다(9:4; 요 2:25; 계 2:23). 예수님이 사탄의 왕을 힘입어 귀신을 쫓아낸다는 것은 있을 수없는 말이라고 반박하신다.

예수님은 바리새인들의 "생각을 아신다"고 하신다. 바리새인들의 악의에 찬 생각을 아시고 예수님은 스스로 분쟁하는 나라는 황폐해지고, 스스로 분쟁하는 동네나 집은 서있지 못하리라고 하신다. 그 원리에 따라서 사탄의 나라는 절대로 분쟁하지 않으니 예수님이 사탄을 힘입고 귀신들린 사람에게서 귀신을 쫓아낸 것이 아니라고 하신다. 사탄이 귀신을 쫓아내면 사탄의 나라가 어떻게 서있겠느냐고 물으신다.

마 12:27. 또 내가 바알세불을 힘입어 귀신을 쫓아내면 너희의 아들들은 누구를 힘입어 쫓아내느냐 그러므로 그들이 너희의 재판관이 되리라.

둘째, 바리새인들의 제자들이 바리새인들의 재판관이 될 것이라고 하신다. 다시 말해 예수님이 귀신의 왕 바알세불을 힘입어 귀신을 쫓아낸다고 말하면 바리새인들의 아들들 중에서도 귀신을 쫓아내는 사람들이 있는데 그 아들들도 귀신의 왕 바알세불을 힘입어 귀신을 쫓아낸다고 말할 수 있는 것이냐고 반문하신다. 만약 그렇게 말한다면 바리새인들의 아들들이 바리새인들을 심판할 것이라고 하신다. 예수님은 바리새인들을 정확하게 찌르신다. 바리새인들은 그들의 아들들한테 비난받을 소리를 하고 있었다.

마 12:28. 그러나 내가 하나님의 성령을 힘입어 귀신을 쫓아내는 것이면 하나님의 나라가 이미 너희에게 임하였느니라.

예수님은 앞에서(25-27절) 자신이 바알세불을 힘입어 귀신을 쫓아낸 것이 아니라는 논증을 하신 다음 본 절에서는 적극적으로 예수님께서 하나님의 성령을 힘입어 귀신을 쫓아냈다고 하신다. 예수님께서 "내가 하나님의 성령을 힘입어 귀신을 쫓아내는 것이면 하나님의 나라가 이미 너희에게 임하였다"고 하신다(단 2:24; 7:14; 눅 1:33; 11:20; 17:20-21). 즉 '내(예수님)가 하나님의 성령을 힘입어 귀신을 쫓아내는 것이 확실한데 그렇다면 하나님의 통치가 이미 너희에게 임한 것이다'라고 하신다(눅 11:20 주해 참조). 성령의 힘이 사탄의 나라를 침입했으니 성령의 통치가 이미 사람들에게 임하기 시작한 것이다. 하나님 나라의 완성은 아직 미래의 일이지만 하나님 나라의 통치는 이미 이 세상에 임하기 시작했다는 뜻이다. 성령님이 역사하시는 곳이면 어디든지 하나님의 통치가 임하기 시작한 것이다.

마 12:29. 사람이 먼저 강한 자를 결박하지 않고서야 어떻게 그 강한 자의 집에 들어가 그 세간을 강탈하겠느냐 결박한 후에야 그 집을 강탈하리라.

예수님께서 사탄의 나라를 제압해서 하나님 나라가 이미 임했다는 것(앞 절)을 확증하기 위하여 예수님은 일상적인 예화를 하나 들으신다. 즉 "사람이 먼저 강한 자를 결박하지 않고서야 어떻게 그 강한 자의 집에 들어가 그 세간을 강탈하겠느냐 결박한 후에야 그 집을 강탈하리라"고 하신다(사 49:24; 눅 11:21-23). 누구든지 먼저 강한 자를 결박한 다음에야 그 강한 자의 집에 들어가 그 세간(인간의 영혼과 육체)을 강탈할 수 있는 것이고 또 강한 자를 결박한 다음에야 그 집(인간의 영혼과 육체)을 강탈할 수 있다고 하신다. 예수님께서 강한 귀신을 결박한 다음에야 그 사탄의 세계에 들어가 세간도 강탈하고 집도 강탈할 수 있다고 하신다. 사탄에 대한 승리는 하나님의 나라가 임했다는 것을 보여주는 것이다.

마 12:30. 나와 함께 아니하는 자는 나를 반대하는 자요 나와 함께 모으지 아니하는 자는 헤치는 자니라.

바리새인들과 서기관들은 예수님을 향하여 "이(예수)가 귀신의 왕 바알세불을 힘입지 않고는 귀신을 쫓아내지 못한다"(24절)고 했으므로 예수님은 그들이 예수님을 반대하는 자라고 정의하신다. 즉 "나와 함께 아니하는 자는 나를 반대하는 자요 나와 함께 모으지 아니하는 자는 헤치는 자"라고 하신다. 세상에 중립은 없다고 하신다. 세상에는 예수님에게 가까이 교제하는 자(with)와 예수님에게 대항하여(against) 반대하는 자뿐이라고 하신다.

비슷한 표현으로 세상에는 예수님과 함께 모으는 사람, 즉 사람들을 모아 그 분을 따르도록 만드는 사람(9:37-38; 잠 11:30; 단 13:3; 눅 19:10; 요 4:35-36; 고전 9:22)과 예수님과 함께 모으지 아니하는 자, 즉 예수님의 전도사역에 동참하여 따르기를 거절하는 사람뿐(요 10:12)이라고 하신다. 다시 말해 예수님에게 협력하는 사람과 협력하지 않는 사람뿐이라고 하신다. 바리새인들은 사람들에게 예수님을 믿지 못하게 방해하여 천국 문을 닫는 사람들이었다. 예수님에게 협력하지 않는 사람들은 모두 거역하는 사람들이다. 결코 중립은 있을 수가 없다. 우리는 항상 그리스도 편에 서야하고 사탄 편에 서서는 안 된다. 또 중립적인 위치에 서려고 시도해서도 안 된다. 이유는 중립은 없기 때문이다.

마 12:31-32. 그러므로 내가 너희에게 이르노니 사람에 대한 모든 죄와 모독은 사하심을 얻되 성령을 모독하는 것은 사하심을 얻지 못하겠고 또 누구든지 말로 인자를 거역하면 사하심을 얻되 누구든지 말로 성령을 거역하면 이 세상과 오는 세상에서도 사하심을 얻지 못하리라.

예수님은 문장 초두에 "그러므로"(διὰ τοῦτο-"이러하기 때문에")란 말을 사용하신 다. 예수님께서 "그러므로"란 말을 사용하신 것은 이 부분(31-32절)이 앞 절과 연관이 있음을 보여준다. 즉 예수님과 함께 아니하는 것은 방관도 아니고 중립도 아니고 예수님을 아주 반대하는 것인 것처럼(앞 절) 이 부분(31-32절)에서는 성령을 모독하는 것은 사하심을 받지 못한다는 것을 말씀하시기 위한

"그러므로"이다. 다시 말해 30절에서는 예수님과 함께 아니하는 것과 31-32절에서는 성령을 모독하는 것과를 비교하고 있음을 알 수 있다.

예수님은 "그런고로 내가 너희에게 이르노니"라는 중대한 선언을 하시면서 다음의 말씀을 연결하신다. 즉 "사람에 대한 모든 죄와 모독은 사하심을 얻되 성령을 모독하는 것은 사하심을 얻지 못하겠다"고 하신다. 예수님은 "사람에 대한 모든 죄와 모독은 사하심을 얻는다"고 하신다(막 3:28; 눅 12:10; 히 6:4; 10:26, 29; 요일 5:16). 세상에 그 어떤 죄도 심지어 예수님을 모독한 것까지도 다 용서를 받을 수 있다고 하신다(삼하 12:13; 시 32:1-11; 51:1-19; 눅 7:36-50; 15:13, 21-24; 22:31-32; 요 18:15-18, 25-27; 행 9:1; 22:4; 26:9-11; 딤전 1:13). 그러나 예수님은 한 가지 예외를 두신다. 즉 "성령을 모독하는 것은 사하심을 얻지 못한다"고 하신다(행 7:51). '성령의 역사가 확실한 것을 알면서도 고의로 성령의 역사를 부인하는 죄는 용서받을 수 없다'고 하신다. 바리새인들은 예수님께서 귀신을 내쫓으신 일이 성령의 역사임을 알았을 터인데도 성령님이 하신 일이 아닌 것처럼 부인하고 말았다. 그런고로 그들의 죄는 용서받을 수 없게 되었다.

예수님은 32절에서 더 구체적으로 설명하신다. 즉 "누구든지 말로 인자를 거역하면 사하심을 얻되 누구든지 말로 성령을 거역하면 이 세상과 오는 세상에서도 사하심을 얻지 못하리라"고 하신다. '어느 한 사람 예외 없이 누구든지 말로 예수님을 거역하면 용서를 받지만 누구든지 말로 성령의 역사를 거역하면 영원이 용서를 받지 못하리라'고 하신다. 다시 말해 예수님을 사람뿐으로 알고 예수님을 거역하면 용서를 받지만 예수님을 통하여 성령님이 역사하고 계심을 알면서도 그 성령님의 역사하심을 거절하면 결코 그 죄를 용서받을 수 없다고 하신다. 성령님이 바리새인들을 회개시키려 했지만 그들은 끝까지 성령님의 역사를 거역하고 말았다. 그래서 그들은 영원히 죄를 용서받지 못하고 지옥으로 가고 말았다.

마 12:33. 나무도 좋고 열매도 좋다 하든지 나무도 좋지 않고 열매도 좋지

않다 하든지 하라 그 열매로 나무를 아느니라.

예수님은 바리새인들에게(24절) 예수님을 하나님의 아들로 인정하라고 권하신다. 즉 "나무도 좋고 열매도 좋다 하든지 나무도 좋지 않고 열매도 좋지 않다 하든지 하라 그 열매로 나무를 아느니라"고 하신다(7:17; 눅 6:43-44). 예수님도 좋고 예수님께서 귀신을 내쫓으신 일이나 병을 고치신 일 같은 것도 좋다고 하든지 혹은 예수님도 나쁘고 예수님께서 행하신 치유 사역도 좋지 않다고 말하라고 하신다. 열매를 보아서 나무를 아는 법이라고 하신다. 나무와 열매는 하나이니 나무의 정체는 열매로 아는 것이라고 하신다. 예수님께서 행하신 귀신 축출이나 병 고치심을 보고 예수님을 판단하라고 하신다. 본 절 주해를 위해 7:16-20을 참조하라.

마 12:34. 독사의 자식들아 너희는 악하니 어떻게 선한 말을 할 수 있느냐 이는 마음에 가득한 것을 입으로 말함이라.

예수님은 앞 절까지 바리새인들을 향하여 예수님을 인정하고 믿을 것을 권장하신 다음 본 절부터 37절까지는 바리새인들을 책망하신다. 예수님은 바리새인들을 향하여 "독사의 자식들아"라고 부르신다(3:7; 23:33). "독사의 자식들"이라고 부르신 이유는 그들이 "악하기" 때문이다. 예수님은 "너희는 악하니 어떻게 선한 말을 할 수 있느냐"고 말씀하신다. 선한 말을 할 수 없는 이유는 "마음에 가득한 것을 입으로 말함이기" 때문이라고 하신다(눅 6:45). 누구든지 마음에 가득한 것을 입으로 낸다. 마음에 쌓여있는 대로 말하기 마련이다. 바리새인들은 마음에 악이 가득했기 때문에 예수님을 향하여 귀신의 왕 바알세불이 짚였다고 말했다. 오늘 세대를 향하여 세례 요한이나 예수님은 무엇이라고 하시겠는가. 우리는 성령으로 충만해야 선한 말을 할 수 있다.

마 12:35. 선한 사람은 그 쌓은 선에서 선한 것을 내고 악한 사람은 그 쌓은 악에서 악한 것을 내느니라.

예수님은 사람이 마음에 쌓은 그대로 낸다고 하신다. 즉 "선한 사람은 그 쌓은 선에서 선한 것을 낸다"고 하신다. 선한 사람은 마음에 쌓은 선에서 선한 것을 낸다고 하신다. 사람은 원래 선하지 못하다(렘 17:9; 막 7:21-23). 그러나 사람이 성령으로 거듭나서 성령으로 충만할 때 선한 말을 할 수 있다. 그리고 예수님은 "악한 사람은 그 쌓은 악에서 악한 것을 낸다"고 하신다. '악한 사람이란 원래 마음속에 쌓였던 악에서 악한 것을 내는 사람이라'고 하신다. 성령으로 거듭나지 않은 사람, 그리고 성령으로 충만하지 않은 사람들은 다 마음에 악한 것만 가지고 있다. 그러다가 때가 되면 마음에 있는 악한 것을 그대로 밖으로 낸다.

마 12:36. 내가 너희에게 이르노니 사람이 무슨 무익한 말을 하든지 심판 날에 이에 대하여 심문을 받으리니.

예수님은 본 절과 다음 절에서 지금까지 말씀하신 것(25-35절)의 결론을 내신다. 이 결론이 중요한 것이기 때문에 "내가 너희에게 이르노니"라는 중대한 것을 발표하는 식으로 말씀하신다. 결론 중에 첫째는 "사람이 무슨 무익한 말을 하든지 심판 날에 이에 대하여 심문을 받을 것이라"고 하신다. 예수님에게 사탄이 들어가서 귀신을 내쫓으셨다고 하는 말만 아니라 무슨 무익한 말을 하든지 심판 날에 심문을 받을 것이라고 하신다. "무익한 말"이란 하나님 보시기에 해서는 안 될 말과 사람에게 유익하지 않은 말(고전 10:23-24)을 지칭한다. 최후의 심판 날에는 사람이 행한 대로 심판을 받는다(계 20:12). 신자는 최후의 심판 날이 아니라 현세에서 하나님으로부터 역사적인 심판을 받는다(7:1-5; 벧전 4:17). 우리는 범사에 성령 충만을 간구하여 선한 말을 해야 한다.

마 12:37. 네 말로 의롭다 함을 받고 네 말로 정죄함을 받으리라.

둘째, 예수님은 "네 말로 의롭다 함을 받고 네 말로 정죄함을 받으리라"고 하신다. 어떤 말을 했느냐에 따라 의롭다 함을 받기도 하고 정죄함을 받기도 한다고 하신다. 마음속에 가득한 선을 밖으로 내서 선한 말을 하면 의롭다 함을 받고 마음속에 가득한 악을 밖으로 내서 악한 말을 하면 정죄 심판을 받는다는 뜻이다. 믿는 사람들은 항상 성령 충만을 구하여 성령의 지배와 인도를 받는 중에 선한 말을 하여 하나님으로부터 잘 했다는 칭찬을 들어야 할 것이다. 여기 "의롭다 함을 받는다"는 말씀은 영혼이 구원을 받는다는 뜻이 아니라 하나님으로부터 칭찬을 듣고 복을 받고 상급을 받는다는 뜻이다.

d.표적을 구하다 12:38-45

마태는 예수님께서 바리새인들에게 여러모로 반대를 받으신 것을 기록한(1-37절) 후 이 부분(38-45절)에서는 서기관과 바리새인들이 예수님을 시험하기 위하여 표적을 구한 사실을 기록한다. 이 부분은 눅 11:29-32과 병행한다. 16:1-4에도 반복되고 있다.

마 12:38. 그 때에 서기관과 바리새인 중 몇 사람이 말하되 선생님이여 우리에게 표적 보여 주시기를 원하나이다.

마태는 문장 초두에 "그 때에"란 어구를 사용하여 본 절 이하의 말씀이 앞의 부분(22-37절)과 연관이 있음을 시사한다. 바리새인들은 예수님께서 귀신들린 사람을 고쳐주시는 것을 보고(22절) 귀신의 왕 바알세불을 힘입어 귀신을 쫓아 낸다고 말했다가(24절) 예수님으로부터 호된 책망을 듣고(25-37절) 그냥 주저앉을 수가 없어 곧 이어서 서기관을 대동하고 몇 사람의 바리새인들이 "선생님이여 우리에게 표적 보여 주시기를 원하나이다"라고 요청한다(16:1; 막 8:11; 눅 11:16, 29; 요 2:18; 고전 1:22). 앞의 이적 이상의 것(22절)을 보여주시기를 원한다고 말한다. 귀신들린 사람을 고쳐주시는 정도가 아니라 그 이상의 이적을 보여 달라고 요청한 것이다. "표적"(σημεῖον)[111]이란 말은 이적이나 기사란

111) "표적": 초자연적인 능력이 외부에 드러나는 일로서 진리임이 증거 또는 계시되는 일. 구 신약에 있어서는 표적이라는 말이 종종 이적과 동의어로 사용된 경우가 많은데, 이적은 초자연적인 능력에 의해 생겨나는 사건을 주로 가리키고, 권위의 증명이라는 의미에서 '표적'(표징)으로 말해지는 바, 대개의 경우 '이적과 표적(기사)'이라는 표준적인 표현으로 되어 있다. 구약에 있어서 이것은 '기사,' '표적,' '기이한 일'로 말해진다. 특히 이스라엘 백성이 애굽에서 구출된 사건은 종종 '표적과 감계,' '이적과 기사,' '징조와 기사'(신 28:46; 신 4:34; 렘 32:20)라는 말로 표현되어 있다. 신약에 있어서도 이 두 가지 말은 짝을 이루어 씌어져 있다(마 24:24; 행14:3; 롬 15:18; 히 2:4-표적과 기사). 물론 단독으로 사용된 경우도 있다(출 8:23). 그러나 신약에 있어서는 '기사'는 반드시 다른 말과 병용되어 있다.

말과 똑 같은 것을 지칭하지만 '예수님이 하나님이시라는 것을 보여주는 특수한 이적'을 지칭하는데 쓰이는 말이다. 귀신 들린 사람을 고쳐주신 이적을 믿지 않고 다시 표적을 구한 것은 아주 악한 생각에서 나온 것이다. 그래서 예수님은 다음과 같이 서기관들과 바리새인들을 책망하셨다.

마 12:39-40. 예수께서 대답하여 이르시되 악하고 음란한 세대가 표적을 구하나 선지자 요나의 표적 밖에는 보일 표적이 없느니라 요나가 밤낮 사흘 동안 큰 물고기 뱃속에 있었던 것 같이 인자도 밤낮 사흘 동안 땅 속에 있으리라.

다른 표적을 구한 서기관들과 바리새인들을 향해서 다른 표적을 보여주시지 않고 예수님은 대답하시기를 "악하고 음란한 세대가 표적을 구하나 선지자 요나의 표적 밖에는 보일 표적이 없느니라"고 하신다(16:4; 사 57:3; 막 8:38; 요 4:48). 예수님은 서기관들과 바리새인들을 향하여 "악하고 음란한 세대"라고 정의하신다. "악하다"는 말은 34절에서 말씀하신바와 같이 그들 심령속이 악으로 가득 찼다는 뜻이고 "음란하다"는 뜻은 그들이 '하나님을 떠난 불신실한 사람들'이란 뜻이다. 이스라엘 사람들은 하나님 앞에서 신실했어야 했는데 그들은 우상숭배를 했고 신실하지 않았기에 영적으로 간음한 사람들이었으므로 예수님은 그들을 음란한 세대라고 하셨다(시 73:27: 사 57:3; 렘 3:8; 13:27; 31:32; 겔 16:32; 23:27; 약 4:4).

예수님은 마음에 악으로 쌓였고 또 하나님을 멀리 떠난 세대가 "선지자 요나의 표적 밖에는 보일 표적이 없다"고 하신다(욘 1:17). "선지자 요나의 표적"이란 40 절에서 설명하는바와 같이 "요나가 밤낮 사흘 동안 큰 물고기 뱃속에 있다가" 살아나온 이적(욘 1:17-2:1)을 지칭하는데 예수님께서 죽으셨다가 3일 만[112)]에 살아나실 이적을 가리킨다. 예수님은 다른 이적을 더 보여주시지 않고 단 한 가지 십자가에서 죽으셨다가 3일 만에 다시 살아나시는 이적만을

112) 여기 "밤 낮 사흘"이란 말을 두고 혹자들은 예수님께서 땅 속에 있었던 시간이 72시간이 되지 않으므로 이 말씀은 잘 못된 것이라고 주장하기도 한다. 그러나 이스라엘의 시간 계산법은 우리나라 시간법과 똑 같아서 만 3일이 되지 않고 하루 중에 약간만 걸려도 역시 하루로 취급하는 관례에 따라 계산한 것이다. 문학적인 말은 과학과는 다름을 알아야 한다.

보여주시겠다고 하신다. 예수님의 의도는 다른 이적을 그들에게 더 보여주어도 그들이 믿지 않을 것이고 최후적으로 예수님의 부활 사건이 최고의 이적이니 부활을 믿으라고 하신 것이다. 예수님은 서기관과 바리새인들에게 이 말씀을 하신 후에도 다른 이적들을 많이 행하셨다. 오병이어의 이적(14:13-21), 바다 위를 걸으신 이적(14:22-33), 수로보니게 여인의 딸을 고치신 이적(15:21-28), 여러 병자들을 고치신 이적(15:29-31), 4,000명 이상에게 떡 일곱 개와 물고기 두 마리로 먹이신 이적(15:32-39), 간질병 들린 아이를 고치신 이적(17:14-20), 맹인 바디매오를 고치신 이적(20:29-34) 등 많은 이적을 행하셨다. 그러나 예수님은 그 이적들을 그들을 위해 행하신 이적은 아니었다. 반드시 믿으려고 하는 사람을 위해 그 이적들을 행하셨다. 신실하지 못한 유대인들은 표적을 구하는 민족이었다(고전 1:22). 우리는 표적을 구하는 사람들이 아니라 십자가에서 못 박히셨다가 부활하신 예수님을 구하는 사람들이 되어야 한다.

마 12:41. 심판 때에 니느웨 사람들이 일어나 이 세대 사람을 정죄하리니 이는 그들이 요나의 전도를 듣고 회개하였음이거니와 요나보다 더 큰 이가 여기 있으며.

예수님은 앞(39-40절)에서 서기관과 바리새인들에게 자신의 십자가 죽음과 부활의 이적을 보여주시겠다고 말씀하신 다음 본 절과 다음 절에서는 예수님의 위대하심에 대해서 언급하신다. 예수님은 본 절에서 예수님 자신이 밤낮 3일을 물고기 뱃 속에 있다가 나온 요나보다 더 위대하다고 하신다.

예수님은 본 절에서 요나의 전도를 듣고 회개한 니느웨(앗수르의 수도) 사람들이 심판 때에 일어나 이 세대 사람들 즉 유대인들을 정죄할 것이라고 하신다(렘 3:11; 겔 16:51-52; 롬 2:27; 눅 11:32). 이유는 니느웨 사람들이 요나의 전도를 듣고 회개했는데(욘 3:5) 요나보다 더 위대하신 예수님의 전도를 듣고 회개하지 않는 유대인들은 마땅히 니느웨 사람들에게 정죄를 받아야 한다고 하신다. 요나와 예수님은 비교도 할 수 없을 정도이다. 요나의 전도를 듣고 회개한 니느웨 사람들과 예수님의 전도를 듣고 회개하지 않은 유대인들을 비교해 보라. 서기관들과 바리새인들 그리고 유대인들의 죄는 얼마나 큰가를 알 수 있다.

마 12:42. 심판 때에 남방 여왕이 일어나 이 세대 사람을 정죄하리니 이는 그가 솔로몬의 지혜로운 말을 들으려고 땅 끝에서 왔음이거니와 솔로몬보다 더 큰 이가 여기 있느니라.

예수님은 본 절에서는 솔로몬보다 더 위대하신 분이라고 말씀하신다. 예수님은 "심판 때에 남방 여왕이 일어나 이 세대 사람을 정죄할 것"이라고 하신다(왕상 10:1; 대하 9:1; 눅 11:31). 즉 '인류의 종말 심판 때 남방 여왕(스바 여왕, 왕상 10:1-13)이 일어나 서기관과 바리새인들, 그리고 유대인들을 정죄할 것'이라고 하신다. 이유는 스바 여왕이 솔로몬의 지혜로운 말을 들으려고 먼 나라에서 왔기 때문이라고 하신다. 스바 여왕은 솔로몬의 지혜로운 말을 들으려고 먼 나라(현재의 예멘으로 추정한다-Hendriksen)에서 왔는데 솔로몬보다 비교도 할 수 없이 위대하신 예수님은 유대인들에게 오셔서 지혜의 말씀을 들려주셨는데 유대인들이 회개하지 않았으니 스바 여왕이 유대인들을 앞에 놓고 심판 정죄하는 것은 당연하다는 것이다. 유대인들은 예수님의 말씀을 듣고 마땅히 회개하고 믿었어야 했는데 너무 완악하고 음란해서 믿지 못했다.

마 12:43. 더러운 귀신이 사람에게서 나갔을 때에 물 없는 곳으로 다니며 쉬기를 구하되 쉴 곳을 얻지 못하고.

예수님은 본 절에서부터 45절까지 귀신이 사람에게서 나가서 돌아다니다가 그 사람이 예수님을 영접하지 않은 것을 확인한 다음 자기보다 더 악한 귀신들을 데리고 다시 그 사람 안으로 들어오게 되었다고 하신다. 예수님의 이 말씀은 그런 사실만을 말씀하는 것이 아니라 예수님을 영접해야 한다는 것을 언급하시는 것으로 보아야 할 것이다.

예수님은 귀신을 언급하실 때 "더러운"이란 단어를 사용하신다. 예수님은 깨끗한 귀신이 있다는 것을 암시하시는 것이 아니라 귀신이 더러운 존재라는 것을 부각시키기 위해서 "더러운"이라는 낱말을 사용하신다(4:36; 6:18; 8:29; 9:42). 예수님은 더러운 귀신이 "사람에게서 나갔을 때에 물 없는 곳으로 다니며 쉬기를 구하되 얻지 못했다"고 하신다. "사람에게서 나갔다"(눅 11:24)는 말은 사람으로부터 축출 당했다는 뜻이 아니라 '한 동안 떠났다'는 뜻으로 보아야 한다. 만약 축출 당했다면 다시 들어오지 못할 것이나 귀신이 뒤에 다시 들어온 것을 보면 축출당한 것이 아니라 한 동안 떠난 것이다.

귀신은 "물 없는 곳으로 다니며 쉬기를 구하되 쉴 곳을 얻지 못했다"(욥 1:7; 벧전 5:8). 여기 "물 없는 곳"이란 헬라어에서 문자적인 의미로는 '물 없는 지역'을 지칭하는데 유대인 사회에서 귀신들의 거주지로 인식되어 왔다. 이 문제에 대해 렌스키(Lenski)는 "예수는 그의 시대에 통용되었던 견해를 피력하고 있지 않다. 그는 사실을 진술하고 있다"고 말한다. 다시 말해 귀신들이 물 없는 지역을 다닌다는 말은 실제로 땅위의 사막지방을 다닌다는 말이 아니라 사람이 살지 않는 곳을 다닌다는 말이다. 그러니까 "물 없는 곳"이란 말은 '사람이 거하지 않는 곳'을 지칭한다. 마귀는 그곳에서 있을 곳을 찾지도 못하며 또 해롭게 할 만한 대상도 찾지 못한다. 그래서 마귀는 예수님을 영접하지 않은 사람의 심령을 "내 집"이라고 일컫는다. 귀신들은 사람이 살지 않는 곳을 싫어한다. 그들은 사람이 살지 않는 곳을 다니며 "쉬기를 구했으나" 사람의 신체(심령) 밖에서는 쉬지 못한다. 그들이 쉴 곳은 더러운 사람의 심령 속이다. 그들은 더러운 사람의 심령 속에 들어와야 쉴 수가 있다. 이유는 더러운 귀신은 더러운 사람 속에서야 쉴 수 있기 때문이다. 더러움은 더러움과 통한다. 오늘도 귀신은 그리스도를 영접하지 않은 사람의 심령 속을 휴식처로 알고 그들 속으로 들어가기를 대단히 소원한다. 그러니까 귀신은 예수님을 영접하지 않은 사람의 심령 속을 쉼터로 보고 그 심령을 떠난 곳, 즉 심령 밖을 물 없는 사막으로 보는 것이다.

마 12:44. 이에 이르되 내가 나온 내 집으로 돌아가리라 하고 와 보니 그 집이 비고 청소되고 수리되었거늘.

귀신은 있을만한 적당한 곳을 찾지 못하자 혼자말로 "내가 나온 내 집으로 돌아가리라"고 말한다. '내(귀신)가 한 동안 그들 속에 있다가 그들이 회개하는 것 같아서 빠져나온 바리새인들, 서기관들 그리고 그들의 추종자들 속으로 다시 돌아가리라'고 계획한다. 누구든지 회개할 때 철저히 회개하지 않고 주님을 철저히 따르지 않으면 훗날 더욱 비참한 가운데 빠지게 마련이다. 철저하게 회개하지 않은 사람들의 심령은 사탄이 활동하기에 좋은 운동장이 된다.

귀신이 혼자말로 말한 다음 실제로 바리새인들이나 서기관들, 그리고 그들의 추종자들의 상태를 살펴보니 "그 집이 비고 청소되고 수리되어 있는 것"을 발견하게 되었다. 귀신은 사람의 상태를 계속해서 살펴본다. 그런데 "그 집이 비고 청소되고 수리되었다"는 말은 새 주인을 맞이하기 위해서 단장되었다는 것을 지칭하는 표현이다. "비어 있었다"는 말은 귀신들도 없고 성령도 없다는 표현이다. 둘 중 하나가 있어야 할 터인데 아무 것도 없다는 뜻이다. 바리새인들과 서기관들과 유대인들은 예수님을 모시고 있지 않고 새 주인 곧 사탄을 맞이할 준비가 되어 있었다. 다시 말해 예전보다 영적인 상태가 더 좋지 않은 상태에 있었다. 그리스도를 대적하는 기세가 더 심해졌다는 뜻이다. 지금도 세상에는 사탄을 맞이하기에 좋은, 단장된 사람들이 얼마나 많은가. 그들은 결국 이단의 밥이나 사탄의 밥이 되기에 충분하다.

마 12:45. 이에 가서 저보다 더 악한 귀신 일곱을 데리고 들어가서 거하니 그 사람의 나중 형편이 전보다 더욱 심하게 되느니라 이 악한 세대가 또한 이렇게 되리라.

귀신은 자기가 나온 집으로 자기 혼자 들어가지 않고 "이에 가서 저보다 더 악한 귀신 일곱을 데리고 들어가서 거했다." 여기 "더 악한"이란 말은 귀신의 세계에도 더 악종 귀신이 있음을 시사한다. 예수님도 더 악종 귀신이 있다고 하신다(막 9:29). 그리고 "일곱"이란 말은 꼭 일곱을 지칭할 수도 있고 때로는 아주 충분한 수(數)나 충만함 자체를 지칭하기도 한다(시 119:164; 잠 24:16; 마 18:21). 귀신은 자기 혼자가 아니라 다른 귀신 일곱을 데리고 바리새인들과 서기관들 그리고 그들의 추종자들 속에 들어가서 거했다. 그래서 그들은 처음보다 예수님을 더 악하게 대적했다(요 5:14; 히 6:4; 10:26; 벧후 2:20). 조금 회개하는 듯하다가 타락한 사람들은 처음보다 더 악하게 된다(히 6:4; 10:26; 벧후 2:20-22). 회개했다고 생각하는 사람들은 반드시 성령으로 충만해야 한다.

11.가족도 예수님을 불신하다 12:46-50

마태는 바리새인들과 서기관들이 예수님에게 여러 모로 시비를 건 것을 기록했는데(1-8절, 9-21절, 22-37절, 38-45절), 이제는 가족들이 예수님을 불신한 것(46-50절)을 기록한다. 가족들이 예수님을 불신해서 찾아온 이유는 누군가가 예수님이 미쳤다고 말했기 때문에 찾으러 나온 것으로 보인다(막 3:21). 이 부분(46-50절)은 막 3:31-35; 눅 8:19-21과 병행한다.

마 12:46. 예수께서 무리에게 말씀하실 때에 그의 어머니와 동생들이 예수께 말하려고 밖에 섰더니.

마태는 "예수께서 무리에게 말씀하실 때에" 그의 어머니와 동생들이 예수께 말하려고 밖에 서 있었다고 말한다(막 3:31; 눅 8:19-21). 예수님께서 무리에게 한참 말씀을 하시는 도중에 예수님의 어머니와 동생들이 예수님께 말하려고 밖에 서 있었던 이유는 누군가가 바리새인들이 예수님을 향해 귀신의 왕 바알세불을 힘입어 귀신을 쫓아낸다는 악질적인 소문(24절)을 퍼뜨린 것을 예수님의 어머니와 동생들이 전해 듣고 예수님을 데려가려고 온 것으로 보인다(13:55; 막 3:21; 6:3; 요 2:12; 7:3, 5; 행 1:14; 고전 9:5; 갈 1:19). 이 때 동행한 동생들에 대해서는 여러 학설이 있다. 1) 혹자는 요셉의 전처의 아들들이었을 것이라고 말한다. 성경적인 근거가 없다. 2) 여기 형제들은 마리아의 동생인 알패오의 아내 마리아가 나은 아들들이라고 한다. 이 학설은 캐돌릭의 정설로 되어 내려온다. 성경적인 근거가 박약하다. 3) 또 다른 이들은 예수의 아우들이라고 주장한다(행 1:14). 즉 요셉과 마리아의 아들들을 지칭한다. 이 주장이 옳다. 1:25 주해를 참조하라. 동생들의 이름은 13:55-56에 기록되어 있다.

마 12:47. 한사람이 예수께 여짜오되 보소서 당신의 어머니와 동생들이 당신께 말하려고 밖에 서 있나이다 하니.

예수님께 가까이 있던 "한사람이 예수께 여짜오되 보소서 당신의 어머니와 동생들이 당신께 말하려고 밖에 서 있나이다"라고 보고해 드렸다. 본 절이 가장 좋은 사본들 안에 없다는 이유로 후대의 설명적인 보충으로 보기도 하나 이 구절이 있는 사본들도 있으니 이 구절이 있는 것으로 보아야 할 것이다. 이유는 이 구설이 없다고 하면 앞 절과 다음 절과의 연결이 부자연스럽다.

마 12:48-49. 말하던 사람에게 대답하여 이르시되 누가 내 어머니며 내 동생들이냐 하시고 손을 내밀어 제자들을 가리켜 이르시되 나의 어머니와 나의 동생들을 보라.

예수님은 가까이 있어 예수님에게 가족의 소원을 말한 사람에게 대답하시기를 "누가 내 어머니며 내 동생들이냐 하시고 손을 내밀어 제자들을 가리켜 이르시되 나의 어머니와 나의 동생들을 보라"고 하신다. 예수님은 밖에 서 계시던 어머니와 동생들을 무시하신 것이 아니라 참 신령한 가족이 더 중요함을 말씀하신다. 예수님께서 사역을 시작하신 후에는 육신의 가족보다는 신령한 가족을 더 중시하셨다(요 2:1-11 참조). 예수님은 육신의 가족 때문에 하시던 일을 멈추지 않으시고 계속해서 말씀을 전하셨다.

예수님은 손을 내밀어 제자들을 감싸시면서 말씀하신다. 손을 내미셔서 제자들 전체를 감싸신 것은 제자들을 사랑하신다는 뜻이다. 예수님은 제자들을 그의 손을 내밀러 감싸시고 "나의 어머니와 나의 동생들을 보라"고 하신다. 예수님은 지금도 주님 앞으로 모여들어 말씀을 듣고 따르는 사람들을 향하여 "나의 어머니와 나의 동생들을 보라"고 말씀하신다.

마 12:50. 누구든지 하늘에 계신 내 아버지의 뜻대로 하는 자가 내 형제요 자매요 어머니이니라 하시더라.

예수님은 누가 진정한 가족인가를 말씀하신다. "누구든지 하늘에 계신 내 아버지의 뜻대로 하는 자가 내 형제요 자매요 어머니이니라"고 하신다(요 15:14; 갈 5:6; 6:15; 골 3:11; 히 2:11). 하늘에 계신 아버지의 뜻대로 하는 자라면 누구든지 즉 인종을 넘고 계급을 넘으며 빈부를 넘고 남녀의 벽을 넘어 예수님의 형제요 자매요 어머니라고 하신다. 눅 8:21에는 "하나님의 말씀을 듣고 행하는 사람들"이 예수님의 형제요 자매요 어머니라고 정의하신다. 예수님의 사역을 방해하는 육신의 가족이 참 가족이 아니라 예수님의 말씀을 듣고 행하는 사람들이 참 가족임을 보여주셨다. 지금도 예수님 앞으로 모인 수많은 사람들은 예수님의 한 가족이다.

제 13 장

일곱 가지 천국 비유와 고향 사람들의 배척

12.천국비유를 말씀하시다 13:1-52

예수님은 서기관들과 바리새인들로부터 반대를 받으시고(12:1-45) 심지어 가족들로부터도 의심을 받으신(12:46-50) 후 일곱 가지 종류의 천국 비유를 말씀하신다(1-58절). 이 부분(1-58절)은 본서의 6대 교훈 집(제 5장-7장의 산상보훈, 제 10장의 제자 파송교훈, 제 13장의 천국비유, 제 18장의 겸손과 용서의 교훈, 제 23장의 바리새인 공격, 24-25장의 감람산 강화)중의 세 번째 교훈집이다. 이 부분은, 1) 씨 뿌리는 비유와 해설(1-9절), 2) 가라지 비유(24-30절), 3) 겨자씨 비유(31-32절), 4) 누룩 비유(33절), 5) 밭에 감추인 보배 비유(44절), 6) 진주 비유(45-46절), 7) 그물 비유(47-50절), 8) 새것과 옛것의 비유(51-52절) 등이다. 이 비유는 천국 비유가 아니라 천국 비유를 총괄한 것이며 천국 비유를 깨달은 자를 묘사한 말씀이다.

씨 뿌리는 비유는 복음을 받아들이라는 자의 마음 밭에 대해 말씀하고, 가라지 비유는 교회가 알곡과 가라지가 함께 공존하는 현상을 논하며, 겨자씨 비유는 교회의 양적 성장을 말하고, 누룩 비유는 교회의 지역적 발전상을 논하며, 감추인 보배, 및 진주 비유는 천국을 소유한 자의 기쁨을 말하고, 그물 비유는 교회는 언젠가는 종말적인 심판을 받는다는 것을 보여주고 있다.

a.씨 뿌리는 자의 비유 13:1-9

예수님은 완고한 이스라엘 백성들에게 여러 진리를 말씀하셨으나 그들은 열매를 맺지 못했다. 그런고로 예수님은 무리들에게 비유로 말씀하시기 시작하셨다. 이 비유(1-9절)는 복음을 받고 받아들이는 자의 마음 밭이 여럿이라는 것을 말씀하신다. 이 비유는 공관복음에 다 수록되어 있다. 막 4:1-9; 눅 8:4-8과 병행한다.

마 13:1. 그 날 예수께서 집에서 나가사 바닷가에 앉으시매.

마태는 "그 날" 즉 '예수님의 가족이 예수님을 찾아왔던 그 날에'(12:46) "예수께서 집에서 나가사 바닷가에 앉으셨다"고 말한다. 즉 예수님께서 선교본부로 쓰고 계시던 그 집에서(4:13) 나가셔서 바닷가에 앉으셨다(막 4:1). 집에서 교훈하시던(12:46) 예수님은 이제는 바닷가에 앉으셔서 복음을 전하셨다. 바닷가에 앉으시니 집에서보다 더 많은 사람에게 복음을 전하실 수 있었다.

마 13:2. 큰 무리가 그에게로 모여 들거늘 예수께서 배에 올라가 앉으시고 온 무리는 해변에 서 있더니.

예수님께서 바닷가에 앉으셔서 복음을 전하실 때 "큰 무리가 그에게로 모여 들었다"(눅 8:4). 같은 사건을 다루는 눅 8:4에 의하면 "각 동네"에서 몰려오고 있었다. 그냥 바닷가에 앉으셔서 말씀을 전하시기에는 너무 몰려들기 때문에 예수님은 "배에 올라가 앉으시고 온 무리는 해변에 서 있었다"(눅 5:3). 복음을 전하시는 예수님은 배에 올라가 앉으시고(5:1-2 참조) 온 무리는 해변에 서 있었다.

마 13:3. 예수께서 비유로 여러 가지를 그들에게 말씀하여 이르시되 씨를 뿌리는 자가 뿌리러 나가서.

예수님은 비유로 여러 가지를 그 무리에게 말씀하셨다. 비유(比喩)란 어려운 진리를 쉽게 말하기 위해서 쉬운 것을 가지고 어려운 것을 설명하는 방식이다. 비유로 말씀하시는 목적은 제자들로 하여금 더 깨닫게 하시려고 하신 것이며 무리들로 하여금 깨닫지 못하게 하기 위함이었다(10-15절).

예수님께서 여러 가지 비유를 말씀하시는 중에 그 첫 번째로 예수님은

"씨를 뿌리는 자가 뿌리러 나갔다"고 하신다(눅 8:5). 씨 뿌리는 비유를 말씀하신 목적은 복음을 받는 사람들의 마음 밭이 옥토가 되어야 할 것을 말씀하시기 위함이다. 예수님은 사람들의 마음 밭이 네 종류라고 하시는데 그 중에도 예수님은 우리가 네 번째 밭 옥토가 되어야 한다고 하신다.

마 13:4. 뿌릴 새 더러는 길 가에 떨어지매 새들이 와서 먹어버렸고.

"씨를 뿌릴 때 더러는 길가에 떨어지매 새들이 와서 먹어버렸다"고 하신다. 복음을 받는 마음 밭 중에서 길가와 같은 마음 밭이 가장 나쁜 밭이라는 것을 암시하신다. "길 가"는 '밭들 사이에 있는 길'을 지칭하는 것으로 사람들이 농사를 지으려고 다녀서 땅이 다져진 길을 말한다. 사람이 씨를 뿌리든지 혹은 짐승을 이용하여 씨를 뿌리든지 길가에 떨어지면 그 씨가 단단한 땅 위에 그냥 있어서 흙속에 들어가지 못한다. 그래서 씨가 그냥 노출되어 있기 때문에 새들의 눈에 띄어 새들이 와서 먹어버린다. 사람들 중에는 워낙 강퍅하고 완악하여 그리스도의 복음이 그 마음에 들어가지 않는 사람들이 있다.

마 13:5-6. 더러는 흙이 얕은 돌밭에 떨어지매 흙이 깊지 아니하므로 곧 싹이 나오나 해가 돋은 후에 타서 뿌리가 없으므로 말랐고.

예수님은 "더러는 흙이 얕은 돌밭에 떨어진" 씨에 대해 말씀하신다. 씨 중에 더러는 흙이 얕은 돌밭에 떨어졌다고 하신다. 밭 중에서는 흙이 얕은 돌밭 즉 바위 위나 혹은 돌이 많은 곳 위에 흙이 조금 깔려 있는 돌밭이 있는데 씨를 뿌리는 사람이 씨를 뿌릴 때 씨가 바로 그곳에 떨어지는 수가 있는데 그렇게 되면 흙이 깊지 않아 그 흙에서 나온 싹은 뜨거운 해가 돋을 때 뿌리가 없어 마를 수밖에 없다. 사람의 마음 밭도 이런 밭이 있어 신앙이 금방 흔들려 신앙을 잃어버린다.

마 13:7. 더러는 가시떨기 위에 떨어지매 가시가 자라서 기운을 막았고.

세 번째 경우로 예수님은 "더러는 가시떨기 위에 떨어지매"라고 말씀하신다.

밭가에 가시떨기가 많이 나 있는 곳이 있는데 그 가시떨기 위에 떨어지면 가시가 자라서 기운을 막는다고 하신다. 예수님은 가시를 설명하시면서 "세상의 염려와 재물의 유혹"이라고 하신다. 누가복음에는 "일락"을 하나 추가하고 있다. 즉 환락을 추가하고 있다. 세상 염려와 재물의 유혹과 환락에 빠지면 하나님의 말씀이 자라나지 못한다고 하신다.

마 13:8. 더러는 좋은 땅에 떨어지매 어떤 것은 백 배, 어떤 것은 육십 배, 어떤 것은 삼십 배의 결실을 하였느니라.

마지막으로 예수님은 "더러는 좋은 땅에 떨어지매 어떤 것은 백 배, 어떤 것은 육십 배, 어떤 것은 삼십 배의 결실을 하였다"고 하신다(창 26:12). 복음의 씨가 좋은 마음 밭에 떨어지면 어떤 것은 100배, 어떤 것은 60배, 어떤 것은 30배의 결실을 한다고 하신다. 사실 100배 이상의 수확도 나온다.

마 13:9. 귀 있는 자는 들으라 하시니라.

예수님은 귀 있는 자는 들으라고 하신다. "귀 있는 자는 들으라"는 말씀은 귀를 가지고 듣기만 하라는 뜻이 아니라 실천하라는 뜻이다(11:15; 막 4:9). 예수님은 소아시아의 7교회에 편지하시면서 "귀 있는 자는 성령이 교회들에게 하시는 말씀을 들을지어다"라고 하신다(계 2:7, 11, 17, 29; 3:6, 13, 22). 모든 교회는 영적인 귀를 열고 주님의 말씀을 듣고 그 말씀을 실천하라고 하신다.

b.비유로 말씀하시는 목적(1) 13:10-17

예수님은 당시 무리들에게 비유로 말씀하시는 이중적 목적을 밝히신다. 예수님은 구약의 말씀을 인용하셔서 한편으로는 천국의 비밀을 더 신비롭게 알리기 위함이라 하시고 또 다른 한편으로는 전혀 알지 못하게 하였다고 설명하신다.

마 13:10. 제자들이 예수께 나아와 이르되 어찌하여 그들에게 비유로 말씀하

시나이까.

예수님께서 씨 뿌리는 비유를 말씀하시니 "제자들이 예수께 나아와 이르되 어찌하여 그들에게 비유로 말씀하시나이까"라고 질문한다. '왜 그들에게 비유를 들어 말씀하시는 것이냐'고 질문한다. 다른 때는 비유로 말씀하시지 않으셨는데 지금은 비유로 씨 뿌리는 비유를 말씀하시니 이상해서 예수님께 왜 비유로 말씀하시는지를 여쭈어 본 것이다.

마 13:11. 대답하여 이르시되 천국의 비밀을 아는 것이 너희에게는 허락되었으나 그들에게는 아니되었나니.

제자들의 질문에 예수님은 "천국의 비밀을 아는 것이 너희에게는 허락되었으나 그들에게는 아니되었다"고 하신다(11:25; 16:17; 막 4:11; 고전 2:10; 요일 2:27). '천국의 비밀을 아는 것이 제자들에게는 하나님의 은혜로 허락되었으나 무리들에게는 허락되지 않았기 때문이라'고 하신다. "비밀"이란 '감추어져 있었던 것이 드러난 것'을 말한다. 감추어져 있던 것이 그냥 감추어져 있으면 그것을 비밀이라고 하지 않는다. 드러났을 때만 비밀이라고 한다. 천국이라고 하는 비밀이 원래 감추어져 있었던 것이었는데 예수님께서 이 땅에 오셔서 드러내셨기 때문에 제자들은 이 천국이 무엇인가를 알게 되었다.[113] 그러나 큰 무리(13:2)는 천국이라는 것이 무엇인지 알려지지 않았다. 그리스도를 아는 사람들은 천국을 알고 그리스도를 모르는 사람은 천국을 알 수 없다. 그리스도께서 천국의 비밀을 드러내시기 때문이다.

---

113) "비밀": 일반적 의미로는, 숨기고 공개치 않는 일. 성경에 있어서 하나님의 계시에 의하지 않고서는 알려지지 않는 일로서, 하나님의 구원의 계획을 가리킨다. 하나님의 구원의 계획은, 때가 차서 그리스도의 내림(來臨)에 의해 실현되기에 이르렀다. 이 그리스도야말로 하나님의 비밀이신 것이다(골 1:27; 2:2). "비밀"이라든가, "비의"(秘義)라는 말은, 이교, 특히 그리스 세계의 신비주의 종교의 용어에서 성경에 취해 들여진 말인데, 바울이 가장 많이 쓰고 있다. 신약에서는 일정한 때까지 은닉되어 있던 비밀(롬 16:25; 고전 2:7), 하나님의 계시에 의해 비로소 밝혀진 일이고(엡 3:3-6), 그 내용은 하나님의 구원의 계획으로서의 복음이다. 이 구원은, 하나님의 성업(聖業)의 목적으로서 영원 전부터 정해져 있었는데(엡 3:11), 예수 그리스도에 의해 실현되고, 동시에 명시(明示)되었다. 그러므로 그리스도야말로 하나님의 비밀이시다(골 1:27; 2:2).

마 13:12. 무릇 있는 자는 받아 넉넉하게 되되 무릇 없는 자는 그 있는 것도 빼앗기리라.

헬라어 문장 초두에는 이유접속사(γὰρ)가 있어 본 절이 앞 절의 이유를 말하고 있음을 알 수 있다. 예수님은 앞 절에서 천국을 아는 것이 제자들에게는 허락되었으나 유대인들에게는 허락되지 않았다고 하셨는데 그 이유는 "무릇 있는 자" 즉 '제자들'은 "받아 넉넉하게 되게" 하려는 것이고 "무릇 없는 자" 즉 '유대인들'은 "그 있는 것도 빼앗기게 하기 위해서"라고 하신다(25:29; 막 4:25; 눅 8:18; 19:26). 부익부(富益富), 빈익빈(貧益貧) 현상이 신령한 세계에서는 심하게 일어난다. 제자들은 벌써 성령으로 거듭나서 많이 깨달았는데 그들은 예수님께서 비유로 말씀하심으로써 천국의 비밀을 더 깊이 알게 되었고 유대인들은 조금 무엇인가 알고 있었는데 예수님께서 비유로 말씀하심으로써 천국의 비밀을 알 수 없게 되었다. 비록 조금을 받았다 해서 그 받은 것을 사용하지 않는 사람들은 그 조금이라도 잃게 된다(25:24-30).

마 13:13. 그러므로 내가 그들에게 비유로 말하기는 그들이 보아도 보지 못하며 들어도 듣지 못하며 깨닫지 못함이니라.

"그러므로"(διὰ τοῦτο) 즉 '없는 자는 그 있는 것도 빼앗겨야 함으로'(앞 절) 예수님은 "내가 그들에게 비유로 말한다"고 하신다. 예수님은 무리에게 비유로 말씀해서 "그들이 보아도 보지 못하며 들어도 듣지 못하며 깨닫지 못하게" 하려 한다고 하신다. 비유로 말하면 진리를 더 깊이 깨닫는 사람이 있는가 하면 비유로 말씀하시기 때문에 눈과 귀를 가지고 듣고 보아도 도무지 깨닫지 못하는 사람들이 있다. 서기관들과 바리새인들은 교육을 많이 받은 사람들임에도 불구하고 예수님의 이적이나 비유들을 잘 깨달을 수 없었다. 그들의 마음이 완악하고(15절) 음란하여(12:39) 신령한 방면에 대해서는 아주 눈과 귀가 막혀 버리고 말았다.

마 13:14-15. 이사야의 예언이 그들에게 이루었으니 일렀으되 너희가 듣기는

들어도 깨닫지 못할 것이요 보기는 보아도 알지 못하리라 이 백성들의 마음이 완악하여져서 그 귀는 듣기에 둔하고 눈은 감았으니 이는 눈으로 보고 귀로 듣고 마음으로 깨달아 돌이켜 내게 고침을 받을까 두려워함이라 하였느니라.
예수님은 서기관들과 바리새인들 그리고 그들에게 동조하는 유대인들이 눈이 있어도 보지 못하며 귀가 있어도 예수님의 비유를 깨닫지 못하는 이유가 벌써 주전 700년 전 이사야 선지자가 예언해 놓은 예언에 있다고 말씀하신다. 예수님은 "이사야의 예언이 그들에게 이루었다"고 하신다. 이사야 6:9-10의 예언(70인역)은 유대인들에게 한번만 응하는 것이 아니라 역사상 계속해서 응하는 예언이었다(막 4:12; 눅 8:10; 요 12:40; 행 28:26-27; 롬 11:8). 지금도 응하는 예언이고 앞으로도 이루어질 것이다.

이사야 선지자는 당시 유대인들의 완고함을 보고 탄식할 때 하나님께서 이사야에게 주신 말씀인데 그것이 예언이 되었다. 이사야는 "너희(당시의 유대인들)가 듣기는 들어도 깨닫지 못할 것이요 보기는 보아도 알지 못하리라 이 백성들의 마음이 완악하여져서 그 귀는 듣기에 둔하고 눈은 감았다"고 탄식했다(사 6:9; 겔 12:2; 막 4:12; 눅 8:10; 요 12:40; 행 28:26-27; 롬 11:8; 고후 3:14-15; 히 5:11). 예수님 당시의 유대인들도 전혀 변화된바 없이 똑 같다고 동의하신다. 그들의 마음이 돌멩이가 되었다. 그래서 마음이 조금도 움직이지 않았다. 눈과 귀는 있으나 마나였다. 두 개의 기관이 열려 있기는 하나 실제로 작용은 하지 않았다. 예수님 당시의 무리가 귀를 아주 막아버리고 눈을 감아버린 이유는 "눈으로 보고 귀로 듣고 마음으로 깨달아 돌이켜 내(예수님)게 고침을 받을까 두려워해서"였다. 즉 유대인들은 '눈을 열어서 예수님의 이적을 보고 또 귀로는 예수님의 말씀을 들으며 마음으로는 깨달아 예수님에게 돌아가서 예수님에게 고침을 받을 것을 아주 두려워했다'는 것이다. 예수님에게 돌아가서 눈을 열어서 이적을 보고, 귀를 열어 말씀을 들으며 마음이 부드러워져서 깨달으면 오죽 좋으련만 예수님 당시의 유대인들은 아예 그렇게 되는 것도 심히 두려워했다. 참으로 있을 수 없는 일이었다. 그것을 좋아해야지 어찌 두려워할 수 있을까. 하지만 그들은 그 정도로 타락했다는 예수님의 탄식이시다.

유대인들은 마음이 완고하여 회개할 줄 몰라서 그들은 바벨론에 포로 되어 갔고 그 후로도 국란을 겪어야 했다. 유대인들의 완고함은 뿌리 뽑히지 않아 700년의 세월이 지났는데도 여전히 심하여 예수님을 거역했다. 그리고 그들은 그 후로도 여전히 예수님을 영접하지 않는다. 그 기간은 예수님 재림 직전까지이다(롬 11:25-26).

마 13:16. 그러나 너희 눈은 봄으로, 너희 귀는 들음으로 복이 있도다.

본 절의 "그러나"(de;)라는 말씀은 앞(13-15절)의 내용과 전혀 반대되는 내용을 드러낸다. 예수님 당시의 무리는 마음이 완악하여 예수님을 영접하지 않았을지라도 "그러나 너희 눈은 봄으로, 너희 귀는 들음으로 복이 있다"고 하신다(16:17; 눅 10:23-24; 요 20:29). 즉 '그러나 제자들의 눈은 예수님의 이적의 깊은 의미를 봄으로, 그리고 제자들의 귀는 열려서 예수님의 말씀을 들으므로 복이 있다'고 하신다. 누구든지 마음이 부드러워지고 눈이 열리며 귀가 열려서 보고 들으면 그 이상 복이 없다.

마 13:17. 내가 진실로 너희에게 이르노니 많은 선지자와 의인이 너희가 보는 것들을 보고자 하여도 보지 못하였고 너희가 듣는 것들을 듣고자 하여도 듣지 못하였느니라.

예수님은 중대한 선언을 하시기 위해서 "내가 진실로 너희에게 이르노니"(5:18 주해 참조)라는 언사를 사용하신다. 예수님은 중대한 것을 말씀하시기를 "많은 선지자와 의인이 너희가 보는 것들을 보고자 하여도 보지 못하였고 너희가 듣는 것들을 듣고자 하여도 듣지 못하였느니라"고 말씀하신다(히 11:13; 벧전 1:10-11). 즉 '구약 시대의 많은 선지자(사무엘, 이사야, 예레미야, 엘리야 등)와 의인들(노아, 아브라함)이 너희가 보는 이적들과 사실들을 보고자 해도 보지 못하였고 또 너희가 듣는 말씀들을 듣고자 해도 듣지 못했는데 너희(제자들)는 예수님을 뵙고 예수님의 이적들을 보며 또 예수님의 말씀을 들으니 놀라운 복이 아닐 수 없다'고 하신다. 구약 사람들은 앞으로 오실 메시아에 대해서는 예언했으나 실제로 메시아를 보지 못했는데 예수님의 제자들은 바로 옆에 모시고 뵈오며 말씀을 들었으니 복되고 복되었다.

c.씨 뿌리는 자 비유에 대한 해설 13:18-23

예수님은 왜 비유로 말씀하시는지를 묻는 제자들의 질문에 답하신(10-17절) 다음 친히 1-9절에서 말씀하신 씨 뿌리는 비유에 대해 해설하신다.

마 13:18. 그런즉 (너희는) 씨 뿌리는 비유를 들으라.

예수님은 앞 절에서 제자들이 구약의 선지자들이나 의인들보다도 복되다고 하셨다. 더욱 복되니까 "그런즉 씨 뿌리는 비유를 들으라"고 하신다(막 4:4; 눅 8:11). 천국 즉 교회가 어떻게 해서 형성되는 것인지를 씨 뿌리는 비유를 통하여 더 들어야 확실하게 알 수 있다는 것이다. 똑 같은 씨인데 어떤 씨는 전혀 싹이 나지 않고 또 어떤 씨는 싹은 나되 자라지 않고 또 어떤 씨는 싹이 나서 자라다가 중간에 별로 열매를 맺지 못하는 것인지 그리고 어떤 씨는 어찌하여 열매를 많이 맺는 것인지에 대해 제자들은 더 알아야 했다. 아무튼 제자들은 이 외에도 많은 것을 더 알아야 했다. 오늘 우리도 교인들 중에서 어떤 사람은 왜 전혀 은혜를 받지 못하고 중간에 다 영적으로 실패를 하는 것인지 그리고 어떤 성도는 참으로 영적으로 많은 열매를 맺는지 잘 알아야 할 것이다.

마 13:19. 아무나 천국 말씀을 듣고 깨닫지 못할 때는 악한 자가 와서 그 마음에 뿌려진 것을 빼앗나니 이는 곧 길 가에 뿌려진 자요.

예수님은 길가에 떨어진 씨가 어떻게 되는지에 대해 해설하신다. 예수님은 "아무나 천국 말씀을 듣고 깨닫지 못할 때는 악한 자가 와서 그 마음에 뿌려진 것을 빼앗는다"고 하신다(4:23). 길가에 떨어진 씨가 땅에 묻히지 않듯 '아무나 천국의 말씀 즉 예수님의 말씀을 듣고 깨닫지 못할 때는 악한 자 즉 마귀(막 4:15)가 와서 그 마음에 뿌려진 씨를 빼앗아간다'고 하신다. 예수님의 말씀을 듣고 깨닫지 못한다는 것은 비극이다. 깨닫지 못한 채 몇 년씩 기다려주지 않는다. 사탄의 역사가 시작되어 사탄이 그 사람으로 하여금 아무런 열매를 얻지 못하게 한다.

예수님은 "이는 곧 길 가에 뿌려진 자"(οὗτός ἐστιν ὁ παρὰ τὴν ὁδὸν σπαρείς-This is he which received seed by the wayside)라고 하신다. 즉 "이는"(this), 다시 말해 '앞(상반 절)에 설명하신 것'은 '길가에 씨가 뿌려진 자'에 해당한다는 뜻이다. 돌밭에 씨가 뿌려진 경우나, 가시 떨기에 씨가 뿌려진 경우나, 좋은 땅에 씨가 뿌려진 경우에는 씨가 어디에 뿌려진 것을 먼저 말씀하시고(20절, 22절, 23절) 해설을 뒤에 하셨는데, 길가에 씨가 뿌려진 경우에만 먼저 해설하시고 씨가 길가에 뿌려진 사실을 뒤에 두셨다.

마 13:20-21. 돌밭에 뿌려졌다는 것은 말씀을 듣고 즉시 기쁨으로 받되 그 속에 뿌리가 없어 잠시 견디다가 말씀으로 말미암아 환난이나 박해가 일어날 때에는 곧 넘어지는 자요.

예수님은 씨가 "돌밭에 뿌려진" 것을 해설하신다. 돌밭에 씨가 뿌려졌다는 것은 "말씀을 듣고 즉시 기쁨으로 받되 그 속에 뿌리가 없어 잠시 견디다가 말씀으로 말미암아 환난이나 박해가 일어날 때에는 곧 넘어지는 자"라고 하신다(사 58:2; 겔 33:31-32; 요 5:35). 이 둘째 부류의 사람들은 말씀을 듣고 즉시 기쁨으로 받는다고 하신다. 그런데 씨에서 난 싹이 뿌리를 깊이 박지 못하였다는 것이 문제라고 하신다. 뿌리를 깊이 박지 못하였으니 잠시만 살아있을 수밖에 없다고 하신다. 이에 해당하는 사람들은 말씀으로 말미암아 환난이나 박해가 일어날 때에는 곧 넘어지고 만다고 하신다(11:6; 딤후 1:15). 말씀을 받으면 반드시 그 말씀이 심령 속에 깊이 박히기 위해서는 환난이나 박해가 일어나는 법인데 그런 어려움들이 닥치면 곧 넘어지고 만다. "환난"(θλίψις)이란 '압박,' '고난'이란 뜻이고, "박해"(διωγμός)란 '쫓음,' '추격,' '핍박'이란 뜻이다. 일단 말씀을 받으면 그 말씀 때문에 반드시 시험이 오기 마련인데 그 때에 얼른 신앙을 버리는 사람들이 많이 있다. 수많은 사람들이 부흥집회 때 은혜를 받았다가 되 쏟아 버리는 것을 목격하게 된다.

마 13:22. 가시 떨기에 뿌려졌다는 것은 말씀을 들으나 세상의 염려와 재물의 유혹에 말씀이 막혀 결실하지 못하는 자요.

예수님은 씨가 가시 떨기에 뿌려진 경우를 해설하신다. 씨가 가시 떨기에 뿌려졌다는 것은 씨가 싹이 나고 뿌리를 깊이 박고 잘 성장하는 중에 가시 때문에 결실하지 못하는 경우로서 본문에 있어서는 가시 역할을 하는 것은 두 가지 즉 세상의 염려와 재물의 유혹이지만 누가는 일락을 추가한다(눅 8:14). 세상을 어떻게 살까하고 염려하는 마음과 또 재물의 유혹을 물리치지 못하는 마음과 세상 향락을 이기지 못하는 마음은 말씀 사랑을 물리쳐 버린다(19:23; 막 10:23; 눅 18:24; 딤전 6:9; 딤후 4:10). 그래서 결국은 말씀을 듣지 않은 자와 같이 된다. 그런데 예수님의 말씀을 가로 막는 세 가지 요인이 다 있어야 말씀이 가로막히는 것은 아니다. 그 중에 한 가지만 있어도 넉넉히 말씀이 성장하지 못한다. 세상 염려에 찌든 사람들은 신앙이 성장하지 않는다. 그리고 재물의 유혹을 받는 사람들도 역시 신앙이 성장하지 못하고 세상 향락에 기울어진 사람도 신앙이 성장하지 못한다. 우리는 자신들이 받은 말씀의 힘으로 세상 염려나 재물의 유혹이나 일락을 물리칠 수 있어야 한다.

마 13:23. 좋은 땅에 뿌려졌다는 것은 말씀을 듣고 깨닫는 자니 결실하여 어떤 것은 백 배, 어떤 것은 육십 배, 어떤 것은 삼십 배가 되느니라 하시더라.

예수님은 네 번째 땅, "좋은 땅에 뿌려진" 경우를 해설하신다. 여기 "좋은 땅"이란 앞에서 말씀하신 밭들 중에서 좋지 않은 것들이 제거된 밭을 지칭한다. 즉 딱딱하지 않은 땅, 돌멩이가 없는 땅, 가시가 없는 땅을 지칭한다. 마음 밭이 이런 사람들은 "말씀을 듣고 깨닫는다." 즉 '말씀을 듣고 그 말씀을 흡수하며 성령의 역사로 깨닫는다.' 그런 사람들은 심령 속에 받아드린 말씀이 결실하여 어떤 사람은 100배, 어떤 사람은 60배, 어떤 사람은 30배가 된다고 하신다. 결실의 차이점은 사람 차이 때문에 생겨난다. 좋은 땅에 해당하는 사람을 제외한 3종류의 땅에 해당하는 사람들은 낙심할 것 없다. 길가와 같은 마음을 가진 사람도 성령으로 마음 밭을 갈아엎으면 된다(호 10:12). 그리고 돌밭에 해당하는 사람도 역시 성령에게 자신을 맡기면 마음이 부드러워져서 열매를 맺을 수 있으며 가시밭과 같은 사람도 역시 성령의 역사가 있으면 좋은 밭이 될 수 있다.

d.가라지 비유 13:24-30

예수님은 네 종류의 밭 비유를 말씀하신(1-23절) 다음 가라지 비유를 말씀하신다(24-30절). 가라지 비유는 현실교회에 참 신자들과 거짓 신자들이 공존한다는 것을 보여주시며 동시에 현실교회에서는 가라지 신자를 뽑지 않아야 할 것을 가르쳐주시는 비유이다. 예수님은 이 가라지 비유를 씨 뿌리는 비유와 같은 시간에 말씀하셨다(36절 참조). 예수님은 이 가라지 비유의 뜻을 37-43절에 설명하신다.

마 13:24. 예수께서 그들 앞에 또 비유를 들어 이르시되 천국은 좋은 씨를 제 밭에 뿌린 사람과 같으니.

예수님은 앞(1-23절)에서 비유를 들어 천국에 대해 말씀하신 후 "그들 앞에 또 비유를 들어 이르신다." 예수님께서 천국이 어떤 것이냐 하는 것을 비유로 말씀하시는 이유는 제자들로 하여금 더욱 분명하게 깨닫게 하시려는 것이고 서기관들과 바리새인들, 그리고 그들의 동조자들에게는 진리를 막기 위함이었다.

예수님은 "천국은 좋은 씨를 제 밭에 뿌린 사람과 같다"고 하신다. 본문은 생략형 표현이다. 즉 천국 자체가...그 사람과 같은 것이 아니라 현세의 천국이 이 사람이 경영하는 농장 상황과 비슷하다는 것이다. 지금 식물이 자라고 있는 상황과 그리고 앞으로 추수 때의 상황과 비슷하다는 것이다. 모든 농부들은 좋은 씨를 땅에 파종하지만 언제인지 모르게 잡풀이 나서 곡식을 괴롭히는 경험을 하는 점에서 농부들은 동일한 경험을 한다.

마 13:25. 사람들이 잘 때에 그 원수가 와서 곡식 가운데 가라지를 덧뿌리고 갔더니.

앞 절에서 현실 교회의 형편이 한 농부의 농사 경험과 같다고 하신 예수님은 그 농부가 경험하는 과정을 설명하신다. "사람들이 잘 때에," 즉 '농부의 종들이 잘 때에' 일이 벌어진다고 하신다. 농부들이 하루 종일 수고하고 피곤하여 잠을 자는 것은 정상인데 그들이 잠든 사이에 "그 원수가 와서 곡식 가운데 가라지를 덧뿌리고 갔다"는 것이다. 농경 사회에 이런 일이 있다는 것은 놀라운 일이나 실지로 근동지역에서는 밤에 농부의 종들이 잠을 자는 사이 원수들이 와서 가라지를 덧뿌리고 간다는 것이다. 혹자는 이런 비유는 실제로는 존재하지 않는다고 말하나 예수님께서 전혀 없는 예를 들지 않으셨을 것이다.

본문의 "가라지"(ζιζάνια)는 복수형으로 여러 가라지 씨를 뿌린 것을 뜻한다. 교회 안에는 가라지가 하나가 아니라 많은 가라지가 있는 것을 뜻한다. "가라지"는 팔레스틴 지방에서 발견되는 식물로서 밀처럼 보이는 것으로 독보리(darnel)라고 한다.

마 13:26. 싹이 나고 결실할 때에 가라지도 보이거늘.

예수님은 곡식 "싹이 나고 결실할 때에 가라지도 보였다"고 하신다. 그러니까 가라지의 모습이 곡식과 매우 흡사하다는 것을 알 수 있다. 일찍이 보이면 일찍이 제거할 수 있었을 터인데 곡식이 열매를 맺기 시작해서야 가라지가 보이니 뽑아버리기가 힘들게 된다. 교회 안의 가라지도 교인들과 비슷해 보인다. 예배에도 참석하고 봉사도 하며 교제도 하고 헌금도 하니 잘 분간이 되지 않을 수가 있다.

마 13:27. 집 주인의 종들이 와서 말하되 주여 밭에 좋은 씨를 뿌리지 아니하였나이까 그런데 가라지가 어디서 생겼나이까.

집 주인의 종들이 가라지가 많이 나서 눈에 띄는 것을 발견한 다음 주인에게 와서 말하기를 "주여 밭에 좋은 씨를 뿌리지 아니하였나이까 그런데 가라지가 어디서 생겼나이까"라고 질문한다. 종들은 두 가지를 질문한다. 하나는 "주여 밭에 좋은 씨를 뿌리지 아니하였나이까"라고 질문한다. 종들은 확실한 것이지만 그래도 또 한번 주인에게 질문해 본 것이고 그들 자기들도 가라지를 심지 않았음을 알린 셈이다. 그리고 또 하나는 "그런데 가라지가 어디서 생겼나이까"라는 질문이다. 이 질문이야 말로 참으로 몰라서 한 질문이다. 교회에서도 교인들은 가라지 교인들이 어떻게 해서 생겼는지 도무지 모른다. 목사가 잘 못 지도해서 엉터리 교인들이 생긴 줄 줄로 안다.

마 13:28. 주인이 이르되 원수가 이렇게 하였구나 종들이 말하되 그러면 우리가 가서 이것을 뽑기를 원하시나이까.

주인은 "원수가 이렇게 하였구나"라고 대답한다. 그리스도께서는 마귀가 가라지를 뒷뿌리고 갔다고 말씀하신다. 그리스도뿐 아니라 영안이 밝은 목사는 가라지족들이 교회에 있는 것은 마귀의 작품임을 얼른 알아본다.

주인의 설명을 들은 종들은 "그러면 우리가 가서 이것을 뽑기를 원하시나이까"라고 허락을 기다린다. 그 사실을 안 이상 그냥 지나가기에는 좀 찜찜한 사항이 아닌가. 원수가 했다는 답을 들은 이상 그냥 지나가려는 종들이 어디 있겠는가.

마 13:29. 주인이 이르되 가만 두라 가라지를 뽑다가 곡식까지 뽑을까 염려하노라.

주인은 종들의 제안을 듣고(앞 절) 대답하기를 "가만 두라 가라지를 뽑다가 곡식까지 뽑을까 염려 하노라"고 대답한다. 뽑지 말라고 한다. 이유는 가라지를 뽑다가 곡식까지 뽑을까 염려되기 때문이라고 한다. 가라지가 어릴 때 식별하여 뽑았으면 모르지만 결실 할 때가 되었으니 가라지의 뿌리가 워낙 단단히 박혀 그 뿌리를 뽑다가 곡식까지 뽑을 가능성이 있다는 것이다. 교회에서도 이단자들을 골라내고 가라지 신자들을 골라내려고 할 때 그 사람들하고 정든 교인들까지 다치는 수가 많이 있어 그냥 두어야 한다. 그래서 주인은 다음과 같이 대답한다.

마 13:30. 둘 다 추수 때까지 함께 자라게 두라 추수 때에 내가 추수꾼들에게

말하기를 가라지는 먼저 거두어 불사르게 단으로 묶고 곡식은 모아 내 곳간에 넣으라 하리라.
주인의 답은 두 가지이다. 하나는 "둘 다 추수 때까지 함께 자라게 두라"는 것이다. 즉 곡식이나 가라지나 끝까지 함께 자라게 그냥 두라는 것이다. 가라지 신자나 이단자들을 그냥 두는 이유는 참 신자들을 위함이라고 한다. 또 하나는 "추수 때에 내가 추수꾼들에게 말하기를 가라지는 먼저 거두어 불사르게 단으로 묶고 곡식은 모아 내 곳간에 넣으라 하리라"고 한다(3:12). 주인은 추수 때에 추수꾼들에게 명령해서 가라지를 먼저 추수하여 불사르게 단으로 묶게 하겠고 곡식은 추수해서 주인의 곳간에 넣으라고 명령할 것이라고 한다. 그리스도께서는 곡식이나 가라지를 최후의 추수 때까지 함께 두셨다가 추수 때에 서로 이별하게 하신다는 것이다.

e.겨자씨와 누룩 비유 13:31-33

가라지 비유를 말씀하신(24-30절) 예수님은 가라지 신자나 이단 때문에 천국이 자라지 못하는 것은 아니라는 것을 보여주시기 위하여 겨자씨 비유와 누룩 비유를 말씀하신다. 예수님은 겨자씨 비유를 통하여 천국이 외적으로 성장한다는 것을 말씀하시고 누룩 비유를 통해서 천국이 내적으로 성장한다는 것을 교훈하신다.

마 13:31-32. 또 비유를 들어 이르시되 천국은 마치 사람이 자기 밭에 갖다 심은 겨자씨 한 알 같으니 이는 모든 씨보다 작은 것이로되 자란 후에는 풀보다 커서 나무가 되매 공중의 새들이 와서 그 가지에 깃들이느니라.
예수님은 천국이 어떠함을 드러내시기 위하여 "또 비유를 들어 이르신다." 비유를 들으셔야 천국의 어떠함이 더 드러나기 때문에 또 비유를 들으신다. 예수님은 "천국은 마치 사람이 자기 밭에 갖다 심은 겨자씨 한 알 같다"고 하신다(사 2:2-3; 미 4:1; 막 4:30; 눅 13:18-19).

여러 씨들 중에서 특히 겨자씨 비유를 들으신 이유는 겨자씨는 "모든 씨보다 작은 것이로되 자란 후에는 풀보다 커서 나무가 되매 공중의 새들이 와서 그 가지에 깃들이기" 때문이다. 이 씨는 사실 씨 중에서 가장 작은 씨는 아니지만 일반적으로 가장 작은 씨에 속한다. 이 씨는 성장한 후에는 풀보다 커서 나무가 되어 공중의 새들이 와서 그 가지에 깃들이게 된다고 한다. 겨자씨는 발아하여 다 성장한 후에는 높이가 3m, 어떤 것은 4m 이상 큰다고 한다. 이 비유는 천국의 성장을 설명하는데 제일 좋은 비유이다. 예수님 자신은 처음에 보잘 것 없는 나사렛 사람이었고 예수님의 제자단은 처음에 아주 작은 모임이었다. 누구하나 번듯한 사람도 없었다. 어부들과 세리와 평민들이었다. 이런 단체가 커서 지금은 큰 무리가 되었고 앞으로 엄청나게 클 것이다. 불교와 회회교를 능가하고 무신론 세계를 무너뜨릴 것이니(사 1:8-9; 11:1; 53:2-3; 단 2:25; 겔 17:22-24; 슥 4:10; 눅 12:32; 고전 1:26-32).

마 13:33. 또 비유로 말씀하시되 천국은 마치 여자가 가루 서 말 속에 갖다 넣어 전부 부풀게 한 누룩과 같으니라.

예수님은 천국의 성장이 어떻게 진행되는 것인지 알려주시기 위해서 "또 비유로 말씀하신다." 비유로 말씀하셔야 제자들은 천국이 어떻게 발전하는지 더 잘 이해하는 반면에 서기관들이나 바리새인들은 이해하지 못하게 하겠기 때문이다. 예수님은 "천국은 마치 여자가 가루 서 말 속에 갖다 넣어 전부 부풀게 한 누룩과 같다"고 하신다(눅 13:20). 즉 '천국의 확장은 마치 여자가 가루 서 말 속에 갖다 넣어 전부 부풀게 한 누룩처럼 조용히 진행해 나가는 것과 같다'고 하신다. 누룩이란 성경에서 많은 경우 악한 뜻으로 사용된 것은 사실이지만(출 13:3, 7; 고전 5:6; 갈 5:9 등) 그러나 본 문맥에서는 교회의 확장을 나타내는데 사용되었다. 조그마한 양의 누룩이 가루 3말(1말은 13리터에 해당한다)속에 들어가 모두 부풀게 하는 것처럼 복음은 은밀하게 퍼져 온 세계 안에 충만하게 된다는 것이다. 누룩이 들어간 가루는 부풀지 않을 수 없는 것처럼 복음이 들어간 사람과 사회와 국가는 반드시 변하고야 만다. 복음의 영향력은 대단한 것이다. 복음은 이 사람 저 사람에게 들어가 사람을 변화시키고 또 삶을 변화시키며 사회와 국가를 변화시킨다. 윌렴 헨드릭슨(Hendriksen)은 "그러므로 그리스도의 참 제자는 노예제도 폐지, 여권회복, 빈곤완화, 가능한 한 유랑민의 귀환, 만일 할 수 없다면 다른 어떤 도움이라도, 문맹자의 교육, 기독교적 순수 예술로서 방향전환 등과 같은 그러한 운동들을 증진시켜야 한다"고 했다.[114)]

f.비유로 말씀하시는 목적(2) 13:34-35

예수님은 10-17절까지 비유로 말씀하시는 목적을 말씀하셨고 이 부분(34-35절)에서 또 비유로 말씀하시는 목적을 말씀하신다. 그만큼 비유로 말씀하시는 목적이 중요하다는 것을 보여주신다.

마 13:34. 예수께서 이 모든 것을 무리에게 비유로 말씀하시고 비유가 아니면 아무 것도 말씀하지 아니하셨으니.

마태는 예수님께서 10-17절까지 비유로 말씀하시는 목적을 밝히셨는데 연이어 또 네 가지 비유를 말씀하시는 것을 보고 "예수께서 이 모든 것을 무리에게 비유로 말씀하시고 비유가 아니면 아무 것도 말씀하지 아니하셨다"고 말한다(막 4:33-34). 여기 "모든 것을 비유로 말씀하시고 비유가 아니면 아무 것도 말씀하지 아니하셨다"는 말은 예수님께서 서기관들과 바리새인들 그리고 그들의 동조자들에게 반대를 받기 시작한 이래 계속해서 비유로 말씀하셨다는 뜻이다.

마 13:35. 이는 선지자를 통하여 말씀하신바 내가 입을 열어 비유로 말하고 창세부터 감추인 것들을 드러내리라 함을 이루려 하심이니라.

마태는 예수님께서 비유로 말씀하시는 이유가 선지자 아삽[115)]을 통하여 말한 것을 이루시기 위함이라고 말한다. 마태는 시인 아삽을 선지자라고 표현한다.

---

114) 윌렴 헨드릭슨, *마태복음* (중), p. 301.

115) "아삽": "아삽"은 시인인데 옛 이스라엘의 역사를 짤막하게 당대 사람들을 교훈하기 위하여 함축적으로 격언을 열거했다.

대하 29:30에 "선견자 아삽"이란 말이 있기 때문이다. 마태는 예수님의 이번 교육기간의 교수법을 아삽이 말한 예언의 성취로 보고 있다. 즉 "내(예수님)가 입을 열어 비유로 말하고 창세부터 감추인 것들을 드러내리라 함을 이루려 하기"(시 78:2; 롬 16:25-26; 고전 2:7; 엡 3:9; 골 1:26) 위해서라고 한다. 예수님은 입을 열어 비유로 말씀하시는데 하나님께서 창세부터 감추신 구원 계획을 드러내시기 위함이라고 하신다. 예수님은 모든 말씀을 다 비유로 말씀하시는 것이 아니라 하나님께서 창세부터 감추신, 천국에 대한 것을 드러내셨다. 마태는 구약의 모든 예언이나 혹은 사건 혹은 책은 모두 메시아를 예언한 것으로 보았다.

g. 가라지 비유 해설 13:36-43

마 13:36. 이에 예수께서 무리를 떠나사 집에 들어가시니 제자들이 나아와 이르되 밭의 가라지의 비유를 우리에게 설명하여 주소서.

예수님은 집에서 나가셔서 바닷가에서 앉으셔서 큰 무리를 가르치셨는데(1-2절) 이제 무리를 떠나셔서 자신의 집(4:13; 13:1)으로 들어가셨다. 가라지 비유는 자신이 거하시는 집에서 가르치셨다. 예수님은 자신의 집에 계실 때 "제자들이 나아와 이르되 밭의 가라지의 비유를 우리에게 설명하여 주소서"라고 부탁한다. 제자들은 어찌하여 천국에 가라지들이 존재할까하고 의문을 품었기에 찾아온 것으로 보인다. 오늘도 진리를 알기 원하는 자에게 예수님은 반드시 진리를 알려주신다.

마 13:37. 대답하여 이르시되 좋은 씨를 뿌리는 이는 인자요.

예수님은 제자들의 질문에 대답하신다. "좋은 씨를 뿌리는 이는 인자"라고 하신다. 여기 "인자"란 말의 주해를 위해서 8:20주해를 참조하라. 예수님은 고난 받으시는 메시아로서 지금도 계속해서 좋은 씨를 뿌리신다.

마 13:38. 밭은 세상이요 좋은 씨는 천국의 아들들이요 가라지는 악한 자의 아들들이요.

예수님은 "밭은 세상이라"고 하신다. 좋은 씨를 뿌릴 곳이 세상이라고 하는 것은 세상 어디든지 복음이 전파되어야 하기 때문이다(11:27; 13:31-32; 24:14; 28:18-19; 막 16:15, 20; 눅 24:47; 요 3:16; 4:42; 롬 10:18; 골 1:6). 그리고 예수님은 "좋은 씨는 천국의 아들들이라"고 하신다. 19절과 23절에 의하면 "좋은 씨"는 "천국의 말씀"이라고 했는데, 본 절에서는 "천국의 아들들"이라고 하신다. 그 이유는 천국의 말씀을 받고 열매를 맺어 천국의 아들들이 되기 때문이다. 예수님은 또 "가라지는 악한 자의 아들들이라"고 하신다(창 3:13; 요 8:44; 행 13:10; 요일 3:8). 여기 "악한 자"란 말은 '사탄'을 지칭하는 말이다. 곡식 사이에 덧뿌려진 씨는 악한 자의 아들들이다.

마 13:39. 가라지를 뿌린 원수는 마귀요 추수 때는 세상 끝이요 추수꾼은 천사들이니.

예수님은 "가라지를 뿌린 원수는 마귀라"고 하신다. 유다는 사탄에 의해서 뿌려진 가라지이고(눅 22:3; 요 6:70-71: 13:27) 아나니아도 사탄에 의해 뿌려진 가라지이다(행 5:3). 그리고 예수님은 "추수 때는 세상 끝이라"고 하신다(욜 3:13; 계 14:15). 교회 안에 존재하는 가라지를 뽑기를 원해도 종말(49절; 24:3; 28:20)까지 기다려야 한다. 그러나 가라지를 뽑는 것조차 종들에게 맡겨진 것이 아니라 추수꾼들에게 맡겨진 사역이다. 곧 예수님은 "추수꾼은 천사들이라"고 하신다. "천사들"이란 말에 대해서는 1:24; 2:13, 19; 24:31 등을 참조하라. 천사들이 하는 추수사역에 대해 다음 3절이 밝힌다.

마 13:40. 그런즉 가라지를 거두어 불에 사르는 것같이 세상 끝에도 그러하리라.

예수님은 본 절에서 추수꾼들이 가라지를 거두어 불에 사르는 것 같이 세상 끝에도 천사들이 가라지를 거두어 불에 사를 것이라고 하신다. 예수님은 세상 끝 심판 때가 있을 것을 말씀하시고 세상 끝에 천사들이 할 일을 말씀하신다.

마 13:41-42. 인자가 그 천사들을 보내리니 그들이 그 나라에서 모든 넘어지게

하는 것과 또 불법을 행하는 자들을 거두어 내어 풀무 불에 던져 넣으리니 거기서 울며 이를 갈게 되리라.

예수님은 이 부분(41-42절)에서 천사들을 보내실 것을 말씀하시고 또 천사들이 할 일을 말씀하신다. 예수님은 "그들(천사들)이 그 나라에서 모든 넘어지게 하는 것과 또 불법을 행하는 자들을 거두어 내어 풀무 불에 던져 넣으리니"라고 하신다(3:12; 18:7; 벧후 2:1-2; 계 19:20; 20:10). 예수님은 천사들이 할 일을 두 가지로 말씀하신다. 첫째는 "그 나라" 즉 '하나님의 자녀들과 가라지들이 섞여 사는 곳'에서 "모든 넘어지게 하는 것과 또 불법을 행하는 자들"(7:23) 곧 '가라지들'을 "거두어 내는 일"을 할 것이다. "모든 넘어지게 하는 것"이란 '천국의 아들들의 영적 평안을 위협하고 상처를 주는 가라지들'을 지칭하는 말이다. 그리고 "불법을 행하는 자들"이란 '각종 법을 어기는 자들'을 지칭한다. 천사들은 천국의 아들들의 영적인 평안을 위협하고 상해하는 가라지들, 각종 불법을 행하는 가라지들을 거두어낼 것이다. 둘째, 천사들은 가라지들을 "풀무 불에 던져 넣을 것이다"(50절). '지옥 불에 던져 넣을 것이라'는 뜻이다.

그리고 예수님은 가라지들이 "거기서 울며 이를 갈게 되리라"고 하신다(50절; 8:12). 가라지들의 최후 운명은 지옥 불에서 영원히 울며 이를 갈게 되리라고 하신다. 우는 것은 슬픔의 표시이고 이를 가는 것은 고통이 심함을 보여주는 표현이다(8:12; 13:50; 22:13; 24:51; 25:30).

마 13:43. 그 때에 의인들은 자기 아버지 나라에서 해와 같이 빛나리라 귀 있는 자는 들으라.

"그 때에" 즉 '의인들이 자기 아버지 나라에 갔을 때에' 예수님은 "의인들은 자기 아버지 나라에서 해와 같이 빛나리라"고 하신다(단 12:3; 고전 15:42-43, 58) . "의인들" 즉 '천국의 아들들,' '말씀을 듣고 실행한 자들'(7:24-27)은 자기 아버지의 나라에서 해와 같이 빛나리라고 하신다(단 12:3). 천국의 아들들은 이 세상에서도 하나님의 아들들이었지만 세상에서는 아직 그 영광이 숨겨져 있었으나 아버지 나라에 간 후로는 해와 같이 빛날 것이다.

예수님은 또 본 절 마지막에서 "귀 있는 자는 들으라"고 하신다(9절; 11:15). 예수님께서 이런 말씀을 하시는 이유는 방금하신 말씀이 너무 중요하기 때문에 귀담아 들으라는 말씀이다. 예수님은 방금 41-42절에서 불신자의 비참한 최후를 말씀하셨는데 신자들에게도 대단한 경고를 하시는 것으로 보아야 하고 예수님은 또 43절에서 "그 때에 의인들은 자기 아버지 나라에서 해와 같이 빛나리라"고 하셨는데 그 아버지 나라의 행복에서 소외되지 않도록 하라는 말씀으로 보아야 할 것이다. 귀 있는 자들은 지금도 그리스도의 말씀을 계속해서 들어야 하는 것이다.

h.감추인 보화와 진주 비유 13:44-46

예수님은 13장의 일곱 비유 중 다섯째 비유와 여섯째 비유를 이 부분(44-46절)에서 말씀하신다. 예수님은 이 비유들을 제자들에게만 들려주신다(36절, 51-52절 참조). 감추인 보화 비유와 진주 비유는 거의 같은 것을 보여주는 비유로서 천국은 모든 것을 희생하고 얻어야 한다는 것을 말씀하고 있다. 이 두 비유는 마태에만 있는 비유이다.

마 13:44. 천국은 마치 밭에 감추인 보화와 같으니 사람이 이를 발견한 후 숨겨 두고 기뻐하며 돌아가서 자기의 소유를 다 팔아 그 밭을 사느니라.

예수님은 "천국은 마치 밭에 감추인 보화와 같다"고 하신다. 그런데 다른 곳에 있는 보화가 아니라 밭에 감추인 보화와 같다고 하신다. 어떤 사람이 밭일을 하다가 다른 사람이 밭에 감추어 두고 보관했던 보화(옛날에는 보관 장소가 마땅치 않아 밭에 감추어 보관하는 수가 있었는데 그 보화 주인이 죽었다)를 발견하고 보화를 캐내기 전에 일단 보화를 다시 파묻고 기뻐하며 돌아간다. 그리고는 자기의 소유를 모두 팔아(빌 3:7-8) 그 보화가 숨겨 있는 밭을 사서(사 55:1; 계 3:18) 그 보화를 자기의 소유로 만들었다. 그 보화는 너무 귀중했다. 천국은 이처럼 귀하다. 다시 말해 예수님은 이처럼 귀하다. 바울은 예수님을 발견한(행 9:1-19) 후 그는 모든 것을 배설물로 여겼다. 바울 사도는 "무엇이든지 내게 유익하던 것을 내가 그리스도를 위하여 다 해로 여길뿐더러 또한 모든 것을 해로 여김은 내 주 그리스도 예수를 아는 지식이 가장 고상하기 때문이라 내가 그를 위하여 모든 것을 잃어버리고 배설물로 여김은 그리스도를 얻고 그 안에서 발견되려 한다"고 말했다(빌 3:7-9a). 천국(그리스도)을 발견한 사람은 다른 것은 중요하지 않다. 다만 그리스도만이 중요하여 모든 것을 희생하여 그리스도를 산다.

마 13:45-46. 또 천국은 마치 좋은 진주를 구하는 장사와 같으니 극히 값진 진주 하나를 발견하매 가서 자기의 소유를 다 팔아 그 진주를 사느니라.

이 부분의 초두에 나타나는 "또"(πάλιν)라는 말은 예수님께서 앞의 비유로서는 다 설명할 수 없는 것이 있어서 또 무엇을 설명하시기 위하여 짝을 이루는 비유를 소개하시기 위해 쓰신 단어이다. 앞의 비유는 밭일을 하다가 우연히 보화를 만난 것을 말했으나, 진주를 구하는 장사의 비유는 열심히 진주를 구하다가 값진 진주를 만나 그 진주를 사는 것을 보여주는 비유이다.

예수님은 "천국은 마치 좋은 진주를 구하는 장사와 같으니 극히 값진 진주 하나를 발견하매 가서 자기의 소유를 다 팔아 그 진주를 사느니라"고 하신다(잠 2:4; 3:14-15; 8:10, 19). 진주가 얼마나 귀한지 윌렴 헨드릭슨(Hendriksen)은 "진주는 일반적으로 페르샤만이나 인도양에서 나오는 것으로 믿어지지 않을 만큼 값이 비싸며 보통 사람으로는 구입할 수 없는 것이다. 단지 부자만이 그것을 구입할 수 있었다. 칼리귤라(Caliqula, 로마 황제 A.D. 37-41) 황제의 부인 로리아 파우리나(Lollia Paulina)는 그녀의 머리, 머리카락, 귀, 목, 그리고 손가락에 반짝이는 진주로 장식했다"고 한다.

예수님은 "좋은 진주"(καλοὺς μαργαρίτας-복수)를 구하는 장사가 아무리 많은 진주를 구해도 만족이 없어 계속해서 진주를 구하고 있을 때 "극히 값진 진주 하나"(ἕνα πολύτιμον μαργαρίτην)를 발견했다고 말씀하신다. "극히 값진 진주 하나"란 말은 여러 진주중에 극히 값진 진주 한 개란 뜻이 아니라 오직 '한 개 밖에 없는 극히 값진 진주'란 뜻이다. 그는 극히 값진 진주를 발견한 다음 그의 모든 것(다른 진주 포함)을 팔아서 그 지극히 값진 진주를 산다는 것이다. 그 장사는 다른 것에는 욕심이 없다. 오직 그 지극히 비싼 진주만 중요해서 다른 것을 희생해서 그 지극히 값진 진주를 산다는 것이다. 글로바와 그의 동료는 값진 예수님을 만나 예수님을 소유했고(눅 24:29), 에디오피아 내시는 멀리 예루살렘까지 예배하러 왔다가 복음을 들어 알게 되었으며(행 8:26-39), 루디아도 예수님을 영접했고(행 16:14-15), 그리고 베뢰아 사람들도 진리를 구하다가 예수님을 믿게 되었다(행 17:10-12).

i.그물 비유 13:47-50

예수님은 13장의 일곱 비유 중 마지막 비유를 여기 소개하신다. 이 그물비유는 가라지 비유와 아주 흡사하다. 두 비유는 현세에서 선악이 공존한다는 것을 보여주고 마지막 종말에 가서 선악이 서로 분리한다는 것을 보여주고 있다. 가라지 비유는 농부 비유로서 일꾼들이 모르는 중에 가라지가 심겨진 것을 보여주며, 이 그물비유는 버려야 할 물고기가 있을 것을 미리 알았다는 점에서 차이가 있다.

마 13:47-48. 또 천국은 마치 바다에 치고 각종 물고기를 모는 그물과 같으니 그물에 가득하매 물 가로 끌어내고 앉아서 좋은 것은 그릇에 담고 못된 것은 내버리느니라.

예수님은 밭에 감추인 보화와 극히 값진 진주 비유를 말씀하신(44-46절) 다음 이 부분(47-48절)에서는 “천국은 마치 바다에 치고 각종 물고기를 모는 그물과 같으니 그물에 가득하매 물 가로 끌어내고 앉아서 좋은 것은 그릇에 담고 못된 것은 내버리느니라”고 하신다. 예수님은 앞에서 여섯 개의 비유를 말씀하셨지만 또 더 말씀하실 것이 있어 문장 초두에 “또”(πάλιν)라는 낱말을 사용하신다. 이 비유는 가라지 비유와 매우 흡사하다(24-30절).

예수님은 “천국은 마치 바다에 치고 각종 물고기를 모는 그물과 같다”고 하신다(22:10). 즉 ‘지상의 가시적인 교회는 마치 바다에 치고 여러 종류의 물고기를 모는 예인 망과 같다'고 하신다. 그 "그물"(σαγήνη)은 '예인 그물'을 지칭하는 말로 위에는 찌가 달렸고 아래는 추가 달려 있는 그물로서 물에 던져서 물고기들을 에워싼 다음 물가로 끌어내는 그물을 뜻한다. 이 그물은 물고기들을 가리지 않고 잡는 그물이다. 이 그물은 4:18에 나오는 작은 그물과는 다른 것이다. 이 그물에 걸린 "각종 물고기"는 '지상의 모든 인종과 민족, 그리고 여러 계층의 사람들'을 가리킨다.

일단 그물에 고기가 가득하면 물가로 끌어내고 어부들이 모래 위에 앉아서 좋은 것(먹을 만한 것들, 팔 수 있는 것들)은 그릇에 담고 못된 것(먹을 수 없는 것들, 팔 수 없는 것들)은 내 버린다고 하신다. 이 장면은 종말의 심판을 상징한다.

마 13:49-50. 세상 끝에도 이러하리라 천사들이 와서 의인 중에서 악인을 갈라내어 풀무 불에 던져 넣으리니 거기서 울며 이를 갈리라.

예수님은 세상 끝에도 "이러하리라"고 하신다. 즉 '어부들이 해변의 모래 위에 앉아서 좋은 고기와 나쁜 고기를 고르는 것과 같으리라'고 하신다. 물고기 중 좋은 것과 못된 것을 고르는 것은 어부들의 것이지만 종말의 심판은 "천사들"이라고 하신다. 예수님은 "천사들이 와서 의인 중에서 악인을 갈라내어 풀무 불에 던져 넣을 것이라"고 하신다(25:32). 물고기도 좋은 것과 나쁜 것으로 가리는 것처럼 사람도 의인과 악인이 갈린다고 하신다. 그래서 천사들은 악인을 갈라내어 "풀무 불에 던져 넣으리니 거기서 울며 이를 갈리라"고 하신다(42절). '지옥 불에 던져 넣을 것인데 그 지옥 불에서 슬피 울며 괴로워서 이를 갈 것이라'고 하신다(42절주해 참조).

예수님께서 이 그물 비유를 들으신 이유는 제자들에게 아주 익숙한 비유를 들어 참으로 실족함이 없이 신앙의 걸음을 분명히 잘 걸으라고 권고하신 것으로 보이고 또 예수님은 제자들로 하여금 평생 복음을 전하면서 사람을 취하여 옳은 데로 이끌도록 권고하는 차원에서 이 비유를 들으신 것으로 보인다.

j.새것과 옛것의 비유 13:51-52

예수님은 제자들에게 천국 비유를 다 말씀하신(1-50절) 후 천국 비유를 깨달았는지를 질문하셨는데 그들이 깨달았다고 대답하자 예수님은 제자들이야 말로 새것과 옛것을 다 알고 있는 사람들이라고 칭찬하신다.

마 13:51. 이 모든 것을 깨달았느냐 하시니 대답하되 그러하오이다.

예수님은 제자들에게 "이 모든 것을 깨달았느냐"고 물으신다(συνήκατε ταῦτα πάντα). 즉 '천국에 대한 모든 비유들의 의미를 깨달았느냐'고 물으신다. 1-50절까지의 천국 비유의 의미를 다 깨달았느냐는 질문이었다. 이 질문을 받고 제자들은 "그러하오이다"(ναί)라고 대답한다. 일곱 개의 비유를 다 깨달았다고 대답한다. 그들은 아직도 알아야 할 것이 많고 배워야 할 것이 많이 있지만 천국이 무엇이냐에 대해서는 많이 알았다고 대답했다.

마 13:52. 예수께서 이르시되 그러므로 천국의 제자된 서기관마다 마치 새것과 옛것을 그 곳간에서 내오는 집주인과 같으니라.

제자들이 천국의 비유를 깨달았다고 대답하는 것을 예수님께서 들으신 후 "그러므로 천국의 제자된 서기관마다 마치 새것과 옛것을 그 곳간에서 내오는 집주인과 같으니라"고 하신다. "그러므로"(διὰ τοῦτο), 즉 '너희들이 천국 비유의 의미를 깨달았기 때문에' 너희들 각 사람은 새 것과 옛 것을 보물창고에서 내어오는 집 주인과 같이 되었다고 하신다.

본문의 "천국의 제자된 서기관"(πᾶς γραμματεὺς μαθητευθεὶς τῇ βασιλείᾳ τῶν οὐρανῶν)이란 말은 '천국의 본질에 대해 교육을 받은 서기관'이란 뜻이다. "제자된"(μαθητευθεὶς)이란 말은 부정(단순)과거 수동태 분사로 '배우게 된,' '교육받게 된'이란 뜻으로 천국의 의미에 대해 교육받게 되었다는 뜻이다.

예수님의 제자들은 천국의 비밀을 새롭게 알게 된 서기관으로서 유대의 랍비들과는 달리 "새것과 옛것을 그 곳간에서 내오는 집 주인과 같다"고 하신다. 여기 "새것"이란 제자들이 7가지 비유들로부터 깨달은 것을 지칭하고 옛것은 제자들이 이미 알고 있는 것들을 지칭한다. 예수님의 제자들은 유대의 랍비들과는 달리 성경에 정통한 사람들로 묘사되고 있다. 예수님의 제자들은 성도들에게 무엇이 필요할 때 그 곳간(보물창고)에서 새것도 가지고 나오고 옛것도 가지고 나오는 집주인과 같이 되었다. 예수님의 제자들을 집 주인이라고 할 수 있는 이유는 그들이 그의 집 식구들이 필요할 때마다 그 보물창고에서 새것과 옛것을 내 오기 때문이다. 그들은 새것을 배웠으니 집 사람들이 새것이 필요하면 새것을 내올 수 있고 옛것이 필요하면 옛것을 내올 수 있게 되었다. 그들은 예수님으로부터 배웠기에 새것도 가르칠 수 있고 옛것도 마음대로 가지고 와서 가르칠 수 있는 서기관들이 되었다. 박윤선목사는 "본 절의 뜻은 제자들이 장차 성령을 받아 복음을 해석할 때에 '새 것과 옛 것'(성령으로 말미암는 새로운 깨달음으로 예수님의 옛 교훈을 해석함)을 온 세상에 선포하게 되리라는 것이다. 이런 의미에서 그들은, 바리새인의 서기관이 아니고 천국의 제자된 생명있는 해석자로서의 서기관이다. 사도들은 성령을 받아 예수님의 옛 교훈을 새로이 깨닫는 자들이다(요 14:26; 16:13)"고 말한다.[116] 예수님의 제자들이나 오늘의 목사들은 구약의 가르침과 신약의 가르침을 자유롭게 사람들에게 가르칠 수 있어야 한다.

13.고향 사람들의 불신 13:53-58

천국 비유의 긴 강화를 마치시고(1-52절) 고향을 방문하셨으나 고향에서 배척을 받으신다. 예수님의 천국 비유가 배척받을만한 강화였으니 고향에서도 역시 배척받을만하다는 것은 당연한 귀결일 것이다. 이 부분(53-58절)는 막 6:1-8; 눅 4:16-30과 병행한다.

마 13:53. 예수께서 이 모든 비유를 마치신 후에 그 곳을 떠나서.

예수님께서 천국 비유의 긴 강화를 마치신 후에 "그 곳을 떠나셨다." 다시 말해 '가버나움을 떠나셨다.' 예수님은 그 동안 바닷가 배에서 가르치셨으며(1-2절) 가버나움의 한 집에서 머무르시면서 교육하셨는데(36절) 이제 그는 고향을

116) 박윤선, *공관복음*, 성경주석, p. 351.

향해 떠나셨다.

마 13:54. 고향으로 돌아가사 그들의 회당에서 가르치시니 그들이 놀라 이르되 이 사람의 이 지혜와 이런 능력이 어디서 났느냐.

예수님은 "고향으로 돌아가사 그들의 회당에서 가르치셨다"(2:23; 막 6:1; 눅 4:16, 23 참조). 즉 '예수님은 고향 나사렛(눅 4:16)으로 돌아가셔서 유대인들의 회당에서 가르치셨다.' 예수님의 이번 고향방문은 그의 공생애 이후 첫 방문으로 보인다. 회당에 모였던 사람들은 놀라서 말하기를 "이 사람의 이 지혜와 이런 능력이 어디서 났느냐"고 질문했다. 그들은 예수님의 설교와 이적 행하심을 보고 예수님께서 나타내신 지혜와 능력을 보고 놀라 이런 이적과 능력을 어디서 났느냐고 야단이었다. 나사렛 사람들은 예수님께서 공생애를 시작하시기 전에 고향에서 이렇게 설교하시거나 이적을 행하신 적은 없으셨던 것으로 보인다. 그런데 이들의 놀람은 예수님을 배척하는 방향으로 기울어진 것이지 예수님을 높이는 방향으로 기울어지지 않았다. 사람은 다른 사람으로부터 놀라운 점을 발견하고 보통 배척하는 방향으로 기울어진다.

마 13:55-56. 이는 그 목수의 아들이 아니냐 그 어머니는 마리아, 그 형제들은 야고보, 요셉, 시몬, 유다라 하지 않느냐 그 누이들은 다 우리와 함께 있지 아니하냐 그런즉 이 사람의 이 모든 것이 어디서 났느냐 하고.

나사렛 사람들은 예수님의 설교에서 나타난 지혜와 이적 행하실 때 나타났던 능력을 보고 예수님을 찬양하거나 믿을 생각은 하지 않고, 오히려 잘 안다는 이유로 예수님을 배척했다. 첫째, 그들은 "이는 그 목수의 아들이 아니냐"고 했다(사 49:7; 막 6:3; 눅 3:23; 요 6:42). 즉 '예수님은 그 목수의 아들이 아니냐'고 했다. 여기 "목수"(tevktono")란 말에는 관사(tou')가 붙어있어 나사렛에 하나밖에 없는 유일한 목수라는 뜻이다. 본 절에는 그 아버지가 목수라는 것을 밝혔으나 막 6:3에는 예수님을 "마리아의 아들 목수"라고 묘사하고 있다. 사실 본인이나 또 본인의 부친이 목수라는 것은 인간적인 요소이고 그의 신적 방면을 알았어야 했는데 그들은 그것까지는 생각하지 못해서 예수님을 무시하기에 이르렀다. 그리고 둘째, 그들은 "그 어머니는 마리아"라고 하면서 예수님을 배척했다. 그 어머니가 누구이든지 그것이 예수님을 배척할 이유가 되는 것은 아니었는데 사람들은 어머니가 별 것 아닌 존재인 고로 예수님을 배척했다. 그리고 셋째, 그들은 "그 형제들은 야고보, 요셉, 시몬, 유다라 하지 않느냐"고 말했다(12:46; 막 15:40). 그들은 예수님의 형제들의 이름을 다 알고 있었다. 여기 형제들은 예수님이 탄생하신 후 요셉과 마리아에게서 태어난 남자 동생들이었다(12:46절). 네 사람들의 동생들 중 야고보는 예수님의 동생으로서 야고보서의 저자이며 (약 1:1) 예루살렘 교회의 지도자로 믿어진다(행 15:13). 야고보를 뺀 다른 형제들은 예수님께서 이 땅에 계시는 동안 믿지 않았으나(요 7:5), 승천하신 후 오순절 이전에 기도에 전념하는 중에(행 1:14) 성령을 체험하고 초대교회를 인도한 지도자들이 되었다. 넷째, 그들은 "그 누이들은 다 우리와 함께 있지 아니하냐"하고 예수님을 배척했다. 여기 누이들의 숫자가 최소한 두 사람 이상이다. 당시 누이들은 나사렛에서 있었다. 함께 있었다는 이유로 그들은 예수님의 인적인 요소만을 생각했다. 그들은 예수님의 신적인 기원을 생각했어야 했다. 우리는 예수님께서 하나님의 아들이심을 믿어야 한다.

그들은 "그런즉 이 사람의 이 모든 것이 어디서 났느냐"고 말하면서 예수님을 배척했다. 여기 "그런즉"(ou\n)이란 말은 '이 모든 사실을 고려해 볼 때'(Lenski)라는 뜻이다. 그들은 이것저것 다 따져보니 예수라는 사람이 별 것 아닌, 즉 자기들 수준을 넘지 못하는 사람인데 예수의 지혜와 능력이 어디서 났겠느냐고 말한다. 다시 말해 예수가 가지고 있는 지혜와 능력은 어디서 났는지 의심스럽다는 것이다. 그래서 그들은 예수님을 배척한다는 것이다. 사람은 무엇을 좀 알면 더 깊이 알지도 못하고 배척해버린다.

마 13:57. 예수를 배척한지라 예수께서 그들에게 말씀하시되 선지자가 자기 고향과 자기 집 외에서는 존경을 받지 않음이 없느니라 하시고.

그들은 이것저것 다 따져보니 예수라는 사람은 별것 아닌 사람으로 알고 예수를 배척하기에 이르렀다(11:6; 막 6:3-4). 참으로 불행한 일이었다. 배척을 받으신 예수님은 그들에게 평범한 말씀을 하신다. 즉 "선지자가 자기 고향과 자기 집 외에서는 존경을 받지 않음이 없느니라"고 하신다(눅 4:24; 요 4:44). 이 말씀은 선지자가 자기 고향과 자기 집 외에서는 반드시 존경을 받게 되어 있다는 의미는 아니다. 자기 고향과 자기 집 외에서도 배척을 받을 수도 있다. 예수님이 그러셨다. 이 말씀의 진정한 의미는 "혹 다른 곳에서 존경을 받는 선지자라도 고향에서는 존경받지 못할 것이라는 의미이다"(헤르만 리델보스). 예수님의 이 말씀은 자기 집의 형제들이나 누이들에게도 존경을 받지 못하셨다는 것을 암시한다(요 7:5).

마 13:58. 그들이 믿지 않음으로 말미암아 거기서 많은 능력을 행하지 아니하시니라.

나사렛 사람들이 예수님을 존경하지 않았으니(54-57절) 그들을 믿지 않았다. "그들이 믿지 않음으로 말미암아 거기서 많은 능력을 행하지 아니하셨다"(막 6:5-6). 나사렛 사람들이 예수님을 믿지 않음으로 병자들이 별로 찾아오지 않았다. 그래서 예수님은 거기에서 많은 능력을 행하지 않으셨다. 예수님은 나사렛에서 몇몇 사람들만 고치셨다. 그 불신앙 중에서도 믿는 사람들이 있었다는 것은 사막에서 우물을 얻은 느낌이다. 우리는 언제든지 예수님을 믿고 예수님 앞으로 나아가야 한다.

제 14 장
세례 요한의 죽음과 메시아의 이적들

14.요한의 죽음 14:1-12

세례 요한은 예수님께서 갈릴리 전도를 시작하실 무렵 투옥되었는데(4:12), 갈릴리 전도의 후반기는 세례 요한의 죽음의 이야기에서 시작된다. 이처럼 세례 요한의 한 생애는 예수님의 사역과 아주 밀접한 관련이 있음을 알 수 있다. 세례 요한이 역사의 무대에서 사라질수록 예수님의 사역은 점점 더 활발히 진행되어 갔다. 세례 요한의 투옥은 예수님의 수난의 예표였고 요한의 죽음은 예수님의 죽음의 예표였다.

마 14:1-2. 그 때에 분봉 왕 헤롯이 예수의 소문을 듣고 그 신하들에게 이르되 이는 세례 요한이라 그가 죽은 자 가운데서 살아났으니 그러므로 이런 능력이 그 속에서 역사하는도다 하더라.

문장 초두의 "그 때에"(εν ἐκείνῳ τῷ καιρῷ)란 말은 어느 때를 지칭하는지 분명히 알 수는 없다. 그러나 렌스키(Lenski)가 말한 대로 예수님에 대한 적개심이 점점 증가하는 때를 지칭할 것이다. "저가 죽은 자 가운데서 살아났으니"란 말로 미루어 볼 때 이때는 세례 요한이 처형된 이후일 것이다(윌렴 헨드릭슨). 마태는 이 부분(1-2절)에서 분봉왕[117] 헤롯이 예수님에 대한 소문을 듣고 자기가 죽인 세례 요한이 다시 살아나지 않았나 하는 두려움에 사로 잡혔던 것을

---

117) "분봉왕": (Tetrarch) 봉건시대에 있어서 일국의 황제나 제황이 영토(땅)를 나누어 그 영내의 백성을 다스리게한 왕. 영주(領主 tetrarch)라고도 한다. 본 절의 분봉왕 헤롯은 로마 황제의 임명으로 왕이 되었음으로 이렇게 불리웠다. 그는 대 헤롯의 아들 헤롯 안티바스였다. 그는 갈릴리와 베레아를 주전 4년부터 주후 39년까지 통치했다(2:1 주해 참조).

드러내고 있다(막 6:14; 눅 9:7). "분봉 왕 헤롯이 예수의 소문을 듣고 그 신하들에게 이르되 이는 세례 요한이라 그가 죽은 자 가운데서 살아났으니 그러므로 이런 능력이 그 속에서 역사한다"고 말했다. 분봉왕 헤롯(2:22; 4:12; 11:1-9 주해 참조)은 예수님에 대한 소문을 아주 늦게 들은 것 같다. 그가 베레아 남쪽에 있는 마케루스 성채에 머물러 있어서 예수님의 사역지로부터 멀리 떨어져 있기 때문에 이렇게 늦게 들은 것 같다. 분봉왕 헤롯은 세례 요한이 잡힌 때에도 예수님에 대한 소문을 듣지 못했고 자신이 세례 요한을 죽인 이후에나 예수님에 대한 소문을 듣게 되었다.

헤롯 안디바스는 예수님에 대한 소문을 듣자 그의 신하들에게 그의 마음에 있는 것을 말했다. '이 사람은 분명히 세례 요한이다. 그가 죽은 자 가운데서 살아났기에 이런 능력이 그 속에서 역사하고 있다고 생각한다'고 했다. 헤롯 안디바스는 생명의 윤회를 믿었으며 죽은 자의 부활과 이적을 믿었다(눅 23:8 주해 참조). 그는 막연한 미신적인 믿음을 가지고 있어 아무런 도움을 받지 못했다. 그는 공포심을 가지고 세상을 산 사람이었다.

마 14:3-4. 전에 헤롯이 그 동생 빌립의 아내 헤로디아의 일로 요한을 잡아 결박하여 옥에 가두었으니 이는 요한이 헤롯에게 말하되 당신이 그 여자를 차지한 것이 옳지 않다 하였음이라.

마태는 전에 헤롯 안디바스가 세례 요한을 투옥시킨 이유를 설명한다. 마태는 "전에 헤롯이 그 동생 빌립의 아내 헤로디아의 일로 요한을 잡아 결박하여 옥에 가두었던 일이 있었다"고 말한다(4:12; 막 6:17; 눅 3:19-20). 여기 "헤로디아의 일"이란 헤롯 안디바스가 그 동생 빌립의 아내[118]를 취한 일 때문에 요한이 헤롯 안디바스를 책망했기에 헤롯 안디바스가 요한을 옥(마케루스 옥)에 가둔 것을 지칭하는 말이다. 세례 요한은 담대하게도 헤롯 안디바스에게 "당신이

118) 부정한 두 연인은 현재의 배우자와 헤어져서 헤로디아는 헤롯 빌립과 헤어지고 헤롯 안디바스는 나바테안 아랍족(Nabatean Arabs)의 왕 아레타스의 딸과 헤어지고 결혼하기로 합의하고서는 그렇게 했다. 그런데 세례 요한이 이 일을 전해 듣고 헤롯 안디바스를 책망했다 (헨드릭슨).

그 여자를 차지한 것이 옳지 않다"고 말했다(레 18:16; 20:21). 여기 "(옳지 않다) 하였음이라"(ἔλεγεν)는 단어는 미완료과거 시제로 세례 요한이 헤롯에게 여러 차례 말한 것을 지칭한다. 여러 차례 책망한 이유는 그런 결혼은 근친상간에 해당하는 죄였기 때문이었다(레 18:16; 20:21). 충고의 말을 여러 번 하는 일은 참으로 하기 힘든 말이었다. 한 나라의 왕에게 감히 왕의 비행을 여러 차례 지적했기에 세례 요한은 옥에 갇히게 되었다.

마 14:5. 헤롯이 요한을 죽이려 하되 무리가 그를 선지자로 여기므로 그들을 두려워하더니.

헤롯 안디바스가 세례 요한을 죽이려고 했지만 백성들이 요한을 선지자로 여겼음으로 백성들을 두려워하여 세례 요한을 죽일 수가 없었다(21:26; 눅 20:6). 헤롯 안디바스는 백성들만 두려워한 것이 아니라 세례 요한을 두려워하고 있었다(막 6:20). 그러나 그 부인 헤로디아는 자기 남편에게 쓴 소리를 계속하는 세례 요한을 죽도록 미워했고 죽일 생각을 계속하고 있었다.

마 14:6-10. 마침 헤롯의 생일이 되어 헤로디아의 딸이 연석 가운데서 춤을 추어 헤롯을 기쁘게 하니 헤롯이 맹세로 그에게 무엇이든지 달라는 대로 주겠다고 약속하거늘 그가 제 어머니의 시킴을 듣고 이르되 세례 요한의 머리를 소반에 얹어 여기서 내게 주소서 하니 왕이 근심하나 자기가 맹세한 것과 그 함께 앉은 사람들 때문에 주라 명하고 사람을 보내어 옥에서 요한의 목을 베어.

마태는 이 부분(6-10절)에서 헤롯 안디바스가 세례 요한을 죽이게 된 직접적인 이유를 기록한다. 첫째, "마침 헤롯의 생일이 되어 헤로디아의 딸이 연석 가운데서 춤을 추어 헤롯을 기쁘게 했다"는 것. 아마도 헤롯 안디바스는 자신의 생일에 세례 요한을 죽이게 될 줄은 몰랐을 것이다. 또 자신이 여자(살로메)의 현란한 춤에 그렇게까지 매혹될 줄은 몰랐을 것이다. 둘째, "헤롯이 맹세로 그(자신)에게 무엇이든지 달라는 대로 주겠다고 약속한 점"이 문제가 되었다(막 6:23에 의하면 "내 나라의 절반까지라도 주겠노라"고 약속했다). 무엇이든지 달라는 대로 주겠다고 약속하는 것은 위험한 일이다. 셋째, "그(살로메)가 제 어머니의 시킴을 듣고 이르되 세례 요한의 머리를 소반에 얹어 여기서 내게 주소서"라고 말한 것. 다시 말해 헤롯 안디바스의 아내 헤로디아의 마음속에 세례 요한을 죽이려 하는 악의가 계속해서 작용하고 있었다는 것이 문제였다. 딸 살로메는 어머니 헤로디아의 시킴을 듣고 행동한 것뿐이었다. 여자의 마음에 품은 악의는 언제든지 일을 저지르고야 만다. 넷째, 왕은 살로메의 요청을 받고 근심했지만 두 가지 이유로 거절할 수 없었다. 하나는 자기가 춤을 춘 살로메에게 무엇이든지 주겠다고 약속한 것을 취소할 수 없었고 또 하나는 거기 생일잔치에 초청되어 헤롯 자신이 말한 내용을 들은 사람들 때문에 자기의 말을 취소할 수가 없었다. 그는 자기의 말에 걸려들었다. 사실은 잘 못된 약속에 대해서는 정중히 잘못되었다고 사과하고 약속을 취소했어야 했다. 그러나 헤롯은 그렇게 할만한 명석함을 가지고 있지 못했다.

그래서 헤롯은 "사람을 보내어 옥에서 요한의 목을 베어" 살로메에게 주었다. 헤롯은 근친상간을 한 것 때문에, 그리고 사람들 앞에서 살로메에게 약속 한번 잘못한 것 때문에 무고한 사람의 목을 베게 했다. 정치가의 말로는 대부분 이런 식으로 끝난다.

마 14:11. 그 머리를 소반에 얹어서 그 소녀에게 주니 그가 자기 어머니에게로 가져가니라.

심부름을 갔던 사람이 요한의 머리를 베어(앞 절) 소반에 얹어서 헤로디아의 딸 살로메에게 주었다. 살로메는 세례 요한의 머리를 담은 소반을 운반하여 자기 어머니에게 주었다. 3인은 역사에 씻을 수 없는 악역을 감당했다. 헤로디아는 자기 딸을 통하여 세례 요한의 머리를 요구했고 살로메는 그 어머니 헤로디아의 시킴을 듣고 세례 요한의 머리를 베어 달라고 요구했으며 헤롯 안디바스는 요한의 머리를 베라고 명령을 내렸다. 3인은 하나님의 종의 머리를 베는 일을 감행했다. 그들은 자신들이 얼마나 큰 죄를 짓는 줄을 몰랐다. 오직 복수심에만 차서 그리스도의 선구자를 죽였다.

헤롯 안디바스가 행한 일을 듣고 군중들은 술렁였으며 헤롯의 본처의 아버지 아레타스는 헤롯이 자기 딸을 버린 일을 듣고 극도로 분노를 느껴 전쟁을 일으켰으며 헤롯의 모든 군대를 섬멸시켰다(요세푸스의 고대사 XVIII. 114, 116). 사람이 망하는 것은 악이 뿌린 씨의 결과이다.

마 14:12. 요한의 제자들이 와서 시체를 가져다가 장사하고 가서 예수께 아뢰니라.

세례 요한이 죽은 것을 알게 된(9:14; 11:2 참조) 요한의 제자들은 헤롯의 왕궁에 찾아와서 시체를 가져다가 장사했다. 헤롯이 장례를 허락한 것은 평소에 세례 요한에 대하여 의롭고 거룩한 사람으로 알고 두려움을 느꼈기 때문이었을 것이다. 요한의 제자들은 요한의 시체를 장사한 다음 가서 "예수께 아뢰었다." 세례 요한의 제자들은 여전히 예수님에 대하여 선한 감정을 가지고 있었다. 아마도 그들은 예수님을 믿고 예수님을 수종들었을 것으로 보인다. 그들의 스승의 영향이었다.

15.메시아의 이적들 14:13-36

마태는 세례 요한의 죽음을 기록한(1-12절) 다음 메시아께서 이적들을 행하신 것을 기록한다. 오천 명을 먹이신 일(13-21절), 바다 위를 걸으신 일(22-33절), 게네사렛 땅에서 병 고치신 일(34-36절) 등을 기록한다.

a.오천 명을 먹이시다 14:13-21

예수님은 요한이 죽은 것을 들으시고(10-12절) 좀 한적한 곳으로 물러가서 제자들 교육에 힘을 쓰시려 하였으나 사람들이 알고 찾아온 관계로 그들을 불쌍히 여기시는 의미로 오병이어의 이적을 행하셔서 먹이셨다. 이 이적은 4복음서에 모두 기록될 만큼 유명한 이적이었다(막 6:30-40; 눅 9:10-17; 요 6:1-14). 이때는 요한복음에 의하면 수난주간 1년 전 유월절이었고(요 6:4) 장소는 벳새다였다(막 6:45).

마 14:13. 예수께서 들으시고 배를 타고 떠나사 따로 빈들에 가시니 무리가 듣고 여러 고을로부터 걸어서 따라간지라.

예수님께서 세례 요한의 죽음(10-12절)을 "들으시고 배를 타고 떠나사 따로 빈들에 가셨다"(10:23; 12:15; 막 6:32; 눅 9:19; 요 6:1-2). 예수님은 세례 요한이 죽은 사실을 들으시고 장례식에 참석하시거나 혹은 요한을 죽인 헤롯 안디바스에게 가까이 가셔서 그 사람을 책망하시지 않고 배를 타고 떠나 빈들 벳새다로 가셨다(눅 9:10).[119] 예수님은 세례 요한이 잡혔을 때에도 거리를 두셨다. 즉 "예수께서 요한이 잡혔음을 들으시고 갈릴리로 물러가셨다"(4:12). 예수님은 이렇게 세례 요한이 어려움을 당할 때마다 물러가셨다. 그러면 예수님께 물러가신 이유가 무엇인가. 그 이유는 두 가지로 볼 수 있다. 하나는 세례 요한에 대한 박해는 곧 예수님을 향한 박해를 의미하기 때문이었다. 예수님은 그의 사명을 완수하시기 전에 일찍이 죽으시기를 원하지 않으셨다. 또 하나는 세례 요한이 자기 사명을 다하고 죽은 것을 예수님께서 동정할 필요는 없었다. 요한은 사명을 다한 후 물러가야 하는 사람이었다. 그러나 예수님은 세례 요한에 대해 심히 칭찬하셨다. 예수님 앞에서 물러난 세례 요한에게 예수님은 냉정하지 않으셨다. 예수님은 세례 요한에게 엄청난 칭찬을 하셨다(마 11:7-15).

예수님께서 빈들에 가셨을 때 "무리가 듣고 여러 고을로부터 걸어서 따라갔다." 예수님께서 제자들을 교육하시고 훈련하려고 하실 때 사람들은 인산인해를 이루었다. 그들은 여러 고을로부터 북쪽 해안을 따라 걸어서 벳새다로 달려 왔다.

마 14:14. 예수께서 나오사 큰 무리를 보시고 불쌍히 여기사 그 중에 있는

119) "벳새다": 갈릴리 바다 동 북안의 성읍이다(막 6:45; 눅9:10). 시몬 베드로, 안드레, 빌립의 고향이었다(요 1:44; 12:21). 예수께서는 여기서 소경의 눈을 뜨게 해 주셨다(막 8:22). 그러나 이 성읍 사람들의 불신앙을 크게 슬퍼하셨다(마 11:21; 눅 10:13). 갈릴리 바다 북단, 요단 강 하구의 동북쪽 1㎞, 비옥한 충적평야(沖積平野) 엘 바디하(el-Batiha)의 북단에 있는 에 델(et-Tell)과 동일시된다. 신약 시대에는 헤롯 빌립 Ⅱ세의 분봉영이었으며(눅 3:1참조), 그가 이를 확장하고 황제 아구스도의 왕녀 율리아(Julia)의 이름을 따라 '벳새다 율리아스'(Bethsaida-Julias)라 이름하였다. 오늘날은 수리아 영에 속해 있다.

병자를 고쳐 주시니라.

예수님께서 벳새다에 도착하시는 것보다 사람들이 먼저 벳새다에 먼저 도착한 것(막 6:33)을 보시고 나오셔서 큰 무리를 보시고 불쌍히 여기셨다(9:36; 막 6:34). 예수님은 그들을 보시고 불쌍히 여기셔서 두 가지 일을 하셨다. 하나는 그들에게 여러 가지를 가르치셨고(막 6:34; 눅 9:11) 또 하나는 본 절에 있는바와 같이 "그 중에 있는 병자를 고쳐주셨다"(4:23-24; 8:16-17; 9:35; 11:4-5 참조). 예수님은 먼저 하나님 나라의 일을 이야기 하셨고 병 고칠 자들을 고쳐주셨다(눅 9:11). 오늘 전도자들도 쉬기 위하여 편안한 곳에 자리를 잡았다 할지라도 무리의 필요와 충돌하면 무리를 생각해 주어야 한다는 것을 알 수 있다.

마 14:15. 저녁이 되매 제자들이 나아와 이르되 이곳은 빈들이요 때도 이미 저물었으니 무리를 보내어 마을에 들어가 먹을 것을 사 먹게 하소서.

예수님께서 복음을 전하시고 또 병 고치시느라 낮 시간이 다 가고 말았다. 저녁이 되었을 때 "제자들이 나아와 이르되 이곳은 빈들이요 때도 이미 저물었으니 무리를 보내어 마을에 들어가 먹을 것을 사 먹게 하소서"라고 여쭈었다(막 6:35; 눅 9:12; 요 6:5). 제자들은 예수님께 세 가지를 알려드렸다. 첫째는 그 현지가 빈들이라는 것, 다시 말해 빈들에서는 음식을 살 수 없다는 것을 말씀드렸다. 둘째는 때가 이미 저물었다는 것, 이제는 시간을 더 이상 연장할 수는 없다는 것을 말씀드렸다. 셋째는 "무리를 보내어 마을에 들어가 먹을 것을 사 먹게 하시라는 것"을 말씀드렸다. 제자들은 예수님이 어떤 분이심을 전혀 모르고 이런 말씀을 드린 것이다.

마 14:16. 예수께서 이르시되 갈 것 없다 너희가 먹을 것을 주라.

예수님은 제자들의 부탁을 받으시고 제자들에게 충격적인 말씀을 하신다. "갈 것 없다 너희가 먹을 것을 주라." '제자들이 마을에 들어가 먹을 것을 살 필요가 없다. 너희 제자들이 먹을 것을 주라'는 것이었다. 예수님은 제자들로 하여금 어떻게 하도록 암시하기 시작하신다(다음 절부터). 오늘도 예수님은 전도자들에게 "너희가 먹을 것을 주라"고 하신다. 오늘 전도자들은 성도들에게 생명의 양식을 나누어주어야 한다.

마 14:17. 제자들이 이르되 여기 우리에게 있는 것은 떡 다섯 개와 물고기 두 마리뿐이니이다.

예수님은 제자들에게 현재 가지고 있는 떡이 몇 개나 있는지 알아보라고 하셨다. 제자들은 아주 소망이 없는 소리를 하고 있다. 즉 "여기 우리에게 있는 것은 떡 다섯 개와 물고기 두 마리뿐이니이다"라는 보고였다. 마가복음에 의하면 제자들은 "알아보고 이르되 떡 다섯 개와 물고기 두 마리가 있더이다"라고 아뢰었다(막 6:38). 요한복음에는 이렇게 기록하고 있다. 시몬 베드로의 형제 안드레가 예수께 여짜오되 "여기 한 아이가 있어 보리떡 다섯 개와 물고기 두 마리를 가지고 있나이다"라고 아뢰었다(요 6:8-9). 인간의 끝이 그리스도의 시작이라는 진리를 제자들은 아직 모르고 있었다.

마 14:18-19. 이르시되 그것을 내게 가져오라 하시고 무리를 명하여 잔디 위에 앉히시고 떡 다섯 개와 물고기 두 마리를 가지사 하늘을 우러러 축사하시고 떡을 떼어 제자들에게 주시매 제자들이 무리에게 주니.

제자들의 보고를 들으시고 예수님은 "그것을 내게 가져오라"고 하신다. '떡 다섯 개와 물고기 두 마리'를 가져오라고 하신다. 예수님은 우리의 보잘 것 없는 물질, 보잘 것 없는 것들을 가져오라고 하신다. 그것을 사용하셔서 큰일을 하시겠다고 하신다.

예수님은 "무리를 명하여 잔디 위에 앉히시고 떡 다섯 개와 물고기 두 마리를 가지사 하늘을 우러러 축사하시고 떡을 떼어 제자들에게 주시매 제자들이 무리에게 주신다." 예수님은 먼저 무리를 명하여 잔디 위에 앉히신다. 예수님은 제자들이 음식을 나르기 쉽게 무리를 50인씩 100인씩 앉히셨다(막 6:40). 그리고 "떡 다섯 개와 물고기 두 마리를 가지사 하늘을 우러러 축사하신다"(15:36; 시 25:15; 121:1; 123:1-2; 141:8; 145:15; 요 11:41; 17:1; 딤전

2:8). '떡 다섯 개와 물고기 두 마리를 가지사' 하늘을 우러러 축사(감사)하신다는 것은 보통 사람들로서 도무지 있을 수 없는 일이었다. 그것이 너무 작은 양이었기 때문이다. 하나님의 아들이 그 작은 양의 물질을 가지고 감사 기도하신다는 것은 보통 사람으로서는 이해가 가지 않는 것이었다. 그러나 예수님은 아무리 작은 양이라도 감사하셨다. 감사 기도하시는 것이 큰 이적을 만들어내는 비결이었다. 우리 역시 범사에 감사해야 한다(살전 5:18).

예수님은 감사 기도하신 후 "떡을 떼어 제자들에게 주시매 제자들이 무리에게 주었다." 떡을 떼어 제자들에게 계속해서 주셨다. 무리들이 먹을 만한 크기로 떡을 계속해서 떼어내셨다. 그리고 또 생선도 그렇게 하셨다. 그리고 제자들은 그 음식을 무리에게 주었다. 예수님의 말씀, "너희가 먹을 것을 주라"는 말씀이 이루어졌다. 우리도 역시 생명의 말씀을 예수님으로부터 받아서 성도들에게 주어야 한다. 결코 세상의 철학, 심리학, 인간학적 설교를 만들어 공급해서는 안 될 것이다.

마 14:20-21. 다 배불리 먹고 남은 조각을 열두 바구니에 차게 거두었으며 먹은 사람은 여자와 어린이 외에 오천 명이나 되었더라.

마태는 이 부분(20-21절)에서 세 가지 사실을 말씀한다. 첫째, "다 배불리 먹었다"는 사실을 말한다. '그들은 충분히 먹었다'(약 1:5). 우리가 예수님을 믿으면 영육간 흡족하게 된다는 것을 보여준다. 둘째, "먹고 남은 조각을 열두 바구니에 차게 거두었다"는 사실을 말한다. '먹고 남았다'는 사실은 아주 중요하다. 하나님은 흡족하게 주시는 분이시다. 셋째, "먹은 사람은 여자와 어린이 외에 오천 명이나 되었다"는 사실을 말한다. 이는 유대인의 인구계산법이기도 했다. 이때 여자와 아이를 계산에서 뺀 이유는 그들이 벳새다까지 별로 많이 찾아오지 않았을 것이기 때문이다. 한 사람이 먹기에도 부족한 양의 음식을 예수님께서 5,000 명 이상의 사람들에게 먹이셨다. 이 이적은 예수님께서 하나님이시라는 것을 증거한다.

b.바다 위를 걸으심 14:22-33

예수님께서 오병이어로 5,000명 이상의 군중에게 먹이신 이적을 행하신 다음 예수님은 제자들이 예수님을 왕 삼으려는 강압적인 태도를 피하여 산으로 가셔서 기도하시다가 제자들이 괴롭게 노 젓는 것을 보시고 바다 위를 걸어 제자들의 배로 합류하신 이적이다. 이 이적은 막 6:45-52; 요 6:16-21과 병행한다.

마 14:22-23. 예수께서 즉시 제자들을 재촉하사 자기가 무리를 보내는 동안에 배를 타고 앞서 건너편으로 가게 하시고 무리를 보내신 후에 기도하러 따로 산에 올라가시니라 저물매 거기 혼자 계시더니.

예수님은 오병이어로 5,000명 이상의 군중에게 먹이신 다음 즉시 제자들을 재촉하셔서 배를 타고 앞서 건너편으로 가게 하셨다. 여기 "건너편"이란 게네사렛 광야(막 6:53)와 가버나움 근처(요 6:16-17)에 있는 서쪽 벳새다(막 6:45)를 향해 가게 하신 것이다. 그러시는 동안 예수님은 또 무리를 해산시켜 보내셨다. 예수님께서 그들을 해산시켜 보내신 이유는 예수님을 왕으로 옹립하려 했기 때문이었다(요 6:15).

예수님은 무리를 보내신 후에 "기도하러 따로 산에 올라가셨다"(막 6:46). 벳새다 근방의 산으로 올라가셨다. 산으로 올라가신 것은 첫째 기도목적이셨다(막 1:35; 6:46; 눅 5:15-16; 6:12; 9:18; 22:41-42; 히 5:7 참조). 예수님은 그 산에서 "혼자 계셨다"(요 6:16). 예수님은 기도하시면서 혼자 계셨다. 기도의 자리는 조용할수록 좋다. 둘째 예수님을 왕 삼으려는 사람들을 피하시기 위함이었다. 예수님은 지금도 하늘에서 중보의 기도를 드리고 계신다(히 7:25).

마 14:24. 배가 이미 육지에서 수 리나 떠나서 바람이 거스르므로 물결로 말미암아 고난을 당하더라.

예수님과 헤어진 제자들은 배를 타고 갔는데 육지에서 수(數)리나 떠났을 때 "바람이 거스르므로 물결로 말미암아 고난을 당하게 되었다." 제자들이 벳새다에서 떠나 바다 가운데 있게 되었는데 요 6:19에는 "십여 리쯤(25-30스타디온) 갔다"고 묘사하고 있다. 이쯤 가서 배는 바람이 거스르므로 물결로 말미암아 고난을 당하고 있었다(요 6:18). 그 바람은 배가 가고 있는 반대방향에서 불어오고 있었다. 다시 말해 서풍이었다. 그러나 제자들은 이때도 큰 문제는 없었다. 예수님께서 산에서 기도하고 계셨으니 말이다(23절). 예수님은 지금도 우리를 위해 하나님 우편에서 기도하고 계신다. 그런데 예수님은 기도만 하고 계신 것이 아니라 실지 제자들을 구원하려고 나서셨다(다음 절).

마 14:25. 밤 사경에 예수께서 바다 위로 걸어서 제자들에게 오시니.

마태는 밤 사경(새벽 3-새벽 6시 사이)[120]에 예수님께서 바다 위로 걸어서 제자들에게 오신 것을 기록한다. 마태는 바로 자기가 그 배안에서 고난당하고 있었던 것을 기억하고 있었다. 마태는 예수님께서 "바다 위로 걸어서" 제자들에게 오신 것을 역력히 기억하고 있었다. 혹자들이 주장하는 대로 예수님께서 해변 위를 걸어오셨다면 제자들이 그렇게까지 놀랄 이유가 무엇 있겠는가(다음 절).

마 14:26. 제자들이 그가 바다 위로 걸어오심을 보고 놀라 유령이라 하며 무서워하여 소리지르거늘.

제자들은 예수님께서 바다 위로 걸어오심(욥 9:8)을 보고 세 가지 반응을 보였다. 첫째, 그들은 "놀랐다." 사람으로서 놀라지 않을 사람이 어디 있겠는가. 둘째, "유령이라"고 말했다. 그들은 일찍이 예수님께서 바람과 풍랑을 잔잔케 하신 사건을 기억하고 있었는데 그 때는 낮 시간에 그런 경험을 했으나(8:24-27) 이번에는 밤 시간에 그런 일을 당하니 예수님을 유령으로 오인한 것으로 보인다. 셋째, "무서워하여 소리 질렀다." '두려워하여 소리를 질렀다.'

마 14:27. 예수께서 즉시 이르시되 안심하라 나니 두려워하지 말라.

---

120) 유대인은 밤을 3경으로 나누었다. 그러나 여기서는 로마법대로 밤을 4경으로 나누어 사용한 용례를 사용한다.

제자들이 무서워 소리를 지를 때 예수님은 "즉시 이르시되 안심하라 나니 두려워하지 말라"고 하신다. 예수님은 즉시 말씀하시기를 "안심하라. 나다. 두려워하지 말라"고 하신다. "안심하라"는 말은 '힘을 내라,' '마음을 기쁘게 하라'는 뜻이다(9:2 주해 참조). "나다"(ἐγώ εἰμι·-I AM)란 말은 신성의 대명사이다(출 3:14; 요 8:58). 예수님 자신이 하나님이시라는 뜻이다. 예수님은 지금도 하나님 우편에서 인류를 향하여 "나다"라고 하신다. 그리고 예수님은 제자들을 향하여 "두려워하지 말라"고 하신다. 예수님은 이 말씀을 하루에 한번 꼴 하신다. 성경에는 365번 "두려워하지 말라"는 말씀이 기록되어 있다(수 1:9; 11:6; 왕하 19:6; 대하 20:15; 32:7; 느 4:14; 시 49:6; 91:5; 사 10:24 등). 우리는 이 세상에서 아무 것도 두려워할 것이 없다.

마 14:28. 베드로가 대답하여 이르되 주여 만일 주님이시거든 나를 명하사 물 위로 오라 하소서 하니.

충동을 잘 느끼는 베드로는 예수님께서 바다 위를 걸으시는 것을 보고 갑자기 자기도 한번 주님처럼 바다 위를 걸어보고 싶은 충동이 생겨 "주여 만일 주님이시거든 나를 명하사 물 위로 오라 하소서"라고 부탁한다. 베드로의 이 소원은 잘 못된 것이 아니었다. 만약 잘 못되었다면 예수님께서 베드로의 소원을 막으셨을 것이다. 그러나 예수님께서는 베드로의 소원이 이루어지기를 원하신다(다음 절).

본문의 "만일 주님이시거든"(εἰ σὺ εἰ)이란 말은 '주님이시니까'라는 뜻으로 베드로는 예수님을 주님으로 알아보고 "나를 명하사 물 위로 오라 하소서"라고 부탁한다. 그는 절대로 그의 힘으로는 바다를 걸을 수 없는 줄 알고 주님께 전적으로 의탁한다. 베드로는 주님의 명령이 있어야 걸을 수 있을 것으로 믿었다.

마 14:29. 오라 하시니 베드로가 배에서 내려 물 위로 걸어서 예수께로 가되.

예수님께서 베드로에게 "오라"고 하시니까 베드로는 배에서 내려 물 위로 걸어서 예수께로 갔다. "오라"하시는 말씀을 듣고 베드로는 이제 예수님께 갈 수 있는 줄 알고 배에서 내린 것이다. 여기 "물"(ὕδατα-waters)이란 말이 복수로 되어 있는데 엄청나게 많은 양의 물을 지칭하는 말로 "물의 광활함과 파도의 사나움을 강조하기 위한 것이기 때문인 듯하다"(윌렴 헨드릭슨). 파도는 아직도 대단했다(다음 절).

마 14:30. 바람을 보고 무서워 빠져 가는지라 소리 질러 이르되 주여 나를 구원하소서 하니.

베드로는 배에서 내려 물 위로 걸어서 예수님께로 가는 중(앞 절) "바람을 보고 무서워 빠져갔다." 주님을 바라볼 때는 용감히 걸을 수 있었으나 바람을 볼 때는 공포심에 사로잡히게 되었다. 우리가 세상에서 주님을 바라볼 때 무엇이든 감당하나 세상을 볼 때는 감당할 수 있는 것이 아무 것도 없게 된다.

베드로는 바람을 보고 무서워 빠져갔다. 그는 소리 질러 말하기를 "주여 나를 구원하소서"라고 외쳤다. 세상 풍랑을 바라볼 때 비참하게 되지 않는 사람이 없고 또 비참한 소리를 하지 않는 사람이 없다. 우리는 항상 주님만 바라보고 걸어야 한다.

마 14:31. 예수께서 즉시 손을 내밀어 그를 붙잡으시며 이르시되 믿음이 작은 자여 왜 의심하였느냐 하시고.

물속으로 빠져가면서 "주여 나를 구원하소서"라고 외치는 베드로를 보시고 예수님은 "즉시 손을 내밀어 그를 붙잡으시며 이르시되 믿음이 작은 자여 왜 의심하였느냐"고 말씀하신다. 예수님은 즉시 손을 내밀어 그를 붙잡으셨다. 그리고 말씀하시기를 "믿음이 작은 자여 왜 의심하였느냐"고 책망하신다(6:30; 8:26 주해 참조). 베드로는 그의 시선을 주님께 고정시키지 못하여 믿음의 실패자가 되었다.

마 14:32. 배에 함께 오르매 바람이 그치는지라.

예수님은 베드로를 붙잡으시고 배에 함께 오르매 바람이 그쳤다. 예수님이 계신 곳에는 어디든지 평화가 넘치는 것을 보여주신다. 예수님은 물위를 걸으시는 분이시고 베드로로 하여금 물 위를 걷게 하시는 분이시며 물에 빠져가는 베드로를 구하신 분이시며 함께 배에 오르실 때 풍랑을 순식간에 잔잔케 하신 분이시다. 예수님은 제자들에게 크게 보인 분이시다(다음 절). 요 6:21은 말하기를 "배는 곧 저희의 가려던 땅에 이르렀더라"고 말한다.

마 14:33. 배에 있는 사람들이 예수께 절하며 이르되 진실로 하나님의 아들이로소이다 하더라.

배에 있는 사람들이 예수님께서 행하신 일을 보고(25-32절) 예수님께 절했다. 여기 절했다는 말의 뜻을 위하여 2:11주해를 참조하라. 예수님의 제자들이 예수님께 경배하면서 "진실로 하나님의 아들이로소이다"고 고백했다(16:16; 26:63; 시 2:7; 막 1:1; 눅 4:41; 요 1:49; 6:69; 11:27; 행 8:37; 롬 1:4). 그들은 예수님의 능력을 보고 다시 한번 예수님을 알게 되었다. 그들의 믿음이 완전한 것은 아니었지만 그들의 믿음은 많이 향상되었다(3:17; 8:29 참조).

c.게네사렛 땅에서 병 고치심 14:34-36

마태는 동북부 벳새다로부터 서쪽으로 돌아오신 예수님은 게네사렛 땅에서 사람들의 병을 고치신 사실을 기록한다. 이 부분은 막 6:53-56과 병행한다.

마 14:34. 그들이 건너가 게네사렛 땅에 이르니.

예수님과 제자들이 배를 타고 갈릴리 바다를 건너 "게네사렛 땅에 이르렀다"(막 6:53). 게네사렛 땅이란 갈릴리 바다의 서안 가버나움과 디베랴 중간에 있는 비옥한 평야를 지칭한다. 게네사렛 땅은 토지가 비옥한 가버나움 남쪽의 땅이다. 예수님은 이 땅에 오신 후 가버나움으로 가시기 전에 이 땅의 사람들에게 큰 복을 내리셨다.

마 14:35-36. 그 곳 사람들이 예수이신 줄을 알고 그 근방에 두루 통지하여

모든 병든 자를 예수께 데리고 와서 다만 예수의 옷자락에라도 손을 대게 하시기를 간구하니 손을 대는 자는 다 나음을 얻으니라.

예수님께서 게네사렛 땅에 이르신 후 “그 곳 사람들이 예수이신 줄을 알고 그 근방에 두루 통지하여 모든 병든 자를 예수께 데리고 왔다.” 예수님께서 게네사렛 땅에는 처음 가셨지만 예수님에 대한 소문은 벌써 널리 퍼져 있어서 그곳 사람들이 예수님이 오신 줄 알고 사람들이 그 근방에 두루 통지하여 모든 병든 자를 예수님께 데리고 왔다. 또 한 가지 소문이 널리 퍼져 있었는데 “다만 예수의 옷자락에라도 손을 대게 하시기를 간구했다”(9:20-21 주해 참조). 그런데 “손을 대는 자마다 다 나음을 얻었다”(9:20; 막 3:10; 눅 6:19; 행 19:12). 그들은 구원의 신앙을 가졌던 사람들이 아니었다. 그들은 그리스도의 능력과 사랑을 좋아해서 이렇게 수많이 찾아와서 병 고침을 받았다(4:24; 8:16-17; 9:13, 36; 12:7; 14:14 참조). 많은 사람들은 육신의 병을 고침 받았지만 예수님이 누구이신지 확실히 몰라서 예수님을 십자가에 못 박는 일에 협조하고 말았다.

제 15 장

바리새인의 유전을 경계하시고 메시아의 이적을 보이시다

16.바리새인의 유전을 경계하시다 15:1-20

마태는 예수님께서 메시아의 세 가지 이적, 즉 오천 명을 먹이신 이적(14:13-21), 바다 위를 걸으신 이적(14:22-33), 게네사렛 땅에서 병 고치신 이적(14:34-36)을 행하신 것을 기록한 다음 이 부분(1-20절)에서는 예루살렘으로부터 내려온 바리새인들과 서기관들이 예수님께 직접 예수의 제자들이 어찌하여 장로들의 전통을 범하여 식사할 때 손을 씻지 않는지를 물었을 때 예수님께서 답변하신 것을 기록한다. 바리새인들과 서기관들은 먼저 예수님께 적반하장(賊反荷杖)식 질문을 한다. 즉 "당신의 제자들이 어찌하여 장로들의 전통을 범하나이까?"라고 질문한다(1-2절). 이 질문을 받으신 예수님은 "너희는 어찌하여 너희의 전통으로 하나님의 계명을 범하느냐"고 책망하신다(3-6절). 예수님은 이사야가 당대의 백성들이 하나님을 잘 못 섬길 것을 말씀했는데 예수님 당대에도 그렇게 되었다고 탄식하신다(7-9절). 예수님은 무리에게 입으로 들어가는 것이 사람을 더럽게 하는 것이 아니라 입에서 나오는 그것이 사람을 더럽게 하는 것이라고 설명하신다(10-11절). 예수님은 제자들로부터 예수님의 말씀을 들은 바리새인들이 화가 났다는 소식을 들으시고 그냥 방치해두라고 말씀하신다(12-14절). 예수님은 제자들에게 사람의 입으로 들어가는 것이 사람을 더럽게 하는 것이 아니라 입을 통하여 마음으로부터 나오는 것이 더럽게 하는 것이라고 알려주신다(15-20절). 이 부분(1-20절)은 막 7:1-23과 병행한다.

마 15:1-2. 그 때에 바리새인과 서기관들이 예루살렘으로부터 예수께 나아와

이르되 당신의 제자들이 어찌하여 장로들의 전통을 범하나이까 떡 먹을 때에 손을 씻지 아니하나이다.

문장 초두의 "그 때에"(τότε)란 말은 어떤 정확한 때를 지칭하는 말이 아니라 새로운 문장을 시작하는 하나의 부사로 보는 것이 좋을 것 같다. 마태는 "바리새인과 서기관들이 예루살렘으로부터 예수께 나아와"(막 7:1) 예수님께 시비를 걸었다고 말한다.121) 그들이 예루살렘 산헤드린 공의회로부터 파견되어 내려온 것을 보면 예수님에 대한 박해의 정도가 점점 심해지고 있음을 알 수 있다. 본 장에 나타난 바리새인들과 서기관들은 12장에 나타난 바리새인들과는 다른 사람들이다. 12장의 사람들은 갈릴리 지방의 바리새인들이고 본 장의 바리새인들은 예루살렘에서 내려온 사람들이다. 예루살렘에서 내려온 바리새인들과 서기관들은 예수님께 직접적으로 "당신의 제자들이 어찌하여 장로들의 전통을 범하나이까 떡 먹을 때에 손을 씻지 아니하나이다"라고 시비를 걸었다(막 7:5; 골 2:8). 그들은 장로들이 지켜 온 전통(traditions)을 지켜야 구원을 얻는 것으로 여겼다.122) 이 "장로들의 전통"은 하나님의 율법 자체와 동일한 구속력을 가진

---

121) 서기관들과 바리새인들에 대해서는 5:20의 주해를 참조하라.

122) "유전" 혹은 "전통": 성경에 있어 '전통'(혹은 '유전')으로 역된 헬라어 명사 '파라도시스'는 '파라디도-미'(παραδιδομι, 건네준다, 전한다)에서 온 것으로서, 구두(口頭)로 전승되어 내려온 것을 지칭한다. 신약에 인용된 '전통'에는 세 가지 형태가 있다. 제1 형은, 가장 일반적인 것으로서, 성경에는 '(장로들의) 전통'(마 15:2; 막 7:3,5), 또는'(너희) 전통'(마 15:3, 6)으로 불리고 있고, 성경이 '기록된 율법'(Written law)임에 반해, 구두로 전승된 설명적, 부가적 율법 '구승(口承)율법'(Oral law)이라 부른 것을 가리키고 있다. 즉 성경에 있는 성문화(成文化)된 율법과는 달리, 모세로부터의 직접 구전되어 대대로 전승된 불문율을 말한다. 그것은 모세로부터 장로들에게 전승된 것으로 믿어졌다. 그리고 시대에서 시대에 전승되는 동안에, 새로운 해석이 요구되고, 새로운 교훈의 적용을 필요로 하는 사회정세의 추이에 따라 그것은 차츰 증가되어, 후에는 막대한 분량이 되었다. 바리새교인들은, 이들 '전통'이 성문의 율법과 모순되는 경우에는, 율법 쪽을 부정했다. 예수께서 '너희 전통으로 하나님의 말씀을 폐하는도다'(마15:6)라고 지적하신 것은, 본래의 의미를 왜곡한 사실을 책망하는 말씀이었다. 그들은 성경의 도덕적 의무의 요구보다도, '전통'이 규정하는 사소한 일을 강조하여, 전적으로 형식주의자로 되어 있었다. 바울은 그의 유대교적 과거를 회고하면서 '내가 내 동족 중 여러 연갑자 보다 유대교를 지나치게 믿어 내 조상의 전통에 대하여 더욱 열심이 있었으나'(갈1:14)라고 한 것은 이것이 사두개파에 의해서는 배척되었으나, 바리새파에 있어서는 받아들여져 있던 랍비들의 '전통'을 가리킨 것이다. 제2의 형은, 바울이 '사람의 전통'이라 부르고 있는 것으로(골 2:8), 하나님의 계시에 의하지 않은 것, '인간의 가르침'(사람의 전통,→막 7:5,8, 사 29:13참조)을 말한다. 바울은 이단교사에 대해, 그들의 '가르침'(전통)은 인간적인 것이고, 하나님의 말씀에 기초하고 있다는 보증도 근거도 없는 전통임을 논박하고 있다. 제3의 형은, 바울이 가르친 '복음의 진리'를

것으로 취급되었다.

마 15:3. 대답하여 이르시되 너희는 어찌하여 너희의 전통으로 하나님의 계명을 범하느냐.

예루살렘에서 파송 받아온 바리새인들과 서기관들이 예수님께 "당신의 제자들이 어찌하여 떡 먹을 때에 손을 씻지 않는가"라고 질문한데 대해 예수님께서 본 절부터 6절까지 답변하신다. 예수님은 본 절에서는 "너희는 어찌하여 너희의 전통으로 하나님의 계명을 범하느냐"고 응수하신다. 바리새인들과 서기관들은 자기들의 전통, 즉 식사할 때 손을 씻어야 한다는 전통 같은 것은 지키면서 하나님이 세우신 계명은 지키지 않고 버리느냐고 책망하신다. 바리새인들과 서기관들은 랍비들이 만들어 놓은 전통에 대해서는 크게 생각하고 지켰지만 정작 지켜야 하는 하나님의 계명은 헌신짝처럼 버리고 지키지 않았다.

마 15:4. 하나님이 이르셨으되 네 부모를 공경하라 하시고 또 아버지나 어머니를 비방하는 자는 반드시 죽임을 당하리라 하셨거늘.

예수님은 본 절에서는 하나님께서 말씀하신 계명의 중대함을 말씀하신다. 막 7:10에서는 "모세가 말하기를"이라고 하셨다. 하나님께서 모세를 통하여 말씀하셨다는 뜻이다. 예수님은 하나님께서 네 부모를 공경하라 하셨고(출 20:12; 레 19:3; 신 5:16; 잠 23:22; 엡 6:2), 아버지나 어머니를 비방하는 자는 반드시 죽임을 당하리라 하셨다(출 21:17; 레 20:9; 신 27:16; 잠 20:20; 30:17). 계명은 이처럼 하나님께서 말씀하셨고 전통은 사람이 만들어 놓은 것이라는 뜻에서 비교도 되지 않는다.

마 15:5-6. 너희는 이르되 누구든지 아버지에게나 어머니에게 말하기를 내가

말하는 것으로서, 그는 이 말을 세 번 쓰고 있다(고전 11:2; 살후 2:15; 3:6). 바울은 '전통'이 지니는 가치 있는 요소를 인정하여, 이 명사를, 최초의 신자에 의해 다른 사람들에게 전해진 것으로서의 '복음 진리'에 적용한 것이다. 고전 11:2에 있는 '전통'은 초대교회의 전승을 말하는 것으로서, 그리스도인 생활을 지도하고 훈련하는 가르침으로 보는 이도 있다(고전 11:23; 살전 3:6; 살후 2:15; 롬 6:17).

드려 유익하게 할 것이 하나님께 드림이 되었다고 하기만 하면 그 부모를 공경할 것이 없다 하여 너희의 전통으로 하나님의 말씀을 폐하는도다.
예수님은 사람이 만들어놓은 전통의 사악함을 말씀하신다. 예수님은 전통이 사람에 의해 만들어졌음을 말씀하신다. 전절은 "하나님이 이르셨으되"라고 하셨는데 본 절에서는 "너희는 이르되"(Ye say)라는 말씀을 사용하심으로 전통이 사람이 만든 것임을 극명하게 말씀하신다. 하나님이 명령하신 것과 사람이 말해 놓은 것은 건널 수 없는 차이가 있다.

랍비가 만들어 놓은 전통을 보면 "누구든지 아버지에게나 어머니에게 말하기를 내가 드려 유익하게 할 것이 하나님께 드림이 되었다고 하기만 하면 그 부모를 공경할 것이 없게 된다"는 것이다(막 7:11-12). 즉 '누구든지 부모에게 말씀드리기를 부모에게 드려 유익하게 할 것을 하나님께 드리기로 했다고 말만 하면 그 부모 공경의 책임이 면제된다'는 것이었다. 참으로 사악한 법이요 악한 전통이다. 자식이 부모 앞에서 모든 것을 하나님께 드리려고 한다고 선언만 하면 부모에게 드릴 책임이 없어지고 또 자식은 그것을 선언한 다음 하나님께 드리지 않고 그냥 가지고 있어도 되었다. 자식의 선언 한마디로 부모에게 드릴 책임이 면제되는 전통은 결국은 "하나님의 말씀을 폐하는 것이다." 하나님의 말씀을 폐한다는 것, 안 지키게 만드는 것, 묻어놓는 것이야 말로 엄청난 죄이다.

마 15:7-9. 외식하는 자들아 이사야가 너희에 관하여 잘 예언하였도다 일렀으되 이 백성이 입술로는 나를 공경하되 마음은 내게서 멀도다 사람의 계명으로 교훈을 삼아 가르치니 나를 헛되이 경배하는도다 하였느니라 하시고.
예수님은 바리새인들과 서기관들의 질문을 받으시고(1-2절) 책망하신(3-6절) 다음 이사야가 당대의 사람들에 대해서 기록한 말씀이 예수님 당시의 바리새인들과 서기관들에게도 잘 들어맞는다고 인용하신다.

예수님은 먼저 바리새인들과 서기관들을 "외식하는 자들아"라고 부르신다. 예수님은 이들이 말로는 하나님을 섬긴다고 하지만 마음이 부패한 것을 보시고(8절) 또 이들이 젊은 세대가 부모를 공경하는 일을 회피하는 법을 가르쳐

주는 것을 보시고(5-6절) 위선자들임을 확인하시고 "외식하는 자들"(7:5주해 참조)이라고 부르신다.

예수님은 "이사야가 너희에 관하여 잘 예언하였도다"고 하신다(막 7:6). 이 말씀은 이사야가 바리새인들과 서기관들에 대하여 잘 예언하였다는 말씀이 아니라 이사야가(사 29:13) 당대의 사람들에게 말한 것이 예수님 당시의 바리새인들과 서기관들에 대하여도 잘 예언한 것이 되었다는 말씀이다. 이유는 이사야 때나 예수님 때나 정죄 받은 자들은 항상 입술로는 하나님을 경외한다고 하지만 마음은 하나님으로부터 멀기 때문이다(사 29:13; 겔 33:31). 그런 현상은 수많은 세월이 지난 오늘도 똑 같다. 오늘도 말로는 하나님을 믿는다고 하지만 마음이 부패한 사람들이 많이 있다.

예수님은 이사야가 말한 것을 인용하신다. 이사야는 "이 백성이 입술로는 나(하나님)를 공경하되 마음은 내(하나님)게서 멀도다 사람의 계명으로 교훈을 삼아 가르치니 나(하나님)를 헛되이 경배하는도다"라고 말씀했는데 예수님은 이 말씀이 예수님 당대 바리새인들이나 서기관들에게도 잘 적용된다고 하신다. 이사야 당시의 백성들이나 예수님 당대의 백성들의 형편은 똑 같아서 입술(말)로는 하나님을 공경한다고 했지만 마음은 하나님으로부터 멀리 떠나 있기 때문에 결과적으로는 하나님의 계명을 접어두고 사람의 계명을 만들어서 사람들에게 가르치게 되었다. 마음이 하나님으로부터 멀리 떠나있으면 하나님 경배도 안 되지만 인륜과 도덕 생활도 망가진다. 부정비리를 저지르고 세상을 마구 산다.

바리새인들과 서기관들은 사람이 만들어 놓은 계명(전통)을 사람들에게 가르쳐서 하나님을 경배하게 하니 하나님께 상달되지 않게 되었다(사 29:13; 골 2:18, 22; 딛 1:14). 바리새인들과 서기관들은 마음이 부패한 자들이니 영으로 예배하지 않았고 또 하나님의 말씀을 사람의 계명으로 바꾸어버려 하나님의 말씀을 폐하고 말았으니 진리로 예배하지 않는 사람들이 되었다. 다시 말해 그들은 신령과 진리로 예배하지 않는 사람들이 되었다(요 4:24). 결국은 진정한 종교가 없는 사람들이 되고 말았다. 오늘 우리는 심령을 정결하게 만들어 예배하고 또 하나님의 말씀을 따라서 예배해야 할 것이다.

마 15:10-11. 무리를 불러 이르시되 듣고 깨달으라 입으로 들어가는 것이 사람을 더럽게 하는 것이 아니라 입에서 나오는 그것이 사람을 더럽게 하는 것이니라.

예수님은 바리새인들과 서기관들을 책망하신(7-9절) 다음 이제 "무리를 불러 이르신다." 무리가 바리새인들과 서기관들의 잘 못된 지도를 받지 않고 진리를 바로 알아야 하기 때문에 그들을 불러 진리를 알려주신다. 예수님은 무리에게 지금부터 예수님께서 하시는 말씀을 잘 "듣고 깨달으라"고 하신다(막 7:14). 듣는데서 그치면 안 되고 반드시 깨달아야 한다고 하신다. "깨달으라"는 말씀은 '바로 이해하라'는 뜻이다. 예수님은 무리가 깨달아야 할 것은 "입으로 들어가는 것이 사람을 더럽게 하는 것이 아니라 입에서 나오는 그것이 사람을 더럽게 하는 것이라"고 하신다(행 10:15; 롬 14:14, 17, 20; 딤전 4:4; 딛 1:5). '입으로 들어가는 음식이 사람을 더럽게 하는 것이 아니라 마음으로부터 나와 입을 통하여 나오는 것이 사람을 더럽게 하는 것이라'고 하신다. 예수님은 바리새인들과 서기관들이 예루살렘으로부터 내려 와서 겨우 한다는 질문이 "당신의 제자들이 어찌하여...떡 먹을 때에 손을 씻지 아니하나이다"(2절)라고 시비를 걸었던 것을 두고 일반 백성들도 바로 알아야 하기에 손을 씻지 않고 음식을 먹는 것은 위생상 문제이긴 하지만 음식이 더러워져서 음식을 먹은 사람이 도덕적으로나 영적으로 더러워지는 것은 아니라고 알려주신다. 예수님의 주장은 사람의 마음으로부터 나온 악한 사상이 입을 통하여 나오면 그것이 사람을 영적으로 그리고 도덕적으로 더럽힌다고 하신다(18-20절).

마 15:12. 이에 제자들이 나아와 가로되 바리새인들이 이 말씀을 듣고 걸림이 된 줄 아시나이까.

예수님께서 무리에게 사람을 참으로 더럽게 하는 것이 무엇임을 가르치신(10-11절) 다음 예수님의 제자들은 바리새인들이 예수님의 교훈의 말씀(3-9절)을 듣고 걸림이 된 사실을 아시느냐고 예수님께 여쭙는다. 예수님의 제자들은 바리새인들이 예수님의 말씀(3-9절)을 듣고 화가 난 사실을 알았는데 그 사실을 그냥 덮어두고 지나가기 보다는 예수님께서 알고 계셔서 앞으로 말씀하실 때 참고하시는 것이 좋을 듯하여 예수님께 나아와 바리새인들이 예수님의 말씀을 듣고 실족한 사실을 아시느냐고 여쭈었다. 본문의 "걸림이 되다"(ἐσκανδαλίσθησαν) 라는 말은 부정(단순)과거 수동태로 '참으로 실족하다,' '참으로 격분되다,' '참으로 화를 내다'라는 뜻으로 바리새인들이 예수님의 말씀을 듣고 실족했다, 화를 냈다는 뜻이다. 그들은 예수님의 말씀을 듣고 감사하고 동의했어야 했는데 실족하여 격분했다. 오늘도 진리의 말씀을 듣고 격분하는 사람들이 있다.

마 15:13-14. 예수께서 대답하여 이르시되 심은 것마다 내 하늘 아버지께서 심으시지 않은 것은 뽑힐 것이니 그냥 두라 그들은 맹인이 되어 맹인을 인도하는 자로다 만일 맹인이 맹인을 인도하면 둘이 다 구덩이에 빠지리라 하시니.
제자들의 보고를 받으시고(앞 절) 예수님은 "심은 것마다 내 하늘 아버지께서 심으시지 않은 것은 뽑힐 것이니 그냥 두라"고 하신다(요 15:2; 고전 3:12). 곧 '심은 것마다 하늘에 계신 아버지께서 심지 않으신 것은 뽑힐 것이니 그냥 방치해 두라'고 하신다. 심은 것은 두 종류이다. 하나는 하나님께서 심은 것이고 또 하나는 마귀가 심은 가라지이다(13:24-30). 하나님께서 심지 않은 가라지는 뽑힐 것이다. 그런고로 종말 때까지 방치해 두라고 하신다. 바리새인들과 서기관들은 하나님께서 심지 않으신 가라지인고로 예수님은 그들을 "그냥 두라"고 하신다. "그냥 두라"는 말씀은 '그들에 대해 신경쓰지 말라,' '그들에 대해서 관심을 두지 말라'고 하신다.

예수님께서 바리새인들과 서기관들에 대해서 신경을 쓸 필요가 없는 이유는 "그들은 맹인이 되어 맹인을 인도하는 자로다 만일 맹인이 맹인을 인도하면 둘이 다 구덩이에 빠지리라"고 하신다(23:16; 사 9:16; 말 2:8; 눅 6:39). 바리새인들과 서기관들은 앞을 못 보는 맹인이라고 하신다. 진리를 분별할 줄 모르는 맹인이라고 하신다. 메시아를 앞에 모시고도 메시아를 알아보지 못하니 어찌 맹인이 아닌가. 그들은 맹인들로서 다른 맹인들을 인도하는 자들이다. 그들은 맹인 단체로서 다른 맹인들을 인도하다가 결국 양편이 다 함정에 빠져 망하리라고 하신다.

마 15:15. 베드로가 대답하여 이르되 이 비유를 우리에게 설명하여 주옵소서.

베드로는 예수님께서 바리새인들과 서기관들에게 말씀하시고(3-9절), 또 무리에게 말씀하셨는데(10-11절), 이제는 자기들에게도 "이 비유를 우리에게 설명하여 주옵소서"라고 요청한다(막 7:17). 여기 "이 비유"란 11절의 "입으로 들어가는 것이 사람을 더럽게 하는 것이 아니라 입에서 나오는 그것이 사람을 더럽게 하는 것이니라"는 말씀을 지칭한다. 우리는 예수님께 우리가 모르는 것을 설명하여 주십사고 요청해야 함을 알 수 있다. 예수님은 베드로의 요청을 받고 자세히 설명하여 주신다(17-20절).

마 15:16. 예수께서 이르시되 너희도 아직까지 깨달음이 없느냐.

예수님은 제자들의 대변인격인 베드로의 요청을 받고 "너희도 아직까지 깨달음이 없느냐"고 하신다(16:9; 막 7:18). '다른 사람(바리새인들과 서기관들, 그리고 일반 사람들)은 몰라도 너희들 모두는 벌써 깨달았어야 했는데 아직까지 깨달음이 없다는 것은 말이나 되느냐'고 하신다. 이렇게 오랫동안 예수님과 동행하고 교육을 받았는데 아직까지도 깨닫지 못했다는 것은 이상한 일이었다. 오늘도 오래 믿은 사람들은 그 무엇인가 많이 깨달아야 하는 것이다.

마 15:17-18. 입으로 들어가는 모든 것은 배로 들어가서 뒤로 내버려지는 줄 알지 못하느냐 입에서 나오는 것들은 마음에서 나오나니 이것이야말로 사람을 더럽게 하느니라.

예수님은 이 부분(17-18절)에서 입으로 들어가는 것과 입에서 나오는 것의 차이를 말씀하신다. 먼저 "입으로 들어가는 모든 것은 배로 들어가서 뒤로 내버려짐으로" 사람을 더럽게 하지 못한다고 하신다(고전 6:13). 식물이 입으로 들어가서 장에서 소화가 된 다음 다 배설되니 음식물이 사람 안에 들어가서 도덕적으로나 영적으로 사람을 더럽게 하지 못한다고 하신다.

그리고 다음으로 "입에서 나오는 것들은 마음에서 나오나니 이것이야말로 사람을 더럽게 한다"고 하신다(약 3:6). 예수님은 입에서 나오는 것들은 마음에서 나온다고 규명하신다. 입에서 나오는 것들은 숨결일 수도 있고 혹은 냄새일 수도 있는데 예수님은 그런 것들에 대해서는 언급하시지 않고 마음에서 나오는 것에 대해 언급하신다. 예수님은 마음에서 나오는 것이야 말로 "사람을 더럽게 한다"고 하신다. 여기 사람을 더럽게 한다는 말씀은 바로 자신을 더럽게 한다는 뜻이다. 마음에서 나오는 것들이야 말로 사람을 참으로 도덕적으로 윤리적으로 더럽게 만든다. 그것들이 나오는 대로 말하면 자신의 일생을 망치기에 충분한 것들이다.

마 15:19. 마음에서 나오는 것은 악한 생각과 살인과 간음과 음란과 도둑질과 거짓 증언과 비방이니.

예수님은 전절의 "마음에서 나오는 것"이 무엇임을 설명하신다. 즉 마음에서 나오는 것은 "악한 생각과 살인과 간음과 음란과 도둑질과 거짓 증언과 비방이라"고 하신다(창 6:5; 9:21; 잠 6:14; 렘 17:9; 막 7:21). 막 7:21-22은 더 많은 것들을 열거한다. 곧 "사람의 마음에서 나오는 것은 악한 생각 곧 음란과 도둑질과 살인과 간음과 탐욕과 악독과 속임과 음탕과 질투와 비방과 교만과 우매함이라"고 하신다. 본 절의 "악한 생각"이란 말은 뒤에 나오는 모든 말씀을 총체적으로 말씀한 것으로 볼 수 있다. 즉 "살인과 간음과 음란과 도둑질과 거짓 증언과 비방"을 총망라한 것으로 볼 수 있다.

"살인"이란 '자기의 안위와 평안을 위하여 남을 제거하는 것'을 지칭하는데 그 정도까지는 이르지 못해도 최소한 '미워하는 것'도 살인이다(5:21-25).

"간음"이란 결혼한 사람들이 배우자가 아닌 다른 사람과 성관관계를 가지는 것을 뜻한다. 결혼한 남자가 다른 여자와 성관관계를 가지는 것만 아니라 결혼한 여자가 다른 남자와 성관계를 가지는 것도 포함한다. 이렇게 실제적으로 남의 남자, 혹은 남의 아내와 성관계를 가지는 것만 아니라 남의 여자를 보고 음욕을 품는 것이나 남의 남자를 보고 음욕을 품는 것도 간음이라고 예수님은 말씀하신다(마 5:28, 김수홍의 *마가복음주해*).

"음란"이란 "음란"이란 모든 불법적인 성행위를 지칭한다(5:32; 19:9; 요

8:41; 행 15:20, 29; 21:25). 모든 불법적인 성행위는 자기의 성욕을 만족시키기 위해 저지르는 행위들이다. 성추행들도 역시 자기의 성욕을 만족시키기 위해 저지르는 행위들이다(김수홍의 *마가복음주해*).

"도둑질"이란 자기의 유익을 위하여 남의 것을 훔치는 행위를 지칭한다(엡 4:28; 딛 2:9-10; 몬 1:18-20). 십일조를 드리지 않는 것도 도둑질이고(말 3:8) 세금을 내지 않는 것도 도둑질이다(롬 13:6-7). 우리는 먹을 것이 있고 입을 것이 있은즉 족한 줄로 알고 남의 것이나 나라의 것을 도둑질하지 않아야 한다(딤전 6:8, 김수홍의 *마가복음주해*).

"거짓 증언"이란 제 9계명을 어기는 것을 말한다. 거짓증거는 십계명에 엄히 금지되고 있다(19:18; 출 20:16; 23:1; 신 5:20; 막 10:19; 눅 18:20). 거짓증거를 한 자는 그가 해를 입히려 꾀한 그대로의 형벌을 받아야 했다(신 19:16-21). 주님 당시 제사장들과 공회는 주 예수를 사죄(死罪)로 정하기 위해 거짓증인을 구해 이를 이용하려 했다(26:59-60; 막 14:56-57). 그들은 법의 신성(神聖)을 부르짖으면서, 법의 살인을 감행하려 했다.

"비방"이란 자기가 높아지려고 남을 욕하고 중상하고 깎아내리는 것을 뜻한다. 이 말은 원래 하나님을 모독하는 것을 뜻하는 말이었으나 본 절에서는 사람 상대로 사용되었다. 우리는 사람을 깎아내리지 말고 오히려 존경하고 높여주어야 한다. 그럴 때 우리 자신들에게도 복이 돌아온다(김수홍의 *마가복음주해*).

마 15:20. 이런 것들이 사람을 더럽게 하는 것이요 씻지 않은 손으로 먹는 것은 사람을 더럽게 하지 못하느니라.

예수님은 앞 절에서 말씀하신 죄들이 사람을 더럽게 하는 것이라고 하신다. 사람을 도덕적으로, 윤리적으로 더럽게 하는 것이라고 하신다. 그리고 예수님은 "씻지 않은 손으로 먹는 것은 사람을 더럽게 하지 못한다"고 하신다. 음식먹을 때 씻지 않은 손으로 먹는 것은 사람을 도덕적으로 윤리적으로 더럽게 하지 못한다고 하신다. 예수님은 이 말씀으로 바리새인들과 서기관들의 어리석은 질문(2절)을 완전히 봉쇄하셨다. 오늘 우리는 사람을 더럽게 만들고 사람을 망하게 하는 사람의 속에서 나오는 것들을 조심해야 한다. 우리는 죄를 많이 자복하여 깨끗함을 받아야 한다(요일 1:9). 죄가 우리의 입 밖으로 나오기 전에 하나 하나의 악을 그리스도에게 고하여 그리스도의 피로 씻음을 받아야 한다.

17.메시아의 이적들 15:21-38

바리새인의 유전을 경계하신(1-20절) 예수님은 메시아로서 몇 가지 이적을 베푸신다. 첫째 가나안 여자의 딸을 고치시고(21-28절), 갈릴리 호숫가에서 병을 고치시며(29-31절), 일곱 개의 떡과 두 마리의 물고기로 사천 명을 먹이시는 이적을 베푸신다(32-38절).

a.가나안 여자의 딸을 고치시다 15:21-28

예수님은 갈릴리 대 사역(4:12-15:20)을 끝마치시고 이 부분(21-28절)부터 은거사역과 베레아 사역으로 들어가셔서 20:34까지 계속하신다. 이 부분(21-28절)은 막 7:24-30과 병행한다.

마 15:21. 예수께서 거기서 나가사 두로와 시돈 지방으로 들어가시니.

예수님은 갈릴리 지방을 떠나 "두로와 시돈 지방으로 들어가셨다"(막 7:24). 유대인들의 반대에 부딪혀 갈릴리 지방을 떠나 두로와 시돈 지방으로 들어가셨다. 예수님은 은거사역으로 들어가셔서 제자들 교육에 전념하려 하신다(14:13 주해 참조). "두로[123]와 시돈"[124]은 베니게의 항구들로 보통 함께 나타난다

---

123) "두로": 베니게에 있던 가장 유명한 고대 성읍으로 지중해의 동안에 위치하며, 이스라엘 땅에서 멀지 않은(수19:29) 시돈의 남쪽 32㎞ 지점에 있었다. 성경 이외의 문헌에 있어서의 많은 인용은 성읍의 한계를 분명히 하고 있다. 원래는 본토에서 떨어진 (550m) 암석만으로 된 작은 섬이었다(58ha). 발굴 결과에 의하면 주요항은 섬의 남쪽에 있었고, 방파제로 보호되어 있었던 듯하다. 현재의 지표면에서 15m 밑에 그 자리가 남아 있다. 이것은 BC 10세기에 솔로몬 왕과 동시대의 히람 왕에 의해 만들어진 것이다.

124) "시돈": 두로와 베이루트의 대략 중간이며, 두로의 북쪽 36㎞에 있는 베니게의 성읍인데, 지중해로 돌출한 구릉 위에 있다. 고대의 항구는 해안에 병행하고 있는 바위 산으로 형성되어 있었는데, 어떤 부분은 17세기에 파괴되고 돌과 흙으로 메워졌다. 성읍의 산 쪽에는 방벽이 있고, 남쪽이 가장 높고, 거기는 성채가 서 있다. 성읍은 동산이나 과수원에 싸여 있다. 상업은

(11:21절). 예수님은 이방의 땅에 복음을 들고 가셨다. 예수님은 이 지방에 가셔서 쉬시려고 하셨으나 자신을 숨길 수가 없으셨다(막 7:24). 우리도 가나안 여인처럼 주님을 찾고 찾으면 만날 수 있다.

마 15:22. 가나안 여자 하나가 그 지경에서 나와서 소리 질러 이르되 주 다윗의 자손이여 나를 불쌍히 여기소서 내 딸이 흉악하게 귀신 들렸나이다 하되.
"가나안 여자"란 팔레스틴의 원주민을 지칭하는 말로 팔레스틴 원주민이 베니게 지방으로 식민했기에 막 7:26에 의하면 "헬라인이요 수로보니게 족속"이라고 불렀다. 여기 "헬라인"이란 말은 유대인이 아니고 이방인이라는 뜻이고 "수로보니게 족속"이란 '수리아 지방의 보니게(뵈니게) 족속'이란 뜻이다.

가나안 여자는 예수님께서 두로와 시돈 지방에 들어가셔서 한 집에 들어가 조용히 쉬시려 하셨으나 예수님께서 그 지방에 오셨다는 소문을 듣고 그 곳에서 나와서 예수님을 향하여 소리 질러 "주 다윗의 자손이여 나를 불쌍히 여기소서 내 딸이 흉악하게 귀신 들렸나이다"라고 소리를 질렀다. 가나안 여자는 예수님을 "주 다윗의 자손이여"라고 불렀다(9:27; 21:9, 15-16; 22:41-45 참조). 이 말은 메시아의 별칭으로 예수님에 대한 소문은 벌써 국경을 넘어 두로 시돈 지방까지 퍼져 있었음을 알 수 있다. 믿음은 들음에서 난다(롬 10:17). 가나안 여자는 예수님에 대한 소문을 듣고 예수님이 메시아임을 믿고 다윗의 자손이라고 불렀다. 그녀는 자신을 불쌍히 여겨달라고 부르짖었다. 이유는 자기의 딸이 "흉악하게 귀신 들렸기" 때문이었다.

마 15:23. 예수는 한 말씀도 대답하지 아니하시니 제자들이 와서 청하여 말하되 그 여자가 우리 뒤에서 소리를 지르오니 그를 보내소서.
예수님은 가나안 여자가 "나를 불쌍히 여기소서 내 딸이 흉악하게 귀신 들렸나이

그리 성하지 않다. 시내와 그 근방에는 약간 부서진 화강암의 원주가 있고, 기타 각종 석관(石棺)이 부근의 묘지에서 발굴되었다. 현재 레바논 공화국 서남부의 항구 도시이다. 항구 북쪽과 남쪽에는 작은 섬들이 있어 거치른 파도를 막아 주어 좋은 항구로 되어 있다. 오늘날도 많은 어선이 이 항구를 이용하고 있다.

다"라고(앞 절) 부르짖어도 "한 말씀도 대답하지 아니하셨다." 예수님께서 한 말씀도 대답하지 아니하신 것을 두고 혹자는 예수님께서 십자가 대속을 이루시기 전에는 이방인을 위해서 일하실 때가 아니었기 때문이라고 해석하나 예수님께서 그 여자를 시험하시기 위하여 그렇게 행하셨다고 보는 것이 옳다. 이유는 예수님께서 이 여자의 소원을 들어주셨고 또 이 여자의 믿음을 칭찬 하신 것을 보면(28절) 이 여자의 믿음을 시험하신 것으로 보아야 한다. 예수님은 말씀으로서(요 1:1) 이 땅에 말씀하시러 오신 분인데 한 동안 한 말씀도 안 하신 것은 그 여자를 시험하시기 위함이었다.

예수님께서 한 말씀도 안 하시니 제자들이 예수님께 다가와서 말하기를 "그 여자가 우리 뒤에서 소리를 지르오니 그를 보내소서"라고 말씀드린다. 제자들은 예수님께서 여자를 시험하시는 줄 몰랐고 그 여자를 귀찮게 생각하시는 줄로 알았다.

마 15:24. 예수께서 대답하여 이르시되 나는 이스라엘 집의 잃어버린 양 외에는 다른 데로 보내심을 받지 아니하였노라 하시니.

예수님께서 이제는 입을 열어 말씀은 하시는데 가나안 여자의 기대에 너무 어긋나는 말씀을 하신다. 즉 "나는 이스라엘 집의 잃어버린 양 외에는 다른 데로 보내심을 받지 아니하였노라"고 하신다(10:5-6; 행 8:25-26; 13:46; 롬 15:8). 다시 말해 '나는 이스라엘 사람들을 위해 온 것이지 다른 민족들을 위해서 온 것은 아니라'고 하신다. 예수님의 이 말씀을 두고 혹자는 예수님께서 먼저 이스라엘을 위해 오신 것이고 이방인들이 천국에 들어가도록 문이 넓게 열리는 때는 미래에 속하는 문제라는 것을 명백히 하기를 소원하셨다고 말한다. 그러나 예수님께서 참으로 이방인에게 천국의 문을 미래에 열기를 소원하셨다면 이때에 이 여자의 딸을 고쳐주시지 않고 미루셨을 것이다. 그러나 예수님께서 이 여자의 딸을 즉시 고쳐주셨고 또 이 여자의 믿음을 칭찬하신 것을 보면(28절) 이 여자의 믿음을 시험하고 계셨던 것이 분명하다.

마 15:25. 여자가 와서 예수께 절하며 이르되 주여 저를 도우소서.

여자는 예수님의 민족 차별의 말씀(앞 절)을 듣고도 실족하지 아니하고 예수님께 다가왔다. 우리는 어떤 형편을 만나든지 예수님께 다가가야 한다. 이 여자는 처음에는 거리를 두고 예수님께 자기 딸의 귀신을 쫓아주시기를 구하였으나 예수님의 민족 차별의 말씀을 듣고는 아예 더 가까이 나아왔다. 우리는 하루하루 예수님께 더 가까이 나아가야 한다.

이 여자는 예수님께 가까이 다가가서 "예수께 절하며 이르되 주여 저를 도우소서"라고 한다. 여기 "절하며"(προσεκύνει)라는 말은 미완료과거 시제로 계속해서 절을 했다는 뜻이다. 우리는 매일 매시 경배하는 삶을 살아야 한다. 그 여자는 경배하며 자기의 소원을 아뢰었다. "주여 저를 도우소서." 가나안 여자는 예수님께서 아이로부터 귀신을 내쫓으시는 것을 자신을 돕는 것이라고 애원한다. 한번 기도하기 시작한 것은 이루어질 때까지 계속해서 아뢰어야 한다(눅 18:1-8).

마 15:26. 대답하여 이르시되 자녀의 떡을 취하여 개들에게 던짐이 마땅하지 아니하니라.

가나안 여자가 경배하면서 소원을 아뢰었을 때 예수님은 가나안 여인의 기대에 너무 어긋나게 대답하신다. 즉 "자녀의 떡을 취하여 개들에게 던짐이 마땅하지 아니하니라"고 하신다. '이스라엘 사람들에게 주어야 할 떡을 취하여 이방인 개들에게 던져주는 것이 마땅하지 아니하니라'고 하신다. 예수님의 말씀하신 "개들"(κυναρίοις)이란 말은 집안에서 기르는 애완동물을 지칭한다(7:6; 빌 3:2). 혹자는 예수님께서 이방인들을 큰 개들이라고 하지 아니하시고 집안에서 키우는 애완용 개라고 하신 점을 착안하여 이방 여인에게 소망을 보여주신 것이라고 하나 이방인은 자녀 취급을 받을 수 없음을 말씀하신 것으로 보아야 한다. 예수님은 가나안 여인에게 시험 중에 가장 큰 시험을 하신 셈이다. 예수님의 이 말씀은 이방인들을 무시하고 혹은 아주 멸시하시는 말씀이 아니라 예수님은 그 여인의 믿음을 시험하기 위하셨다. 예수님은 종종 사람을 시험하신다. 그런데 이런 시험을 예수님께서 직접 하지 않으시고 사람을 통해서 하신다. 사람을 통해서 예수님은 우리를 시험하실 때 우리가 얼마나 낮은 자리에 오래 견딜 수 있는지 시험하신다.

마 15:27. 여자가 이르되 주여 옳소이다마는 개들도 제 주인의 상에서 떨어지는 부스러기를 먹나이다 하니.

여자는 예수님의 말씀 "자녀의 떡을 취하여 개들에게 던짐이 마땅하지 아니하니라"는 말씀에 일단 긍정한다. 즉 "주여, 옳소이다"라고 대답한다. 주님의 말씀에 이렇게 긍정적인 반응을 하기가 얼마나 어려운지 모르는데 이 여자는 자신을 개로 여기는 말씀이 옳다고 대답한다. 그런데 예수님은 이런 시험을 직접 하시기보다는 사람을 통하여 하실 때 우리가 어떻게 반응하느냐 하는 것은 아주 중요한 일이다. 우리는 주님께서 직접 시험하시든지 혹은 사람을 통하여 시험하시든지 항상 긍정해야 할 것이다. 사람을 통하여 그 어떤 모욕적인 시험을 만나도 우리는 우리 자신이 그런 사람임을 긍정해야 한다.

이 여자는 자기를 향한 대단한 시험에 일단 긍정해 놓고 "개들도 제 주인의 상에서 떨어지는 부스러기를 먹나이다"라고 대답한다. 즉 '상 아래의 개들도 제 주인의 상에서 떨어지는 부스러기를 먹습니다'라고 대답한다. 부스러기라도 달라고 요청한다. 참으로 겸손하게 은혜를 부르짖는 말이다. 우리도 역시 가장 낮은 마음을 가지고 부스러기를 요구해야 할 것이다. 우리가 부스러기를 요청할 때 부스러기 이상 큰 것을 주신다. 이 여자가 부스러기를 구했을 때 이스라엘 사람들도 받지 못한 두 가지를 받았다(다음 절).

마 15:28. 이에 예수께서 대답하여 이르시되 여자여 네 믿음이 크도다 네 소원대로 되리라 하시니 그 때로부터 그의 딸이 나으니라.

가나안 여인이 자신을 긍정하고 겸손하게 부스러기를 구했을 때 예수님은 놀라운 칭찬의 말씀을 하시고 또 여인의 소원을 이루어주신다. "여자여 네 믿음이 크도다"라고 말씀하신다. 이스라엘 사람들도 듣지 못한 엄청난 칭찬이다. 예수님 당시 바리새인들과 서기관들은 전혀 믿음이 없어 저주만 선언 받았다(11:20-24; 23장). 일반 백성들은 조그마한 믿음이 있었고 제자들도 믿음이 조금 밖에 없어 책망을 들었다(14:3). 그리고 병자들이 믿음이 있다고 칭찬을 들었는데 이방인이었던 백부장(8:5-13)과 이 여인은 큰 믿음을 가지고 있다고 칭찬을 들었다. 오늘 우리가 어느 나라 사람이든지 큰 믿음을 가짐으로 엄청난 칭찬을 들어야 할 것이다.

예수님은 이 여인의 소원을 이루어주신다. "네 소원대로 되리라"고 하신다. 예수님의 선언과 동시에 그 여인의 딸은 낳음을 얻었다. "그 때로부터 그의 딸이 나으니라." 우리의 소원이 좋은 소원일 때 예수님은 그 소원을 물리치지 않으신다. 그 소원이 이루어질 때까지 부르짖어야 한다.

b.갈릴리 호숫가에서 병을 고치시다 15:29-31

두로와 시돈 지방에서 가나안 여자의 딸로부터 귀신을 내쫓으신 예수님은 갈릴리 호숫가에서 오셔서 여러 병자들을 고치신다. 마가는 예수님께서 귀먹고 어눌한 자 한 사람을 고치신 이적만 기록하고 있는데 마태는 마가가 기록한 것을 생략하고 여러 병자를 고치신 사실을 기록한다.

마 15:29. 예수께서 거기서 떠나사 갈릴리 호숫가에 이르러 산에 올라가 거기 앉으시니.

예수님은 "거기서 떠나셨다." 즉 '두로와 시돈을 떠나셨다'(막 7:31). 그리고 "갈릴리 호숫가에 이르셨다"(4:18). 막 7:31에 의하면 "예수께서 다시 두로 지방에서 나와 시돈을 지나고 데가볼리 지방을 통과하여 갈릴리 호수에 이르시매"라고 묘사되어 있다. 예수님은 갈릴리 호숫가에 이르러 산에 올라가 거기 앉으셨다. 여기 "산"이 "그 산"(τὸ ὄρος)이라고 표현되어 있지만 우리는 어느 산인지는 확인할 수는 없다. 예수님은 갈릴리 호숫가의 인구가 희소한 동해안 혹은 동남쪽 해안에서 적어도 삼일을 보내셨다. 32절과 막 8:2을 참조할 때 그렇다는 것이 더욱 명백해진다(윌렴 헨드릭슨).

마 15:30. 큰 무리가 다리 저는 사람과 장애인과 맹인과 말 못하는 사람과 기타 여럿을 데리고 와서 예수의 발 앞에 앉히매 고쳐 주시니.

인구가 희소한 그 지역(데가볼리 지역-4:25 참조)까지 "큰 무리가" 찾아왔다. 그들은 "다리 저는 사람과 장애인과 맹인과 말 못하는 사람과 기타 여럿을 데리고 와서 예수의 발 앞에 앉혔다"(11:5; 사 35:5-6; 눅 7:22). 아무리 많은 병자들을 데리고 와도 예수님은 그들을 "고쳐주셨다." 예수님은 메시아였다(사 35:4).

마 15:31. 말 못하는 사람이 말하고 장애인이 온전하게 되고 다리 저는 사람이 걸으며 맹인이 보는 것을 무리가 보고 놀랍게 여겨 이스라엘의 하나님께 영광을 돌리니라.

예수님의 발 앞에 놓인 병자("다리 저는 사람과 장애인과 맹인과 말 못하는 사람과 기타 여럿")는 모두 고침을 받았다. 예수님께서 고치시지 못한 병자는 한 사람도 없었다. 예수님께서 모든 병자들을 고치셔서 회복되는 것을 "무리가 보고 놀랍게 여겨 이스라엘의 하나님께 영광을 돌렸다." 이들이 "이스라엘의 하나님께 영광을 돌렸다"는 표현을 보면 이들은 이방인이었음이 드러난다. 예수님께서 이방 지역을 찾아오셔서 병을 고쳐주신 것을 생각할 때 이방인들은 이스라엘의 하나님께 영광을 돌린 것이다. 우리는 그리스도께서 하시는 일을 보고 항상 영광을 돌려야 한다.

c.사천 명을 먹이시다 15:32-38

예수님께서 5,000명을 먹이신 이적은 4복음서에 모두 기록되어 있으나 4,000명을 먹이신 이적은 마태와 마가만 기록하고 있다. 혹자는 이 두 이적이 원래 두 이적이 아니라 한 이적이었는데 두 가지 구전으로 발전된 것으로 보나 원래 두 이적이라고 보아야 한다. 16:9-10의 기록은 두 이적은 서로 다른 이적이라고 묘사하고 있다("너희가 아직도 깨닫지 못하느냐 떡 다섯 개로 오천 명을 먹이고 주운 것이 몇 바구니며 떡 일곱 개로 사천 명을 먹이고 주운 것이 몇 광주리이던 것을 기억하지 못하느냐"). 이 부분 말씀은 막 8:1-10과 병행한다.

마 15:32. 예수께서 제자들을 불러 이르시되 내가 무리를 불쌍히 여기노라 그들이 나와 함께 있은 지 이미 사흘이매 먹을 것이 없도다 길에서 기진할까 하여 굶겨 보내지 못하겠노라.

예수님은 제자들을 불러 이르시기를 "내가 무리를 불쌍히 여기노라 그들이 나와 함께 있은 지 이미 사흘이매 먹을 것이 없도다 길에서 기진할까 하여 굶겨 보내지 못하겠노라"고 하신다(막 8:1). 예수님은 "내가 무리를 불쌍히 여기노라"고 하신다(9:36; 14:14; 20:34 참조). 예수님께서 5,000명을 먹이신 것도 역시 모여든 군중들을 불쌍히 여기셨기 때문에(막 6:34) 이적을 베푸셨고, 이번의 4,000명을 먹이신 것도 역시 무리를 불쌍히 여기셔서 이적을 베푸신다(막 8:2). 예수님은 제자들을 불러 자신이 무리를 불쌍히 여기신다고 말씀하신다. 예수님은 자신의 마음속에 있는 긍휼이 있음을 발표(계시)하신다. 예수님은 우리의 육신을 돌보시는 것도 그의 긍휼 때문에, 그리고 우리의 영혼을 구원하시는 것도 역시 그의 긍휼 때문이다. 예수님은 지금도 우리를 불쌍히 여기셔서 중보 기도를 하신다(롬 8:34; 히 1:3; 7:25).

예수님은 "그들이 나와 함께 있은 지 이미 사흘이매 먹을 것이 없도다"라고 하신다. 예수님께서 병자들을 고치기 시작하신지가 벌써 사흘이 되었는데 그들이 도무지 집으로 돌아가지 않았다고 하신다(29-31절). 그들은 예수님께서 행하시는 이적을 보기 위하여 시간 가는 줄 모르고 예수님과 함께 있었다. 그러다가 결국은 사흘이 지나 이제는 먹을 것이 다 고갈되었다고 하신다. 예수님은 "길에서 기진할까 하여 굶겨 보내지 못하겠다"고 하신다. 예수님은 그들을 그냥 집으로 돌려보내지 못하겠다고 하신다. 이유는 길에서 기진할까하여 굶겨 보내지 못하겠다고 하신다. 예수님은 모여든 사람들의 형편을 잘 아시고 이적을 베푸신다. 예수님은 지금도 우리의 사정을 잘 아시고 배려하신다.

마 15:33. 제자들이 이르되 광야에 있어 우리가 어디서 이런 무리가 배부를

만큼 떡을 얻으리이까.

본 절의 "제자들"은 한 사람이 아니라 여러 사람들이었다. 여러 제자들이 지난번에 예수님께서 5,000명 이상에게 먹을 것을 주신 것을 잊은 듯 "광야에 있어 우리가 어디서 이런 무리가 배부를 만큼 떡을 얻으리이까"라고 여쭙는다(왕하 4:43 참조). 제자들은 "광야," 즉 '갈릴리 바다 동편이나 혹은 동남쪽에 있었을 황량한 장소'에서 우리가 어디서 이런 무리가 배부를 만큼 떡을 살 수 있으리이까라고 여쭙는다. 이를 두고 혹자들은 예수님께서 이적을 두 번 베푸신 것이 아니라 한번 베푸셨는데 두 번 기록되었다고 주장한다. 그러나 마태는 분명히 16:9-10에 예수님께서 이적을 두 번 베푸셨다고 말씀한다. 제자들이 이렇게 질문한 것은 사람은 일이 힘들어질 때 과거의 경험을 잊어버리는 수가 있기 때문에 이렇게 질문한 것으로 보인다(16:7 참조). 그리고 또 한 가지 이유는 제자들은 예수님께서 이전에 행하신 이적을 또 베푸실 것이라는 생각은 하지 못했기 때문에 본문처럼 질문한 것으로 보인다(헤르만 리델보스). 아무튼 제자들은 솔직하게 자기들은 할 수 없는 것을 말씀드린다. 우리는 우리 자신이 할 수 없음을 빨리 아뢰는 것이 좋다.

마 15:34. 예수께서 이르시되 너희에게 떡이 몇 개나 있느냐 이르되 일곱 개와 작은 생선 두어 마리가 있나이다 하거늘.

예수님은 제자들에게 "너희에게 떡이 몇 개나 있느냐"고 물으신다. 예수님께서 이렇게 "떡이 몇 개나 있느냐"고 질문하신 이유는 아주 작은 것을 가지고도 예수님은 아주 큰 것을 만드실 수 있는 분임을 드러내시기 위함이었을 것이다. 사실 예수님은 엄청난 이적을 행하시는 분이시다. 예수님은 두 이적에서 5,000배 이상, 그리고 4,000배 이상으로 음식을 불리신 것을 보여주셨다.

그런데 첫 번째 5,000명을 먹이시는 이적을 베푸실 때도 아이가 가지고 있는 떡과 물고기를 가지고 축사하셔서 이적을 베푸셨고, 이번에도 역시 아이가 가지고 있는 떡 일곱 개와 생선 두 개로 이적을 베푸신 것은 하나님은 세상을 창조하실 때는 없는데서 있게 하셨는데 이제 모든 것이 존재하는 곳에서는 예수님께서 있는 것을 가지고 이적을 베푸시는 것을 볼 수 있다. 우리는 우리가 가지고 있는 것을 그리스도께 바칠 때 놀라운 것으로 불어나는 것을 볼 수 있다. 우리의 시간도 달란트도 그리고 물질도 그리스도의 손에서는 엄청난 것으로 사용된다는 것을 알 수 있다.

제자들은 자기들이 거둘 수 있는 전체를 거두고는 예수님께 말씀 드린다. "일곱 개와 작은 생선 두어 마리가 있나이다"라고 아뢴다. 여기 떡의 숫자가 일곱 개인 것은 떡 다섯 개로 5,000명을 먹인 때의 숫자보다는 떡의 숫자가 더 많다. 그리고 생선 두어 마리라고 한 것은 5,000명 때의 것과 거의 동일하다. 이 차이 때문에 예수님께서 4,000명을 먹이신 이적이 과소평가되어서는 안 된다. 둘 다 큰 이적임을 알아야 한다.

마 15:35-38. 예수께서 무리에게 명하사 땅에 앉게 하시고 떡 일곱 개와 그 생선을 가지사 축사하시고 떼어 제자들에게 주시니 제자들이 무리에게 주매 다 배불리 먹고 남은 조각을 일곱 광주리에 차게 거두었으며 먹은 자는 여자와 어린이 외에 사천 명이었더라.

이 부분 주해는 예수님께서 5,000명을 먹이신 때와 거의 같다. 다만 사소한 차이가 있을 뿐이다. 14:18-21주해를 참조하라. 본문의 "광주리"(σπυρίς)는 크기가 꽤 큰 광주리로 고기나 과실을 담을 수 있는 광주리를 지칭한다. 바울 사도는 대메섹 성에서 빠져나올 때 광주리를 타고 내려왔다(행 9:25 참조).

18.종교지도자들과의 충돌 15:39-16:4

예수님은 갈릴리 호수의 동편 혹은 동남편 광야에서 3일을 모여든 사람들과 함께 지내시고 4,000명 이상의 군중들에게 7병 2어로 이적을 베풀어 먹이신 다음 배를 타고 갈릴리 호수의 서편 마가단 지경으로 가신다. 예수님은 그곳에 가셔서 유대의 종교지도자들과 충돌하신다. 이 부분은 막 8:11-13; 눅 12:54-56과 병행한다.

마 15:39. 예수께서 무리를 흩어 보내시고 배에 오르사 마가단 지경으로 가시니라.

예수님은 이적으로 4,000명에게 음식을 먹이신 다음 그들을 흩어 보내신다(막 8:10). 그들은 예수님 앞에서 딴 일을 하지 못하게 하도록(요 6:15 참조) 예수님 친히 무리를 흩어 보내신다. 그리고 배에 오르셔서 마가단 지경으로 가신다. 여기 "마가단 지경"이란 KJV에서는 "막달라"(the coasts of Magdala)로 번역하고 있다. 그리고 마가복음에는 "달마누다"라고 말한다. 달마누다 지방은 갈릴리 바다 남서쪽에 위치한 것은 확실하나 마가단 지경이 똑 같은 곳을 가리키는지 아니면 약간 다른 곳을 가리키는지 확실히 알 수는 없다(윌렴 헨드릭슨). 두 곳은 갈릴리 바다 서편임은 확실하나 정확하게 알 수는 없다. 아마도 똑 같은 지방을 지칭하는 것으로 보이며 성경에 이곳들이 더 나타나지 않는 것으로 보아 작은 고장들로 보인다(Lenski). 예수님께서 마가단 지역으로 가신 것은 그곳에 아직도 하실 일이 남아 있어서였다.

제 16 장

종교지도자들의 외식, 베드로의 신앙고백과 예수님의 죽음 예고

마 16:1. 바리새인과 사두개인들이 와서 예수를 시험하여 하늘로부터 오는 표적 보이기를 청하니.

예수님께서 갈릴리 호수 서편 마가단 지경으로 가신(15:39) 다음 "바리새인과 사두개인들이 와서 예수를 시험하여 하늘로부터 오는 표적 보이기를 청했다"(12:38; 막 8:11; 눅 11:16; 12:54-56; 고전 1:22). 바리새인들은 단독으로 예수님을 대적하고 있었는데(9:3, 11, 34; 12:2, 14, 24, 38; 15:1; 막 3:6) 이번에는 사두개인들[125]과 합세해서 나온다. 이 두 부류(3:7-8)의 사람들은 교리적으로나 정치적으로 서로 합할 수 없는 부류였으나 예수님을 대적하는 점에 있어서는 서로 합세했다. 두 부류의 사람들은 예수님께 와서 "하늘로부터 오는 표적 보이기를 청했다." 그동안에 예수님께서 행하신 표적으로 만족할 수 없다는 뜻으로 아예 하늘로부터 강림하는 표적(모세의 만나와 같이, 엘리야가 하늘에서 불을 내린 것 같이) 보이기를 청한 것이다. 이 사람들은 아무튼 예수님을 부인해 보려는 심산으로 표적을 구했다. 그들은 결코 예수님을 믿어 보려는 생각으로 표적을 구한 것은 아니었다. 이들이 또 이렇게 하늘로부터 오는 표적을 구한 것은 예수님께서 결코 그런 표적을 행사하지 못하여 예수가 실패하리라는 소망에서부터였다. 그들은 종교인들로서 아주 악랄한 생각을

---

125) "사두개인들": 유대의 종교 및 정치의 최고 지도자인 대제사장을 지지한 당파. 전 2세기에서 예루살렘 멸망(주후 70년)에 이르는 기간에 세력을 가졌던 당파로, 귀족계급에 속하고, 대제사장 및 예루살렘의 유력자들로 이룩되어 있었다. 바리새인과 대립했는데, 바리새인이 종교적인데 반하여, 그들은 아주 정치적 색채가 강했다. 수는 비교적 소수였으나, 교양도 있었고, 특히 제사장 계급을 독점하여 세력을 폈다. '사두개인'은 다윗, 솔로몬 시대에 예루살렘 성전의 지도적 제사장 '사독'의 이름에 유래하는 것으로 여겨진다.

가지고 접근했다.

마 16:2-3. 예수께서 대답하여 이르시되 너희가 저녁에 하늘이 붉으면 날이 좋겠다 하고 아침에 하늘이 붉고 흐리면 오늘은 날이 궂겠다 하나니 너희가 날씨는 분별할 줄 알면서 시대의 표적은 분별할 수 없느냐.

예수님은 바리새인들과 사두개인들로부터 하늘로부터 오는 표적 보이기를 요청 받으시고(1 절) "너희가 날씨는 분별할 줄 알면서 시대의 표적은 분별할 수 없느냐"고 물으신다. 그들은 날씨는 잘 분별했다. 예수님은 그들에게 "너희가 저녁에 하늘이 붉으면 날이 좋겠다 하고 아침에 하늘이 붉고 흐리면 오늘은 날이 궂겠다"고 바르게 판단하고 있다고 하신다. 그들은 저녁에 하늘이 붉으면 날이 개겠다고 말했고 또 아침에 하늘이 붉고 흐리면 오늘은 날이 궂겠다고 말했다.

그들은 날씨 분별에는 아주 익숙해 있었으나 "시대의 표적"은 분별할 수 없었다. 여기 "시대의 표적"(τὰ σημεῖα τῶν καιρῶν)이란 "시대들의 표적들"(the signs of the times)이란 말로 직역되는데, "시대들"이란 일정한 때의 기간(χρόνος)을 지칭하는 말이 아니라 '어떤 특정적인 때,' '어떤 특별한 때,' '어떤 역사적인 때'를 지칭하는 말로 본 절에서는 메시아의 초림의 때, 종말이 시작되는 역사적인 때를 지칭하는 말로 쓰였다. 그러니까 "시대들의 표적들"이란 '하나님께서 각 역사적인 특별한 시대에 주시는 여러 표적들'을 지칭하는 말이다. 예수님께서 바리새인들과 사두개인들에게 "너희가 날씨는 분별할 줄 알면서 시대의 표적은 분별할 수 없느냐"고 책망하신 것은 '너희가 하루의 날씨는 잘 분별할 줄 알면서, 하나님께서 그리스도를 보내신 종말의 때에 여러 이적들을 통하여 예수님이 메시아시라는 것을 여러 차례 알려 주셨는데 그 표적들을 분별하지 못하느냐'고 책망하신 것이다. 하나님은 예수님이 행하신 이적들을 통하여 예수님이 메시아이시라는 것을 여러 차례 알려 주셨는데 그것을 분별하지 못했다고 책망하신 것이다. 그것도 분별하지 못하고 또 무슨 표적을 구하느냐고 책망하신다. 그들의 분별력은 마비되고 말았다. 그들은 너무 대인 관계가 악하고 또 하나님 관계가 음란해서(불성실해서) 예수님이 하나님의 아들 되심과 그리스도 되심을 알지 못했다. 오늘도 악한 자들과 불성실한 사람들은 예수님의 말씀을 읽고 또 예수님의 이적에 대해 읽으면서도 예수님이 메시아이심을 분별하지 못한다. 그들은 그저 맹인일 뿐이다.

마 16:4. 악하고 음란한 세대가 표적을 구하나 요나의 표적 밖에는 보여 줄 표적이 없느니라 하시고 그들을 떠나가시니라.
예수님은 "악하고 음란한 세대가 표적을 구하나 요나의 표적 밖에는 보여줄 표적이 없다"고 하신다(12:39). 그들이 "악하다"는 말은 그들 심령속이 악으로 가득 찼다는 뜻이고 "음란하다"는 뜻은 그들이 '하나님을 떠난 불신실한 사람들'이란 뜻이다. 이스라엘 사람들은 하나님 앞에서 신실했어야 했는데 그들은 우상숭배를 했고 신실하지 않았기에 영적으로 간음한 사람들이었으므로 예수님은 그들을 음란한 세대라고 하셨다(시 73:27: 사 57:3; 렘 3:8; 13:27; 31:32; 겔 16:32; 23:27; 약 4:4). 예수님은 당시 바리새인들과 사두개인들이 대인관계에 있어서 악하게 행하고 또 하나님 앞에 신실하지 못하게 행했기 때문에 그들에게 요나의 표적 밖에는 하늘로부터 오는 표적을 보여줄 수 없다고 하신다. 표적을 보여 주어야 표적으로 인식할 수 있는 지식이 없고 안목이 없어 표적을 더 보여주지 않겠다고 하신다. 예수님은 다른 사람들에게는 그 후에도 더 많은 표적을 보여주셨으나 그것들은 그들을 위해 베푸신 것은 아니었다(12:39 참조). 예수님은 바리새인들과 사두개인들의 요청을 거부하시고 그 땅을 떠나신다.

19.종교지도자들의 외식 경계 16:5-12

예수님은 바리새인들과 사두개인들의 요청(표적)을 단연 거부하시고 그들을 떠나 배를 타시고 제자들과 함께 건너편(호수 동편 혹은 동북편)으로 가시면서 제자들에게 유대종교지도자들의 외식을 경계하라고 하신다.

마 16:5. 제자들이 건너편으로 갈 새 떡 가져가기를 잊었더니.

갈릴리 호수 서편에서 잠시 지낸 제자들이 예수님을 모시고(다음 절) 건너편(호수 동편 혹은 동북편) 떠났는데 그들은 떡 가져가기를 잊고 떠났다. 떡 한 개 밖에 가지고 오지 못했다(막 8:14).

마 16:6. 예수께서 이르시되 삼가 바리새인과 사두개인들의 누룩을 주의하라 하시니.

예수님께서 일단 배에 오르신 다음 제자들에게 "삼가 바리새인과 사두개인들의 누룩을 주의하라"고 하신다(눅 12:1). 그들은 서로 하나가 되어 있었다. "바리새인과 사두개인들"(τῶν Φαρισαίων καὶ Σαδδουκαίων)이란 두 부류의 사람들 앞에 한개의 관사가 붙어 있다. 그들은 예수님을 대항하는 데 있어서 서로 하나가 되어 있었다. 바리새인들은 보수를 자처했고 사두개인들은 세속적이었으나 예수님을 대적하는 일에 있어서는 하나로 뭉쳐 있었다.

예수님은 이 두 부류의 사람들의 교훈(12절)을 "누룩"이라고 하시면서 그 교훈을 주의하라고 제자들에게 부탁하신다. 그들의 교훈을 "누룩"이라고 하신 이유는 그 교훈이 누룩처럼 번져 나갔기 때문이었다. 이 두 부류의 사람들의 교훈은 부패한 교훈이었는데 누룩처럼 번져나가는 것은 위험한 일이라 주의해야 했다.

마 16:7. 제자들이 서로 의논하여 이르되 우리가 떡을 가져오지 아니하였도다 하거늘.

제자들은 예수님께서 "바리새인과 사두개인들의 누룩을 주의하라"는 말씀(앞 절)을 듣고 서로 의논하여 말하기를 "우리가 떡을 가져오지 아니하였도다"라고 했다. 다시 말해 '우리가 떡을 가져오지 않았기에 예수님께서 우리로 하여금 바리새인들과 사두개인들로부터 떡을 받지 못하게 하시는구나'라고 서로 말을 했다. 제자들은 예수님의 의중을 깨닫지 못하고 예수님의 말씀을 문자적으로 받아드렸다. 즉 예수님은 제자들로 하여금 바리새인들과 사두개인들의 "누룩"(교훈)을 주의하라고 하셨는데 제자들은 바리새인들과 사두개인들로부터 떡을 받지 말라고 하신 줄로 알았다. 결국 그들은 예수님의 말씀을 오해했다.

그리고 다음 절의 예수님의 말씀을 살펴보면 떡을 가져오지 않은 것을 걱정하기에 이른 것을 알 수 있다. 떡을 가져오지 않아서 식사 때가 되면 어찌해야 하나 하고 걱정했다. 예수님도 대접해야 하고 자기들도 먹어야 하는데 떡이 없어서 어찌해야 하나하고 염려했다. 사람이 믿음이 없으면 항상 염려만 한다.

마 16:8. 예수께서 아시고 이르시되 믿음이 작은 자들아 어찌 떡이 없음으로 서로 의논하느냐.

예수님은 제자들이 서로 의논하는 것(7절)을 보시고 말씀하시기를 "믿음이 작은 자들아 어찌 떡이 없음으로 서로 의논하느냐"고 하신다. 그들의 의논 속에는 떡이 없어 어쩌나 하는 염려도 있었음이 확실하다. 그래서 예수님은 "어찌 떡이 없음으로 서로 의논하느냐"고 책망하신다. 의논할 필요가 없다는 것이다. 과거 두 차례에 걸쳐 받은 은혜를 생각한다면 오늘의 현실에서 발생할 부족을 전혀 염려할 것이 없었다. 그러나 제자들은 염려하고 있었다.

마 16:9-10. 너희가 아직도 깨닫지 못하느냐 떡 다섯 개로 오천 명을 먹이고 주운 것이 몇 바구니며 떡 일곱 개로 사천 명을 먹이고 주운 것이 몇 광주리이던 것을 기억하지 못하느냐.

예수님은 제자들이 과거에 예수님께서 베푸신 두 차례의 놀라운 이적(14:13-21; 15:32-38)을 깨닫지 못했고 또 동시에 떡 다섯 개로 5,000명을 먹이시고 주운 것이 12바구니였던 것을 잊었고 떡 일곱 개로 4,000명을 먹이고 주운 것이 일곱 광주리였던 것을 잊었다고 책망하신다. 깨닫지 못하면 결국 기억하기 못하고 잊어버린다. 예수님께서 행하신 이적의 의미를 깊이 깨달아야 기억하게 되고 잊어버리지 않는다. 그러나 사람은 하나님께서 베푸신 은혜들을 쉽사리 잊어버리는 약점을 가지고 있다.

마 16:11. 어찌 내 말한 것이 떡에 관함이 아닌 줄을 깨닫지 못하느냐 오직 바리새인과 사두개인들의 누룩을 주의하라 하시니.

예수님은 "내 말한 것이 떡에 관함이 아닌 줄을 깨닫지 못하느냐"고 하신다. 예수님께서 '6절에 하신 말씀은 떡에 관한 말이 아닌 줄을 깨닫지 못하느냐'고 하신다. 떡과는 전혀 관련이 없는 말씀이라고 하신다. 사람은 이처럼 예수님의 말씀을 문자적으로 풀 수가 있다. 예를 들면 요 2:19-20; 3:3-4; 4:13-15; 6:51-52; 11:11-12을 문자적으로 잘 못 풀 수 있는 것이다.

예수님께서 분명히 말씀하시기를 "오직 바리새인과 사두개인들의 누룩을 주의하라"고 하신다. 즉 6절의 말씀은 떡에 관한 말씀이 아니라 바리새인과 사두개인들의 교훈을 삼가라는 뜻이었다고 하신다. 그들의 교훈은 부패했고 세속적이었으니 제자들은 참으로 그들의 교훈을 받아드려서는 안 되었다.

마 16:12. 그제서야 제자들이 떡의 누룩이 아니요 바리새인과 사두개인들의 교훈을 삼가라고 말씀하신 줄을 깨달으니라.

예수님께서 자신의 진의를 설명하신(9-11절) 다음에야 제자들은 "떡의 누룩이 아니요 바리새인과 사두개인들의 교훈을 삼가라고 말씀하신 줄을 깨달았다." 즉 제자들은 이제야 예수님께서 말씀하신 것이 '떡에 대한 것이 아니라 바리새인과 사두개인들의 교훈을 삼가라고 말씀하신 줄을 깨닫게 되었다.' 예수님은 제자들로 하여금 바리새인들의 교훈과 사두개인들의 교훈을 절대로 삼갈 것을 말씀하신다. 서로 건널 수 없는 강이 있음을 환기시키신다. 제자들은 이제야 예수님의 의중을 알게 되었다. 오늘도 역시 자유주의 이론과 부패한 이단과 세속적인 교훈을 삼가야 한다.

20.베드로의 신앙고백 16:13-20

예수님은 갈릴리 바다를 건너시는 중(5절) 바리새인들과 사두개인들의 교훈을 삼가라고 가르치시고(5-12절) 이제 갈릴리 바다의 가장 북쪽에 있는 빌립보 가이사랴 지방에 도착하셔서 제자들을 향하여 자신을 누구라 믿느냐고 물으신다. 그는 자신이 모든 것을 주장하시는 왕이심을 가르치시기를 원하셨고 또 자신이 예언자이심을 말씀하시기를 원하셨으며 또 자신이 대제사장으로서 많은 사람들의 대속물로 죽으실 것을 알리시기를 원하셔서 이곳에 오신 것이다. 다시 말해 자신이 그리스도이심을 알리기 원하셔서 이 한적한 곳으로 제자들과 함께 오셨다. 이 부분(13-20절)은 막 8:27-30; 눅 9:18-21과 병행하나 이 부분의 베드로에 대한 예수님의 답변은 마태복음에만 있는 독특한 기사이다.

마 16:13. 예수께서 빌립보 가이사랴 지방에 이르러 제자들에게 물어 이르시되 사람들이 인자를 누구라 하느냐

예수님은 분주한 갈릴리 사역을 떠나 "빌립보 가이사랴 지방"[126], 즉 '갈릴리 바다 최북단 해안으로 물러나셔서 더 북쪽으로 올라가 헬몬산 남쪽 기슭, 요단강의 발원지에서 멀지 않은 도시, 빌립보 가이사랴 부근'에 도착하신다. 예수님은 빌립보 가이사랴 부근에 도착하셔서 죽으시기 전 제자들에게 자신이 누구임을 알리시기 원하셨다. 예수님은 그 동안 자신이 누구임을 분명하게 말씀하지 않으셨는데(8:20, 27; 9:30 참조) 이제는 자기가 누구인지를 알리기를 원하셔서 질문하신다.

---

126) "빌립보 가이사랴": 예수님의 신성에 대한 베드로의 유명한 신앙고백에 관련하여 기록된 곳(마 16:13-20; 막 8:27). 헤르몬 산의 서남기슭, 갈릴리호수의 북 40km, 요단강의 수원 가까이에 있던 성읍으로, 구약시대의 바알갓(수 11:17)이다. 헤롯 빌립 2세에 의해, 제 1세기 초에 시역(市域)의 건설 확장이 행해지고, 당시의 로마 황제 가이사 티베리우스(디베료)의 명예를 위해 가이사랴라 이름했는데, 지중해 연안의 가이사랴와 구별하기 위해 빌립보 가이사랴로 명명되었다(마 16:13; 막 8:27). 예수는 제자들과 함께 이 성읍을 방문하시고 이곳으로 가는 도중에, 제자들에게 자기에 대한 신앙고백을 요구하셨다(막 8:27-30). 이곳에는 로마의 판(Pan) 신의 성소가 있었는데, 헤롯대왕이 그 성소 가까이에 신전을 세운데서, 파네아스(Paneas)로 불렀다. 베드로는 여기서 예수께 '주는 그리스도시요 살아계신 하나님의 아들이시니이다'라는 고백을 했는데, 이 신앙고백에 의해, 이교의 신과 황제 예배에 대해 죽음을 선고한 것이었다. 이것은 예수의 생애의 중대한 전기로 되고, 이때부터 예수께서 자기의 대속의 죽음의 비의를 보여주시기 시작하셨다(마 16:21).

그런데 예수님은 먼저 세상 사람들이 자신을 누구로 알고 있는지 알아보신다. 즉 "사람들이 인자를 누구라 하느냐"고 질문하신다(막 8:27; 눅 9:18). 여기 "인자"란 말은 예수님의 자칭호(自稱呼)로 '고난당하시는 메시아'라는 뜻이다(8:20 주해 참조). "사람들이 인자를 누구라 하느냐"는 질문은 당시만 아니라 오늘도 하나님께서 우리 모두에게 물으시는 질문이다. 오늘 우리는 이 질문, '너는 예수님을 어떤 분으로 믿느냐'의 질문에 정확하게 답해야 한다. 오늘 어떤 이들은 예수님을 역사상에 존재한 일이 없었던 한 사람으로, 혹은 한 분의 사람으로, 혹은 한 분의 성자로, 혹은 선지자 중 한 선지자로만 아는 사람들이 있다는 것은 참으로 불행스러운 일이 아닐 수 없다.

마 16:14. 이르되 더러는 세례 요한, 더러는 엘리야, 어떤 이는 예레미야나 선지자 중의 하나라 하나이다.

제자들은 예수님의 질문(앞 절)을 받고 예수님에 대해 부정적으로 보는 악의(惡意)가 가득한 사람들을 제외하고 예수님에 대해 긍정적으로 말하는 사람들의 비평을 모아 "더러는 세례 요한, 더러는 엘리야, 어떤 이는 예레미야나 선지자 중의 하나라 하나이다"라고 답변을 드린다(14:2; 눅 9:7-9). 당시 세상 사람들의 견해를 보면 예수님을 훌륭한 사람, 하나님의 사람으로 알았다. 그러나 그들은 아직 예수님을 자신들의 메시아로 믿지는 못했다.

어떤 사람들은 예수님을 세례 요한이 부활한 것으로 알았고 또 어떤 이는 구약 시대의 위대한 능력의 선지자 엘리야가 메시아의 선구자로 온 것이 아닌가 하고 믿었으며(11:14) 또 어떤 이는 바벨론 포로 이전에 사역했던, 회개를 외쳤던 눈물의 선지자, 심판이 임할 것을 외쳤던 심판의 선지자 예레미야가 다시 나타난 것으로 생각했으며 또 어떤 이는 선지자 중의 하나가 다시 나타난 것으로 믿었다. 그러나 그들은 아직도 예수님이 메시아인줄은 알지 못하고 그저 메시아의 선구자 정도로 믿고 있었다. 오늘도 세상 사람들은 기껏해야 예수님을 세계 3대 성인 혹은 4대 성인 중 하나로 꼽는 이들이 있다. 당시 세상 사람들은 예수님을 정확하게 알지 못했는데 그것은 아직 그들에게서 숨겨져 있었기 때문이었다.

마 16:15. 이르시되 너희는 나를 누구라 하느냐.

당시 예수님은 세상 사람들이 자신을 누구라고 하느냐가 중요한 것이 아니었다. 예수님은 세상 사람들의 예수 관에 대해서는 반응하지 않으셨다. 그만하면 되었다든지 혹은 참으로 불만족하다든지 무슨 반응을 보이지 않으셨다. 혹자는 예수님께서 세상 사람들의 예수관에 실망하셨다고 주장하나 실망하셨다고 주장할 수가 없다. 예수님은 제자들에게 오히려 "자기가 그리스도인 것을 아무에게도 이르지 말라고 하신 것"을 보면(20절), 중요했던 것은 제자들이 예수님을 누구라고 고백하는 것만이 중요했다. 그래서 예수님은 "너희는 나를 누구라 하느냐"(Ὑμεῖς δὲ τίνα με λέγετε εἶναι)고 물으신다. 예수님은 제자들의 의중을 몰라서 이렇게 질문하신 것은 아니었다. 다 아셨는데 제자들의 입으로 예수님이 누구인지를 고백하는 것이 필요하여 이런 질문을 하신 것이다. 예수님은 "너희는"(Ὑμεῖς)라는 말을 아주 강조하여 질문하신다. 다른 사람들은 그렇다 치고 "너희는" 나를 누구라고 하느냐가 중요하다고 하신다. 오늘도 예수님은 우리들을 향하여 "너희는 나를 누구라 하느냐"고 물으신다. 우리는 매일 예수님을 고백해야 한다. 사도 신경을 주일마다 외우는 것 이상으로 우리는 매일 예수님을 고백해야 한다.

마 16:16. 시몬 베드로가 대답하여 이르되 주는 그리스도시요 살아 계신 하나님의 아들이시니이다.

예수님은 "너희는 나를 누구라"고 하느냐고 제자들 모두에게 질문하셨는데 제자들 전체가 대답하지 않고 "시몬 베드로가 대답하여 이른다." 제자들 모두가 대답하지 않고 베드로가 대표(15:15-16; 19:27-28; 26:35, 40-41; 눅 8:45; 9:32-33; 12:41; 18:28; 요 6:67-69; 행 1:15; 2:14, 37-38; 5:29)로 대답한 것이다. 그러니까 베드로는 자기 개인의 고백이 아니라 전체 제자들의 고백이었다. "시몬"이란 이름은 히브리어로 된 이름으로 본명이다. 그리고 "베드로"라는 이름은 헬라말로 된 이름으로 예수님께서 붙여주신 이름이었다(18절; 요 1:42).

베드로는 모든 제자들을 대표하여 "주는 그리스도시요 살아 계신 하나님의 아들이시니이다"라고 답한다(14:33; 막 8:29; 눅 9:20; 요 6:69; 11:27; 행 8:37; 9:20; 요일 4:15; 5:5; 히 1:2, 5). 마가복음에는 "주는 그리스도시니이다"(막 8:29)로 되어 있고 누가복음에는 "하나님의 그리스도시니이다"(눅 9:20)로 되어 있어 본 절이 가장 길고 완비된 문장이라고 할 수 있다.

"주는 그리스도시요"(Σὺ εἶ ὁ Χριστὸς)란 말은 직역하면 "당신은 그리스도시요"라고 된다. 우리나라 말에서는 상대방 어르신을 향하여 "당신"이라고 할 수 없는 고로 "주"라고 번역했다. "그리스도"란 말은 '기름 부음 받은 자'란 뜻으로 예수님은 왕(21:5; 28:18; 시 2:6; 슥 9:9; 눅 1:33; 엡 1:20-23; 계 11:15; 17:14; 19:6)으로, 선지자(신 18:15; 눅 24:19; 행 3:22; 7:37)로, 대제사장(시 110:4; 롬 8:34; 히 6:20; 7:24; 9:24)직을 감당하시기 위하여 기름 부음을 받으신 분이시다. "그리스도"('기름부음 받은 자')란 한 마디 말속에는 예수님이 왕이시고 선지자이시며 대제사장이란 말이 포함되어 있다.

베드로는 또 예수님을 "살아 계신 하나님의 아들이시니이다"(ὁ υἱὸς τοῦ θεοῦ τοῦ ζῶντος)라고 고백한다. "살아계신"(τοῦ ζῶντος)이란 말은 현재분사형으로 영원히 살아계신 자존자라는 뜻을 보여주고 있다(26:63). 베드로는 예수님을 영원히 살아계신 하나님의 아들로 고백한다. 베드로가 특히 하나님을 "살아계신" 분이라고 한 것은 그가 믿는 하나님은 모든 이방신들과는 달리 유일하게 살아계신 분임을 강조하기 위해 붙인 단어였다(사 40:18-31).

베드로는 예수님을 "하나님의 아들"이라고 고백하는데, 예수님은 1) 윤리적인 뜻에서 하나님 아들이시고, 2) 동정녀에게서 나셨다는 뜻에서 하나님 아들이시며, 3) 영원 전에 하나님에게서 발생하셔서 아버지와 성령으로 더불어 하나님의 본질을 동등하게 소유하고 계시다는 뜻에서 하나님의 아들이시라는 뜻에서 말한 것이다. 베드로는 성령의 감동(다음 절)으로 깊은 내막까지도 알았을 것으로 보인다.

마 16:17. 예수께서 대답하여 이르시되 바요나 시몬아 네가 복이 있도다 이를 네게 알게 한 이는 혈육이 아니요 하늘에 계신 내 아버지시니라.

본 절부터 19절까지는 두 가지로 문제가 되어 있다. 하나는, 이 부분이 마가복음에나 누가복음에는 없는 것으로 후대의 삽입으로 보는 시각이 있다. 그러나 삽입으로 볼 하등의 이유가 없다. 마태는 사도로서 성령의 감동으로 이를 기록했다고 보아야 한다. 우리는 이 본문이 처음부터 있었던 것으로 믿는다(Bengel, Bruce). 또 하나는, 이 부분(17-19절)의 해석이 개신교와 카돌릭 간에 큰 차이가 있다.

예수님은 자신에 대한 바른 고백을 한 베드로를 향하여 "바요나 시몬아 네가 복이 있도다"라고 하신다. 여기 "바요나 시몬"(Σιμων Βαριωνα)이란 말은 '요나의 아들 시몬'("바요나"가 어떤 데서는 "요한"이라고 되어있다, 요 1:42; 21:15-17)이란 뜻이다. 예수님은 베드로를 그냥 '시몬'이라고 하시지 않고 '요나의 아들 시몬아'라고 부르신 것은 그가 순전히 비천한 땅의 사람이지만 예수님을 그리스도로 고백한데서 엄청난 복의 사람이 되었음을 알리시기 위해서 부르신 것으로 보인다. 예수님은 베드로에게 "네가 복이 있도다"라고 말씀하신다. 예수님을 그리스도로 고백했고 또 하나님의 아들로 고백했기 때문에 복이 있다고 하신다. 누구든지 예수님을 그리스도로 고백하는 자마다 복이 있는 사람이다.

베드로가 복이 있게 된 동기는 베드로 개인의 지식으로 예수님을 안 것이 아니라 하늘에 계신 아버지께서 예수님을 알려 주셨기 때문이라고 하신다. "이를 네게 알게 한 이는 혈육이 아니요 하늘에 계신 내 아버지시니라"(엡 2:8; 고전 2:10; 갈 1:16). 헬라어 문장에 의하면 본 절 초두에 이유 접속사(ὅτι -'for,' 'because')가 있어 뒤 문장은 베드로가 복이 있게 된 동기를 말하고 있다. 즉 베드로가 예수님을 알게 된 동기는 "혈육" 즉 '인간'(갈 1:16; 엡 6:12)이 아니라 "하늘에 계신 내 아버지시니라"고 하신다. 오늘 우리가 예수님을 알게 된 것도 인간의 지식(연구)에서 된 것이 아니라 하늘에 계신 하나님의 영의 역사에 의한 것이었다.

마 16:18. 또 내가 네게 이르노니 너는 베드로라 내가 이 반석 위에 내 교회를 세우리니 음부의 권세가 이기지 못하리라.

예수님은 베드로에게 복이 있다고 말씀하신(앞 절) 다음 또 말씀하신다. 예수님은 "너는 베드로라 내가 이 반석 위에 내 교회를 세우리니 음부의 권세가 이기지 못하리라"고 하신다(욥 38:17; 시 9:13; 107:18; 사 38:10; 요 1:42; 엡 2:20; 계 21:14;). "베드로"(Πέτρος)란 말은 아람어의 "게바"에 해당하는 말로서 '반석' 혹은 '돌'이란 뜻이다. 예수님은 베드로가 반석이 될 것을 이미 사역 초기에 말씀해 주셨는데(요 1:42) 이제 그 말씀이 베드로가 신앙고백을 한 즉시 현실로 이루어졌음을 알려주신다. 베드로가 예수님을 "주(당신)는 그리스도시요"(Σὺ εἶ ὁ Χριστὸς)라고 고백한데 대해 예수님은 베드로를 향해 "너는 베드로라"(σὺ εἶ Πέτρος)고 하신 것이다.

예수님은 베드로를 "베드로"(Πέτρος)라고 이름을 주신 다음 "내가 이 반석 위에 내 교회를 세우리니 음부의 권세가 이기지 못하리라"고 하신다. 예수님은 "내가 이 반석 위에 내 교회를 세우실 것이라"고 하셨는데, 여기 "이 반석 위에"란 말이 무엇을 지칭하는가를 두고 많은 해석이 가해졌다.[127] 1) "이 반석"(ἐπὶ ταύτῃ τῇ πέτρᾳ)이란 말이 "베드로"를 지칭하지 않는다고 주장하는 이들이 있다. 이유는 "베드로"(Πέτρος)란 말은 남성단수이고 "이 반석"(ταύτῃ τῇ πέτρα)이란 말은 여성단수이기 때문이다. 그리고 또 "이 반석"이란 말이 "베드로"를 의미하지 않는다고 할 수 있는 이유는 만약 "베드로"라면 예수님께

127) 1) 마가나 누가도 이 구절을 기록하지 않은 것을 보면 이 구절은 후대의 삽입으로 보아야 한다는 견해. 그러나 이 구절은 기독교 초기의 사본에서도 발견되는 고로 후대의 삽입으로 보아서는 안 된다. 2) 이 구절은 베드로를 첫 교황으로 만드는 구절이라는 견해(천주교 학자 H. M. Riggle, J. Gibbson). 리글(Riggle)은 이 구절이 베드로가 첫 교황이라는 것을 뒤받침하는 구절이라고 말한다. 그러나 이 해석은 많은 반대에 부딪히고 있다. 이 두 학설은 많은 반대에 부딪히고 있다.

서 "이 반석"이라고 하시지 않고 "네 위에"라고 표현하셨을 것이라고 한다. 그런고로 "이 반석"(바위)을 하나님의 객관적 계시, 즉 베드로가 고백한 신앙고백의 중심, 곧 "주는 그리스도시요 살아계신 하나님의 아들"을 지칭한다고 주장한다. 그러니까 예수님은 베드로가 고백한 신앙고백의 중심인 "그리스도시요 살아계신 하나님의 아들"이라는 계시위에 교회를 세우신다는 것으로 보아야 한다는 것이다(Lenski). 2) "이 반석"을 16절에 베드로가 "주는 그리스도시요 살아 계신 하나님의 아들이시니이다"라고 고백한 신앙고백으로 보아야 한다는 이들이 있다(Chrysostom, Ambrose, Jerome, Gregory Nyssa, Cyril, Luther, Calvin, Zwingli, John Locke, Clarke, Allen, Robinson, 이상근). 그러니까 예수님은 베드로가 고백한 신앙고백 위에(신앙고백을 기초하고) "내 교회를 세우리니 음부의 권세가 이기지 못하리라"고 하셨다는 것이다. 예수님은 분명히 베드로의 신앙고백을 기초하여 교회를 세우시겠다고 하신다는 것이다. 3) "이 반석"을 그리스도 자신으로 보는 해석이 있다(Origen, Jerome, Augustine, Luther, Chemnitz, Fabicius). 만약에 "이 반석"이 그리스도라고 하면 아마도 예수님은 "내 위에 교회를 세우리니"라고 말씀하셨을 것이다. 위의 세 가지 학설보다는 4) "이 반석"을 예수님을 그리스도로 고백한 베드로 자신으로 보는 해석이 제일 타당할 것으로 보인다(Werenfels, Pfaff, Crusius, Matthew Henry, Herman Ridderbos, William Hendriksen, David Hill, 박윤선). 리델보스(Ridderbos)는 베드로가 받은 계시와 그가 자발적으로 한 고백 때문에 베드로는 주께 미래 교회의 기초로 임명 받았다고 주장한다.

열두 사도가 받은 계시와 그들의 믿음과 그리고 그들이 입으로 말한 신앙고백 때문에 열두 사도를 대표한 베드로 위에 예수님은 내 교회를 세우시겠다고 하신 것으로 보는 것이 제일 타당할 것이다. 그런고로 바울 사도는 엡 2:20에 "너희(에베소 교회의 교인들)는 사도들과 선지자들의 터 위에 세우심을 입은 자라"고 말했으며, 요한 사도는 계 21:14에서 "그 성의 성곽에는 열두 기초석이 있고 그 위에는 어린 양의 열두 사도의 열두 이름이 있더라"고 말한다. 사도들과 베드로가 불완전한 사람들이지만 그들은 하나님의 은혜로 감싸신 바 되었으며 예수님을 믿어 예수님과 연합되었기에 예수님께서 베드로(12사도의 대표자) 위에 교회를 세우신다는 말씀은 바로 예수님 위에 교회를 세우신다는 말씀과 똑 같은 말씀이다(행 3:12; 4:12).

본문의 "내 교회"란 '우주적인 그리스도의 교회,' '그리스도의 몸 전체,' '그리스도 자신을 믿는 자들의 총체'를 지칭한다. 예수님께서 말씀하신 "내 교회"는 '우주적인 교회'를 지칭하는 것은 사실이지만 땅위에 있는 지역교회를 간과해서는 안 된다(행 9:31; 고전 6:4; 12:18; 엡 1:22; 3:10, 21; 5:22-33; 골 1:18; 빌 3:6). 윌렴 헨드릭슨은 "예수께서 이 교회를 바로 자기 자신의 교회로 생각하신다는 것은 큰 위안이다"라고 말한다.

본문의 "세우리니"(οἰκοδομήσω)란 말은 미래 시제이다. 당장에 교회를 세우신다는 것이 아니라 앞으로 베드로가 성령을 받아 베드로의 신앙고백이 흔들림이 없게 된 후 교회를 세우시겠다는 뜻으로 보아야 한다. 예수님은 그의 말씀대로 오순절 후 베드로가 성령을 받은 후 교회를 세우셨다(행 2:147).

예수님은 베드로가 받은 계시 때문에, 그리고 그가 행한 신앙고백 때문에, 그리고 그의 신앙 때문에 베드로위에 세워진 교회를 "음부의 권세가 이기지 못하리라"(πύλαι ᾅδου οὐ κατισχύσουσιν αὐτῆς)고 하신다. "음부"(ᾅδου)란 히브리어 "스올"(שְׁאוֹל)에 해당하는 단어인데(욘 2:2) 히브리어 "스올"은 '음부'뿐만 아니라 '죽음'(시 89:48)을 뜻하기고 한다. 그리고 본문의 "권세"(πύλαι)란 말은 '문'이란 말의 복수로서 '문들'이라고 번역되는데, "음부의 문들"은 '사단의 권세'를 뜻하기도 한다. 이유는 "문들"은 특별한 권세가 없는 사람들은 열고 닫을 수 없는 특별한 문을 지칭하기 때문이다(눅 7:12; 행 3:10; 12:10). 예수님은 '사단의 권세가 그리스도의 신앙고백 위에 세워진 교회를 이기지 못하리라'고 하신다. 그리스도께서 함께 하시고 그리스도께서 뒷받침하시니 죽음의 사자가 교회를 이기지 못한다고 하신다. 지금까지 참된 신앙고백 위에 세워진 교회가 사단의 세력에게 넘어간 교회가 없었다. 그것은 교회의 성도들이 강해서가 아니라 그들이 고백하는 그리스도가 강하시기 때문이다. 참된 교회에 속한 모든 성도들은 사망의 지배하에 들어가지 않고 영생하게 마련이다.

마 16:19. 내가 천국 열쇠를 네게 주리니 네가 땅에서 무엇이든지 매면 하늘에서도 매일 것이요 네가 땅에서 무엇이든지 풀면 하늘에서도 풀리리라 하시고.

예수님은 베드로에게 "내가 천국 열쇠를 네게 주겠다"고 하신다(18:18; 요 20:23). 여기 "천국"이란 말은 '(진정한) 교회'란 뜻인데, "천국의 열쇠"란 '천국(진정한 교회)에 들어가는 것을 허용하거나 거부하는 권리'를 뜻한다. 예수님께서 베드로가 "주는 그리스도시요 살아계신 하나님의 아들이시니다"라고 고백한 것을 근거하고 예수님은 베드로와 사도들에게 사람들을 교회 안으로 들어가는 것을 허용하거나 거부하는 권리를 주시겠다고 하신다. 윌렴 헨드릭슨(Hendriksen)은 베드로와 사도들은 천국의 열쇠를 가지고 교회에 들어올 자와 들어오는 것을 거절할 자를 결정했다. 모든 사도들은 이 권세를 행사했다(행 4:33). 복음의 선포를 통하여 어떤 사람들에게는 교회로 들어오는 문을 열었고(행 2:3-39; 3:16-20; 4:12; 10:34-43), 다른 사람들에게는 교회로 들어오는 문을 닫았다고 말한다(3:23).[128] 천국의 열쇠를 가지신 분은 예수님뿐이시지만(계 1:18; 3:7) 예수님은 베드로와 사도들에게 이 열쇠를 주신다고 하셨다.

예수님은 또 베드로와 사도들에게 "네가 땅에서 무엇이든지 매면 하늘에서도 매일 것이요 네가 땅에서 무엇이든지 풀면 하늘에서도 풀리리라"고 하신다(18:18 참조). 즉 '교회에서 무엇이든지 매면 하늘에서도 하나님께서 인정하실 것이고 또 교회에서 무엇이든지 풀면 하늘에서도 하나님께서 인정하실 것이라'고 하신다. 교회에서 사도들이 하는 것을 하나님께서 다 인정하신다는 뜻이다. 윌렴 헨드릭슨(Hendriksen)은 치리는 역시 12사도에 의해 행해졌다. 베드로는 그 수위(首位)에 있었다(행 5:1-11). 얼마 후에 바울 역시 두 가지 요소 즉 복음의 선포와 치리의 활용을 매우 효과적으로 사용했다. 바울 사도의 복음 선포는 사도행전 13-28장까지 분명하게 나타나 있다.[129] 바울의 치리에 대해서

---

128) 윌렴 헨드릭슨(Hendriksen), *마태복음* (중), p. 412.
129) 윌렴 헨드릭슨, *마태복음* (중), p. 412.

는 고전 5:1-5과 고후 2:8에서 분명하게 기록하고 있다. 박윤선목사는 "후대의 목사들은 사도들이 명한 말씀에 순종하여 교회 치리의 사역행위를 할뿐이고 직접 치리권을 가진 것은 아니라"고 말한다.130)

마 16:20. 이에 제자들에게 경고하사 자기가 그리스도인 것을 아무에게도 이르지 말라 하시니라.

예수님은 제자들이 예수님을 알아보고 고백한 것(16-17절)을 심히 기뻐하셨으나 그러나 "제자들에게 경고하사 자기가 그리스도인 것을 아무에게도 이르지 말라"고 하신다(17:9; 막 8:30; 눅 9:21). 자신이 그리스도이신 것을 아무에게도 이르지 말라고 하신 것은 만약에 일반 대중들에게 알리면 일반 대중들은 예수님을 정치적인 그리스도로 옹립할 것이기에(요 6:15) 아무에게도 이르지 말라고 하신다. 일반 대중들은 예수님께서 십자가에서 죽으시고 부활하신 후까지 알아서는 안 되었다(17:9; 눅 9:21-22). 예수님이 죽으시고 부활하신 후에는 사람들이 예수님이 그리스도이신 것을 반드시 알아야 했다(행 2:36; 벧전 1:3).

21.예수님의 첫 번째 수난 예고 16:21-28

마태는 베드로를 위시하여 사도들이 예수님을 그리스도로 고백한(13-20절) 것을 기록한 다음 예수 그리스도께서 자신의 죽음과 부활을 처음으로 예고하신 것을 기록한다(21-28절). 예전에도 예수님은 그의 수난을 몇 차례 암시하셨으나(9:15; 10:38; 12:39-40), 지금부터는 공개적으로 자신의 수난과 부활을 드러내신다(21-28절; 17:22-23; 20:17-19). 3차례의 공개적인 선언 외에도 예수님은 아주 간략하게 그의 수난을 말씀하셨다(17:12; 26:1-2, 12). 이 부분(21-28절)에서 예수님은 자신이 수난하실 것을 예고하셨고(21절), 베드로가 예수님께 항변하면서 만류했으며(22절), 예수님께서 제자들에게 십자가를 지고 그리스도를 따를 것을 권고하셨다(23-27절). 그리고 예수님은 앞으로 재림하실 예수님이

130) 박윤선, *공관복음*, 성경주석, p. 443,

어떤 분일 것을 미리 보여주시겠다고 하신다(28절).

마 16:21. 이때로부터 예수 그리스도께서 자기가 예루살렘에 올라가 장로들과 대제사장들과 서기관들에게 많은 고난을 받고 죽임을 당하고 제 삼일에 살아나야 할 것을 제자들에게 비로소 나타내시니.

"이때로부터" 즉 '베드로와 사도들이 신앙고백을 한 때로부터'(16-17절) 예수 그리스도께서 제자들에게 비로소 4가지를 나타내신다(20:17; 막 8:31; 9:31; 10:33; 눅 9:22; 18:31; 24:6-7). 첫째, 자기가 예루살렘에 올라가실 것(뒤따르는 세 가지 일이 일어날 곳, 4:5; 5:35)과, 둘째, 장로들과 대제사장들과 서기관들(세 부류의 사람들은 산헤드린 공의회의 회원들-이들은 예수님에게 고난을 줄 사람들이다)에게 고난을 받으실 것과, 셋째, 죽임을 당하실 것과, 넷째, 제 삼일에 살아나야 할 것을 나타나신다. 제자들은 예수님께서 제 삼일에 다시 살아나야 하리라는 말씀을 전혀 이해하지 못했고 실지로 제 3일에 살아나신 후에야 겨우 조금 이해할 수 있었다(눅 24:7-8, 45-46).

본 절에는 우리 성경에 번역되지 않은 "반드시...해야 한다"(δει-must)는 말이 있다. 예수님은 반드시 예루살렘으로 올라가야 하고 또 반드시 고난을 받아야 하며 또 반드시 죽어야 하고 또 반드시 제 3일에 다시 살아나야 한다고 하신다. 예수님은 하나님께서 맡겨주신 필연성 속에서 자신의 일을 진행해 가셨다(4:13-16; 눅 2:29; 12:50; 22:37 참조).

마 16:22. 베드로가 예수를 붙들고 항변하여 이르되 주여 그리 마옵소서 이 일이 결코 주에게 미치지 아니하리이다.

예수님께서 4가지를 말씀하셨을 때 베드로가 예수님 앞으로나 혹은 옆으로 나아와서(다음 절 참조) 붙잡고 "항변한다"(ἐπιτιμᾶν). 여기 "항변했다"(ἐπιτιμᾶν)는 말은 '책망했다'는 뜻으로 베드로는 예수님의 말씀이 적절하지 못했다고 생각하고 예수님을 붙잡고 꾸짖듯 말한 것을 지칭한다. 베드로가 예수님에게 항변한 내용은 "주여 그리 마옵소서 이 일이 결코 주에게 미치지 아니하리이다"라는 말이었다. "주여, 그리 마옵소서!"('Ἵλεώς σοι)라는 말은 '하나님께서 당신에게 자비를 베푸소서'라는 뜻으로 '하나님은 절대로 주님에게 그런 일을 행하시지 않을 것입니다'라는 뜻이다. 베드로는 예수님에게 '예루살렘에 올라가지도 마시고 고난도 받지 마시며 죽지도 마십시요. 그런 일들이 주님에게 절대로 일어나지 않게 하겠습니다'라고 말한다. 베드로의 신앙고백은 예수님의 고난을 빠트리고 있었다. 제자의 한 사람으로서 스승의 고난을 막는 것은 당연했으나 주님에게 이루어져야 할 하나님의 필연성을 막았다는 데 큰 잘 못이 있었다.

마 16:23. 예수께서 돌이키시며 베드로에게 이르시되 사탄아 내 뒤로 물러가라 너는 나를 넘어지게 하는 자로다 네가 하나님의 일을 생각하지 아니하고 도리어 사람의 일을 생각하는도다 하시고.

예수님을 꾸짖듯 한 베드로에게 예수님은 돌이키시면서 베드로에게 두 마디 말씀을 하신다. 첫째, "사탄아 내 뒤로 물러가라"고 하신다(삼하 19:22 참조). 예수님께서 시험을 받으실 때와 같이 "사단아 물러가라"고 하신다(4:10 참조). 사단은 항상 예수님으로부터 그리고 우리로부터 물러나 있어야 한다.

둘째, "너는 나를 넘어지게 하는 자로다"라고 하신다(롬 8:7). "넘어지게 하는"(σκάνδαλον)이란 말은 '죄에 빠짐,' '죄짓게 하는 원인,' '멸망의 원인'이란 뜻으로 베드로의 말이 예수님을 시험에 빠져 죄를 짓게 하는 장애 물이 되었다는 뜻이다. 베드로는 예수님을 넘어지게 하는 자가 되었다. 잠시 전과는 너무나 다른 사람이 되어 있었다. 이상근목사는 "하여튼 순간전의 천사와는 너무 놀라운 대조이다. 큰 축복과 큰 책망, 하나님의 그릇과 사단의 그릇, 하나님의 일과 사람의 일, 반석과 부딪치는 돌 등, 사람이란 누구든지 이 양극을 쉽게 내왕하는 법이다"라고 말한다.131)

베드로가 이런 사람이 된 이유는 "하나님의 일을 생각하지 아니하고 도리어

---

131) 이상근, *마태복음*, 신약주해, P. 259.

사람의 일을 생각하고 있었기" 때문이었다. 베드로는 하나님께서 원하시는 방향으로 생각하지 않고 사람이 원하는 방향으로 생각하고 있었기 때문에 예수님에게 거침돌이 되고 있었다. 하나님이 원하시는 방향은 예수님께서 십자가에서 인류를 대신하여 죽는 것이었다. 그러나 베드로는 예수님께서 십자가에서 죽지 않고 제자들과 함께 사는 것이었다. 우리는 항상 하나님께서 원하는 방향, 하나님께서 주신 계시를 보면서 그 방향으로 생각해야 한다. 누구든지 하나님께서 원하시는 것을 반대한다면 사단의 대리자가 되는 것이다.

마 16:24. 이에 예수께서 제자들에게 이르시되 누구든지 나를 따라오려거든 자기를 부인하고 자기 십자가를 지고 나를 따를 것이니라.

예수님은 본 절부터 28절까지 제자들 전체에게 교훈을 주신다. "누구든지 나를 따라오려거든 자기를 부인하고 자기 십자가를 지고 나를 따를 것이니라"고 하신다(10:38; 막 8:34; 눅 9:23; 14:27; 행 14:22; 살전 3:3; 딤후 3:12). "자기를 부인하고"란 말씀은 '자기의 생각이나 자기의 주장 등을 부인하라'는 뜻이다. 다시 말해 '자아를 포기하라'는 뜻이다. 그리고 "자기 십자가를 지라"는 말씀은 '예수님을 따를 때 생기는 어려움을 지라'는 뜻으로 누구든지 예수님을 따르려면 자기에게 생기는 어려움(고통과 수치와 박해)을 지고 헌신적으로 예수님을 따라야 하는 것이다(10:38). 자기에게 생기는 어려움은 제자들마다 그리고 성도들마다 다를 수 있다.

마 16:25. 누구든지 제 목숨을 구원하고자 하면 잃을 것이요 누구든지 나를 위하여 제 목숨을 잃으면 찾으리라(ὃς γὰρ ἐὰν θέλῃ τὴν ψυχὴν αὐτοῦ σῶσαι ἀπολέσει αὐτήν· ὃς δ' ἂν ἀπολέσῃ τὴν ψυχὴν αὐτοῦ ἕνεκεν ἐμοῦ εὑρήσει αὐτήν).

본 절 초두에는 이유를 나타내는 접속사(γὰρ-"왜냐하면")가 있어 본 절이 앞 절의 이유를 드러내고 있다. 즉 누구든지 예수님을 따라 가려면 자기를 부인하고 자기 십자가를 지고 예수님을 따라가야 하는데(앞 절) 그 이유는 누구든지 제 목숨을 구원하고자 하면 잃을 것이요 누구든지 예수님을 위하여 제 목숨을 잃으면 찾기 때문이다(본 절). 10:39 참조.

예수님은 "누구든지 제 목숨을 구원하고자 하면 잃을 것이라"고 하신다(눅 17:33; 요 12:25).[132] 여기 "목숨"(ψυχὴν)이란 '육체적 생명,' '동물적 생명,' '영혼,' '인격의 중심,' '사람의 자아'를 뜻하는 말이다. 이 "목숨"이란 말이 '육신 생명'뿐 아니라 '영적 생명'을뜻한다는 것을 주의해애 한다. "누구든지 제 목숨을 구원하고자 하면"이란 말은 '누구든지 자기 힘으로 자기 육신 생명을 구원하고자 애쓰면' 결국 육신생명과 영적생명을 "잃는다"는 것이다. 사람은 누구든지 자기를 부인하고 예수님을 따를 때 구원을 얻는 것이지 자기 힘으로 구원을 얻어 보고자 아무리 힘을 써 보아도 결국은 생명(구원)을 잃게 되는 것이다. 우리는 우리 자신이 생명을 얻어 보려고 애쓸 것이 아니라 자기의 생각과 주장과 자아를 부인하고 예수님을 따라야 구원에 이를 수 있음을 알아야 한다.

그리고 예수님은 "누구든지 나를 위하여 제 목숨을 잃으면 찾으리라"고 하신다.[133] 여기 "누구든지 나를 위하여 제 목숨을 잃으면"이란 말은 '누구든지 예수님을 따르기 위하여 자기를 부인하고 자기 십자가를 지고 따르면'(24절)이란 말과 동의 절이다. 우리는 누구든지 예수님을 따르기 위하여 우리의 목숨을 버려야(희생해야) 할 것이다. 그러면 영육간 구원을 받는다.

마 16:26. 사람이 만일 온 천하를 얻고도 제 목숨을 잃으면 무엇이 유익하리요 사람이 무엇을 주고 제 목숨과 바꾸겠느냐.

예수님은 본 절에서 이상에서 하신 말씀들에 더 밝은 빛을 비추신다. 한마디로

---

132) 윌렴 헨드릭슨은 자기 힘으로 자기 목숨을 구원해보고자 한 사람을 실례로 든다. 시기심 많은 가인(창 4:1-8; 요일 3:12), 욕심 많은 아합과 이세벨(왕상 21장), 거만한 하만(에 3:5; 5:9-14), 복수심에 불타는 헤롯 1세(마 2:3, 16), 예수님을 배반한 가룟 유다(마 26:14-16; 눅 22:47-48).

133) 윌렴 헨드릭슨은 예수님을 따르기 위하여 자기 생명을 버린 사람들의 예를 든다. 자신을 부인한 유다(창 44:18-34), 고결한 요나단(삼상 18-20장), 선한 사마리아 인(눅 10:29-37), 에바브로디도와 같은 사람들(빌 2:25-30)과 오네시모(딤후 1:16; 4:19).

예수님은 “제 목숨 잃으면 무엇이 유익할 것이냐”고 하신다. 만일 “온 천하” 즉 ‘평안, 안락, 명예, 부요함 등 세상적인 것을 다 얻는다고 해도 제 목숨을 잃으면(제 영혼이 지옥에 가면) 무엇이 유익할 것이냐’고 하신다.

예수님은 “사람이 무엇을 주고 제 목숨과 바꾸겠느냐”고 하신다(시 49:7-8). ‘만일 사람이 목숨을 잃으면, 즉 영원한 파멸로 향하게 되면, 그를 구원할 세상은 아무 것도 아니다’(헤르만 리델보스). 세상의 그 무엇도 우리의 영혼과 바꿀 것은 없다. 영혼만큼 중요한 것은 없다. 그런고로 우리는 세상을 포기하고 그리스도를 따라야 한다. 그래서 영혼의 구원을 받아야 한다. 우리는 제일 귀중한 가치가 있는 것을 선택해야 한다(룻 1:16-17; 왕상 18:21; 히 11:25).

마 16:27. 인자가 아버지의 영광으로 그 천사들과 함께 오리니 그 때에 각 사람이 행한 대로 갚으리라.

“인자”(예수님의 자칭호-8:20 주해 참조), 곧 ‘고난 받으신 메시아’가 “아버지의 영광으로 그 천사들과 함께 오리니 그 때에 각 사람이 행한 대로 갚으리라”고 하신다(25:31; 26:64; 단 7:10; 슥 14:5; 막 8:38; 눅 9:26; 유 1:14). ‘예수님이 아버지께서 주시는 영광을 가지고 천사들과 함께 오실 때에(24:30; 26:64) 각 사람이 행한 대로(욥 34:11; 시 62:12; 잠 24:12; 렘 17:10; 32:19; 롬 2:6; 고전 3:8; 고후 5:10; 벧전 1:17; 계 2:23; 22:12), 즉 각 사람이 예수님을 따르기 위하여 제 목숨을 잃었는지 혹은 온 천하를 얻으려고 예수님을 버렸는지 그 행한 대로 보상하실 것이라’고 하신다. 그리스도를 따른 사람은 목숨을 얻게 되고 그리스도를 버리고 세상을 따른 사람은 목숨을 잃게 될 것이다. 예수님께서 오실 때에 “각 사람이 행한 대로 갚으리라”는 말씀에 우리는 정신을 바짝 차려야 할 것이고 더욱 긴장해야 할 것이다. 우리는 자신을 부인하고 그리스도만을 철저히 따라야 할 것이다.

마 16:28. 진실로 너희에게 이르노니 여기 서 있는 사람 중에 죽기 전에 인자가 그 왕권을 가지고 오는 것을 볼 자들도 있느니라.

본 절은 누가복음 9:27과 마찬가지로 바로 앞 선 내용(재림)과 밀접하게 연결되어 있다. 예수님은 바로 앞 절에서 그의 재림을 말씀하셨고 본 절은 그의 영광의 시작을 알리신다.

예수님은 "내가 진실로 너희에게 이른다"고 하신다. 다시 말해 엄숙하게 이르시겠다는 뜻이다. 앞으로 말씀하실 내용은 참으로 엄숙한 메시지라는 뜻이다. 예수님께서 말씀하실 엄숙한 메시지는 "여기 서 있는 사람 중 죽기 전에 인자가 그 왕권을 가지고 오는 것을 볼 자들도 있다"는 것이다(막 9;1; 눅 9:27). "죽기 전에," 다시 말해 '늙어서 죽든, 아니면 늙기 전에 순교하든 어쨌든 죽기 전에' "인자가 그 왕권을 가지고 오는 것을 볼 자들도 있을 것이라"고 하신다. "인자가 그 왕권을 가지고 오는 것"이란 말은 '예수님께서 왕의 신분으로 오시는 것'을 지칭한다. 예수님은 왕의 신분으로 왕의 영광, 왕의 모습으로 오실 것이다.

"인자가 왕권을 가지고 오는 것"이 무엇을 지칭하는가에 대해서는 몇 가지 설이 있다. 1)세 제자가 본 변화산의 예수님의 변형 사건이라는 해석, 2)예수님의 부활이라는 해석, 3)오순절에 있었던 성령님의 강림이라는 해석, 4)오순절 성령 강림 이후 복음의 폭발적 확산을 지칭한다는 해석들이 있다. 이 중에 예수님의 변형사건은 앞으로 하나님의 나라가 권능으로 임하는 것을 미리 보여주는 하나의 예표라고 볼 수 있다. 변형 사건은 너무 중요한 사건이기는 하지만(벧후 1:16-18) 아무래도 짧은 시간에 이루어졌다가 사라졌기에 하나님의 통치가 계속해서 임했다고 말하기는 어렵고 하나의 예표라고 보는 것이 더 나을 것이다. 그런고로 본 절이 말하는 인자가 그 왕권(왕의 신분)을 가지고 오는 것은 역사적으로 예수님의 부활로부터 시작하여 성령님의 강림으로 임한 하나님의 계속적인 통치를 지칭하는 것으로 보는 것이 타당할 것이다. 예수님의 부활로부터 성령 강림 이후의 복음의 놀라운 폭발적인 확장은 하나의 연결된 사건으로 제자들이 죽기 전에 보았던 인자의 왕권이다. 윌렴 헨드릭슨(Hendriksen)은 "예수께서는 부활에서 재림까지의 모든 영광의 상태를 하나로 간주하신다. 27절에서 예수께서는 그 영광의 마지막을 말씀하시고 본문인 28절에서는 그 시작을 말씀하신다. 그러므로 본문에서 예수께서는 그의 말씀을 듣고 있는 사람들 중에는 그 처음 시작을 볼 자들이 있다고 말씀하신다. 그들은 인자가 '그의 왕권을 가지고' 오시는 것, 즉 왕으로서 통치하시기 위해 위엄을 갖추고 오시는 것을 볼 것이다"라고 주장한다.[134] 오순절 성령강림 이후 복음을 통한 하나님의 통치는 놀랍게 퍼져나갔고 예루살렘과 유다와 사마리아와 땅 끝으로 퍼져나갔다. 제자들 중에 야고보는 많은 사건을 보지는 못했다. 이유는 그가 일찍이 순교했기 때문이었다(행 12:2). 그러나 다른 제자들은 성령님의 놀라운 역사로 복음이 놀랍게 확장되어 가는 것을 볼 수 있었다.

---

134) 윌렴 헨드릭슨(Hendriksen), *마태복음* (중), p. 425.

제 17 장

변화산 변모와 간질병 아이 치유 및 두 번째 수난예고와 성전세 납부하신 일

22.변화 산에서 변형되시다 17:1-13

마태는 예수님의 제자들이 예수님을 고백한 것(16:13-20)과 예수님께서 십자가에서 죽으실 것을 예고하신 것(16:21-28)을 기록한 다음 예수님께서 변화산에서 변모하신 것을 기록한다(17:1-13). 유대종교지도자들의 반대에 직면하신 그리스도는 제자들과 함께 북행하신 다음 세 제자를 데리시고 높은 산으로 올라가 변모하셔서 제자들에게 박해의 저편에 있는 영광을 보여주셨고 또 자신이 참 메시아인 것을 분명하게 보여주셨다. 이 기사(1-13절)는 막 9:2-8; 눅 9:28-36과 병행하고 벧후 1:17-18에 간략히 기록되어 있다.

마 17:1. 엿새 후에 예수께서 베드로와 야고보와 그 형제 요한을 데리시고 따로 높은 산에 올라 가셨더니.

"엿새 후에"란 말은 '만 6일이 되어'란 뜻일 것이다. 이유는 눅 9:28은 "팔일쯤 되어"라고 기록하고 있기 때문이다. 그러니까 보통 계산으로는 8일쯤 지났고 만으로는 6일이 지난 시점일 것이라는 뜻이다. 유대나라도 우리나라처럼 날짜 계산이 정확하지 않았다. 예수님은 빌립보 가이사랴에서 제자들이 예수님을 고백한 다음 만 6일이 지나서 그의 변모를 보여주시는 것이 바른 것으로 아셨다.

예수님은 자신이 십자가에서 죽으시고 3일 만에 부활하실 것을 예고하신 다음 만 6일이 지나 "베드로와 야고보와 그 형제 요한을 데리시고 따로 높은 산에 올라 가셨다"(막 9:2; 눅 9:28). 예수님은 세 제자만 데리시고 따로 높은 산에 올라가신 것이다. 12제자를 다 데리고 가시지 않고 세 제자만 데리고 산으로 오르셨을까. 아마도 세 제자를 잘 훈련시키고(26:37; 막 5:37; 13:3) 또 세 제자에게만 보여주어도 결국은 이들이 모두에게 영향을 끼칠 수 있기 때문이었다. 예수님께서 12제자를 택하신 것은 12제자가 바로 구약 이스라엘의 12지파를 계승하는 새 이스라엘이라는 것을 보여주신 것이었다. 새 이스라엘은 결코 바리새인들과 장로들, 그리고 이스라엘 민족이 아니고 12제자들이라는 것을 알리시기 위해서 12제자를 택하셨다. 예수님은 이 3제자만 훈련을 시켜도 전체에게 큰 영향을 끼칠 수 있다는 것을 보여주셨다.

그리고 본문의 "높은 산"이 어떤 산이냐를 정확하게 말하는 것은 어려우나 아마도 헬몬산(해발 2,850m)으로 보여진다. 빌립보에서 가깝게 있는 것을 생각하면 예수님께서 이 산에 오르셨을 것으로 보인다. 혹자들은 다볼산(해발 600m)으로 말하기도 하고 혹은 헛틴산으로 말하기도 하나 그 높이가 낮다.

마 17:2. 그들 앞에서 변형되사 그 얼굴이 해 같이 빛나며 옷이 빛과 같이 희어졌더라.

마태는 예수님께서 그들 앞에서 "변형되셨다"(μετεμορφώθη)고 말한다(막 9:2). 눅 9:32에 의하면 제자들이 졸다가 아주 깨어났을 때 그들은 예수님께서 "변형되신"(μετεμορφώθη) 것을 보았다. 여기 예수님께서 "변형되셨다"는 말(μετεμορφώθη)은 '모양이 바뀌셨다'는 뜻인데 이 낱말이 수동태인 것을 감안하면 하나님의 역사로 보아야 한다(W. D. Davies and Dale C. Allison).[135] 그런데 실제로 이 말이 무엇을 뜻하느냐를 두고 여러 가지 견해가 대두되었다. 1) 혹자는 예수님의 변형은 본질적인 변형이라고 주장한다. 그러나 예수님의 변형되심이 본질적인 변형이라고 주장하는 것은 너무 지나친 것으로 보인다. 이유는 예수님은 이미 신성과 인성을 가지고 계시기에 본질적으로 변형되셨다고 보는 것은 무리이다. 예수님은 본질적으로 변형되실 것이 없으신 분이시다. 2) 혹자는

135) W. D. Davies and Dale C. Allison, *A Critical and Exegetical Commentary on the Gospel According to Saint Matthew*, Edinburgh: T. & T. Clark, 1991.

예수님의 변형되심이 그의 숭고한 마음에서 기인한 것이라고 하나 그의 마음은 항상 숭고하시다고 해야 할 것이다. 3) 혹자는 그 때에 석양이 나타나서 예수님께서 변형되신 것으로 보였다고 주장하나 마태가 예수님께서 변형되신 것인지 혹은 석양 때문에 변형되신 것처럼 보인 것인지를 모르고 이 기사를 썼다고 볼 수는 없다. 4) 혹자는 예수님의 내부로부터 하나님의 영광이 돌출했기 때문이라고 하기도 하나 예수님은 항상 하나님의 영광을 가지고 계셨다. 5) 혹자는 예수님께서 아버지 하나님과 교제하셨기에 변형되신 것이라고 하나 예수님은 항상 아버지와 교제하고 계셨다. 그런고로 여기 "변형되셨다"는 말은 "그 얼굴이 해 같이 빛나며 옷이 빛과 같이 희어진" 것을 지칭하는 것으로 보아야 할 것이다. 그러니까 예수님께서 변형되신 것은 얼굴이 해 같이 빛나게 된 것과 옷이 빛과 같이 희어진 것을 가리키는 것으로 보아야 할 것이다.

예수님은 그 얼굴이 "해 같이"(ώς ὁ ἥλιος) 빛나셨다. 해 같이 빛나셨다는 말은 예수님께서 지극히 거룩하신 분이라는 것을 보여주시는 말이다. 그리고 예수님의 옷이 "빛 같이"(ώς τὸ φῶς) 희어지신 것도 예수님의 거룩하심을 보여주는 것이었다. 마가는 막 9:3에서 "그 옷이 광채가 나며 세상에서 빨래하는 자가 그렇게 희게 할 수 없을 만큼 매우 희어졌더라"고 말한다.

예수님께서 "그들 앞에서" 변형되신 것은 제자들에게 예수님은 특별하신 분, 즉 예수님은 메시아라는 것, 따라서 제자들은 앞으로 구령사업에 확신을 가지고 일하도록 배려하시기 위함인 것으로 보인다. 제자들은 예수님을 메시아로 믿는 굳센 믿음을 가지고 일해야 했다. 베드로는 이 때의 경험을 오래도록 가지고 사역했다(벧후 1:16-17).

마 17:3. 그 때에 모세와 엘리야가 예수와 더불어 말하는 것이 그들에게 보이거늘.

마태는 예수님께서 변형되셨을 때 "모세와 엘리야가 예수와 더불어 말하는 것이 그들(베드로, 야고보, 요한)에게 보였다"고 말한다. 여기 "모세"는 이스라엘 민족을 인도해서 출애굽했고 또 시내 산에서 하나님으로부터 율법을 받아 백성들에게 전달했으며 그가 지은 한 차례의 범죄로 말미암아 가나안에 들어가지 못한 채 40년의 사역을 마감하고 말았다(신 34:5-6). 그리고 "엘리야"는 살아있는 육신을 가지고 승천한 선지자였다(왕하 2:11). 모세와 엘리야 두 사람은 많은 경우 성경에 함께 등장한다(말 4:4-5).

모세와 엘리야 두 사람은 예수님과 더불어 말했는데 눅 9:31에 의하면 "장차 예수께서 예루살렘에서 별세하실 것을 말했다." 모세와 엘리야 두 사람이 나타나서 예수님의 십자가 대속의 죽음에 대해서 말씀하신 목적은 아마도 한 가지였을 것이다. 그것은 모세는 율법의 입장에서 예수님께서 십자가에서 대속의 죽음을 죽으셔야 할 것을 말씀해서 제자들로 하여금 예수님의 죽으심을 알려 주기를 원했고 엘리야는 선지자의 입장에서 대 선지자이신 예수님의 십자가 대속의 죽음에 대해서 제자들에게 알려주기를 소원했을 것이다. 구약 사람들이 나타나 예수님의 죽음을 말한 것은 예수님의 제자들로 하여금 예수님의 십자가의 대속의 죽음이 우연한 것이 아니라 구약 말씀의 성취임을 알려주기 위함이었을 것이다.

우리는 이 기사로부터 천국에 먼저 간 성도들의 중심 화제는 예수님의 죽음이라는 것을 알 수 있다. 구약의 두 사람은 예수님의 십자가 공로는 구약 성도들을 위한 것이었고 또 신약 성도들을 위한 것이기도 하다는 것을 알려 주기를 원했을 것이다.

마 17:4. 베드로가 예수께 여쭈어 이르되 주여 우리가 여기 있는 것이 좋사오니 만일 주께서 원하시면 내가 여기서 초막 셋을 짓되 하나는 주님을 위하여, 하나는 모세를 위하여, 하나는 엘리야를 위하여 하리이다.

베드로는 무서운 마음도 있고 또 무슨 말을 해야 할는지 알 수 없어서(막 9:6; 눅 9:33), 예수님께 여쭙기를 "주여 우리가 여기 있는 것이 좋다"고 말한다. 베드로는 예수님께서 변형하신 중에 그리고 구약의 모세와 엘리야가 나타난 이 현장에 계속해서 더 있는 것이 좋다고 말한다. 그러면서 예수님의 허락을 얻으려 한다. 즉 "주께서 원하시면"이라고 말한다. 베드로는 아마도 이 때 다른 제자들과 상의하지 않고 혼자 이런 말을 했을 것이다. 그는 "내가 여기서 초막 셋을 짓되 하나는 주님을 위하여, 하나는 모세를 위하여, 하나는 엘리야를 위하여 하리이다"라고 말한다. 옛날 구약 시대에 귀한 손님에게 초막을 지어 대접했던 것처럼(왕하 4:9-10) 먼저 예수님에게 초막(나무 가지와 나뭇잎으로 엮어 만든 임시변통의 집) 하나를, 그리고 모세를 위하여 초막 하나를, 엘리야를 위하여 초막 하나를 지어 드려 이곳에서 오래도록 계실 수 있도록 해드리고 싶다고 말했다. 베드로는 자기와 두 동료가 거할 초막에 대해서는 말하지 않았다. 그러니까 아주 이기적인 생각으로 이 제안을 한 것은 아니고 그저 이 환경을 오래 계속하고 싶어서 그런 제안을 한 것이다. 베드로는 예수님의 십자가의 고난을 생각하지 아니하고 지상에서 행복 중에 살고 싶은 충동 속에서 이렇게 말한 것이다. 우리는 땅위에서의 일시적인 행복 보다는 예수님께서 맡겨주신 사명과 예수님을 따르기를 중심하는 삶을 살아야 할 것이다.

마 17:5. 말할 때에 홀연히 빛난 구름이 그들을 덮으며 구름 속에서 소리가 나서 이르시되 이는 내 사랑하는 아들이요 내 기뻐하는 자니 너희는 그의 말을 들으라 하시는지라.

베드로가 앞 절(4절)의 내용을 말하고 있을 때 "홀연히 빛난 구름이 그들을 덮었다"(벧후 1:17). "홀연히 빛난 구름이 그들을 덮은" 이유는 베드로의 계속되는 말을 중단하기 위함이었을 것이다. 베드로의 말은 하나님 앞에 합당하지 않았고 또 자신들에도(야고보와 요한에게도) 합당하지 않았다. 땅 위에서 자기들만 행복을 연장해 보려는 것은 하나님의 사람 모두에게 합당하지 않는 것이다.

여기 "구름"이 나타난 것은 하나님의 임재의 상징이다. 하나님의 임재를 상징하는 구름은 때로 빛나기도 했으며 희기도 했으며 광채가 나기도 했다(출 13:12; 16:10; 40:35; 왕상 8:10-11; 느 9:19; 시 78:14; 겔 1:4; 계 14:14, 16).

그리고 본문의 "빛난 구름이 그들을 덮었다"는 말은 빛난 구름이 세 제자들을 덮은 것을 뜻한다. 혹자는 세 제자를 덮은 것으로 해석하나 구약의 두 사람과 예수님을 덮었다는 말로 해석하는 것이 옳을 것이다(Bruce, Herman

Ridderbos, Hendriksen). 이유는 구름 속에서 소리가 나는 것을 세 제자가 들었기 때문이다.

세 제자는 "구름 속에서 소리가 나는" 것을 들었다. 그 소리는 하나님의 소리였는데 하나님은 세 제자가 들을 수 있도록 말씀하시기를 "이는 내 사랑하는 아들이요 내 기뻐하는 자니 너희는 그의 말을 들으라"고 하신다(3:17; 막 1:11; 눅 3:32). 예수님은 "하나님의 아들이요 내 기뻐하는 자"라고 하신다(사 42:1; 마 3:17; 12:8). 하나님의 이 말씀은 3:17과 동일하다. 그 곳 주해를 참조하라. 하나님께서 이렇게 하늘에서 예수님을 인정하시는 말씀을 하신 것은 예수님을 위한 것이 아니라 세상 사람들로 하여금 예수님이 어떤 분임을 알게 하시려는 것이었다. 성부 하나님의 이 음성은 예수님의 수난 시기에(요 12:28) 다시 들렸다. 변화산의 변형은 두 가지를 우리에게 보여준다. 하나는 예수님은 메시아라는 것과 또 하나는 우리는 모두 예수님의 말씀을 들어야 한다는 것이다(신 18:15 참조). 우리는 참으로 메시아의 말씀을 순종해야 한다.

마 17:6. 제자들이 듣고 엎드려 심히 두려워하니.

하나님의 음성이 구름 속으로부터 들려오자 "제자들이 듣고 엎드려 심히 두려워했다." 빛난 구름 속으로부터 들려오는 하나님의 음성을 듣고 두려워하지 않을 사람이 있겠는가. 그들은 엎드려 심히 두려워했다(단 8:17; 10:9; 계 1:17). 제자들은 이 때 크게 두려워했기 때문에 오래도록 기억에 남게 되었다(벧후 1:16-17).

마 17:7. 예수께서 나아와 그들에게 손을 대시며 이르시되 일어나라 두려워 말라 하시니.

제자들과 거리를 두고 계셨던 예수님께서 제자들에게 "나아와 그들에게 손을 대신다"(단 8:18; 9:21; 10:10, 18). 예수님은 제자들의 심리를 아시고 그들에게 가까이 나아오셔서 그들에게 손을 대신 것이다. 예수님은 두려워하는 제자들에게 손을 대시므로 위로하신다. 그리고 예수님은 말씀하시기를 "일어나라 두려워

말라 하신다." 엎드려 있던 제자들에게 일어나라고 권고하시고 두려워하지 말라고 권하신다. 변화산의 예수님의 변형되심이나 하나님께서 구름 속에서 음성으로 말씀하신 것이 제자들을 두렵게 하시려는 것이 아니라 제자들로 하여금 예수님이 메시아임을 알아보고 더욱 순종하게 하신 것 뿐이었다. 결코 두려워해야 할 일이 아니었다. 오늘도 하나님의 임재가 우리로 하여금 두려워하게 하시는 것이 아님을 알아야 한다.

마 17:8. 제자들이 눈을 들고 보매 오직 예수 외에는 아무도 보이지 아니하더라.
예수님의 위로의 말씀을 듣고(앞 절) "제자들이 눈을 들고 보매 오직 예수 외에는 아무도 보이지 아니했다." 구약의 두 사람, 모세와 엘리야도 없고 또 예수님도 변형된 상태가 아니라 이전의 상태로 돌아오셨음을 알게 되었다. 예수님은 모세의 율법을 이루시는 분이었고 또 선지자들의 예언을 이루시는 분이시기에 구약의 두 인물은 이제 물러가야 했다. 그 두 인물은 이제 그들의 사역을 다 마치고 물러간 것이다. 예수님께서 십자가에서 대속의 죽음을 죽으심으로 모세의 법도 이루시고 또 선지자들의 예언도 이루시는 것이니 그들이 할 일은 다 한 것이니 물러가야 했다. 오직 예수님만 그 자리에 남으시게 되었다. 우리는 모든 것을 이루신 예수님을 전해야 한다.

마 17:9. 그들이 산에서 내려올 때에 예수께서 명하여 이르시되 인자가 죽은 자 가운데서 살아나기 전에는 본 것을 아무에게도 이르지 말라 하시니.
마태는 본 절부터 13절까지 예수님과 세 제자와의 대화를 기록한다. 이 부분(9-13절)은 막 9:9-13과 병행한다.

그들이 산에서 내려올(예수님은 다음 날 산에서 내려오셨다-눅 9:37) 때에 예수님께서 명하시기를 "인자가 죽은 자 가운데서 살아나기 전에는 본 것을 아무에게도 이르지 말라 하신다"(16:20; 막 8:30; 9:9). 16:20 참조. 여기 "인자" 란 말은 예수님의 자칭호(自稱呼)인데 '고난 받으시는 메시아'라는 뜻이다. 예수님은 자신이 죽은 자 가운데서 살아나기 전에는 제자들이 변화산 위에서 본 것을 아무에게도 말하지 말라고 부탁하신다. 즉 예수님이 메시아라는 것과 예수님의 영광에 대해서 아무에게도 말하지 말라는 말씀이다. 그래야 하는 이유는 예수님께서 부활하시기 전에 예수님의 메시아 되심과 또 메시아적 영광이 탄로가 되면 예수님의 사역에 지장이 되기 때문이었다. 변화산 위의 일은 훗날 알려져도 늦지 않을 것이었다. 세 제자들은 산 아래에 있었던 9제자들게에도 말하지 않아야 했다. 세 제자들은 특수 훈련을 받고 있었다.

마 17:10. 제자들이 물어 이르되 그러면 어찌하여 서기관들이 엘리야가 먼저 와야 하리라 하나이까.

예수님의 함구령을 들은(앞 절) 제자들은 가만히 있지 못하고 한 가지 질문을 한다. 그들은 "그러면 어찌하여 서기관들이 엘리야가 먼저 와야 하리라 하나이까"(Τί οὖν οἱ γραμματεῖς λέγουσιν ὅτι Ἠλίαν δεῖ ἐλθεῖν πρῶτον)라고 질문한다(11:14; 말 4:5; 막 9:11). 제자들은 "그러면"(οὖν), 즉 '그렇다면' 다시 말해 '산위에서 본 것을 아무에게도 이르지 말라고 예수님께서 말씀하신다면' "어찌하여 서기관들이 엘리야가 먼저 와야 하리라 하나이까"라고 질문한 것이다. 서기관들이 말 4:5-6을 근거하여 메시아께서 오시기 전에 먼저 엘리야가 오리라고 해석했는데 변화산 위에 엘리야가 나타난 일을 사람들에게 말하지 못할 이유가 무엇일까 하고 물었다. 세 제자들은 이미 예수님을 향해서 신앙고백을 했고(16:16), 또 실제로 변화산 위에서 예수님이 메시아이신 것을 분명히 보았는데 엘리야가 이미 나타났다고 말하면 참 좋을 것으로 알고 있는데 예수님께서 이렇게 함구령을 내리시는 이유가 무엇인가 참으로 궁금함을 금할 수가 없어 질문을 한 것이다.

마 17:11. 예수께서 대답하여 이르시되 엘리야가 과연 먼저 와서 모든 일을 회복하리라.

예수님은 엘리야가 메시아보다 먼저 와야 하리라고 주장하는 서기관들의 말(앞 절)을 옳다고 인정하시면서 "엘리야가 과연 먼저 와서 모든 일을 회복하리라"(Ἠλίας μὲν ἔρχεται καὶ ἀποκαταστήσει πάντα)고 답해주신다(말 4:6; 눅 1:16-17; 행 3:21). 예수님은 '엘리야(세례 요한)가 예수님 자신보다 먼저 와서 모든 일을 회복하게 되어 있다'고 순서를 말씀하신다. 그 순서만큼은 틀리지 않았다고 긍정하신다.

예수님께서 엘리야가 과연 먼저 "와서"라고 말씀하실 때 "와서"(ἔρχεται)라는 현재형을 사용하신 것은 엘리야(세례 요한)의 사역이 예수님 당시에도 진행 중에 있음을 보여주고 있다. 엘리야의 심령으로 이 땅에 온 세례 요한(13절)은 예수님께서 말씀하시던 당시 벌써 죽었지만 그러나 그 당시 세례 요한의 사역은 계속 진행되고 있다는 것을 보여주시기 위해 현재형을 사용하셨다. 그리고 예수님은 세례 요한이 "모든 일을 회복하리라"고 하셨는데 이는 세례 요한이 사람들의 비뚤어진 마음을 그리스도에게로 돌려놓는 사역을 말함인데(눅 1:17; 3:7-14) 그 사역도 역시 계속되고 있음을 말씀하신다. 예수님은 이렇게 서기관들의 말이 옳다고 긍정하시고 다음 절에서는 그들과 의견을 달리하고 계신다.

마 17:12. 내가 너희에게 말하노니 엘리야가 이미 왔으되 사람들이 알지 못하고 임의로 대우하였도다 인자도 이와 같이 그들에게 고난을 받으리라 하시니.
예수님은 엘리야(세례 요한)가 메시아보다 먼저 와서 모든 일을 회복할 것이라(앞 절)고 말씀하신 다음 본 절에서는 중대한 것을 말씀하시기 위하여 "내가 너희에게 말하노니"라는 언사를 사용하신다. 예수님은 "엘리야가 이미 왔다"고 하신다(11:14; 막 9:12-13). 엘리야가 육신적으로는 오지 않았지만 그의 심령을 가진 세례 요한이 왔다고 하신다(눅 1:17). 서기관들은 메시아가 오기 전에 반드시 엘리야가 육신적으로 다시 오리라고 했는데 예수님은 엘리야의 심령을 가진 세례 요한이 이미 왔다고 하신다.

그런데 예수님은 엘리야(세례 요한)가 이미 왔지만 "사람들이 알지 못하고 임의로 대우하였다"고 하신다(14:3, 10). 즉 사람들의 일부가 세례 요한을 선지자로 알았지만(마 21:26) 세례 요한의 교훈을 마음에 두지 않았으며 아무렇게나 대우했다. 유대인의 권세자들은 요한을 배척했고(21:25), 헤롯 안디바스는 세례 요한을 투옥시켰으며 목 베었다(14:3-12; 눅 23:11).

예수님은 유대인들이 세례 요한을 알지 못하고 임의로 대우한 것처럼 "인자도 이와 같이 그들에게 고난을 받으리라"고 하신다(16:21). 예수님은 유대인들(일반 백성들, 유대종교지도자들, 정치지도자들)로부터 고난을 받으실 것을 미리 아시고 제자들에게 예언하신다. 예수님은 실지로 사람들에게 배척받으시고 고난 받으시며 죽임을 당하셨다(마 27:20-23, 25; 요 19:11; 행 4:27-28).

마 17:13. 그제서야 제자들이 예수께서 말씀하신 것이 세례 요한인 줄을 깨달으니라.

제자들은 예수님께서 설명하시는 사람(앞 절)이 "세례 요한인 줄을 깨달았다." 예수님은 일찍이 세례 요한에 대하여 말씀하셨는데 사람들은 깨닫지 못했다(11:4-14). 그런데 예수님께서 변화 산상에서 내려오실 때 제자들의 질문(10절)에 대해 자세히 설명해주시는 중(11-12절) 제자들은 이제야 예수님께서 말씀하신 것이 세례 요한인줄 알게 되었다(11:14). 제자들은 이제 세례 요한이 디셉 사람 엘리야와 동일한 심령을 가진 인물임을 알게 되어 엘리야 다음으로 메시아의 순서를 알게 되었다. 한 가지 진리를 깨닫는다는 것이 참으로 어려운 일임을 알 수 있다.

23.간질병 아이를 고치시다 17:14-21

산상의 변모 후에 산 아래로 내려오신 예수님은 기다리고 있던 한 사람의 애절한 소원을 들으시고 간질병 들린 아이를 고쳐주신다. 예수님과 세 제자가 그냥 산상에 있었더라면(베드로의 소원을 들어) 산 아래 사람은 고침을 받지 못하고 그저 귀신에 사로잡힌 채 지내야 했을 것이다. 산상의 체험은 산 아래의 비극을 치료하기 위하여 있었다. 우리는 산 아래의 비극을 생각하고 살아야 한다.

마 17:14-15. 그들이 무리에게 이르매 한 사람이 예수께 와서 꿇어 엎드려

이르되 주여 내 아들을 불쌍히 여기소서 그가 간질로 심히 고생하여 자주 불에도 넘어지며 물에도 넘어지는지라.

예수님과 세 제자들이 산 아래의 "무리에게 이르렀다." 그들은 그들을 기다리는 무리를 외면하지 않았다. 우리는 무리들 틈에 들어가야 한다. 기도 자리에만 있어서는 안 된다. 그런데 "한 사람이 예수께 와서 꿇어 엎드려 아뢴다"(막 9:14; 눅 9:37). 간질병을 앓는 아이의 아버지가 예수님께 나아와서 꿇어 엎드려 자기의 사정을 아뢰었다. 우리가 살 길은 예수님 앞에 나아와서 꿇어 엎드려 우리의 사정을 예수님께 아뢰는 길밖에 없다. 여기 꿇어 엎드렸다는 말은 존경과 복종의 표시이다.

환자의 아버지는 예수님께 "주여 내 아들을 불쌍히 여기소서 그가 간질로 심히 고생하여 자주 불에도 넘어지며 물에도 넘어집니다"라고 아뢰었다. 그 사람은 예수님을 "주여"(Κύριε)라고 불렀다. 최고의 존경어였다. 그는 "내 아들을 불쌍히 여기소서"라고 애원했다. 이유는 "그가 간질로 심히 고생하여 자주 불에도 넘어지며 물에도 넘어지기" 때문이라고 했다. 불쌍히 여겨주시기를 간구하는 사람은 그 이유를 말하는 것이 중요하다. 불쌍히 여김 받을 만한 일이 무엇임을 말하는 것이 중요하기 때문이다. "간질"(σεληνιάζεται)은 '경련(conversion)을 일으키는 정신병의 하나'다(막 9:18, 20, 26; 눅 9:39). 아이가 걸렸던 간질병의 원인은 귀신 때문이었다(18절).

마 17:16. 내가 주의 제자들에게 데리고 왔으나 능히 고치지 못하더이다.

간질병 들린 아이의 아버지는 예수님으로부터 긍휼을 얻기 위하여 "내가 주의 제자들에게 데리고 왔으나 능히 고치지 못했다"고 말씀드린다. 제자들은 이미 병자를 고치는 권세를 받았고(10:1) 또 권능을 행하기도 했는데(막 6:13, 30; 눅 9:6-19) 지금은 그 아이를 고치지 못했다. 그 아이를 고치려고 시도는 했으나 도무지 고칠 수가 없었다(19절). 능력 없는 제자들은 그 때나 지금이나 사람들로부터 부끄러운 말을 듣게 마련이다.

마 17:17. 예수께서 대답하여 이르시되 믿음이 없고 패역한 세대여 내가 얼마나 너희와 함께 있으며 얼마나 너희에게 참으리요 그를 이리로 데려오라 하시니라. 아이의 아버지의 말씀을 들은 예수님은 그 말씀을 그대로 믿고 말씀하시기를 "믿음이 없고 패역한 세대여 내가 얼마나 너희와 함께 있으며 얼마나 너희에게 참으리요"라고 말씀하신다. 예수님은 당시 세대를 "믿음이 없고 패역한 세대여" 라고 꾸짖으신다. 예수님의 제자들(막 9:29)만 아니라 아들을 고치지 못하고 쩔쩔매는 아버지(막 9:22-24), 예수님을 대적하고 있는 서기관들(막 9:14), 그리고 우왕좌왕하고 있는 일반 백성들 모두(요 6:26)를 믿음이 없는 세대라고 꾸짖으셨다. 그리고 믿음이 없는 세대는 동시에 패역한 세대라고 말씀하신다. 그들이 믿음이 없는 이유는 패역하기 때문이라는 것이다. 다시 말해 마음이 비뚤어지고 뒤틀려 있기 때문이었다. 오늘도 마음이 뒤틀려 있는 사람들은 믿음을 얻지 못하는 것을 볼 수 있다. 그 당시의 세대를 향하여 믿음이 없다고 꾸짖으신 후 "내가 얼마나 너희와 함께 있으며 얼마나 너희에게 참으리요"라고 하신다. 다시 말해 믿음이 없고 패역한 세대를 참아주고 함께 한다는 것이 얼마나 고통스러운지를 말씀하신다. 예수님은 이제 얼마 있지 않아 십자가에 달려 대속의 죽음을 죽으시고 천국으로 가셔야 하는데 패역한 세대는 여전히 패역한 채 있으니 답답하기 그지없음을 알리신다.

예수님은 이제 패역한 세대에게 더 기대하지 않으시고 "그를 이리로 데려오라"고 하신다. 아이를 데리고 오라는 명령이시다. 그리고 예수님은 다음과 같이 고쳐주신다.

마 17:18. 이에 예수께서 꾸짖으시니 귀신이 나가고 아이가 그 때부터 나으니라. 예수님께서 귀신을 "꾸짖으셨다." 예수님은 귀신을 꾸짖으실 수 있는 분이다. 그 아이를 점령하고 있지 말고 나가라고 하셨다. 예수님의 꾸지람을 듣고 귀신은 그 아이에게서 "나갔다." 그 귀신이 나갈 때 그냥 나가지 않고 아이에게 심한 경련을 일으켰다(막 9:20, 26; 눅 9:42). 귀신은 항상 최후에 발악을 하고 떠나간다. 예수님께서 재림하실 때 사탄은 크게 요동하고 무저갱으로 들어갈 것을 암시한다.

귀신이 나간 후 "아이가 그 때부터 나았다." 그 아이의 병의 원인은 귀신이었음이 분명히 밝혀졌다. 오늘도 개인이나 가정이나 사회로부터 귀신이 나가면 개인이나 가정이나 사회는 정상으로 회복된다.

마 17:19. 이때에 제자들이 조용히 예수께 나아와 이르되 우리는 어찌하여 쫓아내지 못하였나이까.

예수님께서 아이에게서 귀신을 쫓아내셨을 때 제자들이 조용히 예수께 나아와서 여쭙기를 "우리는 어찌하여 쫓아내지 못하였나이까"라고 했다. 그들은 이미 귀신을 쫓아내는 권능을 받았고(10:1) 또 실제로 그 권능을 행사하고 있었다(막 6:13, 30; 눅 9:6-19). 그러나 이번에는 9제자들 모두가 귀신을 쫓아내는 일에 실패했다. 그들이 실패한 이유가 무엇인지 몰랐다. 그들은 아직도 귀신을 쫓아내는 권능을 가지고 있는 것으로 알고 있었다. 그런데 왜 이번에는 실패했을까 이상하게 생각했다. 그래서 여쭈어 보는 수밖에 없었다. 예수님은 다음과 같이 답하신다.

마 17:20. 이르시되 너희 믿음이 작은 까닭이니라 진실로 너희에게 이르노니 만일 너희에게 믿음이 겨자씨 한 알 만큼만 있어도 이 산을 명하여 여기서 저기로 옮겨지라 하면 옮겨 질 것이요 또 너희가 못할 것이 없으리라.

예수님은 제자들의 질문(앞 절)에 "너희 믿음이 작은 까닭이니라"고 하신다. 그들은 귀신을 쫓아내는 권능을 받고 사용하는 중에 계속해서 기도하지 않아(마 7:7-10; 10:8) 믿음이 약해지고 말았다(마 8:26; 14:31; 16:8 참조). 제자들은 예수님으로부터 "믿음이 작은 자"라는 책망을 여러 차례 들었다(6:30; 8:26; 14:31; 16:8). 막 9:29에는 기도하지 않았기 때문이라고 하신다. 믿음이 작은 것과 기도하지 않는 것과는 밀접한 관련이 있다. 믿음이 작으면 기도하지 않는다. 또 기도하지 않는 것을 보면 믿음이 작은 것을 알 수 있다.

예수님은 "진실로 너희에게 이르노니 만일 너희에게 믿음이 겨자씨 한 알 만큼만 있어도 이 산을 명하여 여기서 저기로 옮겨지라 하면 옮겨 질 것이요 또 너희가 못할 것이 없으리라"고 하신다(21:21; 막 11:23; 눅 17:6; 고전 12:9; 13:2). 예수님은 진지하게 제자들에게 말씀하신다. 만일 제자들에게 믿음이 겨자씨 한 알만큼만 있어도(13:31-32) 큰일을 감당할 수 있다고 하신다. 믿음이 큰일을 하는 이유는 믿음이 하나님의 전능하심에 그 터를 두고 있기 때문이다. 그래서 우리는 작고 보잘 것이 없어도 우리의 믿음으로 우리 보다 훨씬 크고 위대한 일을 할 수 있다. 이유는 하나님이 크시기 때문이다. 우리가 믿음을 가지고 계속해서 하나님께 기도하고 또 기도하면 하나님께서 큰일을 이루신다. 겨자씨가 크는 원리와 같다.

예수님은 우리에게 "또 너희가 못할 것이 없으리라"고 하신다. 우리가 하나님으로부터 받은 사명을 못 이룰 것이 없다. 아무리 사명이 커도 믿음을 가지고 기도하고 또 기도하면 하나님께서 반드시 이루신다(19:26; 빌 4:13).

마 17:21. (없음). 그러나 이런 종류는 기도와 금식에 의하지 않고는 나가지 아니하느니라(흠정 역에 번역되어 있음).

본 절은 가장 좋은 사본에는 빠져 있다. 막 9:29주해를 참조하라. 본 절의 "이런 종류"란 말은 이런 귀신 종류라는 뜻이다. 강한 귀신을 뜻하는 말이다.

24.예수님의 두 번째 수난 예고 17:22-23

마태는 예수님께서 산위에서 변형되신 일(1-8절), 또 산에서 내려오시면서 제자들에게 산위에서 된 일을 전혀 말하지 말라고 함구령을 내리신 일(9-13절), 산 아래에 내려오셔서 귀신에 의해 간질병 걸린 아이를 고치신 일(14-20절)을 기록한 다음 예수님의 제 2차 수난 예고를 기록한다(22-23절). 예수님의 제 1차 수난 예고는 제자들과 함께 빌립보 가이사랴에 도착하신 후 하셨고(16:21) 이번의 제 2차 수난 예고는 갈릴리로 돌아오신 후(22절)에 하신 예고이다. 예수님께서 변화산에서 내려오시던 중에 하신 수난 예고(9절)는 아주 간단히 한마디 하신 예고로 취급한다.

마 17:22-23. 갈릴리에 모일 때에 예수께서 제자들에게 이르시되 인자가 장차 사람들의 손에 넘겨져 죽임을 당하고 제 삼일에 살아나리라 하시니 제자들이 매우 근심하더라.

예수님은 제자들과 함께 갈릴리를 통과하시다가 제자들에게 교훈하시기 위해서 갈릴리에 멈추어 모임을 가지셨다. 예수님은 거기서 모여 제자들에게 말씀하시기를 "인자가 장차 사람들의 손에 넘겨져 죽임을 당하고 제 삼일에 살아나리라 하신다"(16:21; 20:17; 막 8:31; 9:30-31; 10:33; 눅 9:22, 44; 18:31; 24:6-7). 예수님은 장차 가룟 유다에게 잡혀 로마 군병에게 넘겨지셨다가 산헤드린 공의회에 넘겨져서 유대 법에 의해 재판받으시고 빌라도에게 넘겨져 최종 심판을 받으실 것을 예고하신다. 그리고 예수님은 십자가에서 죽임을 당하시고 매장되신 후 3일 만에 다시 살아나실 것을 예고하신다.

예수님은 자신의 수난과 죽음과 부활 예고를 하실 때 "인자"라는 칭호를 사용하신다. 예수님께서 "내가"라는 칭호를 사용하시지 않고 자칭호로 사용하시는 "인자"라는 칭호를 사용하신 것은 '위대하신 메시아'가 하찮은 사람들의 손에 넘겨져 고난을 당하시는 것을 보여주시기 위함일 것으로 보인다. 위대하신 메시아가 사람들의 손에 넘겨져 고난을 받으시는 것은 사람들의 힘에 밀려 그렇게 되는 것이 아니라 하나님의 뜻을 따르기 위함이라는 것을 부각시키신 것이다.

마태는 예수님께서 말씀하신 수난의 예고를 들은 제자들이 "매우 근심했다"고 말한다. 그들은 예수님께서 왜 고난을 당해야 하고 죽임을 당해야 하며 또 3일 만에 부활한다는 것이 무슨 뜻인지 몰라 근심한 것이다(16:21; 17:9-13 참조). 사람이 모르면 근심하게 되어 있다.

25.성전세를 내시다 17:24-27

마태는 예수님의 산상의 변형 사건(1-8절), 산에서 내려오시면서 산상의 변형사건을 아무에게도 말하지 말라고 함구령을 내리신 일(9-13절), 산 아래에 내려오셔서 놀라운 이적을 행하신 일(14-20절), 그리고 인자의 수난, 죽음, 부활을 예고한 것을 기록한 다음 예수님께서 성전세를 내신 일을 기록한다(24-27절). 예수님께서 성전세를 내신 것은 사람들로 하여금 실족하지 않게 하기 위해서 내신 것이었다. 다시 말해 사람들과 좋은 관계를 가지기 위함이었다. 이 부분(24-27절)은 다른 복음서에 병행구절이 없고 본서에만 있는 기사이다.

마 17:24. 가버나움에 이르니 반 세겔 받는 자들이 베드로에게 나아와 이르되 너의 선생은 반 세겔을 내지 아니하느냐.

예수님께서 제자들과 더불어 이곳저곳에 다니다가 선교본부에 마지막으로 이르셨을 때 "반 세겔 받는 자들" 즉 '성전세를 받는 징수원들'이 베드로(예수님에게 나아오기 보다는 베드로에게 나아오기가 더 용이했을 것이다)에게 나아와 "너의 선생은 반 세겔을 내지 아니하느냐"고 질문한다(막 9:33). 여기 "반 세겔"(τὰ δίδραχμα)은 복수명사로 2 드라크마에 해당한다. 본문에 기록된 "세겔"은 유대 화폐이고, "드라크마"는 그리스 화폐이다. 한 세겔은 4드라크마에 해당하는 화폐이다. 본문에 기록된 "반 세겔"은 20세 이상 된 유대 남자들이 매년 아달월(3월)에 성전세로 바치는 액수였다(출 30:12-14; 38:26; 대하 24:6, 9). 반 세겔 즉 두 드라크마는 한 사람의 노동자가 이틀을 일해서 벌 수 있는 액수였다(한 드라크마는 로마의 화폐 데나리온과 같은 액수이다).

성전세를 받는 징수원들은 베드로가 모든 제자들을 대표하는 사람인 줄 알았던 것으로 보인다. 그만큼 베드로의 위치는 굳어져 있었다. 이들이 베드로에게 예수님의 성전세 징수 여부를 질문한 것은 예수님의 율법관은 서기관들과 바리새인들과는 달랐으므로 성전세를 혹시 안 내실 수도 있다고 생각하여 질문했을 것으로 보인다.

마 17:25. 이르되 내신다 하고 집에 들어가니 예수께서 먼저 이르시되 시몬아 네 생각은 어떠하냐 세상 임금들이 누구에게 관세와 국세를 받느냐 자기 아들에게냐 타인에게냐.

세금징수원들의 질문(앞 절)을 받은 베드로는 예수님께서 지금까지 성전세를 내셨던 것처럼 금년에도 분명히 "내신다"고 대답하고 예수님이 계신 집(가버나움의 선교본부)에 들어갔다. 베드로의 이 말은 모든 그리스도인들이 각자가 처한 사회에서 납세의 의무를 감당해야 한다는 것을 보여준다(롬 13:7; 벧전 1:13-14). 베드로가 집에 들어갔을 때 예수님께서 먼저 "시몬아 네 생각은 어떠하냐 세상 임금들이 누구에게 관세와 국세를 받느냐. 자기 아들에게냐. 타인에게냐"고 질문하신다. 예수님은 그의 전지하심을 보여주셨다(요 1:47-48; 2:25; 21:17, 19; 히 4:13). 그는 세금징수원들과 베드로가 말한 내용을 다 알고 계셨다. 예수님께서 베드로에게 질문한 내용은 세상 임금들이 누구에게 "관세" 즉 '지방세'(물건세)와 "국세" 즉 '인두세'를 받느냐, 자기 아들들에게 받느냐 혹은 일반 국민들에게 징수하느냐는 질문이었다. 다시 말해 세상의 관습으로 보아 자기 집의 자녀들에게 세금을 받는지 혹은 다른 사람들에게 받는지를 확인하는 질문이었다. 이런 질문을 하신 이유는 다음 절에서 밝혀진다.

마 17:26. 베드로가 이르되 타인에게니이다 예수께서 이르시되 그렇다면 아들들은 세를 면하리라.

베드로가 예수님의 질문(앞 절)에 대답하기를 "타인에게니이다"라고 했다. 즉 '세상 임금들은 자기 아들들에게서 세금을 받지 않고 일반 국민들에게서 받습니다'라는 답이었다. 베드로의 대답을 들으신 예수님은 "그렇다면 아들들은 세를 면하리라"고 원칙을 말씀하신다. 예수님은 하나님의 아들이시니 하나님의 성전을 유지하기 위해 내는 성전세를 안 내도 된다는 원칙을 확인하신다. 그러나 예수님은 다음 절과 같이 예수님 자신을 위해서가 아니라 세금징수원들이 실족하게 하지 않기 위해서 성전세를 내실 것이라고 하신다.

마 17:27. 그러나 우리가 그들이 실족하지 않게 하기 위하여 네가 바다에 가서 낚시를 던져 먼저 오르는 고기를 가져 입을 열면 돈 한 세겔을 얻을 것이니 가져다가 나와 너를 위하여 주라 하시니라.

예수님은 하나님의 아들로서 성전세를 내지 않아도 되지만 "그러나 우리가 그들이 실족하지 않게 하기 위하여" 내시겠다고 하신다. 예수님은 성전세를 징수하는 사람들이 예수님이 하나님의 아들인지도 모르고 예수님이 어떤 분인지도 전혀 모르는 입장에서 예수님이 성전세를 내시지 않으면 그 징수원들이 예수님을 오해할 터이니 세금을 내신다는 것이다. 예수님의 의도는 세금을 받는 자들이 예수님에게서 상처를 받지 않도록 세금을 내신다는 것이었다. 세상 사람들은 믿는 신자들을 걸핏하면 오해한다. 특별히 금전문제에 있어서 걸핏하면 오해하고 상처를 받으니 우리는 아주 조심해야 한다.

그러시면서 예수님은 세금을 내실 방법을 제시하신다. 즉 예수님은 베드로에게 "네가 바다에 가서 낚시를 던져 먼저 오르는 고기를 가져 입을 열면 돈 한 세겔을 얻을 것이니 가져다가 나와 너를 위하여 주라" 하신다. '네가 낚시를 가지고 바다에 가서 낚시를 던져 먼저 오르는 고기를 가져 입을 열면 돈 한 세겔을 얻을 터이니 그 돈을 가져다가 나를 위하여 반 세겔, 너를 위하여 반 세겔을 내라'고 하신다. 여기 "한 세겔"은 두 사람이 성전세를 낼 수 있는 돈이다.

혹자들은 베드로가 낚시를 가지고 바다에 가서 낚시로 고기를 잡아 그 고기 입을 열어 돈 한 세겔을 얻어 성전세를 냈다는 이적을 두고 아주 유치한 이적이라고 말한다. 이런 이적은 예수님의 다른 이적에 비해 너무 유치하여 예수님의 이적으로 취급할 수 없다고 주장한다. 그러나 우주만물이 예수님의 것이었으니 예수님께서 이런 이적을 행하여 성전세를 내신 것은 그리스도의 전능성을 보여주는 이적이 아닐 수 없다. 조금도 유치한 점이 없다. 또 고기를 잡아 그 고기를 팔아서 성전세를 냈다고 해석할 이유도 없다. 실제적으로 이적을 행하신 것이다. 하나님의 만물을 하나님의 아들이 마음대로 사용하시는 것이 잘 못될 것이 없었다(시 50:10-12). 만약 마태가 이 이적을 참 이적으로 여기지 않았다면 여기에 기록하지 않았을 것이다. 분명히 이적이었으니 이곳에 기록했다. 예수님은 12제자들을 훈련하시는 중에 때로는 세 제자들을 특수 훈련을 하셨는데 이번에는 특별히 베드로에게만 예수님의 이적을 보여주셨다. 예수님은 지금도 성도들을 도우실 때 이적적으로 도우신다. 직장이나 사업을 위해 이적적으로 도우시고 그 외 모든 방면에서 놀라울 정도로 도우신다.

제 18 장

스스로는 겸손하고 형제에 대해서는 용서하라

26.겸손과 용서의 교훈 18:1-35

마태는 예수님께서 가버나움에서 마지막으로 제자들을 훈련하신 것을 기록했는데 겸손 훈련, 용서훈련을 하신 것을 기록했다(제자들 간의 상호관계 훈련). 이 부분(1-35절)은 마태복음 6대 교훈 집 중 제 4대 교훈 집에 속한다(제 5장-7장의 산상보훈, 제 10장의 제자 파송교훈, 제 13장의 천국비유, 제 18장의 겸손과 용서의 교훈, 제 23장의 바리새인 공격, 제 24-25장의 감람산 강화). 예수님은 먼저 어린 아이를 실물로 세우고 겸손하게 행할 것을 교훈하셨고(1-14절), 범죄한 형제를 어떻게 대할까를 말씀하셨으며(15-20절), 범죄한 형제를 용서할 것을 교훈하셨다(21-35절).

a.어린 아이처럼 낮아져라 18:1-14

천국에서 누가 크냐고 질문한 제자들의 질문을 받으시고 예수님은 어린 아이를 실물로 세우시고 겸손해야 할 것을 교훈하신다. 1) 어린 아이처럼 겸손할 것을 주문하시고(1-4절), 2) 다른 어린 아이 같은 사람을 실족하게 말라고 교훈하시며(5-9절), 5) 예수님을 믿는 어린 아이 같은 사람은 아주 중요하다고 교훈하신다(10-14절). 우리는 스스로 어린 아이처럼 겸손해야 할뿐 아니라 예수님을 믿는 다른 어린 아이 같은 사람을 귀중하게 여겨야 한다는 교훈을 받는다.

마 18:1. 그 때에 제자들이 예수께 나아와 이르되 천국에서는 누가 크니이까.

"그 때에"('Εν ἐκείνῃ τῇ ὥρᾳ), 즉 '베드로가 성전세를 납부한 후에' "제자들이 예수께 나아와 이르되 천국에서는 누가 크니이까"라고 질문한다(막 9:33; 눅 9:46; 22:24). 제자들이 예수님께 "천국에서는 누가 크니이까"라고 질문한 이유는 아마도 예수님께서 세 제자만 대동하고 변화산에 올라가신 일 때문에, 그리고 예수님께서 성전세를 내실 때에 베드로만 사용하셔서 세금을 내신 것 때문에 다른 제자들이 소외된 느낌을 가졌을 것으로 보인다. 그리고 막 9:33에 의하면 제자들은 이 질문을 하기 전에 빌립보 가이사랴로부터 가버나움으로 오는 도중에 이런 시비를 노상에서 한 것으로 보아 예수님께서 천국에 대하여 자주 말씀하셨으니 미구에 천국이 임하면 누가 높은 자리에 앉을 것인지에 대해 관심을 두었던 것으로 보인다. 이 질문은 고금동서를 막론하고 항상 사람들의 뇌리 속에 자리 잡고 있었다. 지금도 사람들은 누가 크냐에 큰 관심이 있다. 우리는 이 경지를 넘어야 한다.

마 18:2-3. 예수께서 한 어린 아이를 불러 그들 가운데 세우시고 이르시되 진실로 너희에게 이르노니 너희가 돌이켜 어린 아이들과 같이 되지 아니하면 결단코 천국에 들어가지 못하리라.

예수님은 천국에서 누가 크냐고 질문한 제자들에게 겸손을 가르치시기 위하여 "한 어린 아이를 불러 그들 가운데 세우신다." 실물 교육을 하시려는 것이다. 예수님은 어린 아이의 존엄성을 아시고 어린 아이처럼 되라는 교훈을 하시기 위해 한 어린 아이를 불러 그들 가운데 세우셨다.

그리고 예수님은 이르시기를 "진실로 너희에게 이르노니"라는 언사를 사용하시면서 중대 발표를 하신다. 즉 "너희가 돌이켜 어린 아이들과 같이 되지 아니하면 결단코 천국에 들어가지 못하리라"는 것이었다(19:14; 시 131:2; 막 10:14; 눅 18:16; 고전 14:20; 벧전 2:2). 예수님은 제자들에게 먼저 "돌이키라"(στραφῆτε)고 하신다. "돌이켜"(στραφῆτε)란 말은 부정(단순)과거 수동태 시제로 '참으로 거꾸로 돌이키다,' '참으로 방향을 돌리다'라는 뜻이다. 회개를 촉구하는 말이다. 우리는 성인들이 가지고 있는 모든 악을 떨어버리고 낮아져서 그리스도를 신뢰하는 인격으로 변해야 한다. 그리고 예수님은 제자들에게 어린 아이들과 같이 되지 아니하면 천국에 들어가지 못한다고 하신다. 어린 아이들처럼 낮아져서 그리스도를 신뢰하지 아니하면 결단코 천국에 들어가지 못한다고 못 박으신다(마 20:20-28; 23:11-12; 막 9:35, 42; 눅 18:14; 22:24-30; 요 13:1-20; 벧전 5:5-6). 예수님은 천국에서 누가 크냐 하는 문제는 아직 말씀하시지 않고 겸손하게 그리스도를 의지하지 않으면 천국에 들어가는 것도 불가능하다고 하신다. 누가 크냐 하는 문제는 다음 문제이다. 천국에 들어가는 것이 급선무임을 알아야 한다.

마 18:4. 그러므로 누구든지 이 어린 아이와 같이 자기를 낮추는 사람이 천국에서 큰 자니라.

예수님은 바로 앞 절(3절)에서는 겸손해져서 예수님을 신뢰해야 천국에 들어간다고 하시고 본 절에서는 어린 아이와 같이 자기를 낮추는 사람이 천국에서 큰 자가 된다고 하신다.

예수님은 "그러므로" 즉 '자신을 낮추고 예수님을 신뢰해야 천국에 들어갈 수 있으므로'(앞 절) "누구든지 이 어린 아이와 같이 자기를 낮추는 사람이 천국에서 큰 자"라고 하신다(20:27; 23:11). 예수님은 제자들뿐 아니라 누구든지 자기를 낮추고 예수님을 신뢰하는 사람이 천국에서 큰 자가 된다고 하신다. 윌렴 헨드릭슨은 "그들은 높아지는 방법은 오직 낮아질 뿐이라는 사실을 알아야 한다"고 말한다. 어거스틴(Augustine)은 "그리스도교 신앙생활에서 있어서 중요한 것은 첫째도 겸손이요, 둘째도 겸손이요, 셋째도 겸손이다"라고 말했다. 우리는 겸손을 위해서 많이 기도해야 한다. 마음으로 아무리 낮아지려고 해도 되지 않는다. 겸손을 얻기 위해 기도해야 된다.

마 18:5. 또 누구든지 내 이름으로 이런 어린 아이 하나를 영접하면 곧 나를 영접함이니.

예수님은 앞(3-4절)에서 겸손하게 예수님을 신뢰해야 천국에 갈 수도 있고 또 겸손하게 처신해야 천국에서 큰 자가 된다고 하셨는데 본 절에서는 세상에서 예수님을 믿는 어린 아이를 영접하면 바로 그 행위가 예수님을 영접하는 행위라고 하신다(10:42; 눅 9:48). 우리는 세상에서 아주 보잘 것 없이 보이는 사람이 예수님을 믿는 것을 보고 그 어린 아이 같은 사람은 별것 아닌 것으로 보이지만 그 아이 같은 사람이 예수님께 속한 것을 알고 그 사람을 영접하면 곧 예수님을 영접하는 것이 된다(행 9:4-5; 22:7; 26:15; 롬 8:35-39). 예수님은 그런 사람과 연합되어 있기에 그를 영접하는 것은 바로 예수님을 영접하는 것이 된다. 우리는 교회에서나 교회 밖에서 예수님의 이름을 진심으로 부르는 사람을 귀하게 여겨야 한다. 피부 깔을 넘고 유 무식을 넘으며 지위의 고하를 넘어야 한다.

마 18:6. 누구든지 나를 믿는 이 작은 자 중 하나를 실족하게 하면 차라리 연자 맷돌이 그 목에 달려서 깊은 바다에 빠뜨려지는 것이 나으리라.

누구든지 예수님을 믿는 어린 아이 같은 작은 자 중 하나를 "실족하게 하면 차라리 연자 맷돌이 그 목에 달려서 깊은 바다에 빠뜨려지는 것이 낫다"고 하신다(막 9:42; 눅 17:1-2). 여기 "실족하게 한다"(σκανδαλίση)는 말은 '넘어지게 한다'(16:23), '오해하게 한다'(17:27)는 뜻이다. 우리가 다른 신자 한 사람을 영접하지 않거나 혹은 무시하여 실족하게 하면 우리는 차라리 "연자 맷돌이 그 목에 달려서 깊은 바다에 빠뜨려지는 것이 낫다"고 하신다. "연자맷돌"이란 나귀가 돌리는 큰 맷돌을 지칭하는 것으로 우리가 다른 신자들을 소홀히 대하면 그 맷돌을 우리의 목에 달고 깊은 바다에 빠지는 신세가 더 낫다고 하신다.[136] 우리는 그리스도를 믿는 다른 신자들을 범죄하게 하면 우리는 비참한 사람이 될 수밖에 없다. 그런데도 목회자나 신자가 교회에서, 노회에서, 총회에서 심하게 다투어 사람들을 실족하게 하는 것을 많이 목격한다. 참으로 위험한 일이다. 우리는 다른 이를 실족하게 하는 것보다 나 자신이 연자 맷돌을 메고 깊은 물에 빠지는 것이 나음을 알아야 할 것이다.

---

136) "연자맷돌"은 당나귀가 끄는 맷돌(당나귀도 맷돌의 윗짝을 돌리지 아래짝을 돌리지 않는다)로서 사람이 돌리는 맷돌보다 훨씬 무겁다. 만약 우리가 다른 성도를 실족시키면 우리는 연자맷돌의 위짝을 목에 걸어야 한다. 위짝의 가운데에 있는 구멍 속으로 목을 집어넣고 푸른 바다로 나아가서 우리를 바다 속으로 밀어 넣어 죽음을 택해야 한다.

마 18:7. 실족하게 하는 일들이 있음으로 말미암아 세상에 화가 있도다 실족하게 하는 일이 없을 수는 없으나 실족하게 하는 그 사람에게는 화가 있도다.
예수님은 앞(6절)에서 누구든지 예수님을 믿는 사람을 실족하게 하면 연자맷돌을 목에 달고 깊은 바다에 빠지는 것이 낫다고 하셨는데 이제 본 절에서는 사람을 실족하게 하는 세상 사람은 화를 당한다고 말씀하신다. 본 절의 "세상에" 란 말은 '세상 사람들에게'란 뜻으로 사람을 범죄하게 만드는 세상 사람들은 화를 당한다는 뜻이다. 즉 "실족하게 하는 일들이 있음으로 말미암아 세상에 화가 있다"고 하신다(눅 17:1). 남을 실족하게 하게 하는 일들이 있기 때문에 세상 사람들은 화를 당한다.

예수님은 "실족하게 하는 일이 없을 수는 없다"고 하신다. '사람을 실족하게 하는 일들이 없을 수는 없고 흔히 있다'고 하시는데 그 이유는 세상에 사탄이 있고 또 사람의 죄가 있어서 이웃을 실족시키는 일이 끊임없이 반복된다는 뜻이다. 사람들은 사탄의 충동을 받아 남을 죄 짓게 만들고 또 자신의 욕심으로 인하여 많은 사람을 죄 짓게 만든다. 사람들은 한 생애 동안 세상에 살면서 얼마나 많은 이웃에게 몹쓸 짓을 하는지 모른다. 그렇게 남을 실족하게 하는 사람들은 화를 당한다고 예수님은 말씀하신다. 즉 "실족하게 하는 그 사람에게는 화가 있다"고 하신다(26:24). 예수님을 믿는 사람을 실족하게 만드는 장본인은 그리스도의 종말 심판을 통하여 영원히 화를 받게 된다. 그러니까 피해자는 가해자 때문에 세상에서 일시적으로 화를 당하지만 가해자는 영원히 화를 당하게 된다.

그런데 혹자는 본 절을 두 부분으로 나누어 해석한다. "전반 절(18a-"실족하게 하는 일들이 있음으로 말미암아 세상에 화가 있도다")은 실족되는 편의 화"를 말한다 하고, 후반 절(18b-"실족하게 하는 그 사람에게는 화가 있도다")은 "실족시키는 편의 화," 그리고 전반 절(18a)은 "육적으로 받는 현세적 화"이고 후반 절(18b)은 "심판을 통한 영원한 화"를 말한다고 주장한다. 그러나 문맥(6절, 8-9절)은 줄곧 한가지만을 말하고 있다. 실족시키는 편의 화만을 강조하고 있는 점을 감안할 때 본 절을 실족 당하는 편의 화와 실족시키는 화로 나누는 것은 바람직하지 않다. 우리는 다른 사람을 실족시키는(죄 짓게 하는) 편에 들어서는 안 될 것이다.

마 18:8-9. 만일 네 손이나 네 발이 너를 범죄하게 하거든 찍어 내버리라 장애인이나 다리 저는 자로 영생에 들어가는 것이 두 손과 두 발을 가지고 영원한 불에 던져지는 것보다 나으니라 만일 네 눈이 너를 범죄하게 하거든 빼어 내버리라 한 눈으로 영생에 들어가는 것이 두 눈을 가지고 지옥 불에 던져지는 것보다 나으니라.

예수님은 앞(7절)에서 가해자는 영원한 벌을 받아야 한다고 하셨는데 그러나 가해자에게도 해결책을 제시하신다. 가해자가 손과 발을 가지고 범죄 한 경우 손과 발을 찍어 내버리라고 하신다(5:29-30; 막 9:43, 45). 손과 발이 없는 장애인으로 영원한 생명으로 들어가는 것이 두 손과 두 발을 가지고 영원한 불 곧 지옥에 던져지는 것보다 낫다고 하신다.

우리는 예수님께서 말씀하신 영생이나 영원한 불이라는 말씀에 주의해야 한다. 천국에 들어가 보고 혹은 지옥에 들어가 보아야 믿겠다고 하는 사람이 있으나 예수님께서 천국이나 지옥이 있다고 분명히 말씀하셨으니 믿어야 한다. 그만큼 예수님은 위대하신 분이시다.

예수님은 손과 발 이외에 우리의 지체 중에서 눈이 범죄 한 경우를 말씀하신다. 눈이 범죄 하는 경우 빼어버리라고 하신다. 이유는 한 눈을 가지고 영생에 들어가는 것, 다시 말해 천국으로 들어가는 것이 두 눈을 가지고 지옥 불에 던져지는 것보다 낫다고 하신다. 예수님은 8-9절에서 철저한 회개를 권면하신다. 예수님께서 신체의 일부를 찍어버리고 혹은 빼라는 말씀은 문자대로 실천해야 하는 사항은 아니다. 그만큼 죄를 철저히 자복하라는 말씀으로 받아드려야 한다(5:29-30 주해 참조).

마 18:10. 삼가 이 작은 자 중의 하나도 업신여기지 말라 (왜냐하면) 너희에게 말하노니 그들의 천사들이 하늘에서 하늘에 계신 내 아버지의 얼굴을 항상

뵈옵느니라.

예수님은 앞(8-9절)에서 누구든지 예수님을 믿는 소자 중 한 사람을 죄짓게 했을 때 철저하게 죄를 자복할 것을 권고하신 다음 이제 본 절에서는 "삼가 이 작은 자 중의 하나도 업신여기지 말라"고 부탁하신다. "업신여기기 말라"는 말은 6절의 "실족하게 하지 말라"는 말과 같은 내용이다. 교회에서나 교회 밖에서나 예수님을 믿는 소자들을 업신여기거나 무시하지 말아야 한다.

이유(γὰρ-왜냐하면)는 "너희에게 말하노니 그들의 천사들이 하늘에서 하늘에 계신 내 아버지의 얼굴을 항상 뵈옵기" 때문이라고 하신다(에 1:14; 시 34:7; 슥 13:7; 눅 1:19; 히 1:14). 예수님은 이 이유를 말씀하시기 전에 "내가 너희에게 말하노니"라는 엄중한 언사를 사용하신다. 엄중한 말씀은 소자들을 보호하고 돌보는 천사들이 하늘에서 하늘에 계신 아버지의 얼굴을 항상 뵈옵는다고 하신다.[137] 예수님은 하나님께서 천사들에게 예수님을 신앙하고 예수님만을 바라보는 소자들을 돌보도록 위임하셨음을 암시하신다(시 34:7; 91:11; 히 1:14). 소자들을 돌보는 천사들 때문에 우리는 세상에서 아무리 보잘 것 없이 보이는 소자들이라도 업신여겨서는 안 된다. 소자들은 별것 아닌 것처럼 보이더라도 소자들을 돌보는 천사들이 있음을 알아야 한다. 우리는 각각 자기보다 남을 낫게 여겨야 한다(빌 2:3).

마 18:11. (없음) (인자가 온 것은 잃어버린 자를 구원하려 함이니라).

본 절은 2류 사본에는 있으나 권위적인 사본에는 없다. 성경 해석가들은 본 절은 눅 19:10의 영향으로 이곳에 전입된 것으로 보고 있다.

마 18:12. 너희 생각에는 어떠하냐 만일 어떤 사람이 양 백 마리가 있는데 그 중의 하나가 길을 잃었으면 그 아흔아홉 마리를 산에 두고 가서 길 잃은

137) 소자 한 사람 한 사람을 위하여 한 천사가 배당되었다고 주장하는 학자들이 있으나 성경적인 증거가 없다. 대부분의 성경 해석가들은 천사들이 하나님의 명령을 받들어 소자들을 돌보는 것으로 이해하는 것이 바를 것이다.

양을 찾지 않겠느냐.
예수님은 본 절부터 14절까지 하나님께서 예수님을 믿는 소자들 한 사람 한 사람이 실족하는 것, 잃는 것을 원하시지 않으니 제자들은 소자 한 사람이라도 귀하게 여기라고 하신다.

예수님은 제자들에게 아주 당연한 질문을 하신다. "너희 생각에는 어떠하냐 만일 어떤 사람이 양 백 마리가 있는데 그 중의 하나가 길을 잃었으면 그 아흔아홉 마리를 산에 두고 가서 길 잃은 양을 찾지 않겠느냐"고 물으신다(눅 15:4-7주해 참조). 예수님은 제자들에게 "너희 생각에는 어떠하냐"고 물으신다. 즉 어떤 사람이 양 백 마리 중 하나를 잃으면 99마리를 산에 두고 가서 길 잃은 양을 찾지 않겠느냐고 물으신다. 아주 쉽게 대답할 수 있는 질문을 하신다. 예수님은 제자들에게 하나님의 마음을 더욱 확인시키신다. 하나님은 소자 한 사람도 잃는 것을 원하지 아니하신다는 것이다.

마 18:13. 진실로 너희에게 이르노니 만일 찾으면 길을 잃지 아니한 아흔아홉 마리보다 이것을 더 기뻐하리라.
예수님은 하나님께서 잃어버린 한 마리의 양을 찾으셨을 때의 기쁨은 길을 잃지 아니한 99마리의 양보다 더 기뻐하신다고 말씀한다. 예수님은 이 사실을 강조하시기 위해 "진실로 너희에게 이르노니"라는 언사를 사용하신다. 예수님은 "찾으면"이라고 말씀하신다. 찾지 못할 수도 있음을 비친 말씀이다. 다른 짐승에게 찢겨 죽었을 수도 있으며 혹시 어느 곳 멀리 갔을 수도 있다. 그래서 그 한 마리를 찾는다는 것은 말할 수 없는 기쁨을 안겨준다. 여기 "길을 잃지 아니한 아흔아홉 마리보다 이것을 더 기뻐하리라"는 말씀은 한 마리가 길을 잃지 아니한 99마리보다 더 중요하다는 뜻은 아니다. 다만 찾았을 때 기쁨이 더 크다는 뜻뿐이다.

마 18:14. 이와 같이 이 작은 자 중의 하나라도 잃는 것은 하늘에 계신 너희 아버지의 뜻이 아니니라.

예수님은 "이와 같이" 즉 '12-13절에서 드러났듯이' "이 작은 자 중의 하나라도 잃는 것은 하늘에 계신 너희 아버지의 뜻이 아니니라"고 하신다. 예수님을 믿는 소자 한 사람이라도 "잃는 것" 즉 '실족시키는 것,' '범죄 하게 만드는 것,' '옆으로 드러내 놓는 것,' '망하게 하는 것'은 하늘에 계신 아버지의 뜻이 아니라고 하신다. 그들을 잘 돌보라는 말씀이다. 예수님은 제자들에게 그리고 오늘날 목회자들에게 소자 한 사람에게라도 소홀히 대하지 말라고 당부하신다. 그리스도께서 위하여 죽으신 소자를 소홀히 대하지 말고(마 9:12-13; 눅 15:7, 20, 22-24; 눅 19:10; 요 10:11, 14) 사랑으로 잘 대하며 잘 돌보아야 한다.

b.범죄한 형제를 대하는 법 18:15-20

소자 한 사람이라도 잃는 것을 원하지 않으신 예수님은 이 부분(15-20절)에서 소자 한 사람이라도 잃지 않는 법을 제시하신다. 예수님은 범죄한 한 사람을 권고하고 범죄자가 듣지 않으면 두 세 사람이 찾아가서 권고하고 그들의 말도 듣지 않으면 교회가 나서서 권고하라고 하신다. 이 세 단계의 권고 법은 오늘날 교회에서 사용하고 있는 법이라고 할 수 있다. 칼빈은 "주께서 이 교훈을 말씀해 주지 않으셨다면 교회가 범죄한 신자들을 눈 감아 주게 되고 악한 자는 더 악하게 되어 교회는 타락하고 말았을 것이다. 그러나 주께서는 아주 건전하게 중용의 도로 교훈하셔서 건설적으로 문제 해결을 보게 하셨다"고 했다.

마 18:15. 네 형제가 죄를 범하거든 가서 너와 그 사람과만 상대하여 권고하라 만일 들으면 네가 네 형제를 얻은 것이요.

예수님은 자신을 믿는 어떤 형제가 (네게)[138] 죄[139]를 범하면 "가서 너와 그

---

138) 본문에 "네게"라는 말이 있는 사본도 있고 없는 사본도 있다. 있는 사본은 2류 사본들이고 없는 사본들은 권위있는 사본들(시내산 사본과 바티칸 사본)이다. 그러나 눅 17:3-4에 의하여 넣어서 생각하는 것이 더 나을 것이다.

139) 본문의 "죄"를 개인에게 지은 자그마한 죄라고만 생각하면 안 된다. 윤리적인 죄를 넘어 하나님의 율법을 범한 죄일 수가 있다. 이유는 범죄한 사람이 회개하지 않는 경우 교회에게까지 말해야 하는 것을 보면 하나님의 법을 범한 것일 수가 있다.

사람과만 상대하여 권고하라"고 하신다(레 19:17; 눅 17:3). 그 형제를 찾아가서 개인 대 개인으로 권고하라고 하신다. 여기 "권고하라"는 말은 '책망하라'(딤전 5:20)는 뜻으로 상대방이 지금 죄를 짓고 있음을 분명히 알게 하라는 뜻이다. 그리고 예수님은 "만일 들으면 네가 네 형제를 얻은 것이라"고 하신다(약 5:20; 벧전 3:1). 그 형제가 책망을 듣는 경우 형제의 생명을 죄로부터 얻은 것이고 교인을 하나 얻은 셈이라는 뜻이다. 개인 형제를 몇 차례나 찾아가야 하는지는 성령님의 지시를 따라야 할 것이다.

마 18:16. 만일 듣지 않거든 한두 사람을 데리고 가서 두세 증인의 입으로 말마다 확증하게 하라.

해를 받은 사람이 죄를 범한 교인을 아무리 권고해도 죄를 범한 사람이 회개하지 않으면 설득에 능하고 경건한 한 두 사람을 잘 선정해서 데리고 가서 두 세 증인의 입으로 "말마다 확증하게 하라"고 하신다(신 17:6; 19:15; 요 8:17; 고후 13:1; 히 10:28). "말마다 확증하게 하라"(every word should be established)는 말은 '두 사람 간 문제가 되었던 발언,' '두 사람 간 갈등이 되었던 말들'을 실제로 범죄한 형제가 실제로 행했다고 못을 박고 확정하게 하라는 뜻이다. 이런 단계를 취하는 이유는 그 범죄자로 하여금 자신의 죄를 알고 뉘우치도록 하기 위함이다. 증인의 말은 일을 더 크게 만드는 것이 아니라 범죄한 사람으로 하여금 회개하게 하는 것이어야 한다.

마 18:17. 만일 그들의 말도 듣지 않거든 교회에 말하고 교회의 말도 듣지 않거든 이방인과 세리와 같이 여기라.

예수님은 앞(16절)에서 말씀하신바 두 세 증인의 말도 듣지 않거든 "교회에 말하라"고 하신다. 여기 "교회"란 말은 '신약 교회'를 지칭하는 말이다. 오늘날로 말하면 교회의 당회나 치리회에 말하라는 뜻이다. 그래서 범죄한 자가 교회의 권고를 듣고 회개하면 더할 수 없이 좋은 일이다.

그러나 예수님은 "교회의 말도 듣지 않거든 이방인과 세리와 같이 여기라"고 하신다(롬 16:17; 고전 5:9; 살후 3:6, 14; 요이 1:10). 교회의 지도자들의 권고도 듣지 않으면 이방인과 세리와 같이 여겨야 한다. 다시 말해 교회 밖으로 밀어내야 한다는 뜻이다. 이방인과 세리들은 교회 밖의 사람들이다. 출교하는 일은 참으로 불행한 일이지만 주님의 명령이시다. 그러나 그가 회개할 때는 다시 교인으로 맞이하는 법적인 조치를 취하여 교인으로 영입해야 할 것이다.

마 18:18. 진실로 너희에게 이르노니 무엇이든지 너희가 땅에서 매면 하늘에서도 매일 것이요 무엇이든지 땅에서 풀면 하늘에서도 풀리리라.

예수님은 본 절에서 앞에 말씀하신 교회의 결정을 인정하시겠다고 하신다. 예수님은 교회에서 출교를 결정하면 그것을 인정하신다는 말씀을 하시기 위해 "진실로 너희에게 이르노니"라는 언사를 사용하신다. 예수님께서 말씀하시기를 원하시는 중요한 말씀은 "무엇이든지 너희가 땅에서 매면 하늘에서도 매일 것이요 무엇이든지 땅에서 풀면 하늘에서도 풀리리라"는 말씀이다(16:19; 요 20:23; 고전 5:4). 이 본문은 16:19("내가 천국 열쇠를 네게 주리니 네가 땅에서 무엇이든지 매면 하늘에서도 매일 것이요...")과 같은 내용이다. 두 곳을 비교하면 16:19의 "천국 열쇠를 네게 주리니"라는 말씀이 베드로 개인에게 주시는 것이 아니라 12사도에게 주시는 것임을 알 수 있다. 이유는 본문(18절)에서 예수님께서 "너희가 땅에서 매면"이라고 복수를 사용하신 것을 보면 알 수 있다.

예수님은 "무엇이든지 너희가 땅에서 매면 하늘에서도 매일 것이요 무엇이든지 땅에서 풀면 하늘에서도 풀리리라"고 하신다. 예수님은 사도들과 모든 교회들이 매는 일과 푸는 일을 하늘에서도 인정하시리라고 하신다. 교회들의 이런 권세는 예수님으로부터 위임을 받은 것이다. 오늘날 교회들이 주님의 뜻대로 치리하면 하나님께서도 그대로 인정하시리라고 하신다. 다시 말해 교회가 용서하면 하나님께서도 용서하시고 교회가 치리하면 하나님께서도 치리하실 것이라고 하신다. 그런고로 교회는 주님의 뜻을 따라 권징을 실시해야 한다. 교인들을 두려워하여 권징을 실시하지 못하면 교회는 타락한다.

마 18:19. 진실로 다시 너희에게 이르노니 너희 중의 두 사람이 땅에서 합심하여 무엇이든지 구하면 하늘에 계신 내 아버지께서 그들을 위하여 이루게 하시리라. 예수님은 중대한 것을 발표하시기 위하여 "진실로 다시 너희에게 이르노니"라는 언사를 사용하신다. 중대한 말씀은 "너희 중의 두 사람이 땅에서 합심하여 무엇이든지 구하면 하늘에 계신 내 아버지께서 그들을 위하여 이루게 하시리라"는 말씀이다(5:24; 요일 3:22; 5:14). 예수님은 본 절에서 교회 형성의 기본 숫자를 보여주신다. 교회 형성의 기본 숫자는 둘이라고 하신다. 초대 교회는 120명으로 구성되었으나 두 명으로도 가능함을 말씀하신다.

그리고 예수님은 교회의 사명을 말씀하신다. 교회의 사명은 기도하는 것이라고 하신다. 두 사람이 합심하여 구하는 것이 교회의 사명이다. 두 사람이 합심하여 구하면 하늘에 계신 아버지께서 그 두 사람을 위하여 이루게 하시리라고 하신다. 두 사람이 무엇이든지 합심하여 구하면 하나님께서 응답하신다. 권징문제(15-17절)만 아니라 "무엇이든지" 응답하신다.

마 18:20. 두세 사람이 내 이름으로 모인 곳에는 나도 그들 중에 있느니라. 예수님은 앞(19절)에서 두 사람이 합심하여 무엇이든지 구하면 하나님께서 응답하신다고 하셨는데 이제 본 절에서는 두 세 사람이 예수님의 이름을 중심하고, 예수님의 이름을 인정하고, 예수님의 이름 때문에 모여 예배하고 말씀 공부하고 기도하고 교제하고 봉사하는 곳에는 예수님께서 그들 중에 임재하시겠다고 하신다. 반드시 많은 사람이 모여야 하는 것은 아니고 단지 두 세 사람만 모여도 진정으로 예수님의 이름을 인정하고 예수님의 이름 때문에 모인다면 예수님께서는 그들 중에 계실 것이다. 우리는 항상 예수님의 이름으로 모여야 한다. 우리는 어디를 가든지 예수님의 이름을 위해서 가야 한다. 예수님의 말씀을 공부하러 가고 예수님께 기도하러 가야 한다. 우리가 산에 올라가도 혹은 해변으로 간다고 해도 항상 예수님의 이름으로 가야 한다.

c.형제를 용서하라 18:21-35

예수님은 앞(15-20절)에서 우리의 형제가 죄를 범했을 경우 어떻게 처리해야 할 것을 가르쳐주신 다음 이제 이 부분(21-35절)에서는 형제의 죄를 용서할 것을 권하신다. 예수님은 베드로의 질문, 곧 형제가 우리에게 죄를 범하면 몇 번이나 용서해야 하는지를 주님께 여쭈었기에 일만 달란트 빚진 자의 비유를 들어 설명하신다.

마 18:21. 그 때에 베드로가 나아와 이르되 주여 형제가 내게 죄를 범하면 몇 번이나 용서하여 주리이까 일곱 번까지 하오리이까.

"그 때에"(Tότϵ)란 말은 '예수님께서 우리 형제가 죄를 범하면 우리가 어떻게 해야 하는지를 말씀해주신 후에'(15-20절)라는 뜻일 것이다. 베드로는 예수님께서 죄를 지은 사람을 어떻게 처리해야 하는 문제를 말씀하실 때 베드로는 "주여 형제가 내게 죄를 범하면 몇 번이나 용서하여 주리이까 일곱 번까지 하오리이까"라고 질문한다(눅 17:4). 베드로는 일곱 번까지 해야 하지 않겠느냐고 최대의 상한선을 정해서 예수님께 나아와서 몇 번이나 용서해주어야 하는지 그 상한선을 여쭈었다. 오늘날 우리 사회에는 세 번까지는 용서하고 그 이상으로는 용서할 이유가 없다는 관념이 팽배해 있다. 그러나 베드로는 그 이상 곧 일곱 번까지 용서해 주면 되는 것 아니냐고 말씀드리면서 예수님께 질문한다.

마 18:22. 예수께서 이르시되 네게 이르노니 일곱 번뿐 아니라 일곱 번을 일흔 번까지라도 할지니라.

예수님은 베드로가 제시한 일곱 번이라는 상한선을 철폐하시고 "일곱 번을 일흔 번까지라도 하라"고 하신다(6:14; 막 11:25; 골 3:13). 예수님은 7 x 70=490 번까지라도 하라는 말씀은 꼭 490번을 의미하는 것이 아니라 무한정 용서하라는 뜻이다(창 4:24 참조).[140] 우리는 형제를 용서하되 무한히 해야 한다. 헤르만

140) 어떤 학자들은 창 4:24에 나오는 라멕에 관련된 77배의 형벌과 연관지어 70 + 7=77배로 보는 학자들도 있다(Augustine, Ewald, Origen, Bengel 등). 이 학설에 대해서는 렌스키(Lenski)가

리델보스는 "사죄는 수(490번)가 아니라 질적으로 깊이 있는 태도가 필요하다"고 말한다. 윌렴 헨드릭슨은 "내가 몇 번이나 용서해야 할까요? 라고 묻는 것은 내가 내 아내를, 남편을, 자녀를 몇 번이나 사랑해야 하나요라고 묻는 것이나 마찬가지이다"라고 말한다. 우리는 형제를 용서하고 무한히 친절하게 대해야 할 것이다.

마 18:23. 그러므로 천국은 그 종들과 결산하려 하던 어떤 임금과 같으니.
예수님은 본 절부터 34절까지 일만 달란트 빚진 자가 임금으로부터 빚을 탕감받고도 자기에게 겨우 100데나리온 빚진 사람을 탕감해주지 않아 일만 달란트 빚진 자가 자기의 빚을 모두 갚아야 하는 운명에 처하게 되었다는 비유를 말씀하심으로 누구든지 용서받은 자는 형제를 진심으로 용서해야 한다는 것을 교훈하신다.

본 절 첫 단어 "그러므로"(Διὰ τοῦτο)는 본 절 이하 34절까지의 비유가 무한정 용서해야 한다는 22절의 결론으로 주어진 말이다. 그러나 실제로는 이 "그러므로"란 말은 22절의 결론의 역할을 한다기보다는 차라리 본 절 이하 34절까지의 비유가 22절의 무한정 용서해야 한다는 명령에 대한 이유("왜냐하면")의 역할을 하고 있다. 다시 말해 무한정 용서하지 않으면 다시 빚을 갚아야 하는 신세가 된다는 것이다.

예수님은 "천국은 그 종들과 결산하려 하던 어떤 임금과 같다"고 하신다. 여기 "천국"이란 '이 땅에 임한 신령한 천국'을 지칭한다. 이 천국 개념이 예수님께서 재림하신 후에 나타나는 천국과 무관하지는 않으나(32-34절) 먼저 이 땅에 임한 영적인 천국을 지칭함은 자명하다. 예수님은 우리가 이 땅에서 하나님의 사랑으로 용서받아 천국의 삶을 살면서도 형제를 용서하지 못하는 것을 조심하게 하기 위해서 이 천국 비유를 들으신다.

예수님은 그 종들과 결산하려 하던 어떤 임금의 비유를 들으신다. 여기

강하게 반대하고 있다.

"그 종들"(τῶν δούλων αὐτου)이란 말은 노예들을 지칭하지 않고 '청지기들'을 가리킨다. 이유는 노예들은 10,000달란트나 되는 돈을 취급하지 못한다. 아마도 이 종들은 왕 밑에서 큰 재산이나 돈을 만지는 종들이었는데 왕과 함께 계산하는 날이 되어 왕 앞에 불려나간 것으로 보인다.

마 18:24. 결산할 때에 만 달란트 빚진 자 하나를 데려오매.

왕과 함께 결산하는 날 만 달란트 빚진 종이 불려나왔다. 아마도 제일 많이 빚진 자였을 것이다. 이 종은 오늘 우리들을 비유하는 종이다. 우리도 엄청난 죄를 지은 사람이니 말이다. 만 달란트는 계산할 수도 없이 큰돈이다. 이 돈을 오늘 한화나 미화로 계산해서 느껴보려고 시도하는 것은 무의미할 것이다. 한 달란트는 6,000데나리온이다. 데나리온은 노동자 한 사람이 하루 동안 일하면 받을 수 있는 금액이다. 만 달란트를 데나리온으로 환산하면 10,000 x 6,000 = 60,000,000데나리온이다. 이 액수를 노동자 하루 품삯으로 곱해야 한화나 미화의 액수가 나온다. 우리는 하나님 앞에 엄청난 죄를 지은 사람들이다.

마 18:25. 갚을 것이 없는지라 주인이 명하여 그 몸과 아내와 자식들과 모든 소유를 다 팔아 갚게 하라 하니.

왕 앞으로 불려나와 보니 갚을 것이 없는 종이었다. 갚을 돈이 없는 것을 본 임금이 명령하기를 "그 몸과 아내와 자식들과 모든 소유를 다 팔아 갚게 하라"고 했다(왕하 4:1; 느 5:8). 임금은 만 달란트 빚진 자의 몸과 그 아내와 자식들과 모든 소유를 팔아서(출 22:3; 레 25:39, 47; 왕하 4:1) 빚을 갚게 하라고 명령했다. 이 종은 도무지 상환할 수 없는 처지였다. 오늘 우리도 우리 자신만 아니라 아내와 자식들과 모든 소유까지도 드려 죄의 빚을 갚아야 할 사람들이었다. 다시 말해 모든 것을 드려 빚을 갚고 우리에게는 아무 것도 없는 거지가 되어야 하는 신세였다. 우리가 무엇을 드린다 해도 상환 불가능한 사람들이었다. 우리는 예수 그리스도의 십자가의 대속의 피가 아니었더라면 전혀 소망이 없는 사람들이었다.

마 18:26. 그 종이 엎드려 절하며 이르되 내게 참으소서 다 갚으리이다 하거늘.
그 종은 두 가지 행동을 취했다. 하나는 계속해서 엎드려 절했다. 여기 "엎드려 절하며"(προσεκύνει)란 말은 미완료과거 시제로 '계속해서 엎드려 절했다,' '끊임없이 무릎 꿇고 빌었다'는 뜻이다. 한번만 엎드려 절한 것이 아니라 죽을 죄를 지은 사람이니 계속해서 엎드려 절한 것을 표현하는 말이다. 또 하나는 "내게 참으소서 다 갚으리이다"라고 말했다. 이 종은 갚을 힘이 있어 그런 말을 한 것이 아니라 임금의 노여움을 풀기 위해서 "참아주소서 다 갚겠습니다"라고 말을 한 것이다. 참으로 다급한 사람이 할 말은 다른 것이 없다. 다 갚겠다는 말밖에는 다른 말을 어떻게 하겠는가. 당장 무서운 상황을 피해보아야 하지 않겠는가.

마 18:27. 그 종의 주인이 불쌍히 여겨 놓아 보내며 그 빚을 탕감하여 주었더니.
종의 그 꼴을 본 주인은 그 종의 비참한 형편을 보고 "불쌍히 여겨 놓아 보내며 그 빚을 탕감하여 주었다." 예수님은 임금의 행동을 두 가지로 묘사하신다. 첫째, "불쌍히 여겼다"고 말한다. "불쌍히 여겼다"는 말은 '측은한 마음이 들었다,' '자비를 베풀었다'는 뜻으로 하나님의 불쌍히 여기심이 우리 인간의 구원의 근거가 된다(9:36; 14:14; 15:32; 막 1:41; 6:34; 눅 7:13). 하나님은 용서를 비는 우리를 항상 불쌍히 여기신다. 둘째, 그 종을 "놓아 보내며 그 빚을 탕감하여 주었다." 종을 석방한 일과 빚을 탕감한 일을 동시에 했다. 사람을 풀어주고 빚을 다 없애준 것이야 말로 큰 긍휼이 아닐 수 없다. 왕은 자기의 장부에서 만 달란트를 삭제했다.

마 18:28. 그 종이 나가서 자기에게 백 데나리온 빚진 동료 한 사람을 만나 붙들어 목을 잡고 이르되 빚을 갚으라 하매.
여기서부터 그 종은 영 딴판으로 행동하기 시작한다. 다른 사람들을 사랑하는 대신 잔인하게 대하기 시작한다. 끔찍한 일이다. 그 종이 취한 행동을 순서대로 살펴보면 첫째, "그 종이 나가서 자기에게 백 데나리온 빚진 동료 한 사람을 만나 붙들어 목을 잡았다." 그 종은 왕으로부터 석방되어 나가서 자기에게 백 데나리온, 즉 노동자 한 사람이 100날 동안만 일하면 벌 수 있는 금액을 빚진, 자기와 함께 일하던 관리 한 사람을 만나 붙들어 멱살을 잡았다. 만 달란트의 빚을 탕감 받고 몇 년이 지난 것도 아니고 이제 석방되어 나가는 도중 겨우 자기에게 100데나리온(만 달란트에 비하면 60만분의 1이다) 빚진 관리 한 사람(그것도 자기와 한 마당에서 일하던 관리이다)을 만나 돈을 빨리 갚으라고 사람을 잡아서 멱살을 잡은 것이다. 둘째, "빚을 갚으라"고 윽박질렀다. 탕감해주었어야 했는데 정신 나간 사람처럼 그것을 갚도록 강요한 것이다. 사람은 자기가 하나님의 사랑으로 용서 받은 감격을 잃어버리고 자기에게 조그마한 잘 못을 저지른 사람을 용서하지 못하고 마구 정죄한다. 이래서 인간은 비참한 비극을 맞이한다.

마 18:29. 그 동료가 엎드려 간구하여 이르되 나에게 참아 주소서 갚으리이다 하되.

100데나리온 빚을 진 종은 왕에게 만 달란트 빚진 종이 하듯 거의 똑 같은 행동을 했다. 약간 다른 점은 첫째, 첫 번째 종이 "엎드려 절한 것"(26절)에 비해 그냥 "엎드려 간구한"(παρεκάλει) 점이 다르다. 다시 말해 절했다는 말이 빠져 있어 그냥 엎드려 간구한 것이다. 그러나 "엎드려 간구했다"는 말도 미완료 과거 시제로 '계속해서 간구했다'는 뜻이다. 그리고 둘째 차이는, 첫째 종은 "참아 주소서 다 갚으리이다"라고 했는데, 둘째 종은 "다"라는 단어를 빼고 그냥 "참아 주소서 갚으리이다"라고 말한 점이다. 금액이 적어서 갚을 수 있기에 "다"(강조하는 낱말)라는 말을 뺀 것이다. 사실 이만하면 언제인가 갚는 것으로 알아주어야 했는데 그러지 못했다.

마 18:30. 허락하지 아니하고 이에 가서 그가 빚을 갚도록 옥에 가두거늘.

첫째 종이 취한 행동 셋째(첫째, 둘째는 28절에 있다), 둘째 종의 간구를 허락하지 아니하고 "가서 그가 빚을 갚도록 옥에 가두었다." 빚의 액수로 보아 노예로 팔수는 없었지만 감옥에 가둘 수는 있었다(당시 로마 사회의 관습). 잔인의 극치이다. 사람 중에는 하나님께는 구걸해도 사람에게는 잔인한 사람들이 있다.

마 18:31. 그 동료들이 그것을 보고 몹시 딱하게 여겨 주인에게 가서 그 일을 다 알리니.

왕 밑에서 함께 일을 한 동료들이 첫째 종이 둘째 종을 감옥에 넣는 것을 보고 "몹시 딱하게 여겨 주인에게 가서 그 일을 다 알렸다." 사람들은 다른 사람들이 너무 억울한 일을 당하는 것을 보고 딱하게 여겨 가만히 있지 못한다(17:23 주해 참조). 동료들은 첫째 종이 처신하는 것을 보고 그냥 있을 수가 없어서 왕에게 가서 첫째 종이 취한 처신을 다 알렸다. 동료들은 주인의 호의가 너무도 무시되는 것을 보고 견딜 수 없어 주인에게 첫째 종의 처신을 하나 보고한 것이다.

마 18:32-33. 이에 주인이 그를 불러다가 말하되 악한 종아 네가 빌기에 내가 네 빚을 전부 탕감하여 주었거늘 내가 너를 불쌍히 여김과 같이 너도 네 동료를 불쌍히 여김이 마땅하지 아니하냐 하고.

주인은 이 첫 번째 종이 취한 처신을 듣고 일단 불렀다. 그리고 첫째, 그 첫째 종을 향해 "악한 종아"라고 부른다. 그는 참으로 악한 종이었다. 자기가 주인한테 용서 받은 것을 생각하고 자기에게 빚진 동료를 용서했어야 했는데 용서하지 못했다는 점에서 악하기 그지없었다. 오늘도 많은 신자들이 하나님의 사랑으로 용서받고도 용서하지 못하는 점에서 악한 종으로 살아간다. 둘째, "네가 빌기에 내가 네 빚을 전부 탕감하여 주었거늘 내가 너를 불쌍히 여김과 같이 너도 네 동료를 불쌍히 여김이 마땅하지 아니하냐"고 책망한다. 이 종은 당연한 행동을 취하지 않았다. 그가 주인에게 빌었기에 주인이 그를 불쌍히 여겨 그의 빚을 모두 탕감해 주었는데 그는 자기에게 작은 빚을 진 동료의 빚을 탕감해주었어야 마땅했는데 그렇게 하지 않았다. 우리는 주님으로부터 용서를 받았기에 형제를 용서해야 마땅하다. 우리의 의무는 용서이다.

마 18:34. 주인이 노하여 그 빚을 다 갚도록 저를 옥졸들에게 넘기니라.
셋째(첫째와 둘째는 32-33절에 있다), "주인이 노했다." 주인은 이제 달라졌다. 주인은 27절에서 그 첫째 종을 "불쌍히 여겨 놓아 보내며 그 빚을 탕감하여 준" 행위와는 전혀 달리 노하고 말았다(3:7; 요 3:36; 엡 2:3 참조). 그 현상을 보면 노하지 않을 주인이 어디 있겠는가. 하나님은 용서하지 않는 성도에게 노하신다. 넷째, "그 빚을 다 갚도록 저를 옥졸들에게 넘겼다." 여기 "옥졸들"(βασανισταῖς)은 '고문하는 감옥의 관리들,' '감옥을 지키는 간수들'을 뜻한다. 그는 그 감옥에서 그 빚을 다 갚아야 한다. 다시 말해 영원히 지옥에서 벌을 받으며 살아야 한다.

마 18:35. 너희가 각각 마음으로부터 형제를 용서하지 아니하면 나의 하늘 아버지께서도 너희에게 이와 같이 하시리라.
예수님은 34절까지의 비유의 결론을 여기서 내리신다. 예수님은 "너희가 각각 마음으로부터 형제를 용서하라"고 하신다(6:12, 14-15). 이 결론은 베드로의 몇 번이나 용서해야 옳은지에 대한 질문(21절)에 예수님께서 주신 답변이다. 여기 "마음으로부터"란 말은 겉으로가 아니라 진심으로 용서하라는 말씀이다. 만일 마음으로부터 형제를 용서하지 아니하면 "나의 하늘 아버지께서도 너희에게 이와 같이 하시리라"고 하신다(6:12; 잠 21:13; 막 11:26; 약 2:13). 우리가 형제를 용서하지 않으면 하나님 아버지께서도 우리를 용서하시지 않는다는 것이다.

우리는 하나님 앞에 죄를 지은 사람들이다(롬 3:23). 우리는 그 죄를 다 용서받을 수 없는 사람들이었는데 예수님의 피로 말미암아 모두 씻겨졌다(20:28; 롬 3:24; 고후 5:21). 그런고로 우리는 다른 이가 우리에게 죄를 지었을 때 반드시 용서해야 한다. 그 때 우리의 죄는 사해졌다는 확신을 가지게 된다(엡 4:32). 만일 우리가 다른 사람을 용서하지 않으면 우리의 죄 때문에 영원한 형벌을 받을 수밖에 없는 것을 알아야 한다. 이 진리를 모르는 사람이 현대 교회에 무수히 많이 있다. 이 진리를 배우기는 하나 실제로 실천하지 못하는 사람들이 너무 많이 있다. 지방회나 노회 혹은 총회에서 회의를 진행하고 회의에 참여하는 전도자들도 겁 없이 마구 동역자들을 대하는 것을 볼 수 있다.

제 19 장

베레아에서 사역하시다

B.베레아 사역　19:1-20:34

예수님은 은둔사역(retirement ministry)을 마치시고 이제 요단강을 건너 베레아 사역에 임하신다. 베레아에서는 예수님께서 이혼문제에 대해 교훈하시고(1-12절), 어린 아이들을 축복하시며(13-15절), 부자들이 어떻게 처신할 것인지에 대해 교훈하신다(16-30절). 그리고 구원은 전적으로 하나님의 주권에 있다는 것을 설명하시기 위하여 포도원 품꾼의 비유를 들으신다(20:1-16).

1.이혼 문제에 대해 교훈하시다　19:1-12

예수님은 요단강 건너 유대 지경으로 들어오신 때에도 역시 사역하셨는데 거기서 유대인들의 병자를 고치셨다(1-2절). 예수님은 바로 이곳에서만 병자를 고치신 것이 아니라 계속해서 병자를 고치신 것으로 추정된다. 예수님은 유대 지경에서 바리새인들의 질문을 받으시고 부부가 간음한 사실이 없으면 이혼할 수 없음을 말씀하신다(3-9절). 바로 이 부분(3-9절)은 막 10:2-12과 병행한다. 예수님은 계속하여 제자들의 질문을 받으시고 타고난 자라면 독신으로 살아갈 수 있다고 말씀하신다(10-12절). 윌렴 헨드릭슨(William Hendriksen)은 베레아 사역은 AD29년 12월에서 30년 4월까지로 추정한다.

마 19:1. 예수께서 이 말씀을 마치시고 갈릴리를 떠나 요단 강 건너 유대 지경에 이르시니.

예수님은 “이 말씀을 마치시고” 즉 ‘예수님을 믿는 소자를 영접하고 형제를 용서하라(19:1-35)는 말씀 마치신'(갈릴리의 은둔사역을 마치신) 다음 "요단강 건너 유대 지경에 이르신다"(막 10:1; 요 10:40). 여기 "요단강 건너 유대지경에"란 말은 막 10:1에 의하면 "유대지경과 요단강 건너편"이라고 표현되어 있다. 이 표현은 요단강 건너 베레아 지방을 지칭한다. 예수님은 갈릴리의 은둔사역을 마치시고 이제는 그가 죽으셔야 하는 예루살렘을 향하여 올라가려고 베레아로 가신 것이다.

마 19:2. 큰 무리가 따르거늘 예수께서 거기서 그들의 병을 고치시더라.
예수님은 갈릴리에서 사역하실 때나 마찬가지로 사람들에게 자신을 숨기시지 않고 들어내어 사람들에게 가르치셨다. 예수님은 "큰 무리가 따르는" 것을 보시고 먼저 가르치셨음에 틀림없다. 본 절에는 가르치셨다는 말씀이 없으나 언제나 병을 고치시기 전에 가르쳤던 것처럼 베레아에서도 가르치셨다(막 10:1; 요 10:40 참조). 그리고 예수님은 베레아에서 "그들의 병을 고쳐주셨다." 예수님은 모여드는 군중들에게 긍휼의 심정을 가지고 병을 고쳐주셨다(마 4:23-25; 8-9장; 11:5-6; 12:15, 22). 예수님은 지금도 우리의 병을 고치신다.

마 19:3. 바리새인들이 예수께 나아와 그를 시험하여 이르되 사람이 어떤 이유가 있으면 그 아내를 버리는 것이 옳으니이까.
예수님은 사람들을 불쌍히 여기셔서 가르치시며 병을 고쳐주셨지만(앞 절) 바리새인들은 예수님을 시험하여 곤란에 빠뜨리려고 애썼다. 바리새인들은 예수님에게 나아와 "사람이 어떤 이유가 있으면 그 아내를 버리는 것이 옳으니이까"(Is it lawful for a man to put away his wife for every cause?)라고 질문한다. 즉 '어떤 이유가 있다면 자기 아내를 버려도 되는 것인가?'고 질문한다. 바리새인들은 이혼문제를 두고 자기들끼리 서로 대치하고 있었는데 그것을 가지고 나와서 예수님께서 질문한 것이다. 바리새인들은 신명기 24:1-2("사람이 아내를 맞이하여 데려온 후에 그에게 수치 되는 일이 있음을 발견하고 그를 기뻐하지 아니하면 이혼 증서를 써서 그의 손에 주고 그를 자기 집에서 내보낼 것이요 그 여자는 그의 집에서 나가서 다른 사람의 아내가 되려니와")의 해석을 두고 두 파간에 대립되어 있었다. 모세가 말한 "수치되는 일"이란 말을 두고 삼마이파는 좁은 의미로 해석했고 힐렐파는 많이 자유롭게 해석했다.141) 다시 말해 엄격하기로 이름이 나 있는 삼마이파는 배우자가 다른 이와 간음한 이유 이외에는 이혼할 수 없다고 가르쳤고, 자유파인 힐렐파는 여러 조건으로 이혼이 가능하다고 가르쳤다. 예를 들면 남편이 자기 아내를 싫어한다면 이혼할 수도 있다는 것이었다. 이런 미묘한 문제를 가지고 예수님께 나아와 예수님을 구렁텅이에 빠뜨리려고 했다. 예수님께서 어떻게 대답하신다고 해도 예수님은 난처한 입장에 빠지게 된다. 예수님은 어느 한 편을 편들지 않으셨다(9절). 예수님은 진리를 말씀하시는 분이시다.

마 19:4-5. 예수께서 대답하여 이르시되 사람을 지으신 이가 본래 그들을 남자와 여자로 지으시고 말씀하시기를 그러므로 사람이 그 부모를 떠나서 아내에게 합하여 그 둘이 한 몸이 될지니라 하신 것을 읽지 못하였느냐.

예수님은 바리새인들에게 대답하시기 위해 그들에게 성경을 "읽지 못하였느냐" 고 물으신다. 예수님은 성경에 입각하여 대답하신다. 첫째, 예수님은 "사람을 지으신 이가 본래 그들을 남자와 여자로 지으신"을 근거하여 말씀하신다(창 1:27; 5:2; 말 2:15). 다시 말해 창 1:27에 근거하여 말씀하신다. 하나님은 남자를 지으시고 여자를 지으셨다고 하신다. 둘째, 예수님은 하나님께서 "사람이 그 부모를 떠나서 아내에게 합하여 그 둘이 한 몸이 될지니라"고 말씀하신 것을 근거하고 대답하신다(창 2:24; 막 10:5, 9; 고전 6:16; 7:2; 엡 5:31). 즉 창 2:24에 근거하여 대답하신다. 사람이 먼저 부모를 떠나야 하고 남자가 아내에게 합하여 그 둘이 한 몸(한 인격)이 되어야 한다고 말씀하신다. 한 몸이 되었다면 다른 이유를 가지고는 분리할 수 없다고 하신다. 한 몸을 망가뜨리는 간음

---

141) "수치되는 일"이란 말을 두고 엄격하게 해석했던 삼마이파는 '간음한 일'에만 해당되는 것으로 해석했고 힐렐파는 '어떤 부끄러운 일,' '어떤 불쾌한 일,' '온당하지 못한 행동'으로 범위를 넓혔다. 그래서 힐렐파는 아내가 잘 못하여 음식을 태운 경우에도 적용시켰고 좀 큰 소리로 말해서 이웃에게까지 들린 것에도 적용시켰다.

이외에는 한 몸을 쪼갤 수 있는 다른 방도는 없다. 세상의 번잡한 문제는 모두 성경으로 돌아가야 풀린다.

마 19:6. 그런즉 이제 둘이 아니요 한 몸이니 그러므로 하나님이 짝지어 주신 것을 사람이 나누지 못할지니라 하시니.

예수님은 창 1:27(4절에 기록되어 있음)과 창 2:24(5절에 기록되어 있음)에 의거하여 본 절에서 결론을 내리신다. "그런즉 이제 둘이 아니요 한 몸이라"고 하신다. 몸은 둘이지만 인격으로는 하나라는 말씀이다. 하나님께서 하나로 만들어주셨으니 하나라는 뜻이다.

예수님은 하나님께서 짝지어주셔서 하나가 되었으니 "그러므로 하나님이 짝지어 주신 것을 사람이 나누지 못할지니라"고 말씀하신다. 자기들끼리 짝지은 줄 알지만 하나님께서 짝을 이루도록 남자와 여자로 만드셨고 또 둘이 만나도록 하셨으니 하나님께서 짝지어주신 것이다. 이렇게 하나님께서 짝지어 주신 것을 사람이 나누지 못한다고 하신다. 오늘날 수많은 사람들은 하나님께서 하나 되게 하신 것도 알지 못하며 또 쉽게 이혼해버린다.

마 19:7. 여짜오되 그러면 어찌하여 모세는 이혼 증서를 주어서 버리라 명하였나이까.

바리새인들은 예수님께서 구약 성경(창 1:27; 2:24)을 들어 이혼의 불가를 설명하신 데 대해 아주 못 마땅해서 질문하기를 "그러면 어찌하여 모세는 이혼 증서를 주어서 버리라 명하였나이까"라고 한다. 이들이 들고 나온 성경은 역시 구약 성경 신 24:1-2이었다. 5:31-32주해를 참조할 것.

마 19:8. 예수께서 이르시되 모세가 너희 마음의 완악함 때문에 아내 버림을 허락하였거니와 본래는 그렇지 아니하니라.

예수님의 성경 해석은 막히시지 않는다. 예수님은 "모세가 너희 마음의 완악함 때문에 아내 버림을 허락하였거니와 본래는 그렇지 아니하니라"고 하신다.

예수님은 모세가 아내를 버릴 수 있다고 말한 것을 인정하시면서 그러나 본래는 그렇지 않다고 못 박으신다. 예수님께서 모세가 아내를 버릴 수 있다고 말씀하신 이유는 남자들의 마음이 완악하기 때문이라고 하신다. "마음의 완악함"(σκληροκαρδίαν)이란 '마음이 타락함,' '마음이 악함'을 지칭하는 말이다.

모세는 인간의 마음이 지극히 악한 사실을 알고 남자들이 아내를 버리는 것을 허락했다. 모세는 백성들이 지극히 완악하고 부패해서, 다시 말해 이스라엘 민족이 회개하지 않은 것을 알고 앞으로 일어날 모든 문제들을 알고 있었기에 어떤 이유가 있으면 아내를 내버리게 허락했다. 허락한 것이지 명령한 것은 아니었다. 예수님은 모세를 비난하지 않으셨다.

그러나 예수님은 "본래는 그렇지 아니하다"고 하신다. 모세가 아내를 내버리도록 허락한 것이 하나님의 본의는 아니라고 하신다. 모세의 이혼 법은 하나님의 본래적인 의도가 아니라 백성들의 완악한 마음 때문에 부득이 허락한 것뿐이라고 하신다. 예수님은 모세가 이혼 장려자가 아니고 모세 당시의 사람들이나 바리새인들의 마음이 완악하기 때문에 무슨 이유가 있으면 이혼할 수 있다고 허락하셨다. 구약 사사 시대에 사사들이 나라를 다스릴 때 백성들은 이방 민족같이 왕을 세워달라고 많이 졸라서 사무엘은 그것을 허락했다. 사무엘은 하나님이 다스리라는 것과 사람이 다스리는 것의 차이를 알게 될 것이라고 했다(삼상 8:4-22). 백성들이 왕을 구했을 때 하나님께서 허락하셨는데 그것은 하나님께서 기뻐셔서 허락하신 것이 아니었고 일종의 심판으로 허락하신 것이었다. 마음이 워낙 악하면 하나님께서 백성들을 달리 취급하신다. 마음이 완악은 결국 불행을 낳는다(렘 17:9; 막 7:21). 음행한 이유가 아닌데도 마구 이혼하는 사람들은 훗날 큰 불행을 맛본다.

마 19:9. 내가 너희에게 말하노니 누구든지 음행한 이유 외에 아내를 버리고 다른 데 장가드는 자는 간음함이니라.

예수님은 모세의 법 이전으로 올라가 하나님의 원래의 법을 말씀하신다. 하나님의 법을 말씀하시기 위해 "내가 너희에게 말하노니"라는 중대 발언 체를 사용하신다. 예수님은 "누구든지 음행한 이유 외에 아내를 버리고 다른 데 장가드는 자는 간음함이니라"고 선포하신다(5:32; 막 10:11; 눅 16:18; 고전 7:10-11). '누구든지 아내가 남의 남자와 간음하지 않았는데도 그 아내를 버리고 다른 여자와 결혼하는 사람은 간음하는 사람이라'고 하신다. 아내와의 결혼 계약(marriage bond)은 단 한 가지 이유에서만 깨진다. 즉 아내가 다른 남자와 간음했을 때는 결혼 계약이 파기 된다. 그렇지 않았는데 여자를 버리고 다른 여자와 결혼하면 그 남자는 다른 여자와 간음한 것이 된다는 것이다.

마 19:10. 제자들이 이르되 만일 사람이 아내에게 이같이 할진대 장가들지 않는 것이 좋겠나이다.

예수님께서 바리새인들의 질문을 받으시고 대답을 끝내셨는데(3-9절) 이제 제자들이 예수님의 철저한 결혼관에 놀라서 예수님께 문제를 제기한다. 제자들도 세상의 결혼관에 물들어 있었던 것으로 보인다. 제자들도 아내를 버리는 것이 어렵지 않은 것으로 알았다가 예수님의 결혼관을 듣고 예수님께 "만일 사람이 아내에게 이같이 할진대 장가들지 않는 것이 좋겠나이다"라고 문제를 제기한다(잠 21:19). 즉 '남자가 아내와 이혼하기가 이처럼 힘 든다면, 다시 말해 이혼할 수 있는 조건이 딱 한 가지(간음)라면 이혼하기 힘들어서 차라리 장가들이 않는 것이 좋겠다'고 여쭈어 본다. 이혼하기 힘 든 것이 남자들에게는 결정적인 타격이라는 것이다.

마 19:11. 예수께서 이르시되 사람마다 이 말을 받지 못하고 오직 타고난 자라야 할지니라.

예수님은 남자가 결혼하지 않는 것은 모든 남자마다 다 할 수 있는 것이 아니라 "오직 타고난 자라야 할지니라"고 하신다(고전 9:2, 7, 9, 17). 타고난 사람이나 결혼하지 않을 수 있다고 하신다. 제자들 생각에는 남자들은 한 여자와 결혼하고 살다가 싫으면 얼마든지 이혼할 수 있다는 생각을 하고 살았는데 예수님의 엄격하신 말씀이 천둥소리로 들렸다. 그래서 제자들은 그러려면 차라리 결혼하지 않고 독신으로 사는 것이 낫지 않겠느냐고 했는데 예수님은 제자들의 말씀을 받으시고 결혼하지 않는 것은 타고 난 사람이나 가능하다고 하신다. 다시 말해 독신으로 사는 것은 하나님의 선물이라는 것이다. 즉 독신 생활은 인간적인 의지나 인간적인 선택으로 되는 것이 아니라 하나님께서 되게 하셔야 가능한 것이라고 하신다. 타고 나지 않으면 불가능한 것으로 보아야 한다.

마 19:12. 어머니의 태로부터 된 고자도 있고 사람이 만든 고자도 있고 천국을 위하여 스스로 된 고자도 있도다 이 말을 받을만한 자는 받을지어다.

예수님은 결혼하지 않고 살 수 있는, 타고 난 사람을 열거하신다. 첫째, 예수님은 "어머니의 태로부터 된 고자도 있다"고 하신다. '선천적인 고자 곧 성불구자로 태어난 사람이 있다'는 뜻이다. 선천적인 성불구자는 제사장이 될 수 없었고(레 21:20-21), 이스라엘의 총회에 들어갈 수 없었다(신 23:1). 둘째, "사람이 만든 고자도 있다"고 하신다. 이는 수술로 거세해서 고자가 된 사람을 말한다. 셋째, "천국을 위하여 스스로 된 고자도 있다"고 하신다. '복음 전파를 위하여 자의적으로 독신 생활을 택한 자들도 있다'는 것이다(고전 7:32-33; 9:5, 15).[142] 이 세 번째의 고자는 신체적인 고자가 아니라 천국을 전파하기 위해 결혼 생활을 포기한 사람들이다. 예수님의 이 말씀을 두고 혹자들은 독신 생활이 결혼 생활보다 더 낫다고 말하기도 한다. 그러나 예수님의 말씀은 독신 생활이 더 낫다는 말씀이 아니라 그리스도를 전파하기 위해 결혼을 포기할 수도 있다는 것을 말씀하셨을 뿐이다. 예수님은 "이 말을 받을만한 자는 받을지어다"라고 하신다. 즉 '이 말씀을 받을 수 있는 사람은 받아서 결혼을 포기할 수 있다'고 하신다. 예수님께서 이 세 종류의 고자를 말씀하시면서 첫째 번 고자와 둘째 번 고자에 주안점을 두고 말씀하신 것이 아니라 세 번째 즉 천국 복음을 전파하기 위하여 결혼을 포기하는 사람에 주안점을 두고 말씀하셨다. 결혼을 포기하는 것이 더 낫다는 뜻이 아니라 그렇게 할 수도 있다는 것을 말씀하신 것뿐이다.

---

142) 본 절의 "고자"(εὐνοῦχοι)란 말은 '성적(性的) 불구자로 궁중에서 후궁들을 관리하는 대신이 된 사람,' '침실관리를 맡은 사람,' '궁중관리자,' '거세된 자'란 뜻이다.

2.어린 아이들을 축복하시다 19:13-15

예수님은 바리새인들과 제자들이 제기한 이혼문제에 대해 답하신 후 어린 아이들을 축복하신다. 십자가에 죽으러 가시면서도 여유를 가지고 어린 아이들을 마치 평상시와 같이 축복하신다. 예수님께서 어린 아이들을 귀중히 여기신 이 사건은 훗날 유아 세례의 근거가 되기도 했다. 이 부분(13-15절)을 위하여 막 10:13-16; 눅 18:15-17를 참조하라.

마 19:13. 그 때에 사람들이 예수께서 안수하고 기도해 주심을 바라고 어린 아이들을 데리고 오매 제자들이 꾸짖거늘.

문장 처음에 나오는 "그 때에"(tovte)란 말은 이혼(결혼) 문제를 다루신 후 시간이 많이 지나지 않은 때에 사람들이 어린 아이들을 예수님께 데려왔음을 보여주고 있다. 사람들이 자기의 어린 아이들(눅 18:15에 의하면 아이들은 영아들이었다)을 예수님께서 안수하고 기도해 주시기를 바라고 데리고 왔다(막 10:13; 눅 18:15). 어른들이 자기 어린 아이가 안수받기를 소원한 것은 예수님께서 병자들을 안수하여 고치시는 것을 보고 안수받기를 바랬다. 그런데 제자들이 어린 아이들을 데려오는 어른들을 꾸짖었다. 예수님께서 심히 피곤하시고 또 어린 아이들이 예수님께 온다고 해서 무슨 큰 복을 받을 수 있을 것인지 의심하고 제자들은 아주 귀찮다는 심정으로 제발 어린 아이들을 데리고 오지 말라고 하며 데려가라고 꾸짖었다.

마 19:14. 예수께서 이르시되 어린 아이들을 용납하고 내게 오는 것을 금하지 말라 천국이 이런 사람의 것이니라 하시고.

예수님께서 제자들이 어린 아이들을 데려오는 어른들을 꾸짖는 것을 보시고 "어린 아이들을 용납하고 내게 오는 것을 금하지 말라"고 하신다. '어린 아이들을 영접하고 오게 못하게 막지 말라'고 하신다. 이유(γὰρ)는 "천국이 이런 사람의 것이기" 때문이라고 하신다(τῶν γὰρ τοιούτων ἐστὶν ἡ βασιλεία τῶν οὐρανῶν). 18:2-4 참조. "천국이 이런 사람의 것이라"는 말씀은 '천국이 이렇게 예수님을 신뢰하고 가까이 하는 모든 사람들의 것이라'는 뜻이다(18:3). "천국"이란 낱말에 대해서는 4:23; 13:43주해를 참조하라. 누구든지 어린 아이들처럼 자기를 낮추고 예수님을 전적으로 신뢰하며 예수님께 가까이 하는 사람들에게는 예수님의 통치(천국)가 임한다.

마 19:15. 그들에게 안수하시고 거기를 떠나시니라.

마태는 예수님께서 "그들에게 안수하시고 거기를 떠나셨다"고 말한다. 즉 '어린 아이들에게 안수하신 다음 떠나셨다'는 것이다. 같은 사건을 말하는 막 10:16은 "그 어린 아이들을 안고 그들 위에 안수하시고 축복하셨다"고 말한다. 예수님은 어린 아이들을 안고 그들 위에 안수하시고 축복하셨다. 예수님께서 어린 아이들 위에 안수하셨다는 것은 훗날 교회의 안수식과 유아세례의 기원이 되었다. 그리고 예수님께서 어린 아이들을 축복하셨다는 말씀만 있고 기도하셨다는 말씀이 없으나 예수님께서 중보기도로 축복하신 것으로 보아야 할 것이다. 첫째, 어린 아이들의 부모들이 자기의 아이들을 위하여 기도해주심을 바라고 예수님께 왔으니(13절) 예수님은 아마도 중보기도를 통하여 아이들을 축복하셨을 것으로 보아야 할 것이고, 또 예수님께서 지상 사역에서 기도하신 것으로 보아(막 11:25-26; 14:19; 15:36; 눅 6:12; 요 11:41-42; 요 17장) 이때에도 역시 기도해주셨을 것으로 보인다. 우리는 사람들을 예수님께 부탁해야 한다. 우리 아이와 우리 남편, 우리 아내, 그리고 우리의 이웃 사람들을 매일같이 주님께 부탁해야 한다. 그들에게 복을 주시도록 간절하게 부탁해야 한다. 예수님은 아이들에게 안수하시고 축복하신 다음 "거기를 떠나가셨다." 어디로 떠나가셨는지는 확실히 알 수 없으나 좀더 예루살렘 쪽으로 옮기셨을 것이다.

3.부자들 처신에 대한 교훈 19:16-30

예수님은 자신을 가까이 하는 어린 아이들과 또 어린 아이처럼 자신을 낮추고 예수님을 신뢰하고 가까이 하는 모든 사람들이 천국의 사람들이라는 것을 말씀하신(13-15절) 다음 이 부분(16-30절)에서는 부자들은 천국에 들어갈 수 없다고 말씀하신다. 예수님은 먼저 자신에게 찾아온 부자 청년과 말씀하시고(16-22절) 다음 제자들에게 부자는 천국에 들어가기가 거의 불가능하다는 것을 말씀하신다(23-30절). 이 부분은 막 10:17-22; 눅 18:18-23과 병행한다.

마 19:16. 어떤 사람이 주께 와서 이르되 선생님이여 내가 무슨 선한 일을 하여야 영생을 얻으리이까.

문장 초두에 "볼지어다"(ἰδοὺ)라는 감탄사가 나타나 본 절부터 30절까지의 말씀이 아주 중요한 말씀이라는 것을 알려주고 있다. "어떤 사람"이 예수님께 나아왔다(막 10:17). 그는 청년이었고(20절) 관원이었으며(눅 18:18) 부자였다(눅 18:23). 이 "관리"는 산헤드린 공의회의 회원이었거나 아니면 지방 공회의 관원이었을 것이다. 그는 30세가 조금 넘은 청년이었고 또 돈 많은 부자였다. 그는 예수님에게 "선생님이여 내가 무슨 선한 일을 하여야 영생을 얻으리이까"라고 여쭈었다(눅 10:25). 그는 젊은 사람이었고 또 부자였는데도 보통 사람들과는 달리 예수님 앞에 어떻게 해야 영생을 얻을 것인지에 대해서 여쭈러 나왔다. 그러나 그 사람은 당시 유대나라 사람들처럼 무엇을 하여야 영생을 얻는 것으로 생각했다. 피곤한 생각을 가지고 살았다.

마 19:17. 예수께서 이르시되 어찌하여 선한 일을 내게 묻느냐 선한 이는 오직 한 분이시니라 네가 생명에 들어가려면 계명들을 지키라.

예수님은 청년 관원의 질문을 받으시고 첫째, "어찌하여 선한 일을 내게 묻느냐 선한 이는 오직 한 분이시니라"고 말씀하신다. 유대의 부자 청년이며 관원이었던 그가 오직 성부 하나님만 선하시다고 믿고 있었던 고로 예수님은 그 청년을 향하여 꾸짖는 심정으로 '어찌하여 선한 일을 내게 묻느냐 선한 분은 한분이시니 하나님께 물으라'고 하신 것이다. 다시 말해 유대 청년 관원은 예수님을 "선생님"으로 부른 것을 보면 예수님을 하나님으로 믿지 않았으며 따라서 선한 분으로 믿지 않았으니 예수님은 그 청년에게 어찌하여 선한 일을 내게 묻는 것이냐 선한 분은 네가 생각하고 선전하는 것처럼 오직 한분 하나님이시니라고 말씀하신다. 예수님은 그 청년 기준을 따라 대답하셨다.

예수님은 그 청년에게 둘째, "네가 생명에 들어가려면 계명들을 지키라"고 하신다. 예수님은 영생문제를 가지고 찾아온 청년에게 이제부터 영생을 얻는 방법을 말씀하신다. 영생을 얻는 방법은 첫째 "계명들을 지키는 것"이라고 하신다(영생을 얻는 방법 둘째는 21절에 있다). 계명들을 지키면 곧바로 영생으로 들어간다는 것이 아니라 계명들을 지켜보면 인간은 계명들을 온전히 지킬 수 없는 존재임을 깨닫게 되니 계명들을 지키는 것이 영생에 들어가는 것이 아님을 깨닫게 되어 결국은 예수님께로 나아가게 되니 계명들을 지키라고 하신 것이다. 바울 사도는 계명은 사람을 예수님께로 인도하는 가정교사라고 말했다(갈 3:24). 오늘 우리는 계명 앞에 서야 한다. 그래서 우리가 계명을 온전히 지킬 수 없는 죄인임을 알게 되어 매일 그리스도를 바라보게 된다.

마 19:18-19. 이르되 어느 계명이오니이까 예수께서 이르시되 살인하지 말라, 간음하지 말라, 도둑질하지 말라, 거짓 증언 하지 말라, 네 부모를 공경하라, 네 이웃을 네 자신과 같이 사랑하라 하신 것이니라.

예수님께서 계명을 지켜야 한다고 말씀하신데 대해 청년은 "어느 계명"을 지켜야 하는지를 묻는다. 부자 청년 관원은 자기가 계명을 지켰으니 거의 자신 있는 마음으로 어느 계명을 말씀하시는 것인지를 묻는다.

청년의 질문에 예수님은 "살인하지 말라, 간음하지 말라, 도둑질하지 말라, 거짓 증언 하지 말라, 네 부모를 공경하라, 네 이웃을 네 자신과 같이 사랑하라"는 계명을 지키라고 하신다(15:4; 22:39; 출 20:13; 레 19:18; 신 5:17; 롬 13:9; 갈 5:14; 약 2:8). 즉 제 5, 6, 7, 8, 9 계명을 지키라고 하신다. 그리고 이 계명들의 요점인 "네 이웃을 네 자신과 같이 사랑하라"는 계명을 지키라고 하신다. 예수님은 두 번째 돌비에 속한 계명 중 맨 마지막 제 10 계명("네 이웃의 집을 탐내지 말라...)을 빠뜨리셨는데 이유는 제 10계명은 그가 제일 못 지킨 계명이기 때문일 것이다(22절). 그는 제 5,6,7,8,9 계명은 그런대로 지키느라 했는데 제 10계명은 부자의 입장에서 도무지 지키지 못했기에 예수님은 아예 지키라고 하지도 않으셨다.

마 19:20. 그 청년이 이르되 이 모든 것을 내가 지키었사온대 아직도 무엇이 부족하니이까.

그 청년은 예수님께서 지키라고 명령하신 계명을 듣고 "이 모든 것을 내가 지키었사온대 아직도 무엇이 부족하니이까"라고 질문한다. 마가복음 10:20에 의하면 "어려서부터 다 지키었다"고 말한다. 물론 그가 계명의 깊은 뜻까지 다 지켰다는 뜻은 아니다(5:3-7:23주해 참조). 피상적으로 다 지켰다는 것이었다. 그러면서 그는 "아직도 무엇이 부족하니이까"라고 질문한다. 그는 영생에 이르고자 하는 마음으로 이렇게 여쭈었을 것이다. 그 동안에 계명을 지키느라 열심히 지켰는데도 영생을 알지 못하여 아직도 무엇이 부족하니까라고 질문했다. 그는 율법을 지켜 구원에 이르지 못한 것을 알고 더 무엇을 해야 하는지 여쭌 것이다.

마 19:21. 예수께서 이르시되 네가 온전하고자 할진대 가서 네 소유를 팔아 가난한 자들에게 주라 그리하면 하늘에서 보화가 네게 있으리라 그리고 와서 나를 따르라 하시니.

예수님은 청년의 질문을 받으시고(앞 절) "네가 온전하고자 할진대 가서 네 소유를 팔아 가난한 자들에게 주라 그리하면 하늘에서 보화가 네게 있으리라 그리고 와서 나를 따르라"고 하신다(6:20; 눅 12:33; 16:9; 행 2:45; 4:34-35; 딤전 6:18-19). 예수님은 "청년이 온전해지는 것"은 바로 '그 청년이 소원했던 선에(17절)에 이르는 것'을 지칭한다. 구체적으로 말해 그 청년도 예전에 미쳐 알지 못했던 것으로서 '그 청년이 평생 예수님을 따르는 것'을 지칭한다.[143] 예수님은 그 청년이 예수님을 따르기 위해서는 청년이 가지고 있는 "소유를 팔아 가난한 자들에게 주라"고 하신다. 그 청년은 부자였는데 그 모든 부(富)가

143) 혹자는 "네가 온전하고자 할진대"란 말씀의 뜻을 무슨 높은 도덕 수준에 이르는 것으로 보기도 하나 문맥에 어긋난다. 예수님은 이 청년에게 무슨 높은 수준의 도덕을 요구하신 것이 아니라 예수님을 따르는 것을 원하고 계심을 알 수 있다(23-24절 참조).

예수님을 따르는데 크게 방해가 되었으니 팔아 가난한 자들에게 주라는 것이다. 그렇게 하는 경우 "하늘에서 보화가 네게 있으리라"고 하신다. "하늘에서 보화가 네게 있으리라"는 말씀은 '하나님께서 주시는 모든 복이 있으리라,' '하늘에 있는 것으로서 하나님의 자녀들을 위해 예비해 놓으신 모든 것을 받으리라,' '현세에서도 하나님의 자녀들이 맛보는 신령한 모든 것을 받으리라'는 뜻이다 (6:19-20).

예수님은 그 청년에게 소유를 팔아 가난한 자들에게 준 다음 "와서 나를 따르라"고 하신다. 영생을 얻는 방법 둘째는 예수님을 "따르는 것이다"(첫째는 17절에 있다). 가난한 자들에게 주지 않으면 그는 그 물질 때문에 예수님을 따를 수 없어 모든 것을 주어야 했다. 지금도 손에 가진 것(물질, 명예, 권세 등) 때문에 예수님을 따를 수 없는 사람들이 많다. 우리는 버릴 것을 버리고 예수님을 따라야 한다. 바울은 과거의 자랑거리를 다 배설물로 알고 버렸다(빌 3:8). 본문의 "따르라"는 말씀은 '믿으라'는 뜻이다. 예수님을 믿는 것이 바로 이 청년이 온전해지는 방법이었다.

마 19:22. 그 청년이 재물이 많으므로 이 말씀을 듣고 근심하며 가니라.

청년은 모든 것을 팔아 가난한 자들에게 주고 예수님을 따르라 명령을 듣고(앞절) "재물이 많으므로 이 말씀을 듣고 근심하며" 돌아갔다. 예수님은 이 청년이 재물이 많은 것을 아셨고 그 재물 때문에 예수님을 따르지 못하는 것을 아시고 그런 명령을 하신 것이다. 그러나 그 청년은 재물을 팔 수 없어 예수님의 말씀을 듣고 근심하며 예수님 앞을 떠나갔다. 청년은 재물이 많아 근심하며 떠났다 (14:9; 17:23; 18:31 참조). 오늘도 세상 권세가 크고 혹은 학식이 많으며 세상이 주는 재미를 끊을 수 없어 근심하며 예수님을 앞을 떠나는 사람들이 많이 있지 않은가.

마 19:23-24. 예수께서 제자들에게 이르시되 내가 진실로 너희에게 이르노니 부자는 천국에 들어가기가 어려우니라 다시 너희에게 말하노니 낙타가 바늘귀

로 들어가는 것이 부자가 하나님의 나라에 들어가는 것보다 쉬우니라 하신대. 청년이 근심하며 예수님 앞을 떠나간(22절) 후 예수님은 "내가 진실로 너희에게 이르노니"라는 언사를 사용하여 엄중하게 이르신다. 예수님은 "부자가 천국에 들어가기가 어렵다"고 하시고(13:22; 막 10:24; 고전 1:26; 딤전 6:9-10) "다시 너희에게 이르노니 낙타가 바늘귀로 들어가는 것이 부자가 하나님의 나라에 들어가는 것보다 쉬우니라"고 하신다. 부자도 부자나름이라는 것을 성경은 말씀한다. 아브라함은 부자였으나 그가 하나님을 믿어 의(구원)에 이르렀다(창 15:6). 그러나 대부분의 부자들은 부를 택하고 예수님 따르는 일을 택하지 않아 천국에 들어가지 못한다(6:24; 딤전 6:10 참조). 그것은 참으로 어려운 것이다. 혹자들은 예수님께서 사용하신 과장법(이렇게 말씀하셔야 더 이해하기가 쉬우니 과장법을 쓰신 것이다)을 변경하여 "낙타"와 "바늘귀"를 달리 해석하여 낙타가 바늘귀를 통과하는 것이 가능하다고 말하는 것은 필요 없는 수고이다. 예수님께서 안 된다고 하신 것은 안 되는 것으로 알아야 한다.

마 19:25. 제자들이 듣고 몹시 놀라 이르되 그렇다면 누가 구원을 얻을 수 있으리이까.

예수님께서 부자들이 천국에 들어가기가 불가능하다고 말씀하시는 것을 듣고(23-24절) 제자들은 몹시 놀라(막 10:24) "그렇다면 누가 구원을 얻을 수 있으리이까"라고 여쭙는다. 제자들은 자기들 주위에 있는 부자들(예를 들어 회당장들)이 다 구원을 얻어 천국에 갈 것으로 생각했었는데 그 사람들이 제외된다면 도대체 누가 구원을 얻을 수 있을 것인가고 의아해했다. 본문의 "놀라"(ἐξεπλήσσοντο)라는 동사는 미완료과거 시제로 제자들이 한참 동안 놀라서 어안이 벙벙했던 경험을 말하는 동사이다. 천국에 가리라고 생각했던 사람들이 줄줄이 다 못 들어간다는 말씀을 듣고 오래 동안 충격에 휩싸여 있었다.

마 19:26. 예수께서 그들을 보시며 이르시되 사람으로는 할 수 없으나 하나님으

로서는 다 하실 수 있느니라.
예수님은 놀라서 어안이 벙벙했던 제자들을 보셨다. 여기 "보시며"(ἐμβλέψας)라는 말씀은 부정(단순)과거 분사 시제로 '자세하게, 주의 깊게 보신 것'을 지칭한다. 놀란 제자들의 마음을 가라앉히기 위해 예수님은 제자들을 자세하게 살피시고 관찰하셨다(6:26 참조). 예수님은 제자들을 유심히 보시면서 "사람으로는 할 수 없으나 하나님으로서는 다 하실 수 있다"고 하신다(창 18:14; 욥 42:2; 렘 32:17; 슥 8:6; 눅 1:37; 18:27). '사람의 노력, 사람의 수양, 사람편의 소원으로는 천국에 갈 수 없으나 하나님으로서는 다 하실 수 있다'고 하신다. 인간이 할 일은 하나님께서 열어놓으신 길을 따르는 것이고 하나님을 신뢰하고 의지하는 것이다. 본 단락의 청년은 예수님께서 열어놓으신 천국 가는 길을 거부하고 예수님 앞을 떠났기에 구원을 받지 못했다. 그러나 성경에 나오는 어떤 이들, 아브라함, 욥, 삭개오(눅 19:9), 아리마대 요셉(27:57) 같은 사람들은 부자였으나 하나님의 방법을 따랐기에 천국에 갈 수 있었다. 우리는 아무 것도 할 수 없음을 알고 하나님을 신뢰하고 따라야 한다. 예수님을 믿고 따르는 것은 천국 가는 지름길이다.

마 19:27. 이에 베드로가 대답하여 이르되 보소서 우리가 모든 것을 버리고 주를 따랐사온대 그런즉 우리가 무엇을 얻으리이까.
베드로는 예수님의 말씀을 듣고 너무 충격이 커서 곰곰이 생각하다가 구원받는 것이 그렇게 어렵다면 "우리가 모든 것을 버리고 주를 따랐사온대 그런즉 우리가 무엇을 얻으리이까"라고 여쭙는다(4:20; 신 33:9; 막 10:28; 눅 5:11; 18:28). 다시 말해 구원을 얻는 것을 위해서 사람은 아무 것도 할 것이 없고 하나님만 하실 수 있다고 하면 베드로와 제자들은 모든 것을 버리고 주님을 따랐는데 그것으로 구원을 위해 필요한 것을 다 행했다고 할 수 있을까 참으로 의심스러운 마음으로 주님께 여쭌 것이다.

마 19:28. 예수께서 이르시되 내가 진실로 너희에게 이르노니 세상이 새롭게

되어 인자가 자기 영광의 보좌에 앉을 때에 나를 따르는 너희도 열두 보좌에 앉아 이스라엘 열두 지파를 심판하리라.

예수님은 본 절부터 29절까지 예수님을 따르는 제자들에게 돌아올 세 가지 복을 말씀하신다. 첫째, "내가 진실로 너희에게 이르노니 세상이 새롭게 되어 인자가 자기 영광의 보좌에 앉을 때에 나를 따르는 너희도 열두 보좌에 앉아 이스라엘 열두 지파를 심판하리라"고 하신다. 예수님은 중요한 말씀을 하시려고 "진실로 너희에게 이르노니"라는 언사를 사용하신다. 예수님은 "세상이 새롭게 될 때"에 제자들에게 큰 복이 임하리라고 말씀하신다. 여기 "세상이 새롭게 된다"는 말씀은 '예수님께서 재림하셔서 신천신지가 되어 세상이 완전히 달라질 것'을 지칭하는 말씀이다(사 11:6-9; 65:17; 66:22; 벧후 3:13; 계 21:1-5). 그 때에 예수님도 자기 영광의 보좌에 앉으실 것이고(25:31; 눅 22:29, 30) 또 예수님을 따르는 12사도(가룟 유다가 빠지고 맏디아가 대신함)도 "열두 보좌에 앉아 이스라엘 열두 지파를 심판하리라"고 하신다(20:21; 눅 22:28-30; 고전 6:2-3; 계 2:26). 예수님께서 재림하신 후 열 두 사도는 열 두 보좌에 앉을 것이다(계 4:4).

열두 사도가 이스라엘 12지파를 심판한다는 말씀은 열 두 사도가 육적인 이스라엘이 아니라 새롭게 형성된(중생한) 이스라엘(고금동서의 모든 그리스도인들)을 통치할 것이라는 말씀이다(Grotius, Kuinoel, Lange, Ridderbos). 혹자는 12사도가 예수님을 십자가에 못 박은 사람들을 심판할 것이라고 하나 그보다는 12 사도가 새롭게 형성된 이스라엘 전체(계 21:12-14)를 통치할 것이라(시 9:4, 8)고 해석하는 것이 더 바를 것으로 보인다(Ridderbos).

마 19:29. 또 내 이름을 위하여 집이나 형제나 자매나 부모나 자식이나 전토를 버린 자마다 여러 배를 받고 또 영생을 상속하리라.

둘째, "예수님을 위하여 집이나 형제나 자매나 부모나 자식이나 전토를 버린 자마다 여러 배를 받는다"고 하신다(막 10:29-30; 눅 18:29-30). 사도들뿐 아니라 일반 제자들도("...자마다"라는 말을 유의하라) 예수님을 믿기 위하여 또는 전하기 위하여 모든 것(가정과 재산)을 버린(버린다는 말은 바친다는 뜻이다) 사람마다 여러 배를 받는다고 하신다(눅 18:30). 주님을 위해 헌신하지 않은 사람은 주님께서 주시는 복을 경험하지 못한다. 마가복음에는 "여러 배"라는 말 대신 "백배"라고 되어 있다(막 10:30). 뜻은 같다. 우리는 주님 자신을 위해 모든 것을 희생하여 여러 배를 받아야 할 것이다.

셋째, "영생을 상속하리라"고 하신다. 가정을 희생하고 또 재산을 희생한 대가로 영생을 상속하는 것이 아니라 가정과 재산과 세상을 희생하고 예수님을 따랐기에 영생을 상속한다는 뜻이다. 성경은 결코 공로주의를 정당화하지 않음을 주의해야 한다. 문제는 예수님을 따르는 것이 중요하다. 예수님을 따르기 위하여 희생할 것을 희생해야 한다.

마 19:30. 그러나 먼저 된 자로서 나중 되고 나중 된 자로서 먼저 될 자가 많으니라(Πολλοὶ δὲ ἔσονται πρῶτοι ἔσχατοι καὶ ἔσχατοι πρῶτοι**).**

본 절에 대한 해석은 여러 설이 있다. 1) 인류의 마지막 날에 부자는 가난하게 되고 가난한 자는 부자가 될 것이라고 하는 견해. 이 주장은 성경에 맞지 않는 견해이다. 2) "먼저 된 자"를 '유대인'으로, "나중 된 자"를 '이방인'으로 보는 견해(교부들). 3) "먼저 된 자"를 '베드로와 사도들'로 보고, "나중 된 자"를 '사도 이외의 신자들'로 보는 견해(Plummer). 4) "먼저 된 자"는 '하나님의 나라 안에 있는 자들'(바리새인들과 서기관들)이며 "나중 된 자"는 '하늘나라 밖에 있는 자들'(세리, 창기 등)로 보는 견해. 5) "먼저 된 자들"은 '그들의 부, 교육, 지위, 명성, 재능, 기타 때문에 일반적으로 사람들에 의해서 때로는 하나님의 자녀들에 의해서까지 높이 존경을 받는 자들'(교회의 중심인물로 생각되었던 사람들)이며, "나중 된 자들"은 '엽전 두 푼을 드린 가난한 과부와 제자들에 의해 맹렬히 비판을 받은 사랑의 낭비를 한 베다니의 마리아와 같은 사람들'이라고 보는 견해(William Hendriksen, David Hill, Leon Morris, Donald Hagner). 이 견해는 택할만한 견해인 듯 보인다. 그러나 6) 이 말씀이 부가된 것은 육신의 태만을 경계하기 위하여 주어졌다는 견해(Calvin, Lenski, Herman Ridderbos).

그리스도께서는 훌륭하게 시작한 자들이 힘 있게 계속 진행하도록 권면하신다는 것이다(20:16; 21:31-32; 막 10:31; 눅 13:30).

위의 여러 견해 중에서 마지막 견해가 문맥에 가장 합당한 견해로 보인다. 예수님은 사도들에게 그리고 주님을 위해 희생한 신자들에게 여러 배를 주실 것이고 또 영생을 주실 것이지만(28-29절) "그러나"(문장 초두의 단어) 계속해서 열심을 내야지 나타해서는 안 된다는 경고를 하신 것으로 보인다. 리델보스(Ridderbos)는 "예수님은 제자들에게 경고를 내리고 있다. 그들은 미래의 영광에 대한 권위의식으로 자신감에 차 있어서는 안 될 것이다. 또 그것이 다른 사람과 달리 그들에게 주어진 특권이라고 생각해서는 안 되며 무엇을 얻으려는 정욕이 동기가 되어 예수님을 따라서도 안 된다"고 주장한다.[144] 오늘날 우리도 자만심에 차 있어서는 안 되고 바울 사도처럼 푯대 되시는 그리스도를 향하여 부름의 상을 받으려고 좇아가야 한다(빌 3:14). 잠시라도 방심하는 것은 금물이다.

144) Herman Ridderbos, *마태복음* (하), p. 568.

제 20 장

포도원 일꾼 비유를 말씀하시고 유대에서 여러 사역을 하시다

4.포도원 일꾼들 비유(나중 된 자가 먼저 되고 먼저 된 자가 나중되리라) 20:1-16

예수님은 앞(19:23-29)에서 그의 제자들이 자신들의 가족과 재물을 희생하고 예수님을 믿었기에 세 가지 큰 복을 받을 것에 대해 말씀하신 다음 제자들은 더욱 열심을 내야 한다고 경고하셨는데(19:30-"그러나 먼저 된 자로서 나중 되고 나중 된 자로서 먼저 될 자가 많으니라") 그 경고를 잘 이해하도록 이 부분(20:1-16)에서 비유를 들어 설명하신다. 예수님은 이 비유에서 구원은 전적으로 하나님의 주권에 달려 있는 것이고 인간은 전적으로 하나님께서 베푸시는 구원에 대해 수동적인 존재라는 것을 보여주신다. 이 부분은 19:30을 더욱 분명하게 설명하려고 시도하신 말씀이고 제자들을 경고하시기 위해서 말씀하신 것이다. 이 부분은 다른 복음서에는 없는 마태복음에만 있는 비유이다.

마 20:1. 천국은 마치 품꾼을 얻어 포도원에 들여보내려고 이른 아침에 나간 집 주인과 같으니.

예수님은 "천국은 마치...집 주인과 같으니라"고 하신다. 예수님은 제자들에게 천국에 대해 말씀하실 때 집 주인 혹은 재산 소유자의 비유를 들어 설명하신다(13:24; 18:12; 21:28, 33). 이런 비유들 속에는 하나님의 크신 권한이 나타난다. 하나님은 그의 크신 권한을 가지시고 구원을 베풀어주신다.

마 20:2. 그가 하루 한 데나리온씩 품꾼들과 약속하여 포도원에 들여보내고.

집 주인이 "품꾼을 얻어 포도원에 들여보내려고 이른 아침에" 고용 시장에 나갔다. 여기 "이른 아침"은 '해가 뜰 무렵'을 지칭한다. 집 주인은 "그가 하루 한 데나리온씩 품꾼들과 약속하여 포도원에 들여보냈다." 한 데나리온은 로마의 은전으로 당시 노동자들이 하루 종일 일한 삯으로 받는 액수였다. 우리는 이 문장에서 "하루 한 데나리온씩 품꾼들과 약속했다"는 사실이다. 품꾼들은 한 데나리온을 생각하며 아침 일찍부터 부지런히 일하기 시작했다.

마 20:3-4. 또 제 삼시에 나가 보니 장터에 놀고 서 있는 사람들이 또 있는지라 그들에게 이르되 너희도 포도원에 들어가라 내가 너희에게 상당하게 주리라 하니 그들이 가고.

이른 아침에 나갔던 주인은 "또 제 삼시에 나가보니 장터에 놀고 서 있는 사람들이 또 있는 것"을 발견했다. 제 3시는 오늘 우리 시간으로 오전 9시에 해당한다. 그 때까지도 일하지 않고 놀고 서 있는 사람들이 있었다. "장터"란 곳은 품꾼들이 고용되기를 기대하여 모여 있는 곳이다. 집 주인은 장터에서 놀고 있는 사람들에게 말하기를 "너희도 포도원에 들어가라 내가 너희에게 상당하게 주리라"고 말한다. 여기 "상당하게 주리라"(whatsoever is right)는 말은 이른 아침에 고용된 사람들에게 주는 만큼 주겠다는 뜻이다. 하나님은 우리에게 상당하게 주시는 분이시다.

마 20:5. 제 육시와 제 구시에 또 나가 그와 같이 하고.

"제 6시" 즉 '우리의 시간으로 정오에,' 그리고 "제 9시에" 즉 '우리의 시간으로 오후 3시에' "또 나가 그와 같이 했다." 다시 말해 그들에게도 섭섭하지 않게 상당하게 주리라 하고 포도원에 들어가라고 해서 그들은 주인의 말을 믿고 들어갔다.

마 20:6-7. 제 십 일시에도 나가 보니 서 있는 사람들이 또 있는지라 이르되 너희는 어찌하여 종일토록 놀고 여기 서 있느냐 이르되 우리를 품꾼으로 쓰는

이가 없음이니이다 이르되 너희도 포도원에 들어가라 하니라.
"제 11시," 즉 '우리의 시간으로 오후 5시'에도 "나가 보니 서 있는 사람들이 또 있었다." 집 주인은 "너희는 어찌하여 종일토록 놀고 여기 서 있느냐"고 묻는다. 종일토록 일없이 놀고 여기 서 있느냐고 묻는다. 그들은 "우리를 품꾼으로 쓰는 이가 없음이니이다"라고 대답한다. 집 주인은 무한히 자비로운 마음으로 너희도 포도원에 들어가서 일하라고 말한다. 겨우 1시간밖에 남지 않은 시간에 품꾼들에게 일거리를 주겠다는 것이다. 한 시간만 일하게 된 품꾼들은 집 주인의 은혜로운 행동에 너무 감사하여 열심히 일했을 것이다. 세상에 어디 이런 일이 있을까.

마 20:8. 저물매 포도원 주인이 청지기에게 이르되 품꾼들을 불러 나중 온 자로부터 시작하여 먼저 온 자까지 삯을 주라 하니.
본 절부터 시작하여 15절까지는 품꾼들에게 삯을 지불하는 광경을 묘사하며 이 비유의 본의를 드러내고 있다. 본문의 "저물 매"라는 말은 오후 6시를 지칭하는 말로 최후의 심판의 때를 가리킨다. "저물 매"라는 말에 관하여 윌렴 헨드릭슨(William Hendriksen)은 "세상의 저녁, 교회 역사의 저녁, 최후 심판의 큰 날, 하나님의 왕국이 모든 영광 속에서 나타나는 날을 가리킨다"고 했다.

포도원 주인은 청지기에게 명하기를 "품꾼들을 불러 나중 온 자로부터 시작하여 먼저 온 자까지 삯을 주라"고 한다. 집 주인은 품꾼들을 불러 삯을 주되 나중 온 자로부터 시작하여 먼저 온 자에게 주라고 한다. 그러니까 오후 5시에 일하러 온 사람에게 주고 다음으로 오후 3시, 그리고 정오, 그 다음으로 오전 9시, 그리고 맨 마지막으로 아침 일찍이 온 사람에게 주라고 한 것이다. 이 집 주인의 포도원 일꾼들 비유의 요점은 주인이 전적으로 자기의 권한으로 일을 처리한 데 있다고 보아야 한다.

마 20:9-10. 제 십 일시에 온 자들이 와서 한 데나리온씩을 받거늘 먼저 온 자들이 와서 더 받을 줄 알았더니 저희도 한 데나리온씩 받은지라.

본 절은 “제 11시에 온 자들이 와서 한 데나리온씩을 받았으니” 먼저 온 자들이 와서 “더 받을 줄 알았더니” 저희도 한 데나리온씩 받았다는 점을 부각시킨다. 인간의 생각대로 판단해 보면 제 11시 즉 오후 5시에 와서 일한 사람이 한 데나리온을 받았다면 먼저 온 자들이 더 많이 받을 줄 기대하는 아주 당연한 것이다. 그러나 신앙의 세계에서는 더 받을 줄 기대하는 것은 있을 수 없는 일이라는 것이다. 신앙의 세계에서는 자기가 받은 구원에 감사하고 감격할 뿐이다. 신앙인이 된 사람은 누구든지 자기가 받은 구원을 받고 감사하며 살아야 한다.

마 20:11-12. 받은 후 집 주인을 원망하여 이르되 나중 온 이 사람들은 한 시간밖에 일하지 아니하였거늘 그들을 종일 수고하며 더위를 견딘 우리와 같게 하였나이다.

먼저 온 자들이 와서 한 데나리온씩 받은 후 “받은 후 집 주인을 원망하였다.” 그들은 청지기를 원망하지는 않았다. 이유는 청지기는 주인의 뜻대로 나누어준 것뿐이었다. 권한은 주인에게만 있었다. 그래서 그들은 집 주인을 원망했다. 본문의 “원망했다”(ἐγόγγυζον)는 말은 미완료과거 시제로 계속해서 원망한 것을 가리킨다. 그들은 한번만 불평한 것이 아니라 계속해서 주인을 원망했다. 그들의 원망의 요지는 “나중 온 이 사람들은 한 시간밖에 일하지 아니하였거늘 그들을 종일 수고하며 더위를 견딘 우리와 같게 하였으니” 공평하지 않다는 것이었다(욘 4:8; 눅 12:55; 약 1:11 참조). 사람 세계에서 생각하면 당연한 불평불만이었다. 늦게 와서 일한 사람들이 많이 받은 것이 원망스러웠고 또 자기들이 수고했는데 그들과 똑 같이 대우를 받았다는 것이 참으로 원망스러웠고 불평하지 않을 수 없는 일이었다. 그러나 신앙의 세계에서는 있을 수없는 불평이었다. 구원을 받은 사람들은 도무지 불평해서는 안 된다.

마 20:13. 주인이 그 중의 한 사람에게 대답하여 이르되 친구여 내가 네게 잘못한 것이 없노라 네가 나와 한 데나리온의 약속을 하지 아니하였느냐.

주인은 불평하는 한 사람을 불러 말하기를 자신이 잘 못한 것이 없다고 말한다(마 22:12; 26:50). 집 주인은 자기가 잘 못한 것이 없음을 세 가지로 말한다. 첫째, 집 주인은 품꾼들에게 처음에 일을 시킬 때 일을 마치면 한 데나리온을 주겠다고 약속했다는 것을 상기시킨다. "네가 나와 한 데나리온의 약속을 하지 아니하였느냐"고 말한다. "네가" 일 하러 들어갈 때 "나와" 한 데나리온의 약속을 했기에(2절) 일이 끝난 다음 한 데나리온을 주었는데 무슨 잘 못이 있느냐고 말한다. 하나님은 약속하신 다음 절대로 약속을 위반하시지 않으신다.

마 20:14. 네 것이나 가지고 가라 나중 온 이 사람에게 너와 같이 주는 것이 내 뜻이니라.

집 주인은 불평하는 품꾼에게 "네 것이나 가지고 가라"고 말한다. "네 것이나 가지고 가는 것이" 현명한 처사라고 말한다. 그리고 집 주인은 자신이 잘 못한 것이 없음을 두 번째로 말한다. "나중 온 이 사람에게 너와 같이 주는 것이 내 뜻이라"고 말한다. 집 주인의 포도원에서 일하는 사람에게 집 주인의 뜻대로 주는 것이 잘 못이 아니라고 주장한다. 주인은 나중에 온 사람에게 한 데나리온을 주고 또 먼저 온 사람에게도 한 데나리온을 주는 것이 주인의 뜻인데 무슨 불평이냐고 말한다. 하나님의 절대권을 우리는 감히 도전할 수 없다. 하나님께서 모세에게 말씀하시기를 "내가 긍휼히 여길 자를 긍휼히 여기고 불쌍히 여길 자를 불쌍히 여기기라"고 말씀하신다(롬 9:15). 우리는 하나님의 주권에 절대 복종해야 한다.

마 20:15. 내 것을 가지고 내 뜻대로 할 것이 아니냐 내가 선하므로 네가 악하게 보느냐.

집 주인은 불평하는 품꾼에게 "내 것을 가지고 내 뜻대로 할 것이 아니냐"고 다시 말한다(롬 9:21). 그리고 집 주인은 자신이 잘 못한 것이 없음을 세 번째로 말한다. "내가 선하므로 네가 악하게 보느냐"고 말한다(6:23; 신 15:9; 잠 23:6). "내가 선하다"는 말은 그가 포도원 일꾼들에게 지불한 것은 정당하게 공의롭게 지불했다는 것을 말한다. 그는 나중에 온 사람에게 큰 은혜를 베풀었고 또 처음에 온 사람에게도 정당하게 지불했다. 집 주인은 참으로 선한 사람이었다. 하나님은 참으로 선한 분이시다.

불평하는 일꾼들은 집 주인이 일꾼들에게 정당하게 공의롭게 호의를 베푼 것을 가지고 참으로 잘 하셨다는 마음을 가지지 않고 오히려 나중에 온 일꾼들에게 은혜를 베푼 것을 두고 배가 아파서 불평한 것이다. 처음에 온 일꾼들은 집 주인이 나중에 온 일꾼들에게 호의를 베푼 것이 내심 못 마땅해서 불평을 했다. 우리는 하나님께서 다른 사람들에게 은혜를 베푸시는 것을 보고 시기하고 질투해서는 안 될 것이다.

마 20:16. 이와 같이 나중 된 자로서 먼저 되고 먼저 된 자로서 나중 되리라.
"이와 같이" 즉 '1-15절의 비유에서 보여준 바와 같이' "나중 된 자로서 먼저 되고 먼저 된 자로서 나중 되리라"고 한다(19:30). 본 절의 말씀도 역시 19:30에 있는 말씀과 같이 앞섰다고 자만해서는 안 된다는 것을 경고하는 내용이다.

세리들과 창기들과 같이 나중 된 사람들이 마음이 낮아져서 은혜를 사모하면 먼저 될 수가 얼마든지 있으니 먼저 된 자들(사도들 포함)은 경성하고 낮아져서 계속해서 은혜를 간구하고 성화의 걸음을 걸어야지 그렇지 않으면 나중 될 가능성은 얼마든지 있다는 경고의 말씀이다. 어찌 우리가 한 시라도 방심하고 마음을 높이랴. 우리는 자신을 낮추고(잠 16:18) "쉬지 말고 기도하고"(살전 5:17) 그리스도를 닮아가는 일에 최선을 다해야 할 것이다(빌 3:7-14).

5.예수님의 세 번째 수난 예고 20:17-19

예수님은 베레아 지역에서 제자들에게 포도원의 품꾼들 비유를 말씀 하시면서 게으르지 않도록 경고하신(20:1-16) 다음 열 두 제자들을 따로 데리시고 자신이 당하실 죽음과 부활을 세 번째로 예고해 주신다(첫 번째 예고는 16:21에 있고, 두 번째 예고는 17:22-23에 있다). 이 세 번째의 예고가 가장 자세하다. 예수님께서 이렇게 자꾸 죽음과 부활을 예고하시는 목적은 제자들로 하여금 깨닫도록 하시기 위함이었고 또 자신의 예루살렘 행이 막연한 여행이 아니라 죽음을 택해서 가시는 것임을 알리려 하심이었다. 이 부분 기사는 막 10:32-34; 눅 18:31-34와 병행한다.

마 20:17. 예수께서 예루살렘으로 올라가려 하실 때에 열두 제자를 따로 데리시고 길에서 이르시되,

마태 사도가 기록한 "예수께서 예루살렘으로 올라가려 하실 때"란 말이 정확하게 어느 시점인지 그리고 어느 곳인지 알 수는 없다. 혹자는 요단강 동편 베레아에서 유대지방으로 들어서신 것으로 보기도 하고 또 혹자는 유대 지경에서 예루살렘으로 들어오신 것으로 주장하기도 한다. 가장 그럴듯한 학설로는 "예수님께서 유다지방 요단강 동편에서 예루살렘으로 가기 시작하셨다"고 보아야 할 것이다(헤르만 리델보스, 19:1; 20:29; 21:1). 예수님께서 요단강 동편에서 병자들을 고치셨기 때문에(19:2) 다른 사람들이 따라왔을 것이다.

마태 사도는 예수님께서 "열두 제자를 따로 데리시고 길에서 이르셨다"고 말한다(막 10:32; 눅 18:31; 요 12:12). 예수님은 여러 사람들을 상대로 자신의 죽음과 부활에 대해 예언하시지 않고 제자들을 따로 데리시고 길에서 이르셨다. 이유는 예수님께서 그들에게 지금까지 자신의 죽음과 부활에 대해 예언하신 일이 없었던 고로 그들에게는 생소한 일이었고 또 그들에게 자신의 죽음과 부활을 예언하시면 여러 가지 부작용이 있을 것이 분명하기에 제자들을 따로 데리고 예언하셨다.

마 20:18-19. 보라 우리가 예루살렘으로 올라가노니 인자가 대제사장들과 서기관들에게 넘겨지매 그들이 죽이기로 결의하고 이방인들에게 넘겨주어 그를 조롱하며 채찍질하며 십자가에 못 박게 할 것이나 제 삼일에 살아나리라.

예수님은 이 두 절 안에서 자신이 당할 일을 자세히 말씀하신다. 첫 번째 예언(16:21)보다는 두 번째 예고(17:22-23)가 더 자세하고 두 번째 예고보다는 세 번째 예고가 더 자세하다. 이유는 제자들에게 자신의 십자가 죽음과 부활에 대하여 갑자기 한꺼번에 말씀하기 보다는 점진적으로 알리는 것이 더 현명할 것이라고 판단하셨기 때문일 것이다.

예수님은 문장 초두에 "보라"('Ἰδοὺ)라는 단어를 사용하신다. 이유는 자신의 죽음과 부활이라고 하는 사건이 너무 중요한 것이기 때문에 제자들의 주의를 집중시키기 위함이었다. 예수님은 그 다음으로 "우리가 예루살렘으로 올라가노니"라고 말씀하신다. 예루살렘에서 모든 일이 진행될 것이라는 것을 알리신다. "인자"라는 말은 예수님께서 자주 사용하시는 자칭호였는데 '고난을 받으시는 메시아'라는 뜻이다. 예수님은 메시아이신데 고난을 경험하시는 메시아라는 뜻이다.

예수님은 첫째 "대제사장들과 서기관들에게 넘겨지매 그들이 죽이기로 결의하리라"고 하신다(마 16:21에는 "장로"가 포함되어 있다). 그가 겟세마네에서 기도하시던 중 사람들에게 잡혀 산헤드린 공의회에 넘겨지시게 된다. 그리고 예수님은 유대의 산헤드린 최고회의에서 사형 정죄를 받으실 것이다(26:57, 59-66; 27:1; 막 14:53-64; 눅 22:66-71).

그리고 예수님은 산헤드린 공의회가 예수님을 "이방인들에게 넘겨주어 그를 조롱하며 채찍질하며 십자가에 못 박게 할 것이라"고 예언하신다(27:2; 막 15:1, 16; 눅 23:1; 요 18:28; 행 3:13). 산헤드린 공의회는 예수님을 사형하기로 결의까지는 하지만 사형을 집행할 권리가 없어(로마가 식민지 국가인 유대나라에 사형집행권을 주지 않았다) 예수님을 이방인 즉 빌라도와 로마 군병들에게 넘길 것이라고 하신다(27:2; 막 15:1; 눅 23:1). 예수님은 로마 군병들이 자신을 조롱하며(27:31; 막 15:16-20; 눅 23:11) 채찍질하며(27:26) 십자가에 못 박게 할 것이라고 하신다.

예수님은 그가 죽으시리라고 예언하신 다음 세 번의 예언에서 언제나 제 3일에 부활하시리라고 예언하신다(28:1-10; 막 16:1-8; 눅 24:1-12). 예수님께서 자신이 당할 일을 예언하셨는데 그대로 모두 성취되었다. 예수님은 우리를 대신하여 십자가에서 죽으셨고 우리의 의를 위하여 부활하셨다.

6.야고보 형제에게 주의를 주시다 20:20-28

예수님께서 죽으시고 제 3일에 부활하시리라고 예언하셨는데(17-19절) 야고보 형제의 어머니는 예수님의 죽으심에 대해서는 관심이 없었고 예루살렘에서 왕위에 오르실 것을 예상하고 아들들을 데리고 예수님께 와서 예수님의 좌우 자리를 요청했다. 이들의 요청을 들으시고 예수님은 이들을 경계하시고(20-23절) 또 제자들 모두에게 섬기는 자가 되고 종이 되라고 교훈하신다. 이 부분은 막 10:35-45과 병행한다. 눅 22:24-27 참조.

마 20:20-21. 그 때에 세베대의 아들의 어머니가 그 아들들을 데리고 예수께 와서 절하며 무엇을 구하니 예수께서 이르시되 무엇을 원하느냐 이르되 이 나의 두 아들을 주의 나라에서 하나는 주의 우편에, 하나는 주의 좌편에 앉게 명하소서.

문장 초두의 "그 때에"란 말은 '예수님 일행이 예루살렘을 향해서 올라가실 때에'란 뜻일 것이다(18절, 29절 참조). 예수님께서 죽으시러 예루살렘을 향하여 올라가실 때 세베대의 아들의 어머니와 그 아들들은 예수님의 죽음에 대해서는 아랑곳 하지 않고 출세에만 관심이 있었다. 이들은 아직 성화가 덜 되어 성공주의에 사로 잡혀 있었던 것 같다.

마태는 "세베대의 아들의 어머니가 그 아들들을 데리고 예수께 와서 절하며 무엇을 구했다"고 기록한다(4:21; 막 10:35). "세베대의 아들들의 어머니"는 27:56; 막 15:40; 요 19:25에 의하여 예수님의 모친 마리아의 자매인 살로메였고 예수님에게는 이모였다고 할 수 있다. 따라서 요한과 야고보는 예수님의 4촌이었다고 말할 수 있을 것이다. 이런 추정은 어디까지나 추정이기는 하지만 가장 가능한 추정일 것이다.

세베대의 아들들의 어머니와 아들들은 예수님께 와서 정중하게 절하며 무엇을 구했다. "절하며 무엇을 구했다"는 말은 그 어머니가 예수님에게 아주 정중하게 예의를 차렸다는 것을 뜻한다. 그러나 그 어머니는 예수님께 무엇을 확실하게 구한 것 같지는 않았다. 좀 주저주저하면서 머뭇머뭇하면서 예수님께 무엇인가를 구한 것 같다. 그래서 예수님은 이때 "무엇을 원하느냐?"고 물으신다.

두 아들의 어머니가 예수님께 나아와서 "이 나의 두 아들을 주의 나라에서 하나는 주의 우편에, 하나는 주의 좌편에 앉게 명하소서"라고 구한다(19:28). 이들이 이렇게 예수님께 요청한 것은 이들이 예수님과 친척관계에 있었기 때문이었을 것이다. 그리고 특별히 그 어머니는 19:28("세상이 새롭게 되어 인자가 자기 영광의 보좌에 앉을 때에 나를 따르는 너희도 열두 보좌에 앉아 이스라엘 열두 지파를 심판하리라")의 말씀을 믿었기 때문이었을 것이다. 그러나 이들은 예수님의 말씀이 현세에서 이루어질 것이라고 믿었기에 이렇게 예수님께서 예루살렘을 향하여 올라가실 때에 요청했다. 성경을 잘 못 해석하면 엉뚱하게 행동하게 된다는 것을 보여주는 사례이다.

마 20:22. 예수께서 대답하여 이르시되 너희는 너희가 구하는 것을 알지 못하는도다 내가 마시려는 잔을 너희가 마실 수 있느냐 그들이 말하되 할 수 있나이다.

예수님은 세베대의 아들들의 어머니가 아들들의 높은 자리를 구했을 때 예수님은 "너희는 너희가 구하는 것을 알지 못하는도다"라고 말씀하신다. 즉 '요한과 야고보 형제, 너희는 너희가 구하는 것을 알지 못한다'고 말씀하신다. 다시 말해 '너희는 너희가 구하는 것(우의정과 좌의정 자리를 구하는 것)이 고난을 구해야 하는 것인 줄 알지 못한다,' '너희 두 사람은 너희가 지금 구하는 높은 자리는 십자가가 동반되어야 한다는 것을 알지 못한다,' '너희는 너희가 반드시 섬기는 자가 되고 종이 되어야(26-27절) 그 높은 자리를 얻을 수 있다는 것을 알지 못한다'고 하신다. 이상근목사는 "엄밀히 말해서 사람은 누구나...성령의 계시와 도우심을 받지 않고는 정당한 기도도 드리지 못한다"고 한다.[145]

예수님은 그 형제에게 "내가 마시려는 잔을 너희가 마실 수 있느냐"고 물으신다(26:39, 42; 막 14:36; 눅 22:42; 요 18:11). 사람이 높은 자리를 얻기

---

145) 이상근, *마태복음*, 신약주해, p. 294.

위해서 반드시 필요한 것은 예수님께서 마시려는 잔을 마시는 것이라고 하신다. 그 "잔"은 예수님의 고난을 지칭한다(26:39, 42; 막 14:36; 눅 12:50; 22:42). 예수님의 이 질문에 대해 형제는 "할 수 있나이다"라고 대답한다. 그러나 형제의 각오는 대단했으나 실제로 할 수 없는 일을 한다고 교만하게 대답했음이 얼마 후에 드러났다(26:31, 56).

마 20:23. 이르시되 너희가 과연 내 잔을 마시려니와 내 좌우편에 앉는 것은 내가 주는 것이 아니라 내 아버지께서 누구를 위하여 예비하셨든지 그들이 얻을 것이니라.

예수님은 요한과 야고보의 "할 수 있나이다"라는 말이 무너질 것을 아셨지만 먼 훗날 그들 중 야고보가 일찍이 순교했고(행 12:2) 또 요한이 나이 많도록 많은 고난을 받으며(계 1:9) 주님을 전할 것을 아시고 "너희가 과연 내 잔을 마실 것이다"라고 긍정해주신다.

그러시면서 예수님은 "내 좌우편에 앉는 것은 내가 주는 것이 아니라 내 아버지께서 누구를 위하여 예비하셨든지 그들이 얻을 것이라"고 하신다(25:34; 행 12:2; 롬 8:17; 고후 1:7; 계 1:9). 예수님은 '하늘나라에서 예수님의 좌우편에 앉는 것은 예수님께서 정하시는 것이 아니라(24:36; 25:34; 눅 12:32; 행 1:7; 엡 1:11 참조) 하나님께서 누구를 위해 예정하셨든지 그들이 얻을 것이라'고 하신다. 칼빈(Calvin)은 "예수님께서 이렇게 대답하심으로써 그리스도께서는 자신의 품위를 떨어뜨리고 계시지 않는다. 다만 천국에서 각 사람에게 특별하고 구분된 위치를 나누어 주는 임무를 아버지께서 자기에게 맡기지 않으셨음을 말씀하고 계실 뿐이다. 그리스도는 자기의 모든 백성 모두를 영생으로 모으기 위하여 오셨으며 그 영생의 처소에 자기의 보혈로 얻어진 유업이 우리를 기다리고 있다는 사실로써 우리는 만족해야 할 것이다. 누가 누구보다 어느 정도로 우월할 것인가를 묻는 것은 우리의 할 일이 아니며 그리스도께서 이 사실을 우리에게 알려주시는 것 역시 하나님은 원하지 아니하신다. 이 모든 일은 마지막 계시의 시간까지 기다려질 것이다"라고 말한다.[146]

마 20:24. 열 제자가 듣고 그 두 형제에 대하여 분히 여기거늘.
야고보와 요한 두 형제가 예수님에게 예수님의 좌우 자리를 요구한 사실(21절)을 "열 제자가 듣고 그 두 형제에 대하여 분히 여겼다"(막 10:41; 눅 22:24-25). 열 제자는 그 두 제자를 향하여 '세상에 그럴 수가 있느냐. 이것은 우리를 완전히 무시하는 처사요 우리위에 군림하려는 음모다'라고 분개했다. 그 열 제자들도 높아지려는 마음으로 차 있었던 점에서는 두 제자와 다를 바가 없었다. 열 두 제자 모두는 아직도 예수님께서 교훈하셨던 겸손으로부터 멀리 떨어져 있었다(18:1-4). 우리는 다른 이들이 높아지려고 애쓰는 것을 보고 분개할 것도 없고 또 자신이 높아지려고 하는 어떤 마음도 품지 않아야 할 것이다.

마 20:25. 예수께서 제자들을 불러다가 이르시되 이방인의 집권자들이 그들을 임의로 주관하고 그 고관들이 그들에게 권세를 부리는 줄을 너희가 알거니와.
예수님은 두 제자가 높은 자리를 구한 것이나 또 열 제자가 분개한 것을 보시고 "제자들을 불러다가 이르신다." 예수님은 예루살렘으로 향하시던 중 열두 제자들을 따로 데리시고(17절) 자신의 십자가 죽음에 대해 예언하셨는데 세베대의 아들의 어머니가 그 아들들을 데리고 예수님께 와서 높은 자리를 구할 때 다른 10제자와는 약간 거리를 두고 말씀하셨기 때문에 제자들을 한곳으로 불러다가 중요한 진리를 다시 이르신다.

예수님은 "이방인의 집권자들이 그들을 임의로 주관하고 그 고관들이 그들에게 권세를 부리는 줄을 너희가 알거니와"라고 하신다. 예수님은 제자들이 겸손해야 할 것을 말씀하시기 위하여 이방인의 왕들이 백성들을 마음대로 주장하고 또 왕 가까이서 왕을 보좌하는 고관들이 왕으로부터 권세를 위임받아 가지고 자기들보다 아래에 있는 백성들에게 권세를 부리는 것을 가지고 교훈하신다. 교회가 이방 세계에서 하는 대로 한다는 것은 심히 부끄러운 일이라는 것을 말씀하시기 위하여 이방 세계가 하는 방법을 소개하신다. 예수님은 제자들

---

146) John Calvin, *공관복음 II*, 신약성경주석, p. 211.

도 잘 아는 사례를 가지고 교훈하신다.

마 20:26-27. 너희 중에는 그렇지 않아야 하나니 너희 중에 누구든지 크고자 하는 자는 너희를 섬기는 자가 되고 너희 중에 누구든지 으뜸이 되고자 하는 자는 너희의 종이 되어야 하리라.

예수님은 "너희 중에는 그렇지 않아야 한다"고 하신다. '교회에서는 불신 사회에서 하는 일은 없어야 한다'는 뜻이다. 교회에서는 사람을 마음대로 주무르고 권세를 부리는 일은 아예 없어야 하는 것이다. 교권주의는 교회를 타락시키는 주범이다. 예수님은 "너희 중에 누구든지 크고자 하는 자는 너희를 섬기는 자가 되고 너희 중에 누구든지 으뜸이 되고자 하는 자는 너희의 종이 되어야 하리라"고 하신다(18:4; 23:11; 막 9:35; 10:43; 눅 22:26). '교회에서는 크고자 하는 사람은 섬기는 자가 되어야 하고 으뜸이 되고자 하는 사람은 교인들의 종이 되어야 한다'고 하신다. "섬기는 자"(διάκονος)란 '집사'를 지칭하는데 궂은일을 맡아서 하는 사람을 뜻하고, "종"(δοῦλος)이란 주인이 시키는 대로 모든 일들을 수행하는 사람을 뜻한다. 이 두 낱말은 동의어로 사용되었다. 바울은 자신을 섬기는 자(고전 3:5; 엡 3:7; 고후 6:4)라고도 말했고 또 종(롬 1:1; 빌 1:1)이라고도 말했다. 그는 여러 가지로 남을 섬겼고 또 주님의 종으로 자처하면서 수고했다. 우리는 남을 섬기면서 살아야 한다. 우리는 죄로부터 자유한 사람들이지만 만인의 종으로 살아야 한다.

마 20:28. 인자가 온 것은 섬김을 받으려 함이 아니라 도리어 섬기려 하고 자기 목숨을 많은 사람의 대속물로 주려 함이니라.

예수님은 제자들이 교회에서 섬기는 자로 살게 하기 위해서 자신의 모본을 말씀하신다. 예수님은 "인자가 온 것은 섬김을 받으려 함이 아니라 도리어 섬기려 하고 자기 목숨을 많은 사람의 대속물로 주려 함이니라"고 말씀하신다(26:28; 요 13:4; 빌 2:7; 눅 22:27; 요 13:14; 사 53:10-11; 단 9:24, 26; 요 11:51-52; 롬 5:15, 19; 딤전 2:6; 딛 2:14; 히 9:28; 벧전 1:19). 본문의 "인자"란 예수님의 자칭호로 '고난을 받으시는 그리스도'를 지칭한다(8:20 주해 참조). 예수님께서 성육신하신 목적은 "섬김을 받으려 함이 아니라 도리어 섬기기" 위해서라고 하신다(9:13; 빌 2:5-8 주해 참조). 그는 이 땅에 오셔서 제자들의 발을 씻겨주시기도 하셨다(요 13:3-8).

예수님은 자신이 오신 목적은 "자기 목숨을 많은 사람의 대속물로 주려 함이라"고 하신다. '자기 목숨을 많은 사람을 대신한 대속물로 주려고 이 땅에 몸을 입고 오셨다'고 하신다. 여기 "많은 사람"이란 '하나님의 백성'(사 53:8), '하나님께서 택하신 백성'(롬 8:32-35)을 지칭한다. 예수님은 무한 속죄를 말씀하시지 않고 유한 속죄를 가르치신다. 그는 믿는 사람만 구원하신다(요 3:16). 본문의 "대속물"(λύτρον-ransom)이란 말은 '포로된 자를 구출하기 위해 지불하는 댓가,' '노예를 풀어주기 위해 대신 지불하는 값'을 가리킨다. 예수님께서 이 땅에 육신을 입으시고 오신 목적은 많은 사람의 생명을 대신하여 자기의 생명을 주기 위해 오셨다는 것이다. 그는 이 사명을 십자가에서 담당하셨다(딤전 2:6; 벧전 1:18). 사 53:4-6, 8, 11-12 참조. 예수님은 많은 사람을 위한 대속물이기에 많은 사람을 섬기시는 분이시다. 혹자는 예수님께서 피를 흘리셔서 사탄에게 바치셨다고 주장하나(오리겐처럼-우리나라에서도 이것을 주장하는 무리가 있어서 이단이었다) "성령과 함께 그 자신이 자기 백성을 위한 구원을 예비하신(요 3:16; 고후 5:20-21) 성부께 지불된 것이다"(윌렴 헨드릭슨). 우리는 예수님께서 그의 백성들을 위해 대신 희생하신 것처럼 다른 사람들을 위해 우리 자신들을 희생해야 할 것이다.

7.두 맹인을 고치시다 20:29-34

예수님은 대속의 죽음을 죽으시기 위하여 예루살렘을 향하여 가시다가 제자들에게 종의 심정을 가지고 섬김의 삶을 살라고 가르치신(24-28절) 다음 여리고에서 떠나실 때 두 맹인을 고치신다. 두 맹인은 주위의 수많은 반대에도 불구하고 끝까지 부르짖어 눈을 뜨고 예수님 일행을 따랐다.[147] 아름다운 그림이다. 이 기사는 막 10:46-52; 눅 18:35-43과 병행한다.

마 20:29-30. 그들이 여리고에서 떠나 갈 때에 큰 무리가 예수를 따르더라 맹인 두 사람이 길 가에 앉았다가 예수께서 지나가신다 함을 듣고 소리질러 이르되 주여 우리를 불쌍히 여기소서 다윗의 자손이여 하니.

예수님과 제자들이 여리고[148]에서 떠나 갈 때에 큰 무리가 따르고 있었다(막 10:46; 눅 18:35). 이 때는 유월절이었으니 수많은 사람들이 예루살렘을 향해 가고 있었다. 그런데 예수님께서 여리고를 떠나갈 때에 "맹인 두 사람이 길 가에 앉았다가 예수께서 지나가신다 함을 듣고 소리 질러 이르되 주여 우리를 불쌍히 여기소서 다윗의 자손이여"라고 외치고 또 외쳤다. 본서는 "맹인 두 사람이 길 가에 앉았었다"고 말하고 마가와 누가는 맹인 한 사람씩만 앉아 있었다고 보고한다. 이 차이는 마태는 두 사람 다 말했고(9:29-34 참조) 마가와 누가는 그 둘 중에 한 사람씩만 말했다고 보아야 한다. 아마도 마태는 세리출신이었기에 수자에 민감했던 것으로 보인다. 두 맹인은 "예수께서 지나가신다 함을 듣고 소리질렀다." 이때를 놓치면 영원히 자기들의 눈을 뜰 수가 없을 것이라는 생각 때문에 결사적이었다. 오늘 우리도 예수님을 만나지 않으면 소망이 없기는 마찬가지이다. 우리의 구원은 전적으로 그 분에게 달려 있기 때문이다. 두 맹인은 "주여 우리를 불쌍히 여기소서 다윗의 자손이여"라고 외쳤다. 두 맹인은 지나가시는 예수님을 향하여 우리를 동정하여 달라고, 우리에게 자비를 베풀어달라고

---

147) 공관복음에 나오는 세 병행구절은 서로 약간 달리 보고하고 있다. 첫째, 맹인을 고친 장소에 있어 본서와 마가는 여리고에서 나가실 때 맹인을 고치셨다 하고, 누가는 여리고에 가까이 오실 때 맹인을 치유하셨다 하고, 둘째, 맹인 숫자에 있어 본서는 2사람인 것을 밝히고 있고 마가와 누가는 맹인이 1사람이라고 말한다. 장소의 차이는 여리고가 유대인이 거주하고 있었던 여리고와 로마의 통치하에 있었던 여리고가 있는 것을 감안하면 해결될 것으로 보인다 (최근의 고고학 발굴에 의하여 알려진 것으로 몇몇 학자가 주장하는 것임). 본서와 마가는 예수님 일행이 유대인이 거주했던 여리고(약간 북쪽에 위치해 있음)를 이미 통과한 것으로 말했고, 누가는 예수님 일행이 아직 통과하지 않은, 로마의 통치하에 있었던 여리고(약간 남쪽에 위치해 있음)에 가까이 가셨을 때에 맹인을 고치신 것으로 기록했다고 보는 것이 좋을 것이다. 그리고 맹인 숫자가 둘이라고 한 본서는 두 사람을 다 말한 것이고, 1사람이라고 말한 마가나 누가는 둘 중에 한 사람만 언급한 것으로 보인다. 마가는 그 맹인의 이름이 바디매오라고 기록하고 있다.

148) "여리고": 요단 계곡의 남단에 있던 팔레스틴 최고(最古)의 성읍이다(민 22:1; 26:3). 요단 강 서쪽의 광활하고 비옥한 평원을 수호하는 열쇠라고 할 만한 위치이기 때문에 BC 7000년에 이미 성읍이 건설되었다고 한다. 몇 번인가 흥망을 거듭한 이 성읍은 구약 시대의 여리고와 신약 시대의 여리고 및 비잔틴 시대의 여리고의 세 군데에 그 유적을 남기고 있다.

외쳤다. 그들은 "우리를 불쌍히 여기소서"라고 간절히 외치지 않으면 안 되었다. 그들은 앞을 못 보는 사람들이었고 또 거지였다(막 10:46; 눅 18:35). 그들은 예수님을 부를 때 "다윗의 자손이여"라고 불렀다. "다윗의 자손이여"이란 말은 '구제주,' '메시아'의 별칭이다(9:27; 15:22). 두 맹인이 어떻게 예수님을 메시아로 불렀을까. 그것은 성령께서 그들에게 가르쳐 주셨을 것이라고 말해야 한다(고전 12:3). 그들은 사람들에게서 예수님에 대해 들을 때 성령님께서 그들의 마음에 역사하셔서 예수님이 그리스도인 줄 알게 되었다. 성령으로 아니하고는 지금도 누구든지 예수님을 구세주라고 부를 수가 없다.

마 20:31. 무리가 꾸짖어 잠잠하라 하되 더욱 소리 질러 이르되 주여 우리를 불쌍히 여기소서 다윗의 자손이여 하는지라.

두 맹인이 예수님을 불러 동정을 얻으려 할 때 일차 난관을 만난다. "무리가 꾸짖어 잠잠하라"고 제지한 것이다. 이런 어려움은 오늘날 우리도 다 만난다. 예수님을 믿고 따르려고 할 때 누구든지 장애를 만나는데 그 때 어떻게 처신하느냐 하는 것은 아주 중요하다. 어떤 사람은 장애를 만나 주저앉고 어떤 사람은 그 장애를 뛰어 넘는다. 두 맹인은 "더욱 소리 질러 이르되 주여 우리를 불쌍히 여기소서 다윗의 자손이여"라고 했다. 두 맹인은 무리가 달려들어 "잠잠하라"고 윽박지를 때 무리의 제지하는 소리보다 더욱 큰 소리를 질러 외치기를 전과 같이 했다. 무리는 맹인이 떠드는 것을 원하지 않았고 또 거지가 소리 지르는 것을 원하지 않았다. 사람들은 예수님이 이 사람들에게 방해를 받는 것을 원하지 않았다. 그래서 윽박지른 것이다. 그러나 그들은 맹인이고 또 거지들인지라 그런 불친절한 대접을 과거에도 받아 보았을 것이다. 그들은 중단할 수 없었다. 그래서 예수님께서 가시던 길을 멈추시고 돌보실 때까지 계속해서 "우리를 불쌍히 여기소서. 다윗의 자손이여"하고 외쳤다. 오늘 우리도 모든 박해와 장애를 넘어야 한다. 그래서 예수님으로부터 응답을 받아야 한다.

마 20:32-33. 예수께서 머물러 서서 그들을 불러 이르시되 너희에게 무엇을

하여 주기를 원하느냐 이르되 주여 우리 눈 뜨기를 원하나이다.
"예수님은 머물러 서셨다." 유월절 제사를 드리러 가던 사람들, 몸이 건강하여 여리고 길을 활보하고 가던 사람들의 제지에도 불구하고 계속해서 동정을 구하던 맹인들의 요구가 채워지는 순간이었다. 예수님은 머물러 서서 "그들을 불러 이르시되 너희에게 무엇을 하여 주기를 원하느냐"고 물으신다. 예수님은 자비로운 눈빛으로 그리고 부드러운 음성으로 그들을 부르신 것이다. 그리고 무엇을 원하느냐고 물으신다. 예수님은 분명히 이 맹인들의 소원이 무엇인줄 아셨겠지만 무엇을 원하느냐고 물으신다. 예수님은 꼭 상대의 소원을 확인하신 후 고쳐주신다. 반드시 소원을 물어보신다(요 5:6). 이렇게 물으시는 이유는 기도가 구체적이어야 할 것을 교훈하시기 위함이다. 그런고로 우리의 기도는 항상 구체적이어야 한다(눅 11:5-"떡 세덩이," 눅 18:3-"내 원수에 대한 내 원한을 풀어주소서" 등). 결코 막연해서는 안 된다. 두 맹인은 "주여 우리 눈 뜨기를 원하나이다"고 분명히 소원을 아뢰었다. 그들은 다른 것을 원하지 않았다. 돈과 명예와 세상 것을 원하지 않았고 자기들이 반드시 필요한 것, 눈뜨기를 원했다.

마 20:34. 예수께서 불쌍히 여기사 그들의 눈을 만지시니 곧 보게 되어 그들이 예수를 따르니라.
예수님은 그 앞에 불려간 두 맹인을 "불쌍히 여기셨다." 불쌍히 여겨달라고 소원한대로(30-31절) 불쌍히 여기셔서 "그들의 눈을 만지셨다." '그들의 눈 네 개를 만지신 것이다'(8:3). 순간적으로 "보게 되었다." 예수님의 고치심은 순간적으로 이루어졌다. 예수님의 치유는 항상 순간적이었다. 눈을 뜬 그들은 "예수를 따랐다." 예수님을 따라 예루살렘에 갔고 그 뒤에도 예수님을 따르는 제자들이 되었을 것이다.

제 21 장

예루살렘에 입성하셔서 유대 교권자와 충돌하시다

D.예루살렘 사역 21:1-25:46

베레아 지방을 통과해 오시면서 여러 사역을 하신(20:1-34) 예수님은 드디어 죽음의 예루살렘 성에 들어오시자(21:1-11) 곧 유대 교권자들과 충돌하신다(21:12-46). 예수님은 먼저 성전을 청결하게 하시고(12-17절), 무화과나무를 저주하시며(18-22절), 예수님의 권위에 대해 묻는 교권자들에게 권위의 출처를 밝히지 않으시고(23-27절), 두 아들 비유로(28-32절) 그리고 악한 농부 비유(33-46절)를 말씀하셔서 교권자들의 심기를 건드리신다. 이 부분(1-46절)은 수난 주간 월요일과 화요일에 하신 일이 기록되어 있다.

1.승리의 입성 21:1-11

베레아 지역을 통과해 오신 예수님은 이제 예루살렘으로 들어오신다. 예수님은 예루살렘으로 들어오시기 6일 전(금요일) 예루살렘 성 밖 베다니에 도착하셔서 베다니의 마리아에게서 기름 부으심을 받으시고(요 12:1-11) 그 밤(금요일 해지는 때부터 토요일 해가 질 때까지 안식일에)을 베다니에서 쉬시고 다음 날 아침(주일 아침) 예루살렘으로 들어오셨다. 이제부터 예수님의 고난 주간이 시작된다. 이 부분은 막 11:1-11; 눅 19:28-38; 요 12:12-19과 병행한다.

마 21:1-2. 그들이 예루살렘에 가까이 와서 감람 산 벳바게에 이르렀을 때에 예수께서 두 제자를 보내시며 이르시되 너희 맞은편 마을로 가라 곧 매인 나귀와 나귀 새끼가 함께 있는 것을 보리니 풀어 내게로 끌고 오라.

예수님께서 여리고를 거쳐 제자들과 함께 예루살렘에 가까이 와서 감람 산[149] 벳바게[150]에 이르셨을 때(막 11:1; 눅 19:29) "예수께서 두 제자를 보내시며 이르시되 너희 맞은편 마을로 가라"고 하신다(슥 14:4). 여기 "두 제자"가 누구냐를 두고 이런 추측 저런 추측을 하나 추정의 범위를 넘지 못한다. 혹자는 베드로와 요한일 것이라고 하지만 가능성은 충분히 있으나 그것도 역시 추정일 뿐이다. 본문의 "맞은 편 마을"이라고 하는 곳이 어디인지 확실히 알 수는 없으나 베다니 근처일 것으로 보인다(막 11:1; 눅 19:28).

예수님은 그들을 보내시면서 거기에 가면 "곧 매인 나귀와 나귀 새끼가 함께 있는 것을 볼 것이라"고 하신다. '그곳에 가는 즉시 매인 나귀와 나귀 새끼가 함께 있는 것을 볼 것이라'는 말씀이다. 예수님은 전지하셔서 두 사람이 그곳에 도착하자 매인 나귀와 나귀 새끼가 함께 있는 것을 볼 것이라고 하신다. 혹자는 예수님께서 미리 나귀주인에게 나귀와 나귀 새끼를 보내도록 약속해 놓았다는 해석을 내 놓았으나 문맥으로 보아 그리고 예수님의 그 동안의 행적으로 보아 예수님의 전지성에 의한 것으로 보아야 할 것이다. 예수님의 심부름은

---

149) "감람 산": 예루살렘 동쪽에 있는 높은 구릉(언덕)으로 사무엘하 15:30에는 "감람 산 길(오르막 길)"(The ascent of Olives), 열왕기상 11:7에는 "예루살렘 앞(東)산", 에스겔 11:23에는 "성읍 동편 산", 열왕기하 23:13에는 "멸망 산", 누가복음 19:29; 21:37; 사도행전 1:12에는 "감람원이라 하는 산" 그리고 느헤미야 8:15에는 단순히 "산"이라고 하였다. 감람 산은 중앙·남팔레스틴을 남북으로 달리는 산맥의 일부의 길이 약 4㎞의 석회암의 민둥산이다. 게드론(기드론) 골짜기를 사이에 두고 예루살렘의 동쪽에 있다. 그 동쪽은 여리고와 요단 계곡으로 경사하고 있다. 산은 세 개의 산정으로 되어 있다. 그 첫째는 예루살렘 동북쪽에 있으며, 가장 높아 표고 814m, 종종 스코파스 산(Mount Scopus)이라고 불리고 있다. 두 번 째는 하람 에슈 셰리프(Haram esh-Sherif)이다. 스코파스 산과의 사이에는 움푹 파인 곳이 있다. 여기에는 '가블엣 둘'(Kafr et-Tur)이라는 동리가 있다. 아랍인는 '제벨 엣 둘'(Jebel et-Tur)이라고 부른다. 그것은 시리아어의 Tur Qedisho '聖山'에서 온 말이다. 이 지명은 각양 각파의 그리스도 교회나 기념 건축물이 이 부근에 세워진데서 연유하고 있다. 세 번 째 것은 아랍어로 '제벨바든 엘 하와'(Jebel Bat^n el-Hawa)라고 불리는 것인데, 현재 예루살렘에서 여리고행 가도가 이것과 제벨 엣 둘 간의 산등성이를 가로지르고 있으며, 그 기슭을 기드론 골짜기가 동남쪽 사해 방면으로 우회하고 있다. 셋 중에서 이것이 제일 낮으나, 셀완(Selwan) 동리 바로 위에 있으며, 가나안의 옛날 유적이나 산당 남쪽에있는 다윗 시대의 예루살렘 등을 전망할 수 있다. 이 산 전체에 퍼져있던 감람나무 숲에 연유하여 `감람산'이라고 불리게 되었다. 탈무드(Talmud)에서는 '향유의 산'(har hammishah), 현대 아랍어로는 '둘 자이다'(Tur Zaita)라 불리고 있다.

150) "벳바게": 베다니와 예루살렘 사이에 있는 동리인데, 예수는 예루살렘에 입성 하실 때 여기서 나귀를 구하여 타셨다(마 21:1; 막 11:1; 눅 19:29). 감람 산 위에 있는 게흐르 에두르(Kefr et-Tur)와 동일시된다.

어려운 것이 아니었다. 즉시 만날 것이라고 하신다.

그런데 마가복음(11:2)과 누가복음(19:30)은 "나귀 새끼"에 대해서만 말하는 고로 혹자들은 본서와 두 복음서(마가, 누가) 사이에 모순이 있다고 주장한다. 다시 말해 마태는 나귀와 나귀 새끼를 말하고 마가와 누가는 나귀 새끼만 말하니 서로 모순이라고 한다. 그들은 주장하기를 마태는 스가랴 9:9에 선지자가 말한 "...나귀, 나귀 새끼..."를 오해했다고 주장한다. 그리고 마태는 예수님께서 두 나귀를 타셨으나 마가와 일치시키기 위해 7절 하반 절에서 "예수께서 그 위에 타시니"(they set [him] thereon)라는 말로 변경시켰다고 말한다. 다시 말해 마태는 마가의 영향을 받아 7절 하반 절의 말씀을 "그들 위에"(두 나귀 위에)가 아니라 "그 위에"(thereon=on that or it)라고 고쳤다는 것이다. 그러나 이런 주장들은 잘 못된 주장이다. 첫째, 마태는 실제로 예수님께서 나귀 새끼를 타시던 당시의 상황을 잘 기억하지 않았겠는가. 그는 사도로서 그 때의 상황을 훤히 기억하고 기록했다. 둘째, 제자들은 나귀 새끼를 나귀와 떨어지게 해서 예수님으로 하여금 타시게 하지 않았겠는가. 예수님으로 하여금 두 마리 짐승위에 타게 하신 제자들이 어디 있겠는가. 셋째, 7절을 보면 "나귀와 나귀 새끼를 끌고 와서 자기들의 겉옷을 그 위에 얹으매 예수께서 그 위에 타시니"라고 되어 있다. 이 말씀을 다시 번역하면 "자기들의 겉옷들을 얹으매 예수님께서 그 위에 앉으셨다"라고 번역할 수 있다. 그런고로 예수님께서 두 짐승위에 앉으신 것이 아니라 나귀 새끼 위에 앉으신 것이다. "여기서 나귀 새끼를 어미와 함께 끌고 나오는 것은 그만큼 훨씬 더 용이하기 때문이다"(A. T. 로버트슨). "마가와 누가가 오직 나귀 새끼라고만 표현한 것은 주님이 그것을 타셨기 때문이다"(Albert Barnes).

마 21:3. 만일 누가 무슨 말을 하거든 주가 쓰시겠다 하라 그리하면 즉시 보내리라 하시니.

예수님은 두 사람을 보내시면서(1절) 그들 앞에 일어날 법한 일들이 일어날 것을 아시고 지시하신다. 즉 "만일 누가 무슨 말을 하거든 주가 쓰시겠다 하라 그리하면 즉시 보내리라"고 하신다. 예수님은 "누가 무슨 말을 할 것"을 아셨다(막 11:5). 예수님은 제자들에게 단순히 "주가 쓰시겠다 하라"고 일러주신다. 여기 "주"(Ο κύριος)란 말은 예수님의 자칭호로 심부름을 간 우리(두 사람)의 주가 아니라 "그 주"라고 하라 하신다. 예수님은 몇 사람만의 주가 아니라 그 주님이시다(헤르만 리델보스). 우리는 그 주님 앞에 주님께서 요구하시는 것을 기꺼이 드려야 한다.

주님은 두 제자가 예수님께서 시키시는 대로 하기만 하면 "즉시 보내리라"고 하신다. 그래서 제자들은 예수님께서 시키시는 대로 했다(막 11:6). 우리도 예수님께서 시키시는 대로 순종하기만 하면 예수님께서 일이 되게 하신다. 우리는 우리의 둔한 머리를 짤 것이 없다.

마 21:4-5. 이는 선지자를 통하여 하신 말씀을 이루려 하심이라 일렀으되 시온 딸에게 이르기를 네 왕이 네게 임하나니 그는 겸손하여 나귀, 곧 멍에 메는 짐승의 새끼를 탔도다 하라 하였느니라.

예수님께서 두 제자들을 보내시면서 나귀 새끼를 끌어오라고 하신 목적은 하나님께서 "선지자를 통하여 하신 말씀을 이루려고" 하심이라고 하신다. 하나님은 스가랴 선지자를 통하여 하신 예언을 이루시기 위하여 두 제자를 보내셔서 나귀를 끌어오라고 하셨다. 하나님은 스가랴 선지자를 통하여 "시온 딸에게 이르기를 네 왕이 네게 임하나니 그는 겸손하여 나귀, 곧 멍에 메는 짐승의 새끼를 탔도다 하라"고 말하라고 하신다(사 62:11; 슥 9:9; 요 12:15). 여기 "시온의 딸"은 시온 사람들만을 의미하는 말이 아니라 '참된 이스라엘 전체'를 의미한다. 하나님께서 스가랴 선지자를 통하여 예언하신 것은 당시 이스라엘 사람들만을 위한 것이 아니라 그 후에 오고 오는 신령한 성도들을 위한 것이고 오늘 우리들을 위한 예언도 되는 것이다.

하나님은 선지자 스가랴에게 신령한 이스라엘 사람 전체에게 말하기를 "네 왕이 네게 임하나니 그는 겸손하여 나귀, 곧 멍에 메는 짐승의 새끼를 탔도다 하라"고 하신다. 즉 '참된 이스라엘 전체의 왕이 네게 임하나니 그는 겸손하여 나귀, 곧 멍에 메는 짐승의 새끼를 타고 나타나신다'고 하라는 것이었다. 예수님은 만왕의 왕이신데 그는 세상 왕이 아니시고 겸손하여 나귀를 타시는 겸손하신 왕이시고(11:29; 12:19-20; 20:25-28; 요 13:14-15, 34-35; 19:36-37) 십자가에서 대속의 피를 흘리시기까지 하시는 왕이라는 것이다. 본문의 "나귀 곧 멍에 메는 짐승의 새끼를 타셨다"는 말은 예수님께서 두 짐승을 타셨다는 뜻이 아니라 이는 히브리식 병행법으로 한 마리의 나귀를 타셨다는 것을 묘사하는 말이다. 예수님은 오늘 우리의 왕이시다. 그는 왕으로서 지극히 겸손하신 왕이시고 우리를 돌보시는 왕이시다.

마 21:6-7. 제자들이 가서 예수의 명하신대로 하여 나귀와 나귀 새끼를 끌고 와서 자기들의 겉옷을 그 위에 얹으매 예수께서 그 위에 타시니.

제자들은 예수님의 "명하신대로 하여 나귀와 나귀 새끼를 끌고 왔다"(막 11:4). 제자들은 예수님께서 명하신대로 하여 일을 쉽게 처리했다. 제자들은 예수님께서 말씀하신 곳에 이르렀을 때 나귀와 나귀 새끼가 매어 있는 것을 보았다(막 11:4-6; 눅 19:32-34). 제자들이 나귀와 나귀 새끼를 풀 때에 그 주인들은 왜 푸느냐 물었을 때 주께서 쓰시겠다고 하니(막 11:6) 즉시 허락 했다. 그들은 나귀와 나귀 새끼를 풀어 끌고 왔다. 예수님은 나귀 새끼를 타셔야 했는데(눅 19:35) 제자들이 나귀까지 끌고 온 것은 어미를 끌고 와야 새끼를 쉽게 끌고 올 수 있었다.

제자들은 "자기들의 겉옷을 그 위에 얹었다." 제자들은 자기들의 겉옷을 나귀 새끼 위에 얹었다. "옷"을 펴는 것은 왕을 사모하는 풍속이었다(왕하 9:13). 여기 "그 위에"란 말을 두고 '나귀 새끼 위에'라고 해석하기도 하나 '나귀들 위에'라고 해도 무리는 없다. 헤르만 리델보스는 가장 훌륭한 희랍어 사본은 "그것들 위에"(on them)로 되어 있다고 말하며 제자들이 자기들의 겉옷을 나귀와 나귀 새끼 위에 얹었다고 해도 문제가 없다고 말한다. 이 문제에 관하여 렌스키는 "옷들은 어미에게도 던져졌다. 그 까닭은 제자들은 예수께서 이 두 짐승의 어느 것을 타실 것인지 즉시 알지 못했기 때문이다"라고 말한다.[151]

그러나 타시기는 나귀 새끼 위에 타셨다. 두 마리 위에 타신다는 것은 있을 수 없는 일이었다. 우리의 본문은 예수님께서 "그 위에 타셨다"고 말한다. 나귀 새끼 위에 타셨다고 해석해야 할 것이다. 렌스키는 "예수께서 한 마리만을 타셨다는 사실은 의문의 여지가 없다"고 말한다.[152)]

마 21:8. 무리의 대다수는 그들의 겉옷을 길에 펴고 다른 이들은 나뭇가지를 베어 길에 펴고.

제자들은 그들의 겉옷을 나귀 새끼위에 얹었는데(앞 절) "무리의 대다수는 그들의 겉옷을 길에 폈다." 겉옷을 길에 편 것도 역시 왕을 존경하는 마음에서였다(왕하 9:13). 그리고 "다른 이들은 나뭇가지를 베어 길에 폈다"(레 23:40; 요 12:13 참조). 여기 "나뭇가지"는 종려나무 가지였는데 그것들을 길에 폈고 또 일부의 사람들은 종려나무 가지를 손에 들고 예수님을 환영했다(요 12:13). 종려나무 가지는 승리를 상징하는 나무였는데 사람들은 예수님을 왕으로 축하하는 뜻으로 이렇게 겉옷을 길에 폈고 또 종려나무 가지를 길에 폈다. 제자들이나 무리는 이 때 예수님을 지상 왕으로만 생각해서 이렇게 축하했다. 그들은 아직도 예수님께서 십자가에서 죽어서 우리 대신 피를 흘리셔야 하는 분으로 알지 못했다.

마 21:9. 앞에서 가고 뒤에서 따르는 무리가 소리 높여 이르되 호산나 다윗의 자손이여 찬송하리로다 주의 이름으로 오시는 이여 가장 높은 곳에서 호산나 하더라.

무리의 일부는 예수님께서 타신 나귀 새끼 앞에서 가고 있었고 또 일부는 뒤에서 따르면서 소리를 높여 찬송하기를 "호산나 다윗의 자손이여 찬송하리로다 주의 이름으로 오시는 이여 가장 높은 곳에서 호산나"라고 했다. "호산나 다윗의 자손이여"(Hosanna to the Son of David)라고 외쳤다(시 118:25). "호산나"란

---

151) 렌스키, *마태복음* (하), p. 207.

152) 렌스키, Ibid., p. 206.

말은 '구원하소서,' '원컨대, 구원하소서'라는 뜻이었다. 그러나 이 "호산나"가 '만세'의 뜻으로 변했다(15절과 16절 비교). "다윗의 자손이여"란 말은 '메시아'의 별칭이다(9:27; 12:23; 15:22; 20:30). 당시 사람들은 다윗의 자손을 기다리고 있었다. 예수님을 따라 갈릴리에서 온 무리와 베다니에서 예수님을 따라온 무리(이 두 무리 앞에는 관사가 따로 있어서 그들이 출발한 지역이 다른 것을 알 수 있다)는 '메시아 만세'를 외치고 있었다.

그리고 무리는 "찬송하리로다 주의 이름으로 오시는 이여"(Blessed [is] he that cometh in the name of the Lord)라고 외쳤다(시 118:26). 이 찬송은 시 118:26("여호와의 이름으로 오는 자가 복이 있음이여")에서 인용했다. 예수님은 하나님의 이름으로 오시는 이시다. 예수님은 하나님께서 보내셔서 오시는 분이신데 그 분에게 무리는 찬송을 드렸다.

그리고 무리는 "가장 높은 곳에서 호산나"(Ὡσαννὰ ἐν τοῖς ὑψίστοις)라고 외쳤다. 이 찬송은 '하나님 만세!'를 외치는 찬송이다. 메시아를 보내주신 하나님 만세를 부르는 찬송이다. 여기 "호산나"란 말은 본 절 상반 절의 "호산나"에 대한 해석을 참조하라. 그리고 "가장 높은 곳에서"(ἐν τοῖς ὑψίστοις)란 말은 '하늘나라에서'라는 뜻이라기보다는 '하나님의 거소와 관련하여'라는 뜻으로 보아야 한다. "곳에서"란 뜻을 가진 "엔"(ἐν)은 제 1차적이며 기본적 의미는 "에 관하여"란 뜻이므로 여기서는 '하나님의 거소와 관련하여'라는 뜻으로 보아야 한다(렌스키).[153] 그러니까 사람들이 불렀던 "가장 높은 곳에서 호산나"란 말은 '하나님께 만세!'란 뜻이다. 헨드릭슨(Hendriksen)은 "이 말씀은 하나님께서 모든 사람들의 기도와 찬미를 받으시기에 합당한 자시라는 뜻이다.[154] 무리는 하나님께서 보내신 '메시아 만세!'를 외쳤다(상반 절). 그들은 메시아 만세(상반 절) 그리고 메시아를 보내신 하나님 만세(하반 절)를 연창하였다.

마 21:10-11. 예수께서 예루살렘에 들어가시니 온 성이 소동하여 이르되 이는

153) 렌스키, Ibid., p. 209.
154) 윌렴 헨드릭슨, *마태복음* (하), p. 127.

누구냐 하거늘 무리가 이르되 갈릴리 나사렛에서 나온 선지자 예수라 하니라.
마태는 예수님께서 예루살렘에 들어가신 후에 된 일을 진술한다. "온 성이 소동하였다"고 말한다(막 11:15; 눅 19:45; 요 2:13, 15 참조). 예루살렘 성에 야단이 났다는 말이다. 무리가 예수님께서 타신 나귀 새끼 앞에서 그리고 뒤에서 따르면서 계속해서 호산나 찬송을 부르니 유월절에 제사를 지내려 모인 무리들이 서로 "이는 누구냐?"를 외쳤다. 그 때 예수님과 동행한 무리가 말하기를 "갈릴리 나사렛에서 나온 선지자 예수라"고 말해 주었다(2:23; 눅 7:16; 요 6:14; 7:40; 9:17). 여기 "선지자"(ὁ προφήτης)란 말은 바로 '그 선지자'라는 뜻으로 모세가 말한 '그 선지자' 곧 메시아라는 뜻이다(신 18:15; 요 1:21). 무리는 예루살렘에 온 사람들에게 예수님은 다윗의 자손이라고 말하지 않고 갈릴리 나사렛에서 나온 선지자 예수라고 말해 주었다. 아마도 다윗의 자손이라고 하면 이해하지 못할 수도 있으니 그들이 잘 알 수 있는 말로 예수님을 설명한 것으로 보인다(눅 24:19).

2.성전을 청결하게 하시다 21:12-17

예루살렘으로 들어오신(앞 절) 예수님은 주일에 베다니에서 쉬셨고 다음 날 성전에 들어오서(성전으로 들어오시는 중에는 무화과나무를 저주하셨다, 막 11:11-12, 15을 보라) 성전을 청결하게 하신다. 예수님은 성전에 들어가셔서 성전에서 매매하는 모든 사람들을 내쫓고 돈을 바꾸어주는 사람들의 상과 비둘기 파는 사람들의 의자를 둘러엎으셨다. 예수님의 예루살렘 성전 청결은 그의 죽음을 바로 앞둔 시기에 상징적인 것이었고 또 예언적이라고 말할 수 있다. 예수님은 성전에서 환자들을 고쳐주셨다. 이 기사는 막 11:15-19; 눅 19:45-48과 병행한다.

마 21:12. 예수께서 성전에 들어가사 성전 안에서 매매하는 모든 사람들을 내쫓으시며 돈 바꾸는 사람들의 상과 비둘기 파는 사람들의 의자를 둘러엎으시고.

예수님은 주일날 예루살렘에 입성하신 후 제일 먼저 성전을 둘러보셨다(막 11:11). 그리고 그는 다음 날 예루살렘 성전에 다시 들어오셨다. 그는 성전에 들어오시기 전에 열매 없는 무화과나무를 저주하셨다. 그리고 그는 "성전에 들어가셨다." 그는 성전의 주인으로서 사람들이 성전을 어떻게 사용하는지 알아야 할 필요가 있었다.

예수님은 제일 바깥 성전(이방인의 뜰)에 들어가셔서 거기에서 되는 일들을 관찰하시고 "성전 안에서 매매하는 모든 사람들을 내쫓으시며 돈 바꾸는 사람들의 상과 비둘기 파는 사람들의 의자를 둘러엎으셨다"(신 14:25; 막 11:11; 눅 19:45; 요 2:15). "매매하는 사람들"이란 '소, 양, 비둘기 등 제물을 매매하는 모든 사람들'을 지칭한다. 유대 절기에 멀리서 오는 사람들의 편리를 도모하기 위해 돈을 받고 짐승을 파는 사람들이 있었다. 그런데 그들이 성전 밖에서 짐승들을 팔았어야 했는데 성전 안에서 팔았고 또 제사장들과 결탁하여 돈 벌이를 하고 있어서 예수님께서 그들 모두를 내쫓으셨다. "돈 바꾸는 사람들"이란 '외국 돈을 유대 화폐로 바꾸어주는 사람들'을 뜻한다. 유대인들이 멀리 가서 사는 중 절기를 맞이하여 그 나라 돈을 가져와서 성전 세 반 세겔(17:24; 출 30:12-14; 38:26; 대하 24:6, 9)을 내려고 유대화폐로 바꿔야 했다. 그들을 위해서 사람들이 성전 뜰에서 유대 화폐로 바꾸어주었다. "비둘기 파는 사람들"은 가난한 자들을 위해서 비둘기를 파는 사람들을 뜻한다(레 5:7; 눅 2:24). 그들은 멀리서 온 사람들이 돈을 가져와서 비둘기를 사서 비둘기를 제물로 바쳤는데 그들의 편리를 위해서 비둘기를 팔았다. 한편 좋은 일 같지만 이 일을 성전 밖에서 해야 했는데 성전 안에서 했고 또 제사장들과 결탁하여 돈벌이를 하고 있었다. 이방인의 뜰은 아예 장터로 변해버렸다. 타락은 이런 신성한 성전에도 스며든다. 예수님은 성전을 청결하게 하기 위해 이들 환전상들을 성전 밖으로 내어 쫓으셨고 비둘기 파는 사람들의 의자를 둘러 엎으셨다. 사람들은 예수님의 권위에 압도되어 꼼짝없이 다 당하고 말았다. 후에 대제사장들과 장로들이 예수님께 무슨 권위로 그렇게 성전을 청결하게 했느냐고 물었다(23절).

마 21:13. 그들에게 이르시되 기록된 바 내 집은 기도하는 집이라 일컬음을 받으리라 하였거늘 너희는 강도의 소굴을 만드는도다 하시니라.
예수님은 성전을 청결하게 하신 다음 "그들에게 이르시되 기록된바 내 집은 기도하는 집이라 일컬음을 받으리라 하였거늘 너희는 강도의 소굴을 만드는도다"라고 꾸짖으신다. 예수님은 먼저 구약 성경을 인용하여 성전은 "기도하는 집"이라고 하신다(사 56:7). 그런데 "너희는 강도의 소굴을 만들었다"고 하신다(렘 7:11; 막 11:17; 눅 19:46). 즉 강도들의 본거지로 만들었다는 뜻이다. 우리는 교회(성도들의 모임)를 깨끗하게 해야 하고(고전 3:16) 우리 자신들의 몸(성전)도 깨끗하게 해야 한다(엡 2:21).

마 21:14. 맹인과 저는 자들이 성전에서 예수께 나아오매 고쳐주시니.
성전을 청결하셨기에 많은 사람들이 성전에서 쫓겨나간 그 때 "맹인과 저는 자들이 성전에서 예수께 나아왔을"때 예수님은 그들을 "고쳐주셨다." 예수님은 화가 나셔서 그들을 쫓아내신 것이 아니라 의분으로 쫓아내셨기에 감정이 흔들리지 않으셨다. 그는 평상시의 사랑과 자비의 마음으로 환자들을 대하셔서 고쳐주셨다. 제사장들과 장사꾼들은 불행한 자들이었으나 맹인과 저는 자들은 예수님으로부터 고침을 받고 행복 자들이 되었다. 누구든지 예수님으로부터 환영을 받는 자들이 행복한 사람들이다. 우리는 매일 예수님께 나아가 우리의 영육을 고침 받는 사람들이 되어야 한다.

마 21:15-16. 대제사장들과 서기관들이 예수께서 하시는 이상한 일과 또 성전에서 소리 질러 호산나 다윗의 자손이여 하는 어린이들을 보고 노하여 예수께 말하되 그들이 하는 말을 듣느냐 예수께서 이르시되 그렇다 어린 아기와 젖먹이들의 입에서 나오는 찬미를 온전하게 하셨나이다 함을 너희가 읽어 본 일이 없느냐 하시고.
이 부분(15-16절)은 예수님께서 성전에서 두 가지 일(성전청결과 병 치유)을 하신 다음 대제사장들과 서기관들이 보여준 반응이다. 유대 교권자들은 예수님께서 성전에서 "이상한 일"을 하신다고 주장했다. "이상한 일"(τὰ θαυμάσια)은 복수 명사이니 유대 교권자들 보기에는 예수님께서 여러 가지 이상한 일들을 하신 것으로 알고 그 모두를 이상한 일들로 여겼다. "이 이상한 일들" 속에는 성전 청결도 포함되어 있었다. 교권자들의 눈에는 성전 청결이 이상한 행동으로 보였다. 하나님의 뜻을 모르는 자, 성경을 모르는 자의 눈에는 오늘도 이상한 일이 많이 있다.

유대 교권자들은 예수님의 성전청결만 아니라 "성전에서 소리 질러 호산나 다윗의 자손이여 하는 어린이들을 보고 노했다." '성전에서 어린 아이들이 예수님을 다윗의 자손으로 불렀고(9:27; 12:23; 15:22; 20:30) 또 예수님을 향하여 메시아 만세(9절)를 부르는 것을 보고 노했다.' 오늘 우리는 예수님을 향하여 '메시아 만세!'를 불러야 한다.

교권자들은 화를 참지 못해서 "예수께 말하되 그들이 하는 말을 듣느냐?"고 질문한다. 아이들의 찬미를 막으라는 주문이었다. 이에 대해 예수님은 막지 않고"어린 아기와 젖먹이들의 입에서 나오는 찬미를 온전하게 하셨나이다 함을 너희가 읽어 본 일이 없느냐"고 하신다(12:3, 5; 19:4-5; 21:42; 참조). 예수님은 시편 8:2의 "주의 대적으로 말미암아 어린 아이들과 젖먹이들의 입으로 권능을 세우심이여 이는 원수들과 보복 자들을 잠잠하게 하려 하심이니이다"라는 말씀을 인용하셔서 이 말씀이 예수님에게 이루어졌다고 말씀하신다. 예수님은 어린이들이 성전에서 나와서 예수님을 향하여 "메시아 만세!"를 외치는 것이 시편 8:2에 예언한 말씀을 이룬 것이라고 하신다. 예수님은 유대 교권자들에게 시편 8:2의 말씀을 읽어 본 적이 없느냐고 꾸짖으신다. 그 말씀을 읽어 보았다면 그 말씀이 지금 이 자리에서 이루어진 것을 믿어야 한다는 것이다. 예수님은 유대 교권자들에게 "너희가 읽어 본 일이 없느냐"고 하셨던 것처럼 오늘 우리에게도 구약성경과 신약성경을 읽어 본 일이 없느냐고 물으신다.

마 21:17. 그들을 떠나 성 밖으로 베다니에 가서 거기서 유하시니라.

예수님은 유대 교권자들과 더 이상 말씀하시지 않고 "그들을 떠나 성 밖으로 베다니에 가서 거기서 유하셨다." 예수님은 전날과 같이(막 11:11) 역시 월요일에도 베다니에 나가서 쉬셨다(요 11:18). 베다니에서 쉬셨다는 말씀은 어떤 집에서 쉬셨다(26:6; 눅 10:38-42; 요 11:1-3; 12:1)는 뜻도 되고 혹은 제자들과 함께 야외에서 쉬셨다는 뜻도 배제할 수는 없다. 눅 22:39 참조.

3.무화과나무를 저주하시다 21:18-22

마가(막 11:12-14; 11:15-18)는 예수님께서 월요일 아침 이른 시간에 무화과나무를 저주하신 다음 성전을 청결하게 하셨다고 말한다. 그리고 마가(막 11:20-25)는 다음 날(화) 아침 제자들이 무화과나무가 마른 것을 발견했다고 보고 한다. 그러나 마태는 그의 관례를 따라 주제별로 간략하게 예수님께서 무화과나무를 저주하신 일과 마른 것을 함께 기록하고 있다. 그러니까 마가는 사건을 기록할 때 연대기적으로 기록했고 마태는 주제별로 기록했음을 알 수 있다.

예수님께서 성전을 청결하게 하신 것은 유대 종교지도자들의 타락을 경고하신 것이고 무화과나무를 저주하신 일은 유대 민족이 열매 없이 주후 70년에 패망할 것을 예언하신 것이다. 타락은 결국 패망을 불러온다는 것을 보여주고 있다.

마 21:18. 이른 아침에 성으로 들어오실 때에 시장하신지라.

예수님은 수난 주간 월요일 "이른 아침에 성으로 들어오실 때에 시장하셨다"(막 11:12). 지난 밤에 아무 것도 잡수시지 않으셨는지 혹은 아침 식사를 하시지 않으셨는지 알 수 없으나 아무튼 예수님은 월요일 아침 이른 시간에 예루살렘 성으로 들어오실 때에 시장하셨다. 예수님은 우리와 마찬가지로 시장기를 느끼셨다(요 4:6-7 참조). 배고픔이란 인간이 느끼는 비참 중에 가장 비참한 일이다. 예수님은 우리를 체휼하기에 넉넉하신 분이시다.

마 21:19. 길 가에서 한 무화과(無花果)나무를 보시고 그리로 가사 잎사귀 밖에

아무 것도 찾지 못하시고 나무에게 이르시되 이제부터 영원토록 네가 열매를 맺지 못하리라 하시니 무화과나무가 곧 마른지라.

예수님은 성으로 들어오시다가 "길 가에서 한 무화과(無花果)나무를 보시고 그리로 가셨다." 마가(막 11:13)에 의하면 예수님께서 무화과나무가 있는 곳으로 가신 것은 "무엇이 있을까 하여" 알아보려고 가셨다. 예수님은 모든 인생에게서 열매를 기대하신다. 오늘 우리에게 성령의 아홉 가지 열매가 있는지 확인해야 한다(갈 5:22-23).

예수님은 무화과나무에서 "잎사귀 밖에 아무 것도 찾지 못하셨다." 마가에 의하면 이때가 무화과나무가 열매 맺는 때가 아니라고 말한다(막 11:13).[155)] 예수님은 "나무에게 이르시되 이제부터 영원토록 네가 열매를 맺지 못하리라 하신다." 예수님은 무화과나무가 열매를 맺는 때가 아님을 아셨는데 왜 저주하셨을까. 이는 상식에 어긋나는 행위가 아니라 하나의 상징적인 행위로서 열매를 맺지 못하는 유대 교권주의자들은 앞으로 저주를 받는다는 것을 보여주는 행위였다. 예수님은 나무의 운명을 말씀하시는 것이 아니라 유대인들의 운명을 말씀하시는 것이었다. 사실 나무가 열매를 맺지 못해서 문제라면 예수님께서 얼마든지 그 나무로 하여금 열매를 맺을 수 있도록 이적으로 배려하셨을 수도 있었다. 그러나 나무를 향하신 말씀이 아니라 유대인들(특히 유대교권주의자들)을 향하신 저주를 하시기 위해서 무화과나무를 이용하신 것뿐이다.

예수님께서 무화과나무를 저주하신 다음 "무화과나무가 곧 말랐다." 마가에 의하면 제자들이 무화과나무가 마른 것을 발견한 것은 다음 날(화) 아침이었다(막 11:20). 그러나 마태의 보고는 틀린 것이 아니었다. 무화과나무가 예수님의

---

155) 여기에 헤르만 리델보스의 말을 인용하는 것이 도움이 될 것 같다. 그는 "당시 계절을 고려할 때, 예수께서는 필시 '이른 열매'를 찾고 계셨던 것임이 분명하다. 이 이른 열매들은 잎사귀와 함께 열매 맺기 시작하기도 하고, 때로 잎사귀보다 먼저 열매 맺기도 한다. 이 이른 열매들은 대부분 그냥 땅에 떨어져 버린다. 그리고 빨리 썩기 때문에 사람들은 그것들을 주우려고 하지 않는다. 무화과나무가 맺는 가장 좋은 열매를 가리켜 소위 여름 열매라고 하는데 8월이 되어야 익기 시작한다. 예수께서 열매를 구하러 가셨을지라도 마가가 '이는 무화과의 때가 아님이라'(막 11:13)고 말한 것도 이런 사실 때문이다. 예수께서는 잎만 무성한 것을 보시고서 '다시는 네가 열매를 맺지 못하리라'고 저주하셨다"고 말한다.

선언이 있은 후 곧 마르기 시작했는데 제자들이 발견한 것은 다음 날 아침이었다(막 11:21).

마 21:20. 제자들이 보고 이상히 여겨 가로되 무화과나무가 어찌하여 곧 말랐나이까.

예수님의 제자들은 예수님께서 "이제부터 영원토록 네가 열매를 맺지 못하리라"고 하신 말씀을 들었는데도 아직 무슨 일이 생길는지 알 수 없었다. 그래서 그들은 무화과나무가 마른 것을 "보고 이상히 여겼다"(막 11:20). 제자들은 예수님께서 사람의 병을 고치시고 또 짐승을 호수에 넣으시며 호수를 잔잔하게 하시는 것은 보았으나 나무를 뿌리 채 마르게 하신 것은 못 보았음으로 이상히 여긴 것이다. 그래서 베드로가 "무화과나무가 어찌하여 곧 말랐나이까"라고 여쭈었다(막 11:21). 지금도 우리가 모르면 물어야 한다.

마 21:21. 예수께서 대답하여 이르시되 내가 진실로 너희에게 이르노니 만일 너희가 믿음이 있고 의심하지 아니하면 이 무화과나무에게 된 이런 일만 할 뿐 아니라 이 산더러 들려 바다에 던져지라 하여도 될 것이요.

베드로의 질문을 받으시고 예수님은 대답하신다. 예수님은 제자들에게 대답하실 내용이 너무 중요하여 "내가 진실로 너희에게 이르노니"라는 언사를 사용하신다. 예수님은 "만일 너희가 믿음이 있고 의심하지 아니하면 이 무화과나무에게 된 이런 일만 할 뿐 아니라 이 산더러 들려 바다에 던져지라 하여도 될 것이라"고 하신다(17:20; 눅 17:6; 약 1:6; 고전 13:2). 예수님은 사람이 믿음이 있고 의심하지 아니하면 굉장한 일이 이루어진다고 하신다. 여기 "이 산"이란 '감람산'을 지칭하는 것이고 "바다"는 '사해바다'를 가리킨다. 감람산을 바다에 던지는 것은 엄청난 일이다. 믿음이 있고 의심하지 아니하면 놀라운 일을 이룰 수 있다. 신자는 산을 옮기는 사람들이라는 별명을 가지고 있다(행 2:41- 3:6-9, 16; 5:12-16; 9:36-43; 19:11-12 참조).

마 21:22. 너희가 기도할 때에 무엇이든지 믿고 구하는 것은 다 받으리라 하시니라.

예수님은 결론적으로 "무엇이든지 믿고 구하는 것은 다 받으리라"고 하신다(7:7; 막 11:24; 눅 11:9; 약 5:16; 요일 3:22; 5:14). 여기 "무엇이든지"란 말은 하나님의 뜻에 어긋나지 않는 모든 것을 뜻한다. 하나님의 뜻에 어긋나는 것까지 우리는 구할 수 없다. 우리의 믿음이 겨자씨만큼만 있어도 믿고 구하면 모든 일을 이룰 수 있다.

4.권위의 출처를 밝히지 않으시다 21:23-27

예수님께서 예루살렘에 들어가신(1-11절) 후 성전을 청결하게 하신 것(12-17절) 때문에 유대교권주의자들이 압박해 들어온다. 교권자들은 먼저 예수님의 권위에 도전하여 누가 예수님에게 권위를 주었기에 성전을 청결하게 했느냐고 도전한다. 이 기사는 막 11:27-33; 눅 20:1-8과 병행한다.

마 21:23. 예수께서 성전에 들어가 가르치실 새 대제사장들과 백성의 장로들이 나아와 이르되 네가 무슨 권위로 이런 일을 하느냐 또 누가 이 권위를 주었느냐.

마태는 "예수께서 성전에 들어가 가르치실 새" 교권주의자들이 도전해 왔다고 말한다(막 11:27; 눅 20:1). 예수님께서 들어가신 성전은 행각이나 혹은 회당인데(헨드릭슨) 마가복음에 의하면 "성전에서 걸어 다니시면서 백성들을 가르치셨다." 그 때에 "대제사장들과 백성의 장로들이 나아와 이르되 네가 무슨 권위로 이런 일을 하느냐 또 누가 이 권위를 주었느냐"고 도전한다(행 4:7; 7:27 참조). '당신이 이런 일(성전을 청결하게 하신 일과 백성들을 가르치시는 일들)을 하는 것은 하나님이 주신 권위로 하는 것인지 아니면 어떤 개인이나 단체가 준 권위로 하는 것인지, 이런 권위 즉 성전을 청결하게 하고 백성들을 가르치는 권위를 준 이가 누구인지 우리 교권자들에게 말하라'고 다그친다. 교권자들이 질문한 두 가지는 결국 한 가지였다. 다시 말해 "당신이 무슨 권위로 이런 일을 하는지"와 "이 권위를 준 이가 누구인지"라는 질문은 한 가지이다(출 2:14; 행 4:7;

7:27). 그래서 예수님은 다음 절 이하에서 하나로 묶어서 대답하신다(김수홍의 *누가복음주해*).

마 21:24-25a. 예수께서 대답하시되 나도 한 말을 너희에게 물으리니 너희가 대답하면 나도 무슨 권위로 이런 일을 하는지 이르리라 요한의 세례가 어디로부터 왔느냐 하늘로부터냐 사람으로부터냐.

교권주의자들의 질문을 받으신 예수님은 "나도 한 말을 너희에게 물으리니"라고 하신다. "예수님의 이 반문은 회답을 회피한 것이나 도전자를 침묵시키기 위한 것은 아니다. 그는 사실인 즉 이 반문에서 그들의 물음에 답하신 것이다"(이상근).

예수님은 "너희가 대답하면 나도 무슨 권위로 이런 일을 하는지 이르리라"고 하신다. '이제부터 내가 질문한 질문에 너희가 분명히 대답하면 나도 무슨 권위로 이런 일을 하는지 이르리라'고 하신다. 예수님은 교권자들에게 자신의 질문에 답해보라고 하신다. 그러면 예수님도 교권자들로부터 질문 받으신 것에 대해서 대답하시겠다고 하신다.

예수님은 "요한의 세례가 어디로부터 왔느냐 하늘로부터냐 사람으로부터냐"고 물으신다. 여기 "요한의 세례"란 세례 요한이 베푼 물세례만을 말씀하시는 것이 아니라 '요한의 사역 전체'를 뜻한다. 요한의 사역 전체 중에서 세례가 특별하니까 "요한의 세례"라는 단어를 사용하셨다. 요한의 사역 전체는 한마디로 사람들로 하여금 예수님을 믿으라는 것이었다(요 1:29, 36). 요한이 회개의 세례를 베푼 것도 사람들로 하여금 회개하고 예수님을 믿으라는 것이었다. 예수님은 요한의 사역 전체가 "어디로부터 왔느냐 하늘로부터냐 사람으로부터냐"고 물으신다. 예수님의 이 질문이야말로 아주 정곡을 찌른 질문이었다. 이 질문을 받고 교권주의자들은 적지 아니 당황하여 쩔쩔매다가 결국은 자기들의 입이 막히는 대답을 했다.

마 21:25b-27. 그들이 서로 의논하여 이르되 만일 하늘로부터라 하면 어찌하여

그를 믿지 아니하였느냐 할 것이요 만일 사람으로부터라 하면 모든 사람이 요한을 선지자로 여기니 백성이 무섭다 하여 예수께 대답하여 이르되 우리가 알지 못하노라 하니 예수께서 이르시되 나도 무슨 권위로 이런 일을 하는지 너희에게 이르지 아니하리라.

예수님의 질문을 받고 교권자들은 서로 의논했다. 거짓말로 대답하기 위해서 의논한 것이다. 그들의 의논의 결과, "만일 하늘로부터라 하면 어찌하여 그를 믿지 아니하였느냐 할 것이요 만일 사람으로부터라 하면 모든 사람이 요한을 선지자로 여기니 백성이 무섭다"고 했다(14:5; 막 6:20; 눅 20:6). '그들은 요한의 사역이 하나님께로부터 온 것이라고 대답한다면 예수님께서 그러면 어찌하여 그를 믿지 아니하였느냐고 말씀할 것이고 만약 요한의 사역이 사람의 생각에서 그리고 사람의 능력으로 이룩된 것이라고 대답한다면 백성들이 가만히 있지 않고 돌로 칠 것이라'고 결론을 내렸다(눅 20:6). 그래서 그 중에 한 교권자가 예수님께 대답하기를 "우리가 알지 못하노라"고 했다. 거짓 지도자들이 흔히 쓰는 말이다. 교권자들의 대답을 들으신 예수님은 "나도 무슨 권위로 이런 일을 하는지 너희에게 이르지 아니하리라"고 하셨다. 결국 교권자들의 입은 막히고 말았다.

5.두 아들 비유 21:28-32

유대 교권자들의 입을 막으신(23-27절) 예수님은 두 아들 비유를 가지고 교권자들이야말로 하나님께 불순종하는 부류라고 밝히시고 요한의 사역에 의하여 예수님께 나아온 세리나 창녀들만도 못한 존재들이라는 것을 밝히신다. 이 비유에서 큰 아들은 유대 교권주의자들이고 작은 아들은 세리나 창녀들이라고 하신다. 두 아들 비유는 본서에만 있는 것으로 다른 복음서에는 병행구절이 없다.

마 21:28-29. 그러나 너희 생각에는 어떠하냐 어떤 사람에게 두 아들이 있는데 맏아들에게 가서 이르되 얘 오늘 포도원에 가서 일하라 하니 대답하여 이르되

아버지여 가겠나이다 하더니 가지 아니하고.

유대교권자들이 예수님의 "요한의 세례가 어디로부터 왔느냐 하늘로부터냐 사람으로부터냐"라는 질문(25 상반 절)에는 대답하지 못했으나 "그러나 너희 생각에는 어떠하냐"고 물으신다. 다시 말해 '두 아들 비유로 된 질문에 대해서는 대답할 수 있지 않겠느냐'고 물으신다. 즉 "어떤 사람에게 두 아들이 있는데 맏아들에게 가서 이르되 얘 오늘 포도원에 가서 일하라 하니 대답하여 이르되 아버지여 가겠나이다 하더니 가지 아니했다"고 하신다. 그 사람은 먼저 맏아들에게 말하기를 오늘 포도원에 가서 일하라 하니 처음에는 일하러 가겠다고 하더니 결국은 가지 아니했다는 것이다. 다시 말해 맏아들은 말만 하고 순종은 하지 않은 불순종의 아들이었다. 둘째 아들 이야기는 다음 절에 계속된다.

마 21:30. 둘째 아들에게 가서 또 그와 같이 말하니 대답하여 이르되 싫소이다 하였다가 그 후에 뉘우치고 갔으니.

그 사람은 맏아들에게 실망하고 "둘째 아들에게 가서 또 그와 같이 말했다"고 한다. 여기 "또 그와 같이 말했다"는 말은 맏아들에게 했던 말과 똑 같은 말을 했다는 뜻이다. 그렇게 말했더니 처음에는 "싫소이다 하였다가 그 후에 뉘우치고 갔다"고 말한다. 둘째 아들은 맏아들과 정반대였다. 안 가겠다고 하더니 그 후에 뉘우치고 갔다는 것이다. 여기까지 말씀하신 예수님은 다음처럼 물으신다.

마 21:31. 그 둘 중의 누가 아버지의 뜻대로 하였느뇨 이르되 둘째 아들이니이다 예수께서 그들에게 이르시되 내가 진실로 너희에게 이르노니 세리들과 창녀들이 너희보다 먼저 하나님의 나라에 들어가리라.

예수님은 두 아들 중의 누가 아버지의 뜻대로 하였느냐고 물으신다. 이 시점에서 예수님께서 교권자들에게 누가 아버지의 뜻대로 하였느냐고 물으시니 그들이 대답하지 않을 수 없었다. 그들은 "둘째 아들"이 아버지의 뜻대로 하였다고 대답했다. 옳은 대답이었다. 그들의 대답을 받으신 예수님은 "내가 진실로 너희에게 이르노니"라고 장엄하게 말씀하신다. 즉 "세리들과 창녀들이 너희보다 먼저 하나님의 나라에 들어가리라"고 하신다(눅 7:29, 50). "세리들과 창녀들"이 둘째 아들에게 해당한다는 것이었다.

마 21:32. 요한이 의의 도로 너희에게 왔거늘 너희는 그를 믿지 아니하였으되 세리와 창녀는 믿었으며 너희는 이것을 보고도 끝내 뉘우쳐 믿지 아니하였도다.
이어 예수님은 맏아들에게 해당하는 교권자들을 책망하신다. 즉 "요한이 의의 도로 너희에게 왔거늘 너희는 그를 믿지 아니하였으되 세리와 창녀는 믿었으며 너희는 이것을 보고도 끝내 뉘우쳐 믿지 아니하였도다"라고 하신다(3:1). 여기 "의의 도"(the way of righteousness)란 말씀에 대하여 혹자는 '경건되고 무흠한 생활'이라 하고 또 혹자는 '의로운 생활 방식'이라 해석하나 문맥에 덜 어울린다. 그냥 요한의 경건되고 무흠한 생활이나 혹은 의로운 생활방식 자체가 세리와 창녀들을 믿음에 이르게 하지는 않았다. 그런고로 여기 "의의 도"란 '요한이 예수님을 전파한 의로운 전도'를 지칭한다. 요한은 예수님은 흥하여야 하겠고 자기는 쇠하여야 한다는 정신으로(요 3:30) 예수님만을 소개하면서 전도한 것을 가리킨다. 요한은 예수님만 높였다. 요한은 예수님을 가리키며 "보라, 세상 죄를 지고 가는 하나님의 어린 양이로다"라고 외쳤다(요 1:29, 36). 세례 요한은 말하기를 "나는 너희로 회개하게 하기 위하여 물로 세례를 베풀거니와 내 뒤에 오시는 이는 나보다 능력이 많으시니 나는 그의 신을 들기도 감당하지 못하겠노라 그는 성령과 불로 너희에게 세례를 베푸실 것이라"고 했다(3:11). 요한은 계속해서 예수님을 높였고 사람들로 하여금 예수님만 바라보도록 만들었다. 그는 의의 도로(in the way of righteousness)로 온 사람이다. 다시 말해 예수님을 전하러 온 사람이었다.

예수님은 교권자들에게 너희는 예수님을 전하러 온 세례 요한의 메시지를 믿지 아니하였다고 말씀하신다. 예수님은 교권자들에게 "세리와 창녀는 믿었으며 너희는 이것을 보고도 끝내 뉘우쳐 믿지 아니하였다"고 하신다(눅 3:12-13). 세리와 창녀는 세례 요한의 설교를 듣고 예수님을 믿었는데 교권자들은 세리와 창녀들이 예수님을 믿는 것을 보고도 끝내 회개하지 않았으며 믿지 않았다고 책망하신다. 좀 안다고 하는 사람들이 믿지 않는 것은 옛날이나 지금이나 같은 현상이다.

6.악한 농부 비유 21:33-46

예수님은 유대교권자들에게 두 아들 비유를 말씀하신(28-32절) 다음 또 한 가지의 비유를 들으신다. 유대 교권자들은 악한 농부에 해당하는 것이다. 하나님은 유대인들에게 종들(선지자들)을 보내어 열매를 구했으나 하나님께서 보내는 종들마다 거저 돌려보냈다. 그래서 하나님은 그의 아들을 보내셨는데 유대인들은 그 아들을 예루살렘 밖에서 죽였다. 이 비유는 막 12:1-12; 눅 20:9-18과 병행한다.

마 21:33. 다시 한 비유를 들으라 한 집 주인이 포도원을 만들어 산울타리로 두르고 거기에 즙 짜는 틀을 만들고 망대를 짓고 농부들에게 세로 주고 타국에 갔더니.

예수님은 유대 교권자들에게 "다시 한 비유를 들으라"고 하신다. 예수님께서 또 비유를 말씀하시는 이유는 앞서 말씀하신 두 아들 비유보다 더 공격적인 말씀을 하시기 위함이었다. 다시 말해 두 아들 비유는 교권자들이 세례 요한의 설교를 거절하여 예수님을 믿지 않은 것에 대한 것이었으나 악한 농부 비유는 교권자들뿐 아니라 모든 백성이 하나님의 아들을 거절한 것을 드러내려는 것이었다(눅 20:13 참조).

비유의 내용은 "한 집 주인이 포도원을 만들어 산울타리로 두르고 거기에 즙 짜는 틀을 만들고 망대를 짓고 농부들에게 세로 주고 타국에 갔다"는 것이다(25:14-15; 시 80:9; 아 8:11; 사 5:1-2; 렘 2:21; 막 12:1; 눅 20:9 참조). 여기 "한 집 주인"은 '하나님'을 상징하고 "포도원"은 '이스라엘'을 가리키며 "농부들"은 '교권자들'을 가리킨다. "타국에 갔다"는 말은 집 주인이 포도원을 만들어 놓고 2-3년간 포도가 열리지 않는 기간에 농부들에게 자유를 주는 기간을 지칭한다. 본문의 "산울타리"는 '포도원을 보호하는 담장'을 뜻한다. "즙 짜는 틀"은

'바위를 파서 위에서 포도를 밟으면 아래에서 그 즙이 고이게 만든 틀'을 말한다. "망대"는 '과원지기가 파수를 보는 원두막'을 지칭한다. 아무튼 집 주인은 포도원에서 포도가 열매 맺어서 포도즙이 충분히 생산되도록 잘 만들어 놓았다. 하나님은 이스라엘 민족에게 여러 가지로 은혜를 베푸셨다. 집 주인은 포도원을 만들어 농부들에게 세로 주고 타국에서 가서 얼마간 있었다.

마 21:34. 열매 거둘 때가 가까우매 그 열매를 받으려고 자기 종들을 농부들에게 보내니.

집 주인은 "열매 거둘 때가 가까우매 그 열매를 받으려고 자기 종들을 농부들에게 보냈다"(아 8:11-12). 여기 "자기 종들을 농부들에게 보냈다"는 말은 선지자들을 유대 교권자들에게 보냈다는 뜻이다. 성경에서 선지자들은 자주 종들이라고 불린다(렘 7:25; 25:4; 암 3:7; 슥 1:6). 우리는 열매를 맺어 하나님께 드려야 한다.

마 21:35-36. 농부들이 종들을 잡아 하나는 심히 때리고 하나는 죽이고 하나는 돌로 쳤거늘 다시 다른 종들을 처음보다 많이 보내니 그들에게도 그렇게 하였는지라.

유대 종교 지도자들은 하나님께서 보내신 선지자들을 잡아 "하나는 심히 때리고 하나는 죽이고 하나는 돌로 쳤다"(5:12; 23:24, 37; 대하 24:21; 36:16; 느 9:26; 행 7:52; 살전 2:15; 히 11:36-37). 유대의 종교 지도자들은 이런 일을 많이 했다(왕상 19:14; 대하 24:19-22; 렘 20:1-2; 암 7:12). 지금도 전도자들 중에는 아주 사악하게 된 자들이 많이 있다. 하나님은 혹시나 하고 "다시 다른 종들을 처음보다 많이 보내시지"만 역사의 수레 바퀴는 여전히 악하게 돌았다. 종들은 여전히 많은 박해 속에서 고생했다.

마 21:37. 후에 자기 아들을 보내며 이르되 그들이 내 아들은 존대하리라 하였더니.

하나님은 무한히 자비하셔서 이스라엘 민족을 심판하시거나 없애시지 않고 "후에 자기 아들을 보내며 이르되 그들이 내 아들은 존대하리라"고 기대하셨다. 하나님은 아들을 아끼지 아니하시고 보내셨고 또 이스라엘 민족을 향하여 아들 예수님을 영접하고 믿으리라고 기대했다. 하나님은 지금도 아들 예수님을 우리가 존대하리라고 기대하신다.

마 21:38-39. 농부들이 그 아들을 보고 서로 말하되 이는 상속자니 자 죽이고 그의 유산을 차지하자 하고 이에 잡아 포도원 밖에 내쫓아 죽였느니라.

하나님은 이스라엘 민족이 아들 예수님을 존대하리라고 기대했는데(앞 절) "농부들이 그 아들을 보고 서로 말하되 이는 상속자니 자 죽이고 그의 유산을 차지하자"고 서로 짜고(26:3; 27:1; 시 2:2, 8; 요 11:53; 행 4:27; 히 1:2) "이에 잡아 포도원 밖에 내쫓아 죽였다"(26:50; 막 14:46; 눅 22:54; 요 18:22; 행 2:23). 교권자들은 예수님을 보고 서로 말했다. 예수는 상속자이니 죽이고 그의 유산을 차지하자고 했다. 예수는 상속자인데 그를 죽이면 다른 상속자가 없을 터이니 그 유산이 자기들의 것이 되리라고 기대했다. 그들은 하나님의 무서운 심판을 몰랐다. 그래서 예루살렘 성 밖에 십자가에서 죽일 것이라고 예수님은 예언하신다(요 19:17; 히 13:12).

마 21:40-41. 그러면 포도원 주인이 올 때에 그 농부들을 어떻게 하겠느냐 그들이 말하되 그 악한 자들을 진멸하고 포도원은 제 때에 열매를 바칠 만한 다른 농부들에게 세로 줄지니이다.

예수님은 종교 지도자들에게 "그러면 포도원 주인이 올 때에 그 농부들을 어떻게 하겠느냐"고 질문하신다. 여기 "주인이 올 때"는 예루살렘 멸망 때(주후 70년)를 지칭한다. 이유는 이 부분 문맥을 보면 주인이 올 때는 악한 자들을 진멸하는 때이고 또 복음이 이방으로 넘어가는 때("포도원은 제 때에 열매를 바칠만한 다른 농부들에게 세로 줄지니이다")이기 때문이다. 예수님은 종교지도자들에게 악한 "그 농부들을 어떻게 하겠느냐"고 질문하신다. 예수님의 질문을 받고 종교지도자들은 "그 악한 자들을 진멸하고 포도원은 제 때에 열매를 바칠 만한 다른 농부들에게 세로 줄지니이다"라고 답한다(눅 20:16; 21:14; 행 13:46; 15:7; 18:6; 28:28; 롬 9-11장; 히 2:3). 종교지도자들은 두 가지를 말한다. 첫째, "그 악한 자들을 진멸해야 한다"고 말한다. 다시 말해 종교지도자들을 진멸해야 한다고 말한다. 이 예언은 주후 70년에 성취되었다. 둘째, "포도원은 제 때에 열매를 바칠 만한 다른 농부들에게 세로 줄지니이다"라고 말한다. 여기 "포도원"은 '이스라엘'을 뜻하는데 이 포도원이 다른 농부들 즉 이방인 전도자들에게 넘겨져서 신령한 이스라엘이 된다는 것이다. 지금 우리는 신령한 이스라엘이 되었다. 우리는 많은 열매를 맺어야 한다. 그리고 "제 때에 열매를 바칠 만한 다른 농부들"이란 오순절 성령강림 때 성령을 받고 능력을 받은 복음 전도자들을 지칭한다. 이들은 얼마 지나지 않아 유대로부터 쫓겨나서 이방으로 넘어가 복음을 전했다. 결국 이 예언은 복음이 이방으로 넘어갈 것을 예언한 것이다.

마 21:42. 예수께서 이르시되 너희가 성경에 건축자들의 버린 돌이 모퉁이의 머릿돌이 되었나니 이것은 주로 말미암아 된 것이요 우리 눈에 기이하도다 함을 읽어 본 일이 없느냐.

예수님은 악한 농부비유(33-41절)를 말씀하시고 이 비유가 구약성경 말씀(시 118:22-23)의 성취임을 드러내신다. 예수님은 종교지도자들에게 구약 성경의 예언을 "읽어 본 이 없느냐"고 하신다. 구약성경 내용은 "건축자들의 버린 돌이 모퉁이의 머릿돌이 되었나니 이것은 주로 말미암아 된 것이요 우리 눈에 기이하도다"라고 하신다(사 28:16; 막 12:10; 눅 20:17; 행 4:11; 엡 2:20; 벧전 2:6-7). 구약 시편 118:22은 신약에 다른 곳에도 종종 인용되었다(행 4:11; 벧전 2:7). 본문의 "건축자들"이란 '유대인'을 지칭하고 "버린 돌"이란 예수님을 지칭한다. 다시 말해 유대인들이 예수님을 버렸다는 뜻이다. "모퉁이의 머릿돌"이란 '가장 요긴한 돌'을 의미하는데 "모퉁이의 머릿돌"은 집의 기초의 일부가 되고 중요한 두 벽을 연결시키는 돌이다.

그리고 예수님은 "이것은 주로 말미암아 된 것이라"고 하신다. 즉 '이렇게 일이 된 것은 하나님의 뜻(섭리)으로 말미암아 된 것이라'는 뜻이다. 왜 일이 이렇게 되었는지 생각할 때 참 기이하게 느낄 것이라고 하신다. 무슨 일이든지 하나님께서 하신 일은 기이하게 느껴지지만 특별히 복음이 유대인으로부터 이방인으로 넘어간 것은 기이한 것 중에 기이한 것으로 느껴진다. 유대의 랍비들은 이 시(시 118:22)가 메시아를 노래한 시로 잘 알고 있기에 예수님을 영접했어야 했는데 그들은 예수님을 거부하고 말았다. 그래서 이런 일은 하나님의 섭리에 의해서 이루어진 것이다.

마 21:43. 그러므로 내가 너희에게 이르노니 하나님의 나라를 너희는 빼앗기고 그 나라의 열매 맺는 백성이 받으리라.

유대나라 교권자들이 예수님을 거부했으므로(40-41절) 예수님은 결론적으로 그들에게 선언하신다. 즉 "내가 너희에게 이르노니 하나님의 나라를 너희는 빼앗기고 그 나라의 열매 맺는 백성이 받으리라"고 하신다(8:12). 예수님을 거부한 것이 곧 하나님의 나라를 빼앗기는 것이라고 하신다. 예수님을 거부하면 결국은 예수님을 통하여 하나님께서 통치하시는 행위가 없어진다는 뜻이다. "하나님의 나라"란 '하나님께서 예수님을 통하여 그리고 성령을 통하여 통치하시는 것'을 뜻한다. 우리는 지금 하나님께서 그리스도를 통하여 통치하시는 나라의 일원으로 되어 있다.

예수님은 "그 나라의 열매 맺는 백성이 받으리라"고 하신다. '하나님 나라의 열매 맺는 백성이 하나님 나라를 받으리라'는 뜻이다. 즉 하나님 나라의 백성으로 살면서 열매를 맺는 백성이 예수님을 영접하고 따르리라는 선언이다.

마 21:44. 이 돌 위에 떨어지는 자는 깨지겠고 이 돌이 사람 위에 떨어지면 그를 가루로 만들어 흩으리라 하시니.

예수님은 포도원의 악한 농부비유를 말씀하신(33-41절) 다음 이제 본 절에서는 그리스도를 배척한 사람들에 대한 심판을 언급하신다(사 8:14-15; 60:12; 단 2:44; 슥 12:3; 눅 20:18; 롬 9:33; 벧전 2:8). 예수님은 예수님을 배척한 사람들을 두 부류로 나누신다. 하나는 "이 돌(예수) 위에 떨어지는 자"와 "이 돌(예수)이 위에 떨어질 자"로 나누신다(단 2:34-35; 눅 20:18). 그리고 벌도 두 가지로 나누신다. 전자는 "깨어질" 것이라고 하셨고, 후자는 "가루로 만들어 흩으리라"고 하신다. 깨어지는 것은 가루가 되는 것과는 큰 차이가 있다.

심판받을 사람이 다르고 심판 자체가 다른 고로 본 절에 대한 해석은 몇 가지로 갈린다. 1) 초림 때의 심판이나 재림 때의 심판을 구분하지 않고 예수님을 거역하는 사람들이 받을 심판을 지칭한다는 견해(윌렴 헨드릭슨, 이순한). 그러니까 상반 절과 하반 절을 동의어절로 보는 견해이다. 2) 상반 절은 예수 그리스도를 메시아로 믿지 않고 거부한 일반 유대인들에 대한 심판 예언이고, 하반 절은 적극적으로 예수님을 배척하고 결국 죽이기까지 한 유대 종교지도자들에 대한 예언이라고 하는 견해(옥스퍼드 원어성경대전. Bruce). 이 견해는 이방인들에 대한 심판을 언급하지 않는 것이 특징이다. 3) 혹자는 상반 절은 유대 교회가 실족하여 "깨어질" 것을 지칭하고(유대교회는 훗날 회복될 것이라고 한다), 하반 절은 종말에 이방 교회들이 하나님의 심판에 이를 것을 지칭한다고 말하며 이방인 교회들은 결코 회복되지 못할 것이고 그들의 멸망은 철저할 것이며 돌이킬 수 없을 것이라고 하는 견해. 4) 본 절의 상반 절은 사 8:14에서 인용되었으며 예수님께서 초림 하셨을 때 믿지 않던 사람들이 심판 받을 것을 예언했으며, 하반 절은 단 2:44로부터 인용하였고 예수님의 재림 때 사람들이 심판 받을 것을 예언한 것이라는 견해(어거스틴, 크리소스톰, 데오필랙트, 유디미우스, 게르하르트, 죤 라일, A. B. Bruce, 박윤선, 이상근). 위의 네 가지 학설 중 어느 하나라도 거부하기가 어렵다. 그러나 심판 받을 사람들이 다르고 또 심판의 정도가 다른 것으로 보아 마지막 견해가 가장 타당할 것으로 보인다(김수홍의 *누가복음주해*에서).

마 21:45-46. 대제사장들과 바리새인들이 예수의 비유를 듣고 자기들을 가리켜 말씀하심인 줄 알고 잡고자 하나 무리를 무서워하니 이는 그들이 예수를 선지자로 앎이었더라.

이 부분(45-46절) 말씀은 유대 교권주의자들의 반응을 기록한다. "대제사장들과 바리새인들이 예수님의 비유를 듣고 자기들을 가리켜 말씀하심인 줄 알고 잡고자 했다." '교권자들은 예수님께서 말씀하신 악한 농부 비유를 듣고 자기들에 대해서 말씀하신 줄 알고 체포하고자 했다.' 그들은 예수님의 두 아들 비유를 들으면서도 그 비유의 내용이 자기들을 지명한 줄 알았지만 악한 농부비유는 거의 노골적으로 자기들을 가리켜 말씀하신 줄 알고 예수님을 잡아 없애고 싶었다.

그러나 교권주의자들은 "무리를 무서워했다." 그들은 예수님을 체포해서 죽이는 자체를 무서워해야 했는데 그것은 아무렇지도 않게 생각하고 차라리 무리의 눈치를 보고 있었다. 이유는 "그들이 예수를 선지자로 앎았기" 때문이었다(11절; 눅 7:16; 요 7:40). 무리가 예수님을 선지자로 알아서 보호하고 산헤드린 공의회의 회원들에게 시기를 받거나 혹은 붙잡히는 것을 막아주고 있었다. 교권자들은 진리를 두려워한 사람들이 아니라 사람들을 두려워한 사람들이었다. 대중영합주의(populism)는 오늘날 더욱 심한 것을 볼 수 있다.

제 22 장

혼인잔치 비유와 여러 가지 질문들 및 메시아의 신분에 관한 논쟁

7.혼인잔치 비유 22:1-14

예수님은 두 아들 비유(21:28-32, 유대 교권자들이 불순종할 것이라고 말하는 비유)와 포도원 농부비유(21:33-46, 교권자들이 예수님을 죽일 것이라고 말하는 비유)를 말씀하신 다음 이제는 임금이 혼인잔치를 여는 비유(22:1-14)를 말씀하신다. 이 비유는 유대인들이 예수님의 초청을 거부할 것을 말씀하고(3-7절) 다음으로는 이방인들이 무수하게 그리스도의 복음에 초청받을 것을 말씀하시면서 그러나 이방인들의 많은 사람들은 예수님을 참으로 믿지 않아 지옥으로 떨어질 것을 말씀하신다(8-14절). 이 비유는 눅 14:16-24에 나오는 비유와 흡사하기는 하나 서로 다른 고로 혼돈해서는 안 된다. 누가복음의 것은 예수님께서 식사하시는 중에 말씀하셨고 이 부분의 비유는 수난 주간에 말씀하신 비유이다.

마 22:1. 예수께서 다시 비유로 대답하여 이르시되(Καὶ ἀποκριθεὶς ὁ Ἰησοῦς πάλιν εἶπεν ἐν παραβολαῖς αὐτοῖς λέγων**).**

마태는 "예수께서 다시 비유들(ἐν παραβολαῖς)로 대답하셨다"고 말한다. 우리의 생각으로는 단수를 사용하여 그냥 "비유로" 대답하셨다고 기록해야 할 것으로 보이는데 "비유들로" 대답하셨다고 기록하고 있다. 그 이유를 분명히 파악하기란 쉽지 않을 것 같다. 혹자는 이 복수 표현을 하나의 관용적인 표현으로 보고 그 뜻은 '비유의 수단에 의하여' 혹은 '비유적 언어에 의하여'라는 뜻으로 보기도 한다(윌렴 헨드릭슨). 혹은 아마도 이 부분(1-14절)에 있는 비유를 한 가지 비유로 보지 않고 두 가지 비유로 본 것이 아닌가 생각된다. 즉 마태가 유대인들이 예수님을 거부할 것을 말하는 비유(1-7절)와 또 이방인들이 예수님을 영접할 것을 말하는 비유(8-14절)를 합해서 쓴 고로 "비유들로 대답하셨다"고 기록한 것으로 보인다.

그리고 또 한 가지 특기할 것은 예수님은 누구의 질문을 받지도 않으시고 "대답하셨다"는 언사를 사용하셨다는 점이다. 그러나 예수님은 영적으로 분명히 보시는 고로 유대교권자들과 그들의 충동을 받은 유대인들의 증오와 살의(殺意)를 보시고 그들에게 응수하고 계셨다(21:45-46). 예수님은 사람의 겉을 보고 대하시는 것이 아니라 속을 보고 대하신다. 예수님은 지금도 우리의 중심을 보시고 응수하신다.

마 22:2. 천국은 마치 자기 아들을 위하여 혼인 잔치를 베푼 어떤 임금과 같으니.
예수님은 "천국은 마치 자기 아들을 위하여 혼인 잔치를 베푼 어떤 임금과 같다"고 하신다(13:24; 20:1주해 참조). 예수님은 다시 천국(4:23; 13:43 주해 참조) 비유를 들으신다. 예수님의 설교의 요점은 항상 천국이었다. 예수님은 천국을 그 아들을 위하여 혼인 잔치를 베푼 어느 임금과 같다고 말씀하신다. 임금은 아들을 위하여 혼인잔치(이 잔치를 복수로 표현한 이유는 혼인잔치 기간 동안에 여러 번의 연회가 열리기 때문일 것이다)를 베풀고 많은 유대인들을 초청했으나 유대인들이 거절하는 고로 종들을 이방 거리로 보내어 선한 자나 악한 자나 닥치는 대로 초청하여 혼인잔치 집을 채우셨다고 하신다. 그러나 이방인들로 채워진 천국은 모두 택함 받은 자가 아니라 단순히 초청만 받은 자가 더 많았다고 하신다.

그런데 본 절에 나오는 "자기 아들"이 누구냐를 두고 혹자는 본 절에서 아들의 활동이 약한 고로 예수님이 아닐 것이라고 주장하나(헤르만 리델보스, 윌렴 헨드릭슨) 이 부분이 혼인 잔치 비유인 점을 감안하면 예수님이라고 보아야 옳을 것이다(Lenski, Lange, 박윤선, 이상근). 혼인 잔치 비유에서는 항상 예수님이 신랑으로 등장하셨다. 그런고로 이 비유에서도 예수님은 혼인 예식에 있어서 신랑이고 초청받은 사람들은 신부라고 보아야 할 것이다(물론 택함 받은 사람들만 신부가 된다). 예수님께서 이 비유에서 왕이 누구이고 또 아들이 누구인지에 대해서 분명하게 언급하지 않으신 이유는 초청받은 사람들의 태도에 대해 주로 언급하시기 위함이었다. 그런고로 우리는 다른 혼인잔치 비유를 보고 본문의 아들이 예수님인 줄로 알아야 한다.

마 22:3. 그 종들을 보내어 그 청한 사람들을 혼인 잔치에 오라 하였더니 오기를 싫어하거늘.

임금은 "그 종들을 보내어 그 청한 사람들을 혼인 잔치에 오라"고 했다. 학자들은 본 절의 "오라"는 말이 첫 번 오라고 한 말이 아니라 두 번째로 "오라"고 한 말이라고 한다. 근동 지방에서는 혼인 잔치에 사람들을 초청할 때 두 번 초청한다는 것이다(에 5:8; 6:14 참조). 한번은 잔치 날짜를 멀리 남겨두고 미리 한번 초청해두고 다음은 날짜가 닥쳤을 때 초청하는데 본 절의 경우는 두 번째 "오라"고 초청한 경우라고 한다. 그런데 본 절에서 초청받은 사람들은 첫 번 째 초청에서는 오겠다고 했는데 정작 두 번째 초청을 받고 싫어했다는 것이다(시 95:10; 사 1:2-15; 5:4; 렘 7:25-26; 눅 21:34 참조). 하나님은 구약 시대에 선지자들을 보내어 사람들을 혼인잔치에 오라고 초청하셨는데 사람들이 혼인 잔치에 오기를 싫어했다. 하나님은 싫어하는 사람들을 억지로 부르지는 않으신다.

마 22:4. 다시 다른 종들을 보내며 이르되 청한 사람들에게 이르기를 내가 오찬을 준비하되 나의 소와 살진 짐승을 잡고 모든 것을 갖추었으니 혼인 잔치에 오소서 하라 하였더니.

하나님은 혼인예식에 오기를 싫어하는 사람들이 있다 하더라도(앞 절) 포기하시지 않고 "다시 다른 종들을 보내며 청한 사람들에게" 말씀하시기를 "내가 오찬을 준비하되 나의 소와 살진 짐승을 잡고 모든 것을 갖추었으니 혼인 잔치에 오소서 하라"고 하신다(잠 9:2). 사람들이 오기를 싫어하는 것을 보시고 잔치의 풍성함을 알리신다. "소와 살진 짐승을 잡고 모든 것을 갖추었다"고 하신다. 혼인

예식에 오면 풍성한 은혜를 받을 것을 예고하신 것이다. 사실 누구든지 예수님 앞으로 오면 구원을 받고 기쁨을 얻게 되며 소망을 얻게 되고 각종 은혜를 받게 된다.

마 22:5-6. 그들이 돌아보지도 않고 한 사람은 자기 밭으로, 한 사람은 자기 사업하러 가고 그 남은 자들은 종들을 잡아 모욕하고 죽이니.

초청 받은 사람들은 초청한 종들(예수님과 제자들)을 돌아보지도 않고 세상 사업에 바빠서 천국 잔치를 우습게 여겨 초청에 응하지 않았다. 그리고 또 다른 사람들은 "종들을 잡아 모욕하고 죽였다." 예수님과 제자들을 죽인 것을 뜻한다. 유대인들은 갈수록 강퍅해져 갔다. 그들은 드디어 하나님의 아들을 죽이는 데까지 이르렀다. 오늘도 마음이 완악하고 강퍅한 사람들은 끝까지 그리스도를 영접하지 않고 반항한다.

마 22:7. 임금이 노하여 군대를 보내어 그 살인한 자들을 진멸하고 그 동네를 불사르고.

예수님은 "임금이 노했다"고 말씀하신다. '하나님께서 노하셨다'는 뜻이다. 당연한 진노였다. 임금은 "군대를 보내어 그 살인한 자들을 진멸하고 그 동네를 불살랐다"(단 9:26; 눅 19:27). 하나님은 로마 군대를 보내어 종들을 죽인 자들을 죽이시고 그들이 살고 있는 동네를 불사르셨다. 주후 70년 하나님은 그가 쓰시는 로마 군대를 보내어 하나님이 쓰시는 선지자들을 죽인 유대인들을 죽이시고 예루살렘을 불사르셨다(마 21:41-43; 23:37-38; 24:1-2, 15; 눅 19:41-44 참조). 하나님은 세상의 군대를 그의 뜻대로 사용하신다.

마 22:8-10. 이에 종들에게 이르되 혼인 잔치는 준비되었으나 청한 사람들은 합당하지 아니하니 네거리 길에 가서 사람을 만나는 대로 혼인 잔치에 청하여 오라 한 대 종들이 길에 나가 악한 자나 선한 자나 만나는 대로 모두 데려오니 혼인 잔치에 손님들이 가득한지라.

임금은 종들에게 말하기를 "혼인 잔치는 준비되었으나 청한 사람들은 합당하지 아니하다"고 말한다(10:11, 13; 행 13:46). 즉 '혼인 잔치는 항상 사람을 맞이할 준비가 되어 있으나 청한 유대인들은 합당하지 아니하니' 다른 사람들을 초청해 오라고 말한다. 곧 "네거리 길에 가서 사람을 만나는 대로 혼인 잔치에 청하여 오라"고 말한다. 임금은 사람이 많이 왕래하는 거리로 나가서 사람을 만나는 대로 혼인 잔치에 사람들을 데리고 오라고 한다. 이 명령을 받고 "종들이 길에 나가 악한 자나 선한 자나 만나는 대로 모두 데려오니 혼인 잔치에 손님들이 가득하게 되었다"(13:38, 47). 하나님의 명령에 따라 예수님의 사도들과 바울 사도는 이방나라에 가서 악한 자나 선한 자나 닥치는 대로 모두 데려왔다. 다시 말해 이방인들에게 복음을 전하여 많은 사람들을 그리스도 앞으로 인도했다. 그래서 혼인 잔치 집에 손님들로 가득하게 되었는데 사도들과 바울 사도는 사람의 판단대로 악한 자나 선한 자나 닥치는 대로 사람을 혼인 잔치에 데리고 온 것이다. 종들은 악한 자나 선한 자에게 복음을 전하여 그리스도 앞으로 데리고 왔다. 오늘 우리도 도덕적으로 악한 자에게도 그리스도를 전해야 한다.

마 22:11-13. 임금이 손님들을 보러 들어올 새 거기서 예복을 입지 않은 한 사람을 보고 이르되 친구여 어찌하여 예복을 입지 않고 여기 들어왔느냐 하니 그가 아무 말도 못하거늘 임금이 사환들에게 말하되 그 손발을 묶어 바깥 어두운 데에 내던지라 거기서 슬피 울며 이를 갈게 되리라 하니라.

혼인잔치를 배설한 "임금이 손님들을 보러 들어올 새 거기서 예복을 입지 않은 한 사람을 보게 되었는데"(고후 5:3; 엡 4:24; 골 3:10, 12; 계 3:4; 16:15; 19:8) 임금은 예복을 입지 않은 한 사람(택함을 입지 않은 한 사람)을 보고 두 마디 말을 한다. 하나는 "친구여 어찌하여 예복을 입지 않고 여기 들어왔느냐"고 질문한다. '친구여 어찌하여 택함을 입지 않은 사람이 여기 들어왔느냐'는 질문이다. 만세 전에 택함을 입지 않은 사람은 결국 예복을 입지 못하게 된다는 것을 보여준다. 택함을 입지 않은 사람은 그리스도로 옷 입지 못하게 되는 것이다.

예복을 입지 않고 혼인 예식에 들어왔느냐는 질문을 받은 사람은 임금에게 아무 말도 하지 못하고 있었다. 그 때 임금은 사환들에게 한 마디 말을 더 한다. "그 손발을 묶어 바깥 어두운 데에 내던지라 거기서 슬피 울며 이를 갈게 되리라"고 한다(8:12). 즉 어두운 지옥에 내 던지라고 한다. 거기서 슬피 울며 이를 갈게 될 것이라고 한다. 그리스도의 대속을 믿지 않으면 자기 자신이 죄 값을 치러야 하니 별수 없이 지옥으로 떨어질 수밖에 없게 된다. 예복을 입는다는 것, 다시 말해 그리스도의 공로를 입는다는 것은 너무도 중요한 것이다. 우리는 그리스도의 대속을 철저히 믿어야 한다.

마 22:14. 청함을 받은 자는 많되 택함을 입은 자는 적으니라.

본 절 초두에는 이유 접속사(γάρ)가 있어 예수님께서 앞 절에서 말씀하신바 손발이 묶여 지옥으로 떨어져야 하는 사람이 지옥으로 가야 하는 이유를 본 절에서 말씀하신다. 즉 하나님의 종들을 통하여 복음을 듣고 청함을 받아 신앙공동체 안에서 적당히 생활하면서 깊은 회개를 하지 않고 또 참 믿음을 소유하려고 하지 않고 그리스도로 옷 입지 않았으니 지옥으로 떨어진다는 것이다. 예수님은 이 비유(1-13절)의 결론으로 "청함을 받은 자는 많되 택함을 입은 자는 적기" 때문에 사람이 지옥으로 간다는 것이다. 청함을 받아 교회에 나오는 사람은 많아도 택함을 입은 자는 적기 때문에 지옥으로 떨어지는 것이라고 하신다. 청함을 받아 교회에 나오는 것만으로는 천국에 들어가지 못한다는 것을 본 절은 보여주고 있다.

하나님의 종들을 통하여 복음을 듣고 교회로 나오는 사람은 많다. 문화생활을 해야 한다는 측면에서도 많은 사람들이 교회에 나아오고 혹은 인간적인 교제를 하기 위해서도 교회에 나오는 사람들이 많고 혹은 자기의 필요를 채우기 위해서 신앙인 공동체에 참여하는 사람들이 많다. 그러나 그들은 참된 회개를 하지 않고 참 믿음을 소유하려고 하지 않고 그리스도의 대속을 믿지 않는다. 그저 외모만의 신자일 뿐이다. 교회 명부에만 쓰였기에 신자일 뿐이다. 청함을 받은 사람들은 많지만 만세 전에 하나님으로부터 택함을 입은 사람들은 적다(엡 1:4).

예수님은 앞 절에서 예복을 입지 않은 한 사람에게 말씀하셨는데 그 한 사람은 청함을 받은 많은 사람 중에 한 사람일뿐이었다. 실제로 예복을 입지 않은 사람은 무수하다. 다시 말해 택함을 입지 않은 사람은 수없이 많다.

8.가이사의 것과 하나님의 것 22:15-22

예수님은 바리새인들의 질문에 반대 질문을 하심으로써 그들의 입을 막으신(21:23-27) 후 연이어 두 아들 비유(21:28-32), 포도원 농부비유(21:33-46), 임금이 혼인잔치를 여는 비유(22:1-14)를 말씀하여 그들이 심판을 받을 것을 말씀하셨기에 그들은 예수님을 어떤 방식으로든지 잡기 위하여 서로 토론하여 다시 나타난다. 그들은 예수님을 말로 잡기 위하여 세금 문제를 가지고 나온다. 그들은 제자들을 예수님께 보낼 때 제자들만 나가게 하지 않고 헤롯 당원들과 함께 나가게 하여 예수님을 잡으려 한다. 이 부분(15-22절) 기사는 막 12:13-17; 눅 20:20-26과 병행한다.

마 22:15. 이에 바리새인들이 가서 어떻게 하면 예수를 말의 올무에 걸리게 할까 상의하고.

본 절 초두에 나오는 "이에"(τότε)란 말은 의미상으로는 '그 때에'란 말인데 본 절에서는 구체적으로 '그날에'라는 뜻이다. 바리새인들은 예수님으로부터 반결을 받은 날(21:23-22:14)에 회개는 하지 않고 돌아가서 예수님을 말의 올무에 걸리게 하기 위하여 서로 상의하고 자기 제자들을 헤롯 당원들과 함께 예수님께 어려운 질문을 가지고 나가게 했다(막 12:13; 눅 20:20). 그들은 예수님으로 하여금 말의 올무에 걸리게 하려고 안간힘을 썼다. 다시 말해 그들은 예수님에게 대답하기 어렵고 까다로운 문제를 드려서 예수님께서 말씀하시는 중에 꼬이게 하고 말에 막히게 하려고 계획하고 상의했다. 그들은 어떻든지 예수님을 잡으려 했는데 이번에도 역시 실패하고 만다.

마 22:16. 자기 제자들을 헤롯 당원들과 함께 예수께 보내어 말하되 선생님이여 우리가 아노니 당신은 참되시고 진리로 하나님의 도를 가르치시며 아무 꺼리는 일이 없으시니 이는 사람을 외모로 보지 아니하심이니이다.

바리새인들은 자기의 제자들을 헤롯 당원들과 함께 예수님께 보내어 말하게 했다. 바리새인들이 자기 제자들을 헤롯 당원들과 함께 가게 만든 이유는 헤롯 당원들이 친 로마파이니 예수님이 세금 문제에 있어 말에 걸리게 하려고 했다. 사람이 썩으면 더러운 정치를 하게 마련이다.

그들은 예수님께 질문하기 전에 먼저 예수님을 치켜세운다. "우리가 아노니 당신은 참되시고 진리로 하나님의 도를 가르치시며 아무 꺼리는 일이 없으시니 이는 사람을 외모로 보지 아니하심이니이다"라고 치켜세운다. 예수님이 "참되시다"는 말은 예수님은 인격적으로 거짓이 없으시고 참된 인격의 소유자시라는 뜻이고, "진리로 하나님의 도를 가르치신다"는 말은 하나님의 말씀을 올바로 가르치신다는 말이며, "아무 꺼리는 일이 없으시니 이는 사람을 외모로 보지 아니하심이니이다"라는 말은 예수님은 어떤 사람에 대해서는 더 신경 쓰고 어떤 사람에 대해서는 덜 신경 쓰는 일이 없으시다는 뜻이다. 다시 말해 어떤 사람을 더 높이고 어떤 사람에 대해서는 덜 높여주는 일이 없으시다는 뜻이다. 예수님은 산헤드린 공의회 사람들을 만나서도 더 신경쓰지 않으셨다(18절 참조). 이유는 "사람을 외모로 보지 아니하시기" 때문이라고 말한다. 예수님은 사람의 외모 즉 사람의 학식, 명예, 부, 지위 같은 것들을 보시지 않고 사람의 중심을 보시기 때문이었다. 바리새인들이 예수님을 향하여 아첨하는 말이었지만 이 모든 것은 사실이었다. 그들이 이렇게 예수님을 향해 아첨한 이유는 예수님으로 하여금 반로마 발언을 하여 말에 걸리게 하려 했던 것이다.

마 22:17. 그러면 당신의 생각에는 어떠한지 우리에게 이르소서 가이사에게 세금을 바치는 것이 옳으니이까 옳지 아니하니이까 하니.

그들의 본색은 본 절에서 나타난다. 그들은 예수님의 생각을 묻는다. 즉 "가이사에게 세금을 바치는 것이 옳으니이까 옳지 아니하니이까." 하나님의 도를 옳게 가르친다는 아첨을 해놓은 바리새인들과 헤롯당원들은 로마 황제에게 세금을 바치는 것이 옳은 것인지 혹은 옳지 않은 것인지 묻는다. 보통 사람 같으면 어떻게 대답해야 할는지 난감한 질문이었다. 바치라고 하면 바리새인들과 유대인들은 질색을 할 것이었다. 바치지 말라고 말하면 친 로마파인 헤롯당원들[156]이 반발할 것이었다. 아주 난감한 때 예수님은 다음 절과 같이 지혜롭게 대답하셨다.

마 22:18. 예수께서 그들의 악함을 아시고 이르시되 외식하는 자들아 어찌하여 나를 시험하느냐.

예수님은 그들의 악함을 아셨다. 예수님은 그들이 겉으로는 예수님께 아첨하고 속으로는 예수님을 말로 잡으려는 악함을 아셨다. 사람은 누구든지 악하다. 만물보다 거짓되고 심히 부패한 것이 사람의 마음이다(렘 17:9). 예수님은 이들을 향하여 "외식하는 자들아"(마 6:2;, 5, 16; 7:5; 15:7주해 참조)라고 부르신다. 이들은 예수님을 향하여 거창하게 아첨했는데 예수님은 이들의 겉과 속이 다른 것을 아시고 '겉으로 발라 맞추는 사람들아'라고 말씀하신다. 그리고 예수님은 그들을 향하여 "어찌하여 나를 시험하느냐"라고 책망하신다. 그들은 예수님을 말로 잡으려고 했고 함정에 빠뜨리려고 한 것이 시험이었다.

마 22:19. 세금 낼 돈을 내게 보이라 하시니 데나리온 하나를 가져 왔거늘.

예수님은 그들이 자신을 시험하는 것을 아시고 "세금 낼 돈을 내게 보이라"고 하신다. 예수님은 그 돈을 가지시고 실물 교육을 하시기를 원하셔서 돈을 보이라고 하신다. 예수님의 명령에 그들은 "데나리온 하나를 가져 왔다." 그들에게 마침 데나리온(로마의 은화)이 없어서 누구에게 빌려온 것으로 보인다.

---

156) 헤롯당: 헤롯 왕가의 여당으로, 로마의 지배에 충분히 만족해하고, 다만 유대에는 로마총독 대신에 이 왕가의 사람이 지배자로 될 것을 희망하고 있던 사람들이다(마 22:16; 막 3:6; 12:13). 예수의 교훈은, 바리새파의 주의와 같지 않은 것처럼. 헤롯당의 방침이나 이상에도 호의를 가지는 것이 아니었다. 헤롯가의 부인들은 일반적으로 유대교에 열심 있는 신봉자였다. 이것은 헤롯당과 바리새인이 서로 제휴하여 예수에 반대한 이유의 한 가지 설명이랄 수 있다.

데나리온의 표면에는 황제의 머리와 이름 즉 "신성한 아구스도의 아들 디베리우스 가이사"(Tiberius Caesar, Son of the divine Augustus)라는 글이 쓰여 있고, 이면에는 "지극히 높은 사제"(Pontifex Maximus)라는 글귀가 쓰여 있었다.

마 22:20-21. 예수께서 말씀하시되 이 형상과 이 글이 누구의 것이냐 이르되 가이사의 것이니이다 이에 이르시되 그런즉 가이사의 것은 가이사에게, 하나님의 것은 하나님께 바치라 하시니.

예수님의 명령을 듣고 누군가가 데나리온 하나를 가져왔을 때(19절) 예수님은 "이 형상과 이 글이 누구의 것이냐"고 물으신다. 데나리온에 그려져 있는 형상과 또 데나리온에 쓰여 있는 글이 누구의 것이냐고 물으신다. 예수님은 그 형상과 글을 훤히 아시지만 그들의 입을 통하여 대답하도록 하신다. 그들 중에 하나가 "가이사의 것입니다"라고 대답한다. 로마 황제의 형상이고 또 성스러운 아구스도의 아들 디베리우스 가이사를 지칭하는 글이라고 답한다.

그렇게 말하는 사람의 답변을 들으시고 예수님은 "그런즉 가이사의 것은 가이사에게" 드리라고 답하신다(17:25; 롬 13:7). '그렇다면(그러니, 그러니까) 가이사의 것은 가이사에게' 바치라고 하신다. 조금도 망설일 것 없고 꺼릴 것도 없이 로마 황제에게 드려야 할 것은 로마 황제에게 드려야 한다고 답하신다. 로마 황제에게 드려야 세금을 드려서 나라 살림을 잘 할 수 있도록 바쳐야 한다고 하신다. 치안을 유지하고 도로를 건설하며 국방을 유지하고 나라를 발전시키도록 국가에 세금을 내라고 하신다. 비록 이스라엘은 로마의 속국이었지만 로마가 세금을 받아서 이스라엘에게도 혜택이 돌아가도록 국가에 대한 의무를 다하라고 하신다(딤전 2:2; 벧전 2:17 참조).

예수님은 다음으로 "하나님의 것은 하나님께 바치라"고 하신다. '하나님께 드려야 할 예배와 영광을 하나님께 바치라'고 하신다. 하나님께 드려야 할 예배를 황제에게나 혹은 고관들에게 드리지 말고 오로지 하나님께 드리라고 하신다(왕하 18:19-19:37; 단 4:28-32; 행 12:20-23 참조). 바리새인들은 하나님께서 보내신 메시아를 영접하고 하나님께 영광을 돌려야 했는데 메시아를 거부함으로써 하나님의 것을 하나님께 드리지 못했다. 우리는 하나님께 드려야 할 예배와 영광과 계명 순종을 세상 왕이 요구할 때 그 요구를 단연 물리치고 하나님께 영광을 돌려야 한다. 우리는 기도 중에 어느 것을 세상에 바치고 어느 것을 하나님께 바쳐야 할지를 분변할 수 있어야 한다.

마 22:22. 그들이 이 말씀을 듣고 놀랍게 여겨 예수를 떠나가니라.

그들(바리새인들과 헤롯 당원들)이 예수님의 말씀(21절)을 듣고 "놀랍게 여겨 예수를 떠나갔다." 그들은 예수님께서 한쪽으로 치우쳐 대답하실 줄 기대했는데 국가에 대한 의무와 하나님께 대한 의무를 정확하게 분변하셔서 대답하시는 것을 듣고 놀라지 않을 수 없었다. 그들은 자기들이 드린 질문을 예수님께서 답변하시는 중에 막힐 것을 예상했는데 막히지 않으시고 정확하게 답변하시는 것을 듣고 놀라서 예수님 옆을 떠나게 되었다. 그들은 패배하여 돌아가서 다른 질문을 또 준비했다. 망할 사람들은 망할 일만 한다.

9.부활은 성경대로 된다 22:23-33

바리새인들이 예수님 앞에서 패배하고 물러갔을 때 장면이 바뀌어 사두개인들이 등장해서 예수님을 시험한다. 사두개인들은 예수님께 나아와서 어이없는 질문을 내놓는다. 칠형제가 있었는데 제일 큰 형이 자식이 없이 죽어서 둘째가 형수하고 살다가 둘째도 죽고 그렇게 하기를 일곱째까지 형수하고 살았는데 부활 때에 누구의 아내가 될 것이냐고 질문한다. 예수님은 이들의 질문을 받으시고 사두개인들을 향하여 성경을 모르고 하나님의 능력을 몰라서 이런 질문을 가지고 나왔다고 하시면서 부활이 있음을 분명히 말씀해주신다. 이 부분 기사는 막 12:18-27; 눅 20:27-38과 병행한다.

마 22:23. 부활이 없다 하는 사두개인들이 그 날 예수께 와서 물어 이르되.

같은 날 "부활이 없다 하는 사두개인들이 예수께 와서 묻는다"(막 12:18; 눅

20:27). 대제사장들과 장로들이 나와서 물었고(21:23), 바리새인들이 헤롯 당원들과 함께 나아와서 물었으며(22:15-17) 이제는 사두개인들이 나아와서 묻고 있으니 나올 사람들이 다 나온 셈이다.

사두개인들은 영도 없고 천사도 없고 부활도 없다고 주장했다(행 23:6-8). 사두개인들에 대해서는 3:7주해를 참조하라. 그들은 부활을 믿기 위해 나온 것이 아니라 예수님으로 하여금 말씀하시는 중에 함정에 빠지게 하려고 나온 것이다(25-27절 참조).

마 22:24. 선생님이여 모세가 일렀으되 사람이 만일 자식이 없이 죽으면 그 동생이 그 아내에게 장가들어 형을 위하여 상속자를 세울지니라 하였나이다.

사두개인들은 예수님을 "선생님"이라고만 부른다. 그들은 부활이 없다고 말하기 위해 모세의 글 신 25:5-6을 들고 나온다. 즉 "사람이 만일 자식이 없이 죽으면 그 동생이 그 아내에게 장가들어 형을 위하여 상속자를 세울지니라"는 말을 들고 나온다(신 25:5-6). 그들은 모세의 글에 기록되어 있는 부활에 대한 기록(출 3:6)은 믿지 않았고 그저 과부가 고인의 형제와 결혼하는 법만을 들고 나와서 예수님을 함정에 넣으려고 한다. 그들은 성경을 조직적으로 파악하지 못했고 그저 성경의 한부분만 가지고 예수님을 함정에 넣으려고 했다.

마 22:25-28. 우리 중에 칠 형제가 있었는데 맏이가 장가들었다가 죽어 상속자가 없으므로 그 아내를 그 동생에게 물려주고 그 둘째와 셋째로 일곱째까지 그렇게 하다가 최후에 그 여자도 죽었나이다 그런즉 그들이 다 그를 취하였으니 부활 때에 일곱 중의 누구의 아내가 되리이까.

사두개인들은 어떤 7형제가 있었는데 참으로 이상한 일이 벌어져 제일 큰 형이 장가들었는데 남자 아이를 얻지 못하고 죽었고 그 아내는 동생의 부인으로 넘겨졌는데도 또 역시 자식이 없이 둘째가 죽었고 이런 식으로 그 여자는 일곱 형제의 마지막 부인이 되었는데도 남자 아이를 얻지 못하고 결국은 세상을 떠나고 말았다는 것이다. 이런 사실이 세상에 있을 수도 있지만 아마도 사두개인들이 꾸며낸 이야기로 보인다. 그들은 7형제 이야기를 다 한 다음 예수님께 "그런즉 그들이 다 그를 취하였으니 부활 때에 일곱 중의 누구의 아내가 되리이까"라고 질문한다. 예수님을 함정에 빠뜨리기에 아주 좋은 예화였다. 그들은 부활을 말씀하시는 예수님을 멸시하고 이런 질문을 한 것이다.

마 22:29. 예수께서 대답하여 이르시되 너희가 성경도, 하나님의 능력도 알지 못하는고로 오해하였도다.

예수님은 사두개인들의 질문을 받으시고 대답하시기를 "너희가 성경도, 하나님의 능력도 알지 못하는 고로 오해하였다"고 하신다(요 20:9). 예수님은 사두개인들이 두 가지를 알지 못하는 고로 오해했다고 하신다. 하나는 성경을 알지 못하므로 부활이 없는 것으로 오해했다. 출 3:6의 뜻을 알았더라면 그들은 부활을 부인하지 않았을 것이다. 성경을 모르면 많은 것을 오해한다. 우리는 성경을 조직적으로 읽고 또 연구해야 한다. 그리고 또 하나는 하나님의 능력을 알지 못하여 부활을 오해했다는 것이다. 하나님은 죽은 자를 얼마든지 부활시키실 수 있으신 분이시다. 우리는 범사에 하나님의 능력을 믿어야 한다.

마 22:30. 부활 때에는 장가도 아니 가고 시집도 아니가고 하늘에 있는 천사들과 같으니라.

그리스도를 다시 살리신 하나님께서 그의 능력으로 그에게 붙은 자들을 다시 부활시키실 때(롬 8:11)에는 7형제는 장가를 가지 않고 또 그 한 여자도 누구에게 시집을 가지 않고 하늘에 있는 천사들과 방불하게 된다(고전 15:42-49; 요일 3:2). 부활 때에 남자가 장가를 가지 않고 여자가 시집을 가지 않는 이유는 그 때에는 사람이 죽지 않기 때문에 더 이상 출산이 필요 없기 때문이다.

사두개인들은 부활도 없고 천사도 없다고 부인했기(행 23:8) 때문에 부활을 부인하게 되었는데 예수님께서 본 절에서 천사에 관해서까지 언급하신 것은 아마도 그들이 천사의 존재를 부인했기 때문인 것으로 보인다. 그들은 자기들이 인정하는 모세 오경이 천사의 존재를 말하고 있음에도(창 19:1, 15; 18:12;

32:1) 천사의 존재를 부인하고 있었다. 그들은 모세 5경을 겉핥기식으로 알고 있었다. 그들은 하나님의 능력도 성경도 알지 못하는 사람들이었다. 오늘도 성경을 손에 쥐고 있으면서도 성경을 읽지도 않고 묵상하지도 않고 연구하지도 않아서 성경을 알지 못하여 엉뚱하게 말하는 사람들이 얼마나 많은가.

마 22:31-32. 죽은 자의 부활을 논할진대 하나님이 너희에게 말씀하신바 나는 아브라함의 하나님이요 이삭의 하나님이요 야곱의 하나님이로라 하신 것을 읽어 보지 못하였느냐 하나님은 죽은 자의 하나님이 아니요 살아 있는 자의 하나님이시니라 하시니.

예수님은 사두개인들이 "죽은 자의 부활을 논한 것"을 언급하신다. 그들이 부활을 부인하기 위해서는 부활이라는 주제를 가지고 토론해 보았다. 예수님은 그들이 부활에 관해서 토론할 때 "하나님이 너희에게 말씀하신바 나는 아브라함의 하나님이요 이삭의 하나님이요 야곱의 하나님이로라 하신 것을 읽어 보지 못하였느냐"고 질문하신다(12:3, 5; 19:4; 21:16, 42). 다시 말해 출 3:6의 말씀을 읽어보지 못하였느냐고 물으신다. 출 3:6의 말씀은 하나님께서 모세에게만 말씀하신 것이 아니라 "하나님이 너희에게 말씀하신 것"이라고 하신다. 하나님께서 모세에게만 말씀하신 것이 아니라 사두개인들에게도 말씀하신 것이라는 뜻이다(두 세대 사이는 대략 1,500년을 격한다). 성경은 구약이나 신약이나 모두 오늘 우리에게 말씀하시는 것이고 우리의 후대들에게 말씀하시는 것이라는 것을 암시하신다.

하나님은 가시나무 불꽃 가운데서 "나는 아브라함의 하나님이요 이삭의 하나님이요 야곱의 하나님이라"고 모세에게 말씀하셨다(출 3:6, 16; 막 12:26; 눅 20:37; 행 7:32; 히 11:16). 다시 말해 조상들의 하나님이라고 하셨다. 하나님은 아브라함, 이삭, 야곱 삼대(三代)가 많은 시간적인 차이를 두고 살아있는 동안 살아계셔서 그들의 하나님이 되셨다. 그리고 그들은 육체적으로는 죽었으나 하나님은 그들이 모세 때에도 영적으로는 죽지 않고 살아있다는 것을 말씀하신다. 그들이 영적으로 살아있기에 언제인가 부활할 것이 확실하다는 것을 예수님은 드러내신다. 아브라함은 육체 부활을 믿고 있었다(히 11:19).

예수님은 "하나님은 죽은 자의 하나님이 아니요 살아 있는 자의 하나님이라"고 하신다. 하나님은 죽은 자의 하나님이 아니시고 내세에 살아있는 자들의 하나님이시다. 지금도 내세에는 수없이 많은 사람들이 살아있다. 그들은 언제인가 틀림없이 하나님의 능력으로 부활에 이를 것이다.

육체 부활은 구약에도 많이 언급하고 있다(시 16:9-11; 단 12:2). 그리고 신약에도 많이 언급하고 있다(마 12:39-40; 16:21; 17:22; 20:19; 21:42; 25:31f; 28:1-10; 막 16:1-8; 눅 24장; 요 5:28-29; 11:24; 20:21; 행 2:24-36; 벧전 1:3; 계 20:11-15).

하나님은 이스라엘 민족과 영원한 언약을 세우셨다(창 17:7). 하나님은 영혼과만 언약을 세우신 것도 아니고 또 육체와만 언약을 세우신 것도 아니고 영육으로 구성된 사람과 언약을 세우셨다. 이렇게 영육과 언약을 세우신 하나님은 영육에 복을 주신다(신 28:1-14; 느 9:21-25; 시 104:14-15). 사람의 영혼이 살아있으니 하나님은 결국 육체를 부활시키실 것이다.

마 22:33. 무리가 듣고 그의 가르치심에 놀라더라.

무리(사두개인들이 중심이었고 서기관들도 끼어 있었다. 눅 20:39)가 듣고 예수님의 가르침에 놀랐다(7:28-29 참조). 무리는 잠잠해졌고(다음 절) 예수님의 권위는 높아졌다.

10.어느 계명이 큰 계명인가 22:34-40

사두개인들이 예수님을 말의 올무에 걸리게 할까하고 예수님께 나왔다가 예수님의 가르침에 완전히 압도되어 말도 못하고 놀라기만 했다는 말을 바리새인들이 듣고 다시 예수님을 말의 올무에 빠뜨리려고 나온다. 바리새인들이 예수님을 넘어뜨리려고 한 문제는 계명 문제였다. 계명 중에 어느 계명이 제일 큰 계명인가 하는 문제였다. 이 부분 기사(34-40절)는 막 12:28-34; 눅 10:25-28과 병행한다. 마태와 누가는 한 율법사가 예수님을 시험하려는 태도로 나온 것으로 말하고(35절) 마가는 한 율법사가 예수님을 존경하는 태도로 나온 것으로 말한다.

마 22:34. 예수께서 사두개인들로 대답할 수 없게 하셨다 함을 바리새인들이 듣고 모였는데.

사두개인들이 부활 문제를 가지고 나아와서 예수님을 궁지에 몰아넣으려고 했을 때 예수님께서 구약 성경(특히 모세 5경)을 가지고 하나님을 믿은 사람들은 반드시 육신적으로 부활한다는 것을 말씀해주셨고 또 하나님의 능력으로 신자들을 부활시키신다는 사실을 말씀하시자 사두개인들은 완전히 패하고 말았다. 그런데 바리새인들이 이 사실을 듣고 물러날 수 없어서 예수님을 공동 대응한다는 생각으로 모여서 회의를 했다(막 12:28). 당시 사두개인들과 바리새인들은 예수님을 매장하려는 점에서는 함께 열심을 냈다.

마 22:35-36. 그 중의 한 율법사가 예수를 시험하여 묻되 선생님 율법 중에서 어느 계명이 크니이까.

바리새인들이 모여서 토론한 결과 그 중에 제일 실력이 월등한 "한 율법사가 예수를 시험하여 묻되 선생님 율법 중에서 어느 계명이 크니이까"라고 질문한다(눅 10:25). 여기 "율법사"란 '율법을 연구하고 해설하는 율법학자'를 지칭하는데 한 마디로 '율법전문가'를 가리킨다(마태는 주로 '서기관'이라는 단어를 사용하고 있다. 2:4; 7:28-29 참조). 율법(계명을 전체적으로 말할 때는 율법이라 한다)을 전문적으로 연구하는 전문가가 예수님을 시험하여 묻기를 율법 중에서 어느 계명(율법의 조문 하나하나를 말할 때 계명이라고 한다)이 큰 계명이냐고 질문한다. 율법전문가는 자기가 예수님보다는 실력이 더 있는 것으로 생각하고 도전했다. 랍비들은 613개의 계명을 분해하여 248개의 적극적인 계명과 365개의 금지계명으로 나누었는데 어느 계명이 더 중요하고 더 무거운 계명인지 등급을 매겼다(5:19; 15:1-2; 23:23 참조). 수많은 계명 중에 어느 계명이 가장 중요한 계명이냐는 질문이야 말로 예수님을 말의 올무에 넣기에 적절한 질문이었다.

마 22:37-38. 예수께서 이르시되 네 마음을 다하고 목숨을 다하고 뜻을 다하여 주 너의 하나님을 사랑하라 하셨으니 이것이 크고 첫째 되는 계명이요.
율법사로부터 어느 계명이 크냐고 질문을 받으신(36절) 예수님은 대답하시기를 "네 마음을 다하고 목숨을 다하고 뜻을 다하여 주 너의 하나님을 사랑하라"는 계명이라고 하신다(신 6:5; 10:12; 30:6; 눅 10:27). 즉 세 가지("마음," "목숨," "뜻")를 "다하여 하나님을 사랑하라"는 계명이라고 하신다. 신 6:5("너는 마음을 다하고 뜻을 다하고 힘을 다하여 네 하나님 여호와를 사랑하라")의 구절에는 "목숨" 대신에 "힘"이라고 쓰여 있다. 마가와 누가에는 마태에 있는 세 가지에다 "힘이 첨가되어 있다.

"마음(heart)을 다하고"란 말은 '의지를 다하라'는 뜻이고, "목숨(soul)을 다하고"란 말은 '육체에 힘을 주는 마음의 활력을 다하라'는 뜻이며(Lange),[157] "뜻(mind)을 다하라"는 말은 '지적인 능력을 다하라'는 뜻이다. 이는 결국 모든 기능(faculties)을 다하여 하나님을 사랑하라는 뜻이다(윌렴 헨드릭슨). 흔히 하는 말로 우리의 인격을 다하여 하나님을 사랑하라는 뜻이다. 우리는 하나님을 사랑하는데 있어서 우리의 정서, 육신 생명, 지성 등을 다하여 하나님을 사랑해야 한다. "하나님을 사랑하라"는 말은 '하나님을 최대한 높이고 하나님께 가장 가까이 하며 우리의 것을 다 드려야 한다'는 뜻이다(롬 13:9-10; 고전 13:1-13 참조). 본 절은 십계명의 첫 부분(제 1, 2, 3계명)의 요약이라고 할 수 있다.

예수님은 전인격을 다하여 하나님을 사랑하라는 계명이 "크고 첫째 되는 계명이라"고 하신다. 율법사는 어느 계명이 큰가하고 질문한데 대해 예수님은 하나님을 사랑하는 것이 큰 계명일 뿐 아니라 제일 중요한 계명이라고 하신다. 우리는 하나님의 더 할 수 없는 사랑을 받았으니(요 15:13; 롬 5:6-10; 고후 8:9) 우리의 온 기능을 다하여 하나님을 사랑해야 한다(롬 11:33-36; 고전 6:20; 고후 9:15; 엡 5:1-2; 빌 2:1-18; 골 3:12-17 참조).

---

157) 여기 "목숨"을 '감정의 좌소'로 보는 견해가 있다(헤르만 리델보스, 윌렴 헨드릭슨). 그러니까 "목숨을 다하라"는 뜻은 '정서를 다하라'는 뜻으로 해석될 것이다. 그러나 "목숨"을 '육체에 생기를 주는 마음의 활력'이라고 보는 것이 더 타당할 것으로 보인다. "목숨을 다하라"는 말은 '마음의 생명력을 다하라'는 뜻이 될 것이다.

마 22:39. 둘째도 그와 같으니 네 이웃을 네 자신 같이 사랑하라 하셨으니.
예수님은 둘째 계명 즉 "네 이웃을 네 자신 같이 사랑하라"(19:19; 레 19:18; 막 12:31; 눅 10:27; 롬 13:9; 갈 5:14; 약 2:8)는 계명도 "그와 같다"고 하신다. 즉 '첫째 계명과 같다'고 하신다. '첫째 계명과 같이 중요하다'고 하신다. 둘째 계명이 순서에 있어서는 뒤에 오지만 중요한 점에서는 첫째 계명과 같다는 것이다. 하나님을 사랑하라는 계명과 이웃을 자신과 같이 사랑하는 계명은 똑 같이 중요하다. 만약 우리가 이웃을 우리 자신과 같이 사랑하지 않는다면 하나님을 사랑하지 않는 것이다. 이유는 이웃 사랑 계명은 하나님 사랑 계명과 똑 같이 중요하기 때문이다. 이 점에서 실패하는 성도들이 얼마나 많은지 모른다. 하나님을 사랑한다고 예배에 열심히 참여하고 봉사도 열심히 하며 헌금도 많이 하면서도 다른 교우들을 사랑하지 못하여 등지고 싸우는 교우들이 얼마나 많은지 모른다. 완전 실패한 신앙생활이다.

마 22:40. 이 두 계명이 온 율법과 선지자의 강령이니라(ἐν ταύταις ταῖς δυσὶν ἐντολαῖς ὅλος ὁ νόμος κρέμαται καὶ οἱ προφῆται).
예수님은 "이 두 계명" 즉 '하나님 사랑과 이웃 사랑'이 "온 율법과 선지자의 강령이라"고 하신다(7:12; 딤전 1:5). 여기 "온 율법과 선지자"란 말은 '구약 전체'를 지칭하는 말이다(5:17). 그리고 "강령이라"(κρέμαται)는 말은 현재형으로 '현재도 계속해서 달려 있다,' '지금도 계속해서 의존되어 있다'는 뜻으로 (7:12 주해 참조) 구약 전체는 이 두 계명을 중심하고 있다는 뜻이다. 이 두 계명은 "율법과 선지자" 즉 구약이 달려 있는 기둥이다. 이 두 기둥을 없애 버린다면 구약은 모든 것을 잃게 될 것이다. 헤르만 리델보스(Ridderbos)는 "이 강령이 중요한 이유는 그것이 단 몇 마디로 율법의 내용을 요약하고 있기 때문만이 아니라, 그것이 유대인들의 많은 계명들과 도덕적인 생활에 대한 수량적인 이해를 하나의 포괄적인 계명으로 대체하였다는데 있다"고 말한다.

11.그리스도는 다윗의 주님이시다 22:41-46

예수님은 한 율법사가 어느 계명이 크냐고 질문하여 예수님을 시험했을 때 아주 완벽하게 답변하시고 나신 후 바리새인들이 모인(34절의 모임과 동일한 모임일 것이다) 틈을 타 그들의 그리스도 관(觀)을 알아보신다. 예수님은 그들에게 그리스도는 누구의 자손이냐고 물으신다. 그들에게 그리스도를 알려서 그리스도를 믿게 하시려는 의도였다. 구약 성경 전체가 사랑이라는 것을 말씀하신 예수님은 자신을 제시하여 그들로 하여금 구원을 얻게 하는 것이 사랑이라고 보신 것이다. 그러나 그들은 예수님을 그리스도로 믿지 않았다.

예수님은 이 물음으로써 자신의 정체를 밝히신다. 이 부분 기사(41-46절)는 예수님과 유대 종교지도자들과의 마지막 논쟁으로 막 12:35-37; 눅 20:41-44과 병행한다. 그런데 마태와 누가는 예수님께서 바리새인들에게 말씀하신 것이라 하고 마가는 일반 군중에게 말씀하신 것이라고 말한다(막 12:37). 바리새인들 사이에 일반 사람들도 끼어 있었던 것으로 보인다.

마 22:41-42. 바리새인들이 모였을 때에 예수께서 그들에게 물으시되 너희는 그리스도에 대하여 어떻게 생각하느냐 누구의 자손이냐 대답하되 다윗의 자손이니이다.

여기 "바리새인들이 모였을 때"(막 12:35; 눅 20:41)는 아마도 34절의 "바리새인들이 모인" 그 모임과 동일한 모임일 것이다. 바리새인들이 모여서(34절) 누가 예수님의 성경실력을 시험할까 하고 토론했었는데 그 중의 한 율법사가 나서서 예수님을 시험했다가 완전히 입이 막히고 말았다. 그런데 그들이 아직 흩어지지 아니하고 그냥 있었던 것으로 보인다. 예수님은 그들에게 "그리스도에 대하여 어떻게 생각하느냐 누구의 자손이냐"고 물으신다. 예수님은 바리새인들에게 예수님에 대해서 다른 것은 묻지 않고 누구의 자손이냐는 것만 물으신다. 그들은 서슴치 않고 "다윗의 자손이니이다"라고 대답한다. 그들은 그리스도를 대망하던 사람들이라 다윗의 자손이라고 다들 알고 있었다(1:1; 12:23; 15:22; 20:31; 21:9; 막 12:35; 눅 20:41). 그러나 그 다윗의 자손이 바로 예수님이라는 것은 미처 알지 못했다.

마 22:43-44. 이르시되 그러면 다윗이 성령에 감동하여 어찌 그리스도를 주라 칭하여 말하되 주께서 내 주께 이르시되 내가 네 원수를 네 발 아래 둘 때까지 내 우편에 앉아 있으라 하셨도다 하였느냐.

바리새인들이 그리스도를 "다윗의 자손"(42절)이라고 알고 있는데 대해 예수님은 바리새인들이 예수님의 인성(人性)방면만 알아서는 안 되고 그리스도의 신성(神性)을 알아야 할 필요가 있어서 그리스도의 신성을 알려주시려고 예수님은 "그러면 다윗이 성령에 감동하여 어찌 그리스도를 주라 칭하여 말하되 주께서 내 주께 이르시되 내가 네 원수를 네 발 아래 둘 때까지 내 우편에 앉아 있으라"(시 110:1; 행 2:34; 고전 15:25; 히 1:13; 10:12-13) 하였느냐고 반문하신다. 예수님은 "다윗이 성령에 감동하여" 말한 것을 중요하게 여기신다. "다윗이 성령에 감동하여" 말했다는 것은 너무 중요한 말이다. 성경의 모든 말씀은 저자가 성령에 감동하여 말한 것이라는 뜻이다. 예수님께서 시 110:1을 인용하셔서 바리새인들에게 들려주셨는데 거기에는 "다윗이 성령에 감동하여"라는 말씀이 없다. 예수님은 다윗이 성령에 감동하여 시 110:1을 썼다는 것을 알려주신 것이다. 시 110:1만 아니라 성경 전체는 각 저자가 성령의 감동을 받아서 기록한 것이다(벧후 1:21 참조).

다윗은 성령에 감동하여 "그리스도를 주라 칭했다." 여기 "주"(κύριον)란 말은 '주님'(하늘과 땅의 권세를 가지고 주장하시는 분)이란 뜻으로 다윗은 예수님을 주님으로 불렀다. 그리스도는 육신적으로는 다윗의 자손이었지만 다윗은 그리스도를 "주"라 불렀다. 다윗은 자신보다 천년쯤이나 뒤에 탄생하신 그리스도를 주라고 불렀다. 그러니까 다윗은 영원 전부터 활동하신 그리스도를 알아보고 주님이라고 부른 것이다.

다윗은 "주께서 내 주께 이르시되 내가 네 원수를 네 발 아래 둘 때까지 내 우편에 앉아 있으라"는 말을 인용했다. '주(여호와)께서 내(다윗의) 주(메시아)께 이르시되 내(여호와)가 네(메시아) 원수를 네(메시아) 발아래 둘 때까지 내(여호와) 우편에 앉아 있으라'는 말씀을 인용했다. 예수님은 다윗이 이렇게 예수님 자신을 주님으로 칭했으니 어찌 다윗의 자손이 되겠느냐고 바리새인들에 반문하신다. 다윗은 성령에 감동하여 하나님께서 예수님께서 말씀하신 내용을 분명히 들었는데 그것은 하나님께서 예수님의 원수 사탄을 예수님의 발아래 둘 때까지 하나님 우편에 앉아 계시다가 원수가 온전히 정복되면 재림하셔서 원수를 심판하신다는 내용이었다. 예수님은 지금 하나님 우편에 앉아계시는데 앞으로 재림하셔서 사탄과 그 졸개들을 심판하실 것이다.

마 22:45. 다윗이 그리스도를 주라 칭하였은즉 어찌 그의 자손이 되겠느냐 하시니.

예수님은 바리새인들에게 반격을 가하신다. 다윗이 성령에 감동하여 "그리스도를 주라 칭하였은즉 어찌 그의 자손이 되겠느냐"고 하신다. 그리스도 곧 예수님을 주님이라고 칭하였으니 어찌 다윗의 자손이 되겠느냐고 하신다. 예수님의 이 말씀은 예수님이 다윗의 후손으로 오신 것을 부인하시는 말씀이 아니라 육신적으로는 다윗의 후손이었지만 신성을 가지신 예수님은 다윗의 주님이 되신다는 것을 보여주신 말씀이다. 쉽게 말해 다윗의 "주"가 어찌 "자손"이 되겠느냐는 것이다. 예수님은 다윗의 주님이시고 오늘날 우리의 주님이시다. 우리는 주님의 지시대로 살아야 한다.

마 22:46. 한 마디도 능히 대답하는 자가 없고 그 날부터 감히 그에게 묻는 자도 없더라.

예수님께서 시 110:1을 들어 그리스도의 신성에 대해 설명하시니 두 가지 현상이 발생했다. 하나는 "한 마디도 능히 대답하는 자가 없게 되었다"(눅 14:6). 누가 감히 예수님의 답변에 토를 달 것인가. 예수님의 답변에 이의를 달 수가 없었다. 꼼짝 못한 것이다. 그리고 또 하나는 "그 날부터 감히 그에게 묻는 자도 없게 되었다"(막 12:34; 눅 20:40). 예수님의 답변에 대단한 충격을 받아서 감히 묻는 자도 없게 되었다. 그러니까 대답하는 사람이나 묻는 사람이 없었다는 것이다. 이제는 더 덤비는 사람이 없었고 예수님은 다음 장(23장)에서 서기관들과 바리새인들에게 화를 선언하신다.

제 23 장

유대 종교지도자들에 대한 일곱 가지 경고와 예루살렘을 향하신 탄식

12. 예수님의 바리새인 공격 23:1-39

유대지도자들과의 논쟁을 끝내신(22장까지) 예수님은 이제 본장에서는 바리새인을 공격하신다. 이 부분(23:1-39)은 예수님의 긴 연설 중 다섯 번째 연설이다. 본 장부터 25장까지는 종말의 심판에 대한 말씀인데, 예수님은 본 장에서 유대교권자의 죄 때문에 화가 있을 것이라고 선언하시고, 24장에서는 종말을 예고하시며, 25장은 종말에 대한 비유를 말씀하신다. 마태는 삼장(23-25장)에 걸쳐 종말을 집중적으로 다루었는데 1) 먼저 바리새인을 조심하라는 말씀을 하시고(1-12절), 2) 바리새인들에게 7가지 화를 선언하시며(13-36절), 3) 회개하지 않은 예루살렘을 향해 탄식하신다(37-39절). 23:1-36을 위해서는 막 12:38-40; 눅 20:45-47을 참조하라. 그리고 23:37-30을 위해서는 눅 13:34-35을 참조하라.

a. 바리새인을 조심하라 23:1-12

예수님은 종말의 심판에서 면하려면 바리새인들과 서기관들을 조심해야 한다고 말씀하신다. 그들은 종교적 교만을 가지고 살기 때문에 그들을 본 받아 살면 심판을 받을 것이 확실함으로 바리새인들과 서기관들을 조심해야 한다고 주문하신다.

마 23:1-3. 이에 예수께서 무리와 제자들에게 말씀하여 이르시되 서기관들과

바리새인들이 모세의 자리에 앉았으니 그러므로 무엇이든지 그들이 말하는 바는 행하고 지키되 그들이 하는 행위는 본받지 말라 그들은 말만 하고 행하지 아니하며.

예수님께서 본 장을 말씀하시는 중에 바리새인들과 서기관들은 보이지 않는다. 예수님은 무리(유월절 순례자)와 제자들에게 말씀하시는데 그들에게 서기관들과 바리새인들을 조심하라고 주문하신다.

예수님은 무리와 제자들에게(1절) "서기관들과 바리새인들이 모세의 자리에 앉아 있다"는 것을 상기시키신다(느 8:4, 8; 말 2:7; 막 12:38; 눅 20:45). "모세의 자리"란 '모세처럼 가르치는 자리'를 차지하고 있다는 뜻이다(이 자리가 회당에서 실제로 있었다고 한다). 서기관직은 에스라 선지자 이후에 생긴 직분인데(5:20) 그들은 유대 사회에서 교육을 담당했고 법관의 직책을 겸하고 있었다. 그리고 그들은 유대 사회에서 최고의 권위인 모세의 권위를 대행하고 있었다. 그리고 바리새인은 일반적으로 율법의 엄격한 준수, 특히 모세 5경에 기록되어 있는 레위적 정결을 엄수하고 있었는데 바리새라는 명칭은 '분리된 자들'이라는 뜻이다. 그 기원은 마카비서에 기록되어 있는 '경건당'에 유래하는 것으로 보인다. 예수님은 이 두 직책이 공히 율법을 가르치는 직책이라고 하신다. 예수님은 그 두 직책이 모세의 자리에 앉아 있다고 해서 그들의 율법 해석이 옳다고 볼 수는 없다고 하신다(5:21-48; 15:6, 14; 16:22; 23:16-22 참조). 예수님은 그들의 가르침이 다 옳은 것은 아니지만 모세의 가르침과 일치하는 부분에 한해서는 인정하시는 것으로 말씀하신다.

예수님은 서기관들과 바리새인들이 다 옳은 것은 아니지만 옳은 부분에 한해서는 따라야 한다는 뜻으로 "그러므로 무엇이든지 그들이 말하는 바는 행하고 지키되 그들이 하는 행위는 본받지 말라"고 하신다. 즉 그들이 모세의 가르침을 옳게 말하는 부분에 한해서는 행하고 지키되 그들이 하는 행위는 본받지 말라고 하신다. 이유(γὰρ)는 "그들은 말만 하고 행하지 아니하기" 때문이라고 하신다(7:21-23; 롬 2:19 참조). 예수님은 서기관들과 바리새인들이 말만 하고 행하지는 않기 때문에 그들의 행위를 본받지 말라고 하신다. 그들이 말하는 것은 행하고 지키되 그들의 행동은 본받지 않는다는 것은 참으로 쉬운 일은 아니다. 그러나 실제로 그렇게 행해야 하는 것이다. 예수님은 그들이 말만 하고 실제로는 행하지 않는 실례를 다음 절에 말씀하신다.

마 23:4. 또 무거운 짐을 묶어 사람의 어깨에 지우되 자기는 이것을 한 손가락으로도 움직이려 하지 아니하며.

예수님은 서기관들과 바리새인들이 말만 하고 행하지 않는 실례를 본 절에서 말씀하신다. 그들은 "무거운 짐을 묶어 사람의 어깨에 지우지만" 즉 '거룩한 척하고 율법을 번쇄하게 만들어 사람들로 하여금 지키도록 명령하지만' 자신들은 그 까다롭게 만든 율법을 지키지 않아도 되는 것처럼 행동한다는 것이다(눅 11:46; 행 15:10; 갈 6:13). 그들은 율법의 모든 규정들을 더욱 까다롭게 만들기만 하면 되고 자기들은 율법을 지키지 않아도 되는 것처럼 백성들에게 교육했다(15:1-2; 요 5:9-10, 16, 18; 9:14, 16 참조). 마치 군대의 어떤 잘못된 지휘관이 군사들로 하여금 힘든 명령을 지키라고 하되 자기는 그 명령에서 빠지는 것과 같았다(15:3-6 참조). 그들은 백성들을 생각하지 않는 잔인한 사람들이었다.

마 23:5. 그들의 모든 행위를 사람에게 보이고자 하나니 곧 그 경문 띠를 넓게 하며 옷 술을 길게 하고.

예수님은 본 절부터 7절까지 서기관들과 바리새인들이 사람들로부터 칭찬받고 존경 받으며 영광 받기를 좋아하는 것을 지적하신다.

예수님은 본 절에서 먼저 서기관들과 바리새인들이 사람에게 보이고자 해서 모든 행동을 한다고 지적하신다(6:1-2, 5, 16). 그들은 자기들의 "모든 행위를 사람에게 보이고자 하나니 곧 그 경문 띠를 넓게 하며 옷술을 길게 하고" 다녔다(민 15:38; 신 6:8; 22:12; 잠 3:3). 그들은 모든 행위를 사람에게 보이고자 해서 행했다(6:1-18). 그들은 결코 하나님 앞에서 행하지 아니했고 하나님께 보이고자 해서 행하지 않았고, 모든 행위를 사람에게 잘 보여서 사람들로부터 존경과 칭찬을 받으려고 행동했다. 그들은 사람들로부터 영광을 구걸하는 직분들이었다.

예수님은 그들의 모든 행위 중에서 두 가지를 지적하신다. 하나는 "경문띠를 넓게 하는" 것이었다. "경문"(phylacteries)이란 '구약 성경(출 13:1-10, 11-16; 신 6:4-9; 11:13-21)에서 따온 성구를 기록한 양피지(혹은 종이)를 넣은 작은 가죽 함'인데 기도할 때 하나는 왼팔에, 하나는 이마에 매었다. 유대인들은 자기들의 경건을 과시하기 위해 그 경문을 차는 띠를 특별히 넓게 만들었다. 유대인들은 훗날 경문을 마귀를 막아내는 부적으로 사용했다.[158] 또 하나는 "옷 술을 길게 하고" 다녔다(9:21 참조). 그들은 예배 용 제복을 만들 때 제복에 다는 옷 술(the borders of their garmants)을 눈에 잘 띠도록 길게 달았다. 경건하게 보여서 존경을 받기 위함이었다.

마 23:6. 잔치의 윗자리와 회당의 높은 자리와.

서기관들과 바리새인들은 잔치의 높은 자리와 회당의 높은 자리에 앉아서 사람들로부터 존경받기를 좋아했다(막 12:38-39; 눅 11:43; 20:46; 요삼 1:9). 회당에는 일반 백성들 자리와는 다른 별도의 특별석이 있어 거기 앉아서 일반 백성들로부터 존경을 받기를 좋아했다. 오늘도 윗자리 혹은 높은 자리를 기대하며 돌아다니는 사람들이 있다. 우리는 낮은 자리를 내 자리로 알아야 한다.

마 23:7. 시장에서 문안 받는 것과 사람에게 랍비라 칭함을 받는 것을 좋아하느니라.

서기관들과 바리새인들은 "시장에서 문안 받는 것"을 좋아했다. 시장에서 만나는 사람으로부터 인사받기를 좋아했다. 사람들로부터 "랍비" 즉 '선생님'이라고 일컬음 받기를 좋아했다. 그들은 사람들로부터 존경과 칭찬을 받기를 좋아했고 높임 받는 일에 혈안이 되어 있었다.

---

158) 훗날 유대인들은 경문을 악마의 세력으로부터 자신들을 지켜주는 부적으로 사용했다(헤르만 리델보스가 Strack and Billerbeck, *Kommentar zum Neuen Testament,* 4:250-267을 인용한 것으로부터).

마 23:8. 그러나 너희는 랍비라 칭함을 받지 말라 너희 선생은 하나이요 너희는 다 형제니라.

예수님은 서기관들과 바리새인들이 사람들로부터 존경을 받고 영광을 받기를 좋아하는 것을 말씀하신(5-7절) 다음 본 절부터 11절까지 제자들에게 그들처럼 하지 말고 섬기는 자가 되라고 당부하신다.

예수님은 "그러나 너희는 랍비라 칭함을 받지 말라"고 하신다(약 3:1; 벧전 5:3). 문장 초두에 나오는 "그러나"(δὲ)라는 말은 무리들과 예수님의 제자들("너희")은 서기관들과 바리새인들과는 달리 행동해야 할 것을 보여주는 말이다. 예수님은 무리들과 제자들에게 "랍비" 즉 '선생'이라고 칭함을 받지 말라고 부탁하신다. 교회 안에 어떤 특수 계급을 만들지 말라는 말씀이다. 교회란 그리스도를 중심하여 온 성도들은 모두 형제로 대해야 할 것을 보여준다. 그러나 이 말씀은 선생 칭호를 아주 없애라는 뜻은 아니고 근본정신에 있어 선생 계급이 있어서는 안 된다는 것으로 받아야 할 것이다.

예수님께서 무리와 제자들에게 랍비라 칭함을 받지 말라고 하시는 이유(γάρ)는 "너희 선생은 하나이요 너희는 다 형제이기" 때문이라고 하신다. 즉 '선생은 그리스도 한 분이시고 성도들은 다 형제이기' 때문이라고 하신다. 교회 안에 모든 성도들은 높낮이가 없이 모두 동등한 형제일 뿐이니 누구를 특별히 높여서는 안 된다고 하신다.

마 23:9. 땅에 있는 자를 아버지라 하지 말라 너희의 아버지는 한 분이시니 곧 하늘에 계신 이시니라.

예수님은 앞 절에서 누구로부터 랍비라 칭함을 받지 말라고 하셨는데 본 절에서는 "땅에 있는 자를 아버지라 하지 말라"고 하신다. 그러니까 자신들이 누구로부터 높임 받지도 말고 또 누구를 "아버지"라고 하여 특별히 높이지도 말라고 하신다. 다시 말해 신격화하지도 말라고 하신다. 이유(γάρ)는 "너희의 아버지는 한 분이시니 곧 하늘에 계신 이시기" 때문이라고 하신다(말 1:6). '우리의 참 아버지는 하늘에 계신 하나님 한분이시기' 때문이다. 캐톨릭의 교황이나 신부들도 아버지 칭호를 받아서는 안 될 것을 본 절이 보여주고 있다. 초대교회에서는 "아버지" 칭호는 오직 하나님 한 분에게만 적용했다(고전 8:6). 예수님의 이 말씀을 우리의 육신의 아버지에게 적용하여 육신의 아버지를 아버지라고 부르는 것을 폐해서는 안 된다. 땅에 있는 자를 아버지라고 부르지 말라고 한 것은 8절과 10절의 문맥에 의하여 누구를 신격화하는 것을 금한 것으로 보아야 한다.

혹자는 바울이 자신을 고린도 인들의 "아버지"(고전 4:15), 디모데의 "아버지"(딤전 1:2)라고 칭했기 때문에 바울은 예수님의 교훈(본 절)을 어기고 있다고 주장한다. 그러나 바울이 자기가 사람들을 낳았다고 해서 이 칭호를 사용한 것이 아니라 그가 복음을 전하여 그들이 그리스도 안에서 영적으로 출생했음을 말하는 것뿐이다. 바울은 그리스도만을 자랑했지 결코 자신을 크게 생각한 것은 아니었다.

마 23:10. 또한 지도자라 칭함을 받지 말라 너희의 지도자는 한 분이시니 곧 그리스도시니라.

예수님은 제자들에게 "지도자라 칭함을 받지 말라"고 하신다. 이유(ὅτι)는 "너희의 지도자는 한 분이시니 곧 그리스도시기" 때문이라고 하신다. 그리스도 한분만이 지도자이시고 제자들이나 성도들은 다 형제이기 때문에 제자 중에 누구 한 사람이라도 지도자라고 칭함을 받지 말아야 한다. 혹자는 8절의 선생이란 칭호와 본 절의 지도자라는 칭호가 동일한 것으로 보기도 하나 다른 것으로 보아야 한다. 이유는 선생은 지도자적 자질이 없어도 많은 지식만 있으면 랍비라고 칭함을 받을 수 있는데 비해 지도자라는 칭호는 상당한 지도자적인 자질이 있을 때 칭함을 받을 수 있기 때문이다. 누구든지 비록 지도자적 자질이 있어도 지도자라고 칭함을 받지 말아야 하는 것이다. 예수님의 제자들이나 오늘날 교회의 지도급에 있는 직분들이 예수님에게 돌려야 할 영광을 가로채서는 안 될 것이다. 사도들은 예수님께서 세우신 직분들이지만(10:1, 5, 40; 18:18; 요 20:21-23) 그리스도의 심부름꾼들일 뿐이다. 그리고 오늘날 교회의 지도자도 예수님을 대리하여 한시적으로 있는 줄 알아야 한다.

마 23:11. 너희 중에 큰 자는 너희를 섬기는 자가 되어야 하리라.
예수님은 랍비라 칭함 받지도 말고 아버지라 칭함 받지도 말며(남을 아버지라 칭하지도 말라는 말씀은 바로 우리 자신이 아버지라 칭함 받지 말라는 말씀과 같다) 지도자라 칭함을 받지도 말라고 하시고(8-10절) 이제 본 절에 와서는 천국에서 참으로 커지는 방법을 말씀하신다(Lenski, David Dickson).

예수님은 "너희 중에 큰 자는 너희를 섬기는 자가 되어야 하리라"고 하신다(20:26-27). '너희 중에 천국에서 큰 자라고 칭함을 받으려면 지금 섬기는 자가 되어야 하리라'고 하신다(20:26-27 주해 참조). 우리는 섬김으로 커질 수 있는 것이다. 우리는 다 그리스도의 종들이 되어야 하고 그리스도에게 순종하는 사람들이 되어야 한다. 우리는 교회에서나 사회에서나 항상 섬김의 삶을 살아야 한다. 그러면 하나님은 우리를 키워주신다. 혹자는 본문의 "큰 자"라는 말이 '랍비'를 지칭한다고 말하나 문맥을 벗어난 관찰로 보인다. 예수님은 지금 랍비를 향해서 말씀하시지 않고 제자들에게 말씀하고 계신다. 이 본문은 제자들이나 성도들이 커지는 비결을 말씀하고 있다.

마 23:12. 누구든지 자기를 높이는 자는 낮아지고 누구든지 자기를 낮추는 자는 높아지리라.
예수님은 본문에서 이 부분말씀(1-11절)의 결론을 말씀하신다. 본문은 제자들에게만 말씀하시는 것이 아니라 모든 사람에게("누구든지") 하시는 말씀이다. 예수님은 "누구든지 자기를 높이는 자는 낮아진다"고 하신다(욥 22:29; 잠 15:33; 29:23; 눅 14:11; 18:14; 약 4:6; 벧전 5:5). 이 말씀은 큰 자가 되는 비결이 아니다. 누구든지 자기를 높이면 낮아진다고 하신다. 자기가 랍비라 하고 혹은 아버지라 하며 혹은 지도자가 된 줄 생각하고 처신하면 낮아진다는 것이다.

그리고 예수님은 "누구든지 자기를 낮추는 자는 높아지리라"고 하신다. 누구든지 자기를 낮추면 큰 자가 되리라고 하신다. 자기를 낮추어 남을 섬기면 높아진다는 말씀이다. 예수님의 말씀대로 이 말씀을 실천하여 남을 섬기고 그리스도에게 종노릇을 하면 하나님은 반드시 높여주신다.

b.바리새인들에게 일곱 가지 화 23:13-36

예수님은 앞부분(1-12절)에서 제자들에게 서기관들과 바리새인을 본받지 말라고 경고하신 다음 이제 이 부분(13-36절)에서는 서기관들과 바리새인들의 죄에 따라 7가지 화를 선언하신다. 예수님은 선지자들과는 달리 자신이 하나님 이시기에 바리새인들에게 직접 화를 선언하신다. 선지자들은 "여호와께서 이르시되"라는 언사를 사용하나 예수님은 하나님으로서 친히 화를 선언하신다.

일곱이라는 수는 유대인들의 성수로 성경에 흔하다(12:45; 13장; 18:21-22; 22:25 등). 예수님께서 서기관들과 바리새인들에게 일곱 가지 화를 선언하신 이유는 1) 서기관들과 바리새인들이 사람들 앞에서 천국 문을 닫았기 때문에 화를 선언하신다(13절). 2) 교인들을 지옥으로 보냈기 때문에(15절). 3) 가치 판단에 눈이 멀었기 때문에(16-22절). 4) 경중을 몰랐기 때문에(23-24절). 5) 속이 너무 더럽기 때문에(25-26절). 6) 중심이 외식과 불법으로 차 있기 때문에(27-28절). 7) 선지자를 박해했기 때문에 화를 선언하신다(29-36절). 일곱 가지 화는 둘씩 짝을 이루고 있고 마지막 것은 결론이다.

마 23:13. 화 있을진저 외식하는 서기관들과 바리새인들이여 너희는 천국 문을 사람들 앞에서 닫고 너희도 들어가지 않고 들어가려 하는 자도 들어가지 못하게 하는도다.

예수님은 말씀 초두에 "화 있을진저"(Οὐαὶ δὲ ὑμῖν-Woe unto you)라고 선언하신다. 예수님은 이런 선언을 일곱 번 선언하신다(본 절, 15절, 16절, 23절, 25절, 27절, 29절). 이 선언은 '화가 있을지어다!'라는 선언인데 예수님의 이 선언으로 서기관들과 바리새인들은 주후 70년에 로마 군대에 의해서 예루살렘이 멸망할 때 함께 멸망했고 그들은 천국에도 들어가지 못하고 지옥으로 갔다.

그들이 화를 선언 받은 이유는 한마디로 "외식했기" 때문이었다. "외식"이란 '배우 역할을 한다'는 뜻인데 배우(actor, actress)는 자기 속(중심)은 따로 있고 겉은 각본에 따라서 완전히 달리 행동하는 사람들이다(6:2 주해 참조). 서기관들과 바리새인들은 속은 더러운데 겉으로는 깨끗한 척, 거룩한 척했다.

그들이 외식한 것은 여러 방면으로 나타났다. 본 절에 예수님은 "너희는 천국 문을 사람들 앞에서 닫고 너희도 들어가지 않고 들어가려 하는 자도 들어가지 못하게 한다"고 하신다(눅 11:52). 그들은 사람들에게 율법을 바로 가르쳐서 세례 요한처럼 사람들로 하여금 예수님을 믿도록 해야 하는데(율법은 가정교사로서 사람들에게 예수님에게로 가게 한다. 갈 3:24) 오히려 예수님을 등지게 했다. 그런 점에서 그들은 천국 문(눅 11:52)을 사람들 앞에서 닫은 사람들이다. 그들은 예수님 앞에서 사람들로 하여금 예수님에게 가지 못하게 만들었고 예수님을 믿지 못하게 만들었다. 그들은 자기들도 예수님을 믿지 않았고 또 예수님을 믿으려고 하는 사람들을 믿지 못하게 만들었다.

마 23:14. (없음). 영국 흠정역(KJV)은 "Woe unto you, scribes and Pharisees, hypocrites! for ye devour widows' houses, and for a pretence make long prayer: therefore ye shall receive the greater damnation"로 되어 있다. 막 12:40; 눅 20:47의 영향을 받은 후대인의 삽입으로 보인다.

마 23:15. 화 있을진저 외식하는 서기관들과 바리새인들이여 너희는 교인 한 사람을 얻기 위하여 바다와 육지를 두루 다니다가 생기면 너희보다 배나 더 지옥 자식이 되게 하는도다.

예수님께서 본 절에서 선언하신 둘째 화는 첫째 번(13절)째에 선언하신 화를 좀 더 보충적으로 설명하신 말씀이다. 예수님은 서기관들과 바리새인들이 "교인 한 사람을 얻기 위하여 바다와 육지를 두루 다니다가 생기면 너희보다 배나 더 지옥 자식이 되게 했다"고 말씀하신다. 서기관들과 바리새인들은 전도열이 있어서 교인 한 사람을 얻기 위하여 바다와 육지를 두루 다니다가 전도 받은 사람이 유대교인이 되면 그들을 아주 지옥 자식이 되게 했다. 종교지도자들은 새로 유대교에 가입한 개종자(행 2:10; 6:5; 13:43)에게 율법을 잘 못 가르쳤고 또 율법을 지켜 구원을 받으라고 가르쳤으며 또 예수님을 이단시해서 예수님과 등지게 했고 예수님을 아주 반대하게 해서 완전 지옥의 사람으로 만들어 버렸다. 새로 개종한 사람들은 이제 막 유대교인이 되어 새로운 풍토와 환경에서 바리새인들보다 더욱 율법을 열심히 지켰고 또 율법을 지킴으로 구원을 얻어 보려는 열망으로 가득 찼으며 바리새인들이 가르쳐준 대로 예수님에 대해서는 아주 극악하게 반대하기에 이르렀다. 그래서 그들은 바리새인들보다 배나 더 지옥 자식이 되었다. 본문의 "지옥 자식이 되게 했다"는 말은 '지옥 가기에 안성맞춤인 사람,' '지옥 가기에 합당한 사람'이란 뜻으로 바리새인들에게 전도를 받아서 배운 사람이 한 수 더 떠서 틀림없이 지옥에 갈 사람이 되었다는 뜻이다. 오늘 우리는 만나는 사람마다 예수님을 믿게 하고 예수님을 알게 하여 천국의 사람으로 만들어야 할 것이다.

마 23:16. 화 있을진저 눈 먼 인도자여 너희가 말하되 누구든지 성전으로 맹세하면 아무 일 없거니와 성전의 금으로 맹세하면 지킬지라 하는도다.

예수님은 서기관들과 바리새인들이 가치 판단에 눈이 멀었기 때문에 화를 선언하신다. 예수님은 그들을 "눈 먼 인도자"라고 이름 붙이신다(15:14, 24주해 참조). 그들의 사리 판단은 아주 엉망이었다. 무엇이 중요하고 무엇이 덜 중요한지 알지 못했다. 율법의 여러 규정을 만들 때 억지 이론을 내어 중요한 것을 덜 중요한 것으로 여겼고 덜 중요한 것을 더 중요한 것으로 여겼다. 그들은 말하기를 "누구든지 성전으로 맹세하면 아무 일 없거니와 성전의 금(성전의 보물고에 있는 금인지 혹은 성전을 꾸민 금을 지칭하는지 알 수 없으나 문맥(18절 하반 절)에 의해 전자를 의미하는 것으로 보인다)으로 맹세하면 지켜야 한다"고 정해놓았다(5:33-34). 다시 말해 성전은 별로 중요하지 않게 생각하고 성전의 금을 더 중요하게 생각했다. 그들은 물질적이었다. 그들의 마음에는 물질이 성전보다 더 중요했다. 우리나라의 속어로 제사에는 관심이 없고 제사밥에만 관심이 있다는 말과 통한다.

마 23:17. 어리석은 맹인들이여 어느 것이 크냐 그 금이냐 그 금을 거룩하게 하는 성전이냐.

예수님은 서기관들과 바리새인들을 두고 "어리석은 맹인들"이라고 부르신다. 오늘도 눈 먼 인도자는 도처에 있다. 교계에도 많이 있고 정계에도 많이 있으며 교육계에도 많이 있다. 현실적인 물질을 앞세우고 중요한 것을 뒤에 세우는 사람들이 많이 있다.

예수님은 서기관들과 바리새인들을 향하여 "어느 것이 크냐 그 금이냐 그 금을 거룩하게 하는 성전이냐"고 반문하신다(출 30:29). 예수님은 어느 것이 크냐고 질문하신다. 금과 금을 거룩하게 만드는 성전 중에 어느 것이 크냐고 물으신다. 성전이 금을 거룩하게 만든다는 말씀은 성전에 바친 금은 하나님께 바친 것이니 거룩하게 취급된다는 뜻이다.

마 23:18-19. 너희가 또 이르되 누구든지 제단으로 맹세하면 아무 일 없거니와 그 위에 있는 예물로 맹세하면 지킬지라 하는도다 맹인들이여 어느 것이 크냐 그 예물이냐 그 예물을 거룩하게 하는 제단이냐.

서기관들과 바리새인들의 규정에 의하면 "누구든지 제단으로 맹세하면 아무 일 없거니와 그 위에 있는 예물로 맹세하면 지키라"는 것이었다(출 29:37). 그들은 제단은 별것 아닌 것으로 여겼고 제단 위에 바친 예물로 맹세하면 지켜야 한다고 주장했다. 그들에게는 제단이 중요한 것이 아니었고 제단 위에 바친 예물이 중요했다. 온전히 물질적이었다. 예수님은 그들을 맹인들이라 하시고 역시 어느 것이 크냐고 물으신다. 제단이 더 크다고 하신다. 이유는 제단이 예물을 거룩하게 하기 때문이다. 제단에 바치는 예물은 제단으로 인해 거룩하게 된다.

마 23:20-22. 그러므로 제단으로 맹세하는 자는 제단과 그 위에 있는 모든 것으로 맹세함이요 또 성전으로 맹세하는 자는 성전과 그 안에 계신 이로 맹세함이요 또 하늘로 맹세하는 자는 하나님의 보좌와 그 위에 앉으신 이로

맹세함이니라.

16절부터 19절까지 말씀하신 예수님은 이제 결론("그러므로")을 말씀하신다. 결론은 무엇으로 맹세하든지 다 지켜야 한다고 하신다. 제단을 두고 맹세했다면 그것은 제단과 그 위에 있는 제물로 맹세한 것이니 지켜야 하고 또 성전으로 맹세하면 성전과 성전 안에 계신 그리스도로 맹세한 것이니 지켜야 한다고 하신다(왕상 8:13). 또 하늘을 두고 맹세한 사람은 하나님의 보좌와 그 위에 계신 하나님으로 맹세한 것이니 지켜야 한다고 하신다. 맹세는 반드시 지켜야 한다. 인간은 맹세를 온전히 지킬 수 없음으로 예수님은 도무지 맹세하지 말라고 하신다(5:33-37 참조). 물질을 좋아했던 서기관들과 바리새인들은 눈이 어두워 이렇게 크고 작은 것을 분변하지 못하고 가치를 전도하고 말았다. 오늘도 영안이 밝지 못하면 가치를 전도하고 살게 마련인 것을 알아야 한다.

마 23:23. 화 있을진저 외식하는 서기관들과 바리새인들이여 너희가 박하와 회향과 근채의 십일조는 드리되 율법의 더 중한 바 정의와 긍휼과 믿음은 버렸도다 그러나 이것도 행하고 저것도 버리지 말아야 할지니라.

예수님은 앞부분(16-22절)에서 서기관들과 바리새인들이 맹세를 할 때 무엇이 크고 무엇이 작은지를 잘 모르고 작은 것으로 맹세한 것은 지키고 큰 것으로 맹세한 것은 지키지 않는 우스꽝스러운 행위를 시정해주셨는데 이제 이 부분(23-24절)에서는 서기관들과 바리새인들이 율법 중에 덜 중요한 것에 대해서는 지키느라 야단인데 비해 더 중요한 것에 대해서는 행하지 않는 어리석은 일을 시정해 주신다.

예수님은 서기관들과 바리새인들에게 화가 있을 것이라고 하신 이유는 그들이 "박하와 회향과 근채의 십일조는 드리되 율법의 더 중한 바 정의와 긍휼과 믿음은 버렸기" 때문이라고 하신다(9:13; 12:7; 삼상 15:22; 호 6:6; 믹 6:8; 눅 11:42). 그들이 실행한 것은 십일조였다. "박하와 회향과 근채의 십일조"를 드렸다. 이 세 가지(박하,[159] 회향,[160] 근채[161])는 모두 약용식물이었는데 이 채소의 수입 중에 십일조를 드리는 일에 열심이었다. 십일조는 수입의 10분의

1을 드리는 것으로 이스라엘의 족장 시대부터 시행되었고(창 14:20; 28:22) 모세 시대에 율법으로 정해졌다(레 27:30; 신 14:22-27).

그런데 서기관들과 바리새인들은 "율법의 더 중한 바 정의와 긍휼과 믿음은 버렸다." 그들은 덜 중요한 것은 열심히 지켰고 더 중요한 세 가지(정의와 긍휼과 믿음)는 버렸다. "정의"란 인간관계에서 공평하게 판단하는 것을 뜻하고, "긍휼"이란 남을 불쌍히 여기는 것을 지칭하며, "믿음"이란 하나님 앞과 사람 앞에서 신실하게 행하는 것을 지칭한다. 우리는 인간관계에서 공평해야 하고 남을 불쌍히 여기며 하나님 앞과 사람 앞에서 신실해야 한다.

예수님은 율법 중 덜 중요한 십일조도 행해야 하고 또 더 중요한 것들도 행해야 한다고 말씀하신다. 버릴 것이 없다. 오늘 교회에서 아주 중요한 이웃 사랑은 버렸고 덜 중요한 것을 더 중요한 것으로 여기는 수가 얼마나 많은가.

마 23:24. 맹인 된 인도자여 하루살이는 걸러 내고 낙타는 삼키는도다.

예수님은 서기관들과 바리새인들 맹렬히 공격하신다. 예수님은 그들을 "맹인 된 인도자"로 부르신다. 맹인이 인도자가 되면 어떻게 되겠는가. 둘 다 잘 못되지 않겠는가. 예수님은 그들을 평하시기를 "하루살이는 걸러 내고 낙타는 삼키는" 사람들이라고 하신다. 율법 중에 덜 중요한 것에 대해서는 예민하고 더 중요한 것에 대해서는 예사로 취급하는 것을 묘사한 말씀이다.

---

159) "박하": 박하는 꿀 풀과의 속하는 숙근성 다년초로, 줄기와 잎에서 향료를 채취한다. 성경에 인용된 것은 '말박하 norsemint'로 알려진다. 팔레스티나의 도처에 자생하고, 줄기가 높이 1m나 자라며, 유월절의 쓴 나물의 하나로 되었다. 고대 이스라엘 사람, 그리스인, 로마인은 이 방향 때문에 감기약으로써, 또는 식물의 조미료로써 썼다.

160) "회향": 회향(Anethum graveolens)은 산형과(미나리과)의 일년생 초본 식물로서 줄기 높이 30-50cm, 꽃은 황색, 열매는 향기가 높으며, 약재 및 조미료로 쓰인다. 지중해 지역에서는 거의 야생인데, 팔레스티나에서는 재배되었다. 미슈나(Massroth 4:5)에서는 회향이 십일조의 대상으로 되어있다.

161) "근채": 팔레스티나와 그 주위의 나라에서 널리 재배된 산형과(散形科-미나리과)의 일년생 초본식물 줄기 높이 30-50cm, 잎은 사상(絲狀)인데 깊이 갈라져 있고, 3-4월경 백색의 작은 꽃이 핀다. 작은 씨앗은 자극성의 매운 맛을 가지고, 조미료, 향료, 약재 등에 썼다.

마 23:25. 화 있을진저 외식하는 서기관들과 바리새인들이여 잔과 대접의 겉은 깨끗이 하되 그 안에는 탐욕과 방탕으로 가득하게 하는도다.

예수님은 이 부분(25-26절)에서 다섯 번째로 화를 선언하신다. 예수님께서 다섯 번째로 화를 선언하신 이유는 서기관들과 바리새인들의 "겉"과 "안"(=속)이 다르기 때문이었다.

그들은 "잔과 대접의 겉은 깨끗이 하되 그 안에는 탐욕과 방탕으로 가득하게 했기" 때문에 예수님으로부터 화를 선언 받았다(막 7:4; 눅 11:39). "잔과 대접의 겉은 깨끗이 했다"는 말은 그들이 잔과 대접의 겉을 깨끗하게 보이도록 만들었다는 뜻이다. 그들은 잔과 대접의 겉만 깨끗하게 한 것이 아니라 범사에 겉으로는 거룩하게 보였고 의롭게 보였다. 그러나 그들의 속은 "탐욕과 방탕으로 가득했다." 다시 말해 잔과 대접의 속에 담는 것을 위해서는 부당한 방법으로 채웠다. 그들은 잔과 대접에 담는 것만 아니라 생활 전반에 탐욕과 방탕으로 가득하게 했다. "탐욕"이란 물질방면에 지나친 욕심을 부린 것을 말하고(눅 16:14; 20:47), "방탕"이란 도덕적으로, 정신적으로 문란하게 생활한 것을 지칭한다. 그들이 잔과 대접의 속을 더러운 것으로 채운 것은 그들의 생활 전반이 더러웠다는 것을 뜻한다. 그것을 다음절이 보여주고 있다.

마 23:26. 눈 먼 바리새인이여 너는 먼저 안을 깨끗이 하라 그리하면 겉도 깨끗하리라.

예수님은 이 부분에서는 서기관들을 빼고 바리새인만 언급하신다. 그러나 서기관도 바리새인과 같은 사람들이니 기록된 것이나 다름 없다(앞 절 참조). 예수님은 바리새인을 "눈 먼 바리새인들"이라고 칭하신다. 이유는 그들은 겉만 보고 내면을 볼 줄 몰랐기 때문이었다.

예수님은 "너는 먼저 안을 깨끗이 하라"고 당부하신다. '탐욕과 방탕을 없애버리라'는 뜻이다. 누구든지 사람은 안을 깨끗이 해야 한다. 안을 깨끗이 하기 위해서는 안에 있는 더러운 것들을 그리스도께 고백해야 한다(요일 1:9). 그리고 우리는 정의와 긍휼과 믿음으로 채워야 한다(23절). 채우기 위해서는 그것들을 기도로 구해야 한다. 예수님은 사람의 안을 깨끗하게 하면 "겉도 깨끗하게" 된다고 하신다. 속을 깨끗하게 하면 겉도 잘 정리가 된다는 말씀이다.

마 23:27. 화 있을진저 외식하는 서기관들과 바리새인들이여 회칠한 무덤 같으니 겉으로는 아름답게 보이나 그 안에는 죽은 사람의 뼈와 모든 더러운 것이 가득하도다.

이 여섯 번째의 화는 다섯 번째의 화(25절)와 일맥상통한다. 다섯 번째의 화와 본 절에 예수님께서 선언하신 화가 일맥상통하는 이유는 서기관들과 바리새인들이 겉과 속이 달라서 화를 받기 때문이다.

예수님은 본 절에서 서기관들과 바리새인들이 "회칠한 무덤 같다"고 하신다(눅 11:44; 행 23:3). 우리나라는 주로 무덤에 잔디를 입히고 미국에서는 무덤에서 풀을 깎아주는데 유대나라에서는 예루살렘으로 오는 순례객들을 위해 무덤에 회칠을 한다(유월절 전 아달월 15일에 회칠을 했다). 이유는 하얗게 회칠한 무덤을 알아보고 밟지 않게 했다. 무덤을 밟으면 더러워지기 때문이었다(민 19:16).

예수님은 무덤에 하얀 회칠을 하면 "겉으로는 아름답게 보이나 그 안에는 죽은 사람의 뼈와 모든 더러운 것이 가득하다"고 하신다. 아무리 회칠을 해서 겉으로 보기에는 아름답게 보여도 역시 무덤은 무덤이라고 하신다. 서기관들과 바리새인들도 겉으로는 아름답게 보이고 거룩하게 보이며 의롭게 보여도 속은 더럽기가 한량없다고 하신다.

마 23:28. 이와같이 너희도 겉으로는 사람에게 옳게 보이되 안으로는 외식과 불법이 가득하도다.

예수님은 서기관들과 바리새인들도 회칠한 무덤같이 겉으로는 사람에게 옳게 보여도 그들의 속은 "외식과 불법이 가득하다"고 하신다. 여기 "외식"이란 '위선'을 뜻하고 "불법"이란 '죄'를 뜻한다. 그들 안에는 위선과 죄들이 우글거렸다. 그들은 그것을 회개하지 못해서 결국 그리스도를 영접하지 못했다.

마 23:29-31. 화 있을진저 외식하는 서기관들과 바리새인들이여 너희는 선지자들의 무덤을 만들고 의인들의 비석을 꾸미며 이르되 만일 우리가 조상 때에 있었더라면 우리는 그들이 선지자의 피를 흘리는데 참여하지 아니하였으리라 하니 그러면 너희가 선지자를 죽인 자의 자손임을 스스로 증명함이로다.
예수님은 마지막으로 "외식하는 서기관들과 바리새인들"에게 화가 있을 것을 선언하신다. 예수님은 그들이 "외식하는" 것을 알고 계셨다. 다시 말해 그들이 겉으로는 아무 일 없는 듯이 보였지만 그들의 속은 완전히 다르다는 것을 아셨다. 그들은 겉으로는 "선지자들의 무덤을 만들고 의인들의 비석을 꾸며 주었다"(눅 11:47). 자기들은 자신들의 조상들이 선지자들을 박해하고 죽인 것이 잘 못되었다고 생각하고 사죄한다는 뜻으로 선지자들의 무덤을 만들어주고 비석을 만들어주었다. 사람은 남의 잘못을 잘 파악하고 정죄하나 자신은 고치지 못한다.

서기관들과 바리새인들은 선지자들의 무덤을 만들고 비석을 꾸미면서 "만일 우리가 조상 때에 있었더라면 우리는 그들이 선지자의 피를 흘리는데 참여하지 아니하였으리라"고 말했다. 즉 조상들이 선지자를 박해하고 죽일 때 절대로 참여하지 않았을 것이라고 말했다. 서기관들과 바리새인들의 행동과 말은 모두 자기들은 조상들과는 차원이 다르다고 말한다.

예수님은 그들의 행위와 말을 들으시고 "그러면 너희가 선지자를 죽인 자의 자손임을 스스로 증명함이로다"라고 말씀하신다(행 7:51-52; 살전 2:15). 다시 말해 '그렇게 행동하고 그렇게 말한다면 너희가 선지자들을 죽인 자의 자손임을 스스로 증명하는 것이다'라고 하신다. 그들은 자신들의 조상들을 정죄하면서 자기들은 의로운 척하려고 했는데 예수님은 그들과 조상들을 한데 묶으신다.

마 23:32. 너희가 너희 조상의 분량을 채우라.
예수님은 서기관들과 바리새인들을 그들의 조상들과 똑 같은 사람들, 조상들과 똑 같은 살인자들이라고 하시면서 "너희가 너희 조상의 분량을 채우라"고 하신다(창 15:16; 살전 2:16). 조상들이 못 다 죽인 선지자들과 의인들을 이제부터 죽이라고 하신다. 예수님의 이 말씀은 예수님까지 죽이라는 말씀이 포함되어 있다. 분량을 채우는 사람들이 더 잔혹하고 더 살인적이다. 처음 살인을 시작한 사람들보다는 나중에 분량을 채우는 사람들이 더 잔혹한 것은 사실이다.

마 23:33. 뱀들아 독사의 새끼들아 너희가 어떻게 지옥의 판결을 피하겠느냐.
예수님은 서기관들과 바리새인들을 "뱀들아 독사의 새끼들아"라고 부르신다(3:7; 12:34). 참으로 사악한 인간들, 살인하기를 좋아하는 인간들이라는 것을 보여주신 말씀이다. 예수님은 그들을 향하여 "너희가 어떻게 지옥의 판결을 피하겠느냐"고 하신다(3:7주해 참조). 도저히 지옥의 형벌을 피할 수 없다는 말씀이다. "지옥"에 대해서는 10:28의 주해를 참조하라(25:46; 막 9:47-48; 살후 1:9).

마 23:34. 그러므로 내가 너희에게 선지자들과 지혜 있는 자들과 서기관들을 보내매 너희가 그 중에서 더러는 죽이거나 십자가에 못 박고 그 중에서 더러는 너희 회당에서 채찍질하고 이 동네에서 저 동네로 따라다니며 박해하리라.
예수님은 본 절 초두에 "보라"(ἰδοὺ)라는 말씀을 하신다(우리 성경에는 번역되지 않았다). "보라"라는 말씀은 예수님께서 지금부터 하시려는 말씀이 중요하고 심각하다는 것을 암시하신다.

그리고 초두의 "그러므로"(διὰ τοῦτο)란 말은 '서기관들과 바리새인들이 그들의 조상들이 못다 채운 죄의 분량을 채워야 하고(32절) 또 지옥의 판결을 받아야 함으로'(33절)란 뜻으로 그렇게 되려면 유대인들이 본 절과 같은 죄를 지어야 한다는 뜻이다. 유대인들이 죄의 분량을 채워서 지옥에 가야 함으로 그들은 예수님께서 계속해서 보내시는 사람들을 무자비하게 박해하고 죽여야 한다는 뜻이다. 그들 유대교는 예수교의 선지자를 최대한도로 박해하고 죽여야 한다는 것을 예언하신다.

예수님은 "내가 너희에게 선지자들과 지혜 있는 자들과 서기관들을 보내겠다"고 하신다(21:34-35; 눅 11:49). 본 절의 "내가"(ἐγὼ)란 말은 강조체로 예수님 자신이 계속해서 선지자들과 지혜 있는 자들과 서기관들을 보내신다는 뜻이다. 구약에 보면 하나님께서 선지자들을 보내신다고 하셨는데(렘 7:25-29) 본 절에서는 예수님께서 보내시는 것으로 묘사되어 있다. 그러니까 본 절의 "내가"란 말은 예수님 자신이 하나님이시라는 것을 드러내고 계신다. 본 절을 얼핏 보면 이상해 보인다. 예수님은 사도들만 파송하셨는데 "선지자들과 지혜 있는 자들과 서기관들을 보내신다"고 하시니 이상해 보인다. 그러나 사도들이 바로 선지자들(여호와의 뜻을 전하는 자들)이고 지혜 있는 자들(하나님의 지혜이신 그리스도를 전하는 사람들, 고전 1:23-24, 30)이고 서기관들(문서로 복음을 전하는 사람들, 13:52 참조)이었다.

예수님은 계속해서 전도자들을 보내시는데 "너희가 그 중에서 더러는 죽이거나 십자가에 못 박고 그 중에서 더러는 너희 회당에서 채찍질하고 이 동네에서 저 동네로 따라다니며 박해하리라"고 하신다(행 5:40; 7:58-59; 22:19). 유대인들은 예수님을 십자가에서 죽였고 베드로를 죽였으며(27:31, 35; 요 21:18-19), 회당에서 채찍질했고(10:17; 행 5:40; 22:19; 26:11; 고후 11:24-25), 이 동네 저 동네 따라다니며 박해했다(10:23; 행 26:11). 사도행전은 사도 박해로 가득 차 있다. 이렇게 숱한 죄를 지었으니 유대인들이 지옥의 판결을 어찌 피할 수 있겠는가.

마 23:35-36. 그러므로 의인 아벨의 피로부터 성전과 제단 사이에서 너희가 죽인 바라갸의 아들 사가랴의 피까지 땅 위에서 흘린 의로운 피가 다 너희에게 돌아가리라 내가 진실로 너희에게 이르노니 이것이 다 이 세대에게 돌아가리라.
본 절 초두의 "그러므로"(ὅπως)란 말은 '앞 절에서 말한 죄의 결과로'란 뜻이다. 예수님은 피의 역사(歷史)를 상고시대부터 예수님 당시까지 들추셔서 그 피값이 서기관들과 바리새인들에게(유대인들에게) 돌아갈 것이라고 하신다(계 18:24).

아벨은 최초의 순교자로 그의 형 가인에게 맞아죽었다(창 4:8; 요일 3:12). 본 절의 사가랴는 어느 사가랴인지 확실하지 않으나 주석학자의 대부분은 군중이 우상숭배를 하는 것을 경계하다가 성전 뜰에서 맞아죽은 제사장 여호야다의 아들 스가랴라고 주장한다(대하 24:20-22). 스가랴는 용감한 증인이었는데 우상숭배를 금하다가 참혹하게 죽임을 당했다. 스가랴의 아버지 여호야다는 요아스 왕에게 호의를 베풀었는데 그의 아들 스가랴는 요아스의 명령에 의하여 죽임을 당했다. 이 순교자들 틈에서 예수님은 하나님의 사랑을 보여주시러 오신 분인데 십자가에서 죽임을 당했다. 예수님은 유대인의 성경 즉 히브리 성경 중 최초의 책인 창세기에 기록되어 있는 아벨로부터, 유대인의 성경 즉 히브리 성경 중 최후의 책인 역대하에 기록되어 있는 사가랴를 대표로 들고 계시다. 예수님은 이 두 사람만의 피가 유대인들에게 돌아간다고 하신 것이 아니라 그 두 사람을 들어 모든 순교자를 들으신 것으로 보인다. 예수님은 순교자들의 피가 "다 너희에게"(35절) "이 세대에게"(36절) 돌아가리라고 하신다. 즉 '유대인들에게 돌아가리라'고 하신다. 유대인은 피를 너무 많이 흘렸기에 주후 70년 하나님께서 보내신 로마 군대에 의하여 예루살렘이 멸망했다.

본문의 "바라갸의 아들 사가랴"가 누구냐를 두고 몇 가지 견해가 있다. 1) 베레갸의 아들 예언자 스가랴라는 견해. 2) 예루살렘 함락 때 성전에서 죽임을 당한 바라갸의 아들 사가랴라는 견해(Josephus, B. J. iv, 5:4). 3) 세례 요한의 아버지 사가랴라는 견해(Chrysostom). 4) 여호야다의 아들 스가랴라는 견해(대하 24:2-22; Calvin, Meyer, De Wette, Bengel, Carr, Plummer, W.C. Allen, 헤르만 리델보스, Leon Morris, 윌렴 헨드릭슨)가 있다. 이 견해들 중에서 제일 마지막 견해가 가장 타당한 듯이 보인다. 그런데 여호야다의 아들 스가랴를 바라갸의 아들 스가랴로 한 것은 후대 무명 기자의 과오에 의한 것 같다(Allen, 헤르만 리델보스, 윌렴 헨드릭슨).

c.예루살렘에 대한 탄식 23:37-39

예수님은 지금까지 서기관들과 바리새인들의 죄에 대해 언급하시고 그들에게 화가 임할 것을 말씀하셨는데(13-35절) 이제 이 부분(37-39절)에서는 그 결과 예루살렘이 패망할 것을 탄식하시면서 예언하신다. 이 부분은 눅 13:34-35

과 병행한다. 눅 19:41-44을 참조하라.

마 23:37. 예루살렘아 예루살렘아 선지자들을 죽이고 네게 파송된 자들을 돌로 치는 자여 암탉이 그 새끼를 날개 아래에 모음같이 내가 네 자녀를 모으려 한 일이 몇 번이더냐 그러나 너희가 원하지 아니하였도다.

예수님은 유대인들의 죄 때문에 예루살렘이 망할 것을 탄식하시면서 "예루살렘아 예루살렘아"라고 두 번 부르신다(눅 13:34). 탄식이 심령 깊은 곳에 가득 찬 것을 드러내신다. 그리고 예수님은 예루살렘(이스라엘)을 "선지자들을 죽이고 네게 파송된 자들을 돌로 치는 자"라고 부르신다(대하 24:21). 여기 "선지자"란 '사도들'을 지칭하고 또 "네게 파송된 자들"도 '사도들'을 지칭한다. 예루살렘은 선지자들을 죽이고 돌로 치는 성읍이었다. 마치 소돔과 고모라가 음란의 도시였다면 예루살렘은 의인들을 죽이고 돌로 치는 성읍이었다. 참으로 부끄럽기 그지없는 이름이었다.

예수님은 탄식하시기를 "암탉이 그 새끼를 날개 아래에 모음같이 내가 네 자녀를 모으려 한 일이 몇 번이더냐"라고 하신다(신 32:11-12; 시 18:8; 91:4). 예수님은 암탉의 비유를 들으신다. 암탉은 그 새끼를 날개 아래 모아 보호한다. 예수님은 그가 보내시는 선지자들을 통하여 예루살렘을 품고 보호하려고 한 것이 한 두 번이 아니었다(9:36; 11:25-30; 15:32; 눅 15장; 요 2:14-22; 5:14; 7:14, 28; 10:22-23). 그러나 예루살렘은 예수님의 품으심을 원하지 않았다. 예수님에게는 더 이상 책임은 없으셨다.

마 23:38. 보라 너희 집이 황폐하여 버려진바 되리라.

예수님은 본 절 초두에 "보라"(ἰδοὺ)라는 언사를 사용하셔서 예루살렘이 황폐하여 버려짐이 심각할 것을 드러내신다. 예수님은 유대인의 죄악이 심각하여(앞 절) "너희 집이 황폐하여 버려진바 되리라"고 하신다(신 28:24, 37, 45; 왕상 9:7; 눅 21:20, 24, 28). "너희 집" 곧 '예루살렘 성읍'이 황폐되어 버려지게 될 것이라고 하신다. 이 예언은 주후 70년에 성취되었다. 죄 값은 멸망이라는 것을 알 수 있다(렘 12:7). 서기관들과 바리새인들은 주후 70년에 멸망으로 들어갔고 내세에 지옥을 판결을 피하지 못하고 그곳으로 갔다(33절).

마 23:39. 내가 너희에게 이르노니 이제부터 너희는 찬송하리로다 주의 이름으로 오시는 이여 할 때까지 나를 보지 못하리라 하시니라.

예수님은 예루살렘이 그를 버리기에 예수님도 이제는 그들을 버리시겠다고 하신다. 예수님은 "내가 너희에게 이르노니"라는 심각한 뜻을 드러내는 언사를 사용하신다. 예수님은 "이제부터 너희는 찬송하리로다 주의 이름으로 오시는 이여 할 때까지 나를 보지 못하리라"고 하신다(21:9; 시 118:26). 예수님은 '이제만 아니라 이제부터(수난 주간부터) 계속해서 오래 동안 너희는 찬송하리로다 주의 이름으로 오시는 이여라고 할 때까지 나를 보지 못하리라'고 하신다. "찬송하리로다 주의 이름으로 오시는 이여"라는 찬송은 예수님께서 예루살렘에 들어가실 때 사람들이 불렀던 찬송이었는데(이 찬송을 부르던 사람들 중의 일부는 예수님을 십자가에 못 박는 일에 열심하였다, 27:22) 그 찬송을 훗날 예수님께서 재림하실 때 다시 부를 것이다. 예수님은 재림하실 때까지 이스라엘 사람들은 예수님을 다시는 보지 못할 것이라고 하신다. 예수님은 이제 곧 떠나가실 것이다. 예수님은 그들을 버리실 것이다. 그러나 인류의 마지막 날 예수님께서 재림하시는 날 이 찬송을 부를 유대인들이 있을 것이다(21:9). 그러나 그들은 후회하는 뜻으로 이 찬송을 부를 것이고 실제로 회개하지는 않을 것이다. 누구든지 죽기 전에 회개하는 것이지 죽은 후에 회개하지는 못한다.

제 24 장

종말에 일어날 일들

13.종말에 일어날 일들 24:1-51

본 장은 마태가 기록한 6대 교훈 집[162](제 5장-7장의 산상보훈, 제 10장의 제자 파송교훈, 제 13장의 천국비유, 제 18장의 겸손과 용서의 교훈, 제 23장의 바리새인 공격, 24-25장의 감람산 강화)중의 마지막 것(24-25장)이다. 24장은 종말을 말하는 교훈이고 25장은 종말을 기다리는 사람으로서 어떻게 살아야할 지를 보여주는 교훈이다. 본 장은 성경 해석가들에 의하여 소계시록으로 불린다. 막 13장과 눅 21장과 병행한다. 이 부분(1-51절)은 1) 예루살렘 멸망 예언(1-2절), 2) 종말에 일어날 사건들(3-14절), 3) 큰 환난에 대한 예언(15-28절), 4) 재림 예언(29-31절), 5) 종말을 대하는 태도(32-51절) 등으로 구분할 수 있다.

예수님은 이 부분(1-51절)에서 앞으로 40년쯤 후(AD 70년)에 발생할 예루살렘 멸망을 앞두고 일어날 사건들을 예언하시고(16절 참조) 또 멀리 미래에 일어날 심판들에 대해 예언하신다(14절, 29-31절 참조). 그러나 예수님의 예언들이 정확하게 예루살렘 멸망 전에 일어날 사건인지 혹은 인류의 종말에 일어날 사건인지 정확하게 100% 맞추기는 어렵다. 혹자는 본 장의 예언이

---

162) 혹자는 마태가 예수님의 5대 교훈 집을 기록했다고 말한다. 즉 제 5장-7장의 산상보훈, 제 10장의 제자 파송교훈, 제 13장의 천국비유, 제 18장의 겸손과 용서의 교훈, 제 23-25장의 바리새인 공격과 감람산 강화를 기록했다고 주장한다. 그러나 6대 교훈 집(제 5장-7장의 산상보훈, 제 10장의 제자 파송교훈, 제 13장의 천국비유, 제 18장의 겸손과 용서의 교훈, 제 23장의 바리새인 공격, 24-25장의 감람산 강화)을 기록했다고 말해야 한다. 다시 말해 제 23장을 24-25장으로부터 분리해야 한다. 이유는 23장의 교훈은 성전에서 하셨고 24-25장의 교훈은 감람산에서 행하셨기 때문이고, 23장의 교훈의 대상은 군중과 예수님의 제자들인데 반해 24-25장은 제자들에게 말씀하신 것이기 때문이다.

모두 예루살렘 함락에 국한된다고 주장하기도 하나 30절(예수님의 재림 사건)이 어찌 예루살렘 멸망 때에 일어날 수 있단 말인가. 그런 해석은 있을 없는 해석이다. 그런고로 본 장의 예언은 한편 예루살렘 멸망을 앞둔 징조로 받아드려야 하고 또 한편 인류의 종말에 과한 예언으로 보아야 한다. 혹은 양편에 관련한 징조로 볼 수 있다. 이유는 예루살렘 멸망은 인류 종말의 큰 심판의 모형이기 때문이다.

a. 예루살렘 멸망을 예언하시다 24:1-2

예수님은 앞 장의 말씀(23:37-39절)을 이어 받아 예루살렘이 멸망할 것을 예언하신다. 멸망의 정도는 완전 멸망이라고 하신다.

마 24:1. 예수께서 성전에서 나와서 가실 때에 제자들이 성전 건물들을 가리켜 보이려고 나아오니.

21:23에 "예수께서 성전에 들어가 가르치셨다"는 말씀과 본문의 "예수께서 성전에서 나와서 가실 때에"라는 말씀을 연계하면 21:24 이후의 말씀으로부터 23:39까지의 말씀 전체를 예수님께서 성전에서 가르치신 것이라고 볼 수 있다. 그러나 이런 추정은 하나의 추정일 뿐 확실한 것은 아니다. 예수님은 성전에서 나와서 베다니로 가고 계셨던 것으로 보인다.

이 때 "제자들이 성전 건물들을 가리켜 보이려고 나아왔다"(막 13:1; 눅 21:5). 제자들은 성전 건물들의 웅장함과 아름다움에 매료되었던 것 같다. 그래서 그것을 예수님으로 하여금 눈여겨보시도록 하기 위해 예수님께 나아왔다. 성전의 건물들이 제자들 보기에 너무 웅장해서 제자들로서는 예수님께 그 웅장함을 설명하고 싶었던 것이다. 예수님께서 예루살렘이 파괴될 것이라고 예언하신 것(23:37-39)은 제자들 보기에 도무지 실현될 것으로 보이지 않았던 것 같다. 이렇게 웅장하고 튼튼한 예루살렘 성전이 파괴된다는 것은 제자들에게는 믿어지지 않았다. 사람들은 외모를 보나 예수님은 다음 절에 기록된 말씀과 같이 성전에서 제사를 드리는 사람들과 또 지도자들의 죄를 보셨다. 여기 "성전 건물들"(τὰς οἰκοδομὰς τοῦ ἱερου)[163]이란 성전의 외양을 가리킨다.

마 24:2. 대답하여 이르시되 너희가 이 모든 것을 보지 못하느냐 내가 진실로 너희에게 이르노니 돌 하나도 돌 위에 남지 않고 다 무너뜨려지리라.

예수님으로 하여금 성전의 겉모양을 보시게 하기 위해 예수님께 나아온(앞 절) 제자 중 한 사람이 "보소서 이 돌들이 어떠하며 이 건물들이 어떠하니이까"라고 말씀드렸을 때(막 13:1) 예수님은 말씀하시기를 "너희가 이 모든 것을 보지 못하느냐 내가 진실로 너희에게 이르노니 돌 하나도 돌 위에 남지 않고 다 무너뜨려지리라"고 하신다(왕상 9:7; 렘 26:18; 미 3:12; 눅 19:44). 여기 "이 모든 것"이란 '성전의 굉장한 건물들'을 지칭하는 말인데 예수님은 이 모든 건물들이 완전 파괴될 것이라고 하신다. 예수님은 예루살렘 성전 파괴가 너무 심각할 것이므로 "내가 진실로 너희에게 이르노니"라는 중대사를 말씀하실 때 사용하시는 언사를 사용하신다(5:18, 20 참조). 예수님의 중대한 언사는 다름 아니라 "돌 하나도 돌 위에 남지 않고 다 무너뜨려지리라"는 말씀이다(22:7; 렘 26:18; 미 3:12; 학 2:15). 다시 말해 완전 파괴되리라는 말씀이다. 예수님은 성전 건물들의 화려함은 안중에도 없으셨고 사람들의 죄를 보셨다. 예수님은 중심을 보시는 분이시다(삼상 16:7). 이 예언은 주후 70년 로마의 디도 장군이 이끄는 군대에 의하여 실현되었다.

b.종말에 일어날 사건들 24:3-14

예수님의 성전 파괴 예언을 들은(앞 절) 제자들은 어느 때에 예루살렘 성전이

---

163) 이 성전 건물은 헤롯이 건축한 성전으로 제 3 성전으로 불린다. 제 1 성전은 솔로몬이 건축했는데 BC 586년에 바벨론의 느부갓네살 왕에 의해 파괴되었고, 제 2 성전은 유대 민족이 바벨론으로 귀환한 후 BC 520년에 스룹바벨이 재건하여 신약 시대에까지 이르렀다. 스룹바벨이 재건한 성전을 대헤롯이 유대인의 마음을 얻기 위해 BC 19년(이 때는 대 헤롯 즉위 18년이었다)에 개축에 손을 댔으나 완성했을 때는 옛 모습은 찾아볼 수가 없게 되었다. 헤롯의 성전 개축공사는 계속되어 그리스도의 공생애 초기에 벌써 46년이 되었고(요 2:20), 그 후에도 성전 공사는 계속하여 BC 63년에 완성했다. 그러니까 BC 70년에 로마의 디도 장군에 의해 멸망한 것을 감안하면 완성한지 7년 후에 완전 파괴된 셈이다. 세상 것은 죄로 말미암아 허망하게 망하는 것을 알 수 있다.

파괴될 것인지, 언제 주님께서 세상에 다시 오실 것인지, 세상의 종말이 언제인지를 여쭈었을 때 예수님은 종말의 시기에 대해서는 말씀하시지 않고 종말을 알리는 징조에 대해 말씀하신다. 제자들은 예루살렘(이스라엘) 멸망과 예수님의 재림, 그리고 세상 종말이 동시에 일어날 것으로 알고 물었으나 예수님은 이 부분(3-14절)에서 예루살렘 멸망 징조에 대해서 말씀하실 뿐 아니라 먼 미래에 일어날 사건들에 대해서 예언하신다.

마 24:3. 예수께서 감람 산 위에 앉으셨을 때에 제자들이 조용히 와서 이르되 우리에게 이르소서 어느 때에 이런 일이 있겠사오며 또 주의 임하심과 세상 끝에는 무슨 징조가 있사오리이까.

예수님은 "보소서 이 돌들이 어떠하며 이 건물들이 어떠하니이까"라는 질문(막 13:1)을 받으신 다음 "감람 산 위에 앉으셨다." 예수님께서 감람산(예루살렘 성밖 동편에 있는 산) 위에 앉으셨을 때 제자들은 견딜 수가 없었다. 이 거창하고 아름다운 예루살렘 성이 파괴되다니 도저히 이해할 수 없어 네 제자들(베드로, 야고보, 요한, 안드레-막 13:3)은 "조용히 와서 이르되 우리에게 이르소서 어느 때에 이런 일이 있겠사오며 또 주의 임하심과 세상 끝에는 무슨 징조가 있사오리이까"라고 여쭈었다(막 13:3; 살전 5:1). 제자들은 예수님께서 말씀하신 예루살렘 도시의 멸망이 언제 있을 것인지, 주님의 재림의 때가 언제인지, 세상 끝에는 무슨 징조가 있을 것인지에 대해 여쭈었다. 그들은 이 세 가지 사건이 동시에 일어날 줄로 알았다. 그들은 예루살렘 성전이 망한다는 것은 도무지 믿겨지지 않아 예수님의 재림 때나 있을 것으로 알았고 세상 종말에나 있을 것으로 알았다. 예수님의 재림의 때와 또 재림 전에 무슨 징조가 있을지를 예수님께 여쭈었다. 사실 이들은 예루살렘 멸망과 예수님의 재림이 동시에 있을 것으로 안 것은 잘 못이었다. 이 두 사건은 서로 멀리 떨어져서 있어야 할 것들이었다. 그러나 예루살렘 멸망은 종말에 있을 일의 모형이라는 점에서 서로 관련성이 있다.

마 24:4-5. 예수께서 대답하여 이르시되 너희가 사람의 미혹을 받지 않도록

주의하라 많은 사람이 내 이름으로 와서 이르되 나는 그리스도라 하여 많은 사람을 미혹하리라.

제자들의 질문을 받으신(앞 절) 예수님은 제자들에게 "사람의 미혹을 받지 않도록 주의하라"고 당부하신다(엡 5:6; 골 2:8, 18; 살후 2:3; 요일 4:1). "사람의 미혹"이란 '사람의 속임'이란 뜻으로 사람의 속임을 받아 그리스도를 따라가지 못하게 하는 것을 지칭한다. 예수님은 5절과 11절에서 구체적으로 사람의 미혹에 대해 언급하신다. 5절에 "많은 사람이 내 이름으로 와서 이르되 나는 그리스도라 하여 많은 사람을 미혹하리라"고 말씀하시고(24절; 렘 14:14; 23:24-25; 요 5:43), 11절에 "거짓 선지자가 많이 일어나 많은 사람을 미혹할 것이라"고 하신다. 그러니까 5절에서는 많은 사람들이 자신들이 그리스도라는 이름으로 와서 "내가 그리스도"라고 하면서 많은 사람을 속일 것이라 하시고, 11절에서는 거짓 선지자가 많이 일어나 많은 사람들을 속일 것이라고 예언하신다. 그러니까 어떤 사람들은 자신들이 아예 그리스도라고 말하면서 속일 것이고 또 어떤 사람들은 자신들이 선지자라고 하면서 사람들을 속일 것이라고 하신다.

5절 본문의 "내 이름으로 와서"라는 말씀은 '예수님을 대리해서 와서'라는 뜻이 아니라 문맥에 의해 '예수님 이름을 가지고 와서'라는 뜻이다. 많은 사람들은 자신들이 예수님의 보냄을 받아서 왔다고 하기보다는 아예 자기가 그리스도라고 할 것이라는 뜻이다. 자칭 그리스도는 역사상에 너무 많았었고 우리나라에도 계속해서 자칭 그리스도들이 있어왔다. 우리는 이들의 속임에 넘어가서는 안 된다. 이런 거짓된 사람들은 예루살렘 멸망 전에도 있었고 후에도 계속해서 세상에 있어 왔다. 우리는 그리스도만 따라가야 하고(마 14:29-30; 빌 3:14) 표적과 기사를 행해서 사람들을 속이려는 거짓 종들에게 속아서는 안 된다.

마 24:6. 난리와 난리 소문을 듣겠으나 너희는 삼가 두려워 말라 이런 일이 있어야 하되 아직 끝은 아니니라.

예수님은 제자들에게 계속되는 전쟁 소문을 들을 때 두려워말라고 하신다. 이유는 전쟁이 일어나는 것은 당연하기 때문이고(단 2:28) 또 전쟁이 일어나고 전쟁 소문이 들린다고 해서 인류의 종말이 온 것은 아니기 때문이다. 오늘 우리도 전쟁이 일어날 것이라는 많은 사람들의 예견이 있을지라도 우리는 두려워할 필요가 없다. 하나님께서 지켜주실 것이고 또 금방 인류의 종말이 닥치는 것은 아니기 때문이다. 전쟁은 예루살렘 멸망 전에도 있었고 그 사건 후에도 지금까지 계속되어 왔다.

마 24:7-8. 민족이 민족을, 나라가 나라를 대적하여 일어나겠고 곳곳에 기근과 지진이 있으리니 이 모든 것은 재난의 시작이니라.

예수님은 좀 더 구체적으로 "민족이 민족을, 나라가 나라를 대적하여 일어날 것이라"고 하신다(대하 15:6; 사 19:2; 학 2:22; 슥 14:13). 예수님의 이 말씀은 6절의 말씀을 구체적으로 묘사한 말씀이다. 전쟁은 민족과 민족이 대치해서 일어나는 것이고 나라가 나라를 대적해서 일어나는 것이다. 오늘 세상은 온통 민족과 민족의 대결, 나라와 나라의 대결 때문에 떠들썩하다.

그리고 예수님은 전쟁 뿐 아니라 "곳곳에 기근과 지진이 있을 것이라"고 하신다. 전쟁과 기근과 지진 같은 현상은 예루살렘 멸망 전이나 후에나 계속해서 있었고 점점 더 심해지고 있다. 그렇다고 해서 인류의 종말이 닥친 것은 아니다. 예수님은 "이 모든 것은 재난의 시작이라"고 하신다. 그러니까 인류의 종말에 닥칠 환난은 더욱 심각할 것을 암시하신다.

마 24:9-12. 그 때에 사람들이 너희를 환난에 넘겨주겠으며 너희를 죽이리니 너희가 내 이름 때문에 모든 민족에게 미움을 받으리라 그 때에 많은 사람이 실족하게 되어 서로 잡아 주고 서로 미워하겠으며 거짓 선지자가 많이 일어나 많은 사람을 미혹하겠으며 불법이 성하므로 많은 사람의 사랑이 식어지리라.

인류의 종말이 오기 전 많은 사람들이 그리스도를 따르는 사람들을 환난에 넘겨줄 것이고 혹은 죽일 것이다(10:17; 막 13:9; 눅 21:12; 요 15:20; 16:2; 행 4:2-3; 7:59; 12:1; 벧전 4:16; 계 2:10, 13). 예수님의 제자들이나 성도들은 "내 이름 때문에 모든 민족에게 미움을 받으리라"고 하신다. 즉 제자들이나 성도들은 예수님을 믿고 그의 계명을 지키며 또한 그의 오심을 기다리기 때문에 모든 민족에게 미움을 받을 것이다(헤르만 리델보스, 6:9; 7:22; 10:22, 41-42; 12:31). 여기 "모든 민족에게 미움을 받으리라"는 표현은 예루살렘 멸망 이전뿐 아니라 세기를 통하여 일어날 일을 예언하신 것이다.

예수님은 또 "많은 사람이 실족하게 되어 서로 잡아 주고 서로 미워할 것이라"고 하신다(11:6; 13:57; 딤후 1:15; 4:10, 16). '끝까지 그리스도를 따르면서 모든 민족에게 미움을 받는 것이 힘이 들어 그리스도를 배반하고 죄를 지어 그리스도인들을 적들에게 잡아주고 그리스도인들을 미워하게 될 것이라'는 뜻이다. 그러니까 환난은 사람들을 두 종류로 나눈다. 하나는 끝까지 그리스도를 따르게 하며 또 다른 하나는 사람들을 그리스도부터 배반하게 하는 것이다.

예수님은 환난의 때에 "거짓 선지자가 많이 일어나 많은 사람을 미혹하겠다"고 하신다(5절, 24절; 7:15; 행 20:29; 딤전 4:1; 벧후 2:1). 본문에 대해서는 이미 4-5절에서 주해했다. 사탄은 그리스도를 대적하기 위해 사람들을 거짓된 선지자로 만들어 교회 안에 많이 보냈고 또 앞으로도 계속해서 많이 보낼 것이다. 환난은 외부로부터 오는 것이고 거짓 선지자는 교회 내부에서 일어나는 것이다. 이 두 가지 중 교회 안에서 일어나는 거짓 선지자의 유혹이 더 위험하다.

예수님은 또 "불법이 성하므로 많은 사람의 사랑이 식어지리라"고 하신다. 여기 "불법"(ἀνομία-iniquity)이란 거짓 그리스도들과 또 거짓 선지자들의 유혹으로 인하여 많은 사람들이 그리스도를 떠나 하나님의 법을 반대하고 어기기 시작한 것을 지칭한다. 사람들이 성경의 법을 지키지 않게 되니 결과적으로 가족 간의 사랑이 식어지고 서로간의 사랑이 식어지게 마련이다. 사람이 그리스도를 떠나면 사랑이 식어지는 것은 시간문제이다. 금방 사랑을 잃어버리게 된다. 예루살렘 멸망 전이나 신약 시대나 그리스도 재림 전에 사람들은 더욱 사랑을 잃게 될 것이다.

마 24:13. 그러나 끝까지 견디는 자는 구원을 얻으리라.

거짓 그리스도들과 거짓 선지자들의 활동이 심하다 해도 "끝까지 견디는 자" 곧 '그리스도를 믿는 믿음을 견지하고 사랑을 견지하고 환난이 끝나는 때까지 끝까지 견디는 자'는 구원을 얻을 것이라고 한다(10:22; 막 13:13; 히 3:6, 14). 그리스도를 끝까지 믿고 따르는 사람들은 영원한 구원으로 들어갈 것이다.

마 24:14. 이 천국 복음이 모든 민족에게 증언되기 위하여 온 세상에 전파되리니 그제야 끝이 오리라.

예수님은 본 절에서 천국 복음(4:17, 23; 9:35; 10:7)이 온 세상에 전파되면 그 때 가서야 끝이 온다고 하신다(롬 10:18; 골 1:6, 23). 즉 "이 천국 복음이 모든 민족에게 증언되기 위하여 온 세상에 전파되리니 그제야 끝이 오리라"고 하신다. 천국 복음이 모든 민족에게 증언되기 전에는 결코 주님은 오시지 않는다. 모든 민족에게 복음이 전파되기 전에 예수님께서 재림하시면 사람들이 예수님의 복음을 듣지 못하여 예수님을 믿지 않았다고 핑계를 댈 것이기 때문이다. 사람들이 회개하든 안하든 관계없이 어쨌든 복음은 전파되어야 한다. 그러면 하나님께서 하실 책임을 다 하시는 것이다. 2010년 기준 지구상의 17,000종족 중에 6,500여 종족이 아직 미전도 종족이라고 한다. 이 종족에게 복음이 전파되면 그 때 가서 끝이 올 것이다(8:11; 21:43; 28:19 참조).

복음이 온 세상에 전파된다고 해서 즉시 예수님의 재림이 있는 것은 아니다. 우선 복음이 전파된 다음에 사람들이 복음의 삶을 살려면 어느 정도의 시간이 필요하다. 사람들이 중생하고 성화되려면 시간이 필요하다. 그리고 복음이 전파된 후 환난이 있은 후에 예수님이 재림하셔야 하기 때문에 시간이 필요하다. 예수님은 시간을 잡고 기다려 주실 것이다. 예수님의 재림의 시기는 복음이 온 세상에 전파된 후가 된다.

c.큰 환난이 있을 것을 예언하시다 24:15-28

앞(4-12절)에서 세상 종말과 예수님 재림 징조로서 박해와 환난이 있을 것을 예언하신 예수님은 이제 이 부분(15-28절)에서 예루살렘의 멸망과 종말의 대 환난에 대해 좀 더 자세히 설명하신다. 예루살렘의 멸망은 종말의 대환난의 모형이므로 예수님은 예루살렘의 멸망을 예언하시면서 동시에 멀리 세상의 종말에 있을 대 환난에 대해 예언하신다. 예수님은 두 사건(예루살렘 멸망과 종말의 비극적인 사건들)을 원근의 구별 없이 묘사하고 계시다.

마 24:15-16. 그러므로 너희가 선지자 다니엘이 말한바 멸망의 가증한 것이 거룩한 곳에 선 것을 보거든(읽는 자는 깨달을진저) 그 때에 유대에 있는 자들은 산으로 도망할지어다.

문장 초두의 "그러므로"(οὖν)란 말은 '세상 종말과 예수님 재림 전에 박해와 환난이 있을 것이므로'(4-12절)라는 뜻이다. 세상 종말과 예수님 재림 전에 박해와 환난이 있을 것이기 때문에 예수님은 "너희가 선지자 다니엘이 말한바 멸망의 가증한 것이 거룩한 곳에 선 것을 보거든(읽는 자는 깨달을진저) 그 때에 유대에 있는 자들은 산으로 도망하라"고 부탁하신다(단 9:27; 12:11; 막 13:14; 눅 21:20). 예수님은 그의 제자들에게 선지자 다니엘이 말한바 이스라엘을 멸망하게 할 가증한 것이 거룩한 성전에 서는 것을 보면 유대에 있는 자들은 산으로 도망하라고 하신다.

선지자 다니엘은 이스라엘을 멸망하게 할 가증한 것이 거룩한 성전에 서는 날이 있을 것을 예언했다. 다니엘은 그의 책 중에 세 군데(단 9:27; 11:31; 12:11)에서 그 예언을 했는데 단 9:27이 바로 그 예언인지는 분간하기 어렵다. 다니엘은 11:31에서 "군대는 그의 편에 서서 성소 곧 견고한 곳을 더럽히며 매일 드리는 제사를 폐하며 멸망하게 하는 가증한 것을 세울 것이며"라고 예언했고, 또 12:11에서는 "매일 드리는 제사를 폐하며 멸망하게 할 가증한 것을 세울 때부터 천이백구십 일을 지낼 것이요"라고 예언했다.

그렇다면 '이스라엘을 멸망하게 만들 가증한 것'이 무엇이냐는 것이다. 본문을 두고 수많은 해석이 가해졌다. 그 중에 대표적인 해석은, 1) 주전 168년에 수리아 왕 안티오커스 에피파네스(Antiocus Ephiphanes, BC 175-164)가 예루살렘 성전에 쥬피터의 신상을 세운 일이라는 견해(Calvin). 이것은 전통적인 해석이긴 하지만 오래전의 사건이다. 2) 열심 당원들(Zealots)이 예루살렘 성전을 점령하고 매일 드리는 제사를 중지시킨 폭력적인 거사라는 견해(Josephus, Alford, Lenski) 3) 로마 군대가 자기들이 숭배하는 황제의 형상이 새겨진 깃발을 가지고 예루살렘에 들어와서 예루살렘을 포위한 일이라는 견해(De Wette, Bengel, Albert Barnes, Bruce, 이상근, 이순한). 역사적으로 보아 이 해석을 지지하는 것이 가장 타당한 것으로 보인다(16-22절 참조).

예수님은 제자들에게 "그 때에 유대에 있는 자들은 산으로 도망할지어다"라고 하신다. 예수님은 그의 택한 백성들이 환난을 만났을 때 피할 길을 말씀해 주신다. 곧 산으로 도망하라고 하신다. 유대에 있는 자들(예루살렘의 기독교인들을 포함해서 모든 기독교인들 지칭-Lenski)은 예루살렘 성안으로 들어가지 말고 산으로 도망하라고 주문하신다. 여기 "산"(τὰ ὄρη)이란 말이 관사를 가지고 있어 그 어떤 '정해진 산들'을 지칭하나 그 산이 어디인지 확실히 알기는 어려우나 많은 주석가들은 펠라(Pella)라는 산이라고 주장한다.

마 24:17-18. 지붕 위에 있는 자는 집 안에 있는 물건을 가지러 내려가지 말며 밭에 있는 자는 겉옷을 가지러 뒤로 돌이키지 말지어다.

예수님은 기독교인들에게 산들로 피난하라고 하시면서(16절) 이 부분(17-18절)에서는 급히 피난하라고 하신다. 지붕위에 있는 자들은 사다리를 타고 내려와서 집 안에 있는 물건을 가지러 집 안으로 들어가지도 말고 또 밭에서 일하던 교인들은 겉옷을 가지러 뒤로 돌아가지 말고 피난하라고 하신다. 그런 물건들이 없이도 잘 지낼 수 있도록 예수님께서 배려하실 것이다.

마 24:19. 그 날에는 아이 밴 자들과 젖 먹이는 자들에게 화가 있으리로다.

피난해야 하는 그 날에는 아이 밴 자들은 앞으로 태어날 아이를 위해 여러 가지 물건을 가지고 가야하며 또 이미 아이를 낳아서 젖을 먹이는 자들은 아이를 데리고 피난해야 하는 어려움을 생각하니 화가 있을 수밖에 없다(눅 23:29). 예수님은 여자들이 힘든 것을 생각하시면서 특별한 동정을 하신다. 예수님은 과부를 특별히 살피시고(막 12:42-43; 눅 7:11-17; 18:1-8; 20:47; 21:2-3) 죄 때문에 고통을 당했던 여자들을 동정하신다(눅 7:36-50; 요 4:1-30).

마 24:20. 너희가 도망하는 일이 겨울에나 안식일에 되지 않도록 기도하라.

예수님은 급히 도망하라는 지시를 내렸고(17-18절) 또 피난하기 힘든 여자들에게 특별한 동정을 하셨으며(19절) 이제 본 절에서는 도망가는 일이 겨울에나 안식일에 되지 않도록 기도하라고 하신다. 겨울은 춥고 또 비가 오는 계절인고로 그 절기에 도망하는 일이 발생하지 않도록 기도하라고 하신다. 참으로 세심한 돌보심이다.

그리고 예수님은 안식일에 피난하는 일이 발생하지 않도록 기도하라고 하신다. 이유는 안식일에 피난하면 유대 사람들이 움직이지 않았던 고로 사람들의 눈에 띌 것이므로 안식일에 피난하는 일이 없도록 기도하라고 하신다. 기독교인들은 안식일에 자유롭게 움직일 수 있었으나 유대인들은 안식일을 지켜서 여행하지 않으니 안식일에 여행하면 사람들의 눈에 띄어 잡힐 수 있으니 그날에 피난하는 것은 불리했다. 예수님은 항상 성도들을 세심하게 돌보신다. 우리가 기도하면 하나님께서 들으시고 날짜도 변경시켜 주신다. 하나님께서 예루살렘을 치시는 것은 유대 종교지도자들과 유대인들 때문이기에 하나님은 기독교인들의 기도를 들어주실 것이었다.

마 24:21. 이는 그 때에 큰 환난이 있겠음이라 창세로부터 지금까지 이런 환난이 없었고 후에도 없으리라.

예수님께서 제자들에게 그리고 성도들에게 피난하는 일이 겨울에나 안식에 되지 않도록 기도하라(20절)고 하시는 이유(γὰρ)는 "그 때에 큰 환난이 있겠기" 때문이라고 하신다(단 9:26; 12:1; 욜 2:2). 그런 환난은 "창세로부터 지금까지 이런 환난이 없었고 후에도 없으리라"고 하신다. AD 70년 로마의 디도 장군이 이끄는 로마 군대에 의해 예루살렘에는 큰 환난이 있었는데 그 때 각지에서 올라온 순례자들을 포함해 110만 명이 예루살렘에서 죽었다고 한다. 이 환난은 동시에 인류 종말에 있을 7년 대 환난을 지칭하는 말이다(29-31절; 계 11:7-9; 20:3b, 7-9a). 예루살렘에 있었던 환난은 최후의 대 환난의 그림자였다.

마 24:22. 그 날들을 감하지 아니하면 모든 육체가 구원을 얻지 못할 것이나 그러나 택하신 자들을 위하여 그 날들을 감하시리라.

하나님은 그의 택하신 자들을 위하여 그 날들을 감하실 것이라고 하신다(사 65:8-9; 슥 14:2-3). 하나님은 아무리 큰 환난이라도 그의 뜻대로 주장하셔서 감하시기도 하신다. 인류 종말의 때에도 역시 하나님은 택하신 자들을 위하여 그 환난의 날들을 감하실 것이다. 본문의 "모든 육체"(no flesh)란 말은 '모든 택자들'이란 뜻으로 받아드려야 할 것이다. 다시 말해 "모든 육체"란 말은 하반절에 나오는 "택하신 자들"이란 말과 동의어이다.

마 24:23-24. 그 때에 사람이 너희에게 말하되 보라 그리스도가 여기 있다 혹은 저기 있다 하여도 믿지 말라 거짓 그리스도들과 거짓 선지자들이 일어나 큰 표적과 기사를 보여 할 수만 있으면 택하신 자들도 미혹하리라.

예수님은 그 환난의 때에 "사람이 너희에게 말하되 보라 그리스도가 여기 있다 혹은 저기 있다 하여도 믿지 말라"고 하신다(막 13:21; 눅 17:23; 21:8). 환난의 때에는 거짓 그리스도들과 거짓 선지자들이 일어나 말하기를 보라 그리스도가 여기 있다 혹은 저기 있다고 속여 그리스도인들로 하여금 믿음을 잃게 할 것이니 그들을 믿지 말라는 것이다.

거짓 그리스도들과 거짓 선지자들이 속일 때는 그냥 말로만 속이는 것이 아니라 "큰 표적과 기사를 보여 할 수만 있으면 택하신 자들도 미혹할 것이다"(5절, 11절; 신 13:1; 요 6:37; 10:28-29; 롬 8:28-30; 살후 2:9-11; 딤후 2:19; 계 13:13). "표적"이란 말과 "기사"란 말은 많은 경우 함께 나타난다(막 13:22; 요 4:48; 행 2:22; 4:30; 고후 12:20; 살후 2:9; 히 2:4). 두 가지는 똑 같은 것을 가리키는 말인데 "표적"이란 이적을 행한 분이 하나님이라는 것을 보여준다는 뜻에서 붙여진 이름이고 "기사"란 그 이적이 사람에게 기이함을 준다는 의미에서 붙인 이름이다. 거짓 그리스도들과 거짓 선지자들은 자기들이 행하는 표적과 기사를 보여 자기들이 진짜 그리스도요 혹은 진짜 선지자라고 속이려 하지만 하나님의 택하심을 받은 사람들은 하나님에 의해 붙들려 있기 때문에 속지 않는다.

마 24:25. 보라 내가 너희에게 미리 말하였노라.

예수님은 제자들에게 거짓 그리스도들과 거짓 선지자들에게 속지 않도록 "미리 말씀하셨기에"(23-24절) 절대로 속지 않을 것이다. 예수님은 제자들에게 환난의 때가 오기 전에 미리 말씀해 주셨으니(요 13:19; 14:29; 16:4 참조) 제자들은 속지 않을 것이다. 오늘 우리는 성경에 수없이 교시한 말씀을 가지고 있다. 우리는 속지 않는다.

마 24:26. 그러면 사람들이 너희에게 말하되 보라 그리스도가 광야에 있다 하여도 나가지 말고 보라 골방에 있다 하여도 믿지 말라.

문장 초두의 "그러면"(οὖν)이란 말은 '그러므로'란 뜻으로 '예수님께서 제자들에게 거짓 선지자들에게 속지 않도록 미리 말씀해 주셨으므로'란 뜻이다. 예수님께서 미리 제자들에게 거짓 선지자들에게 속지 않도록 말씀해주셨으므로 "사람들이 너희에게 말하되 보라 그리스도가 광야에 있다 하여도 나가지 말고 보라 골방에 있다 하여도 믿지 말라"고 하신다. 광야나 골방은 서로 반대되는 장소이다. 광야는 넓은 곳이고 골방은 밀폐된 곳이다. 예수님이 이곳이나 저곳에 계시다고 속여도 나가지도 말고 믿지도 말라는 것이다. 우리는 그리스도를 찾아 이리저리 헤맬 것이 아니다. 그리스도는 모든 사람이 알도록 오실 것이다(다음 절).

마 24:27. 번개가 동편에서 나서 서편까지 번쩍임같이 인자의 임함도 그러하리라.

그리스도는 "번개가 동편에서 나서 서편까지 번쩍임같이" '갑자기, 그리고 누구든지 볼 수 있게' 재림하실 것이다(눅 17:24). 번개는 동편에서 나도 서편까지 번쩍하고 보인다. 그리고 서편에서 나도 동편까지 번쩍하고 보인다. 예수님은 초림하실 때와는 달리 누구든지 볼 수 있도록 오실 것이다. 결코 우리가 광야로 가거나 혹은 골방에 들어가야 하는 것은 아니다. 예수님의 재림은 각인의 눈이 볼 것이다(계 1:7). 맹인들도 볼 수 있게 오실 것이다.

마 24:28. 주검이 있는 곳에는 독수리들이 모일지니라.
예수님은 지구상에 있는 모든 사람이 볼 수 있게 재림하신다고 말씀하신(앞절) 다음 본 절에서는 예수님께서 세상 사람들이 완전히 썩었을 때에 재림하실 것이라고 하신다. 이는 마치 "주검이 있는 곳에는 독수리들이 모이는 것"과 같다고 하신다(욥 39:30; 눅 17:37 참조). 시체가 있는 곳에는 독수리들이 덮치는 것처럼 사람들이 시체처럼 영적으로나 도덕적으로 완전히 썩었다고 판단될 때 예수님께서 재림하신다(창 15:16; 계 14:18 참조). 예수님은 아무 때나 오시지 않는다. 반드시 사람들이 완전히 썩었다고 판단하실 때 오실 것이다. 그러나 그 날과 그 때는 아무도 모르고 하늘에 계신 아버지만 아신다(36절).

d.재림을 예언하시다 24:29-31

예수님은 앞(15-28절)에서 예루살렘의 멸망과 종말의 대 환난에 대해 자세히 설명하신 다음 이제 이 부분(29-31절)에서 재림 자체에 대해 예언하신다. 천체의 이변이 있은 다음 예수님의 재림이 있을 것이라고 하신다.

마 24:29. 그 날 환난 후에 즉시 해가 어두워지며 달이 빛을 내지 아니하며 별들이 하늘에서 떨어지며 하늘의 권능들이 흔들리리라.
예수님은 "그 날 환난 후에"(단 7:11-12) 천체(해, 달, 별들)의 이변이 있을 것이라고 하신다. 여기 "환난"이란 예루살렘 멸망을 가리키지 않고 종말의 대 환난을 지칭한다. 혹자는 이 "환난"을 예루살렘 멸망이라고 주장하나 예루살렘 멸망이라고 주장하면 예루살렘 멸망 다음에 예수님께서 재림하시는 것이 된다(이 부분은 예수님 재림을 말하고 있는 단락이다). 예루살렘 멸망을 지칭한다고 하는 해석은 있을 수 없는 해석이다.

예수님은 인류종말의 대 환난(9절, 21절) 다음에 "즉시 해가 어두워지며 달이 빛을 내지 아니하며 별들이 하늘에서 떨어지며 하늘의 권능들이 흔들리리라"고 하신다(사 13:10; 겔 32:7; 욜 2:10, 31; 3:15; 암 5:20; 8:9; 막 13:24; 눅 21:25; 행 2:20; 계 6:12). "해가 어두워지며 달이 빛을 내지 아니하는" 일은 구약에 예언되어 있고 신약에도 기록되어 있다(사 13:9-10; 겔 32:7; 욜 2:10b, 31; 계 6:12). 그리고 "별들이 하늘에서 떨어지는" 일도 성경에 기록되어 있고(사 34:4; 계 6:13), "하늘의 권능들이 흔들리리라"는 말씀도 성경에 기록되어 있다(사 34b; 욜 2:10a; 학 2:6, 21; 눅 21:25-26; 계 6:13). 그러면 이 모든 묘사들을, 1)비유적(상징적)으로 해석해야 할 것인가(Calvin, Lightfoot, Carr, W. C. Allen, Albert Barnes, A.T. Robertson, 박윤선). 아니면 2) 일부는 비유적으로, 또 일부는 문자적으로 일어날 것으로 볼 것인가(헤르만 리델보스, 윌렴 헨드릭슨). 아니면 3) 이 모든 일들이 문자적으로 일어날 것이라고 해석해야 할 것인가(Bengel, Williams, Lenski, 이상근, 이순한). 이사야서에 보면 대 자연의 놀라운 사건들이 비유적으로 사용되고 있는 것을 볼 수 있으나 그것은 역사상에서는 된 일이고 예수님 재림을 앞둔 마당에서는 모두를 문자적으로 보는 것이 더 옳을 것으로 보인다. 예수님께서 십자가에서 대속의 죽음을 죽으실 때 해가 빛을 잃고 어두워진 점이나(27:45) 베드로 사도가 하나님의 날에 "하늘이 불에 타서 풀어지고 물질이 뜨거운 불에 녹아진다"는 말씀(벧후 3:12)을 감안할 때 문자적으로 해석해야 옳다는 것을 알 수 있다. 예수님께서 재림하시기 조금 전에는 천체의 변이들이 비유적으로 해석될 여지는 없다고 보아야 할 것이다. 그리스도인들은 이런 일들이 문자적으로 이루어질 때 두려워할 것이 아니라 그리스도께서 오셔서 새 하늘과 새 땅을 창조하시는 것으로 알고 기뻐해야 할 것이다.

마 24:30. 그 때에 인자의 징조가 하늘에서 보이겠고 그 때에 땅의 모든 족속들이 통곡하며 그들이 인자가 구름을 타고 능력과 큰 영광으로 오는 것을 보리라.

본 절 초두의 "그 때에"(τότε)란 말은 '하늘의 일월성신의 변이가 있을 때에'(앞 절)라는 뜻이다. 예수님은 하늘의 일월성신의 변이가 있을 때에 "인자의 징조가 하늘에서 보이겠다"고 하신다(단 7:13). 여기 "인자의 징조"164)란 문자적으로는 '인자가 재림하실 징조'라는 뜻인데, 구체적으로 '예수님께서 재림하시는 자체'를 지칭한다. 땅의 사람들은 예수님께서 재림하시는 것을 얼른 알아보고 "그 때에 땅의 모든 족속들이 통곡할" 것이라고 하신다(슥 12:12). 땅의 모든 족속이 통곡할 이유는 그들이 예수님을 찔렀기 때문이고(슥 12:10, 12; 계 1:7) 또 예수님의 뜻을 거슬러 살았기(단 12:10) 때문이다.

그 때에 땅의 모든 족속들은 "인자가 구름을 타고 능력과 큰 영광으로 오는 것을" 볼 것이다(16:27; 막 13:26; 계 1:7). 예수님이 재림하실 때 "구름을 타고" 오신다는 말은 성경 도처에 기록되어 있다(26:64; 단 7:13; 살전 4:17; 계 1:7). 여기 "하늘 구름"이란 예수님의 위엄과 크심을 가리키고 또 하나님의 심판을 상징하는 말이다(24:30; 계 1:7). 예수님은 영광의 구름을 타고 수많은 천사들과 함께 이 땅에 오실 것이다.

그리고 예수님은 초림 때와는 달리 놀라운 능력을 가지고 오실 것이며 큰 영광을 가지고 오실 것이다. 예수님은 능력을 가지고 또 영광스러운 신분으로 심판하러 이 땅에 오실 것이다.

마 24:31. 저가 큰 나팔 소리와 함께 천사들을 보내리니 그들이 그의 택하신 자들을 하늘 이 끝에서 저 끝까지 사방에서 모으리라.

예수님은 재림하실 때 "큰 나팔 소리와 함께 천사들을 보내실" 것이다(13:41; 16:27; 고전 15:52; 살전 4:16; 살후 1:7; 계 14:14-20 참조). 살전 4:16에 보면 "주께서 호령과 천사장의 소리와 하나님의 나팔 소리로 친히 하늘로부터 강림하실 것이라"고 말한다. 예수님은 세 가지 소리와 함께 강림하신다. 첫째 소리는 "호령"이다. "호령"이란 '그리스도께서 죽은 사람들을 깨우기 위해 내는 큰

164) 마태가 사용하고 있는 "징조"라는 말은 마가에(막 13:26)도 없고 누가(눅 21:27)에도 없다. 그러니까 "인자의 징조"란 '인자가 재림하시는 것'을 지칭한다고 보아야 한다.

소리'를 가리킨다(요 5:25). 둘째 소리는 "천사장의 소리"이다. "천사장의 소리"는 '사단을 멸하는 천사장 미가엘의 소리'를 지칭할 것이다(유 1:9; 계 12:7).[165] 예수님 재림 때는 사단을 멸해야 함으로 천사장 미가엘의 소리가 필요하다. 셋째 소리는 "하나님의 나팔"이다. "하나님의 나팔"이란 '하나님을 봉사하는데 사용되는 나팔'을 지칭한다(고전 15:52). 하나님은 하나님께서 쓰시는 이 나팔로 하나님의 명령을 그리스도인들에게 전달하여 회집시키신다(사 27:13; 욜 2:1, 15; 슥 9:14; 마 24:31; 고전 15:51). 그런데 그 나팔은 누가 부는 것인지는 알 수 없다. 아마도 하나님 앞에 봉사하는 천사가 불게 될 것이다(시 47:5; 슥 9:14). 이런 위엄 속에서 예수님의 재림이 이루어질 것이다(김수홍의 *살전살후딛주해서*에서).

천사들은 "그의 택하신 자들을 하늘 이 끝에서 저 끝까지 사방에서 모을 것이다"(슥 2:6). 천사들은 택하신 자들을 하늘 이 끝에서 저 끝까지 모아 하나님 나라에 들어가 영광을 상속받도록 하기 위해 아버지의 보좌 앞으로 이끌어 갈 것이다(25:31-40). 그러면 하나님은 그들을 하나님 나라에 들어가 영광의 삶을 살게 하실 것이다. 그들은 한 동안 세상에서 버려진 존재처럼 취급을 받았지만 천사의 모음을 받는 순간부터 귀한 존재임이 드러날 것이다.

e.종말을 대하는 태도 24:32-51

예수님은 자신이 재림하실 것을 말씀하시고(29-31절) 이제 이 부분(32-51절)에서는 그리스도의 재림을 앞두고 성도들이 어떻게 살아야 하는지를 말씀하신다. 예수님은 무화과나무 비유로 종말이 가까운 것을 말씀하시고(32-35절), 예수님의 재림 때는 노아의 날과 같아서 아무도 알 수 없는 사건임을 말씀하시며

---

165) 유대인들은 일곱 천사가 있어 자신들을 보호하고 있다고 믿고 있다. 그 일곱 천사의 이름을 들어보면 '우리엘'(Uriel)-그는 세상과 타르타루스(지옥의 가장 깊은 곳)를 지배하는 자요, '라파엘'(Raphael)-그는 인간의 영혼을 다스리는 자요, '라구엘'(Raguel)-그는 발광체들의 세계를 돌보는 자요, '미가엘'(Michael)-그는 인류의 가장 좋은 부분과 혼동을 지배하는 자요, '사라카엘'-그는 영으로 범죄 하는 영들을 지배하는 자요, '가브리엘'(Gabriel, 단 8:16; 눅 1:19)-그는 낙원과 뱀과 스랍을 다스리는 자요, '레미엘'(Remiel)-그는 하나님이 넘겨준 부활한 자들을 다스리는 자다. 『기독교대백과사전』, vol. 14, 이기문 편집, 서울: 기독교문사, 1980.

(36-41절), 그 때까지 충성되게 살면서 항상 깨어 있으라고 하신다(42-51절).

마 24:32-33. 무화과나무의 비유를 배우라 그 가지가 연하여지고 잎사귀를 내면 여름이 가까운 줄을 아나니 이와 같이 너희도 이 모든 일을 보거든 인자가 가까이 곧 문 앞에 이른 줄 알라.

본 절부터 35절까지 무화과나무의 비유를 들으시면서 예수님의 재림이 가까웠음을 말씀하신다. 예수님은 "무화과나무의 비유를 배우라"고 하신다(눅 21:29).[166] 무화과나무 "가지가 연하여지고 잎사귀를 내면 여름이 가까운 줄을 아는 것"(약 5:9)처럼 "너희도 이 모든 일을 보거든 인자가 가까이 곧 문 앞에 이른 줄 알라"고 하신다. 여기 "이 모든 일"(πάντα ταῦτα)[167]이란 예수님께서 '4-31절에서 말씀하신 재림 징조들'을 지칭한다. 예수님께서 주신 재림징조들은 중요한 것들로서 지금도 역시 이 징조들을 주의하면서 깨어 있어야 할 것이다.

마 24:34-35. 내가 진실로 너희에게 말하노니 이 세대가 지나가기 전에 이 일이 다 일어나리라 천지는 없어질지언정 내 말은 없어지지 아니하리라.

예수님은 "내가 진실로 너희에게 말하노니"라는 언사를 사용하셔서 이제부터 앞으로 말씀하시는 것이 대단히 중요한 말씀이라는 것을 강조하신다(5:18 주해 참조). 예수님은 "이 세대가 지나가기 전에 이 일이 다 일어나리라"고 하신다(16:28; 23:36; 막 13:30; 눅 21:32). 여기 "이 세대"가 무엇을 지칭하느냐를 규명하는 것은 쉽지 않다. 1) '신자들의 무리'라고 보는 견해(Chrysostom, David Hill). 2) '예수님이 재림하실 때 살아있는 유대인이나 그리스도인들'을 지칭한다

---

166) 왜 하필이면 무화과나무냐고 반문하는 사람들이 있을지 모른다. 무화과나무는 유대나라에서 흔히 볼 수 있는 나무이고 또 그 나무의 가지가 연하지고 잎사귀를 내면 여름이 가까운 것을 얼른 알 수 있다는 점에서 예수님은 무화과나무를 비유로 들으셨다. 특별한 뜻이 있는 것은 아니었다.

167) 혹자들은 여기 "이 모든 일들"을 혹은 4-14절의 내용으로, 혹은 15-21절의 내용으로, 혹은 29-31절의 내용으로 해석하나 4-31절(Plummer, 이상근, 이순한)의 내용이라고 말하는 것이 제일 정확할 것이다. 다른 학설들은 일부만을 포함하고 있는 약점이 있어 "이 모든 일들"은 처음부터 이제까지 예수님께서 말씀하신 모든 징조(4-31절)를 지칭한다고 보아야 하고 그것은 예수님께서 재림 전에 있을 '대 환난'을 지칭한다고 보아야 한다.

는 견해(24:30-31; 25:31-32). 3) '예수님과 동시대 사람들'로 보는 견해(Calvin, Bengel, Bruce, Albert Barnes, A. T. Robertson, 박윤선, 이상근, 이순한). 4) '유대인'으로 보는 견해(Jerome, Alford, Clarke, Ryle, Lenski, 윌렴 헨드릭슨). 마지막 견해가 가장 타당한 견해로 보인다. 즉 예수님의 말씀은 유대인이 지구상에 계속해서 살아서 예수님의 재림을 보리라는 뜻으로 보아야 한다. "이 세대"(ἡ γενεὰ αὕτη)를 유대인으로 보는 이유는 첫째, 이 낱말(ἡ γενεα)이 좋은 뜻으로 쓰일 때는 오랜 기간의 '족속'이나 '세대'란 뜻으로 사용되기도 하고(시 14:5에 "하나님이 의인의 세대에 계심이로다." 시 24:6에 "이는 여호와를 찾는 족속이요 야곱의 하나님의 얼굴을 구하는 자로다.") 또 이 낱말(ἡ γενεα)이 나쁜 뜻으로 사용되어 영원한 '세대'를 뜻하는 것(시 12:17에 "여호와여 그들을 지키사 이 세대로부터 영원까지 보존하시리이다." 렘 7:29에 "너의 머리털을 베어 버리고 벗은 산 위에서 통곡할지어다 여호와께서 그 노하신 바 이 세대를 끊어 버리셨음이라.")을 감안하면 짧은 30-40년의 기간으로 보기 보다는 오랜 기간 존속하는 '족속'이나 '세대'로 보는 것이 옳은 것이다. 둘째, "이 세대"라는 낱말(ἡ γενεα)을 예수님의 재림까지 살아있을 유대인으로 보는 이유는 33절의 "이 모든 일"('4-31절에서 말씀하신 재림 징조들')과 34절의 "이 일이 다"('재림 징조들')라는 말이 동의어이기 때문이다. 34절의 "이 일이 다"(πάντα ταῦτα)라는 말이 '재림 징조'라면 '이 세대'는 예수님께서 재림하실 때까지 살아 있을 유대 족속으로 보는 것이 타당하다. 셋째, "이 세대"란 말이 비교적 짧은 세대를 뜻하기 보다는 긴 세대를 뜻한다고 보는 이유는 예수님께서 사용하신 "내가 진실로 너희에게 말하노니"라는 말씀과 "천지는 없어질지언정 내 말은 없어지지 아니하리라"이란 장엄한 말씀들을 보아 더욱 확실하다고 볼 수 있다. 예수님은 유대인이 지구상에서 없어지기 전에 이 일(4-31절)이 다 일어나리라고 하신다.

그리고 위에서 이미 언급했지만 "이 모든 일들"이 무엇을 지칭하느냐 하는 것도 쉽지 않은 문제이다. 1) 33절에서 말하는 인자의 재림 징조만 지칭한다는 견해. 2) 예루살렘 함락을 가리킨다는 견해(Albert Barnes, 이상근, 이순한). 3) 대 환난과 인자의 재림을 지칭한다는 견해. 비록 유대인들은 AD 70년에 일차 망했지만 그들은 예수님께서 재림하시는 날까지 지구상에 살아남아서 여전히 그리스도가 주님이심을 부인하면서 살 것이라는 뜻이다.

예수님은 자신이 하신 말씀이 결코 없어지지 않고 다 이루어질 것이라고 단언하신다. 즉 "천지는 없어질지언정 내 말은 없어지지 아니하리라"고 하신다(5:18; 시 102:26; 사 51:6; 렘 31:35-36; 막 13:31; 눅 21:33; 히 1:11). 예수님은 5:18에서 "천지가 없어지기 전에는 율법의 일점일획도 결코 없어지지 아니하고 다 이루리라"고 하셨는데 본 절에서는 "천지가 없어질지언정 내 말은 없어지지 아니하리라"고 하신다. 5:18의 말씀은 예수님께서 구약 율법을 철저히 이루실 것이라고 하신 것이며 본 절의 말씀은 예수님께서 한번 약속하신 것은 절대로 파기 하시지 않고 이루실 것이란 뜻이다. 예수님은 유대인들이 살아 있는 동안 재림의 징조들이 성취될 것이며 또 예수님께서 재림하실 것이라고 하신다.

마 24:36. 그러나 그 날과 그 때는 아무도 모르나니 하늘의 천사들도, 아들도 모르고 오직 아버지만 아시느니라.

예수님은 예수님의 재림 자체는 너무 확실하여 반드시 이루어질 것이지만(앞절) "그러나 그 날과 그 때는 아무도 모르나니 하늘의 천사들도, 아들도 모르고 오직 아버지만 아신다"고 하신다(슥 14:7; 막 13:32; 행 1:7; 살전 5:2; 벧후 3:10). 재림하실 날짜와 정확한 시간은 아무도 모른다는 말씀이다. 하나님 앞에서 심부름하는 천사들(18:10; 사 6:1-3)도 모르고 심지어 아들이신 예수님 자신도 모른다고 하신다. 예수님과 하나님은 능력과 지혜에 있어서 동등하시지만 직무상 하나님께 순종하시는 입장에 계신고로 그 시간만큼은 아버지께서 정하실 것이고 예수님은 모른다고 하신다. 하나님은 인간이 알아야 할 일에 대해서는 모두 성경에 계시해주셨지만 알 필요가 없는 것에 대해서는 완전히 비밀로 하고 계신다. 우리가 그 날짜와 시간을 모르기에 겸손할 수가 있다. 역사상 재림 날짜를 점쳤다가 부끄러움을 당한 사람은 한 둘이 아니었다. 더 이상 그런 사람들이 나오지 않아야 할 것이다.

마 24:37-39. 노아의 때와 같이 인자의 임함도 그러하리라 홍수전에 노아가 방주에 들어가던 날까지 사람들이 먹고 마시고 장가들고 시집가고 있으면서 홍수가 나서 그들을 다 멸하기까지 깨닫지 못하였으니 인자의 임함도 이와 같으리라.

예수님은 "노아의 때와 같이 인자의 임함도 그러하리라"고 하신다. 즉 '노아의 홍수 때(창 6:13-7:23)와 같이 인자의 재림도 그러하리라'는 말씀이다. 다시 말해 노아의 홍수는 최후 심판의 모형이라는 것이다. 예수님은 "홍수전에 노아가 방주에 들어가던 날까지 사람들이 먹고 마시고 장가들고 시집가고 있으면서 홍수가 나서 그들을 다 멸하기까지 깨닫지 못하였다"고 하신다(창 6:3-5; 7:5; 눅 17:26; 벧전 3:20). 홍수가 나기 전에 노아가 방주를 지으면서 홍수가 날 것을 아무리 말해도 사람들이 들은 척도 않고 노아가 방주에 들어가던 날까지 사람들이 세상의 육신 생활에만 전념하다가 홍수가 나서 다 물에 빠져 죽는 날까지 사람들이 망하는 것을 깨닫지 못한 것처럼 세상의 불신자들은 예수님의 재림을 준비하지 않다가 똑 같이 망할 것이다(벧후 2:5 참조). 노아 시대 사람들은 홍수가 날 것에 대해서는 전혀 예기치 못했다. 그들은 홍수가 나서 그들 자신이 물에 잠기기 시작한 때에 가서야 노아가 외치던 소리를 어렴풋이 기억했으나 때는 이미 늦어버렸다. 세상 불신자들은 예수님의 재림이 있을 것이라는 성경 말씀과 전도자들의 외침에 전혀 아랑곳 하지 않는다. 깨닫지 못한다는 것, 그것은 짐승 수순임에 틀림없다. 현대인이 아무리 지식이 많고 과학에 밝다고 해도 그들은 영적인 방면에 있어서는 짐승수준을 넘지 못한다. 38절의 네 가지 동사 즉 "먹고 마시고 장가들고 시집간다"(τρώγοντες, πίνοντες, γαμοῦντες, γαμίζοντες)는 말은 모두 현재분사로서 노아시대 사람들은 먹는 일, 마시는 일, 장가드는 일, 시집가는 일에만 전념했지 하나님을 믿는 일에는 전혀 관심이 없었음을 표현하고 있다. 세상 일에만 전념한다는 것은 얼마나 위험한 일인지 알 수 없다.

"그 날(예수님의 재림의 날)과 그 때(재림하시는 시간)는 아무도 모르지만" 하나님은 우리에게 수많은 재림 징조들을 주시고 계심을 알아야 한다. 그런고로 우리는 깨어 있어야 한다. 42절부터 51절까지는 깨어서 사명에 충성하라는 말로 채워져 있다. 우리는 성령의 충만을 구하면서 항상 주님을 바라보아야 할 것이다.

마 24:40-41. 그 때에 두 사람이 밭에 있으매 한 사람은 데려감을 당하고 한 사람은 버려둠을 당할 것이요 두 여자가 맷돌질을 하고 있으매 한 사람은 데려감을 당하고 한 사람은 버려둠을 당할 것이니라.

예수님은 그의 재림 시에 깨어있는 사람들은 구원을 받을 것이라고 하신다. 아무리 하나님께서 예수님의 재림 날짜와 재림 시간을 가르쳐주시지 않았더라도 항상 영적으로 깨어있는 사람들은 세상에서 사명에 충성하는 중에라도 구원을 받을 것이라고 하신다.

예수님은 두 가지 경우를 들으신다. 한 가지는 "그 때에" 즉 '예수님께서 재림하시는 때에' "두 사람이 밭에 있으매 한 사람은 데려감을 당하고 한 사람은 버려둠을 당할 것이라"고 하신다(눅 17:34). "두 사람"(δύο) 즉 '두 남자'가 똑 같이 밭에서 일하고 있었지만 한 사람은 영적으로 깨어있었고 한 사람은 영적으로 깨어있지 않아 천사에 의해 데려감을 당하지 못할 것이라고 하신다.

그리고 또 한 가지 예는 맷돌을 가는 여자들의 예를 들으신다. 즉 "두 여자가 맷돌질을 하고 있으매 한 사람은 데려감을 당하고 한 사람은 버려둠을 당할 것이라"고 하신다. 두 여자가 똑 같이 맷돌질을 하고 있는데 한 사람은 영적으로 깨어있어 천사에 의해 데려감을 당할 것이고 한 사람은 영적으로 깨어있지 못하고 맷돌질에만 전념하고 세상살이에만 전념하다가 버려둠을 당할 것이라고 하신다. 본 절의 데려감을 당한 사람들이 구원을 받은 이유는 하나님의 택함에 있지만 인간적으로는 깨어있었기 때문이라는 것을 다음 절에서 지적하고 있다.

마 24:42. 그러므로 깨어 있으라 어느 날에 너희 주가 임할는지 너희가 알지 못함이니라.

예수님은 앞(40-41절)에서 세상 종말에 한 사람은 천사에 의해서 데려감을 당하고 또 한 사람은 버려둠을 당한다는 것을 말씀하신 다음 이제 본 절에서는

"그러므로 깨어 있으라 어느 날에 너희 주가 임할는지 너희가 알지 못한다"고 하신다(13절; 막 13:33; 눅 21:36). 깨어있는 것이 데려감을 당하는 비결이라고 하신다. 다시 말해 영적으로 깨어있는 것이 구원받는 비결이라고 하신다. 깨어있어야 하는 이유(ὅτι)는 "어느 날에 너희 주가 임할는지 너희가 알지 못하기" 때문이라고 하신다. 주님이 어느 날에 임하실는지 우리가 안다면 그 날 그 시에 가서 정신을 차려도 늦지 않는데 어느 날에 주님이 오실는지 알기 못하기 때문에 항상 깨어있으라고 하신다. "깨어있으라"(γρηγορεῖτε)는 말은 현재동사 명령형으로 계속해서 깨어있으라는 뜻이다. 우리는 항상 성화에 힘써서 예수님과 교제하는 삶을 살아야 할 것이다(요 13:8 참조).

본문에서 예수님은 자신을 지칭하실 때 "너희 주"라고 하신다. 예수님은 '택하신 백성들에게 주님이 되신다'는 뜻이다. 예수님은 한없이 영광스러우시고 능력이 무한하시며 위엄으로 덧입고 계신 분이신데 우리에게는 주님이 되시는 분으로 우리를 주장하시고 돌보시는 분이시다. 이 사실은 우리에게 한없는 기쁨을 주는 말이다.

마 24:43-44. 너희도 아는 바니 만일 집 주인이 도둑이 어느 시각에 올 줄을 알았더라면 깨어 있어 그 집을 뚫지 못하게 하였으리라 이러므로 너희도 준비하고 있으라 생각하지 않은 때에 인자가 오리라.

예수님은 일반 사람들도 다 아는 비유를 들으셔서 항상 예수님의 재림을 맞을 준비를 하라고 하신다. 예수님은 아주 쉬운 비유로서 "만일 집 주인이 도둑이 어느 시각에 올 줄을 알았더라면 깨어 있어 그 집을 뚫지 못하게 하였으리라"고 하신다(눅 12:39; 살전 5:2; 벧후 3:10; 계 3:3; 16:15). 집 주인치고 도둑이 어느 시각에 올 줄 안다면 반드시 깨어있어 자기 집을 뚫고 들어오지 못하게 한다는 것이다. 도둑이 어느 시각에 올 줄을 알아차린 주인은 절대로 도둑이 들어오는 것을 그냥 방치하지 않는다. 어느 때에 도둑이 집을 뚫을지 모르니까 항상 깨어서 지켜야 한다는 것이다. 항상 성화의 삶을 살려고 노력하고 영적으로 그리스도를 바라보고 사는 성도에게는 예수님의 재림은 결코 갑작스러운 사건이 아니다(살전 5:4).

이런 쉬운 예를 들으시고는 예수님은 "이러므로 너희도 준비하고 있으라 생각하지 않은 때에 인자가 오리라"고 하신다(25:13; 살전 5:6). 우리는 예수님께서 어느 날 어느 시에 오셔도 기쁨으로 맞을 수 있도록 준비해야 한다. 생각지 않은 날 생각지 못한 시각에 예수님이 오실 것이기 때문이다.

마 24:45. 충성되고 지혜 있는 종이 되어 주인에게 그 집 사람들을 맡아 때를 따라 양식을 나눠 줄 자가 누구냐.

예수님은 42-43절에서는 예수님을 맞이하기 위해 깨어있으라고 하셨고, 44절에서는 예수님을 맞이할 준비를 하라고 하셨는데, 이제 본 절부터 47절까지는 종들이 맡은 사명에 충성하여 상급을 받으라고 부탁하신다.

혹자는 앞 절의 "준비하고 있으라"는 말씀은 본 절에 와서 "충성되고 지혜 있는 종이 되라"는 말로 바뀌어 나온다고 주장하나(헤르만 리델보스, 윌렴 헨드릭슨)[168] "준비하라"는 말씀과 "충성하라"는 말씀은 서로 다른 것으로 보아야 할 것이다. "준비하라"는 말씀은 모든 성도들에게 하시는 말씀으로 예수님의 재림 자체를 맞이할 준비를 하라는 말씀이고, "충성하라"는 말씀은 특별히 주님의 사역자들에게 말씀 사역에 충실하라는 말씀이다(Calvin, Leon Morris, 박윤선, 이상근).

본 절 초두의 "그러니까"(혹은"그런고로")(ἄρα)란 말은 본 절이 앞 절과 연결되어 있음을 보여주고 있다. 즉 앞 절 하반 절에 "생각지 않은 때에 인자가 오리라"고 하셨기 때문에 사도들이나 교역자들은 "충성되고 지혜 있는 종이 되어 주인에게 그 집 사람들을 맡아 때를 따라 양식을 나눠" 주어야 한다는

168) 헤르만 리델보스와 윌렴 헨드릭슨은 42-43절의 "깨어있으라"는 말씀과 "준비하고 있으라"는 말씀의 연장으로 본 절(45절)부터 51절까지의 말씀이 나왔다고 주장한다. 다시 말해 "깨어있으라"와 "준비하고 있으라"는 말씀을 설명하기 위해 본 절(45절)부터 51절까지에서 하나의 비유 즉 청지기가 다른 종들을 맡아 돌보는 비유를 들었다고 주장한다. 그러나 예수님께서 본 절부터 말씀하신 것은 재림을 기다리는 자가 또 하나 갖추어야할 덕목(충성과 지혜)을 말씀하려고 들으신 비유로 보아야 할 것이다.

것이다(눅 12:42; 행 20:28; 히 3:5). 말씀 사역자들은 우선 "충성되어야" 한다고 하신다. "충성되다"는 말씀은 '사명에 집착한다'는 뜻이다. '한 점의 착오도 없이 사명에 집착해야 한다'는 것이다. 그리고 "지혜 있는 종이 되라"는 말씀은 '분별력 있는 종이 되라'는 뜻이다. "지혜있다"는 말은 '사리를 올바로 판단하는 것'을 가리킨다. 사도들이나 교역자들은 한 교회의 다른 종들(성도들)을 맡아 때를 따라 양식을 나누어주어야 한다. 예수님께서 언제 오실지 모르니 계속해서 때를 따라 양식을 나누어주는 일을 충성되게 그리고 분별력을 가지고 해야 한다.

마 24:46-47. 주인이 올 때에 그 종이 이렇게 하는 것을 보면 그 종이 복이 있으리로다 내가 진실로 너희에게 이르노니 주인이 그의 모든 소유를 그에게 맡기리라.

예수님은 자신이 이 땅에 오실 때에 그 청지기(교역자들)가 충성스럽게 그리고 분별력을 가지고 다른 종들에게 말씀의 양식을 나누어주는 것을 보면 그 종이 복이 있으리라고 하신다(계 16:15). 예수님은 그 복이 큰 것을 말씀하시기 위하여 "내가 진실로 너희에게 이르노니"라는 언어를 사용하신다(5:18). 예수님은 말씀 사역을 맡아 충성하는 종들에게는 "주인이 그의 모든 소유를 그에게 맡기리라"고 하신다(25:21, 23; 눅 22:29). 여기 "그의 모든 소유"가 무엇이냐를 두고 여러 해석이 가해졌다. 1) 하나님 나라의 영광과 권세라는 견해(헤르만 리델보스). 2) 높은 영광과 영예라는 견해(윌렴 헨드릭슨). 3) 25:21, 23에 있는 대로 '하나님께서 주시는 많은 것'을 지칭한다는 견해, 즉 '주인의 모든 소유를 위임받는 상'을 지칭한다는 견해(헤그너). 1번이나 2번도 바른 견해이긴 하나 3번이 더 구체적으로 표현되어 있어 제일 나은 답이 될 것이다. 우리가 충성하면 그리스도께서 재림하실 때 더 많은 소유를 위임하셔서 관리하게 하는 상급을 주실 것이다.

마 24:48-49. 만일 그 악한 종이 마음에 생각하기를 주인이 더디 오리라 하여

동무들을 때리며 술친구들과 더불어 먹고 마시게 되면.
예수님은 사명에 충성하는 종이 받을 복에 대해 말씀하신(45-47절) 후 본 절부터 51절까지 악한 종에 대해 말씀하시며 또 악한 종이 받을 벌에 대해 언급하신다.

예수님께서 이 부분(48-49절)에서 말씀하시는 "그 악한 종"이란 45절에서 말씀하신 "충성되고 지혜 있는 종"과 반대되는 종을 지칭하는데, 본 절에서 구체적으로 "악한 종"이 어떤 사람인가를 규명해주신다. "그 악한 종"이란 "마음에 생각하기를 주인이 더디 오리라 하여 동무들을 때리며 술친구들과 더불어 먹고 마시는" 종이라고 하신다. 즉 '주인이 더디 오리라고 생각하며 정신 못 차리고 자기에게 맡겨진 종들에게 상처를 주고 폭행하며 세상 사람들과 함께 방탕한 삶을 사는 종'이라는 것이다. "악한 종들은 다만 마음속으로 주인에 대해 관심을 둘 필요가 없다고 생각했다"(헤르만 리델보스). "주님께 대한 그릇된 신앙의 태도는 으레 대인적인 과오와 대아적인 과오를 동반하는 법이다"(이상근). 우리는 주님이 언제 오실지 모른다. 주님께서 오시는 날까지 사명에 충실해야 한다.

마 24:50-51. 생각하지 않은 날 알지 못하는 시간에 그 종의 주인이 이르러 엄히 때리고 외식하는 자가 받는 벌에 처하리니 거기서 슬피 울며 이를 갈리라.
예수님은 악한 종이 벌 받을 것에 대해 말씀하신다. "생각하지 않은 날 알지 못하는 시간에 그 종의 주인이 이른다." 즉 악한 종들이 생각지도 못했던 날, 생각지도 못했던 시간에(36절) 자신들을 신임해서 청지기로 임명한 주인이 자신들에게 온다. 그리고 주인은 악한 종들을 "엄히 때린다." 악한 종들은 때로는 이 벌을 받다가 죽기까지 한다. 주인은 악한 종들을 엄하게 때린 다음 "외식하는 자가 받는 벌에 처한다." 그 악한 종들은 "외식하는 자들"이었다. 주인이 처음에 그를 다른 종들 위에 두고 종들을 관리라는 청지기로 삼을 때는 청지기 사무를 아주 잘 감당하리라 생각하고 임명했는데 주인이 돌아와 보니 다른 종들에게 상처만 주고 세상의 방탕아들과 함께 방탕한 삶을 살았으니 참으로 외식자들임에 틀림없다. 그래서 그들은 외식하는 자가 받는 벌 곧 지옥으로 들어가서

"슬피 울며 이를 갈게 될 것이라"는 뜻이다(8:12; 13:42, 50; 22:13; 25:30; 눅 13:28). "슬피 운다"는 것은 더 이상의 위로가 없는 것을 알기 때문이고 또 영원히 소망이 없을 것을 알기 때문이다. 그리고 "이를 간다"는 것은 심한 고통을 느끼기 때문에 생겨난 행동이다. 우리는 주님의 재림을 앞두고 충성되고 지혜 있는 종이 되어 사명을 감당하는 것 이상 더 좋은 일은 없다는 것을 알아야 한다.

제 25 장

성도가 종말을 대비하여 어떻게 살아야 할까를 말씀하는 비유들

14.재림을 잘 준비하라 25:1-46

예수님은 바로 앞 장에서 종말 자체를 말씀하시고 이제 이 부분(25:1-46)에서는 그리스도의 재림을 대비하여 성도가 어떻게 살아야 하는지를 가르쳐 주시기 위해 세 가지 비유를 들으신다. 첫째 비유는 깨어 그리스도의 재림을 기다리는 자들만이 천국에 들어간다는 내용이고(1-13절), 둘째 비유는 사명에 충성하는 자들만이 천국에 들어간다는 내용이며(14-30절), 셋째 비유는 그리스도를 믿는 소자 한 사람에게 잘하는 것이 바로 그리스도에게 잘하는 것이라고 하시며 그런 사람만이 구원에 동참한다는 것을 교훈하신다(31-46절). 예수님은 우리가 행위로 구원을 받는 것이 아니라 믿음이 있다면 반드시 행위가 따라야 한다는 것을 말씀하신다. 첫째 비유와 셋째 비유는 본서 독특한 비유이다.

a.열 처녀 비유 25:1-13

예수님은 앞(24:32-51)에서 그리스도의 재림을 기다리는 신자들은 항상 깨어 있고 준비해야 하며 사명에 충성해야 할 것을 교훈하셨는데 이제 이 부분(1-13절)에서는 깨어 있어야 할 것을 권면하신다. 그리스도의 재림을 깨어 기다리는 자는 천국에 들어가고 깨어 있지 않은 교인들은 천국에 들어가지 못한다고 하신다.

마 25:1. 그 때에 천국은 마치 등을 들고 신랑을 맞으러 나간 열 처녀와 같다 하리니.

"그 때에"란 말은 '24:45-51이 말하고 있는 예수님의 재림 때에'란 뜻이다.

예수님은 그의 재림을 앞두고 현실 교회는 "마치 등을 들고 신랑을 맞으러 나간 열 처녀"169)에 비교 될 수 있다고 하신다(엡 5:29-30; 계 19:7; 21:2, 9). 교인들의 얼마는 미련하고 또 얼마는 슬기 있다고 하신다(다음 절).

마 25:2-4. 그 중에 다섯은 미련하고 다섯은 슬기 있는 자라 미련한 자들은 등을 가지되 기름을 가지지 아니하고 슬기 있는 자들은 그릇에 기름을 담아 등과 함께 가져갔더니.

예수님은 열 명의 처녀는 동질(同質)의 사람들이 아니라 다섯은 미련하고 다섯은 슬기 있는 사람들이라고 하신다(13:47; 22:10). 이 말씀은 어느 교회에나 미련한 신자들이 있고 또 슬기로운 신자들이 있다는 뜻이다. 미련하다는 말은 준비 없는 사람들, 그저 적당히 신앙생활 하는 모양새만 나타내는 사람들을 묘사하는 말이고, 슬기 있는 자들이란 말은 항상 그리스도의 재림을 맞이하려는 일에 깨어 있는 사람들을 묘사하는 말이다.

예수님은 "미련한 자들은 등을 가지되 기름을 가지지 아니하고 슬기 있는 자들은 그릇에 기름을 담아 등과 함께 가져갔다"고 하신다. 미련한 자들이나 슬기 있는 자들은 여러 가지 면에서 서로 닮았다. 첫째, 양쪽 다 신랑을 맞이하려고 한다는 점. 둘째, 양쪽 다 등을 가지고 있었다는 점. 셋째, 신랑이 더디 오자 양쪽 처녀들이 모두 잠들었다는 점. 넷째, 신랑이 온다는 소리에 양쪽 처녀들이 모두 잠에서 깼다는 점이 같다. 겉보기에는 많은 면에서 서로 닮았으나 한 가지 차이점은 미련한 자들은 기름을 가지지 아니하고 슬기 있는 자들은 그릇에 기름을 담아 등과 함께 가지고 간 것이다. 그러면 여기 "기름"이 무엇이냐를 두고 학자들 간에 견해차이가 나타난다. 1) 기름이 없는 처녀들은 앞일을 대비하지 않는 교인들을 가리키고, 기름을 준비한 처녀들은 앞일을 대비한 교인들을 가리킨다는 견해. 2) 기름이 없는 처녀들은 성령이 없는 교인들을

169) 유대나라의 결혼 예식 풍속이기 때문에 우리로서는 낯선 비유임에 틀림없다. 아마도 손님들과 그리고 열 처녀들-이들은 신부들러리들일 것이다-모두 신랑 집에 모인 것을 비유할 것이다. 다만 신랑 만 아직 결혼 예식장에 도착하지 않은 것을 말할 것이다(윌렴 헨드릭슨).

가리키고, 기름이 있는 처녀들은 성령이 있는 교인들을 지칭한다는 견해. 성경의 다른 곳의 증언을 좇아 기름은 성령을 가리킨다는 견해가 바른 견해이다(사 61:1; 슥 4:1-6; 살후 2:13). 성령의 인도를 받는 사람들은 기도하게 되니 주님의 재림을 대비하는 삶을 살게 된다.

마 25:5. 신랑이 더디 오므로 다 졸며 잘 새.

예수님은 "신랑이 더디 오므로 다 졸며 잤다"고 말씀하신다(살전 5:6). '신랑에게 어떤 사정이 생겨서 더디 오게 되었기 때문에 슬기롭지 못한 처녀들이나 슬기로운 처녀들 모두가 다 졸며 잤다'고 하신다. 육신이 피곤하여 꾸벅꾸벅 졸다가 아주 잠든 것이다. 그들이 졸다가 잔 것은 큰 흉이 아니었다. 졸며 잤다는 것이 큰 문제가 된 것은 아니었다. 그것 때문에 책망을 들은 일도 없고 구원받는데 제외된 일도 없다. 육신적으로는 피곤하여 졸며 자도 영적으로 성령으로 충만하여 깨어 있기만 하면 되는 것이다(13절). 다 졸며 잤다는 말은 신랑이 더디 왔다는 것을 더욱 분명하게 확인하는 말일뿐이다.

마 25:6. 밤중에 소리가 나되 보라 신랑이로다 맞으러 나오라 하매.

밤중에 누군가(신랑과 함께 오는 사람일 것이다)가 "소리"를 질렀다. 그 소리 내용은 "보라 신랑이로다 맞으러 나오라"는 것이었다(24:31; 살전 4:16). '신랑이 도착하고 있으니 맞으러 나오라'는 것이었다. 예수님께서 이런 비유를 들어 주신 것은 자신은 한 밤중에 해당하는 늦은 때에 오신다는 것을 알리기 위해서였다.

마 25:7-8. 이에 그 처녀들이 다 일어나 등을 준비할 새 미련한 자들이 슬기 있는 자들에게 이르되 우리 등불이 꺼져가니 너희 기름을 좀 나눠 달라 하거늘.

누군가의 큰 소리에 잠이 깬 그 처녀들은 다 일어나 등을 준비하고 있었다. 본문의 "등을 준비했다"는 말은 '등에 불을 붙였다'는 말이다(눅 12:35). 처녀들이 집안에 있을 때는 혼인집의 불이 밝았기 때문에 처녀들은 자기 개인의 등을 꺼 두었다가 신랑이 온다는 전갈(message)과 동시에 불을 붙였을 것으로 보인다. 그러나 혹자는 처녀들은 모두 졸며 잤지만 등불은 졸거나 자지도 않고 계속해서 그냥 타고 있었는데 신랑이 온다는 소리를 듣고 처녀들이 일어나 기름이 어느 정도 탔는가를 점검했을 것이라고 주장한다. 아마도 처녀들이 불을 꺼놓았다가 소리가 나서 불을 다시 켰다는 전자의 말이 더 바를 것이다. 미련한 자들이 자기의 등을 살피니 기름이 달랑달랑 떨어져 가고 있음을 발견했다. 그래서 미련한 자들은 슬기 있는 자들에게 말하기를 "우리 등불이 꺼져가니 너희 기름을 좀 나눠 달라"고 했다. 이때까지만 해도 미련한 처녀들은 슬기로운 처녀들과 전혀 다를 바 없는 처녀들이었다. 그러나 이제부터 그들이 미련한 처녀들임이 드러나게 되었다. 기름이 없어서 등불이 꺼져간다는 것이었고 또 그들은 슬기로운 처녀들에게 기름을 좀 나눠달라고 부탁하는 것이었다. 박윤선은 "미련한 자들은 하나님을 의지하지 않고 사람을 의지한다. 그들은 하나님께 기도하지 않고 사람들에게 청구한다. 곧 그들은 사람들더러 기름을 나눠달라고 청구한 것이었다"라고 말한다.170) 기름 준비를 하지 않았다는 것은 결정적으로 잘못한 일이요 미련한 일이었다. 신자가 세상에서 아무리 피곤하게 일하다가 졸며 잔다고 해도 항상 성령으로 충만해야 하는 것은 필수적인 일이다.

마 25:9. 슬기 있는 자들이 대답하여 이르되 우리와 너희가 쓰기에 다 부족할까 하노니 차라리 파는 자들에게 가서 너희 쓸 것을 사라 하니.

슬기 있는 처녀들이 미련한 처녀들의 부탁을 슬기 있게 물리친다. 두 가지를 말한다. 첫째, "우리와 너희가 쓰기에 다 부족할까" 생각된다고 말한다. 신랑을 맞이하여 집까지 데려오려면 많은 시간이 걸릴 것으로 생각하고 우리와 너희가 쓰기에 기름이 부족할 것으로 보인다는 것이었다. 둘째, "차라리 파는 자들에게 가서 너희 쓸 것을 사라"고 했다. 한 밤중에도 기름을 파는 사람이 문을 닫지 않고 있을 터이니 기름을 파는 자들에게 가서 사라는 것이었다. 슬기 있는

---

170) 박윤선, *공관복음*, 성경주석, p. 735.

처녀들의 이 대답은 몰인정한 것이 아니었다. 슬기 있는 대답이었다. 기름은 사람끼리 나누는 것이 아니라는 것을 보여주는 말이다. 성령은 하나님께서 예수 그리스도를 통하여 나누어주시는 선물이다(행 2:33).

마 25:10. 그들이 사러 간 사이에 신랑이 오므로 준비하였던 자들은 함께 혼인 잔치에 들어가고 문은 닫힌지라.

미련한 처녀들이 "기름을 사러 가는 사이에" 두 가지 일이 벌어졌다. 여기 "(사러) 간다"(ἀπερχομένων)는 말은 현재분사형으로 '가는 동안에'란 뜻으로 미처 사지 못했다는 것을 보여주는 말이다. 한참 가고 있는 동안에 두 가지 일이 벌어진 일 중에 첫째는 "신랑이 오므로 준비하였던 자들은 함께 혼인 잔치에 들어 간" 것이다. 그리고 둘째, "문이 닫힌" 것이다(눅 13:25). 한번 닫힌 문은 영원히 닫혀서 다시 열리지 않았다.

마 25:11-12. 그 후에 남은 처녀들이 와서 이르되 주여 주여 우리에게 열어 주소서 대답하여 이르되 진실로 너희에게 이르노니 내가 너희를 알지 못하노라 하였느니라.

문이 닫힌 후에 "남은 처녀들이 와서 이르되 주여 주여 우리에게 열어 주소서"라고 애원했다(7:21-23). 미련한 자들은 심판의 때에 가서야 긍휼을 구하고 있었다. 일찍이 이런 기도를 드렸더라면 큰 복을 받았을 것이다. 늦은 기도를 드리는 것은 별 의미가 없다. 예수님께서 재림하신 후는 회개할 시기가 아니다. 그 때는 영접할 시기이다. 우리는 미리 긍휼을 호소하는 기도를 드려야 한다.

예수님은 그들이 아무리 애원한다고 해도 지상의 교인들에게 큰 교훈을 주시기 위하여 "진실로 너희에게 이르노니"라는 언사를 사용하여 심각한 진리를 말씀하려 하신다. 즉 예수님은 "내가 너희를 알지 못하노라"고 말씀하신다(시 5:5; 합 1:13; 7:21-23; 요 9:31). '나는 너희와 전혀 어떤 인격적인 관계도 없노라'고 하시고, '나는 너희와 전혀 사랑의 관계가 아니다'고 하신다. "내가 너희를 알지 못하노라"는 말씀은 예수님께서 지식적으로 사람을 모르신다는 뜻이 아니라 그들과 사랑의 관계를 맺지 않았다는 것을 드러내는 말씀이다.

마 25:13. 그런즉 깨어 있으라 너희는 그 날과 그 때를 알지 못하느니라.

문장 초두의 "그런즉"(οὖν)이란 말은 앞 절에서 말씀하신 "내가 너희를 알지 못하노라"고 하신 말씀에 연결되어 나오는 말이다. 즉 준비하지 않은 사람들, 깨어 있지 않은 사람들은 천국에 들어가지 못함으로 "깨어 있으라"는 것이다(24:42, 44; 막 13:33, 35; 눅 21:36; 고전 16:13; 살전 5:6; 벧전 5:8; 계 16:15). 그런즉 천국에 들어가기 위해서는 누구든지 성령으로 충만해야 하는 것이다.

"그런즉 깨어 있으라"는 말씀은 24:42, 44의 반복이다. 깨어 있어야 하는 이유(ὅτι)는 "너희는 그 날과 그 때를 알지 못하기" 때문이라고 하신다. 예수님께서 언제 오실지 전혀 무식한 우리로서는 항상 깨어 있는 삶을 살아야 한다. 항상 성령의 인도를 받는 삶, 성령으로 지배를 받는 삶을 살아야 한다.

b.달란트 비유 25:14-30

예수님은 앞(1-13절)에서 깨어 있으라고(성도의 성령 충만한 삶)고 권장하셨는데 이제 이 부분(14-30절)에서는 충성을 권장하신다. 앞에서는 예수님께서 성도들을 성령 없는 교인들과 슬기 있는 성령 충만한 교인들로 나누셨는데 이 부분에서는 충성하는 종과 불충성하는 종으로 나누신다. 누구든지 맡은 바 사명에 충성하지 않는 종들은 신관(神觀)이 잘 못된 사람들로서 그리스도의 재림 시에 지옥의 형벌에 떨어진다(30절).

마 25:14. 또 어떤 사람이 타국에 갈 때 그 종들을 불러 자기 소유를 맡김과 같으니.

본 절 끝에 "...같으니"라는 말씀을 보면 본 절 이하 30절까지의 비유도 역시 천국 비유임에 틀림없다(1절). 즉 "(천국은) 또 마치 어떤 사람이 타국에 갈 때 그 종들을 불러 자기 소유를 맡김과 같으니..."라는 내용이다(21:33). '천국(눅 19:12)은 마치 어떤 재산가가 타국으로 여행을 떠나려 할 때 자기가 쓰는 종들을 불러 자기의 소유 즉 탈란트들을 맡김과 같다'고 하신다. 이 비유는 '예수님께서 승천하실 때 모든 종들을 불러 자기의 소유(은사)를 맡겨 충성하도록 독려했다'는 뜻이다.

마 25:15. 각각 그 재능대로 한 사람에게는 금 다섯 달란트를, 한 사람에게는 두 달란트를, 한 사람에게는 한 달란트를 주고 떠났더니.

귀인은 종들을 불러 "각각 그 재능대로 한 사람에게는 금 다섯 달란트를, 한 사람에게는 두 달란트를, 한 사람에게는 한 달란트를 주고 떠났다"(롬 12:6; 고전 12:7, 11, 29; 엡 4:11). 여기 "각각 그 재능대로"란 '사람이 하나님으로부터 받은 재능이 각각 다르다'는 것을 보여준다. 귀인은 여행을 떠나면서 종들을 불러 그들의 재능을 따라서 한 사람에게는 금 다섯 달란트, 또 한 사람에게는 금 두 달란트, 또 한 사람에게는 금 한 달란트를 주고 여행을 떠났다. 여기 "달란트"(τάλαντον)란 원래 무게 단위였는데(계 16:21) 화폐 단위로 사용되기도 했다. 한 달란트는 6,000데나리온으로(마 18:24) 큰돈이다. 한 데나리온은 노동자 한 사람이 하루 종일 일해야 받을 수 있는 돈이니 한 달란트는 어마어마하게 큰돈이다. 귀인은 자기가 없는 동안에 자기의 돈을 그냥 놀려두지 않고 불리기 위해 종들을 불러 그 종들의 역량을 따라 혹은 다섯 달란트, 혹은 두 달란트, 혹은 한 달란트를 주고 멀리 떠났다. 예수님은 비유를 들으실 때 종들의 재능을 세 가지로 말씀하셨으나 사실은 그 보다 훨씬 많은 것은 사실이다.

마 25:16-18. 다섯 달란트 받은 자는 바로 가서 그것으로 장사하여 또 다섯 달란트를 남기고 두 달란트를 받은 자도 그같이 하여 또 두 달란트를 남겼으되 한 달란트 받은 자는 가서 땅을 파고 그 주인의 돈을 감추어 두었더니.

두 종류의 사람(다섯 달란트 받은 사람, 두 달란트 받은 사람)은 바로 가서 자기들이 주인으로부터 받은 것을 가지고 장사해서 자기들이 받은 만큼을 남겼는데 한 달란트 받은 종은 가서 땅을 파고 그 주인의 돈을 감추어 두었다(13:44 참조). 그러니까 종들은 두 부류로 나뉘어졌다. 열심히 장사한 사람들과 전혀 장사하지 않은 사람으로 나뉘어졌다. 오늘날 교회도 맡은 바 은사를 가지고 사명에 충성하는 성도들과 맡은 바 은사를 전혀 사용하지 않고 그저 교회에나 겨우 출석하는 교인들로 나뉘어진다.

마 25:19. 오랜 후에 그 종들의 주인이 돌아와 그들과 결산할 새.
종들에게 돈을 주고 장사하라고 부탁한 귀인은 결국은 오랜 후에 돌아와서 그 종들과 결산했다. "오랜 후에"란 말은 '사람 편의 느낌에 오랜 후에' 그리스도께서 재림하신다는 말이다(5절; 24:44; 계 22:20 참조). 그리고 하나님 편으로 보면 빠르지도 않고 느리지도 않게 하나님의 스케줄에 맞추어 그리스도를 보내신다. 그리고 "그 종들의 주인이 돌아와"란 말은 '예수님께서 반드시 재림하신다'는 것을 보여준다. 이 한구절만 보고도 우리는 그리스도의 재림을 앞두고 충성해야 한다는 것을 느낀다. 그리고 예수님은 오셔서 반드시 "결산하신다"는 것이다. 성도들 각자는 주님의 결산에 반드시 응해야 한다(18:23; 21:34; 눅 19:15 참조). 우리가 얼마나 충성했는지 점검 받아야 한다.

마 25:20-21. 다섯 달란트 받았던 자는 다섯 달란트를 더 가지고 와서 이르되 주인이여 내게 다섯 달란트를 주셨는데 보소서 내가 또 다섯 달란트를 남겼나이다 그 주인이 이르되 잘 하였도다 착하고 충성된 종아 네가 적은 일에 충성하였으매 내가 많은 것을 네게 맡기리니 네 주인의 즐거움에 참여할지어다 하고.
주인으로부터 다섯 달란트를 받았던 종이 자기가 벌은 다섯 달란트를 더 가지고 주인 앞에 나아와 말하기를 "주인이여 내게 다섯 달란트를 주셨는데 보소서 내가 또 다섯 달란트를 남겼나이다"라고 보고한다. 헬라어 원문에 보면 "주인이여"라는 말 다음에 제일 먼저 "다섯 달란트"(πέντε τάλαντα)라는 말이 나오고 그 다음에 "남겼나이다"라는 말이 나온다. 그러니까 "다섯 달란트"라는 말은 아주 강조되어 있는 것을 알 수 있다. 그리고 종은 바로 "보소서"(ἴδε)라고 말한다. 이 말도 역시 자신이 행한 것을 부끄럼 없이 내놓는 것을 보고하는 말이다. 그리고 종은 "내가 또 다섯 달란트를 남겼나이다"라고 보고할 때 헬라어 원문에 보면 "다섯 달란트"(πέντε τάλαντα)라는 말을 제일 앞에 두고 뒤에

"남겼나이다"라는 말을 두고 있다. 종은 "다섯 달란트"라는 말을 두 번이나 강조하고 있다. 이렇게 종이 두 번이나 다섯 달란트라는 말을 강조하고 또 "보소서"라는 말을 쓴 것을 보면 두려움 없이 기쁨으로 보고하는 것을 볼 수 있다. 충성하는 종들은 현세에서도 자신이 있고 종말의 심판에서도 두려울 것이 없다. 우리는 "내가 또 얼마를 남겼나이다"라는 보고를 할 수 있는 종들이 되어야 할 것이다.

충성하는 종의 보고를 들은 주인은 "잘 하였도다 착하고 충성된 종아 네가 적은 일에 충성하였으매 내가 많은 것을 네게 맡기리니 네 주인의 즐거움에 참여할지어다"라고 말한다(34절, 46절; 24:47; 눅 12:44; 22:29-30). 주인은 "잘 하였도다"(Eὖ)라고 칭찬한다. "잘 하였도다"(well, well done)란 말은 '잘 해냈다,' '잘 감당했다'는 뜻이다. 우리는 예수 그리스도께서 심판대 앞에서 이 말씀을 해주시기를 기대하고 충성을 다해야 할 것이다. 주인은 "착하고 충성된 종아"(δοῦλϵ ἀγαθὲ καὶ πιστϵ)라고 불러준다. 이 호칭은 26절의 한 달란트도 벌지 않은 종을 향해 주인이 "악하고 게으른 종아"라고 부른 것과 정 반대의 것임을 알면 그 뜻이 더욱 분명해진다. 즉 "착하다"(ἀγαθὲ)는 말은 26절의 "악하다"라는 말과 반대어이다. 악한 종이 악하다고 책망을 들은 이유는 악한 종이 주인을 향해 "당신은 굳은 사람(hard man)이라 심지 않은 데서 거두고 헤치지 않은 데서 모으는 줄을 내가 알았다"(24절)는 말 때문이었다. 다시 말해 악한 종은 주인을 오해하고 살았다. 그는 주인을 오해하여 심지도 않고 거두고 헤쳐 심지 않아도 추수할 수 있는 주인으로 알았다. 오늘날도 이런 성도들이 종종 있다. 하나님은 우리가 무슨 일을 하지 않아도 얼마든지 무슨 일을 해내는 분으로 오해하고 사는 사람들이 있다. 그러니까 "착하다"는 말은 주인을 바로 알았다는 뜻이다. 다시 말해 "착하다"는 말은 하나님을 바로 아는 마음씨를 말한다. 즉 하나님은 우리가 열심히 일을 하기를 원하시는 분이라고 아는 것이 착한 것이다. 우리는 하나님을 오해하지 말고 바로 알고 살아야 한다. 그리고 본 절의 "충성된"이란 말은 26절의 "게으른"이란 말과 반대어이다. 그러니까 "충성된"이란 말은 '충실한'것을 지칭한다. 다시 말해 은사를 받은 종이 사명에 집착하는 것을 지칭한다. 우리는 게으르지 말고 우리가 맡은 사명에 죽도록 충성해야 한다.

주인은 "네가 적은 일에 충성하였으매 내가 많은 것을 네게 맡기리니 네 주인의 즐거움에 참여할지어다"라고 말한다. 주인은 다섯 달란트를 더 남긴 종에게 "네가 적은 일에 충성했다"고 말한다. 사실은 다섯 달란트를 맡은 것이 얼마나 큰돈인가. 그런데도 주인은 적은 일에 충성했다고 말하는 것은 이상해 보인다. 그러나 적은 일에 충성했다는 말은 앞으로 그 종이 받을 상급이 엄청나게 크다는 것을 말하기 위함이었다. 주인은 그 종에게 "내가 많은 것을 네게 맡기겠다"고 한다. 다섯 달란트가 적은 것이면 많은 것은 얼마나 많을 것인가 상상하기가 어렵다. 우리가 충성하면 우리가 상상할 수 없는 많은 것을 받을 것이다. 우리는 그것을 기대하면서 충성해야 할 것이다. 그리고 주인은 "네 주인의 즐거움에 참여할지어다"라고 말한다(딤후 2:12; 히 12:2; 벧전 1:8). "네 주인의 즐거움에 참여할지어다"라는 말은 바로 주인이 종에게 많은 것을 주는 즐거운 잔치에 참여하라는 말이다. 따로 어떤 즐거운 잔치가 열리는 것이 아니라 주인이 많은 것을 종에게 주는 즐거움에 동참하라는 뜻으로 받아야 할 것이다.

마 25:22-23. 두 달란트 받았던 자도 와서 이르되 주인이여 내게 두 달란트를 주셨는데 보소서 내가 또 두 달란트를 남겼나이다 그 주인이 이르되 잘 하였도다 착하고 충성된 종아 네가 적은 일에 충성하였으매 내가 많은 것을 네게 맡기리니 네 주인의 즐거움에 참여할지어다 하고.

두 달란트를 받았던 자가 또 두 달란트를 남기고 주인에게 와서 보고하는 내용도 다섯 달란트를 받았던 자가 다섯 달란트를 더 남기고 주인에게 와서 보고하는 내용과 똑 같다. 두 달란트를 받았던 자가 또 두 달란트를 남기고 보고할 때 흥분에 차서 보고했고 주인은 다섯 달란트를 남긴 종에게 칭찬했던 것과 똑 같은 칭찬을 한다(21절). 이유는 둘 다(다섯 달란트 받은 자나 두 달란트 받은 자나) 100%를 남겼기 때문이다. 우리는 재능에 따라 받은 은사와 사명에 죽도록 충성하면 받은 것의 차이에 관계없이 큰 칭찬과 상급을 얻는다는 것을 알 수 있다.

마 25:24-25. 한 달란트 받았던 자는 와서 이르되 주여 당신은 굳은 사람이라 심지 않은 데서 거두고 헤치지 않은 데서 모으는 줄을 내가 알았으므로 두려워하여 나가서 당신의 달란트를 땅에 감추어 두었었나이다 보소서 당신의 것을 가지셨나이다.

이제 한 달란트를 받았던 종이 와서 주인에게 보고한다. 그는 주인을 보는 눈이 달라서 엉뚱한 행동을 했다. 우리가 신관(神觀)이 잘 못되어 있으면 엉뚱한 행동을 하게 마련이다. 종은 주인을 향하여 "주여 당신은 굳은 사람이라 심지 않은 데서 거두고 헤치지 않은 데서 모으는 줄을 내가 알았다"고 말한다. 종은 첫째, 주인은 굳은 사람 즉 모질고 냉혹하고 인정 없는, 구두쇠 같은 인간으로 알았다. 그래서 주인이야말로 심지 않고도 추수하고 또 헤쳐 뿌리지 않아도 추수하는 분으로 알았다. 종은 주인 앞에서 주인을 높인다고 생각하고 말을 했지만 주인을 온전히 오해하고 살았다. 주인은 장사하여 남기기를 원하는 사람이었다. 둘째, 주인을 "두려워했다"고 말한다. 종은 주인을 두려운 분으로만 알았다. 이 말도 주인을 높이는 말로 받을 가능성이 있으나 종은 주인을 오해하며 살았다. 주인은 두려운 분이 아니었다. 각자의 재능을 따라 많은 것을 주는 주인이었다. 이렇게 주인을 오해했으므로 종은 "나가서 당신의 달란트를 땅에 감추어 두었었나이다"라고 말한다. 종은 한 달란트를 받자마자 나가서 땅에 얼른 감추어 두었다. 아무 충성도 하지 않았다. 이런 성도들은 오늘도 교회에 많이 있다. 그저 주일에 교회에만 출석했다가 예배를 잠시 드리고 아무 봉사도 하지 않고 집에 돌아가서 아무 봉사도 하지 않고 불신자와 마찬가지로 살아가고 있다. 그들은 하나님의 뜻을 몰라서 이렇게 무(無) 봉사, 무(無) 충성으로 살아가고 있다. 그 종은 이렇게 말을 한 다음에 "보소서 당신의 것을 가지셨나이다"라고 말한다. 한 달란트를 도로 드린 것이다. 다시 말해 본전을 그냥 드린 것이다. 본전을 그냥 드린 사람들은 자신들이 당연한 일을 한 것으로 생각할 것이다. 그러나 그들이야 말로 주인을 오해했고 또 오해했기에 아무 충성도 하지 않았으며 본전을 그대로 드리기만 했다. 참으로 비참한 분들이다. 믿음이 없어 지옥으로 떨어질 분들이다.

마 25:26-27. 그 주인이 대답하여 이르되 악하고 게으른 종아 나는 심지 않은 데서 거두고 헤치지 않은 데서 모으는 줄로 네가 알았느냐 그러면 네가 마땅히 내 돈을 취리하는 자들에게나 맡겼다가 내가 돌아와서 내 원금과 이자를 받게 하였을 것이니라.

악한 종의 보고를 받은 주인은 "악하고 게으른 종아 나는 심지 않은 데서 거두고 헤치지 않은 데서 모으는 줄로 네가 알았느냐"고 말한다. 그는 "악하고 게으른 종아"라는 별명을 얻었다. 그는 악하기 때문에 게을렀다. 그가 악하다는 것은 다름 아니라 주인을 오해하며 살았다는 것을 뜻한다. 그는 주인이 "심지 않고도 추수하고 또 헤쳐 뿌리지 않아도 추수하는 사람"으로 알았다. 하나님을 모르면 악하게 살 수밖에 없다. 하나님의 뜻(성경)을 모르면 악하게 세상을 살아간다.

종은 차선의 길도 택하지 않았다. 다시 말해 주인을 오해하여 한 달란트를 땅에 파묻어두고 한 세상을 살았는데 만일 그러려면 차선책이라도 택했어야 했다. 주인은 "그러면 네가 마땅히 내 돈을 취리하는 자들에게나 맡겼다가 내가 돌아와서 내 원금과 이자를 받게 하였을 것이니라"고 말한다. 그러니까 종은 이런 차선책도 채택하지 않았다. 주인이 맡긴 돈을 이자 받는 사람들에게라도 맡겼다가 주인이 돌아왔을 때 원금과 이자를 받게 했어야 했다는 말이다. 주인의 뜻을 모르면 최선책도 택하지 않고 또 차선책도 택하지 못하고 아주 악질적인 삶을 살아간다. 성경을 모르는 세상 사람들은 죄만 짓다가 세상을 마친다.

마 25:28-29. 그에게서 그 한 달란트를 빼앗아 열 달란트 가진 자에게 주라 무릇 있는 자는 받아 풍족하게 되고 없는 자는 그 있는 것까지 빼앗기리라.

주인은 악한 종의 잘못을 밝히고 나서(26-27절) 주위에 있는 자들에게(눅 19:24 참조) 명령을 내린다. "그에게서 그 한 달란트를 빼앗아 열 달란트 가진 자에게 주라"고 한다(13:12; 막 4:25; 눅 8:18; 19:26; 요 15:2). 그 이유(γὰρ)는 "무릇 있는 자는 받아 풍족하게 되고 없는 자는 그 있는 것까지 빼앗겨야" 하기 때문이라고 하신다. 예수님은 가난한 자에게서 무엇을 빼앗아 많이 가진 자에게 주라고 하시는데 이런 논리는 현실 세계에는 없는 논리이고 통하지 않는 논리이다. 그러나 영적인 세계에서는 이런 논리가 통한다. 우리가 하나님으로부터 받은 은사를 열심히 사용하면 영적인 은혜를 더 받게 마련이다. 그래서 은사를 받고 많은 봉사를 하는 사람들은 더 많은 은혜를 받고 복을 누린다. 그러나 이미 은혜를 받은 자가 은사를 사용하지 않고 다른 사람들을 위하여 봉사하지 않으면 이미 받았던 은혜까지 빼앗기고 걸인이 된다. 우리는 우리가 받은 것을 사용하여 다른 사람들에게 봉사해야 할 것이다.

마 25:30. 이 무익한 종을 바깥 어두운 데로 내쫓으라 거기서 슬피 울며 이를 갈리라 하니라.

주인은 주위에 있는 사람들에게 한 달란트를 받아서 충성도 하지 않고 은사를 묻어두었던 사람을 "무익한 종"이라고 하면서 "바깥 어두운 데로 내쫓으라"고 말한다(8:12; 24:51). 여기 "바깥 어두운 데"란 말은 지옥에 대한 상징적인 표현이다. 주인은 주인 자신을 오해하고 또 엉뚱하게 행동한 종을 벌한다. 주인은 그 종이 "거기서 슬피 울며 이를 갈리라"고 말한다. "슬피 울며 이를 갈리라"는 말에 대한 해석은 8:12; 13:42, 50; 22:13; 24:51주해를 참조하라. 우리는 지금 주님께 충성하며 이웃 봉사에 충실해야 할 것이다(25:15-23).

c.양과 염소 비유 25:31-46

예수님은 앞에서 성도들에게 자신의 재림을 맞이할 준비를 하라고 말씀하시고(1-13절), 다음으로 재림을 맞이할 준비를 하는 동안에 각자가 맡은 사명에 충성하라고 교훈하신(14-30절) 다음 이제 예수님은 성도들이 그의 재림 때 영생에 들어가기 위해서는 예수님을 믿는 자들에게 사랑을 실천하라고 부탁하신다(31-46절). 예수님은 이 부분(31-46절)에서 문장 첫 부분에서는 비유적으로 말씀하시지만 문장 전체에 걸쳐 비유가 아닌 직설적인 설화로 말씀하신다.

마 25:31. 인자가 자기 영광으로 모든 천사와 함께 올 때에 자기 영광의 보좌에 앉으리니.

예수님은 "인자가 자기 영광으로 모든 천사와 함께 올 때에 자기 영광의 보좌에 앉으리라"고 하신다(16:27; 19:28; 슥 14:5; 막 8:38; 행 1:11; 살전 4:16; 살후 1:7; 유 1:14; 계 1:7). 예수님은 자신을 "인자"라고 칭하신다. "인자"란 '고난을 받으신 메시아'를 지칭하는 말이다(8:20; 9:6; 10:23; 11:19; 12:8, 31, 41; 13:41; 16:13, 27-28; 17:9, 12, 22; 19:28; 20:18, 28 등). 우리를 대신하여 고난을 받으신 메시아가 "자기 영광으로"(16:27; 24:30; 26:64; 단 7:9-10; 막 8:38; 눅 9:26; 유 1:14) 오실 것이다. 예수님은 초림 때에는 초라한 모습으로 오셨다. 그는 말구유에 태어나셨고 별로 반기는 자 없는 중에 오셨다. 그러나 재림하실 때에는 큰 영광으로 오신다. 그리고 인자는 "모든 천사와 함께" 오신다(24:31). 천사들은 예수님의 심판에 수종 들 것이다. 그들은 악한 자들을 예수님의 심판대 앞으로 끌어오는 일과 또 심판이 끝나면 불구덩이에 넣는 일을 할 것이다(13:41-42; 24:31; 살후 1:7-8; 계 14:17-20).

예수님은 모든 천사와 함께 오셔서 "자기 영광의 보좌에 앉으실" 것이다(13:41-42; 16:27). 이 심판권은 그가 십자가에서 대속의 피를 흘리셨기에 그에게 맡겨진 것이다(13:41; 16:27; 26:64; 28:18; 요 5:22, 27; 빌 2:9-10).

마 25:32-33. 모든 민족을 그 앞에 모으고 각각 구분하기를 목자가 양과 염소를 구분하는 것 같이 하여 양은 그 오른편에 염소는 왼편에 두리라.

예수님은 이 땅에 오셔서(혹자는 예수님께서 이 땅에 오신다는 것에 대해 의구심을 품는다. 이유는 동서고금에 이 땅에서 산 사람들이 너무 많아서 이 땅에 다 모을 수 없을 것이기 때문이라고 한다) 세 가지 일을 하실 것이다. 첫째, "모든 민족을 그 앞에 모으실 것이다"(롬 14:10; 고후 5:10; 계 20:11-15). 예수님은 모든 민족을 그 앞에 모으시는 문제를 천사들에게 맡기실 것이고(24:31)

한 사람도 여기서 빠지는 사람이 없을 것이다. 둘째, "각각 구분하기를 목자가 양과 염소를 구분하시는 것처럼 구분하실 것이다"(13:49; 겔 20:38; 34:17, 20). 예수님은 모든 민족이 어떻게 살았는지 잘 아시므로 예수님을 믿고 산 사람들과 또 한편으로 믿지 않고 따르지 않은 사람들을 정확하게 구분하실 것이다(34-46절; 13:40-43, 49-50; 겔 34:17-19; 단 8:5, 7, 21; 요 10:3-4, 27 참조). 세상의 수사관들은 사람들을 정확하게 판별하지 못하나 예수님은 한 사람도 예외 없이 정확하게 구분하실 것이다. 셋째, 구분하신 다음 "양은 그 오른편에 염소는 왼편에 두실 것이다." 예수님을 믿고 사명에 충실했던 사람들은 오른편에, 그리고 예수님을 믿지 않고 사명에 충실하지 않은 사람들은 왼편에 두실 것이다. 참 기독교인들도 바로 세상 모든 사람들과 함께 이 심판의 자리에 나타날 것이다(요 5:28-29; 롬 14:10; 고전 3:13; 고후 5:10). 그러나 참 기독교인들은 죄인으로 정죄 받지 않는다(34-40절; 요 3:18; 5:24).

마 25:34. 그 때에 임금이 그 오른편에 있는 자들에게 이르시되 내 아버지께 복 받을 자들이여 나아와 창세로부터 너희를 위하여 예비된 나라를 상속받으라.
"그때에"(τότε) 즉 '심판이 시작될 때에' 예수님은 "임금"의 자격으로 심판하신다. 예수님은 선인과 악인을 갈라내시는 심판주만 되시는 것이 아니라 무엇을 공급하시는 분이어야 하므로 "임금"의 자격을 가지고 심판에 임하신다. 예수님은 모든 권세를 가지고 계시므로(11:27; 28:18) "임금"의 자격(요 18:36; 계 19:16)으로 심판하시기에 넉넉하시다.

왕이신 예수님은 그 오른편에 있는 양(믿는 자)들에게 이르시기를 "내 아버지께 복 받을 자들이여 나아와 창세로부터 너희를 위하여 예비된 나라를 상속받으라"고 하신다(20:23; 막 10:40; 롬 8:17; 고전 2:9; 히 11:16; 벧전 1:4, 9; 3:9; 계 21:7). 예수님은 그리스도를 믿고 따른 사람들에게 "내 아버지께 복 받을 자들"이라고 부르신다. 성도들은 '아버지로부터 복 받을 자들이다.' 그들은 이미 창세 전에 택함을 받았고 세상에서 사는 중에 만 가지 복을 받았으며 이제 예수님의 말씀이 끝나면 천국에 들어갈, 복 받을 자들이다. 우리는 복의 사람들이다. 복의 근원이신 아버지는 성도들에게 "나아와...상속받으라"고 하신다. 상속받아야 할 내용은 "창세로부터 너희를 위하여 예비된 나라"라고 하신다. 우리가 들어갈 천국은 만세전부터 예비된 것이라고 하신다(엡 1:4). 우리가 천국에 가는 것은 우리가 잘 해서 들어가는 것이 아니라 아버지께서 만세 전에 예비하셨기에 들어가는 것이다. 우리는 하나님께서 예정하셨기 때문에 세상에서 예수님을 믿는 소자들을 잘 대접하게 된 것이다(35-36절). 우리는 세상에서 사는 동안에 선택 받은 사람들이 아니다. 만세 전에 택함을 받았다. 얼마나 행복자들인가.

마 25:35-36. 내가 주릴 때에 너희가 먹을 것을 주었고 목마를 때에 마시게 하였고 나그네 되었을 때에 영접하였고 헐벗었을 때에 옷을 입혔고 병들었을 때에 돌보았고 옥에 갇혔을 때에 와서 보았느니라.

예수님께서 어려움을 당하실 때(주리실 때, 목마르실 때, 나그네 되었을 때, 헐벗었을 때, 병들었을 때, 옥에 갇혔을 때, 사 58:7; 겔 18:7; 딤후 1:16; 히 13:2; 약 1:27; 2:15-16; 요삼 1:5) 예수님 오른편에 있는 성도들이 예수님을 잘 대접했다고 하신다(먹을 것을 줌, 마시게 함, 영접하였음, 옷을 입혔음, 돌보았음, 와서 봄). 이렇게 그리스도에게 잘 한 성도들은 일상에서 큰 일이 아닌, 하찮은 일로 그리스도에게 사랑을 베풀었다. 이런 사랑의 봉사를 하는 사람들은 믿음이 있었기에 믿음을 밖으로 표출한 것이다(약 2:20-26). 믿음이 없이는 이런 일들이 불가능하다. 이런 일들을 하지 못하는 사람들은 믿음이 없는 자들이다.

마 25:37-39. 이에 의인들이 대답하여 이르되 주여 우리가 어느 때에 주께서 주리신 것을 보고 음식을 대접하였으며 목마르신 것을 보고 마시게 하였나이까 어느 때에 나그네 되신 것을 보고 영접하였으며 헐벗으신 것을 보고 옷 입혔나이까 어느 때에 병드신 것이나 옥에 갇히신 것을 보고 가서 뵈었나이까 하리니.

예수님의 오른 편에 있는 성도들(의인들)이 예수님으로부터 칭찬을 듣고(35-36

절) 대답한다. "주여, 우리가 어느 때에 주님께서 고난당하시는 것(주리신 것, 목마르신 것, 나그네 되신 것, 헐벗으신 것, 병드신 것, 옥에 갇히신 것)을 보고 선행(음식을 대접한 일, 마시게 한 일, 영접한 일, 옷 입힌 일, 찾아 뵌 일)을 했는가 하고 질문한다. 성도들(의인들)은 자기들이 그리스도를 믿는 형제들에게 잘한 일이 그리스도에게 한 것인 줄 몰랐다. 그리스도와 그리스도를 믿는 형제들이 연합되어 있는 줄을 모르고 그저 선행을 하지 않으면 견딜 수 없는 심정으로 한 것뿐이었다. 그리고 그들은 아마도 예수님을 믿는 형제들에게 선행을 한 일도 까마득히 잊고 살았을 것이다. 성도는 자신들이 세상에서 부족하게 행한 것만 기억나지 그런 선을 행한 것을 잘 기억하지 못하는 법이다.

마 25:40. 임금이 대답하여 이르시되 내가 진실로 너희에게 이르노니 너희가 여기 내 형제 중에 지극히 작은 자 하나에게 한 것이 곧 내게 한 것이니라 하시고.

임금(예수님)은 성도들의 반응을 듣고(37-39절) "내가 진실로 너희에게 이르노니"라는 언사를 사용하시면서 "너희가 여기 내 형제 중에 지극히 작은 자 하나에게 한 것이 곧 내게 한 것이니라"고 답하신다(10:42; 잠 14:31; 19:17; 막 9:41; 히 6:10). 예수님은 '여기 내 형제 중에 많은 사람이 아니라 지극히 작은 자 한 사람(심판장에 나와 있는 지극히 작은 자 한 사람)에게 한 것이 바로 나에게 한 것이라'고 하신다. 예수님은 자신과 성도들이 연합되어 있음을 암시하신다. 자기에게 한 것이 따로 있고 지극히 작은 자에게 한 것이 따로 있다고 하시지 않고 지극히 작은 사람 한 사람에게 한 것이 바로 예수님에게 한 것이라고 하신다. 성경은 예수님 자신과 성도가 연합되어 있다고 하신다(요 14:20; 행 9:4).

마 25:41. 또 왼편에 있는 자들에게 이르시되 저주를 받은 자들아 나를 떠나 마귀와 그 사자들을 위하여 예비된 영영한 불에 들어가라.

예수님은 이제 또 왼편에 있는, 염소에 해당하는 불신자들에게 말씀하시기를

"저주를 받은 자들아 나를 떠나라"고 하신다(7:23; 시 6:8; 눅 13:27). 예수님은 지극히 작은 형제에게 사랑과 자비를 베풀지 않은 자들에게 "저주를 받은 자들아"라고 부르신다. "저주"란 복과 반대되는 개념으로 '불행'을 뜻한다. 그들은 앞으로 저주를 받을 사람들이라기 보다는 벌써 세상에서 저주를 받은 사람들인데 이제 아주 지옥으로 가게 되어 있다. 그리고 예수님은 그들에게 "마귀와 그 사자들을 위하여 예비된 영영한 불에 들어가라"고 선언하신다(13:40, 42; 벧후 2:4; 유 1:6). 그리스도를 따르지 않고 그리스도의 형제들에게 무(無)사랑, 무(無)자비로 일관한 사람들은 마귀와 그 사자들을 위하여 예비된 영원한 불에 들어가라고 하신다. 그들은 마귀하고 함께 사는 신세가 되었고 그 사자들과 함께 지옥 불에서 영원히 함께 사는 신세가 되었다(46절; 3:12; 5:22; 13:40, 42, 50; 18:8-9; 사 33:14; 66:24; 유 1:7; 계 14:10; 19:20; 20:10, 14-15; 21:8).

마 25:42-43. 내가 주릴 때에 너희가 먹을 것을 주지 아니하였고 목마를 때에 마시게 하지 아니하였고 나그네 되었을 때에 영접하지 아니하였고 헐벗었을 때에 옷 입히지 아니하였고 병들었을 때와 옥에 갇혔을 때에 돌보지 아니하였느니라 하시니.

예수님은 왼편에 있는 불신자들이 영원한 불에 들어가야 할 이유를 말씀하신다. 예수님 자신이 고난을 받으실 때(주릴 때, 목마를 때, 나그네에 되었을 때, 헐벗을 때, 병들었을 때, 옥에 갇혔을 때) 너희들이 사랑을 베풀지 아니했다(먹을 것을 주지 않음, 마시게 하지 않음, 영접하지 않음, 옷 입히지 않음, 돌보지 않음)고 하신다. 불신자들은 아예 교회에도 출석하지 않은 사람들도 있고 교회에는 출석했으나 이름만 신자이지 아무 봉사도 하지 않은 사람들이다. 믿음이 없으면 결국 밖으로 사랑을 표출하지 못한다.

마 25:44. 그들도 대답하여 이르되 주여 우리가 어느 때에 주께서 주리신 것이나 목마르신 것이나 나그네 되신 것이나 헐벗으신 것이나 병드신 것이나 옥에

갇히신 것을 보고 공양하지 아니하더이까.

예수님의 지극히 작은 형제에게 지극히 작은 선행을 하지 않은 사람들도 대답하기를 '주여 어느 때에 주께서 고난을 받으실 때(주리실 때, 목마르실 때, 나그네 되셨을 때, 헐벗으셨을 때, 병드셨을 때, 옥에 갇히셨을 때) 공양하지 않았습니까 하고 질문한다. 그런 적이 없다고 한다. 그들은 예수님의 뜻을 알지 못하여 예수님과 예수님의 형제들과 연합되어 있는 줄도 알지 못했고 또 그들에게 잘 하는 일이 예수님에게 잘 하는 일인 줄도 몰랐다. 성경을 읽지 않고 성경을 묵상하지 않으며 연구하지 않으면 무엇이 선인지 무엇이 악인지 천지 분간 못하고 세상을 살게 된다. 우리는 하나님의 선하신 뜻을 알기 위하여 노력하고 하나님의 뜻을 실천하는 사람들이 되어야 한다. 우리는 믿음을 얻어 그리스도의 형제들에게 사랑을 베풀면서 살아야 할 것이다. 믿음이 없으면 아무런 사랑도 자비도 행하지 못한다.

마 25:45. 이에 임금이 대답하여 이르시되 내가 진실로 너희에게 이르노니 이 지극히 작은 자 하나에게 하지 아니한 것이 곧 내게 하지 아니한 것이니라 하시리니.

왼편에 있는 자들이 그리스도에게 항의하는 것을 예수님께서 들으시고 "내가 진실로 너희에게 이르노니"라는 언사를 사용하시면서 중대한 것을 발표하신다. 즉 "이 지극히 작은 자 하나에게 하지 아니한 것이 곧 내게 하지 아니한 것이니라"고 하실 것이라 말씀하신다(잠 14:31; 17:5; 슥 2:8; 행 9:5). 지극히 작은 자 하나에게 하지 않은 것이 바로 예수님께 하지 않은 것이라고 하신다. 본 절 주해를 위해서는 40절 주해를 참조하라.

마 25:46. 그들은 영벌에, 의인들은 영생에 들어가리라 하시니라.

예수님은 오른 편 사람들에게(34-40절) 그리고 왼편 사람들에게 말씀하시다가 (41-45절) 이제는 결론을 내신다. 예수님은 41-45절에 언급된 자들은 "영벌에 들어가리라"고 하시고 또 의인들(34-40절)은 "영생에 들어가리라"고 하신다(단

12:2; 롬 2:7). 여기 "영벌"이란 '영원한 형벌'이란 뜻으로 일단 한번 지옥에 들어가면 영원히 거기서부터 나오지 못하고 벌을 받는다는 뜻으로 영벌이라고 표현한다(단 12:2; 요 5:29). 그리고 "영생"이란 '영원히 하나님과 함께 사는 복된 생명'이란 뜻으로 일단 사람이 중생하여 영생을 살기 시작했으면 영원히 하나님과 함께 복된 생명을 누리게 되어 있다. 양편의 영원한 처지는 결코 변함이 없을 것이다(F. W. Grosheide). 마태의 여섯 가지 강론은 이제 영벌과 영생으로 끝마친다. 한편은 소스라치게 끔찍한 소식이고 또 한편은 엄청난 위로여서 펄펄 뛰고 싶은 마음을 주기에 충분하다.

제 26 장

예수님께서 십자가에서 죽기 전에 진행된 여러 일들

IV.예수님이 고난당하시다 26:1-27:66

마태는 예수님 생애의 마지막을 당하여 먼저 예수님께서 잡힐 때까지 진행된 여러 가지 일들을 기록하고(26:1-46), 다음으로 예수님께서 잡히신 후 죽으시고 또 매장되신 일까지 길게 기록한다(26:47-27:66). 실로 이 마지막 수난 기사(26:1-27:66)는 예수님의 공생애 기사의 대부분을 차지하는 중요한 기사라 할 것이다.

1.고난당하시기 전에 된 일들 26:1-46

예수님께서 잡히시기 전 여러 가지 일들을 만나신다. 예수님을 살해하려는 모의가 있었고(1-5절) 한 여인으로부터 기름 부음을 받으신다(6-13절). 그리고 열둘 중의 하나인 가룟 유다로부터 배신을 당하시고(14-16절) 제자들과 함께 최후의 만찬을 가지신다(17-30절). 또 예수님은 그의 수난을 앞두고 마지막 예고를 하시고(31-35절) 겟세마네에서 기도하신다(36-46절).

a.예수님을 살해하려는 모의 26:1-5

예수님은 그의 수난을 앞두고 네 번째 수난 예고(16:21-28; 17:22-23; 20:17-19 참조)를 하시고(1-2절) 한편 유대 교권자들은 가야바의 관정에서 예수님을 죽일 모의를 한다(3-4절). 그러나 실제로 예수님을 유월절에 죽여서는 안 된다는 결론을 도출한다(5절). 그들은 그런 결론을 냈지만 결국 유월절 양이신 예수님은 유월절에 죽으신다.

마 26:1-2. 예수께서 이 말씀을 다 마치시고 제자들에게 이르시되 너희가 아는 바와 같이 이틀이 지나면 유월절이라 인자가 십자가에 못 박히기 위하여 팔리리라 하시더라.

마태는 예수님께서 "이 말씀을 다 마치시고"(7:28; 11:1; 13:53; 19:1 참조)라고 쓴 다음 다른 기록으로 넘어간다. "마태는 예수님께서 말씀을 끝맺으실 때마다 이 형식을 반복해서 사용했다. 그러나 이번에는 '이 말씀을'을 덧붙이셨다. 마치 '이 말씀과' 같은 말씀이나 강화를 이후에는 본 복음의 나머지 부분에 기록하지 않을 것임을 암시하기라도 하려는 듯"(Lenski).

예수님은 제자들에게 "너희가 아는 바와 같이 이틀이 지나면 유월절이라 인자가 십자가에 못 박히기 위하여 팔리리라"고 예고하신다(막 14:1; 눅 22:1; 요 12:1). 제자들도 "이틀이 지나면 유월절인줄" 알고 있었다. 이틀이 지나면 유월절(니산월 14일, 출 12:6-7)이니 현재 예수님께서 말씀하시는 때는 화요일임에 틀림없다(Lenski, Hendriksen). 유월절은 유월절 어린 양을 먹는 니산월 14일 목요일이었다. 그런데 마가와 누가는 유월절이란 말 다음에 무교절을 언급하고 있다. 이는 수난주간 목요일 저녁에 유월절 양을 먹은 다음 7일간 누룩 없는 떡을 먹은 데서 생긴 이름이었다.

예수님께서 제자들에게 너희가 아는 바와 같이 이틀이 지나면 유월절이라고 말씀하시고 또 "인자가 십자가에 못 박히기 위하여 팔리리라"고 선언하신 것은 제자들도 다시 한 번 예수님의 십자가 수난에 대해서 들어야 예수님의 십자가 죽음이 우연이 아니고 예수님의 계획된 죽음임을 알게 될 것이었다. 예수님은 자신이 "팔리리라"(παραδίδοται)고 현재형으로 묘사하신다. 이틀이 지나 팔리실 미래의 일이었지만 예수님은 그 미래사가 분명히 이루어지신다는 뜻으로 현재형으로 묘사하신다. 예수님은 모든 일을 정확하게 알고 계셨다(행 2:23; 3:18).

마 26:3-4. 그 때에 대제사장들과 백성의 장로들이 가야바라 하는 대제사장의 관정에 모여 예수를 흉계로 잡아 죽이려고 의논하되.

"그 때에" 즉 '예수님께서 자신의 십자가 죽음을 예고하시던 때에' "대제사장들과 백성의 장로들이 가야바라 하는 대제사장의 관정에 모여" 예수님을 흉계로 잡아죽이려고 의논했다(시 2:2; 요 14:47; 행 4:25). 예수님을 잡아 죽이려고 한 것은 그들이 예수님을 시기한 때문이었다(예수님이 나사로를 살린 일, 예루살렘에 입성하실 때 사람들이 예수님에게 쏠린 일, 성전을 청결하게 하시는 중 교권자들의 교권을 인정하시지 않은 일, 바리새인들에게 일곱가지 화를 선언하신 일 등). "대제사장들과 백성의 장로들"은 산헤드린 공의회 회원들이었다. 산헤드린은 바리새인들과 장로들과 대제사장들로 구성되어 있었다(16:21 참조). 가야바는 대제사장 요셉의 성(姓)이었는데(헤르만 리델보스) 주후 18년부터 36년까지 로마 당국에 의해 임명되었다. 산헤드린 공의회 회원들은 가야바라 하는 대제사장의 관정(저택)에 모여 흉계(교활)로 잡아 죽이려고 의논했다. 그들은 예수님을 불시에 몰래 잡아 죽이려고 의논했다. 불시에 몰래 잡으려고 했던 이유는 유월절에는 사람들이 너무 많아 잘 못했다가는 군중의 폭동이 일어날지 모른다는 생각 때문에 혼란을 피하기 위해서였다. 하나님은 이런 악한 사람들을 사용하여 예수님을 십자가에 죽이셨다. 그러나 하나님께서 그들을 사용하셨다고 하여 그들이 행한 악한 일이 면제되지 않는다.

마 26:5. 말하기를 민란이 날까 하노니 명절에는 하지 말자 하더라.

유월절에 예수님을 죽이면 민란이 날것이니 명절에는 하지 말자고 결의했으나 하나님의 섭리에 의해서 유월절에 예수님은 십자가에 죽으셨다. 모든 일은 사람의 뜻대로 되지 않는다(26:3-5; 27:1, 35, 50, 62). 유월절 양이신 예수님(고전 5:7)이 유월절에 죽으시는 것은 당연한 일이었다. 모든 것이 하나님의 뜻대로 되는 것이 성도에게 큰 위로가 된다.

b.기름 부음을 받으시다 26:6-13

마태는 유월절 이틀 전에 산헤드린 공의회가 예수님을 흉계로 잡아 죽이려고 회의를 했다는 기사를 쓴(1-5절) 다음 날짜를 유월절 6일전(요 12:1-8)으로 거슬러 올라가 베다니의 한 여자가 예수님의 머리에 기름을 부은 사건(6-13절)을 기록한다. 마태가 이렇게 시간적으로 뒤에 진행된 일을 먼저 기록하고 앞에 진행된 일을 뒤에 기록한 이유는 주제별로 기사를 배열했기 때문이다. 이 기사(6-13절)는 막 14:3-9; 요 12:1-8과 병행한다. 누가의 기사(7:36-56)는 장소와 시간에 있어 본서의 내용과는 다르다. 본서의 기름부음 사건은 베다니에서 된 일이고 누가복음의 것은 문맥으로 보아 가버나움에서 된 일이다. 혹자들은 본서의 기사와 누가의 기사를 동일한 것으로 주장하나 예수님에게 기름 부은 사건이 두 번 있었던 것으로 보는 것이 바를 것이다.

마 26:6-7. 예수께서 베다니 나병환자 시몬의 집에 계실 때에 한 여자가 매우 귀한 향유 한 옥합을 가지고 나아와서 식사하시는 예수의 머리에 부으니.
마태는 예수님께서 "베다니"에 계실 때에 기름부음 받은 사건이 일어났다고 말한다(21:17; 막 14:3; 요 11:1-2; 12:3). 누가는 베다니 지역에서 기름부음 받은 사건이 일어났다고 말하지 않고 누가복음의 앞 뒤 문맥을 보아 가버나움에서 일어난 것으로 보이게 한다(눅 7:36-56).

그리고 마태는 예수님께서 "나병환자 시몬의 집에 계실 때에" 도유사건이 일어난 것으로 말한다(막 14:3). 시몬이 나병환자였다는 것을 드러내는 것은 시몬이 예전에 나병환자였으나 예수님에 의해 고침 받았다는 것을 보여주고 있고 또 예수님은 나병환자의 집에도 사양하지 않고 들어가신다는 것을 보여준다. 이 사람이 누구냐를 두고 한 가지 추측이 있는데 그것은 시몬이 8:2에 등장하는 나병환자였을 것이라는 것이다(Bruce). 그러나 확실하게 그렇다고 말할 수는 없다.

마태는 "한 여자가 매우 귀한 향유 한 옥합을 가지고 나아와서 식사하시는 예수의 머리에 부었다"고 말한다. 여기 "한 여자"가 나사로의 누이 마리아라는 것은 확실하나(요 12:3) 시몬과의 관계는 알 수 없다. 혹자는 시몬이 나사로의 아버지, 혹은 마르다의 남편, 마리아의 남편일 것이라고 추측하나 역시 추측일뿐이다. 마리아가 예수님의 머리에 기름을 부은 때 나사로 마르다도 동석했었다(요 12:2-3).

마리아는 "매우 귀한 향유"를 예수님의 머리에 부었다. 마태와 마가는 예수님의 머리에 부었다하고(12절; 막 14:8) 요한은 예수님의 발에 부었다고 말한다(요 12:3). 마리아는 예수님의 몸 여러 곳에 기름을 부은 것이다. "매우 귀한 향유"란 '순전한 나드에서 뽑아낸 향유'였는데 값이 아주 비싼 향유였다(막 14:5). 마리아가 이렇게 귀한 향유를 부은 이유는 예수님에 대한 지극한 사랑과 감사를 표하기 위한 것이었는데 특히 마리아는 성령의 감동으로 예수님께서 대속의 죽음을 죽으실 것을 알고 부었다(12절). 성령으로 아니하고는 누구든지 예수님을 주시라고 할 없다(고전 12:3).

마 26:8-9. 제자들이 보고 분개하여 이르되 무슨 의도로 이것을 허비하느냐 이것을 비싼 값에 팔아 가난한 자들에게 줄 수 있었겠도다 하거늘.

마리아가 예수님의 몸에 향유를 부은데 대해 제자들이 보고 "분개하여 이르되 무슨 의도로 이것을 허비하느냐 이것을 비싼 값에 팔아 가난한 자들에게 줄 수 있었겠도다"라고 했다(요 12:4). 아주 좋지 않은 반응을 보인 것이다. 그들은 먼저 마리아의 행위를 보고 분개했다(15:23; 19:13; 20:24 참조). 예수님을 존경하는 행동, 성령에 이끌려서 취한 마리아의 행동을 이해하지 못하고 분개한 것이다. 오늘도 교회 안에서 성령에 의해 이끌린 행동을 하는 성도들에 대해 이해하지 못하고 분개하는 사람들이 있다. 선교헌금을 외국으로 많이 보내는 일, 목회자의 사례금을 올려주는 일 등을 이해하지 못하고 마음속으로 분개하여 이상한 행동을 하는 사람들이 있다. 이렇게 노골적으로 불만을 표시한 사람은 유다였으나(요 12:4) 다른 제자들도 똑 같은 마음이었다. 그런 마음을 품었던 그들은 "무슨 의도로 이것을 허비하느냐"는 말까지 했다. 그들은 거룩한 소비를 허비로 보았다. 오늘의 교회에도 이런 소리를 하는 사람들이 있다.

제자들은 다른 제안을 한다. 즉 "이것을 비싼 값에 팔아 가난한 자들에게 줄 수 있었겠도다"라고 말한다. 예수님의 몸에 기름을 붓는 것은 아무 의미가 없는 것이니 이것을 비싼 값에 팔아 가난한 자들에게 주었어야 했을 것이라고 말한다. 그러나 그런 제안도 사실은 마리아의 행동을 비판하기 위한 제안일 뿐이었다. 가룟 유다는 공금을 훔쳐가는 사람이었으니 말이다(요 12:6). 오늘의 교회 안에도 가난한 사람을 구제하자는 제안을 하는 사람들이 더러 있다. 그러나 실제로는 그런 사람들이 가난한 사람들을 생각하고 사랑하는 사람들이 아닌 수가 많다.

마 26:10-12. 예수께서 아시고 그들에게 이르시되 너희가 어찌하여 이 여자를 괴롭게 하느냐 그가 내게 좋은 일을 하였느니라 가난한 자들은 항상 너희와 함께 있거니와 나는 항상 함께 있지 아니하리라 이 여자가 내 몸에 이 향유를 부은 것은 내 장례를 위하여 함이니라.

예수님은 제자들이 마리아가 예수님의 몸에 기름부은 것을 비난하는 것을 "아시고 그들에게 이르시되 너희가 어찌하여 이 여자를 괴롭게 하느냐"고 책망하신다. 그들은 마리아가 행한 일을 알아보고 칭찬하고 격려했어야 했는데 오히려 허비하느냐고 비난했으니 예수님은 그들에게 어찌하여 이 여자를 괴롭게 하느냐고 꾸짖으신 것이다. 오늘의 교회에도 그리스도에게 그리고 주님의 종들에게 잘한 일을 두고 괴롭히는 사람들이 있다. 예수님께서 제자들에게 그 여자를 괴롭게 하지 말아야 할 이유를 세 가지로 말씀하신다. 첫째, "그 (여자)가 내게 좋은 일을 하였기" 때문이라고 하신다. 이 문장 앞에는 이유 접속사(γὰρ)가 있다. 여기 "좋은 일"(ἔργον καλὸν)이란 구체적으로 말해 '예수님을 기쁘시게 한 일'을 지칭한다. 그 여자는 예수님의 대속의 죽음을 알아드렸다(12절). 그처럼 예수님을 기쁘시게 한 일이 또 있겠는가. 오늘도 예수님의 십자가 죽음이 우리를 대신한 죽음으로 알아드린다면 그것 이상 예수님을 기쁘시게 하는 것이 있겠는가. 둘째, "가난한 자들은 항상 너희와 함께 있거니와 나는 항상 함께 있지 않을 것이기" 때문이라고 하신다. 이 문장 앞에도 역시 이유 접속사(γὰρ)가 있다. 즉 '가난한 자들은 항상 세상에 있을 것이니(신 15:11; 요 12:8) 언제든지 도울 수 있지만 예수님은 이제 십자가에 죽으시면 제자들 곁을 떠나(요 13:33; 14:19; 16:5, 28; 17:11) 그 여자가 예수님의 몸에 기름을 부을 기회가 없을 것이니 그 여자를 괴롭히지 말라'고 하신다. 우리는 기회가 찾아왔을 때 예수님을 기쁘시게 해야 한다. 셋째, "이 여자가 내 몸에 이 향유를 부은 것은 내 장례를 위하여 하기" 때문이다. 이 문장 앞에도 역시 이유접속사(γὰρ)가 있다. 즉 예수님께서 이 여자를 괴롭히지 말라고 하신 이유는 그 여자의 기름부음이 예수님의 장례를 미리 준비했기 때문이라는 것이다. 죽은 사람의 몸에 향유를 바르는 것이 당연한 것인데 이제 예수님께서 죽으실 것을 예견하고 예수님의 몸에 향유를 부었는데 왜 그 여자를 괴롭게 하느냐고 하신다. 예수님을 기쁘시게 했는데 그 여자를 괴롭게 한다는 것은 있을 수 없는 일이었다. 세상에서도 전도자들이나 선교사들이 예수님의 십자가 복음을 전하고도 많은 비난을 받는 것은 참으로 안타까운 일이다.

마 26:13. 내가 진실로 너희에게 이르노니 온 천하에 어디서든지 이 복음이 전파되는 곳에서는 이 여자가 행한 일도 말하여 그를 기억하리라 하시니라.
예수님은 "내가 진실로 너희에게 이르노니"라는 언사를 사용하셔서 중대한 것을 발표하신다(5:20 참조). 즉 "온 천하에 어디서든지 이 복음이 전파되는 곳에서는 이 여자가 행한 일도 말하여 그를 기억하리라"고 하신다. 예수님은 예루살렘 입성 전 토요일(유월절 6일 전)에 베다니에서 이 말씀을 하신 후 3일 되는 날(수난 주간 화요일)에 온 천하에 복음이 전파되고 나서 종말이 오리라고 발표하신다(24:14). 예수님은 온 세상 어디서든지 이 복음 즉 예수님의 대속의 죽음이 전파되는 곳에서는 이 여자가 행한 일 즉 예수님의 몸에 기름 부은 행동도 말하여 그를 기억하게 할 것이라고 하신다. 마리아의 행동은 복음을 아는 행동이었고 복음을 퍼뜨리는 행동이었다. 예수님은 그 행동이 묻히는 것을 원하지 않으셨고 또 좌시하지 않으실 것이라고 하신다. 예수님의 죽으심에 대한 우리의 지극한 감사와 찬양에 대해서도 예수님은 결코 잊으시지 않는다.

c.가룟 유다의 반역 26:14-16

마태는 마리아가 예수님의 몸에 향유를 부은 사건을 기록한 다음 가룟 유다의 반역 사건을 기록한다. 그리스도를 지극히 사랑한 마리아, 그에 반해 예수님을 반역한 것을 극명하게 대조하기 위해서 이렇게 배열했을 것이다. 가룟 유다는 예수님께서 마리아의 행위를 지극히 높이신데 대해 앙심을 더욱 품고 예루살렘에 가서 유대교권자들에게 예수님을 팔았을 것이다. 물론 마리아의 행위를 예수님께서 극진히 칭찬한 것 때문에만 예수님을 반역한 것은 아니었다. 그는 예수님을 따라다니면서 인간적으로 적이 실망했다. 그는 예수님 때문에 출세해 보려는 야심이 있었는데 이제 보니 예수님이야 말로 아주 힘없는 사람이고 아주 장래가 보잘 것 없는 사람으로 느껴져서 돈을 받고 팔아버리고 말았다.

마 26:14-15a. 그 때에 열둘 중의 하나인 가룟 유다라 하는 자가 대제사장들에게 가서 말하되 내가 예수를 너희에게 넘겨주리니 얼마나 주려느냐 하니.
마태는 문장 초두에 "그 때에"(τότε)라고 기록했는데 마태는 분명하게 그 때가 어느 때인지 알고 이 말을 기록했을 것이지만 우리로서는 분명히 알 수 없다. 아마도 산헤드린 사람들이 예수를 죽이려는 회의를 한 후에 가룟 유다가 대제사장을 찾아갔을 것으로 보인다. 만약 산헤드린 사람들이 회의를 가지기 전에 유다가 그들을 찾아가서 예수님을 넘겨줄 것을 약속했다면 3-5절 안에 그 내용이 암시되었을 것이다.

마태는 "열둘 중의 하나인 가룟 유다라 하는 자가 대제사장들에게" 찾아갔다고 말한다. 마태가 가룟 유다를 "열둘 중의 하나"라고 표현하는 이유는 이 단체가 예수님의 제자 단체로서 아주 놀라운 특권을 가진 단체라는 것을 부각하는 말이다. 복음서 기자들은 자주 가룟 유다의 이름을 부르려고 할 때 "열둘 중의 하나"라고 말한다(26:14; 막 14:10, 20, 43; 눅 22:3-4; 요 6:70-71; 13:2, 30). 이 말의 뜻을 두고 혹자는 가룟 유다(10:4)가 열둘 중에 속하기는 했었으나 못된 사람이라는 것을 부각시키기 위해서였을 것이라고 주장하나, 그 보다는 열 둘 중에 한 사람이라는 것이 얼마나 놀라운 특권이고 얼마나 놀라운 은혜인데 엉뚱한 짓을 했다는 뜻으로 보아야 할 것이다. 열 둘 중에 하나라는 것은 참으로 놀라운 복이고 특권이다(김수홍의 *마가복음 주해*에서).

마태는 유다가 대제사장들에게 가서 예수님을 돈 받고 팔았다고 말한다. 즉 유다가 "대제사장들에게 가서 말하되 내가 예수를 너희에게 넘겨주리니 얼마나 주려느냐"고 흥정했다고 기록한다. "넘겨주리니 얼마나 주려느냐"(27:3; 슥 11:12). 참으로 타락 중에 놀라운 타락이다. 사탄이 그 마음속에 들지 않고야 이런 타락까지 갈 수는 없다. 오늘도 전도자들 중에 가끔 이렇게 심각하게 타락한 사람을 볼 수 있다.

마 26:15b-16. 그들이 은 삼십을 달아 주거늘 그가 그 때부터 예수를 넘겨 줄 기회를 찾더라.

대제사장들은 참으로 좋은 기회를 만나서 이런 기회를 놓치지 않기 위해 "은 삼십을 달아 주었다"(슥 11:12; 눅 22:5-6 참조). 은 30이면 사람을 노예로 팔 때 받는 값이다(출 21:32). 대제사장은 예수님을 노예정도로 취급했다. 가룟 유다는 예수님을 팔아서 큰돈을 챙기려 했지만 겨우 노예 값밖에 받지 못했다. 가룟 유다는 이래저래 실망만 하고 돌아다녔다.

마태는 유대가 은 30을 받은 다음부터 "예수를 넘겨 줄 기회를 찾았다"고 말한다. 가룟 유다는 대제사장들로부터 은 30을 받은 후부터 마음이 초조했다. 언제 넘겨주는 것이 제일 좋을까. 아무래도 사람이 주위에 없을 때(눅 22:6) 넘겨주는 것이 제일 좋은 때였다. 이렇게 초조하게 때를 기다릴 때 마귀가 도와서 결국은 유다는 자기의 계획을 수행할 수 있었다(47-56절).

d.최후의 만찬을 가지다 26:17-30

마태는 가룟 유다의 반역을 기록한(14-16절) 다음 최후의 만찬에 대해 기록한다(17-30절). 마태는 제자들이 최후의 만찬을 준비한 것을 기록하고(17-19절), 예수님께서 가룟 유다가 예수님을 팔 것을 예언하시며(20-25절), 예수님께서 성찬예식을 제정하신 것을 기록한다(26-30절). 최후의 만찬이 언제 있었느냐를 두고 이런 저런 견해가 있으나 사도 요한의 기록을 따라 니산월 14일 목요일 저녁으로 보아야 하고 최후의 만찬 후에 제자들의 발을 씻으신 것으로 보아야 할 것이다(요 13:1-17). 이 부분(17-30절)은 막 14:12-26; 눅 22:7-23; 요 13:21-30과 병행한다. 그리고 고전 11:23-25을 참조하라.

마 26:17. 무교절의 첫날에 제자들이 예수께 나아와서 이르되 유월절 음식 잡수실 것을 우리가 어디서 준비하기를 원하시나이까.

"무교절의 첫날"[171] 즉 '수난 주간 목요일'에 "제자들이 예수께 나아와서 이르되 유월절 음식 잡수실 것을 우리가 어디서 준비하기를 원하시나이까"라고 여쭙는다(출 12:6, 18; 막 14:12; 눅 22:7). 제자들은 어디서 유월절 음식 잡수실 것을 준비하기를 원하십니까라고 질문한다. 그들은 예수님의 소원대로 준비하기를 소원했다. 준비는 많다. 방 준비(18절 참조), 방 안에 놓아야 할 가구 준비, 무교병, 쓴 나물, 포도주 등을 준비해야 한다.

마 26:18-19. 이르시되 성 안 아무에게 가서 이르되 선생님 말씀이 내 때가 가까이 왔으니 내 제자들과 함께 유월절을 네 집에서 지키겠다 하시더라 하라 하시니 제자들이 예수께서 시키신 대로 하여 유월절을 준비하였더라.

본 절은 예수님의 지시 사항을 기록한 것이다. 예수님은 제자들에게 "성안 아무에게 가라"고 하신다. 예루살렘 성 안으로 들어가라고 하신 것이다. 유월절은 성안에서 지키기로 되어 있었다. 그래서 예수님은 성안 아무에게 가라고 하신다. 막 14:13에 의하면 제자들 중에 두 사람에게 내려진 지시였는데, 눅 22:8에 의하면 구체적으로 베드로와 요한에게 내려진 지시라고 말한다.

그리고 마태는 예수님께서 성안 "아무에게" 가라고 지시하셨다고 하셨는데 마가와 누가는 좀 더 구체적으로 말하기를 성안에 들어가면 물 한 동이를 가지고 가는 한 남자를 만나리라고 하셨다. 물동이를 머리에 이고 가는 남자를 만나기란 아주 쉬운 일이었다(혹은 등에 지었다고 해도 찾기가 쉬웠다). 그리고 그를 따라 들어가서 그리스도의 말씀을 그 집 주인에게 말하면 유월절을 먹을 수

---

171) 무교절이란 말은 원래 니산월 15일부터 21일까지를 지칭한다(레 23:6). 그러나 유월절 양이 도살되는 14일까지를 포함한다(2절 참조; 출 12:18).

있는 장소를 얻을 것이라고 하셨다.

그리고 예수님은 두 제자들에게 이렇게 이르라고 하신다. 즉 "선생님 말씀이 내 때가 가까이 왔으니 내 제자들과 함께 유월절을 네 집에서 지키겠다 하시더라 하라"고 일러주신다. 예수님은 "내 때가 가까이 왔으니"라는 말을 주인에게 하라고 덧붙이신다. 이 말씀은 예수님의 죽으실 때가 가까이 왔다는 뜻인데 (26:45; 요 7:30; 12:33; 13:1) 예수님께서 이 말씀을 덧붙이신 것을 보면 아마도 그 집 주인이 예수님을 따르는 사람이었을 것으로 보인다.

제자들은 예수님께서 시키신 대로 하여 유월절을 준비했다. 제자들은 예수님의 지시를 따라 준비했다. 예수님의 지시사항은 아주 쉬운 것이었다. 예수님의 명령은 어려운 것이 아니다.

마 26:20-21. 저물 때에 예수께서 열두 제자와 함께 앉으셨더니 그들이 먹을 때에 이르시되 내가 진실로 너희에게 이르노니 너희 중의 한 사람이 나를 팔리라 하시니.

니산월 14일(목요일) "저물 때에 예수께서 열두 제자와 함께 앉으셨다"(막 14:17, 21; 누 22:14; 요 13:21). 여기 "앉으셨다"는 말은 유대인의 식사 자세를 취했다는 말이다. 요 13:1-20에 의하면 예수님은 겸손에 대한 교훈을 말씀하시면서 제자들의 발을 씻기신 후 식사 자세를 취하신 것이다. 그리고 식사가 한참 진행되는 중에 예수님은 "내가 진실로 너희에게 이르노니"라는 언사를 사용하여 아주 중대한 사건이 일어날 것을 광고하신다. 즉 "너희 중의 한 사람이 나를 팔리라"고 하신다. 제자들 모두에게 청천벽력과 같은 말씀이었다. 가룟 유다도 놀랐을 것이다. 어떻게 예수님께서 자기 속에 있는 것을 아실까. 그의 놀람은 11제자의 놀람과는 다른 종류의 놀람이었다. 가룟 유다는 예수님의 전지하심에 다시 한 번 놀랐을 것이다. 그러나 유다는 이미 돈을 받았으니 어떻게 되돌릴 수는 없는 일이었다. 그냥 자기의 계획을 진행시키는 수밖에 없었다.

마 26:22. 그들이 몹시 근심하여 각각 여짜오되 주여 나는 아니지요.

예수님의 광고를 들은 11제자들은 "몹시 근심하여 각각 여짜오되 주여 나는 아니지요"라고 질문한다. 그들은 예수님의 갑작스런 말씀을 듣고 근심으로 가득차게 되었다. 그들은 번갈아가면서 "주여 나는 아니지요"(Μήτι ἐγώ εἰμι, κύριε)라고 질문한다. 이 헬라어 원문은 부정적 대답을 기대하는 질문이다. 즉 '응 너는 아니다'라는 대답을 듣고 싶어하는 질문이다.

마 26:23. 대답하여 이르시되 나와 함께 그릇에 손을 넣는 그가 나를 팔리라.
제자들의 "나는 아니지요"라는 질문(앞 절)에 대해 예수님은 직접적으로 누구라고 대답하지도 않으시고 예수님을 파는 사람의 이름을 거론하지도 않으시고 다만 "나와 함께 그릇에 손을 넣는 그가 나를 팔리라"고만 답하신다(시 41:9; 눅 22:21; 요 13:18). 예수님의 이 말씀은 예수님을 파는 유다의 반역행위가 아주 야비했음을 보여주고 있다. 함께 그릇[172]에 손을 넣고 먹던 제자가 예수님을 팔았다는 것은 참으로 비열한 행동이다. 예수님과 함께 그릇에 손을 넣어 음식을 꺼내 먹는 사람이 가룟 유다 한 사람은 아니었고 여러 사람이었다. 그렇게 볼 수 있는 이유는 병행절인 막 14:20의 (그릇에 손을) "넣는 자"(ὁ ἐμβαπτόμενος)란 말이 현재분사로 되어 있기 때문이다. 다시 말해 누군가가 이 사람 저 사람 계속해서 그릇에 손을 넣어 먹었다는 뜻이다. 이렇게 함께 식사를 하던 제자가 예수님을 판다는 것은 야비하고 비열한 행위가 아닐 수 없다(시 41:9 참조). 예수님은 이런 비열한 성품을 가지고 있는 유다를 아직도 드러내지 않으시고 넌지시 말씀만 하고 계신다.

마 26:24. 인자는 자기에게 대하여 기록된 대로 가거니와 인자를 파는 그 사람에게는 화가 있으리로다 그 사람은 차라리 태어나지 아니하였더라면 제게 좋을 뻔하였느니라.
예수님은 본 절에서 두 가지를 말씀하신다. 하나는 "인자는 자기에게 대하여

---

172) "그릇"이란 말은 과일을 으깬 것과 식초를 섞어서 만든 일종의 스우프(soup)를 넣은 그릇이었다(Hendriksen).

기록된 대로 간다"고 하신다(시 22:1-21; 사 53:1-12; 단 9:26; 막 9:12; 눅 24:25-26, 46; 행 17:2-3; 26:22-23; 고전 15:3). 여기 "인자"란 말은 '고난 받으시는 메시아'라는 뜻으로(8:20 주해 참조) 십자가를 앞에 두신 그리스도의 자칭호이다. 예수님은 구약에 기록된 대로 가시는 분이시라고 하신다. 예수님은 가룟 유다가 교권자들에게 팔기 때문에 죽으시는 것이 아니라 하나님께서 계획하신 대로 죽으시고 부활하시고 승천하신다는 뜻이다. 또 하나는 "인자를 파는 그 사람에게는 화가 있으리로다 그 사람은 차라리 태어나지 아니하였더라면 제게 좋을 뻔하였느니라"고 하신다(요 17:12). 이 말씀은 예수님을 파는 유다에게 영원한 화가 있으리라는 뜻이다. 예수님은 유다가 차라리 태어나지 않았더라면 유다에게 좋을 뻔 했다고 말씀하신다. 지옥의 고통을 영원히 받을 것이기에 이렇게 말씀하신 것이다. 유다가 그리스도로 하여금 십자가를 지도록 하여 인류의 구원을 이루는데 크게 쓰임을 받았다고 해서 유다가 하나님으로부터 칭찬을 받을 것도 아니고 상을 받을 것도 아니었다. 유다는 그가 행한 일 때문에 영원히 비참하게 될 것이었다. 그래서 그는 태어나지 않았더라면 자신에게 더 좋았을 것이다. 혹자는 유다의 고통을 욥의 고난에 대비하기도 하나 욥은 현재 자신이 당하는 고생이 너무 심하여 자기가 자기를 향하여 한 말이고(욥 3:3, 10-13) 유다의 고난은 예수님께서 하신 말씀이니 전혀 다르다.

마 26:25. 예수를 파는 유다가 대답하여 이르되 랍비여 나는 아니지요 대답하시되 네가 말하였도다 하시니라.

유다는 이제야 예수님에게 "랍비여 나는 아니지요"(Μήτι ἐγώ εἰμι, ῥαββι)라고 묻는다. 다른 제자들은 이미 "주여 나는 아니지요"(22절)라고 근심어린 마음으로 여쭈어 보았는데 유다 혼자 가만히 있을 수가 없어 '선생님 나는 아니지요'라고 예수님의 의중을 떠 보았다. 참으로 악질적인 질문이었다. 자기가 예수님을 판돈 은 30을 손에 가지고 있으면서 "나는 아니지요?"라고 물은 것이다. 유다는 심장에 철판을 깔고 이렇게 질문한 것이다. 그는 여전히 예수님을 향하여 "주여!" 라고 부르지 않고 그저 "랍비"(선생님)라고만 부르고 있다. 예수님을 "주님"이라고 부르지 않고 선생님이라고 부르는 사람은 구원을 얻지 못한다.

유다의 질문을 받으신 예수님은 "네가 말하였도다"(Σὺ εἶπας)라고 대답하신다. 예수님은 "(바로) 네가"(Σὺ)라는 말을 사용하시지 않아도 되는데 강조하기 위하여 헬라어의 "네가"라는 말을 쓰신다. 그리고 "말하였도다"(εἶπας)라는 부정과거 동사를 사용하여 '네 말이 맞다,' '네가 참으로 말했다'라고 말씀하신다. 유다는 결국 예수님께서 자기가 예수님을 팔 계획을 알고 계신 줄을 알게 되어 그 밤에 심렴에 검은 마음을 품은 채 예수님과 제자들을 떠나고 말았다(요 13:30). 예수님은 십자가 고난을 억지로 지시는 분이 아니라 자발적으로 그 길을 가시는 분임을 보여주셨다.

마 26:26. 그들이 먹을 때에 예수께서 떡을 가지사 축복하시고 떼어 제자들에게 주시며 이르시되 받아서 먹으라 이것은 내 몸이니라 하시고.

본 절부터 29절까지 성례식의 기원을 보여준다. 성례식은 "그들이 먹을 때에" 시작되었다(막 14:22; 눅 22:19). 다시 말해 '예수님과 제자들이 유월절 식사를 하시면서 시작했다.' 즉 "예수께서 떡을 가지사 축복하시고 떼어 제자들에게 주시며 이르시되 받아서 먹으라 이것은 내 몸이니라"고 하셨다(고전 11:23-25). 그러니까 유월절 식사는 예수님께서 우리를 위해 고난당하실 것을 내다보는 식사임에 반하여 성례식은 예수님께서 우리를 위하여 고난당하신 것을 기념하는 예식이다.

예수님께서 누룩 없는 떡을 가지시고 먼저 축복(감사기도) 하신(다음 절; 14:19 참조) 다음 그 떡을 떼어 제자들에게 주시면서 "받아서 먹으라 이것은 내 몸이니라"고 하셨다. 여기 "이것은 내 몸이니라"는 말씀은 '이 떡은 내 몸을 기억하게 하는 것이라,' '이 떡은 내 몸을 기념하는 것이니라'는 뜻이다(눅 22:19; 고전 10:16; 11:24). "이것은 바로 내 몸이니라"는 말은 결코 예수님의 살이라는 뜻이 아니다. 로마 캐돌릭은 사제가 기도할 때 즉시 떡이 예수님의 살로 변한다는 화체설을 주장하나 문맥에 어긋난다. 만일 로마 캐돌릭처럼 주장한다면 두 가지 살이 될 것이다. 떡도 살이고 예수님의 살도 살일 것이다.

우리는 오늘 예수님께서 우리를 위하여 십자가에서 살을 찢으신 것을 기념해야 할 것이다.

마 26:27-28. 또 잔을 가지사 감사 기도하시고 그들에게 주시며 이르시되 너희가 다 이것을 마시라 이것은 죄 사함을 얻게 하려고 많은 사람을 위하여 흘리는 바 나의 피 곧 언약의 피니라.

예수님은 떡을 떼어 감사기도하시고 제자들에게 떼어주신(앞 절) 다음 "또 잔을 가지사 감사 기도하시고 그들에게 주신다." 즉 '포도주 잔을 가지시고 감사 기도하신 후 제자들에게 주신다.' 로마 가톨릭 교회는 역시 사제가 기도한 후에는 포도주가 피로 변한다고 주장한다. 그렇다면 예수님의 피는 두 가지가 될 것이다. 예수님의 손에 들려져 있는 피가 있고 또 예수님의 몸속에 흐르는 피가 있게 된다. 우리는 예수님의 손에 있는 포도주는 예수님의 피를 기념하게 하는 포도주로 알아야 한다. 우리는 성찬예식에서 사용되는 포도주는 예수님께서 우리를 위하여 십자가에서 흘리신 피를 기념하는 피로 알아야 한다. 예수님은 "너희가 다 이것을 마시라"고 하신다(막 14:23). '이것을 마시면서 예수님께서 십자가에서 흘리신 보혈을 기념하라'는 말씀이다.

예수님은 "이것은 죄 사함을 얻게 하려고 많은 사람을 위하여 흘리는바 나의 피 곧 언약의 피라"고 하신다(20:28; 출 24:8; 레 17:11; 렘 31:31; 롬 5:15; 히 9:22). 예수님의 손에 있었던 포도주는 죄 사함을 얻게 하려고 많은 사람[173)]을 위하여 흘리는 예수님의 피를 기념하는 것이라고 하신다. 본문에 "나의 피 곧 언약의 피니라"는 말씀은 예수님의 손에 있었던 포도주는 예수님께서 피 흘리신 것을 기념하는 것인데 그것은 또 구약 시대부터 약속해온 피라고 하신다. 구약 시대에는 예수님께서 피 흘리실 것을 많이 약속했다. 하나님께서 아담과 약속하셨고(창 2:7; 3:15), 노아와 약속하셨으며(창 9:11-17), 아브라함과 약속하셨고(창 12:2; 15:5; 17:4, 7; 시 105:9), 모세와 약속하셨으며(다 인용하기

173) 예수님은 모든 사람을 위해서가 아니라 "많은 사람"을 위하여 피를 흘리신다고 말씀하신다(사 53:12; 막 10:45; 요 10:11, 14-15, 27-28; 17:9; 행 20:28; 롬 8:32-35; 엡 5:25-27).

어려울 정도로 많다. 출 24:8; 레 17:11), 다윗과 약속하셨다(삼하 7:12-16). 하나님은 사람을 구원해주시겠다고 구약 시대에 많이 약속하신대로 예수님의 피를 통하여 구원해 주시기 때문에 예수님의 피를 약속의 피라고 하신다. 히 9:22; 엡 1:7 참조. 예수님은 우연히 피를 흘리신 것이 아니라 하나님께서 약속하신 것을 따라 피를 흘리셨다.

마 26:29. 그러나 너희에게 이르노니 내가 포도나무에서 난 것을 이제부터 내 아버지의 나라에서 새 것으로 너희와 함께 마시는 날까지 마시지 아니하리라 하시니라.

예수님은 문장 초두에 "그러나"(δє)라는 말을 사용하신다. "그러나"(δє)라는 말은 본 절이 앞 절의 내용과는 완전히 다른 내용임을 보여주는 말이다. 즉 앞에서는 제자들이 포도주(혹은 포도즙)를 마셨으나 이제는 포도주를 마시지 않게 되었다는 것을 드러낸다.

그리고 예수님은 중대한 것을 선언하시기 위해서 "너희에게 이르노니"라는 언사를 사용하신다. 중대 선언은 "내가 포도나무에서 난 것을 이제부터 내 아버지의 나라에서 새 것으로 너희와 함께 마시는 날까지 마시지 아니하리라"는 선언이다(막 14:25; 눅 22:18; 행 10:41). 예수님은 포도나무에서 난 것 즉 포도주(혹은 포도즙)를 마시지 않겠다고 하신다. 예수님은 그날(유대력으로 금요일) 오전 9시 골고다 언덕에서 죽으셨다. 예수님은 우리 달력으로 목요일 저녁(유대력으로는 금요일시작시간)에 이 선언을 하시고 금요일 오전 9시에 죽으신 것이다.

예수님은 "내 아버지의 나라에서 새 것으로 너희와 함께 마시는 날"이 있을 것이라고 하신다. 예수님은 죽으시지만 아버지의 나라를 바라보고 계신다. 예수님께서 재림하시고 하나님의 나라가 실현될 때 하늘의 식탁이 마련될 때 "새 것"(καινὸν)을 마실 날이 있을 것을 내다보신다. "새 것"(καινὸν)이란 '질적으로 새로운 것'을 지칭한다. 예수님은 그가 재림하신 후 하나님의 나라(8:11; 눅 22:30; 계 19:9)에서는 질적으로 새로운 것을 마실 것이라고 하신다. 여기

"마신다"(πίνω)는 말은 현재 가정법으로 천국에서 계속해서 새 것을 마실 것이라고 하신다.

마 26:30. 이에 그들이 찬미하고 감람산으로 나아가니라.
제자들은 찬미하고 겟세마네 동산으로 갔다(막 14:26). 그들은 할렐(Hallel)의 둘째 부분인 시 115-118편과 끝부분 시 120-137편을 찬미했다(Lenski). 그들은 기드론 시내를 건너 감람산 기슭에 있는 겟세마네 동산으로 나아갔다(마 26:36; 요 18:1).

e.예수님 수난의 마지막 예고 26:31-35

유월절 만찬을 먹고 성찬예식에 참여한 제자들은 겟세마네 동산으로 가는 도중 예수님은 마지막으로 그의 수난을 예고하신다. 이번의 수난 예고는 마지막 예고였다. 예수님은 제자들이 모두 예수님을 버릴 것을 예고하시고 특별히 베드로가 예수님을 부인할 것을 예고하신다.

마 26:31. 그 때에 예수께서 제자들에게 이르시되 오늘 밤에 너희가 다 나를 버리리라 기록된바 내가 목자를 치리니 양의 떼가 흩어지리라 하였느니라.
"그 때에" 즉 '예수님과 제자들이 겟세마네 동산으로 가는 도중에' 예수님은 "예수께서 제자들에게 이르시되 오늘 밤에 너희가 다 나를 버리리라"고 예언하신다(11:6; 막 14:27; 요 16:32). 예수님은 제자들이 예수님을 버릴 시간을 정확하게 예언하신다. 제자들이 모두 예수님을 버릴 것에 대해서는 구약에 기록된 대로라고 하신다. 즉 "기록된바 내가 목자를 치리니 양의 떼가 흩어지리라"고 하신다. 이 예언은 슥 13:7에 기록된 예언이다. 그 예언의 내용은 하나님께서 예수님을 십자가에서 죽이시리니 양떼가 다 흩어지리라는 예언이었다. 가룟 유다는 예수님을 배반하여 일찍이 우리 월력으로 목요일 밤에 떠났고 다른 11제자들은 다 연약해서 예수님을 끝까지 따르지 못하고 버릴 것이었다. 그러나 그들은 그리스도의 용서를 받아(26:29; 요 17:6, 14, 16) 다 구원에 받았다(요

17:11). 제자들이 이렇게 예수님을 버린 것은 제자들이 연약해서였지만 또 한편으로는 예수님은 홀로 우리를 십자가에서 구원한 것이지 사람의 도움이 없었음을 보여주는 사건이었다.

마 26:32. 그러나 내가 살아난 후에 너희보다 먼저 갈릴리로 가리라.

예수님은 제자들이 그 밤에 다 흩어지리라고 말씀하셨지만(앞 절) "그러나 내가 살아난 후에 너희보다 먼저 갈릴리로 가리라"고 하신다(28:7, 10, 16; 막 14:28; 16:7). 예수님은 죽으셨다가 살아나리라고 하신다(17:9; 눅 24:6-8). 그리고 예수님은 제자들보다 먼저 갈릴리로 가리라고 하신다. 시간적으로 예수님께서 제자들보다 먼저 가시리라는 것이다. 그리고 예수님은 제자들과 다시 만날 장소도 말씀하신다. 예수님은 갈릴리에서 그들과 재회하리라고 하신다(28:7 참조). "그리스도께서 부활하신 직후에 하늘에서 내려온 한 천사가 제자들에게 이 약속을 상기시켜주었으며(28:7), 예수님께서도 친히 여인들에게 갈릴리로 가서 주님을 만나라고 지시하셨다(28:10). 사실상 부활하신 구주께서 이들 열 한 제자들을 만나시고(28:16) 또 제자 중 일곱을 만나시며(요 21:1-23) 그리고 500여명이 넘는 추종자들을 만나신 것(고전 15:6)은 모두 이 갈릴리에서였다"(Hendriksen).

마 26:33. 베드로가 대답하여 이르되 모두 주를 버릴지라도 나는 결코 버리지 않겠나이다.

베드로는 예수님께서 31절에 말씀하신 예고를 듣고 대답하기를 "모두 주를 버릴지라도 나는 결코 버리지 않겠나이다"라고 한다. 베드로의 이 말을 두고 몇 가지를 생각할 수 있다. 첫째, 예수님의 예고(31절)는 틀렸다는 반응을 보인다. 예수님께서 아무리 그렇게 말씀하신다고 해도 그것은 다른 제자들에게 해당될지는 몰라도 자신에게는 해당되지 않는 예고라는 반응을 보인다. 둘째, 베드로는 다른 제자들보다 자기가 더 낫다고 말한다. 다른 제자들은 다 주님을 버린다고 해도 자기는 전혀 그렇지 않을 것이라고 자만한다. 셋째, 베드로는 겸손의 덕을 온전히 버리고 있었다. 예수님께서 구약(슥 13:7)을 인용하셔서 제자들이 흩어지리라고 하셨으면 자기도 그런 입장에 빠질 수 있을 것이라고 생각했어야 했는데 구약 성경의 말씀을 무심히 여기고 큰 소리를 친 것이다. 우리는 항상 우리가 다른 이들보다 낫다거나 또 나는 최소한 다르리라고 장담할 수 없음을 알아야 할 것이다. 성경은 "아무 일에든지 다툼이나 허영으로 하지 말고 오직 겸손한 마음으로 각각 자기보다 남을 낫게 여기라"고 말하고 있다(빌 2:3).

마 26:34. 예수께서 이르시되 내가 진실로 네게 이르노니 오늘 밤 닭 울기 전에 네가 세 번 나를 부인하리라.

베드로의 높은 마음을 읽으신 예수님은 31절 말씀보다 더 엄중하게 말씀하신다. 예수님은 "내가 진실로 네게 이르노니"(5:18 주해 참조)라는 언사를 사용하셔서 중대한 것을 발표하신다. 즉 "오늘 밤 닭 울기 전에 네가 세 번 나를 부인하리라"고 하신다(막 14:30; 눅 22:34; 요 13:38). 예수님은 "오늘 밤 닭 울기 전에"라고 시간을 정확하게 말씀하신다. 31절에서는 "오늘 밤"이라고만 말씀하셨는데 본 절에서는 "오늘 밤 닭 울기 전에" 베드로가 부인하리라고 예고하신다. 그리고 예수님은 베드로가 예수님을 "세 번" 부인하리라고 하신다. "세 번"이라는 숫자는 완전수로 베드로가 예수님을 완전히 그리고 철저히 부인하리라고 하신다. 베드로가 마음을 높이지 않고 예수님의 말씀(31절)을 수긍했더라면 예수님은 이처럼 심한 말씀은 하시지 않았을 것이다. 예수님은 모든 것을 정확하게 아시는 분이시다.

마 26:35. 베드로가 이르되 내가 주와 함께 죽을지언정 주를 부인하지 않겠나이다 하고 모든 제자도 그와 같이 말하니라.

베드로는 예수님의 엄중한 경고를 들으면서도 좀처럼 굽히지 않고 더욱 강경하다. 즉 "내가 주와 함께 죽을지언정 주를 부인하지 않겠나이다"라고 말한다. 베드로는 주님과 함께 죽겠다고 말하고(본 절) 또 주님을 위하여 죽기까지 하겠다고 말한다(요 13:37).

베드로가 큰 소리를 치고 나오니 다른 제자들도 그냥 있을 수가 없어 그들도 주님과 함께 죽을지언정 주를 부인하지 않겠다고 말한다. 즉 "모든 제자도 그와 같이 말하니라." 예수님은 31절에서 "너희가 다 나를 버리리라"고 하셨는데 제자들은 다 베드로와 같이 주님을 부인하지 않겠다고 말한다. 그러나 인간은 연약하여 자기들이 큰 소리를 친 것과는 달리 모두 예수님을 부인하고 말았다. 그러나 예수님은 그들 모두를 사랑하셔서 구원하셨다(눅 24:34; 고전 15:5; 요 21:15-17). 오늘 우리도 우리의 의지로 구원을 얻는 것이 아니라 그리스도의 사랑으로 구원을 얻는 것을 알아야 한다.

f.겟세마네에서 기도하시다 26:36-46

예수님은 제자들과 함께 겟세마네 동산으로 오시면서 제자들이 몇 시간 안으로 예수님을 부인할 것을 예고하신(31-35절) 다음 이제는 겟세마네 동산에서 기도하신다. 이 부분(36-46절)은 막 14:34-42; 눅 22:39-46과 병행한다. 그리고 요 18:1-2도 겟세마네 동산의 기도에 대해 약간 언급한다.

마 26:36. 이에 예수께서 제자들과 함께 겟세마네라 하는 곳에 이르러 제자들에게 이르시되 내가 저기 가서 기도할 동안에 너희는 여기 앉아 있으라 하시고.

예수님께서 제자들과 함께 겟세마네[174]라 하는 동산("기름짜는 틀"이라는 뜻)에 이르신 다음 제자들에게 이르시기를 "내가 저기 가서 기도할 동안에 너희는 여기 앉아 있으라"고 하신다(막 14:32, 35; 눅 22:39; 요 18:1). 예수님은 내가 저기 가서 기도할 동안에 제자들은 여기 앉아 있으라고 하신다. "여기 앉아 있으라"는 말씀은 '여기 앉아서 기도하라'는 뜻이다(41절).

마 26:37. 베드로와 세베대의 두 아들을 데리고 가실새 고민하고 슬퍼하사.

---

174) "겟세마네": 그리스도의 고난의 이야기는 4복음서에 상세히 기록되어 있지만, '겟세마네'의 이름을 명기하고 있는 것은 마태복음과 마가복음뿐이다(마 26:36; 막 14:32). 그것은 기드론을 건너 저편에 있는 동산이며(요 18:1), 감람산에 위치하여 예수께서 그곳으로 가셔서 습관을 따라 기도하시던 곳이다(눅 22:39,40).

예수님은 제자들을 한 곳에 있어 기도하게 하시고(앞 절) "베드로와 세베대의 두 아들을 데리고 가셨다"(4:21). 예수님께서 11제자 중 3 제자를 데리고 자리를 옮기신다. 이렇게 특별히 세 제자를 따로 취급하신 것은 이번만이 아니라 야이로의 딸을 살리려 하실 때에도 세 제자만 방에 들어오게 하셨고(막 5:37), 변화산에도 세 제자를 따로 데리고 올라가셨다(17:1). 이렇게 세 제자를 따로 취급하신 것은 그들을 특별히 훈련하시기 위함이었다.

그런데 예수님은 세 제자를 따로 데리고 가시면서 "고민하고 슬퍼하셨다"(ἤρξατο λυπεῖσθαι καὶ ἀδημονεῖν). "고민하고 슬퍼하셨다"는 말은 '고민하고 슬퍼하기를 시작하셨다'는 뜻이다(시 43:5 참조). "고민한다"(λυπεῖσθαι)는 헬라어는 현재 수동태 부정사로 '지금 고민되다,' '지금 고통되다'라는 뜻이고, "슬퍼하사"(ἀδημονεῖν)란 말은 현재 부정사로 '현재 눌리다,' '지금 낙담되다'라는 뜻이다. 그러면 예수님은 왜 제자들의 자리를 옮겨주시면서 그렇게 고민하고 슬퍼하셨는가라는 문제가 생긴다. 여러 견해가 있을 수 있다. 1) 앞으로 다가오는 심적인 고민(유다가 예수님을 판 것, 베드로의 부인, 산헤드린의 정죄, 빌라도의 심문, 대적들의 조롱, 로마 군병들에 의해 십자가에 못 박히실 것) 때문이라는 견해. 2) 앞으로 심각한 고독(제자들이 예수님을 버릴 것, 하나님으로부터 버림받으실 것)의 시간이 다가오고 있기 때문이라는 견해. 그러나 3) 예수님의 고민과 슬픔은 만백성의 죄를 대신 지시는 고통 때문이었다. 죄는 사람을 심각하고 고민하게 하고 슬퍼하게 만든다. 한 사람의 죄도 사람을 못 쓰게 만드는데 많은 사람의 대속물이 되어 받으시는 고민과 슬픔은 형언할 길이 없었다. 예수님은 세 제자들에게 자신의 그 괴로움을 계시하시기를 원하셨다. 죄가 사람을 고민하게 하고 슬프게 한다는 것을 알려주시기를 원하신 것이다. 바울은 죄악으로 말미암은 고통을 알고 "오호라, 나는 곤고한 사람이로다"라고 외쳤다(롬 7:24). 바울은 자기의 한 사람의 죄 때문에 고통을 당했고[175] 예수님은 만백성의

175) 혹자는 바울의 고민을 보고 바울의 고백은 그의 불신 시절의 경험이라고 하나 전혀 맞지 않는 주장이다. 사람의 불신시절의 경험은 그렇게 심각한 고민을 동반하지 않는다. 일단 성령으로 거듭난 자들만이 죄가 주는 고민과 슬픔을 알게 마련이다.

죄를 대신 지시고 형언할 길 없는 고민과 슬픔에 쌓여 있었다.

마 26:38. 이에 말씀하시되 내 마음이 매우 고민하여 죽게 되었으니 너희는 여기 머물러 나와 함께 깨어 있으라 하시고.

예수님은 만백성의 죄를 대신 지시는 고민과 슬픔을 제자들에게 보이셨고(앞 절) 이제는 그의 고민을 제자들에게 말씀하신다. 즉 "내 마음이 매우 고민하여 죽게 되었다"고 하신다(요 12:27). 예수님께서 그의 마음이 매우 고민하여 죽기까지 되었다고 말씀하시는 이유는 그의 고통이 그만큼 크시다는 것을 인류에게 드러내셔서 그의 십자가 공로가 위대하시다는 것을 보여주시려는 의도였다. 그는 인류의 죄를 대신 지시고 말할 수 없는 심적인 고통을 당하셨고 십자가에서는 육적인 고통을 당하셨다. 우리는 그에게 영원한 감사와 찬양을 드려야 한다.

예수님은 제자들에게 자기의 심적인 고통을 드러내신 다음 "너희는 여기 머물러 나와 함께 깨어 있으라"고 하신다. "여기 머무르라"라는 말씀은 기도 자리에 머무르라는 말씀이다. 그리고 "나와 함께 깨어 있으라"는 말씀은 예수님께서 돌 던질만큼 앞으로 나아가셔서 기도하시고 제자들은 제자들의 자리에서 깨어 기도하라는 말씀이다(41절). 예수님께서 제자들에게 깨어 있어 기도하라고 하신 이유는 예수님의 고통을 덜자는 뜻이 아니라 제자들로 하여금 예수님을 부인하는 시험에 들지 않게 기도하게 하시려는 것이었다. 그런데 제자들은 결국 한 시 동안도 깨어 기도하지 못하여 결국은 예수님을 부인하기에 이르렀다.

마 26:39. 조금 나아가사 얼굴을 땅에 대시고 엎드려 기도하여 이르시되 내 아버지여 만일 할 만하시거든 이 잔을 내게서 지나가게 하옵소서 그러나 나의 원대로 마시옵고 아버지의 원대로 하옵소서 하시고.

마태는 본 절에서 예수님의 기도 자세와 예수님께서 하나님께 드린 기도의 내용을 전한다. 첫째, 기도의 자세는 "조금 나아가사 얼굴을 땅에 대시고 엎드려 기도하셨다." "조금 나아가셨다"는 말씀은 누가복음에 의하면 돌 던질 만큼 나아가셨다는 뜻이다(눅 22:41). 그 이상 더 떨어지지 않고 돌 던질 만큼 떨어지신 이유는 제자들로 하여금 제자들이 예수님의 기도 내용을 알아듣게 하시기 위함이었다.

예수님은 기도하실 때 "얼굴을 땅에 대시고 엎드려 기도하셨다"(막 14:36; 눅 22:42; 히 5:7). 성경에 기도 자세는 여러 가지다. 서서 기도하는 자세(막 11:25), 엎드려 기도하는 자세(눅 18:13), 무릎을 꿇고 기도하는 자세(행 7:60; 9:40; 20:36; 21:5; 엡 3:16) 등이 있다. 예수님은 얼굴을 땅에 대시고 엎드려 기도하셨다. 겸손의 자세였다.

둘째, 예수님께서 하나님께 드리신 기도의 내용은 "내 아버지여 만일 할 만하시거든 이 잔을 내게서 지나가게 하옵소서 그러나 나의 원대로 마시옵고 아버지의 원대로 하옵소서"라고 하신다(20:22; 요 5:30; 6:38; 12:27; 빌 2:8). 예수님은 하나님을 향하여 "내 아버지여"라고 부르신다. 우리들은 하나님을 "우리 아버지"(6:9; 5:16;)라고 불러야 하는데 반해 예수님은 자기의 개인의 아버지라고 하신다(12:50; 16:17). 우리는 예수님의 피의 속죄로 말미암아 하나가 된 상태에서 하나님을 공동의 아버지로 불러야 한다. 그러나 예수님은 존재론적으로 하나님과 일대일의 관계("내 아버지")가 되신다. 예수님은 하나님의 아들로서 아버지에 대한 순종을 잊지 않으신다.

예수님은 기도를 시작하시면서 하나님의 뜻을 먼저 타진하신다. "만일 할만하시거든"이라고 하나님의 뜻을 물으신다. 이는 결코 하나님의 능력을 알아보는 것이 아니라 하나님의 소원을 알아보는 기도이다. 사실 하나님에게는 무한한 능력이 있으시다. 하나님께는 예수님께서 십자가의 고통을 당하지 않으시도록 얼마든지 조치하실 수 있으시다. 그러나 예수님은 하나님의 가능을 물어보는 것이 아니라 하나님의 선하신 뜻을 물어본다. 예수님은 하나님의 소원이라면 "이 잔을 내게서 지나가게 하옵소서"라고 기도하신다. 여기 "이 잔"이란 십자가를 지시는 일이다(20:22). 예수님은 하나님께 십자가를 안 질 수 있다면 안 지게 해주십사고 기도한다. 그러나 예수님은 곧 바로 "그러나 나의 원대로 마시옵고 아버지의 원대로 하옵소서"라고 기도하신다. 예수님의 이 말씀은 십자가 대속 사역을 감당하는 것이 심각하게 힘들다는 것을 제자들에게 계시하시는 것이다. 예수님께서도 인성을 가지고 있으셔서 십자가를 지시는 일이야 말로 형언할 길 없이 힘들다는 것을 보여주셨다.

마 26:40-41. 제자들에게 오사 그 자는 것을 보시고 베드로에게 말씀하시되 너희가 나와 함께 한 시간도 이렇게 깨어 있을 수 없더냐 시험에 들지 않게 깨어 기도하라 마음에는 원이로되 육신이 약하도다 하시고.

예수님은 첫 번째의 기도를 마치시고(앞 절) "제자들에게 오사 그 자는 것을 보시고 베드로에게 말씀하시되 너희가 나와 함께 한 시간도 이렇게 깨어 있을 수 없더냐"고 하신다. 예수님은 제자들에게 오셔서 베드로에게 두 마디 말씀을 하신다. 첫째, "너희(복수)가 한 시간도 깨어있을 수 없었느냐"고 질문하신다. 주님과 함께 죽을지언정 주를 부인하지 않겠다고 장담했던(35절) 베드로와 두 제자들은 한 시간도 깨어 기도할 수 없었다. 그들이 기도할 수 없었던 것은 그들의 육신이 약했기 때문이었다. 그들은 결국 기도하지 않아서 시험에 들어 예수님을 부인하고 말았다. 그들은 예수님의 수난의 고통을 덜어드리지 못했다. 예수님은 십자가 고난을 홀로 당하셨다. 이것을 그리스도 단독 사역이라고 한다. 우리는 그리스도의 단독 사역의 공로로 구원을 받게 되었고 천국에 가게 되었다.

둘째, "시험에 들지 않게 깨어 기도하라"고 명하신다(막 13:33; 14:38; 눅 22:40, 46; 6:13; 엡 6:18; 살전 5:17; 벧전 4:7). 예수님은 제자들에게 예수님의 십자가 고난을 잘 감당하도록 기도해 달라는 부탁을 하지 않으시고 제자들 자신이 예수님을 부인하지 않도록 즉 시험에 들지 않도록 기도하라고만 명하신다. 누구든지 죄를 짓지 않으려면 기도해야 한다. 다시 말해 예수님을 믿는 믿음이 식어지지 않기 위해서는 기도해야 한다.

예수님은 제자들이 기도하지 못한 원인을 말씀하신다. 즉 "마음에는 원이로되 육신이 약했기" 때문이라고 하신다. '마음으로는 원하지만 육신이 약하여 기도하지 못했다'고 하신다(롬 8:5-8; 갈 5:16-17). 여기 "육신"(σὰρξ)이란 말은 '인간의 육체'를 지칭하기도 하고 '인간의 죄의 성향'을 가리키기도 한다. 본문의 경우 '인간의 육체'를 지칭한다. 세 제자들이 기도하지 않은 이유로서 예수님은 본 절에서 "육신이 약했기" 때문이라고 하시고(막 14:38), 43절에서는 "그들의 눈이 피곤했기" 때문이라고 하시며(막 14:40), 누가복음에서는 제자들이 "슬픔을 인하여 잠들었다"고 하신다(눅 22:45).

그렇다면 세 제자가 잠든 이유가 무엇인가. 대부분의 주석가들은 이 중의 하나만 강조한다. 혹은 육신이 무력해졌기 때문이라고 주장하기도 하고 혹은 너무 늦은 밤 피곤해서 눈꺼풀이 내려앉아서 잠을 잤다고도 말하기도 하며 혹은 예수님께서 슬퍼하시는 것을 보고 제자들이 과도하게 슬퍼했기 때문에 깊은 잠에 빠졌다고도 주장한다. 이 모든 해석은 틀린 점은 없다. 그러나 한 면만을 말하고 있는 약점이 있다. 세 가지 원인이 제자들을 잠들게 했다고 말해야 할 것이다. 즉 예수님의 세 제자들은 예수님께서 슬퍼하시는 것을 보고(38절) 과도한 슬픔에 잠겨 마음이 약해지고 무디어져서 결국은 눈을 뜨기도 힘들 정도가 되어 깊은 잠에 빠졌다고 보아야 할 것이다. 렌스키(Lenski)는 이 문제를 두고 주해하기를 "영혼의 크고 계속된 슬픔은 마음속을 무디게 하며 이로써 예수님께서 자기들에게 깨어 기도하라고 명하신대로 하지 않고 그들의 영혼이 그 슬픔의 짐에 굴복하고 그것을 막지 못할 때 육신에 반응을 일으켜 깊은 잠에 떨어지게 했다"고 주장한다.[176] 캘빈(Calvin)도 과도한 슬픔이 잠을 불러왔다고 주장한다. 제자들이 잔 것은 "숙취나 무지의 졸음이나 육신의 여흥의 결과가 아니라 누가가 말하듯이 과도한 슬픔에서 왔다"고 한다.[177] 알버트 반즈(Albert Barnes)도 세자들이 잠에 푹 빠진 것은 과도한 슬픔 때문이었다고 주석한다. 그는 "제자들이 슬픔에 지쳐 저절로 잠이 들어버린 것이다. 슬픔과 고통이 결국은 사람들을 잠들게 만들었다"고 말한다.[178] 결국 슬픔은 그들의 마음을 약화시켰고 지치게 하여 눈을 뜰 수 없게 해서 잠들게 만들었다.

---

176) 렌스키(Lenski), *마태복음*(상), 성경주석, 문창수역, p. 413.
177) 존 칼빈, *공관복음 II.* 존 칼빈 성경주석, p. 429.
178) 반즈, *마태. 마가복음*, 반즈 성경주석, p. 588.

마 26:42. 다시 두 번째 나아가 기도하여 이르시되 내 아버지여 만일 내가 마시지 않고는 이 잔이 내게서 지나갈 수 없거든 아버지의 원대로 되기를 원하나이다 하시고.

예수님은 제자들을 돌보신 다음 "다시 두 번째 나아가 기도하셨다." '다시 두 번째로 같은 장소에 가셔서 기도하셨다.' 그의 기도 내용은 첫 번째와 약간 달랐다(Herman Ridderbos, Leon Morris). 즉 "내 아버지여 만일 내가 마시지 않고는 이 잔이 내게서 지나갈 수 없거든 아버지의 원대로 되기를 원하나이다"라는 기도였다. 여기 "내 아버지여!"라는 말의 뜻을 위해서는 39절의 주해를 참조하라. 예수님은 "만일 내가 마시지 않고는 이 잔이 내게서 지나갈 수 없거든" 이라고 하신다. 이 말씀의 뜻은 '반드시 이 잔을 마셔야 한다면'이란 뜻이다. 바로 이 점에서 두 번째의 기도의 내용이 첫 번째와 약간 다르다고 할 수 있다. 첫 번째 기도는 고난의 잔을 안 마실 수만 있다면 안마시게 해달라고 기도를 드렸었다. 그러나 이 두 번째의 기도의 내용은 '이 잔을 마시는 것이 아버지의 뜻이라면'이라고 하신다. 그는 이제 십자가의 고난의 잔을 마실 준비가 되어 있었다. 이 기도는 주님께서 가르쳐주신 6:10의 기도문과 같다. 예수님은 이제 "아버지의 원대로 되기를 원하나이다"라고 기도한다. 예수님은 이제 하나님의 뜻에 전적으로 자신을 맡기신다. 자기의 소원은 전혀 제외시키고 아버지의 뜻만이 이루어지기를 위해 기도하신다. 우리도 하나님의 뜻만이 이루어지기를 소원해야 한다.

마 26:43. 다시 오사 보신즉 그들이 자니 이는 그들의 눈이 피곤함일러라.

예수님은 두 번째 기도를 마치신 후 다시 오셔서 제자들이 자는 것을 보셨다. 그들이 잔 이유는 "그들의 눈이 피곤하기" 때문이었다. 그들이 기도하지 않고 성령의 지배를 받지 않으니 예수님의 슬픔을 보고 너무 심한 슬픔에 잠겨(눅 22:45) 그들의 눈이 피곤해 잠에 빠지게 되었다(막 14:40).

마 26:44-45. 또 그들을 두시고 나아가 세 번째 같은 말씀으로 기도하신 후

이에 제자들에게 오사 이르시되 이제는 자고 쉬라 보라 때가 가까이 왔으니 인자가 죄인의 손에 팔리느니라.

예수님은 "또 그들을 두시고 나아가셨다." 예수님은 '잠에 취해 있는 그들을 그냥 그 자리에 두시고 자신이 기도하시던 자리로 나아가셨다.' 예수님은 사랑하시는 아버지와의 교제에 한 번 더 들어가고 싶으셔서 기도 자리로 나아가신 것이다. 예수님은 그 자리로 나아가 "세 번째 같은 말씀으로 기도하신 후 제자들에게 오셔서 이제는 자고 쉬라"고 하신다. 예수님은 세 번째 기도에서 첫째 번, 둘째 번 때와 같은 말씀으로 기도하시지만 다른 때보다도 더 아버지의 뜻만이 이루어지기를 기도하셨다. 예수님은 세 번째 기도에서 무슨 조건을 달지 않으신다(첫번 째는 "만일 할만하시거든"이라 하셨고, 두 번째는 "만일 내가 마시지 않고는"이란 말씀을 붙이셨다). 그는 아버지의 뜻만이 이루어지기를 위해 기도하신 후 제자들에게 오셔서 "이제는 자고 쉬라"고 하신다. 예수님은 첫 번째는 부드럽게 책망하셨고 두 번째 기도를 마치신 다음에 오셔서는 침묵하셨는데 세 번째 기도를 마치신 후에는 "이제는 자고 쉬라"고 하신다. 그러면 예수님의 이 말씀이 무엇을 뜻하느냐 하는 것이다. 많은 견해가 있다. 1) 제자들이 잠든 것을 슬퍼하는 풍자적인 말씀이라는 견해. 즉 "이제는 바로 가서 잠이나 자거라"라는 풍자적인 말이라고 한다(Calvin, Meyer, Plummer, Lenski). 2) 슬픔에 찬 질문이라는 견해(Goodspeed, Moffatt, Ridderbos, Albert Barnes). 즉 "아직도 잠자고 쉬느냐?"라는 뜻이라고 한다. 3) 감탄문이라는 견해. 즉 "아! 아직도 잠을 자고 있구나!"라는 말이라고 한다. 4) 양보하시는 말씀이라는 견해(Bruce). 즉 '나에 관한한 이제 너희는 자고 쉬어도 된다. 나는 더 이상 너희가 깨어있도록 마음 쓸 필요가 없어졌다'라는 뜻이라고 한다. 이런 견해들 보다는 5) William Hendriksen의 견해가 가장 나은 것 같다. 즉 '주님께서 이미 기도하시는 가운데 승리하고 힘을 얻으셨으며 마음에 평화가 회복되셨으므로 제자들이 주님을 실망시킨 것은 사실이지만 주님의 사랑은 그들을 결코 실망시키지 않으시리라는 위로의 표현으로 보고 이제 잠시나마 자고 쉬라'는 뜻으로 본다. 헨드릭슨(Hendriksen)은 예수님의 동정심 많은 것을 드러내는 성경 구절을 들고 있다(4:23-24; 5:43-48; 6:15; 8:16-17; 9:2, 13, 36-38; 10:42; 11:28-30; 12:7, 17-21; 14:14-16, 27, 34-36; 15:28, 32; 18:1-6, 10-14, 21, 22, 35:19; 13-15; 20:25-28, 34; 21:14; 22:9-10; 23:37; 25:40; 28:10).

예수님은 제자들에게 '이제는 자고 쉬라'고 말씀하신 후 "보라 때가 가까이 왔으니 인자가 죄인의 손에 팔리느니라"고 말씀하신다. 여기 "때가 가까이 왔다"는 말씀은 '예수님께서 잡히실 때가 가까이 왔다'는 뜻이다. 바로 뒤 따라오는 말씀이 이를 증명한다. 즉 "인자가 죄인의 손에 팔리느니라." 문장 중의 "인자"란 말은 '고난 받으시는 메시아'라는 뜻이고, "죄인"이란 말은 복수로서 가룟 유다만 아니라 유대 교권주의자들을 지칭한다. 예수님은 자신이 곧 팔리실 것을 내다보신다.

마 26:46. 일어나라 함께 가자 보라 나를 파는 자가 가까이 왔느니라.

예수님은 인자가 죄인들의 손에 팔릴 것을 말씀하신(앞 절) 다음 이제는 "일어나라 함께 가자"고 말씀하신다. 자신을 잡으러 오는 가룟 유다와 교권자들로부터 파송을 받은 무리들에게로 함께 가자고 하신다. 예수님은 "보라 나를 파는 자가 가까이 왔다"고 하신다. 가룟 유다가 가까이 왔다는 말씀이다. 잡으러 오는 사람들로부터 피하는 것이 보통 있는 일인데 예수님은 세상 죄를 지고 가는 어린 양이신고로(요 1:29) 그를 향해 가자고 하신다.

2. 예수님께서 고난당하시다 26:47-27:66

마태는 예수님께서 겟세마네 동산에서 기도하신(36-46절) 다음 잡혀서(47-56절) 심문받으시고(57-68절) 베드로에 의해 부인당하시는 일(69-75절)과, 빌라도에게 넘겨지시고(27:1-2), 유다가 목매어 죽는 일(27:3-10), 십자가에 못 박히도록 넘겨지시는 일(27:11-26), 예수님께서 희롱받으시고(27:27-31), 십자가에 못 박히시며(27:32-44), 영혼이 떠나시고(27:45-56), 무덤에 묻히시는 일(27:57-66)을 기록한다.

a. 예수님께서 잡히시다 26:47-56

마태는 예수님께서 겟세마네에서 기도하신 일(36-46절)을 기록한 다음 잡히신 일을 기록한다(47-56절). 이 부분(47-56절)은 예수님께서 유다와 또 교권자들에게 파송 받은 사람들에게 사로잡히는 장면을 기록하고(47-50절) 또 예수님께서 반드시 잡히셔야 하는 이유를 설명한다(51-56절).

마 26:47. 말씀하실 때에 열둘 중의 하나인 유다가 왔는데 대제사장들과 백성의 장로들에게서 파송된 큰 무리가 칼과 몽치를 가지고 그와 함께 하였더라.

예수님은 제자들에게 "일어나라 함께 가자 보라 나를 파는 자가 가까이 왔느니라"(앞 절)는 말씀을 하고 계실 때에 "열둘 중의 하나인 유다가 왔다." "열둘 중의 하나"란 말은 유다가 예수님의 제자로서 아주 놀라운 특권을 가진 단체에 속해 있다는 것을 드러내는 말로 그런데도 그가 이런 더러운 일을 저지르고 있다는 것을 부각시키는 말이다. 훌륭한 단체에 속해 있으면 훌륭한 일을 해야 한다.

유다는 예수님을 잡으러 혼자 오지 않고 떼를 지어 왔다. 즉 "대제사장들과 백성의 장로들에게서 파송된 큰 무리가 칼과 몽치를 가지고 그와 함께 하였다"(막 14:43; 눅 22:47; 요 18:3; 행 1:16). "대제사장들과 백성의 장로들"이란 산헤드린 공의회의 회원들을 지칭하는 말이다. 산헤드린 공의회는 많은 사람들 즉 성전 경비병들(성전의 군관들, 바리새인들에게서 얻은 하속들이 포함되어 있었다)을 동원[179]하여 무기(칼, 몽치-공봉)를 들게 하고 예수님을 잡으러 왔다. 이들은 이제 예수는 도가니 안에 든 쥐로 생각하고 이번 참에 예수를 아주 없애자는 심산으로 열심히 달려왔다.

마 26:48-49. 예수를 파는 자가 그들에게 군호를 짜 이르되 내가 입맞추는 자가 그이니 그를 잡으라 한지라 곧 예수께 나아와 랍비여 안녕하시옵니까

---

179) 산헤드린 공의회로부터 파송 받은 사람들은 성전 경비병들(55절)만 아니라 대제사장의 종이 있었고(51절), 로마군인들 중에서 파송받아 나온 사람들도 있었다(요 18:3, 12). 그리고 공회원들도 멀리 유다를 따랐을 것이다.

하고 입을 맞추니.

예수님을 파는 유다가 뒤따라오는 무리에게 군호를 짜서 이르기를 "내가 입 맞추는 자가 그이니 그를 잡으라"고 했다. 즉 '내가 입을 맞추는 예수가 너희가 잡아야 할 사람이니 그를 잡으라'고 말해두었다. 유다는 다른 방법으로 파송 받아 나온 사람들에게 예수님을 가리킬 수도 있었는데 입을 맞추는 일로 신호를 삼았다. 참으로 더럽고 야비한 짓이었다.

가룟 유다는 실지로 예수님께 나아와 늘 부르던 대로 "랍비여!"하고 부르면서 "안녕하십니까!"라고 인사하고 입을 맞추었다(삼하 20:9). 그는 예수님을 높이는 말로 '선생님이여!'라고 부르고 다음으로는 다정하게 인사말을 건네고 친구간이나 사제 간에 서로 안고 입 맞추는 관습대로(롬 16:16; 벧전 5:14) 사제지간인척하면서 입을 맞추었다. 오늘날 이 사회에는 서로 가까운 척 하면서 뒤로 비수를 꽂는 사람들이 얼마나 많은가. 참으로 우리는 위험한 사회에서 살고 있다.

마 26:50. 예수께서 이르시되 친구여 네가 무엇을 하려고 왔는지 행하라 하신대 이에 그들이 나아와 예수께 손을 대어 잡는지라.

예수님은 겉으로는 예수님을 사랑하고 속으로는 비수(匕首)를 꽂는 유다를 향하여 "친구"(Ἑταῖρε)라고 부르신다(시 41:9; 55:13). "친구"(Ἑταῖρε)라는 단어는 '동료,' '동지,' '동무'라는 뜻이다. 이 낱말은 우정의 개념보다는 그저 함께 일하는 사람을 부를 때 사용하는 말이다(20:13; 22:12). 예수님께서 유다에게 "친구여!"라고 하신 것은 예수님께서 아직도 유다와의 관계를 완전히 끊는 것은 아니라는 신호를 보내신 것이다.

예수님은 유다에게 "네가 무엇을 하려고 왔는지 행하라"고 하신다. 즉 '유다가 이곳까지 온 이유 즉 주님을 배반하는 일을 행하라'는 뜻이다. 예수님은 유다의 속생각을 훤히 통찰하고 계셨다. 예수님께서 이 말씀을 하시자 제일 앞에 있던 사람들이 얼른 나아와 "예수께 손을 대어 잡았다." 예수님은 하나도 주저함 없이 자진해서 잡히셨다. 이 시점에서 예수님의 8제자들도 예수님과 합류한 것으로 보인다(56절 참조).

마 26:51. 예수와 함께 있던 자 중의 하나가 손을 펴 칼을 빼어 대제사장의 종을 쳐 그 귀를 떨어뜨리니.

"예수와 함께 있던 자 중의 하나"[180] 즉 '베드로'(요 18:10)가 손을 펴 칼을 칼집에서 빼어 "대제사장의 종" 곧 '말고'(요 18:10)의 목을 치려다가 오른 편 귀(요 18:10)를 쳐 귀를 떨어뜨렸다. 베드로는 처음부터 귀를 목표한 것은 아니었을 것이다. 이유는 베드로가 "대제사장의 종"을 쳤다는 기록은 베드로가 말고의 몸을 치려했다는 뜻일 것이다. 그런데 말고가 재빨리 그 칼을 피하였기에 베드로의 단검이 말고의 귀를 떨어드렸을 것이다. 참으로 다행이었다. 만약 이때 베드로가 목표했던 대로 목을 쳤더라면 큰 불상사가 일어날 뻔 했다. 이 때 예수님은 말고의 귀를 만져 낫게 해주셨다(눅 22:51).

베드로의 이 행위는 자기 스승을 위하는 용감한 행위였고(47절 참조) 다른 제자들보다 스승을 보호해야 한다는 의무감에서 나온 것으로 본다. 그러나 베드로는 주님의 고상한 뜻을 헤아리지 못했다. 우리는 우리 마음 생각대로 예수님을 섬길 것이 아니라 예수님의 귀한 뜻을 살펴 예수님을 섬겨야 할 것이다.

마 26:52. 이에 예수께서 이르시되 네 칼을 도로 칼집에 꽂으라 칼을 가지는 자는 다 칼로 망하느니라.

베드로가 칼집에서 칼을 빼어 말고를 쳤을 때 예수님은 원수들의 수중에 잡혀 계시는 때에도 베드로를 꾸짖으시며 단검을 "도로 집에 꽂으라"고 하신다. 칼을 집에 꽂으라고 하신 이유는 첫째, "칼을 가지는 자는 다 칼로 망하기" 때문이라고 하신다(창 9:6; 계 13:10). 여기 "칼을 가지는 자"란 말은 다른

---

180) 베드로가 대제사장의 종을 친 사건은 4복음서에 모두 기록되어 있지만 공관복음서의 기자들은 베드로의 이름과 공격을 받은 말고의 이름을 생략하고 있다. 오직 요한 사도만이 밝히고 있다. 이유는 공관복음서의 기자들이 복음서를 기록할 당시에는 베드로나 혹은 그와 연관된 사람들이 공격받을만한 시기였지만 요한 사도가 그의 복음서를 기록할 당시(AD 95 혹은 96년)에는 대제사장의 종 말고를 공격한 베드로를 복수할 수 있는 때가 지나갔다.

사람들을 향해 '칼을 사용하는 자,' '무력을 사용하는 자'란 뜻이다. 칼을 사용하는 사람은 다 칼로 망하게 되어 있는데 바로 칼에 맞은 사람이 칼을 사용하여 복수해 온다는 뜻도 있지만 다른 사람이나 다른 단체 혹은 국가에 의해서 칼을 맞는다는 뜻이다. 하나님의 뜻을 거슬러 칼을 쓰고 무력을 사용하며 폭력을 사용하는 사람은 비참한 결말을 맞게 된다. 누구든지 칼을 쓰면 칼 때문에 망하게 된다. 마찬가지로 교회에서 소위 세속 정치를 하고 혈기를 내뿜는 사람은 바로 정치한 일 때문에 망하고 혈기를 부린 일 때문에 망한다. 그러나 하나님의 뜻을 이루기 위하여 칼을 사용하는 것은 예외이다. 정부는 하나님께서 주신 칼(권세)을 바로 사용해야 한다(롬 13:4). 그래야 국가가 평안하다.

마 26:53. 너는 내가 내 아버지께 구하여 지금 열두 군단 더 되는 천사를 보내시게 할 수 없는 줄로 아느냐.

예수님께서 베드로에게 칼을 칼집에 꽂으라고 하신 이유는 둘째, 칼을 쓸 필요가 전혀 없기 때문이라고 하신다. 예수님은 베드로에게 "너는 내가 내 아버지께 구하여 지금 열두 군단 더 되는 천사를 보내시게 할 수 없는 줄로 아느냐"고 하신다(왕하 6:17; 단 7:10). 예수님께서 하나님께 구하시면 열두 군단 더 되는 천사를 얼마든지 보내시게 할 수 있는데 칼을 쓸 필요가 있느냐고 하신다. 열두 군단(영-고대 로마 군단을 지칭하며 3,000명 내지 6,000명의 보병으로 편성되는 보병군단)의 천사는 7만 2천의 천사이다(왕하 6:17 참조). 예수님께서 하나님께 구하시면 무수한 천사를 보내신다는 뜻이다. 우리는 오늘 칼에 의해서 보호를 받는 것이 아니라 하나님께서 보호해주신다. 세상의 무력이란 하나님 앞에서 아무 것도 아니다. 우리가 하나님께 기도하면서 살면 세상의 위험 앞에서도 안전하게 살 수 있다.

마 26:54. 내가 만일 그렇게 하면 이런 일이 있으리라 한 성경이 어떻게 이루어지겠느냐 하시더라.

칼을 칼집에 꽂으라고 하신 이유는 셋째, 칼을 쓰는 것은 하나님의 뜻과는 전혀 배치되기 때문이라고 하신다. 예수님은 "내가 만일 그렇게 하면 이런 일이 있으리라 한 성경이 어떻게 이루어지겠느냐"고 하신다(24절; 사 53:7; 눅 24:25, 44, 46). 즉 '내가 만일 칼을 써서 원수들을 무찌르고 천사들을 불러 원수들을 진멸하면 내가 고난을 당하리라고 예언한 구약 성경(시 22:1-21; 69:20-21; 사 53:1-12)이 어떻게 이루어지겠느냐'고 하신다. 예수님께서 고난을 받으시고 십자가를 지시리라고 한 성경이 이루어지기 위해서는 칼을 쓴다든지 혹은 천사를 동원한다는 일은 있을 수 없는 일이었다. 오늘 우리도 하나님의 뜻을 이루기 위해 살아야 한다.

마 26:55-56a. 그 때에 예수께서 무리에게 말씀하시되 너희가 강도를 잡는 것 같이 칼과 몽치를 가지고 나를 잡으러 나왔느냐 내가 날마다 성전에 앉아 가르쳤으되 너희가 나를 잡지 아니하였도다 그러나 이렇게 된 것은 다 선지자들의 글을 이루려 함이니라 하시더라.

예수님은 베드로에게 무력을 사용할 필요가 없는 이유를 설명하신(52-53절) 다음 이제는 무리에게 예수님 자신이 자진해서 잡히시는 이유를 설명하신다. 예수님은 무리에게 자신이 힘이 없어 잡히시는 것이 아니라 구약의 선지자들이 예언한 말씀을 이루기 위해 잡히신다고 하신다.

예수님은 "너희가 강도를 잡는 것 같이 칼과 몽치를 가지고 나를 잡으러 나왔느냐"고 물으신다. 무리(유대교권자들과 성전경비병들, 로마 군인들)는 예수님을 강도(ληστης)로 보았다. 강도는 도적보다 더 심한 범죄자로 강도란 강탈하는 사람을 지칭하는데 예수야말로 종교계를 통째로 먹는 반역자요 나라를 반역하는 혁명가로 보았다(요 10:1). 무리 중에 끼어있었던 산헤드린의 교권주의자들(눅 22:52)은 예수님을 잡으려면 보통 방법으로는 불가능하고 적어도 많은 무리가 나서야 하고 또 칼과 몽둥이를 가지고 접근해야 할 것으로 알아서 무수한 성전 경비병들, 로마 군인들을 무장시켜 가룟 유다를 따라 겟세마네로 오게 했다. 사실 예수님은 훌륭하신 목자시었고 인류의 스승이셨으며 은인이시고 평화주의자이셨는데 그를 강도 취급했다는 것은 예수님에 대한 오해가 이만

저만이 아니었다. 그들은 비겁했고 야비하기 그지없었다.

예수님은 "내가 날마다 성전에 앉아 가르쳤으되 너희가 나를 잡지 아니하였도다"라고 말씀하신다. 예수님은 내가 날마다 랍비들처럼 성전에 앉아 가르치셨다고 말씀하신다. 여기 "앉아"(ἐκαθεζόμην)란 말은 미완료과거 시제로 성전에 날마다 앉아 있었던 것이 계속되었음을 지칭한다. 그리고 "가르쳤으되"(διδάσκων)란 말은 분사로 가르치심이 계속되었음을 보여준다. 예수님은 매일 성전에 앉아 계속해서 가르치셨는데 그때는 그들이 예수님을 잡지 아니하다가 이제 저항하지도 않으시는 예수님을 잡으려고 엄청나게 많은 무리를 단단히 무장시키고 왔다는 것은 속이 훤히 보이는 행위였다.

예수님은 "그러나 이렇게 된 것은 다 선지자들의 글을 이루려 함이라"고 하신다(54절; 애 4:20). 예수님은 무리가 자신을 잡지 아니하다가 이렇게 이 장소에서 예수님을 강도를 잡는 것같이 잡은 것은 다 선지자들의 글을 이루기 위해서라고 하신다(사 53:3, 7, 10; 단 9:26; 슥 11:12). 선지자들의 글이 아니라면 예수님께서 잡히실 이유가 없었다. 예수님은 구약을 이루시는 분이셨다.

마 26:56b. 이에 제자들이 다 예수를 버리고 도망하니라.

예수님께서 전혀 저항하시지도 않고 잡혀 가시는 것을 본 제자들은 "다 예수를 버리고 도망했다." 주님을 위하여 목숨을 바치겠다던 제자들이 모두 예수님을 버리고 도망하고 예수님 홀로 끌려가셨다. 예수님 홀로 십자가를 지셨다(요 16:32). 예수님 단독으로 십자가를 지셔서 우리의 구원을 이루셨다.

b.공회에서 심문 받으시다 26:57-68

예수님께서 잡히신(47-56절) 다음 예수님께서 산헤드린 공의회에서 심문을 받으신다. 마태는 예수님께서 가야바 법정에서 심문을 받으신 것을 기록했고(57절), 베드로가 예수님께서 어떻게 되시는가를 보려고 가야바 법정의 뜰 안까지 들어가서 관찰한 것을 기록한다(58절). 그리고 마태는 대제사장이 예수님을 죽이기 위하여 증인을 채택하여 증언하게 한 것을 기록하고(59-62절) 예수님께서 증인들의 증언에 일체 침묵하시는 것을 보고 대제사장이 직접 예수님을 심문하는 것을 기록한다(63절). 그리고 마태는 예수님께서 자증하신 것을 기록하고(64절), 예수님의 자증을 들은 대제사장은 무리의 의견을 물어 사형에 해당한다는 대답을 이끌어낸다(65-66절). 무리는 예수님을 죽여야 할 사람으로 말한 다음 광란의 여러 가지 작란(作亂)을 한다(67-68절). 이 부분(57-68절) 말씀은 막 14:53-65; 눅 22:54-55, 63-65, 67-71; 요 18:24 참조.

마 26:57. 예수를 잡은 자들이 그를 끌고 대제사장 가야바에게로 가니 거기 서기관과 장로들이 모여 있더라.

예수님을 잡은 자들이 예수님을 끌고 대제사장 가야바의 집(다음 절)으로 갔는데 "거기 서기관과 장로들이 모여 있었다"(막 14:53; 눅 22:54; 요 18:12-13, 24). 즉 '산헤드린 공의회가 회집되어 있었다.' 이 산헤드린 공의회의 회의는 성전에서 모여야 했으나 밤에는 모이지 못하게 되어 있었으므로 가야바 법정에서 모일 수밖에 없었다. 그들은 예수를 잡은 이상 한 시간이라도 지체해서는 안 되었다. 빨리빨리 일을 처리하여 예수님을 사형시킬 명분을 쌓기를 원해서 목요일 밤에 부랴부랴 가야바의 집에서 회의를 열었다. 만약 재판을 하루 밤이라도 늦추어 연다면 백성들에게 할 말이 없어진다. 그러면 폭동이 일어날지도 모를 일이었다. 그들은 예수님을 죽여야 한다는 강박관념에 완전히 사로잡혀 있었다. 그들은 예수님을 죽이기 위해서는 법도 어기면서 일을 처리해 나갔다.

그런데 요한복음 18:13, 19-24을 보면 가야바의 법정에서 재판을 열기 전에 안나스(가야바의 장인)의 법정에서 재판을 열었다는 기사가 나오는데 그것은 순전히 예비 심문이었던 것으로 보인다. 이유는 그 때까지 산헤드린 공의회 회원들이 다 모이지 못해서 잠시 예비심문을 가졌던 것으로 보인다(헤르만 리델보스). 마태복음의 본 재판은 요한복음에서 말하는 안나스 법정의 예비심문이 이미 끝났을 때 진행된 재판을 말하는 것으로 보아야 한다.

마 26:58. 베드로가 멀찍이 예수를 따라 대제사장의 집 뜰에까지 가서 그 결말을

보려고 안에 들어가 하인들과 함께 앉아 있더라.

모두 예수님을 버리고 도망하는 순간(56b) 베드로는 자신이 장담한 말이 있어(33절, 35절) 뒤 돌아 와서 멀찍이 예수님을 따라 대제사장의 집 뜰에까지 가서 일이 어떻게 진행되는지를 확인하려 하여 집 안에 들어가(요한 사도의 주선에 의해서 집안에 들어갈 수 있었다. 요 18:15-16) 하인들과 함께 앉아 있었다. 그러니까 좀 더 간략히 말해 베드로가 집안에 들어가 앉아 있었던 이유는 자기가 장담한 것도 있고 또 재판의 진행이 어떻게 되는지 궁금해서 지켜보기 위함이었다. 그 때가 추운 계절이었던 고로 대제사장들의 하인들이 불을 피우고 있었다.

마 26:59-61. 대제사장들과 온 공회가 예수를 죽이려고 그를 칠 거짓 증거를 찾으매 거짓 증인이 많이 왔으나 얻지 못하더니 후에 두 사람이 와서 이르되 이 사람의 말이 내가 하나님의 성전을 헐고 사흘 동안에 지을 수 있다 하더라 하니.

"대제사장들과 온 공회가 예수를 죽이려고 그를 칠 거짓 증거를 찾았다." 산헤드린 공회는 일찍이 예수님을 죽이려고 의논했었는데(시간적으로 보아 먼저 요 11:49-50의 결의와 또 마 26:4의 결의) 이제는 재판의 격식을 갖추려고 증인을 찾은 것이다. 이렇게 증인을 찾고 있을 때 "거짓 증인이 많이 왔다"(시 27:12; 35:11; 막 14:55; 행 6:13). 그러나 채택할만한 증인이 없었다. 그런데 그들에게는 다행히도 "후에 두 사람이 와서 이르되 이 사람의 말이 내가 하나님의 성전을 헐고 사흘 동안에 지을 수 있다"고 증언했다. 증인은 반드시 두 사람이 필요했는데(민 35:30; 신 17:6) 두 증인이 나타난 것이다(신 19:15). 그런데 그 두 증인 일치하게 말하기를 예수님의 말이 "내가 하나님의 성전을 헐고 사흘 동안에 지을 수 있다"는 말을 했다(27:40; 요 2:19). 예수님의 이 증언은 요 2:19에 기록된 말이다. "너희가 이 성전을 헐라 내가 사흘 동안에 일으키리라." 예수님은 사람들을 향하여 '너희가 이 성전 즉 예수님의 몸[181])을 죽여라. 그러면 내가 사흘 뒤에 살아나리라'는 뜻이었다. 그런데 사람들은 예수님의 말씀을 오해하여 예루살렘을 헐라 내가 사흘 동안에 다시 세우겠다는 식으로 오해한 것이었다. 예수님의 이 말씀은 유대인들의 판단으로는 신성모독죄에 해당되었다. 그래서 그들은 더 이상의 증인을 찾을 필요가 없게 되었다.

이 재판은 불법으로 가득 차 있었다. 밤에 재판이 진행된 것도 문제였고 또 예수님에게는 변호할 수 있는 기회도 드리지 않았다. 성경 해석가들은 일치하게 많은 불법을 말하고 있다. 그러나 유대종교지도자들이 이렇게 불법을 저지르면서 재판을 강행했던 이유는 이 기회만큼 더 좋은 기회가 없었으며 또 예수에 대한 복수심이 하늘을 찌르고 있었다. 어떤 불법을 저질러서라도 예수를 죽이고자 했다. 그래서 역사상 가장 심각한 불법을 저지르고 있었다.

마 26:62. 대제사장이 일어서서 예수께 묻되 아무 대답도 없느냐 이 사람들이 너를 치는 증거가 어떠하냐 하되.

대제사장 가야바가 재판을 하는 도중 "일어서서 예수께 묻되 아무 대답도 없느냐"고 묻는다(막 14:60). 대제사장이 일어선 것은 두 사람의 거짓 증인이 예수님을 쳐서 거짓 증거하는 말(앞 절)에 대해 예수님께서 아무 대답도 하시지 않으셨기 때문에 흥분된 탓이었다. 그는 일어서서 예수님께 묻기를 왜 "아무 대답도 없느냐"고 다그친다.

대제사장 가야바는 다시 한 번 "이 사람들이 너를 치는 증거가 어떠하냐"고 묻는다. 즉 '이 두 사람이 너를 쳐서 증언하는 증거가 바른 증거냐 혹은 그른 증거냐'고 묻는다. 대제사장은 예수님께 이 두 사람의 증인이 말한 것이 참이냐 혹은 거짓이냐를 질문했는데 예수님은 다시 잠잠하셨다(다음 절).

마 26:63. 예수께서 침묵하시거늘 대제사장이 이르되 내가 너로 살아 계신

---

181) 구약 시대의 성전은 보이지 않으시는 하나님께서 보이는 형태로 이 땅에 서 있었는데 그 성전은 바로 예수님을 대표했다. 그러니까 예수님은 구약의 언약궤나 혹은 성전과 같은 분이셨다. 다시 말해 구약의 언약궤와 성전은 보이지 않으시는 하나님을 대표하는 것이었는데 예수님은 보이지 않으시는 하나님을 대표하시는 점에서 같았다. 예수님께서 성전을 헐라고 하신 말씀은 구약 성전과 마찬가지였던 예수님의 몸을 헐라는 말씀이었다. 사람들은 예수님의 말씀을 오해하여 예수님께서 예루살렘 성전을 헐라는 뜻으로 받아드렸다.

하나님께 맹세하게 하노니 네가 하나님의 아들 그리스도인지 우리에게 말하라.

대제사장의 질문(앞 절 하반 절)에 예수님은 "침묵하셨다"(27:12, 14; 사 53:7). 예수님은 두 사람의 증언을 들으시고 두 사람이 예수님의 말씀을 오해(요 2:19말씀에 대한 오해)한 것을 풀어주실 수도 있으셨으나 그런 거짓 증언을 토대로 하여 예수님을 잡으려고 하는 것을 훤히 아시고 일일이 대답하지 않으셨다. 더욱이 예수님은 그런 거짓 증언들을 통하여 십자가에 달리실 기회가 주어질 것을 아시고 침묵하셨다. 일일이 대답하시면 예수님께서 석방되실 수도 있으셨으니 죽기 위하여 아무 말도 하지 않으신 것이다. 예수님은 말씀이셨는데(요 1:1) 이 땅에 오셔서 말씀하시지 않으신 때가 몇 차례 있었는데 그 중에 하나가 이 본문에 나온다(15:23; 26:62-63; 27:12, 14). 사 42:1-4; 53:7 참조.

예수님께서 침묵 일관하시니(앞 절과 본 절) 대제사장 가야바는 다른 시시한 질문들을 해보아야 소용없음을 깨닫고 아주 중대한 질문을 한다. 이 중대한 질문을 하면 예수가 대답하지 않을 수 없을 것이라고 생각했던 모양이다. 그래서 예수님으로 하여금 하나님께 맹세하면서 대답하라고 말한다. "내가 너로 살아 계신 하나님께 맹세하게 하노니 네가 하나님의 아들 그리스도인지 우리에게 말하라"(레 5:1; 삼상 14:24, 26). 다시 말해 "하나님의 아들 그리스도"인지를 맹세하면서 대답해보라고 한다. 예수님은 다른 질문에 대해서는 침묵하셨지만 가장 중요한 질문에 대해서는 대답하시지 않을 수 없었다. 자신이 하나님의 아들이시고 그리스도이시니 그렇다고 대답하셔야 했다. 이 질문을 거부할 수 없으셨다. 예수님은 산헤드린 공의회 회원들 앞에서 자신이 어떤 분임을 밝히실 때가 되신 줄 알고 정확하게 대답하셨다.

마 26:64. 예수께서 이르시되 네가 말하였느니라 그러나 내가 너희에게 이르노니 이후에 인자가 권능의 우편에 앉아 있는 것과 하늘 구름을 타고 오는 것을 너희가 보리라 하시니.

예수님은 "네가 말하였느니라"고 대답하신다. '너는 내가 하나님의 아들 그리스도라 고 말하였다'고 하신다. 예수님은 하나님의 아들 그리스도이시다. 예수님께서 "하나님의 아들"이란 말은 1) 윤리적인 뜻에서 하나님 아들이시고, 2) 동정녀에게서 나셨다는 뜻에서 하나님 아들이시며, 3) 영원 전에 하나님에게서 발생하셔서 아버지와 성령으로 더불어 하나님의 본질을 동등하게 소유하고 계시다는 뜻에서 하나님의 아들이시다. "그리스도"란 말은 '기름 부음 받은 자'란 뜻으로 예수님은 왕(21:5; 28:18; 시 2:6; 슥 9:9; 눅 1:33; 엡 1:20-23; 계 11:15; 17:14; 19:6)으로, 선지자(신 18:15; 눅 24:19; 행 3:22; 7:37)로, 대제사장(시 110:4; 롬 8:34; 히 6:20; 7:24; 9:24)직을 감당하시기 위하여 기름 부음을 받으신 분이시다. "그리스도"('기름부음 받은 자')란 한 마디 말속에는 예수님이 왕이시고 선지자이시며 대제사장이란 말이 포함되어 있다.

예수님은 중요한 말씀을 하시기 위하여 "그러나 내가 너희에게 이르노니"라는 언사를 사용하시면서 "이후에 인자가 권능의 우편에 앉아 있는 것과 하늘 구름을 타고 오는 것을 너희가 보리라"고 하신다(16:27; 24:30; 시 110:1; 단 7:13; 눅 21:27; 25:31; 요 1:51; 행 7:55; 롬 14:10; 살전 4:16; 계 1:7). 예수님은 가야바와 또 산헤드린 공의회 회원들이 앞으로 예수님께서 부활하신 후 두 가지를 볼 것이라고 말씀하신다. 여기 "보리라"(ὄψεσθε)는 말은 체험적으로 인식하게 될 것이라는 말씀이다. 그들은 예수님의 위대하심을 체험하게 될 것인데 하나는 "인자가 권능의 우편에 앉아 있는 것"을 볼 것이라고 하신다. 예수님은 자신을 "인자"라고 말씀하셨는데(8:20 참조; 단 7:13-14), "인자"란 예수님의 자칭호인데 인성을 가지신 분이 메시아가 되신다는 뜻이다. 본문의 "권능"이란 말은 하나님을 지칭하는 말로 예수님께서 하나님으로부터 통치권과 영원한 권세를 부여받을 것임을 보여준다. 예수님께서 하나님 "우편에 앉을 것"이란 말은 시 110:1을 인용한 말씀이다.

그리고 또 하나는 "하늘 구름을 타고 오는 것"을 볼 것이라고 하신다. 여기 "하늘 구름"이란 예수님의 위엄과 크심을 가리키고 또 하나님의 심판을 상징하는 말이다(24:30; 계 1:7). "이 산헤드린 회원들은 그들의 완고한 마음이 꿰뚫릴 것이며 그들은 예수께서 하나님의 위엄과 능력으로 다스리며 하나님의 영광중

에 심판하러 오심을 보게 될 것이다"(Lenski).[182]

마 26:65. 이에 대제사장이 자기 옷을 찢으며 이르되 그가 신성 모독 하는 말을 하였으니 어찌 더 증인을 요구하리요 보라 너희가 지금 이 신성 모독 하는 말을 들었도다.

대제사장 가야바는 예수님의 말씀(앞 절 말씀)을 듣고 분통이 터져 "자기 옷을 찢었다." "옷을 찢는 것"은 분노와 슬픔을 표시하는 행위였는데(왕하 18:37; 19:1), 옷을 찢는 것도 아무렇게나 찢지 않고 규범이 있어서 옷을 찢는 길이, 옷을 어느 곳에 찢어야 하는가를 정해서 찢었다. 대제사장 가야바는 자기의 대제사장 복을 찢으며 말하기를 "그가 신성 모독 하는 말을 하였으니 어찌 더 증인을 요구하리요"라고 말한다. 대제사장은 예수가 하나님께서 하시는 일을 할 것이라고 감히 말한 것은 신성모독하는 말을 한 것이라고 말한다. 다시 말해 예수가 하늘 구름을 타고 만국을 심판하러 온다는 말을 한 것은 하나님을 모독하는 것이라고 한다. 그런고로 "어찌 더 증인을 요구하겠느냐"고 한다. 예수님을 죽이기 위해서 증인이 더 필요하지 않다고 말한다.

대제사장은 자기 의견을 밝힌 다음 이제는 무리의 의견을 듣기 위하여 "보라 너희가 지금 이 신성 모독 하는 말을 들었도다"라고 말한다. 자신만이 그런 신성모독하는 말을 들은 것이 아니고 무리들도 들었으니 너희 생각은 어떠냐고 묻는다(다음 절).

마 26:66. 너희 생각은 어떠하냐 대답하여 이르되 그는 사형에 해당하니라 하고.

대제사장은 이제는 예수를 없애기에 충분한 형편이 된 것을 직감하고 무리를 향하여 "너희 생각은 어떠하냐"고 묻는다. 그 때 다른 사람들도 말하기를 "그는 사형에 해당하니라"고 동의를 표시한다(레 24:16; 요 19:7). 대제사장만 아니라

---

182) Lenski, *마태복음* (하), 성경주석, p. 432.

무리도 완전히 만족함을 표현하여 예수는 사형에 해당한다고 모두들 말한다(막 14:64). 유대민족은 자기들의 구주를 사형에 해당한다고 정죄한 민족이었다. 모두들 잘 못된 종교지도자의 유도 심문에 넘어가 엄청난 죄를 짓고 두고두고 저주 속에서 살아가는 민족이 되었다.

마 26:67-68. 이에 예수의 얼굴에 침 뱉으며 주먹으로 치고 어떤 사람은 손바닥으로 때리며 이르되 그리스도야 우리에게 선지자 노릇을 하라 너를 친 자가 누구냐 하더라.

무리는 예수를 사형에 해당한다고 정죄한 다음 "예수의 얼굴에 침 뱉으며 주먹으로 쳤다"(27:30; 사 50:6; 53:3). 참으로 잔인한 행동이었다. 이런 잔인한 행위는 예수님을 지키고 있던 사람들에 의해 저질러졌다(눅 22:63). 이런 잔인한 행동을 한 하속들은 예수님의 얼굴에 침을 뱉으며 주먹으로 쳤다. 예수님은 그처럼 맞으실 분이 아니었다. 그는 인류를 사랑하셔서 십자가에서 대신 죽으실 분이었다. 그는 우리를 위해 죽으러 오신 분이었는데 그것도 모르고 사람들은 그 얼굴에 침을 뱉었고 마구 주먹으로 쳤다.

또 "어떤 사람은 손바닥으로 때렸다"(눅 22:63; 요 19:3). 여기 "어떤 사람"이란 '하속들'을 지칭한다(막 14:65). 하속들은 예수님을 계속해서 손바닥으로 때렸다. 때리면서 "그리스도야 우리에게 선지자 노릇을 하라 너를 친 자가 누구냐"하고 물었다(막 14:65; 눅 22:64). '너 같은 사람이 그리스도냐? 내가 누구인지 알 수 있겠지. 알아 맞혀 보라'고 말했다. 사람은 영적으로 무지하면 정신 나간 일을 하고 별 짓을 다 하게 마련이다. 예수님께서 이런 조롱을 당하신 것도 대속을 위함이었다. 우리가 당해야 할 조롱을 예수님께서 대신 당하신 것이었다(사 50:6; 막 10:34; 눅 18:32). 우리가 지금 조롱을 당할만한 일을 했다면 깊이 회개하고 그리스도를 바라보면 모두 용서를 받는다.

c.베드로가 세 번 부인하다 26:69-75

마태는 예수님께서 가야바의 관저에서 모인 공회에서 심문을 받으신 것을 기록한 다음 베드로가 예수님을 세 번 부인한 사건을 기록한다. 이 부분(69-75절)은 막 14:66-72; 눅 22:56-62; 요 18:16-18, 25-27과 병행한다. 이 부분의 기사는 마가복음의 기사와 같으나 누가복음이나 요한복음과는 약간의 차이가 있다. 요한복음은 베드로의 통곡을 생략하고 있다.

마 26:69-70. 베드로가 바깥 뜰에 앉았더니 한 여종이 나아와 이르되 너도 갈릴리 사람 예수와 함께 있었도다 하거늘 베드로가 모든 사람 앞에서 부인하여 이르되 나는 네가 무슨 말을 하는지 알지 못하겠노라 하며.

베드로는 예수님을 멀찍이 따라 대제사장의 집 뜰에까지 가서 그 결말을 보려고 안에 들어가 하인들과 함께 앉아 있었는데(58절), "한 여종이 나아와 이르되 너도 갈릴리 사람 예수와 함께 있었도다"라고 말한다(막 14:66; 눅 22:55; 요 18:16-17, 25). 그 여종은 요한의 부탁을 받고 베드로를 안으로 들어오게 해주었는데 아무래도 예수의 제자인 것으로 짐작했던 것 같다. 그 여종은 베드로를 안으로 들어오게 할 때 베드로의 갈릴리 사투리를 알아보았을 것이다. 여종은 베드로를 향하여 너도 갈릴리 사람 예수와 함께 있었던 것이 분명하다고 말한다.

베드로는 여종의 이런 말을 듣고 몹시 당황하여 "모든 사람 앞에서 부인하여 이르되 나는 네가 무슨 말을 하는지 알지 못하겠노라"고 말한다. 베드로는 "나는 네가 무슨 말을 하는지 알지 못하겠노라"고 말했는데 이 말은 겁에 질려 순간적으로 나온 말이었다. 여종이 무슨 말을 하는지 베드로는 훤히 알고 있으면서도 자기의 살 길을 마련하기 위해 갑자기 피해가고 있었다.

마 26:71-72. 앞문까지 나아가니 다른 여종이 그를 보고 거기 있는 사람들에게 말하되 이 사람은 나사렛 예수와 함께 있었도다 하매 베드로가 맹세하고 또 부인하여 이르되 나는 그 사람을 알지 못하노라 하더라.

베드로는 예수님을 첫 번 부인한 후 너무 당황한 나머지 바깥뜰의 "앞문까지 나아갔다." 다시 말해 가야바 관저에서 아주 빠져나가려는 생각이었다. 그런데 아직 빠져나가지 못한 상태에서 "다른 여종이 그를 보고 거기 있는 사람들에게 말하되 이 사람은 나사렛 예수와 함께 있었도다"라고 말했다. 여기 "다른 여종"은 첫 번째 베드로에게 말을 걸었던 여종과 교대하였기에 바깥뜰의 앞문에 왔던 것으로 보인다. 그 두 번째 여종은 베드로 주위에 있는 사람들에게 이 사람은 나사렛 예수와 함께 있었던 사람이라고 말했다. 두 번째 여종은 첫 번째 여종과 근무 교대를 하면서 베드로에 대해 들었을 것이다. 아마도 베드로라는 사람은 나사렛 예수와 함께 있었던 것 같다는 말을 주고받았을 것이다. 눅 22:58에 보면 첫 번째 여종과 두 번째 여종이 서로 이야기 할 때 옆에서 있던 어느 남자가 소녀들의 말에 맞장구를 쳤을 것이다(윌렴 헨드릭슨).[183)]

이런 말을 들은 베드로는 "맹세하고 또 부인하여 이르되 나는 그 사람을 알지 못하노라"고 말했다. 보통 부인하면 안 될 것을 첫 번 부인할 때 깨달았을 것이다. 그래서 이번에는 아예 맹세하면서 부인하기를 나는 그 예수라는 사람을 전혀 알지 못하노라고 했다. 베드로는 이쯤 부인해 놓았으면 되리라고 생각했었는데 또 부인할 일이 생길 줄이야 꿈에도 생각지 못했다(다음 절).

마 26:73-74. 조금 후에 곁에 섰던 사람들이 나아와 베드로에게 이르되 너도 진실로 그 도당이라 네 말소리가 너를 표명(表明)한다 하거늘 그가 저주하며 맹세하여 이르되 나는 그 사람을 알지 못하노라 하니 곧 닭이 울더라.

"조금 후에" 즉 눅 22:59에 의하면 '한 시쯤 지난 후'이다. 베드로와 함께 불을 쬐고 있던. 곁에 섰던 사람들이 베드로에게 가까이 나아와 베드로에게 말하기를 "너도 진실로 그 도당이라 네 말소리가 너를 표명(表明)한다"고 말한다(눅 22:59). 베드로가 가만히 있지 못하고 자꾸만 자기는 예수님하고 아무 관련이 없다는 것을 말하니 갈릴리 사투리가 튀어 나와 사람들이 알아보고 베드로를 그 도당에 속하는 사람이라고 말한다. 사람들은 베드로의 말소리를 알아보고 그렇게 단정 짓게 만들었다. 그 사람들 중에는 말고의 친척 한 사람이 불쑥

183) 윌렴 헨드릭슨, *마태복음 (하)*, 헨드릭슨 성경주석, p. 353.

말을 꺼내기를 "네가 그 사람과 함께 동산에 있던 것을 내가 보지 못하였느냐"고 말한다(요 18:26).

베드로는 이제 남자들까지 나서서 자기를 잡으려는 줄 알고 더욱 당황하여 "저주하며 맹세하여 이르되 나는 그 사람을 알지 못하노라"고 말한다(막 14:71). 베드로는 첫 번째 부인할 때는 그냥 부인했고 두 번째 부인할 때는 맹세하면서 부인했는데 이제는 아예 저주하며 맹세하면서 말하기를 자기는 그 예수라는 사람을 전혀 알지 못한다고 말했다. 점점 더 강하게 부인해야 할 것으로 알아서 강하게 부인했다. 그래야 자기가 이 사망의 음침한 골짜기에서 빠져 나갈 것으로 알았다.

베드로는 참으로 당황하면서도 기가 막힌 지경에까지 온 것이다. 자기가 웬일로 이렇게 예수님을 부인하기에 이르렀는지 꼭 지옥에 갈 것만 같았다. 그 때 하나님은 그를 돌아보신다. 마태는 "곧 닭이 울더라"고 기록한다. 이제 살 길이 다가오고 있었다. 하나님은 베드로로 하여금 더 이상 죄를 짓지 못하도록 닭으로 하여금 울게 하신다. 그리고 베드로는 그 닭 울음소리를 듣고 회개하기에 이른다. 오늘 우리 각자에게도 닭울음소리가 있다. 죄를 더 짓지 못하게 하는 닭울음소리, 회개하도록 독촉하는 닭울음소리가 있다. 우리는 이 음성을 들을 줄 알아야 한다.

마 26:75. 이에 베드로가 예수의 말씀에 닭 울기 전에 네가 세 번 나를 부인하리라 하심이 생각나서 밖에 나가서 심히 통곡하니라.

눅 22:61에 의하면 먼저 예수님께서 베드로를 보시니 베드로가 주의 말씀이 생각나서 밖에 나가서 심히 통곡했다고 전한다. 닭이 울은 후 예수님이 베드로를 보셨다. 베드로가 예수님을 먼저 본 것은 아니었다. 베드로가 예수님을 뵌 후 베드로는 "예수의 말씀에 닭 울기 전에 네가 세 번 나를 부인하리라 하심이 생각나서 밖에 나갔다"(34절; 막 14:30; 눅 22:61-62; 요 13:38). 그리고 베드로는 "심히 통곡했다." 하염없이 통곡했다. 얼떨결에 당황한 중에 스승을 부인한 일이 부끄럽고 죄스럽고 창피해서 견딜 수 없어 한 없이 울었다. 그는 얼마를 울었는지 모른다. 그는 예수님의 자비하신 얼굴을 떠올리며 계속해서 울었다. 그는 회개를 통하여 예수님 앞에서 마음이 한없이 낮아졌다. 우리는 다 큰 죄를 지은 사람들이다. 모세나 다윗이나 베드로나 바울이 큰 죄를 지었던 것처럼 우리 역시 큰 죄를 지은 사람들이다. 우리는 놀랍게 회개해야 한다. 한 번의 죄 고백이 아니라 우리의 부패성을 생각하며 그 부패성을 매일 고백해야 할 것이다.

제 27 장

예수님의 십자가 죽음 이전과 이후의 사건들

d.빌라도에게 넘겨지시다 27:1-2

수난 주간 금요일 새벽 산헤드린 공의회는 예수님의 사형을 결정하고 총독 빌라도에게 넘겨준다. 공회가 사형을 언도할 수 없으니 총독의 힘을 빌리기 위함이었다. 막 15:1; 눅 22:66; 23:1; 요 18:28 참조.

마 27:1. 새벽에 모든 대제사장과 백성의 장로들이 예수를 죽이려고 함께 의논하고.

산헤드린 공의회는 "새벽"에 다시 한 번 모일 필요가 있었다. 밤에 모인 것(26:59-60, 66) 가지고는 예수를 사형에 넘길 수는 없었다. 이유는 밤에 유죄 판결은 내렸지만 하루가 지난 후 유죄 선고를 해야 했기 때문이었다. 유대 문헌에 따르면 밤에는 사형을 선고할 수 없었다고 한다(헤르만 리델보스). 그래서 날이 새기를 기다렸다가 새벽이 되자 "모든 대제사장과 백성의 장로들이 예수를 죽이려고 함께 의논했다"(시 2:2; 막 15:1; 눅 22:66; 23:1; 요 18:28). "모든 대제사장과 백성의 장로들"이란 산헤드린 공의회를 지칭하는 말인데 이 모임에서는 밤에 모였던 모임의 결정(26:59-60, 66)을 그대로 따르면 되는 고로 아주 짧은 시간 토론하고 회의를 마칠 수가 있었다. 그들의 회의의 목적은 예수를 죽이려는 것이었다.

마 27:2. 결박하여 끌고 가서 총독 빌라도에게 넘겨 주니라.

산헤드린 공의회가 예수님을 죽이는 안건을 가지고 토론을 한(앞 절) 후 "결박하여 끌고 가서 총독 빌라도에게 넘겨주었다"(20:19; 행 3:13). 산헤드린 공의회는 사형을 집행할 권한이 없었기 때문에(요 18:31) 그들은 사람들을 시켜서 예수님을 결박하여 끌고 가서 총독 빌라도[184)]에게 넘겨주었다. 빌라도는 이 때 성전 북서쪽 모퉁이에 있는 안토니아 요새에 있었을 것이다. 유대인들은 빌라도를 미워했지만(눅 13:1 참조) 예수를 죽이기 위해서는 민족적인 자존심을 버리고 빌라도의 힘을 빌리기로 하고 빌라도에게 예수를 넘겨주었다. 유대 종교지도자들은 예수님을 죽이는데 있어 아주 속속히 일을 처리했다. 시간을 끌었다가는 무슨 일이 생길지 몰라 아주 신속히 일을 처리했다.

e.가룟 유다가 자살하다 27:3-10

마태는 가룟 유다가 예수님이 정죄되는 것을 보고 스스로 뉘우쳐 자기가 대제사장으로부터 받았던 돈을 반납하고 자살한 사건을 기록했는데 다른 복음서에는 없는 내용이다. 가룟 유다는 예수님의 무죄를 주장했고 교권자들의 음모를 증명해주었으며 구약 예언을 성취한 사람이었다.

마 27:3-4a. 그 때에 예수를 판 유다가 그의 정죄됨을 보고 스스로 뉘우쳐 그 은 삼십을 대제사장들과 장로들에게 도로 갖다 주며 이르되 내가 무죄한 피를 팔고 죄를 범하였도다 하니.

"그 때에"(τότε) 즉 '예수님이 결박되어 빌라도에게 인계될 때' "예수를 판 유다가 그의 정죄됨을 보았다"(26:14-15). 예수를 판 유다가 예수님이 정죄된 것을 보았다는 말은 예수님께서 유대 최고 법정에서 유죄 판결을 받고 빌라도 법정으로 끌려가는 것을 보았다는 뜻이다. 유다는 예수님께서 끌려가는 것을 보고 첫째, "스스로 뉘우쳤다." "뉘우쳤다"(μεταμεληθεὶς)는 말은 부정과거 분사 수동태로 '마음을 고쳐먹었다,' '후회했다,' '회개했다'는 뜻이다(21:30,

184) "빌라도": 빌라도는 유다, 사마리아, 이두매를 다스린 제 5대 총독으로 디베료 황제 아래에서 26-36년간 재임했다. 그는 수리아 사령관의 관할 아래 있었다. 그는 교만했고(요 19:10), 잔인했다(눅 13:1). 그는 황제의 호감을 얻으려고 노력한 이기주의자였다.

32; 27:3; 고후 7:8; 히 7:21). 유다가 후회했음에도 불구하고 구원에 이르지 못한 이유는 그가 과거에 행한 행동을 뉘우쳤을 뿐 그가 예수님을 구주로 믿고 돌아선 것이 아니기 때문이었다. 둘째, "그 은 삼십을 대제사장들과 장로들에게 도로 갖다 주며 이르되 내가 무죄한 피를 팔고 죄를 범하였도다"라고 했다. 그는 그가 가지고 다니던 은 30을 산헤드린 공의회 회원들에게 도로 갖다 주었다. 그 돈은 유다의 마음을 계속해서 괴롭혔다. 자기의 스승을 돈 받고 팔았다는 생각이 그를 괴롭히고 있어서 그는 그 돈을 산헤드린 공의회 회원들에게 도로 주었다. 그러면서 그는 말하기를 "내가 무죄한 피를 팔고 죄를 범하였다"고 말했다. 유다는 예수님이 죄가 없는 분임을 알았고 죄가 없는 분을 팔았기에 죄를 범했다고 말했다. 유다는 지나간 역사를 되돌리려 했는데 그것은 무모한 짓이었다.

마 27:4b. 그들이 이르되 그것이 우리에게 무슨 상관이냐 네가 당하라 하거늘. 대제사장들과 장로들은 유다의 말을 듣고 말하기를 "그것이 우리에게 무슨 상관이냐 네가 당하라"고 말한다. "그것이 우리에게 무슨 상관이냐"는 말은 유다가 돌려주려고 하는 은 30과 또 유다가 죄를 범했다고 하는 것이 산헤드린 공의회 회원들과는 아무 관련이 없다고 말한다. 그들은 유다에게 "네가 당하라"고 말한다(24절; 행 18:15). 즉 '네가 결과에 책임져라'는 뜻이다. 우리가 세상 사람들에게 우리가 잘 못한 것을 말해보아도 그들은 우리들에게 '네가 당하라'고 말한다. 우리는 항상 예수님에게 상담을 요청해야 한다.

마 27:5. 유다가 은을 성소에 던져 넣고 물러가서 스스로 목매어 죽은지라. 유다는 대제사장들과 장로들이 돈을 받지 않자(앞 절) 실의에 빠져 "은을 성소에 던져 넣고 물러가서 스스로 목매어 죽었다"(삼하 17:23; 행 1:18). 자기가 예수를 판돈 은 30을 "성소"에 던져 넣고 물러가서 스스로 목매어 죽었다. 여기 "성소"(τὸν ναὸν)[185]란 성전 구내라기보다는 제사장이 들어갈 수 있는 성소를 의미할 것이다. 그는 제사장만이 들어가는 성소에 들어가서 돈을 던져 넣고 물러갔다. 그는 정신을 차리지 못하고 마구 행동한 것이다.

그런 다음 그는 "스스로 목매어 죽었다"(삼하 17:23; 행 1:18). 어느 시점에 자살한지는 확실하지 않다. 아무튼 예수님께 깊은 회개도 하지 않고 자살하여 지옥으로 떨어졌다(행 1:25). 자살한 사람이나 사람을 죽인 사람이나 지옥으로 떨어진다는 말은 성경의 일관된 증언이다(행 1:25; 계 21:8; 22:15).

마 27:6-8. 대제사장들이 그 은을 거두며 이르되 이것은 핏 값이라 성전고에 넣어 둠이 옳지 않다 하고 의논한 후 이것으로 토기장이의 밭을 사서 나그네의 묘지를 삼았으니 그러므로 오늘날까지 그 밭을 피밭이라 일컫느니라.

이 부분(6-8절) 말씀은 유다가 목매어 죽은 후 즉시 그날로 된 일은 아니지만 마태가 이 일이 유다 때문에 생긴 일인고로 이 부분에 기록한 것이다.

성전의 책임을 맡고 있던 대제사장들은 유다가 성소 바닥에 뿌리고 간 "그 은을 거두며 이르되 이것은 핏 값이라 성전고에 넣어 둠이 옳지 않다 하고 의논했다." 대제사장들은 유다가 던지고 간 그 은 30을 거두며 말하기를 예수를 팔아 생겨진 돈인 고로 성전고[186]에 넣어두는 것이 옳지 않다고 의논하여 결론을 얻었다. 그들이 그런 결론을 내리는 데는 아마도 신 23:18의 말씀을 참고했을 것이다. 그래서 그들은 결론을 내어 "이것으로 토기장이의 밭을 사서 나그네의 묘지를 삼았다." 즉 이 돈으로 토기장이의 밭을 사서 나그네(명절에 예루살렘에 순례를 왔다가 객사하는 사람들)의 묘지를 삼았다. 그들은 성전을 더럽히지 않겠다는 생각이 있었다. 성전보다 크신 예수님을 죽이고는 이제 예수님보다 작은 성전에 대해서는 귀중히 여겼다. 참으로 놀라운 외식자들이었다. 예수님은 죽이고 성전은 거룩했던가!

---

185) 유다가 성소에 돈을 던져 넣었다는 말을 두고 견해가 여럿이다. 1) 산헤드린이 모인 회집 장소였다는 견해. 2) 성전 구내일 것이라는 견해. 3) 성전보물고에 던져 넣었을 것이라는 견해(헤르만 리델보스). 아마도 세 번째 견해가 가장 타당할 것으로 보인다.

186) "성전고": 성전고(κορβανᾶν)란 말은 헬라어로 '고르반'이다. 이 말은 막 7:11에 의하면 '하나님께 드린 예물'이란 뜻이다. 대제사장들은 핏 값을 하나님께 드린 예물이란 뜻을 가진 성전고에 넣어서는 안 되는 것으로 알았다. 오직 하나님께 드린 예물만 성전고에 넣어야 했다.

마태는 그의 복음서를 기록할 때 나그네의 묘지를 사람들이 여전히 피밭이라고 일컫는 것을 듣고 여기에 기록한다. "그러므로 오늘날까지 그 밭을 피밭이라 일컫느니라"(행 1:19). 유다가 예수님을 팔아 그 돈으로 구매한 밭이라는 뜻이다.

마 27:9-10. 이에 선지자 예레미야를 통하여 하신 말씀이 이루어졌나니 일렀으되 그들이 그 가격 매겨진 자 곧 이스라엘 자손 중에서 가격 매긴 자의 가격 곧 은 삼십을 가지고 토기장이의 밭 값으로 주었으니 이는 주께서 내게 명하신 바와 같으니라 하였더라.

마태는 대제사장들이 가룟 유다로부터 피 값을 받아서 토기장이의 밭 값으로 준 것은 우연한 일이 아니라 구약 성경 예레미야를 통하여 하나님께서 주신 말씀이 이루어진 것이라고 말한다.

마태는 "이에 선지자 예레미야를 통하여 하신 말씀이 이루어졌다"고 말한다. 사실은 마태는 "이에 선지자 스가랴를 통하여 하신 말씀이 이루어졌다"고 말했어야 했다. 이유는 본문 9-10절의 말씀이 예레미야의 말이 아니고 슥 11:12-13의 말씀이기 때문이다. 그런데 왜 마태는 선지자 예레미야를 통하여 하신 말씀인 것처럼 기록했을까. 마태가 이렇게 한 이유에 대해 설명하는 학설들이 여러 개가 있다. 1) 마태가 말한바 "예레미야"란 말은 후대 사본기자가 삽입해 넣은 것이라는 학설(Bengel). 수리아(Syriac)역에는 예레미야의 이름이 없으나 다른 권위 있는 사본들(B) 속에는 예레미야라는 말이 있으므로 이 학설은 신빙성이 없다. 1) 고대의 필사자들이 스가랴 대신에 예레미야를 잘 못 써 넣었다는 학설. 지지자가 별로 없다. 3) 예레미야가 본문 9-10절의 말씀을 했고 스가랴가 기록했는데 마태가 그 말을 예레미야의 말로 인용했다는 학설(Albert Barnes). 4) 슥 11:12-13과 더불어 예레미야가 말한 단편들(렘 18:2-12; 19:1-15; 32:8-14 등)을 마태가 그의 부정확한 기억에서 인용하고 예레미야가 한 말로 말했다는 학설(Meyer, Zahn, Bruce, Johnson, 이상근). 이 학설이 가장 합리적인 듯하나 성령님께서 성경의 저자라는 것을 감안하면 마태가 그의 부정확한 기억으로부터 인용했다는 것은 받기가 어렵다. 5) 고대 유대인 저술가들에 의하면 예레미야는 선지자들 가운데 첫 번째 인물로 간주되었기에(예레미야, 에스겔, 이사야 그리고 12 소선지의 순서로 되어 있다) 마태가 이 구절을 인용하면서 선지서의 첫 번째의 이름인 예레미야를 써 넣었다고 한다(Lightfoot, Lenski). 6) 마태는 두 예언을 결합시켰는데 하나는 스가랴의 예언이고 또 하나는 예레미야의 것이었다. 마태는 두 예언서 중에 하나를 써야 하는데 소선지자가 아니라 대선지자를 기록한 것으로 볼 수 있다(윌렴 헨드릭슨, 이순한). 헨드릭슨(Hendriksen)은 "두 곳에서 인용하면서 한 곳의 출처만을 언급한 일은 마태에게만 있는 일은 아니다. 마가도 마찬가지이다. 막 1:2-3의 경우 첫 구절은 말라기에서, 다음 구절은 이사야로부터 인용하였다. 그렇지만 마가는 그 두 예언을 대선지자인 이사야로부터 예언한 것으로 말한다"고 주장한다.[187] 우리는 5번이나 6번의 학설을 받을 수 있을 것이다. 그러나 6번의 학설이 성경의 증거가 있어 더 나은 것 같다.

이 부분(9-10절)에서 중요한 것은 배신자 유다가 자살한 일이나, 그가 예수님을 인신매매한 돈으로 대제사장들이 밭을 사게 될 일들이 예언되어 있는데, 그 예언이 성취되었다는 것은 놀라운 일이 아닐 수 없다.

f.빌라도의 재판 27:11-26

마태는 예수님께서 빌라도의 법정에 넘겨지신(2절) 것을 기록한 다음 유다의 자살과 그에 관련된 일들을 기록하느라 지면을 할애하고(3-10절) 이제 다시 빌라도의 법정에서 된 일들을 기록한다(11-26절). 마태는 종말에 그리스도의 심판을 받아야 할 빌라도가(고후 5:10) 그리스도를 재판하는 자리에 앉아 그리스도를 석방하려고 노력했으나(빌라도는 무죄선언도 해보았고, 분봉왕 헤롯에게 예수님을 보내보기도 했으며, 예수님을 때린 후 놓아 주려고도 했고, 명절을 당했으니 죄수 한사람을 놓아 주어야 하는데 예수님을 석방하려고도 해보았다. 그러나 백약이 무효였다) 실패하고 결국은 그리스도를 십자가에 못 박도록

187) 윌렴 헨드릭슨, *마태복음 (하)*, 헨드릭슨 성경주석, p. 369.

내어준 것을 기록한다. 이 부분(11-26절)은 빌라도의 질문(11-14절)과 사형선고(15-26절)로 나누어진다. 이 부분(11-26절)은 막 15:2-15; 눅 23:2-5, 13-35; 요 18:29-40과 병행한다. 본서의 19절, 24-25절은 본서 독특한 자료이다.

마 27:11. 예수께서 총독 앞에 섰으매 총독이 물어 이르되 네가 유대인의 왕이냐 예수께서 대답하시되 네 말이 옳도다 하시고.

총독은 예수님을 맡은 다음 자신이 가장 관심이 있는 것을 묻는다. 즉 "예수께서 총독 앞에 섰으매 총독이 물어 이르되 네가 유대인의 왕이냐?" 총독은 예수님을 본 적도 없고 자세히 들은 적도 없었는데 자신이 총독인고로 아마도 두려운 심령을 가지고 "네가 유대인의 왕이냐?"라고 물은 것으로 보인다(막 15:2; 눅 23:3; 요 18:33).

빌라도가 이렇게 왕이냐고 물은 것은 예수께서 대제사장들 앞에서 자신을 "하나님의 아들 그리스도"(26:63)이라고 주장한 것을 그들이 자칭 "왕"이라는 명칭으로 바꾸어(눅 23:2-3) 고소했기 때문인 것으로 보인다. 그들이 예수님을 그리스도라고 말하면 빌라도가 잘 못 이해할 것이니 왕이라는 명칭으로 바꾸어 고소한 것이다. 이렇게 "왕"이라고 고소하면 로마의 총독 빌라도가 예수님을 우습게 알도록 하기 위함이었을 것이다. 빌라도는 예수님과 유대인을 동시에 조소하는 음성으로 '너 같은 사람이 유대인의 왕이냐?'고 물은 것이다. 그 질문을 받은 예수님은 "네 말이 옳다"(Σὺ λέγεις-"네가 말하고 있다")고 말씀하신다(요 18:37; 딤전 6:13). 이런 질문을 받고 묵비권을 행사할 수는 없으셨다. 예수님은 세상 왕들처럼 다스리는 왕은 아니라할지라도 사람의 영육을 다스리시는 분이니까 빌라도의 말이 옳다고 하신다. 예수님은 지금도 하나님 우편에서 우리의 영육을 정확하게 다스리시고 보호하시는 왕이시다.

마 27:12. 대제사장들과 장로들에게 고발을 당하되 아무 대답도 아니하시는지라.

빌라도의 질문이 마치자(앞 절) 예수님은 "대제사장들과 장로들에게 고발을 당하셨다." 그들의 고소내용은 눅 23:2, 5에 있다. 그들의 고소 내용은 '예수는 우리 백성을 미혹하고, 가이사에게 세 바치는 것을 금하며, 자칭왕 그리스도라고 주장한다'는 것이었다. 이렇게 고소를 당하셨지만 예수님은 "아무 대답도 아니하셨다"(26:62-63a; 요 19:9). 아무 대답도 하시지 않은 이유는 그런 시시한 것까지 다 대답하실 필요가 없다고 생각하셨고 또 대답을 하시면 석방될 가능성이 있으시니 대답을 하시지 않고 십자가에 죽으시기를 원하셨다.

마 27:13-14. 이에 빌라도가 이르되 그들이 너를 쳐서 얼마나 많은 것으로 증언하는지 듣지 못하느냐 하되 한 마디도 대답하지 아니하시니 총독이 크게 놀라워하더라.

빌라도는 대제사장들과 장로들이 무수한 말로 고소하는 소리를 듣고 "너를 쳐서 얼마나 많은 것으로 증언하는지 듣지 못하느냐"고 다그친다(26:62; 요 19:10). 그래도 예수님은 "한 마디도 대답하지 아니하셨다." 예수님은 그런 대답이나 하러 이 땅에 오신 것은 아니었다. 대답할 가치도 없었고 또 그런 대답을 하시면 석방되실 것이니 십자가에 죽으시려는 계획에 차질이 생길 것이었다. 예수님께서 침묵하시는 것을 보고 빌라도는 크게 놀랐다. 이유는 다른 죄수들과는 너무 다르셨기 때문이었다. 다른 죄수들은 고소를 당하면 자기를 변호하기 위하여 안간 힘을 다 쓰곤 했는데 그런 사람들과 비교하면 예수님은 전혀 변호하실 생각조차 없으신 것을 보고 놀라지 않을 수 없었다.

마 27:15. 명절이 되면 총독이 무리의 소원대로 죄수 한 사람을 놓아 주는 전례가 있더니.

빌라도는 지금부터 예수님을 석방해 보려고 애쓴다. 빌라도는 "명절이 되면 총독이 무리의 소원대로 죄수 한 사람을 놓아 주는 전례가 있는 것"(막 15:6; 눅 23:17; 요 18:39)을 이용하여 예수님을 석방하려 한다. 다른 명절에도 죄수를 석방해 주는 전례가 있었는지 알 수 없고 또 이 제도가 언제 시작되었는지도 알 수 없다. 그러나 유월절에 이런 석방이 있었던 것은 확실하다(요 18:39). 이것이 전례가 되었다고 본문에 말한다.

마 27:16-17. 그 때에 바라바라 하는 유명한 죄수가 있는데 그들이 모였을 때에 빌라도가 물어 이르되 너희는 내가 누구를 너희에게 놓아 주기를 원하느냐 바라바냐 그리스도라 하는 예수냐 하니.

마태는 "그 때에 바라바라 하는 유명한 죄수가 있었다"고 말한다. "그 때에"란 말은 '빌라도가 예수님을 석방하고 싶은 때에'란 뜻이다. 아마도 그가 가장 악질적인 죄수였을 것이다. 그를 모르는 사람이 없을 정도로 유명한 죄수였다. 그는 민란(民亂)을 꾸미고 살인한 강도였다(막 15:7; 요 18:40). 사람들은 빌라도가 그 사람의 이름을 들면 모두 예수님을 석방하라고 외칠 정도의 사람이었다.

빌라도는 사람들이 모였을 때 물어보기를 "너희는 내가 누구를 너희에게 놓아 주기를 원하느냐 바라바냐 그리스도라 하는 예수냐"고 물었다. 빌라도는 이 질문을 할 때만 해도 분명히 사람들이 예수를 석방하라고 외칠 줄 알았다. 예수님은 예루살렘에 입성하실 때만 해도 사람들의 엄청난 존경을 받은 것을 빌라도가 기억하고 있었으니 이제 겨우 수일밖에 지나지 않았으니 백성들은 예수 편을 들 줄로 알았다. "바라바냐 그리스도냐." 너무 당연한 답이 기대되었는데 종교지도자들의 충동으로 말미암아(20절) 백성들은 바라바를 택하고 만다(22-23절). 이것이 바로 세상이다.

마 27:18. 이는 그가 그들의 시기(猜忌)로 예수를 넘겨 준 줄 앎이더라.

"바라바냐 그리스도라 하는 예수냐"하고 빌라도가 소리쳐 외친(앞 절) 이유는 "그가 그들의 시기(猜忌)로 예수를 넘겨 준 줄 알기" 때문이었다. '빌라도가 대제사장들과 장로들의 시기로 예수를 빌라도에게 넘겨준 줄 알기' 때문이었다. 산헤드린 공의회 회원들은 예수님을 시기하고 있었다. 예수님의 메시지가 힘이 있었고 또 그가 행하는 이적이 많은 사람들에게 먹혀들어 무수한 사람들이 예수님을 추종하는 것을 보고 그들은 견딜 없는 시기심을 느꼈다. 그들 모두가 달라붙어도 예수님의 명성을 이길 수 없었다고 느꼈기에 대단한 시기심이 발동하였었다. 더욱이 예수님이 예루살렘에 입성하실 때는 세상이 모두가 예수님에게 넘어가는 줄 알았다. 빌라도는 유대종교지도자들이 분명히 예수님을 시기하여 이렇게 일을 꾸며서 빌라도에게 넘겨준 줄 알았다. 빌라도는 백성들만큼은 예수님을 시기하지 않으니 바라바가 아니고 예수님을 석방하라고 야단일 줄 기대했었다.

마 27:19. 총독이 재판석에 앉았을 때에 그의 아내가 사람을 보내어 이르되 저 옳은 사람에게 아무 상관도 하지 마옵소서 오늘 꿈에 내가 그 사람으로 인하여 애를 많이 태웠나이다 하더라.

빌라도는 다른 이유로 예수님을 석방할 좋은 기회를 맞았다. 그의 아내가 사람을 빌라도에게 보내 자신이 꾼 꿈의 내용을 전해왔다. 빌라도의 아내 이름은 글라우디아 프로클라(Glaudia Procla)였다고 한다.

빌라도가 그의 관정 앞 재판 석에 앉아 있었는데 "그의 아내가 사람을 보내어 이르되 저 옳은 사람에게 아무 상관도 하지 마옵소서"라는 전갈(message)을 받았다. 빌라도의 아내는 빌라도에게 예수님에게 아무 해도 끼치지 말라고 권면한다. 그를 결코 정죄하거나 혹은 사형 판결을 내리지 말라고 한다. 이유는 한 가지였다. 하나는 예수님은 옳은 사람이라는 것이다. 빌라도의 아내는 "오늘 꿈에 그 사람으로 인하여 애를 많이 태웠다"고 말한다. 그녀는 아마도 꿈에 사람들이 예수님을 죽이려고 했을 때 예수님을 옳은 사람으로 알고 예수님을 죽이지 못하게 방어한 꿈을 꾼 것으로 보인다. 그녀는 꿈에 악몽을 꾸고 견딜 수 없어 사람을 자기 남편에게 보내어 절대로 저 의인에게 아무런 해로운 평결을 내리지 말라고 충고한다. 이 충고는 바로 하나님께서 빌라도에게 내리신 충고였다. 빌라도는 자기의 아내의 충고를 하나님의 충고로 알고 아무 상관도 하지 않을 뿐 아니라 아내의 꿈 이상으로 아예 예수님을 석방시켰어야 했다. 아무 상관하지 않는 소극적인 태도에서 더 적극적인 태도로 예수님을 석방하고 예수님을 지극히 선대했어야 했다. 그런 다음 빌라도는 유대종교지도자들을 야단치고 사회 질서를 바로 잡았어야 했다.

마 27:20. 대제사장들과 장로들이 무리를 권하여 바라바를 달라 하게 하고

예수를 죽이자 하게 하였더니.

빌라도가 자기 아내로부터 온 전갈에 신경을 쓰는 동안 "대제사장들과 장로들이 무리를 권하여 바라바를 달라 하게 하고 예수를 죽이자 하게 했다"(막 15:11; 눅 23:18; 요 18:40; 행 3:14). 대제사장들과 장로들은 교권을 가지고 무리를 충분히 설득하여 바라바를 석방하도록 해 놓았고 예수님을 죽이게 해놓았다. 종교지도자들만 악한 것이 아니라 그들에게 설득당하는 무리도 악했다. 우리는 우리를 설득하려는 세력을 만났을 때 이 설득이 옳은 것인지 하나님의 말씀에 비추어 살펴보아야 하고 또 잠시 기도하여 이 설득이 옳은 것인지 살펴야 할 것이다.

마 27:21. 총독이 대답하여 이르되 둘 중의 누구를 너희에게 놓아 주기를 원하느냐 이르되 바라바로소이다.

총독 빌라도는 유대종교지도자들의 시기심으로 예수님을 고소한 줄 알았고(18절) 또 자기 아내의 전갈을 받고(19절) 바로 판단하여 예수님을 석방했어야 했는데 석방하지 못하고 "둘 중의 누구를 너희에게 놓아 주기를 원하느냐"고 다시 묻는다. 여기 "둘 중"이란 말은 바라바와 예수 둘 중이라는 뜻이다. 본문의 "대답하여"(ajpokriqei;")란 말은 사람이 어떤 상황에 응하여 말할 때 자주 쓰는 단어이다(렌스키). 그러니까 이 낱말은 어떤 질문에 대하여 대답한다는 뜻이 아니라 어떤 상황에 응하여 말하게 될 때 쓰이는 말이다. 빌라도는 예수님을 석방시켜야 하는 상황에 응하여 말하려니까 이 "대답하여"란 말을 쓴다.

빌라도는 자신 있게 군중을 향하여 묻는다. "둘 중의 누구를 너희에게 놓아주기를 원하느냐"고 물어본다. 그런데 군중은 빌라도의 귀 창이 터지도록 "바라바로소이다"라고 대답한다. 참으로 너무 기가 막힌 답이었다.

마 27:22. 빌라도가 이르되 그러면 그리스도라 하는 예수를 내가 어떻게 하랴 그들이 다 이르되 십자가에 못 박혀야 하겠나이다.

빌라도의 석방 노력은 점점 맥을 잃어가고 있다. 본 절부터 24절까지는 빌라도의 맥 풀린 석방 노력을 보인다. 빌라도는 "그러면 그리스도라 하는 예수를 내가 어떻게 하랴"고 물어본다. 물어볼 필요가 없었는데 물어본다. 군중은 다 말하기를 "십자가에 못 박혀야 하겠나이다"라고 대답한다. "그들" 중에 예수님으로부터 은혜를 받은 사람들이 있다거나 혹은 호산나 찬송을 부른 사람이 있었다는 주장이나 혹은 전혀 없었다는 논쟁은 할 필요가 없을 것이다. 몇 사람이 있었다고 해도 군중은 군중이라 교권자들의 유혹에 쉽게 넘어갔을 수도 있을 것이다. 지금 이 부분(22-24절)은 빌라도의 맥 빠진 석방노력과 부패한 종교지도자들의 행태, 그리고 마구 이리저리 쏠리는 군중 심리를 부각시키고 있지 않은가.

마 27:23. 빌라도가 이르되 어찜이냐 무슨 악한 일을 하였느냐 그들이 더욱 소리질러 이르되 십자가에 못 박혀야 하겠나이다 하는지라.

군중이 예수님이야말로 "십자가에 못 박혀야 할" 사람(앞 절)이라고 강압했을 때 빌라도는 "어찜이냐 무슨 악한 일을 하였느냐"고 물어본다. 사실은 빌라도 자신도 대제사장들과 장로들의 고발을 듣고(12절; 눅 23:2-3) 예수님이 무죄한 분인 줄 았았을 것이며 또 그의 아내가 예수님의 무죄를 입증해주어(19절) 예수님이 무죄한 분인 줄 알았는데 빌라도는 필요없이 또 예수님께서 무슨 악할 일을 했느냐고 물어본다. 빌라도는 소신이 약한 사람이었다.

빌라도가 물어보자 무리는 무슨 악한 일을 열거하지는 않고 더욱 소리를 지르면서 "십자가에 못 박혀야 하겠나이다"라고 떠들어댄다. 사실 십자가는 로마 시민에게는 가하는 법이 없었고 이방인에게만 가했는데 그것도 중죄인에게만 가했다. 그들은 예수님을 중죄인으로 취급했다. 그는 우리를 위한 대속의 죽음을 죽어야 했다(사 56:6, 8; 고후 5:21; 갈 3:13).

마 27:24. 빌라도가 아무 성과도 없이 도리어 민란이 나려는 것을 보고 물을 가져다가 무리 앞에서 손을 씻으며 이르되 이 사람의 피에 대하여 나는 무죄하니 너희가 당하라.

"십자가에 못 박혀야 하겠나이다"라는 소리가 너무 크게 오랫동안 계속되니(앞 절) 빌라도는 예수님의 문제에서 손을 떼고 빠진다. 빌라도는 "아무 성과도 없이 도리어 민란이 나려는 것을 보았다." 빌라도는 난리가 날 것 같은 분위기를 짐작하고 "물을 가져다가 무리 앞에서 손을 씻는다"(신 21:6). 손을 씻는 것은 자기는 그 죄에 대해 책임을 지지 않겠다는 뜻이었다(신 21:6-7; 시 26:6; 73:13). 책임을 지지 않겠다는 것이 더 큰 문제였다. 그래서 빌라도의 십자가형 선언 이후 기독교회에서는 '(예수님이) 본디오 빌라도에게 고난을 받으사 십자가에 못 박혀 죽으시고'라고 신앙고백을 하고 있다. 빌라도는 "이 사람의 피에 대하여 나는 무죄하니 너희가 당하라"고 말한다. 여기 "이 사람의 피"란 말은 '예수님을 죽인 죄,' '예수님의 피를 흘린 죄'란 뜻이다. 예수님의 피를 흘린 죄가 자신에게는 없다고 말해도 무죄한 것은 아니다. 예수님께서 무죄하다고 선언하셔야 무죄한 것이다(9:2).

마 27:25. 백성이 다 대답하여 이르되 그 피를 우리와 우리 자손에게 돌릴지어다 하거늘.

백성은 빌라도의 무죄 선언을 듣고(앞 절) 일심으로("다") 대답하기를 "그 피를 우리와 우리 자손에게 돌릴지어다"라고 말한다(신 19:10; 수 2:19; 왕상 2:32; 삼하 1:16; 3:28-29; 행 5:28; 18:6). 즉 '예수님의 피를 흘린 죄를 우리와 우리 자손에게 돌려 달라'고 말한다. 당시 백성들은 예수님을 죽이기에만 전념했지 그 죄 값이 실제로 자기들이나 자기의 후손들에게 돌아갈 줄은 꿈에도 몰랐다. 이유는 대제사장들이 시키는 일이었으니 자기들은 안심했고 또 예수 자신이 엄청나게 큰 죄를 지은 줄로 착각하여 예수님이 자기의 죄 값으로 십자가에 죽는 줄로 알았다. 유대인들은 예수님을 거절하였으므로 당대뿐 아니라 후대에까지 그리스도를 거절한 민족이 되었고 따라서 그리스도를 통하여 받을 수 있는 모든 복을 잃고 말았다.

마 27:26. 이에 바라바는 저희에게 놓아 주고 예수는 채찍질하고 십자가에

못 박히게 넘겨 주니라.

백성이 예수의 피를 흘린 죄에 대해 우리 자손에게 돌려달라고 했을(앞 절) 때에 바라바를 무리에게 놓아주었다. 다시 말해 민란을 꾸미고 민란 중에 살인한(막 15:7; 눅 23:25) 바라바를 놓아주었다. 당시 정의는 간 데 없이 사라졌다. 바라바는 예수님 때문에 석방되어 자유의 몸이 되었다.

빌라도는 "예수는 채찍질하고 십자가에 못 박히게 넘겨주었다"(사 53:5; 막 15:15; 눅 23:16, 24-25; 요 19:1, 16). "채찍질하는 것"은 십자가에 넘겨주기 전에 가했던 벌이었는데 로마 사람들에게는 가하지 않았다(행 22:25-29). 로마의 채찍은 짤막한 막대 손잡이에 여러 개의 가죽 끈을 달아매어 만들었는데 그 끝부분은 쇠붙이나 뼈 조각을 붙여놓았다. 채찍질을 할 때에 뼈에 달라붙었다. 그 벌을 가한 다음 빌라도는 예수님을 십자가에 못 박히게 백성들에게 넘겨주었다. 예수님은 우리를 대신해서 채찍질을 당하시고 십자가 형을 당하셨다. 예수님은 우리를 대신해서 이 대속의 고난을 당하셨다. 이 사실을 아무리 강조해도 부족하다.

g.예수님께서 희롱당하시다 27:27-31

마태는 예수님께서 십자가형이 결정된 후 형이 집행되기까지에 로마 군병들로부터 희롱 당하신 장면을 소개한다. 로마 군인들은 예수님을 희롱하는데 있어 주로 예수가 가짜 왕이라는 것을 드러내기 위해 작란(作亂)을 쳤다.

마 27:27. 이에 총독의 군병들이 예수를 데리고 관정 안으로 들어가서 온 군대를 그에게로 모으고.

예수님 자신이 왕이라고 하셨다(11절) 해서 총독의 군병들은 예수님을 희롱하기 위하여 그들은 첫째, "예수를 데리고 관정 안으로 들어가서 온 군대를 그에게로 모았다"(막 15:15; 요 19:2). 여기 "관정"이란 안토니아 성이라 불리는 총독의 숙소를 지칭하는데 위치는 성전의 서북쪽에 있다고 믿어져 왔다. 총독의 군병들은 예수님을 희롱하기 위하여 "온 군대"를 예수님 주위로 모았다. "군대"(τὴν σπεῖραν)란 '옛 로마의 보병대'를 이름인데 대략 600명이나 1,000명으로 구성되어 있다. 빌라도는 평소에는 가이사랴에서 직무를 감당했으나 명절에는 예루살렘 수비를 위해서 군대를 데리고 안토니아 성이라 불리는 총독의 관저에 와서 머물렀다. 그런데 그 때 600명을 다 데리고 왔는지는 확실히 알 수 없다. 총독의 군병들은 예수님 한분을 희롱하기 위하여 온 군대를 예수님 주위로 모았다. 지금도 세상은 기독교를 희롱하기 위하여 합세하는 수가 많다. 총독의 군병과 온 군대는 예수님 희롱에 열심을 다했다. 이때의 부대장은 아마도 십자가 곁에서 예수님을 지켜보았던 백부장이었을 것이다(54절).

마 27:28-30. 그의 옷을 벗기고 홍포를 입히며 가시관을 엮어 그 머리에 씌우고 갈대를 그 오른손에 들리고 그 앞에서 무릎을 꿇고 희롱하여 이르되 유대인의 왕이여 평안할지어다 하며 그에게 침 뱉고 갈대를 빼앗아 그의 머리를 치더라.
둘째, 군병들은 예수님이 입으셨던 "옷을 벗기고 홍포를 입혔다"(막 15:17a; 눅 23:11; 요 19:2b). "홍포" 즉 '자색 옷'을 입힌 이유는 예수님이 가짜 왕이라(11절)는 뜻으로 놀리기 위해서였다. 당시에 왕들은 자색 옷을 입었는데 군병들은 아마도 빌라도가 입었던 자색 옷이나 헤롯이 입었던 자색 옷을 빌려서 예수님에게 입히고 조롱했던지 아니면 "변색되어 버리게 된 군복을 입히고 조롱했을 것이다"(윌렴 헨드릭슨). 셋째, "가시관을 엮어 그의 머리에 씌웠다"(시 69:19; 사 53:3). 왕관 대신 가시관을 엮어 그의 머리에 씌웠는데 어느 가시인지 모른다. 혹자는 군병들이 예수님을 위해 만들어 씌운 가시관은 아주 부드러운 가시관일 것이라고 추측한다. 이유는 가시관을 통해서는 고통을 줄 목적이 아니었기 때문이라고 말한다. 그러나 로마 군대는 이방의 가짜 왕에게 한없이 잔인하게 굴었다고 말해야 할 것이다. 이 가시관은 예수님의 머리를 찔러 머리 여기저기서 피가 흘러서 얼굴로 흘렀을 것이다. 넷째, "갈대를 그 오른손에 들렸다." 왕들의 손에는 홀이 들려져야 했기 때문에 예수님의 손에 억센 갈대를 그 오른 손에 들려드렸다. 갖출 것은 다 갖추었다. 다섯째, "그 앞에서 무릎을 꿇었다" 군인들은 예수님 앞에 단체로 무릎을 꿇었다. 한 사람씩 예수님 앞에 무릎을 꿇었다.

시간이 좀 걸렸을 것이다. 여섯째, "희롱하여 이르되 유대인의 왕이여 평안할지어다"라고 예수님을 희롱했다. 참으로 잔인한 희롱이었다. 일곱째, "그에게 침 뱉았다"(26:67; 사 50:6). 군병들은 한 사람 한 사람씩 "유대인의 왕이여 평안할지어다"라고 희롱한 다음 일어서면서 예수님의 얼굴에 침을 뱉았다(26:67-68 참조). 여덟째, "갈대를 빼앗아 그의 머리를 쳤다." 얼굴에 침을 뱉은 다음 그들은 예수님의 손에 들려졌던 갈대를 빼앗아 거듭해서 예수님의 머리를 쳤다(요 19:3). 이 이상 더 지독한 희롱이 있을까. 모든 희롱은 다 여기에 동원되었다. 예수님은 하나님께 구하여 열 두 군단 더 되는 천사를 보내시게 할 수 있었는데(26:53) 그는 고스란히 희롱을 당하였다. 그는 우리를 위하여 대신 희롱을 당하셨다.

마 27:31. 희롱을 다한 후 홍포를 벗기고 도로 그의 옷을 입혀 십자가에 못 박으려고 끌고 나가니라.

군인들이 "희롱을 다 한 후" 십자가로 데리고 나가기 전에 요 19:4-16까지의 일이 진행된다. 그리고 그들은 "홍포를 벗기고 도로 그의 옷을 입혀 십자가에 못 박으려고 끌고 나간다"(사 53:7). 즉 '자색 옷을 벗긴 다음 예수님이 입으셨던 옷을 도로 입히고 십자가에 못 박으려고 끌고 나간다.' 예수님은 그들이 끄는 그대로 끌려 골고다까지 끌려 가셨다(사 53:7).

h.십자가에 달리시다 27:32-44

마태는 총독의 군병들이 예수님을 희롱한(27-31절) 후 십자가에 달리신 것을 기록한다(32-44절). 마태는 먼저 군병들이 구레네 사람 시몬을 시켜 십자가 형틀을 지워 골고다에까지 가게 한 사실을 기록하고(32절) 예수님께서 맑으신 정신으로 십자가에 달리신 사실을 기록한다(34-36절). 그리고 마태는 예수님의 죄 패에 기록된 글자를 말하고(37절) 예수님 좌우편에 강도들이 못 박힌 일을 기록한다(38절). 마태가 이렇게 강도들이 십자가에 달린 것을 기록한 이유는 예수님께서 강도취급을 당한 사실을 부각시키기 위함이었다. 그리고 마태는 예수님께서 십자가 위에 달려 계실 때 여러 종류의 사람들(지나가는 사람들, 대제사장들, 강도들)이 예수님을 모욕한 사실을 기록한다(39-44절).

마 27:32. 나가다가 시몬이란 구레네 사람을 만나매 그에게 예수의 십자가를 억지로 지워 가게 하였더라.

예수님은 자신의 십자가를 지고 가야했기에(요 19:16-17) 십자가를 지시고 조금 "나아가셨다." 그러나 더 가실 수가 없었다. 이유는 너무 기력이 쇠하였기 때문이었다. 유다의 배신, 겟세마네 동산에서의 심적인 고난, 지난밤의 철야심문, 빌라도 앞에서의 재판, 채찍에 맞는 고문, 사형선고, 총독의 군병들로부터 당하신 희롱 등으로 기력이 쇠하여 십자가형틀(+자 형틀)을 더 이상 지고 가실 수 없어 시몬에게 대신 지웠다.

마태는 시몬이 구레네(오늘날에는 리비아라고 말한다) 사람이라고 말한다. 구레네[188]는 일찍이 유대인이 많이 식민하고 있었다(행 2:10; 6:9; 11:20; 13:1; Josephus, Ant. xiv, 7:2). 시몬은 아마도 금요일 아침 유대인들의 관습을 따라 유월절에 예루살렘에 오기 위하여 구레네 사람들과 함께(행 2:10) 예루살렘에 도착했을 것이다. 시몬은 예루살렘 성문에 들어가려 할 때에 십자가 형틀을 지고 가는 예수님 일행을 만나 군인들에 의하여 강제로 차출되어 십자가를 대신 지고 골고다 언덕까지 간 것으로 보인다(민 15:35; 왕상 21:13; 막 15:21; 눅 23:26; 행 7:58; 히 13:12). 그는 골고다 언덕에 도착하여 예수님의 가상 7언(言)을 들으면서 큰 감동을 받아 훗날 그리스도인이 되었을 것이다. 마가는 그의 복음서 막 15:21에서 "알렉산더와 루포의 아버지인 구레네 사람 시몬"이라고 기록하고 있다. 마가가 이렇게 말한 것은 시몬의 두 아들 알렉산더와 루포가 상당히 명성있는 기독교인이 되었다는 것을 암시한다. 시몬은 억지로 십자가를 졌는데 큰 복을 받았다. 바울은 롬 16:13에서 "주 안에서 택하심을 입은 루포와

---

188) "구레네": 구레네는 북아프리카의 애굽 서쪽에 있고, 대유사(大流砂, Syrtis Major)의 동쪽에 있는 반도 구레나이가(Cyrenaica) 국의 수도였다. 희랍 식민지 중에서 가장 큰 것의 하나인데, 전설에 의하면 밧두스(Battus)에게 영솔되어 데라(Thera) 섬에서 이주 해온 사람들에 의해 BC 631년에 창설된 것이라고 한다.

그 어머니에게 문안하라. 그 어머니는 내 어머니라"고 말한다. 루포의 어머니 곧 시몬의 아내는 바울에게 어머니다운 큰 봉사를 했던 것으로 보인다. 결국 억지의 십자가도 하나님으로부터 복을 받는다는 것을 알 수 있다.

마 27:33. 골고다 즉 해골의 곳이라는 곳에 이르러.

예수님 일행은 "골고다 즉 해골의 곳이라는 곳에 이르셨다"(막 15:22; 눅 23:33; 요 19:17). "골고다"는 마태가 번역해 놓은 것처럼 "해골의 곳"이라는 곳이다. "골고다"189)는 히브리어 גלגלת, 또는 아람어 גלגלתא의 특수한 형 גלגתא의 헬라 음사(音寫)로서 '해골'의 뜻이다. 이 명칭은 세 복음서 기자에 의해 쓰이고 있으나(마 27:33; 막 15:22; 요19:17), 누가복음 23:33에는 이 헬라 동의어인 (Κρανίον-α σκυλλ)이 사용되고 있다. 예루살렘 교외 부근에 있던 형장인데, 주 예수 그리스도께서 십자가에 못 박혀 죽은 곳이다(요 19:17, 20, 41; 히 13:11-13). 아마 이 장소의 지형에서 '해골'이라는 명칭이 주어졌을 것이다. 이곳은 멀리서도 눈에 띄는 지점이었다(막 15:40; 눅 23:49). 그리고 공로(公路) 가까이 있었다(마 27:39).

마 27:34. 쓸개 탄 포도주를 예수께 주어 마시게 하려 하였더니 예수께서 맛보시고 마시고자 하지 아니하시더라.

---

189) 예수께서 십자가에 달린 장소가 오늘날 어느 지점이었는지에 대한 문제는 성묘(聖墓)의 위치와도 관련하여 여러 가지 가능성이 생각되고 있지만, 다음 두 설이 가장 유력하다. 첫째, 현재의 예루살렘에서 성벽의 내부에 있는 성묘교회이다. 성묘 교회에 대해서는 고대로부터의 전설이 있다. AD 264년에 가이사랴에서 난유세비오스는 이 문제에 대해 정보를 제공해 주고 있는 최초의 역사가이다. 그에 의하면, 불경건한 사람들이 성묘를 흙으로 덮고 비너스의 여신을 위해 궁을 건립하고 이전에 된 일에 대해서는 오랫동안 완전히 망각된 채 있었다. 그러나 콘스탄타누스가 비너스의 궁이 있던 곳에 교회를 세우고 그 위치에 또 오늘날의 성묘 교회가 세워졌다. 그런데 이 교회가 과연 제 2 성벽의 외측에 있을까? 이 문제를 결정하기 위해서는 제 2 성벽을 파내봐야 한다. 둘째, 다메섹 문의 북동쪽 약 229m지점에 있는 예레미야의 굴이 있는 구릉(통칭 골돈의 갈보리)이다. 이 설은 최근 매우 유력시되었다. 이것은 옷토제니우스에 의해 비교적 최근 제안된 것인데, 많은 학자의 지지를 얻고 있다. 이 지점 문제가 되고 있는 모든 조건을 충족시키고 있다. 제 2 성벽의 외측에 있으며, 둥근 구릉의 정상과 그 아래 있는 두 굴의 입구는 인간의 두개골과 꼭 같은 형상을 하고 있다. 그밖에 이상 두 설과는 관계없이 최근에는 예루살렘 성 밖 북서쪽이라는 설도 있다.

마태는 예수님 일행이 골고다에 도착하셨을 때 누군가(혹자는 예루살렘의 부유한 부인들이 이런 자선행위를 했다고 지적한다)가 "쓸개 탄 포도주를 예수께 주어 마시게 하려 하였더니 예수께서 맛보시고 마시고자 하지 아니하셨다"고 말한다(시 69:21). 쓸개 탄 포도주는 약간 씁쓸한 포도주로 막 15:23에는 "몰약을 탄 포도주"라고 말하고 있다. 혼합 포도주였다. 어찌 되었든 이 포도주는 마취제로 예수님의 고통을 덜어드리기 위해 제공한 것이었다. 마태는 어떤 사람들의 자선행위도 구약 성경 예언의 성취였다고 말한다(시 69:21a).

예수님은 "맛보시고 마시고자 하지 아니하셨다." 우리를 위해 대속의 고난을 당하실 때 맑은 정신으로 고난을 당하시기 위하여 마시지 않으셨다. 다만 맛만 보셨을 뿐이었다. 예수님은 우리의 대속의 고난을 다 당하시기 위해 생생한 의식을 유지하셨다. 그리스도에게 무한한 영광을 돌린다.

마 27:35-36. 그들이 예수를 십자가에 못 박은 후에 그 옷을 제비 뽑아 나누고 거기 앉아 지키더라.

마태는 군병들이 "예수를 십자가에 못 박은 일"에 대해서는 단 두 글자로 묘사할 뿐 간단히 서술하고 다른 사건들만 자세히 서술한다(막 15:24; 눅 23:34; 요 19:24). 마태만 아니라 다른 복음서 기자들도 군병들이 예수님을 십자가에 못 박은 일에 대해서는 아주 간단하게 전하고 있다. 복음서 기자들이 이렇게 간단히 전하는 이유는 군병들이 어떻게 못을 박았느냐가 중요한 것이 아니라 예수님께서 대속의 죽음을 죽으셨다는 것이 중요하기 때문이었다. 예수님은 우리를 위한 대속물이 되셨다(사 53장; 막 10:45; 요 10:11, 15).

마태는 군병들이 예수님을 십자가에 못 박은 후에 "그 옷을 제비 뽑아 나누었다"고 말한다. 요 19:23에 의하면 군병들이 예수님께서 남기고 가신 두 종류의 옷(겉옷과 속옷)을 자기들 나름대로 취급한 것을 기록한다(막 15:24; 눅 23:34). 그러나 그들은 자기들 입맛대로 취급했지만 그것도 구약 성경에 기록된 대로 되었음을 요한이 밝힌다(요 19:24). 군인들은 먼저 예수님의 겉옷을 나누어 한 깃씩 얻는다. 곧 "네 깃에 나눠 각각 한 깃씩 얻었다." 여기 "옷"(τὰ ἱμάτια)은 '겉옷'을 말하는데 유대인들의 겉옷은 네 깃으로 되어 있었다. 예수님의 겉옷도 역시 네 깃으로 되어 있었다. 머리를 쌌던 수건, 몸을 두루 감고 있던 천(소매 없는 겉옷), 허리띠, 신발(샌들) 등이었다. 아마도 당시 예수님을 십자가에 못 박은 군인은 네 명인 듯이 보이는데(백부장은 따로 있고) 그들은 예수님의 겉에 지니셨던 것들을 하나씩 가졌다. 그런 다음 요 19:24에 의하면 군인들은 속옷에 대해서는 찢지 말고 제비를 뽑아 한 사람의 군인이 가졌다. 곧 "속옷도 취하니 이 속옷은 호지 아니하고 위에서부터 통으로 짠 것이라"고 한다. 여기 "호지 아니하고"란 말은 이음새 없이 통으로 짠 것을 말한다. 군인들은 원피스 형식으로 된 속옷을 제비 뽑아 한 사람이 가진 것이다. 이 모든 일은 시 22:18의 성취였다.

마태는 군병들이 모든 일을 마친 다음에는 "거기 앉아 지키고 있었다"고 기록한다(54절). 그들이 거기 앉아 지킨 이유는 실제로 그들이 예수님을 십자가에 못 박았다는 것을 증거하는 것이고 또 예수님을 누가 도적질하지 못하도록 지킨 것이다. 다시 말해 제자들이나 친족들이 와서 예수님을 내려가지 못하도록 지켰다.

마 27:37. 그 머리 위에 이는 유대인의 왕 예수라 쓴 죄 패를 붙였더라.

군병들이 한 일 또 한 가지는 머리 위에 "이는 유대인의 왕 예수라 쓴 죄 패를 붙였다"(막 15:26; 눅 23:38; 요 19:19). 마가가 기록한 죄 패는 "유대인의 왕"(막 15:25)이었고, 누가가 기록한 것은 "이는 유대인의 왕이라"는 죄 패였으며, 요한은 "나사렛 예수 유대인의 왕"(요 19:19)이라고 기록했다. 요한이 기록한 것이 전문(全文)이었고 다른 복음서 기자들은 축소형을 기록했다. 유대의 종교지도자들이나 유대인들은 이 죄 패가 마음에 들지 않아 시정하기를 원했으나 빌라도는 말하기를 내가 쓸 것을 썼다고 고집하고 고치지 않았다. 빌라도는 유대종교지도자들의 요구에 의해서 예수를 십자가에 못 박도록 내주었으나 이제는 고집을 피고 시정해주지 않았다. 그것도 역시 하나님의 섭리였다. 빌라도는 이 패를 히브리어와 로마어와 헬라어로 기록했다(요 19:22). 그러니까 예수님은 세상의 왕이라는 뜻이다. 예수님은 지금도 이 세상의 왕으로 역사하신다.

마 27:38. 이때에 예수와 함께 강도 둘이 십자가에 못 박히니 하나는 우편에, 하나는 좌편에 있더라.

마태는 "이때에"(τότε) 즉 '예수님께서 십자가에 못 박히실 때에' 강도 두 사람이 십자가에 못 박혔다고 말한다(사 53:12; 막 15:27; 눅 23:33-34; 요 19:18). 여기 "이 때에"란 말을 두고 예수님께서 먼저 십자가에 못 박히시고 강도들이 늦게 십자가에 못 박혔을 것이라고 추측하는 것은 무의미하다. 중요한 것은 예수님께서 강도들과 거의 같은 시간에 십자가에 못 박혔다는 것이다. 로마 군병들이 강도 둘을 십자가에 못 박았지만 이것은 사람들이 예수님을 못 박았다고 하기 보다는 하나님께서 허락하신 것이다. 하나님은 예수님으로 하여금 강도와 함께 십자가에 못 박히도록 하셨다. 예수님은 강도들과 똑 같은 분으로 계산되시기 위해서 강도들과 거의 같은 시간에 못 박히도록 하셨다.

"예수와 함께 강도 둘"이 십자가에 못 박힌 것은 예수님께서 범죄자들과 함께 계산될 것을 예언한 이사야 53:12("범죄자 중 하나로 헤아림을 받았음이라")의 성취였다(KJV의 막 15:28 참조). 그는 우리를 대신해서 대속의 죽음을 죽으신다는 뜻에서 강도들 틈에서 죽으셨다. 우리는 말할 수 없는 감사를 드려야 한다.

그리고 마태가 예수와 함께 강도 둘이 십자가에 "못 박히니"(σταυροῦνται)란 말을 현재 수동형으로 기록한 이유는 아마도 인류의 눈을 예수님의 십자가에 고착시켜야 한다는 것을 강조하기 위함이었을 것이다. 마태가 그의 복음서를 쓴 것은 예수님께서 십자가에 달리신 지 20여년이 지난 후였는데(대AD 50-55년으로 추정) 마치 지금 십자가에 못 박히시는 것처럼 현재형으로 기록한 이유는 바로 우리로 하여금 십자가에 유의하도록 하기 위함이었을 것이다. 우리는 예수님께서 확실히 우리를 대신하여 지금 십자가에 못 박히신 것으로 믿어야 한다.

그리고 마태는 예수님께서 십자가에 못 박히신 위치가 강도들 사이라고 말한다. 즉 "하나는 우편에, 하나는 좌편에 있더라." 예수님께서 맨 우편에나 혹은 맨 좌편이 아니고 한 가운데를 차지하신 것은 완전히 예수님께서 강도들 틈에 계셨다는 것을 부각시키는 말이다(눅 23:33 참조). 우리가 죄인이라 그 자리에 있어야 했는데 예수님께서 그 자리에 계셨다. 예수님은 세리와 죄인의 친구이시다(11:19).

마 27:39-40. 지나가는 자들은 자기 머리를 흔들며 예수를 모욕하여 이르되 성전을 헐고 사흘에 짓는 자여 네가 만일 하나님의 아들이어든 자기를 구원하고 십자가에서 내려오라 하며.

본 절부터 44절까지는 세 종류의 사람들(지나가는 행인들, 종교가들, 함께 십자가에 못 박힌 강도들)이 십자가에 달리신 예수님을 향하여 갖은 희롱과 욕을 하는 현장을 생생하게 묘사하고 있다.

첫째, 지나가는 행인들은 "자기 머리를 흔들며 예수를 모욕했다"(시 22:7; 109:25; 막 15:29; 눅 23:35). 지나가는 행인들은 '자기의 머리를 좌우로 흔들며 욕을 했다'(시 22:7b; 사 37:22). 머리를 좌우로 흔드는 것은 멸시와 모욕의 태도이다. 속으로 멸시하는 것만으로는 부족하여 다른 사람들로 하여금 내가 지금 예수를 멸시한다는 것을 훤히 알도록 하기 위하여 자신의 머리를 좌우로 흔들었다. 지나가는 자들은 자기가 걷던 속도로 길을 간 것이 아니라 잠시 서서 예수의 십자가를 응시하면서 머리를 흔들면서 마구 욕을 했다.

그들이 욕을 한 내용은 "성전을 헐고 사흘에 짓는 자여 네가 만일 하나님의 아들이어든 자기를 구원하고 십자가에서 내려오라"이었다(26:61; 요 2:19). 사람들마다 욕의 내용이 달랐겠지만 공통적으로 "성전을 헐고 사흘에 짓는 자여!"라는 타이틀을 예수님에게 붙였다(26:61; 요 2:19). 예수님의 말씀을 오해한 사람들은 자세히 알아보지도 않고 그냥 오해한 채 "성전을 헐고 사흘에 짓는 자여"라고 쏘아붙였다. 바로 이것이 세상이다. 세상은 예수님을 오해하고 기독교를 오해한 채 그냥 계속해서 욕을 한다.

지나가는 자들은 "네가 만일 하나님의 아들이어든"이란 말을 덧붙여 욕을 한다. 그들은 몇 시간 전 예수님께서 대제사장 가야바의 법정에서 대제사장이 "네가 하나님의 아들 그리스도인지 우리에게 말하라"는 질문에 예수님은 "네가 말하였느니라"고 응답하셨는데 그것을 전혀 믿지 않고 예수님을 욕하는 자료로 쓰고 있다. 다시 말해 '네가 무슨 하나님의 아들이냐, 네가 무슨 우리의 그리스도냐'는 식이었다. 그들은 예수가 만일 하나님의 아들이라면 "자기를 구원하고 십자가에서 내려오라"고 말한다(26:63). 십자가에서 내려오는 길만이 자신을 하나님의 아들이라고 입증하는 것이라고 놀린다. 그들은 예수님이 하나님의 아들 역할을 하시기 위해서 십자가에 달리신 줄 전혀 알지 못하고 저주를 자취하는 욕을 내뱉고 있었다. 예수님의 구원방식을 알지 못하는 인류는 지금도 그를 믿지 않고 욕을 하고 있으며 기독교를 향하여 갖은 박해를 가하고 있다.

마 27:41-43. 그와 같이 대제사장들과 서기관들과 장로들과 함께 희롱하여 이르되 그가 남은 구원하였으되 자기는 구원할 수 없도다 그가 이스라엘의 왕이로다 지금 십자가에서 내려올지어다 그리하면 우리가 믿겠노라 그가 하나님을 신뢰하니 하나님이 원하시면 이제 그를 구원하실지라 그의 말이 나는 하나님의 아들이라 하였도다 하며.

둘째(첫째는 39절에 있다), 유대 산헤드린 회원들(대제사장들과 서기관들과 장로들)이 희롱한다. 마태는 "그와 같이 대제사장들과 서기관들과 장로들과 함께 희롱하여 이르되 그가 남은 구원하였으되 자기는 구원할 수 없도다"라고 말한다. 문장 초두의 "그와 같이"(ὁμοίως)란 말은 그리스도를 욕하는 면에 있어서는 지나가는 자들과 똑 같다는 것을 지칭하는 말이다. 그들도 무식하기는 마찬가지란 뜻이다. 산헤드린 공의회의 회원들은 지나가는 자들과 똑 같이 예수를 향하여 자기를 구원하지 못하는 구원자라고 비웃고 또 하나님의 아들이라고 말하면서 맥없이 십자가에 달려 있다고 조롱한다. 그들은 좀 유식한 사람들이었는데 영안이 열리지 않으니 지나가는 사람들과 마찬가지로 예수님을 희롱했다. 사람이 깨닫지 못하면 짐승과 마찬가지이다.

그러나 그들은 지나가는 행인들과 좀 달리 예수님이 남을 구원하신 것을 인정한다. "그가 남은 구원하였으되 자기는 구원할 수 없도다." 그들은 과거에 예수님께서 많은 이적을 행하신 것을 인정한 일이 있었다(요 11:47). 그러나 그들은 예수님께서 하나님의 아들이시기 때문에 이적을 행하신 것이 아니라 귀신의 왕 바알세불을 힘입어 귀신을 쫓아낸다고 말을 돌렸다(9:34; 12:24; 막 3:22; 눅 11:15). 그들은 "그가 이스라엘의 왕이로다 지금 십자가에서 내려올지어다 그리하면 우리가 믿겠노라"는 말을 덧붙인다. 예수님은 사실로 자신이 이스라엘의 왕이라고 주장하신다(27:11; 요 18:37). 28:18 참조. 그러나 종교가들은 영안이 어두워 예수님의 주장을 믿지 못하고 조롱하는데 사용했다. 그들은 지금 당장 예수님을 향하여 십자가에서 내려오면 자신들이 믿겠다고 말한다. 이제 예수가 내려오지 못하리라는 것을 확신하고 그들은 아주 안심하는 마음으로 예수님을 조롱한다.

그리고 그들은 "그가 하나님을 신뢰하니 하나님이 원하시면 이제 그를 구원하실지라 그의 말이 나는 하나님의 아들이라 하였도다"라고 희롱한다(시 22:8). 본문은 두 절로 구분된다. 하나는 "그가 하나님을 신뢰하니 하나님이 원하시면 이제 그를 구원하실지라"는 절과, 또 하나는 이유를 말하는 절로서 "그의 말이 나는 하나님의 아들이라 하였기 때문이다"라는 절이다.

"그가 하나님을 신뢰하니 하나님이 원하시면 이제 그를 구원하실지라"는 말씀을 풀어서 말하자면 '예수가 하나님을 신뢰하고 있으니(영국 흠정역은 He trusted in God이라고 과거형으로 번역했는데 현재의 뜻으로 번역해야 한다)[190)]하나님께서 예수를 기뻐하시면 예수를 십자가에서 내려주실 것이다'라는 뜻이다. 그들이 이렇게 예수님을 희롱하는 이유는 예수님께서 "나는 하나님의 아들이라"고 말했기 때문이다. 예수님은 참으로 하나님의 아들이시고(7:21; 11:25; 16:16) 또 하나님은 예수님의 아버지이시라(11:27; 요 16:32)고 예수님께서 주장하셨는데 그들은 하나님께서 예수를 아주 버리셨는데 무슨 하나님의 아들

---

190) "신뢰한다"(πέποιθεν)는 말은 현재완료 시제인데 이때 현재완료는 현재의 뜻이 있다. 그런고로 신뢰한다는 말은 "신뢰했다"고 번역할 것이 아니라 "신뢰하고 있다"는 뜻으로 번역해야 한다.

이냐는 뜻으로 희롱했다. 그들은 예수가 자기는 하나님의 아들이고 또 하나님은 그의 아버지라는 말이 아주 새빨간 거짓말이라는 것이다. 그들은 예수님을 가장 악랄하게 놀렸다. 그들은 예수님을 아주 거짓말쟁이로 놀렸고 아주 사기꾼으로 놀렸다. 예수님은 이들의 희롱을 들으시면서 얼마나 마음에 섭섭하셨겠는가.

마 27:44. 함께 십자가에 못 박힌 강도들도 이와 같이 욕하더라.

셋째(둘째는 41절에 있다), "함께 십자가에 못 박힌 강도들도 이와 같이 욕했다" (막 15:32; 눅 23:39). "함께 십자가에 못 박힌 강도들"은 두 사람이었는데 하나는 우편에, 또 한 사람은 좌편에 있었다. 그들도 "이와같이" 욕했다는 말은 강도들도 욕하는 데 있어서는 지나가는 행인들이나 또 산헤드린 공의회 사람들이나 똑 같았다는 것이다. 그들은 예수님에 대해서 들은바 없었을 것인데 지나가는 행인들이 욕하는 소리를 듣고 또 산헤드린 공의회 회원들이 "그가 남은 구원하였으되"(42절)라고 말하는 것을 듣고 또 "그가 이스라엘의 왕이로다 지금 십자가에서 내려올지어다"(42절)라고 말하는 것을 듣고 강도들도 예수 자신과 자신들을 구원해 보라고 소리를 질렀는데 얼마가 지나도 아무 반응이 없자 이 두 사람의 강도들도 예수님을 욕하기 시작한 것으로 보인다. 본문의 "욕하더라"(ὠνείδιζον)는 말은 시발적 미완료과거시제로 '욕하기 시작했다'는 뜻이다(A. T. 로버트슨).

그들이 욕하기 시작하다가 눅 23:39-43에 의하면 두 강도 중 한 사람이 회개한 것을 말한다. 한 강도가 회개한 다음 그 반대쪽에 있는 다른 사람을 "꾸짖었다." 그가 회개하게 된 이유는 예수님의 첫마디(눅 23:34-"아버지 저들을 사하여 주옵소서 자기들이 하는 것을 알지 못함이니이다")를 듣는 중에 성령께서 역사하셨기 때문이었다. 성령님은 거의 언제나 그리스도의 말씀을 사용하여 사람을 중생시키신다(요 15:3; 엡 5:26).

i. 예수님께서 운명하시다 27:45-56

마태는 32-44절에서 예수님께서 십자가에 달리신 사실을 기록한 다음 제

6시(우리 시간 정오)로부터 진행된 사건을 기록한다. 마태는 먼저 제 6시로부터 제 9시(우리 시간으로 오후 3시)까지 온 땅에 어둠이 임한 사실을 기록하고(45절), 다음으로는 제 9시쯤에 예수님께서 큰 소리로 "엘리 엘리 라마 사박다니" 하신 일을 기록하고(46절), 또 주위에서 예수님의 소리를 들은 사람들의 반응을 기록한다(47-49절). 그리고 마태는 예수님께서 큰 소리를 지르시고 숨지신 것을 기록하고(50절), 성소 휘장이 둘로 찢어진 사건(51a)과 땅이 진동하고 바위가 터진 일들을 기록하며(51b-53절), 백부장과 다른 군인들의 반응을 기록한다(54절). 마지막으로 마태는 갈릴리에서부터 따라온 여인들에 대해서 기록한다(55-56절). 이 부분(45-56절)은 막 15:33-41; 눅 23:44-49과 병행한다. 요 19:25-30은 같은 내용을 간략히 기록한다.

마 27:45. 제 육시로부터 온 땅에 어둠이 임하여 제 구시까지 계속되더니. 마태는 금요일 "제 육시로부터 온 땅에 어둠이 임하여 제 구시까지 계속되었다"고 말한다(암 8:9; 막 15:33; 눅 23:44). 제 6시란 우리 시간으로 낮 12시이고 제 9시란 우리 시간으로 오후 3시이다. 그런데 마태는 이 세 시간동안 "온 땅에 어둠이 임했다"고 말한다. 이 어둠에 대해 눅 23:44은 "때가 제육시쯤 되어 해가 빛을 잃고 온 땅에 어둠이 임하여 제 구시까지 계속했다"고 말한다. "해가 빛을 잃었다"는 말이 무슨 현상인지 확실히 말하기 어렵다. 혹자들은 '일식' 현상이라고 말하나 유월절 때는 (개기) 일식이 불가능한 것을 감안하면 우리로서는 이 현상은 하나님께서 일으키신 현상이라고 밖에 말할 수 없다.

그렇다면 그 어둠의 현상은 무엇을 의미하는가. 그것은 하나님의 심판이 예수님에게 임한 것이라고 해야 한다. 어둠은 심판을 의미한다(사 60:2; 암 5:18; 행 2:20; 벧후 2:17; 계 6:12-17). 예수님은 우리를 대신하여 하나님으로부터 지극한 심판을 받으셨다. 윌렴 헨드릭슨은 "어둠은 심판을 뜻한다. 그것은 우리 죄에 대한 하나님의 심판, 바로 예수의 심장 가운데서 활활 타오르는 그의 분노의 표시인 것이다. 그는 우리의 대속자로서 가장 심한 고뇌 표현할 수 없는 비애 격심한 고독감 또는 버림 당하심을 맛보신 것이다. 그날 지옥이 갈보리에 임했다"고 말한다.[191] 우리를 대신하여 심판을 받으신 예수 그리스도에게 한없는 영광이 있을진저!.

마 27:46. 제 구시쯤에 예수께서 크게 소리 질러 이르시되 엘리 엘리 라마 사박다니 하시니 이는 곧 나의 하나님, 나의 하나님, 어찌하여 나를 버리셨나이까 하는 뜻이라.

마태는 "제 구시쯤에 예수께서 크게 소리 질러 이르시되 엘리 엘리 라마 사박다니"(Ηλι ηλι λεμα σαβαχθανι) 하셨다고 기록한다(히 5:7). 제 9시쯤이란 우리 시간으로 오후 3시쯤을 지칭한다. 예수님은 12시로부터 3시간 동안 우리를 대신하여 심판을 받으시고 오후 3시쯤에 크게 소리를 지르시기를 "엘리 엘리(히브리어) 라마 사박다니(아람어)" 하셨다(시 22:1의 인용이다). 마가는 예수님께서 사용하신 히브리어를 무시하고 아람어로만 기록한다(Ελωι ελωι λεμα σαβαχθανι).

예수님께서 십자가에 달려 계실 때에도 "시편 22:1의 애가를 외치신 것은 그가 십자가에 달려 계실 때도 그 마음에 성경 말씀에 착념하고 계셨음을 보여준다. 우리는 이 말씀을 독백으로 간주하지 말아야 할 것이다. 왜냐하면 예수께서는 시편의 뜻을 성취시키려는 뜻에서 의식적으로 말씀하신 것이기 때문이다"(헤르만 리델보스).[192]

헤르만 리델보스는 "이러한 외침은 그의 고통이 얼마나 심했는가를 보여준다. 다시 말해 이 고통은 예수님의 고통의 예표로서 구약의 선지자의 애가 가운데 나오는 모든 고통과 번민의 집약이었다. 특히 시 22편은 그리스도의 고난에 대해 노래하였고 그리스도께서도 이 시편을 몇 가지 상황에서 문자 그대로 성취시키셨다. 그의 몸과 영혼은 14절의 말씀처럼 찢기셨다. 그리고 그의 손과 발은 찔림을 당하였고(16절), 그의 옷은 제비뽑아 나뉘었다(18절). 그러나 예수님의 고통은 자신이 하나님에 의해서 버림을 받았다는 사실과 그가

---

191) 윌렴 헨드릭슨, *마태복음 (하)*, p. 399.
192) 헤르만 리델보스, *마태복음 (하)*, p. 827.

왜 이렇게 됐는지 그 이유를 알 수 없게 되었다고 생각한데 있었다...그가 버림을 받는다는 것은 신체적인 면뿐 아니라 영적인 면에서도 마찬가지였다. 일찍이 시편 22편의 저자가 하나님의 떠나심을 체험했었는데 예수께서 받으신 고통은 이런 체험의 진수가 된 것이었다"고 말한다.193)

마태는 "엘리 엘리(히브리어) 라마 사박다니(아람어)"라는 말을 헬라어로 번역한다("Θεέ μου θεέ μου, ἱνατί με ἐγκατέλιπες"). 우리말로는 "나의 하나님, 나의 하나님, 어찌하여 나를 버리셨나이까"이다. 이 외침은 예수님의 십자가상의 네 번째 외침으로 알려져 있다.194) 예수님은 이때 우리의 죄를 지고 하나님으로부터 버림을 당하신다. 우리가 버림을 당해야 할 것을 예수님이 버림을 당하시느라 말할 수 없는 고독을 느끼신다. 버림을 당하는 것만큼 큰 고통이 있을까. 예수님은 항상 하나님을 "아버지"로 부르셨는데 지금 그는 "나의 하나님"으로 부르신다.

마 27:47-49. 거기 섰던 자 중 어떤 이들이 듣고 이르되 이 사람이 엘리야를 부른다 하고 그 중의 한 사람이 곧 달려가서 해면을 가져다가 신 포도주에 적시어 갈대에 꿰어 마시게 하거늘 그 남은 사람들이 이르되 가만 두어라 엘리야가 와서 그를 구원하나 보자 하더라.

47-49절은 예수님의 부르짖음(46절)을 들은 사람들의 반응을 기록한 것이다. 세 가지 종류의 반응이 보인다. 첫째, "거기 섰던 자 중 어떤 이들이 듣고 이르되 이 사람이 엘리야를 부른다"고 말한다. 이 말씀에 대해서는 해석이 갈린다. 1) 혹자는 예수님의 십자가 곁에 있던 어떤 이들이 예수님께서 "엘리"라고 발음하신 것을 듣고 예수님이 엘리야를 부르는 줄로 착각했다고 한다. 이 사람들은 유대인들 중에서 히브리어에 미숙한 헬라계 사람들이었을 것이라고

---

193) 헤르만 리델보스, *마태복음 (하)*, pp. 827-828.

194) 예수님의 십자가상의 7언은 다음과 같다. 첫 번째 말씀은 눅 23:34에 기록되었고, 두 번째 말씀은 눅 23:43에, 세 번째 말씀은 요 19:26-27에, 네 번째 말씀은 마 27:46; 막 15:34에, 다섯 번째 말씀은 요 19:28에, 여섯 번째 말씀은 요 19:30에, 일곱 번째 말씀은 눅 23:46에 기록되어 있다.

추측한다. 2) 십자가 곁에 있던 어떤 이들은 무정한 사람들로서 그들은 예수님께서 구약의 엘리야 선지자를 부르고 있다는 것을 다른 이들로 하여금 믿게 하려했다고 주장한다. 그들은 엘리야가 와서 메시아를 소개할 것이며 그리고 잠시 동안 그의 보조자로서 그 곁에서 함께 살며 멸망할 자들을 구원할 것이라고 사람들을 속였다고 주장한다(헤르만 리델보스, 윌렴 헨드릭슨).[195] 아마도 이 두 번째 견해가 바를 것으로 보인다. 이유는 첫 번째 견해는 별 의미가 없는 견해로 보인다. 희롱을 하든지 아니면 동정을 하든지 했어야 했다. 별의미가 없는 반응을 마태가 여기에 기록했을 것 같지는 않다.

둘째, "그 중의 한 사람이 곧 달려가서 해면을 가져다가 신 포도주에 적시어 갈대에 꿰어 마시게 했다"(시 69:21; 막 15:36; 눅 23:36; 요 19:29). 여기 그 중의 한 사람이란 예수님의 십자가 근처에 있던 사람들 중의 한 사람을 지칭한다. 그 사람은 곧 달려가서 해면(스폰지)를 가져다가 신 포도주(로마 군병들의 평소의 음료수)에 적시어 기다란 갈대에 꿰어 예수님으로 하여금 마시게 했다. 그런 동정 많은 사람이 십자가에 어떻게 나왔는지는 알 수 없으나 동정심 많은 사람이었다. 신포도주를 드린 것은 시 69:21의 성취였다.

셋째, "그 남은 사람들이 이르되 가만 두어라 엘리야가 와서 그를 구원하나 보자"는 반응을 보이는 사람들이 있었다. 이들은 예수님을 희롱하는 사람들이었다(눅 23:36-37 참조). 이들은 예수님께 포도주를 드리는 일까지 중단시켰다. 그리고 말하기를 "엘리야가 와서 그를 구원하나 보자"하고 예수님을 희롱했다. 엘리야가 와서 초자연적 능력으로 예수님을 구원해 줄지 모르니 포도주를 주지 말라고 했다. 마음이 강퍅한 사람들은 최후까지 예수님을 조롱했다. 예수님은 철저히 우리를 위한 대속의 고난을 당하셨다.

마 27:50. 예수께서 다시 크게 소리 지르시고 영혼이 떠나시니라.

---

195) 최근의 발견에 의하면 당시 유대인들은 아람어와 그리고 아마도 헬라어를 이해했을 뿐만 아니라 그 동안 생각했던 것보다 훨씬 더 히브리어에 친숙했음이 드러났다(윌렴 헨드릭슨).

마태는 예수님께서 십자가 위에서 네 번째 말씀하실 때 소리를 지르셨다고 말한(46절) 다음 본 절에서 "다시 크게 소리 지르셨다"고 말한다. "다시 크게 소리 지르셨다"는 말은 아마도 예수님께서 십자가 위에서 6번째 말씀("다 이루었다")과 7번째 말씀("아버지여 내 영혼을 아버지 손에 부탁하나이다")을 하시면서 크게 소리 지르신 것으로 보인다. 예수님께서 크게 소리를 지르신 것은 힘이 없어 죽으신 것이 아니라 스스로 목숨을 버리신 것을 보여주신 것이다(요 10:17-18). 그는 우리를 대속하기 위해 스스로 목숨을 버리셨다.

그리고 마태는 예수님께서 크게 소리를 지르시고 "영혼이 떠나셨다"고 말씀한다(막 15:37; 눅 23:46). "영혼이 떠나셨다"(ἀφῆκεν τὸ πνεῦμα)는 말씀은 '영혼을 버리셨다,' '영혼을 내어 놓으셨다,' '영혼을 포기하셨다'는 뜻으로 그는 자기가 어쩔 수 없이 죽으신 것이 아니라 자신의 의식이 뚜렷하신 중 스스로 영혼을 버리셨다. 예수님은 의식이 뚜렷하신 중 "다 이루었다"고 하셨다. 인류의 대속 사역을 다 이루셨다는 뜻이다(요 19:30). 예수님은 하나님께서 맡기신 인류 대속 사역을 다 이루시고 영혼을 포기하셨다.

그리고 예수님은 자신의 의식이 뚜렷하신 중 "아버지여! 내 영혼을 아버지 손에 부탁한다"고 말씀하신다. 예수님은 4번째 말씀을 하실 때는 아버지를 그저 "나의 하나님"이라고 호칭하셨는데 이제는 자신과 하나님 사이가 다시 아버지와 아들 관계로 회복하셨음을 보여주신다. 그는 사랑하는 아버지에게 그의 영혼을 맡아주시기를 부탁한다. 하나님은 주일 새벽 예수님의 영혼을 예수님의 육체에 되돌려 주셔서 다시 살아나게 하셨다.

마 27:51a. 이에 성소 휘장이 위로부터 아래까지 찢어져 둘이 되고

예수님께서 스스로 영혼을 포기하시자(앞 절) 하나님께서 놀라운 이적을 행하고 계심을 본 절부터 53절까지 말씀한다. 그리고 본 절 초두에는 "보라"(ijdou;)라는 감탄사(우리 번역에는 빠져 있다)가 나타나 하나님께서 이룩하신 이적은 놀라운 이적이라는 것을 드러내고 있다.

첫째 이적, 마태는 "성소 휘장이 위로부터 아래까지 찢어져 둘이 되었다"고 말한다(출 26:31; 대하 3:14; 막 15:38; 눅 23:45). "성소 휘장"이란 성소와 지성소를 가르는 휘장[196]이었는데 그 휘장은 대제사장이 1년에 한번만 열고 지성소에 들어가던 휘장이었다(출 26:33). 그 성소휘장이 "위로부터 아래까지 찢어져 둘이 되었다"는 말은 예수님께서 죽으신 결과로 성소와 지성소가 아주 터져서 지성소로 들어가는 길이 활짝 열렸음을 뜻한다. 이 휘장이 찢어진 것은 이제는 우리 모두가 그리스도의 죽음의 공로를 힘입어 지성소 곧 하나님의 보좌에 담대히 나아갈 수 있음을 뜻한다(히 10:19-20). 렌스키(Lenski)는 "이 휘장이 찢어졌을 때, 하나님은 유대 대제사장의 직무가 끝났음을 선언하셨다. 이 대제사장과 그의 연례의 기능의 상징이 끝에 도달한 것은 신적 대제사장이신 예수께서 오셨고 그 자신의 속죄의 피를 가지고 하늘의 지성소 바로 그곳으로 들어가셨기 때문이다"라고 주장한다.[197]

이 휘장이 찢어진 것은 금요일 오후 3시 예수님께서 죽으시는 시간에 찢어졌다. 예수님께서 죽으시자 하나님께서 성소 휘장을 갑자기 위로부터 아래까지 찢으셨다. 만일 사람이 찢었다면 아래로부터 위로 올라가면서 찢었을 것이다. 제사장들이 한참 성소 안에서 일을 하고 있는 시간에 아무도 그것을 감히 찢을 사람은 없었다. 이 휘장이 찢어졌기에 누구든지 그리스도의 피 공로를 의지하고 하나님의 보좌에 담대히 나아가게 되었다(히 4:16). 우리가 하나님의 보좌에 담대히 나아가지 않는 것은 예수님의 죽음의 공로를 비웃는 행위이다.

마 27:51b. 땅이 진동하며 바위가 터지고.

둘째 이적, 마태는 "땅이 진동하며 바위가 터졌다"고 말한다.[198] 예수님께서 죽으시자 하나님은 지진을 일으키셨고 바위가 터지게 하셨다. 다시 말해 하나님

---

196) "휘장": '파-로-케스'(παροκετη)-이 낱말은 히브리어 명사로서, 성막의 성소와 지성소를 막기 위해 친 휘장을 가리키고 지칭하는데, '휘장'(출 26:31-35; 27:21)으로 번역되었다. 이 구절들에서 묘사된 것을 보면 청색 자색 홍색실과 가늘게 꼰 베실로 짜서 휘장을 만들고 그 위에 그룹들을 공교히 수놓는다. 여기 그룹은 하나님의 거룩하심을 수호하는 천사로서 지성소에 들어가는 길을 가로 막고 있음을 상징한다.

197) 렌스키, *마태복음 (하)*, 성경주석, p. 485.

198) 땅이 진동한 것부터 시작해서 53절 끝까지 기록된 이적들은 마태에만 기록된 이적들이다.

께서 땅을 흔드셨고 무덤 문을 가로 막고 있던 단단한 바위가 갈라지게 하셨다. 그리스도의 죽음은 엄청나게 큰 사건이라는 것을 하나님께서 보여주셨다. 네브(Nebe)는 "지진은 항상 사람들에게 하나님의 임재와 개입을 나타내며 언약의 하나님으로서 그의 힘과 크심을 보여주고(출 19:18; 왕상 19:11; 시 68:8; 114:6; 학 2:7; 행 4:31; 16:26), 진노 중에 자기를 의로운 심판자로 계시하심이다"(삼하 22:8; 시 18:7; 77:18; 사 5:25; 13:13; 24:18; 29:6; 렘 10:10; 49:21; 욜 2:10; 나 1:5; 학 2:6; 계 6:12; 8:5; 11:13)라고 주장한다(네브 by 렌스키). 예수님께서 죽으실 때 하나님께서 지진을 일으키시며 무덤을 가로 막은 바위가 갈라지게 하신 것은 하나님의 임재하심이 강하다는 것을 보여주시며 또 모든 사람들에게 하나님께서 심판자이심을 보여주신 증거였다.

마 27:52-53. 무덤들이 열리며 자던 성도의 몸이 많이 일어나되 예수의 부활 후에 그들이 무덤에서 나와서 거룩한 성에 들어가 많은 사람에게 보이니라(καὶ τὰ μνημεῖα ἀνεῴχθησαν καὶ πολλὰ σώματα τῶν κεκοιμημένων ἁγίων ἠγέρθησαν, καὶ ἐξελθόντες ἐκ τῶν μνημείων μετὰ τὴν ἔγερσιν αὐτοῦ εἰσῆλθον εἰς τὴν ἁγίαν πόλιν καὶ ἐνεφανίσθησαν πολλοῖς).

이 부분의 헬라어 원어를 달리 번역할 수도 있다. 즉 "무덤들이 열리며 자던 성도의 몸이 많이 일어나서 그들이 무덤에서 나와 예수의 부활 후에 거룩한 성에 들어가 많은 사람에게 보이니라"로 번역할 수도 있다. 렌스키(Lenski)도 그렇게 번역했고 옥스포드 원어 성경대전도 이를 지지하고 있다. 다시 말해 "예수의 부활 후에"(μετὰ τὴν ἔγερσιν αὐτου)란 말을 우리 성경처럼 "그들이 무덤에서 나와서"(ἐξελθόντες ἐκ τῶν μνημείων)란 말과 연결시키지 않고 "거룩한 성에 들어가"(εἰσῆλθον εἰς τὴν ἁγίαν πόλιν)란 말과 연결시키는 방법이다. 이렇게 번역하는 것이 더 합리적인 이유는 문맥 때문이다. 우리 성경처럼 번역하는 경우 "영광스런 부활의 몸으로 변화한 이들 성도들이 금요일 오후부터 주일 아침까지 어둡고 썩은 냄새나는 무덤 안에 머물러 있었다고 믿는 것이 맞지 않기 때문이다"(윌렴 헨드릭슨).

셋째 이적, 마태는 "무덤들이 열렸다"고 말한다. 무덤들이 열린 것은 하나님께서 지진을 일으키시고 또 바위가 터지게 하셨기 때문이다. 무덤이 열리게 된 것은 죽었던 성도들의 몸이 일어나게 하기 위해서였다.[199] 팔레스틴 지방에서는 사람들이 죽으면 땅을 파서 묻는 것이 아니라 바위를 파서 무덤을 만들었는데 바위가 갈라질 때 무덤들이 열렸다. 놀라운 사건이다.

넷째 이적, 마태는 "자던 성도의 몸이 많이 일어나서 무덤에서 나왔다"고 말한다.[200] 예수님께서 죽으시자 바위가 갈라지고 무덤이 열려서 죽었던 성도들의 몸이 많이 일어났다. 마태는 모든 사람의 몸이 일어났다고 말하지 않고 자던 성도의 몸이 일어났다고 말했고 또 성도들도 다 일어난 것이 아니라 많은 성도들이 무덤에서 일어났다고 말한다. 본 절을 해석하면서 렌스키(Lenski)는 "예수의 죽음이 죽음을 정복했으며 이 부활한 성도들이 그의 위대한 승리를 입증한다는 표시이다...그들은 우리가 마지막 날에 갖게 될 영화된 몸으로 부활했다"고 말한다.[201] 그리고 무덤에서 일어난 성도들은 무덤에서 나왔다. 그들이 나와서 어디에 있었는지는 알 수 없다(윌렴 헨드릭슨). 이를 두고 렌스키(Lenski)는 "이 영화된 성도들은 그리스도의 부활 후까지 그들의 열린 무덤에 남아 있지 않았다. 만일 그들이 주일날까지 어디에 머물러 있었는가라고 질문한다면 그 대답은 이러하다. 예수께서 그의 부활 후에 40일간 나타나시는 동안 머물러 계셨던 곳이다. 하나님은 그 성도들을 위한 장소를 찾으시기에 어려움을 당하지 않으셨다"고 말한다.[202]

---

199) 혹자들은 "지진으로 무덤들이 열렸으나 그 안에 죽어 있는 자들은 부활 때까지는 일어나지 않을 것이다"라고 주장하나 문맥을 거스른다.

200) 52절 하반 절부터 53절 마지막까지 즉 "자던 성도의 몸이 많이 일어나되 예수의 부활 후에 그들이 무덤에서 나와서 거룩한 성에 들어가 많은 사람에게 보이니라"는 말씀에 대해서 많은 주석가들은 회의적인 해석을 내놓고 있다. 1) 성도의 부활이 없었다는 견해. 2) 성도의 부활은 그리스도의 부활 이후에 일어났다는 견해. 3) 이 때 부활한 성도들은 다시 죽었다는 견해. 이런 견해들은 그리스도의 죽음이 얼마나 위대한가를 보여주는 마태의 기록에 정면으로 배치되는 견해이고 또 "백부장과 및 함께 예수를 지키던 자들이 지진과 그 일어난 일들을 보고 심히 두려워하였다"(54절)는 기록에 배치되는 견해들이다. 이들이 두려워한 것은 지진 뒤에 일어난 일들을 보고 두려워한 것이니 마태의 기록대로 성도의 부활이 있었던 것이 확실함을 알 수 있다.

201) 렌스키, *마태복음 (하)*, 성경주석, p. 487.

다섯째 이적, "예수의 부활 후에 거룩한 성에 들어가 많은 사람에게 보였다"고 말한다(μετὰ τὴν ἔγερσιν αὐτου μετὰ τὴν ἔγερσιν αὐτοῦ εἰσῆλθον εἰς τὴν ἁγίαν πόλιν καὶ ἐνεφανίσθησαν πολλοῖς).

예수님의 죽음이라는 것이 엄청난 사건이라는 것을 보여주시기 위해 하나님은 성도들을 부활시키셨는데 그러나 그들이 예수님보다 먼저 예루살렘에 들어가게는 하지 않으셨다. 예수님의 부활 후에 그들이 거룩한 성에 들어가게 하셨다. 이때의 성도들이 예수님의 부활 후에 예루살렘에 나타난 까닭은 그들의 나타남이 예수님의 부활에 대한 암호적인 증거(a sign testimony)가 되기 때문이었다.

예루살렘은 예수님을 거부했기에 더럽고 패역한 성이었지만 그러나 아직도 오순절에 성령께서 그곳에 강림하셔야 하는 도시였으므로 거룩한 도시(Holy City)로 불리고 있다.

마태는 부활한 성도들이 "많은 사람에게" 보였다고 말했는데 이들 부활한 성도들이 누구누구였는지도 우리는 모르고 또 그들을 목격한 많은 사람들이 누구였는지도 모른다. 이런 저런 추측을 해보아도 도움이 되지 않는다. 여기 마태는 당시 부활한 성도들이 많은 사람들에게 보인 것은 부활은 확실하다는 것을 말하려는 것이다. 렌스키(Lenski)는 "우리를 위한 이 성도들의 부활의 중요성은 부활이 단순히 미래사건이 아니라는 사실이다. 부활은 이 성도들의 경우에서 이미 시작되었다. 죽음에서 부활한 것은 예수뿐이 아니며 성도들의 다수가 그와 함께 앞서 부활한 것이다. 이것이 우리 역시 부활할 것이라는 보장이 되어주는 것이다"라고 주장한다.[203] 부활한 사람은 다시 죽지 않았다. 나사로는 다시 죽었으나 이때 부활한 사람들은 죽지 않고 하나님께서 "그들을 하늘에 계신 당신께로, 즉 전에 그들의 영혼이 있던 곳으로 데려가셨을 것이다"(윌렴 헨드릭슨).[204]

---

202) 렌스키, Ibid.
203) 렌스키, *마태복음 (하)*, p. 498.
204) 윌렴 헨드릭슨, *마태복음 (하)*, p. 407.

마 27:54. 백부장과 및 함께 예수를 지키던 자들이 지진과 그 일어난 일들을 보고 심히 두려워하여 이르되 이는 진실로 하나님의 아들이었도다 하더라.
마태는 "백부장과 및 함께 예수를 지키던 자들"의 놀라운 반응을 기록한다. 이들의 반응을 볼 때 예수님께서 죽으신 때 아무런 일들이 일어나지 않았다고 말하는 것은 어불성설이다. 분명히 엄청난 이적들이 일어났다고 말해야 한다.

백부장은 예수를 지키던 자들과 함께 예수를 십자가에 못 박는 일에 수종들던 장교였는데 "지진과 그 일어난 일들을 보고 심히 두려워하였다." 백부장은 처음부터 많은 것을 보았을 것이다. 심한 어둠의 현상과 또 오후 3시에 그 어둠이 갑자기 사라진 일(45절), 그리고 예수님께서 큰 소리를 지르신 일들, 지나가는 사람들과 유대종교지도자들의 조롱, 강도들의 욕, 또 한편 강도의 회개 등 수많은 것을 단 시간에 보았을 것이지만 그 중에도 특별히 큰 소리로 발생한 지진과 또 지진과 동시에 많은 성도가 부활한 것들을 보고 심히 두려워했다. 이런 것을 보고 두려워하지 않는 사람들은 없을 것이다. 백부장은 드디어 "이는 진실로 하나님의 아들이었도다"라고 고백했다(막 15:39; 눅 23:47). 백부장은 백부장대로 그의 진심을 털어놓았다. 예수는 보통 사람이 아니고 참 하나님의 아들이었다는 것이다. 여기 "하나님의 아들"(θεοῦ υἱὸς)이었다는 말에 관사가 없으므로 혹자들은 백부장이 예수님을 한분의 영웅으로 보았다고 주장하나 그 이상으로 보았다고 해야 할 것이다. 백부장은 큰 충격을 받았다. 전설에 의하면 그는 훗날 그리스도인이 되었다고 한다. 눅 23:47에 보면 백부장은 "그 된 일을 보고 하나님께 영광을 돌려 이르되 이 사람은 정녕 의인이었도다"라고 고백했다. 백부장은 예수님을 하늘에서 내신 분이고 하나님과 관련이 있는 분으로 알아서 하나님의 아들이었다고 고백했을 것이다. 마태는 백부장의 고백을 유심히 보고 그야 말로 귀한 사람이라는 것을 알았다(8:11 참조).

마 27:55-56. 예수를 섬기며 갈릴리에서부터 따라온 많은 여자가 거기 있어 멀리서 바라보고 있으니 그 중에는 막달라 마리아와 또 야고보와 요셉의 어머니 마리아와 또 세베대의 아들들의 어머니도 있더라.

마태는 예수님께서 십자가에 못 박히시고 또 죽으셨을 때 남자들은 도망갔지만 여자들은 도망하지 않고 십자가까지 따라온 여인들이 있었음을 기록한다. 마태는 "예수를 섬기며 갈릴리에서부터 따라온 많은 여자가 거기 있어 멀리서 바라보고 있었다"고 말한다(눅 8:2-3). 여기 많은 여자들이 "예수를 섬겼다"는 말은 '자기들이 가지고 있는 재산을 가지고 예수님께 봉사했다'는 뜻이다(눅 8;2-3). 그들은 여자 신분으로 갈릴리에서부터 따라왔다. 남자들도 하기 힘든 일이었는데 여자들이 멀리까지 따라왔다. 그리고 그들은 예수님을 버리지 않고 십자가의 죽음의 시간에 "멀리서 바라보고 있었다."

마태는 그 많은 여자들 중에 두드러진 여자 몇 명을 기록한다. "그 중에는 막달라 마리아와 또 야고보와 요셉의 어머니 마리아와 또 세베대의 아들들의 어머니도 있었다"고 말한다(막 15:40). 마 27:56; 막 15:40이 동일한 세 사람을 가리키고 있다. 즉 그 여자들 중에는 첫째, 막달라 마리아를 꼽았다. 그녀는 본서에 처음 나타나는 이름이지만 막달라 출신으로 예수님으로 말미암아 일곱 귀신이 나간 여자였다(막 16:9). 은혜를 크게 받았기에 제일 열심히 예수님을 따랐다. 둘째, "야고보와 요셉의 어머니 마리아"가 있었다(작은 야고보와 요셉의 어머니 마리아). 알패오(10:3) 즉 글로바의 아내 마리아를 지칭한다(요 19:25). 셋째, "세베대의 아들들의 어머니도 있었다." 살로메를 지칭한다(20:20 참조). 요 19:25은 이 여인들이 예수님의 십자가 곁에 있었다고 말한다. 즉 "예수의 십자가 곁에는 그 어머니와 이모와 글로바의 아내 마리아와 막달라 마리아가 섰는지라." 사도는 겨우 요한 사도만 갈보리 곁에 있었다(요 19:26-27).

j. 예수님께서 매장되시다 27:57-66

마태는 예수님께서 운명하신 사실을 기록한(45-56절) 다음 예수님께서 매장되신 것을 기록한다(57-66절). 마태는 먼저 예수님께서 아리마대 사람 요셉의 무덤에 장사되신 일(57-61절)과 대제사장의 경비병들이 무덤을 지킨 일을 기록한다(62-66절). 경비병들이 무덤을 굳게 지킨 일은 마태만이 기록한 사건이다. 이 부분(57-66절)은 막 15:42-47; 눅 23:50-56; 요 19:38-42과 병행한다.

마 27:57-58. 저물었을 때에 아리마대의 부자 요셉이라 하는 사람이 왔으니 그도 예수의 제자라 빌라도에게 가서 예수의 시체를 달라 하니 이에 빌라도가 내주라 명령하거늘.

마태는 예수님을 장례 지낸 사람에 대해서 기록한다. 마태는 "저물었을 때에" 요셉이 장례를 지냈다고 말한다. 여기 "저물었을 때"라는 말은 '금요일 오후 3시 이후'를 지칭하는 말이다. 유대인은 늦은 저녁 즉 오후 6시 이후가 되면 안식일이 시작되는 고로 장례를 지낼 수가 없어 금요일 오후 6시 이전에 장례를 지냈다(신 21:23 참조).

마태는 저물었을 때 "아리마대의 부자 요셉이라 하는 사람이 왔으니 그도 예수의 제자"였다고 말한다(막 15:42; 눅 23:50; 요 19:38). "아리마대"[205]라는 지명(地名)은 사무엘의 고향 에브라임 산지 라마다임소빔(삼상 1:1)으로 알려져 있는데 그곳에 살고 있던 부자 요셉 곧 "존귀한 공회원이며 하나님의 나라를 기다리는 자"였던 요셉이 나타나서 장례를 지냈는데 그 사람도 "예수의 제자"였다고 말한다. 그는 "선하고 의로운" 사람이었으며 예수에 대한 공의회의 "결의와 행사에 찬성하지 않은 사람"이었다(눅 23:50-51). 그가 예수님의 "제자"였는데 그가 이때에 나타나서 장례를 지낸 것은 하나님의 섭리 중에 된 일이었다. 그는 평소 예수님을 존경하였고 또 산헤드린 공의회에서 예수님을 십자가에 못 박을 것을 결의할 때 찬성하지 않았으며 그들의 행사에 찬성하지 않다가 이때에 나타난 것은 그가 숨어서 일하는 의인이었음을 보여준다. 세상에 나타나서 일하는 사람이 있지만 이렇게 숨어서 일하는 의인이 있다. 예수님의 제자들이 도망했을 때(26:56) 이렇게 숨은 제자가 나타난 것은 우리에게적지 않은 위로를 준다.

마태는 "빌라도에게 가서 예수의 시체를 달라 했다"고 말한다. 빌라도에게 가서 예수님의 시체를 요구한 것은 아주 당돌한 행위였다. 그는 갑자기 대단히

205) "아리마대": 빌라도에게 예수님의 시체를 달라고 청한 산헤드린 의원 요셉의 고향이다(마 27:57,60; 막 15:43; 눅23:51,53; 요 19:38). 아리마대는 라마의 헬라어 형인데, 구약의 라마다임 소빔과 동일지(地)라고 하는 설도 있다. 그러면 이것은 오늘날의 렌티스(Rentis)이다.

용감성을 발휘하게 되었다(막 15:43). 그가 이런 행동을 하는 것은 아주 위험한 행위였다. 이런 행위가 발각되는 경우 동료들로부터 따돌림을 당할 것은 훤한 일이었다. 그럼에도 불구하고 이렇게 나선 것은 하나님께서 그런 마음을 주셨기 때문이었다. 빌라도는 예수님이 죽은 사실을 확인한 다음 요셉에게 시체를 내주라고 명했다(막 15:44-45). 우리는 앞날 어떤 일을 만나든지 예수님을 위하는 일이라면 용감하게 나서야 할 것이다.

마 27:59-60. 요셉이 시체를 가져다가 깨끗한 세마포로 싸서 바위 속에 판 자기 새 무덤에 넣어 두고 큰 돌을 굴려 무덤 문에 놓고 가니.
갑자기 나타난 두 의인들(요셉과 니고데모-요 19:39)과 그리고 십자가 옆에 예수님의 죽음을 지켜보고 있던 여인들은 예수님의 시체를 가져다가 "유대인의 장례법대로 그 향품과 함께 세마포로 싸서" 장례를 지냈다(행 5:6). "유대인의 장례법"은 창 50:2; 행 9:37에 기록되어 있고 또한 신약에는 요 11:34, 44에 기록되어 있다. 요셉과 니고데모 그리고 여인들은 유대인의 장례법을 따라서 예수님의 시신을 세마포로 싸는 동안 니고데모가 가지고 온 향품을 뿌리면서 완전히 싼 다음 묘실에 시신을 두었다(요 19:40-42 참조). 이들은 마지막까지 선을 행하는 사람들이었다.

본문의 "새 무덤"이란 새로 판 무덤이란 뜻이 아니라 '아무도 장사하지 않은 무덤'을 뜻한다(사 53:9). 새 무덤에 장사되는 것은 예수님의 신분에 맞는 일이었다. 그는 자기의 것을 아낌없이 주님을 위하여 내 놓았다. 예수님을 장사한 두 사람은 예수님의 시신을 새 무덤에 넣어두고 큰 돌을 무덤 문에 놓고 갔다.

마 27:61. 거기 막달라 마리아와 다른 마리아가 무덤을 향하여 앉았더라.
마태는 요셉이 예수님의 시신을 장사하고 돌아간 다음(앞 절) 두 사람 즉 막달라 마리아와 다른 마리아가 무덤에까지 따라와서 무덤을 향하여 앉았다고 말한다 (55-56절 주해 참조). 여기 "다른 마리아"는 '야고보와 요셉의 어머니 마리아'를 지칭한다. 이들은 요셉까지 떠난 그 무덤을 얼른 떠나지 않고 계속해서 그 무덤을 향하여 앉아 있었다. 그리스도에 대한 사랑이 지극했던 것을 보여준다.

마 27:62-63. 그 이튿날은 준비일 다음 날이라 대제사장들과 바리새인들이 함께 빌라도에게 모여 이르되 주여 저 속이던 자가 살아 있을 때에 말하되 내가 사흘 후에 다시 살아나리라 한 것을 우리가 기억하노니.
예수님의 무덤에 경비병(파숫군)을 세운 것을 취급한 이 이야기(62-66절)는 마태복음에만 있는 독특한 자료로 28:2-4에서 조금 더 언급되고 28:11-15에서 다시 언급된다.

마태는 "그 이튿날은 준비일 다음 날이라"고 산헤드린 공의회원들이 예수님의 무덤에 경비병을 세우도록 빌라도에게 건의한 날짜를 밝힌다. 여기 "그 이튿날"이란 '예수님께서 죽으셔서 요셉이 장례를 지낸 그 이튿날'을 뜻한다. 마태는 그 예수님이 죽으신 그 이튿날은 바로 "준비일 다음 날이라"고 말한다. "준비일"(예비일)이란 '안식일(토요일)을 준비하는 날'이란 뜻이다. 그러니까 준비일 다음 날은 토요일 안식일에 해당한다.

안식일에 "대제사장들과 바리새인들이 함께 빌라도에게 모여" 말하기를 예수의 무덤에 경비병을 세워달라고 건의한다. 여기 대제사장들은 사두개파인 고로 안식일 준수는 하지 않았지만 바리새인들은 안식일을 엄수하는 사람들이었는데 안식일은 지키지 않고 아침부터 예수가 살아날까보아 불안해서 빌라도에게 가서 무덤을 잘 지켜달라고 부탁한다. 안식일에 정작 불안해야 할 갈릴리 여자들은 평안히 쉬었다(눅 23:56).

산헤드린 공의회 회원들은 빌라도에게 "주여 저 속이던 자가 살아 있을 때에 말하되 내가 사흘 후에 다시 살아나리라 한 것을 우리가 기억하고 있다"고 말한다(16:21; 17:23; 20:19; 26:61; 막 8:31; 10:34; 눅 9:22; 18:33; 24:6-7; 요 2:19). 그들은 빌라도에게 "주여!"(Κύριε)라고 부르고 예수님에 대해서는 "저 속이던 자"("저 유혹하던 자")라고 부른다. 세속 정치가에게 대단한 아첨을 했고 주님에 대해서는 대단한 오해를 했다. 종교가 썩으면 이정도로 썩는다. 이들이 이때에 가장 신경 쓰였던 것은 예수가 살아 있을 때에 말씀한 내용

곧 "내가 사흘 후에 다시 살아나리라 한" 말이었다. 그들은 예수께서 이런 말을 해놓은 것이 몹시 신경을 건드렸다. 혹시 이 말대로 예수가 살아나지는 않을까 혹은 제자들이 시체를 도적해 가고 예수가 살아났다고 허위 선전을 하지는 않을까 하는 것이었다.

마 27:64. 그러므로 명령하여 그 무덤을 사흘까지 굳게 지키게 하소서 그의 제자들이 와서 시체를 도둑질하여 가고 백성에게 말하되 그가 죽은 자 가운데서 살아났다 하면 후의 속임이 전보다 더 클까 하나이다 하니.

산헤드린 공의회 회원들이 빌라도에게 예수님의 "무덤을 사흘까지 굳게 지키게 해 달라"고 요청했다. 사실은 자기들의 경비병을 보내 얼마든지 사흘까지 지킬 수 있었음에도 불구하고 빌라도의 군인들에게 경비를 요청한 것은 빌라도의 권위로 경비하면 더 튼튼할 것으로 알았다. 그들이 빌라도에게 예수님의 시체를 사흘까지 지켜 달라고 한 이유는 사흘만 잘 지키면 된다고 믿었다. 예수님께서 자주 "내가 사흘 후에 다시 살아나리라"고 말했으니 사흘만 잘 지키면 그 후에는 제자들이 시체를 도둑질 하지 않을 것으로 알았다. 사흘이 지나면 예수님의 제자들이 예수님의 예언을 성취할 수 없을터이니 사흘만 잘 지키면 된다고 생각했다.

그들이 빌라도에게 예수님의 무덤을 굳게 지켜달라고 요청한 이유는 "그의 제자들이 와서 시체를 도둑질하여 가고 백성에게 말하되 그가 죽은 자 가운데서 살아났다 하면 후의 속임이 전보다 더 클까 한다"는 것이었다. 그들은 예수님의 제자들이 와서 시체를 도둑질하여 갈는지 모른다고 생각했다. 그리고 그들은 예수님의 제자들이 백성에게 말하기를 예수가 죽은 자 가운데서 부활했다고 선전할는지 모른다고 생각했다. 그렇게 되면 예수가 부활했다고 하는 거짓말의 파장이 예수님께서 죽기 전에 사람을 속인 것보다 더 클 것이라고 말했다. 그들은 예수님이 세상에 계실 때 자신이 친히 메시아라고 한 말씀이 사람을 속인 것이라고 생각했는데 이제 제자들이 시체를 도둑질하여 가고 예수님이 살아났다고 선전하면 그것이야 말로 백성들 사이에서 더욱 엄청난 파장을 불러

올 것이라고 생각했다. 유대교권주의자들은 남을 속이는 사람들이라(28:13) 다른 사람들도 자기들처럼 썩어서 사람을 속인다고 생각했다. 그래서 엄청나게 다른 사람들을 의심했다.

마 27:65. 빌라도가 이르되 너희에게 경비병이 있으니 가서 힘대로 굳게 지키라 하거늘(ἔφη αὐτοῖς ὁ Πιλᾶτος, Ἔχετε κουστωδίαν· ὑπάγετε ἀσφαλίσασθε ὡς οἴδατε).

빌라도는 유대교권주의자들의 요청을 받고 "너희에게 경비병이 있으니 가서 힘대로 굳게 지키라"고 말한다. 여기 "너희에게 경비병이 있으니"(Ἔχετε κουστωδίαν)란 말은 서술형("너희에게 경비병이 있으니")으로 보기 보다는 명령형("너희는 경비병을 가져가라")으로 보는 것이 더 바람직하다(Bengel, 렌스키, 헤르만 리델보스, 윌렴 헨드릭슨, David Hill). 이유는 28:14에 보면 예수님의 무덤을 지키고 있던 경비병들이 유대 성전경비병이 아니라 로마 군인들이라는 것을 더욱 암시하고 있기 때문이다. 빌라도는 교권주의자들의 요청을 받고 "경비병(파숫군)을 데려가라"고 말했다. 경비병(a watch, guard)은 네 사람의 군인으로 조직되어 있었다(행 12:4). 맥네일(Mcneile)은 말하기를 "빌라도가 자신이 경멸하는 유대인들에게 무뚝뚝하게 승낙하는 것은 로마 관료의 상투적인 예이다"라고 한다. 빌라도가 이렇게 허락하는 이유는 유대교권주의자들이 자기의 권위를 알아주었기 때문일 것이다. 빌라도는 로마 군인들을 데리고 가서 "힘대로 굳게 지키라"고 말한다. 이 말은 '아주 확실하게 지키라'는 말이다.

마 27:66. 그들이 경비병과 함께 가서 돌을 인봉하고 무덤을 굳게 지키니라.

유대 교권주의자들은 그날이 안식일임에도 불구하고 빌라도가 허락한 로마 경비병들과 함께 예수님의 무덤이 있는 동산으로 가서 첫째, "돌을 인봉했다"(σφραγίσαντες τὸν λίθον). "인봉했다"(σφραγίσαντες)는 말은 부정과거 분사로 '단번에 봉했다'는 뜻으로 돌을 인봉하는 것은 돌을 무덤 문에 있는 바위벽과 연결해서 봉인을 붙임으로써 돌의 위치를 약간만 움직여도 즉시 봉인이 깨져서 무슨 일이 발생했는가를 알아보게 만든 것을 말한다(단 6:17). 헤르만 리델보스는 "무덤은 틀림없이 그 돌을 천으로 꼭꼭 싸고 천위에 도장을 찍었을 것이다"(단 6:17).

둘째, "무덤을 굳게 지켰다." 파숫군들이 무덤을 굳게 지키는 것을 보고 교권주의자들은 무덤을 떠나 사흘이 무사히 지나기를 바랐다. 그러나 아무리 굳게 지켜보아야 무엇하랴. 하나님께서 돌을 부수시고 예수님을 부활시키는 데는 막을 장사가 없었다. 사람들의 계획과 노력은 아무것도 아닌 때가 많다(시 2:4 참조).

제 28 장

예수님이 부활하시다

V.예수님이 부활하시다　28:1-20

만민의 죄를 대속하시기 위해 죽으셔서 무덤에 계셨던 예수님은 부활의 첫 열매가 되시기 위해 3일 만에 다시 살아나셨다. 예수님의 부활이야 말로 구속 사업의 완성이고 모든 불의와 사망에 대한 정복이었다. 그리스도의 부활을 믿지 않는 사람은 누구든지 그리스도를 가르치는 신학교 강단에 설 자격이 없고 교회의 강단에 서서 설교할 자격이 없으며 그리스도인이라고 불릴 자격이 없다.

그리스도의 부활 기사는 복음서의 마지막 장(요한복음은 두 장에 걸쳐 있음)에 기록되어 있으나 각 복음전도자가 기록한 내용은 다르다. 모든 사실을 다 기록한 증인은 없다(렌스키). 우리는 복음서의 기록이 약간 다르다고 하여 거기서 넘어져서는 안 된다. 그들의 증언을 이해하고 전 줄거리를 재건하는 일을 해야 한다(렌스키).

본서에 기록되어 있는 부활의 기사는 1) 빈 무덤만 남았다는 내용과 또 빈 무덤에서 예수님께서 여인들에게 나타나셨다는 것(1-10절), 2) 경비병의 보고를 받고 대제사장이 허위설을 전파한 사실(11-15절), 3) 갈릴리에서 나타나신 예수님의 최후의 명령(16-20절)이 기록되어 있다.

a.빈 무덤만 남다　28:1-8

빈 무덤만 남았다는 말은 예수님께서 육적으로 부활하셨다는 것을 뜻한다. 마태는 예수님의 무덤에 찾아간 여인들에 대해서 복잡하게 서술하지 않았고 무덤에 찾아간 목적도 단지 무덤을 보려고 찾아갔다고만 말한다(1절). 그리고 마태는 지진이 있었음을 말하고(2a), 주님의 천사가 나타나서 활동한 것을 언급한다(2b-7절). 그리고 여인들의 활동에 대해서 언급하며(8-9절), 예수님께서 여인들에게 명령하신 내용에 대해서 언급한다(10절). 막 16:1-8; 눅 24:1-12; 요 20:1-10 참조.

마 28:1. 안식일이 다 지나고 안식 후 첫 날이 되려는 새벽에 막달라 마리아와 다른 마리아가 무덤을 보려고 갔더니.

마태는 "안식일이 다 지나고 안식 후 첫 날이 되려는 새벽에" 여인들이 예수님의 무덤을 보려고 간 사실을 기록한다(막 16:1; 눅 24:1; 요 20:1). "안식일이 다 지났다"는 말은 '안식일로 지키던 토요일 오후 6시가 다 지났다'는 뜻이고, "안식 후 첫날이 되려는 새벽"이란 '오늘날 시간으로 주일이 되려는 새벽'을 지칭한다. 여인들은 안식일에는 아무 것도 할 수 없어 안식일(토요일)이 지나 주일 새벽이 되기를 기다렸다가 주일 새벽이 되어 무덤을 보려고 갔다.

마태는 주일 새벽이 되어 "막달라 마리아와 다른 마리아가 무덤을 보려고 갔다"고 말한다(27:56). 마태는 두 여인만 간 것으로 말하나 마가는 "살로메"를 추가시켜 말했고(막 16:1), 누가는 요안나(눅 8:3-헤롯의 청지기의 한 사람인 구사의 아내)를 추가시켰으며 그 외에도 여러 여인을 추가한다. 마태가 이렇게 두 여인만을 말한 이유는 더 두드러진 사람만 기록했기 때문이다. 막달라 마리아는 예수님께서 일곱 귀신을 쫓아내주신 여인으로(막 16:9) 예수님을 섬기는데 있어서 뛰어난 여인이었다(눅 8:2). 그런고로 그 여인은 어디서든지 여인들의 이름 중 첫 번째에 나온다. "다른 마리아"는 '야고보와 요셉의 어머니 마리아'이다(27:56, 61).

마태는 여인들이 무덤에 간 이유를 간단히 "무덤을 보려고 갔다"고 말한다. 그러나 마가와 누가는 예수님의 몸에 향품을 바르기 위하여 갔다. 금요일 저녁 때 아리마대 요셉과 니고데모가 예수님의 시신을 장례할 때 안식일이 시작하기 전에 장례하느라 예수님의 몸에 향품을 바르지 못했기 때문에 장례 일을 이주

끝내기 위해서 갔던 것이다. 여인들은 안식일이 지나자 향품을 사다 두었었다(막 16:1). 이 여인들은 예수님의 시신이 부패하지 않도록 예수님의 몸에 향품을 바르기 위해 무덤으로 갔다가 부활하신 예수님을 제일 먼저 만나는 영광을 얻었다. 누구든지 예수님을 사랑하면 큰 은혜를 받는다.

마 28:2. 큰 지진이 나며 주의 천사가 하늘로부터 내려와 돌을 굴려 내고 그 위에 앉았는데(καὶ ἰδοὺ σεισμὸς ἐγένετο μέγας· ἄγγελος γὰρ κυρίου καταβὰς ἐξ οὐρανοῦ καὶ προσελθὼν ἀπεκύλισεν τὸν λίθον καὶ ἐκάθητο ἐπάνω αὐτοῦ)**.**

본 절 초두에는 "보라"(ἰδου)는 외침의 말이 기록되어 있다. 바로 다음에 나오는 말이 굉장한 말이라는 것을 알리려는 것이다. 마태는 "큰 지진이 났다"고 말한다. 이런 지진은 예수님께서 죽으셨을 때도 났었다(27:51). 이렇게 지진이 나는 것은 우연한 것이 아니라 하나님께서 여기 나타나셨다는 뜻이고 주님의 원수들을 향해서는 하나님께서 의분을 나타내신다는 뜻이다. 그리고 예수님의 재림을 알리는 징조로 나타나기도 한다(24:7). 이 지진이 난 시각은 여인들이 무덤으로 한참 가고 있었던 때였는데(막 16:3), 그들이 무덤에 도착했을 때 이미 지진이 나서 돌이 무덤 문에서 굴려져 있었다(막 16:4).

이렇게 지진이 난 원인은 천사가 하늘로부터 내려왔기 때문이었다. 마태는 "천사가 하늘로부터 내려왔다"(막 16:5; 눅 24:4; 요 20:12)는 구절 초두에 이유를 말하는 접속사(γὰρ-for)를 기록하고 있다. 하나님께서 지진을 일으키셨지만 하나님은 천사가 내려올 때 지진을 일으키셨다. 그래서 마태는 천사가 지진의 원인이라고 기록했다.

마태는 "주의 천사가 하늘로부터 내려와 돌을 굴려 내고 그 위에 앉아 있었다"고 말한다. 천사는 하늘로부터 내려와 돌을 건드려 굴려냈다. 그리고 그 위에 앉아서 여인들이 오기를 기다렸다. 여기 "앉았다"(ἐκάθητο)는 말은 미완료 과거 시제로 '앉아 있었다'는 뜻이다. 여인들은 천사가 납작한 돌 위에 앉아 있는 것만 보았을 뿐 예수님께서 부활하시는 것은 관찰하지 못했다. 예수님이 언제 부활하셨는지 아무도 본 사람이 없었다. 이미 부활하신 예수님만 여러 번 보았고 또 천사들도 예수님께서 부활하신 사실만 전했다. 천사가 돌을 무덤 문에서 옮긴 것은 예수님께서 무덤 밖으로 나오시도록 하기 위함이 아니었고 여인들(막 16:5)과 베드로와 요한 두 제자들로 하여금 무덤으로 들어갈 수 있게 하기 위함이었다. 예수님은 어느 물체도 그냥 뚫고 가실 수 있는 특이한 육체로 변하셨다.

마태는 천사의 숫자를 하나로 보았고 마가는 "한 청년"으로, 누가는 "두 사람"으로, 요한은 "두 천사"로 보았다. 각기 달리 보았고 또 서로 달리 기록하고 있다. 이렇기에 성경은 진실한 기록이다. 달리 기록했다고 해서 잘 못된 것은 없다. 다 옳게 기록했다.

빌라도의 군병들이 돌을 인봉하고 굳게 지키는 일은 아무 것도 아니었다. 하나님의 힘 앞에 인간들의 계획과 일은 하나의 소꿉 작란에 지나지 않았다.

마 28:3. 그 형상이 번개 같고 그 옷은 눈같이 희거늘.

마태는 천사의 형상이 "번개 같고 그 옷은 눈같이 희었다"고 묘사한다(단 10:6). 천사의 모양이 "번개 같다"는 말은 천사가 초자연적인 광채를 가지고 있다는 것을 말하며 또 "그 옷이 눈과 같이 희다"는 말은 '옷이 대단히 순결하다'는 표현이다. 천사가 하늘에서 내려왔기 때문에 이렇게 초자연적 모습을 하고 있었다(겔 1:14; 단 10:6; 행 1:10; 10:30; 계 1:16; 10:1; 20:11 참조).

마 28:4. 지키던 자들이 그를 무서워하여 떨며 죽은 사람과 같이 되었더라.

마태는 예수님의 무덤을 지키던 경비병(파숫군)이 천사를 "무서워하여 떨며 죽은 사람과 같이 되었다"고 말한다. 그들은 지진 소리를 들었고 천사가 나타난 것을 보고 무서워했으며 떨었고 아예 죽은 사람과 같이 땅에 넘어져 있었다. 그래서 얼마의 시간이 지나 예루살렘 성의 대제사장한테 갈 때 다 함께 가지 못했고 경비병들 중 몇 명만 갔다(11절). 유대의 종교지도자들은 예수님의 무덤을 단단히 돌로 막았고 또 인봉했으며 게다가 빌라도의 경비병들로 하여금 지키게 했으니 아주 안심하고 지냈는데 하나님께서 한번 역사하시니 혼비백산다 흩어지고 말았다. 인간은 하나님 앞에서 아무 것도 아니었다. 경비병 이야기는 11절에서 계속되고 다음 절부터는 여자들 이야기가 나온다.

마 28:5-6. 천사가 여자들에게 말하여 이르되 너희는 무서워하지 말라 십자가에 못 박히신 예수를 너희가 찾는 줄을 내가 아노라 그가 여기 계시지 않고 그가 말씀하시던 대로 살아나셨느니라 와서 그가 누우셨던 곳을 보라.

마태는 천사가 여자들에게 한 말을 기록하고 있다. 세 가지를 말한다. 하나는 "너희는 무서워하지 말라"(Μὴ φοβεῖσθε ὑμεῖς)는 말이다. 천사는 여인들에게 "너희는"(ὑμεῖς)이란 주어를 사용하여 뜻을 강조한다. 경비병들은 무서워서 죽은 사람들과 같이 되었으나 '너희는 무서워할 일이 아니라'고 위로한다. 오늘 우리도 자연의 위력(지진, 천둥번개, 태풍 등) 앞에서 놀랄 것이 아니다. 하나님은 우리 성도들에게 오늘도 무서워하지 말라 혹은 두려워하지 말라고 무수히 말씀하신다(성경에 365번이나 기록되어 있다). 둘째, "십자가에 못 박히신 예수를 너희가 찾는 줄을 내가 아노라 그가 여기 계시지 않고 그가 말씀하시던 대로 살아나셨느니라"고 말한다(12:40; 16:21; 17:23; 20:19). 천사는 여인들이 무엇 하러 여기에 와 있는지 다 알고 있었다. 하나님은 우리의 일거수일투족을 알고 계신다(계 2:3, 9, 13, 19; 3:1, 8, 15). 천사는 여인들에게 예수님이 여기 계시지 않고 살아나셨다고 전해주며 그가 말씀하신대로 살아나셨다고 말씀한다. 예수님은 언제든지 말씀하신대로 행동하신다. 그런고로 우리는 성경을 잘 관찰하고 연구해야 한다. 셋째, "와서 그가 누우셨던 곳을 보라"고 한다(12:40; 16:21; 17:23; 20:19). '더 가까이 와서 예수님께서 누우셨던 곳을 보라'고 한다(이때 여자들은 이미 무덤 속에 있었다-막 16:5-6). 빈 무덤을 확인해야 한다는 것이다. 오늘 지구상에는 예수님의 빈 무덤만 가지고 있을 뿐이다. 현대의 많은 신학자들은 천사의 전갈과 여인들의 전도를 받지 않고 예수님의 부활을 영적으로만 해석하려고 한다.

마 28:7. 또 빨리 가서 그의 제자들에게 이르되 그가 죽은 자 가운데서 살아나셨고

너희보다 먼저 갈릴리로 가시나니 거기서 너희가 뵈오리라 하라 보라 내가 너희에게 일렀느니라 하거늘.
천사가 여인들에게 예수님의 부활을 확인시킨(앞 절) 다음 이제는 여자들이 해야 할 일을 말한다. "또 빨리 가서 그의 제자들에게 이르되 그가 죽은 자 가운데서 살아나셨고 너희보다 먼저 갈릴리로 가시나니 거기서 너희가 뵈오리라"고 전하라 명령한다(26:32; 막 16:7). 천사는 여인들에게 '또 빨리 가서 예수님의 제자들에게 말하라'고 한다. 여자들은 제자들에게 예수님의 부활을 전하는 전령자(herald) 역할을 하게 되었다. 여인들이 예수님을 더 사랑하고 사모했으니 이런 영예를 받을 만 했다. 그리고 하나님은 약한 여인들을 들어서 쓰신다는 것을 보여주신다.

전할 내용은 첫째, "그(예수님)가 죽은 자 가운데서 살아나셨다"는 것을 전하라고 한다. 즉 '예수님이 죽은 자 가운데서 살아나셨다는 것을 전하라'고 한다. 예수님의 부활 사실은 먼저 제자들이 알아야 하고 믿어야 할 것이었다. 둘째, "너희보다 먼저 갈릴리로 가시나니 거기서 너희가 뵈오리라"(ἰδοὺ προάγει ὑμᾶς εἰς τὴν Γαλιλαίαν, ἐκεῖ αὐτὸν ὄψεσθε)는 것을 전하라고 한다. 즉 '제자들보다 예수님께서 먼저 갈릴리로 가셔서 거기서 제자들이 예수님을 뵙게 될 것이라는 것'을 전하라(26:32)고 한다. 여기 "먼저...가시나니"(proavgei)라는 말이 현재동사인고로 예수님께서 지금 제자들보다 먼저 가시고 계신 것처럼 표현되었는데 그러나 이 현재동사는 현재 진행되고 있는 것을 지칭하는 것이 아니라 미래에 반드시 될 일을 나타내는 동사이다. 예수님은 앞으로 제자들보다 먼저 갈릴리로 가실 것이라고 하신다.

그런데 여기서 한 가지 분명히 짚고 지나가야 할 것이 있다. 그것은 예수님께서 26:32에서 제자들보다 먼저 갈릴리로 가신다는 약속을 해 놓으셨을 뿐 아니라 또 본 절에서도 예수님께서 제자들보다 먼저 갈릴리로 가신다는 말씀을 해놓으시고 실제로는 예수님께서 부활하신 후 엠마오로 가는 두 제자에게 나타나주셨고(눅 24:13-32) 또 예루살렘에서 예수님의 제자들에게 나타나신 것(요 20:11-18, 19-29)을 어떻게 해석하느냐 하는 것이다. 이 문제에 대해서 대부분의 성경 해석가들은 취급하지 않고 그냥 지나간다. 이 문제를 두고 혹자는 예수님께서 약속을 위반하셨다고 주장한다. 그러나 예수님은 약속을 위반하신 것이 아니다. 이에 대한 해결책으로 몇 가지가 제시되었다. 1) 마태는 다른 어느 복음서 저자보다 갈릴리에 대해 더 강조점을 두고 있어서 이렇게 표현했다는 견해. 그러나 마태가 강조한다고 해서 예수님께서 먼저 갈릴리로 가신다고 하신 것은 아니다. 그것은 예수님의 계획이었다. 2) 예수께서 갈릴리에 가서 제자들을 만나시기 전에 그가 예루살렘에서 제자들에게 나타나신다고 해서 천사의 이 말이 거짓말이 되거나 혹은 아무 쓸데없는 말이 되는 것은 아니라는 견해. 천사만 이 말을 한 것이 아니라 예수님께서도 이 말씀을 하셨으니(26:32) 이 견해는 충분히 관찰한 것이 아니다. 3) 예수님께서 갈릴리에 가시기 전에 예루살렘에서 사람들을 만나주신 것은 예수님 자신이 약속하신 것보다 더 훌륭하신 분임을 보여준 것이라는 견해(윌렴 헨드릭슨).[206] 4) 예루살렘에서는 개인적으로나 혹은 소그룹으로 만나신 것이고 갈릴리에서는 모든 제자들에게 공식적으로 만나신 것이라는 견해(렌스키, Kent, Jr.). 위의 3번 4번의 견해가 바른 견해로 보인다. 렌스키(Lenski)는 "갈릴리에 대한 이 진술이 이보다 먼저 있는 예루살렘과 엠마오에서의 예수의 출현을 결단코 배제하지 않는다. 갈릴리에서 예수를 보게 되는 일에는 그럴만한 특별한 일이 있었다. 사실은 예수께서 죽으시기 전에 자신이 갈릴리에서의 이 모임을 약속하셨던 것이다(26:32). 바울 사도는 이 모임을 예수의 부활의 큰 증거의 하나로 들었다(고전 15:6). 이것은 예수께서 먼저 갈릴리에서 제자들만을 만나려 하셨으나 후에 그의 간절한 마음과 제자들의 연약함이 그를 움직여 그로 하여금 그들에게 즉시 나타나게 하였다는 생각(해석)에 바른 대답을 준다. 예수께서는 잘 못 계획하는 일이 없으며 생각이 동요되는 일도 없다. 예루살렘에서 그가 개인들과 적은 무리와 만난 것은 갈릴리에서의 그의 온 양무리와의 큰 모임을 위한 준비였다"고 주장한다.[207] 예수님은 갈릴리에서 공식적으로 만나셨다(16-20절; 요 21장). 천사는 여인들에게 두 가지를

---

206) 윌렴 헨드릭슨, *마태복음 (하)*, p. 427.
207) 렌스키, *마태복음 (하)*, p, 509.

말한 다음 "보라 내가 너희에게 일렀느니라"고 확인한다. 즉 '내가 너희에게 일렀으니 틀림없이 그대로 하라'는 것이다. 이제 천사들의 임무는 끝났고 책임은 여인들에게 넘어갔다.

마 28:8. 그 여자들이 무서움과 큰 기쁨으로 빨리 무덤을 떠나 제자들에게 알리려고 달음질할 새.

천사들의 전갈(messages)을 받은(앞 절) 여인들이 "무서움과 큰 기쁨으로 빨리 무덤을 떠났다." 여인들은 두 가지 감정이었다(시 2:11; 히 12:28). 무서움의 감정은 여인들이 지진이 일어난 것을 보았고 또 천사들을 보았기 때문이었다. 이런 것들을 보고 무서워하지 않을 사람은 없다. 또 큰 기쁨의 감정은 예수님께서 부활하셨다는 소식을 들었기 때문이었다. 예수님의 시신에 향품을 바르려고 온 여인들이 갑자기 예수님께서 부활하셨다는 천사들의 보고를 들었고 또 실제로 자기들이 빈 무덤을 보았으니 "큰 기쁨"(χαρᾶς μεγάλης)을 가지게 되었다. 그들의 기쁨은 말할 수 없이 컸다. 우리는 하나님의 위엄을 항상 무서워해야 하고 또 하나님의 사랑에 항상 크게 기뻐해야 한다. 여인들은 천사의 명령을 받고 그것을 전달하려고 무덤을 빨리 떠났다. 여인들은 임무 수행에 아주 민첩했다. 예수님을 믿고 따르는 사람들은 항상 재빠르게 움직여야 한다.

여인들은 "제자들에게 알리려고 달음질 했다." 여인들은 예수님께서 부활하셨다는 소식을 듣고 제자들에게 알리려고 달음질 했다. 당연한 다름질이다. 여인들은 결국 그들의 임무를 잘 수행했다(눅 24:9). 우리는 하나님께서 우리에게 맡긴 사명을 감당하는 데 있어 항상 뛰어야 한다.

b.부활하신 모습으로 나타나시다 28:9-10

마태는 예수님의 무덤을 찾아온 여자들이 천사를 만나 놀라운 소식을 듣고 그 소식을 제자들에게 전하러 달음질 했다는 것을 기록한(1-8절) 다음 예수님께서 직접 여인들에게 나타나신 것을 기록한다(9-10절).

마 28:9. 예수께서 그들을 만나 이르시되 평안하냐 하시거늘 여자들이 나아가 그 발을 붙잡고 경배하니.

예수님께서 예루살렘을 향해 달음질 하는 여인들을 만나셨다(막 16:9; 요 20:14). 이 만남은 갑작스러운 만남이었다. 마태는 문장 초두에 "보라"(ijdou;)라는 감탄사를 기록하여 예수님께서 그 여인들을 만나신 것이 그 여인들에게는 갑작스러운 만남이었음을 드러낸다.그 여자들은 무서움은 사라지고 큰 기쁨이 물밀듯 몰려왔다. 살아계신 주님을 만났으니 말이다.

예수님께서 여인들을 만나셨을 때 첫 번째로 하신 말씀은 "평안하냐"(Caivrete)는 인사였다(26:49; 27:29 참조). 예수님의 이 인사는 형식적인 인사가 아니고 실제로 복과 기쁨을 전달하는 인사였다. 여인들은 예수님의 이 인사를 받고 여인들이 예수님에게 접근하여 땅에 엎드려 예수님의 "두 발을 붙잡고 경배했다"(ἐκράτησαν αὐτοῦ τοὺς πόδας καὶ προσεκύνησαν αὐτῷ). "붙잡다"(ἐκράτησαν)란 말은 부정과거 동사로 '분명히 붙잡았다,' '참으로 붙잡았다'는 뜻으로 여인들은 예수님의 신체의 일부를 붙잡으므로 예수님의 부활을 더욱 확인할 수가 있었다. 그리고 "발"(τοὺς πόδας)이란 말은 '발들'이라는 복수 명사로 예수님의 두 발을 지칭한다. 그리고 "경배했다"(προσεκύνησαν)는 말은 부정과거 동사로 '참으로 경배했다'는 뜻으로 진정의 경배를 드린 것을 가리킨다. 오늘 우리가 하나님께서 경배하는 것이 진정으로 경배하는 것인가 확인해야 할 것이다.

마 28:10. 이에 예수께서 이르시되 무서워하지 말라 가서 내 형제들에게 갈릴리로 가라 하라 거기서 나를 보리라 하시니라.

"이에"(tovte) 즉 '여인들이 예수님의 발을 붙잡고 경배할 때에' 예수님은 여인들에게 "무서워하지 말라"(5절, 7절)고 안심시켜 주시면서 "가서 내 형제들에게 갈릴리로 가라"는 말을 전하라고 하신다(요 20:17; 롬 8:29; 히 2:11). 예수님은 여인들에게 제자들한테로 가서 예수님의 형제들에게 부탁하기를 갈릴리로 가라고 하라고 하신다. 예수님은 제자들을 "내 형제들"이라고 부르신다(요 20:17

참조). 자신을 배반했던 제자들에게 뜨거운 사랑의 호칭을 붙여주신다(12:49; 25:40; 히 2:11-12 참조). 예수님은 여인들을 통하여 제자들에게 전하시는 말씀에 "거기서 나를 보리라"고 하신다. 예수님은 그를 배반한 갈릴리를 버리시지 않으시고 거기서 제자들과 만나주시겠다고 하신다.

c.군병들의 허위설 전파 28:11-15

마태는 자기 특유의 자료를 여기에 기록한다. 마태는 군병들이 퍼뜨린 거짓 선전을 기록하여 예수님의 부활을 더욱 두드러지게 드러낸다. 빌라도의 경비병들은 힘대로 예수님의 무덤을 지켰으나(27:62-66) 지진과 천사의 출현으로 죽은 사람과 같이 되었다가(2-4절) 대제사장들에게 가서 보고하고 돈을 받은 후 (11-14절) 예수님의 제자들이 시체를 도둑질 해갔다는 말을 계속해서 퍼뜨렸다 (15절). 군병들이 퍼뜨린 거짓말 때문에 예수님께서 부활하신 사실이 더욱 두드러지게 되었다.

마 28:11. 여자들이 갈 때 경비병 중 몇이 성에 들어가 모든 된 일을 대제사장들에게 알리니.

여인들이 예수님의 제자들에게 천사의 전갈(7절)과 예수님의 전갈(10절)을 전하러 가는 동안 빌라도의 경비병들 중 몇 사람이 예루살렘 성에 들어가서 예수님의 무덤에서 진행된 일을 대제사장들에게 알렸다. 경비병들 중 일부는 지진이 날 때 그리고 천사의 출현에 너무 혼이 나서 성에 들어갈 힘을 잃었거나 아니면 무덤을 지키면서 대제사장들의 지시를 기다렸을 것이다.

마 28:12-14. 그들이 장로들과 함께 모여 의논하고 군인들에게 돈을 많이 주며 이르되 너희는 말하기를 그의 제자들이 밤에 와서 우리가 잘 때에 그를 도적질하여 갔다 하라 만일 이 말이 총독에게 들리면 우리가 권하여 너희로 근심하지 않게 하리라 하니.

대제사장들이 경비병의 보고를 받은 다음 장로들 곧 산헤드린 공회 회원들과 함께 의논하고 군인들에게 돈을 많이 주면서 "너희는 말하기를 그의 제자들이 밤에 와서 우리가 잘 때에 그를 도적질하여 갔다"고 거짓말을 하라고 부탁한다. 거짓말 중에 제일 좋은 거짓말은 군병들이 밤에 잘 때에 예수님의 제자들이 와서 예수님의 시체를 도둑질해 갔다고 하라는 것이었다. 당시의 유대 종교지도자들은 돈으로 로마 군병들을 매수(買收)했고 로마 군병들은 돈 받고 거짓말을 해주었다. 2000년 전의 유대 사회나 로마 사회가 어떻다는 것을 잘 보여주었다.

이렇게 대제사장들과 장로들이 빌라도의 군병들을 돈으로 매수해서 거짓말을 하라고 시키고는 만약 군병들이 밤에 자는 중에 예수님의 제자들이 와서 예수님의 시체를 도둑질 해갔다는 소문이 "총독에게 들리면 우리가 권하여 너희로 근심하지 않게 하리라"고 안심시켜 준다. 여기 "총독에게 들린다"는 말은 '총독에게 상소가 된다,' '총독이 알게 된다,' '총독의 귀에 들어간다'는 뜻이다. 경비하는 중에 잠을 잤다는 말이 총독에게 상소가 되면 경비병들은 심문을 받고 그것이 사실이면 사형에 처해진다고 한다. 그래서 대제사장들과 장로들은 군병들에게 이 사실이 만일 총독에게 상소가 되는 경우 "우리가 권하여 너희로 근심하지 않게 하리라"고 한다. 즉 '우리가 총독을 권하여 너희로 하여금 전혀 근심되지 않게 조치를 취하겠다'고 안심시켜 준다. 총독을 설득하는 일은 쉬운 일이었다. 이유는 총독은 이제 곧 자기가 집무하는 곳 가이사랴로 내려갈 것이고 또 유대종교지도자들이 총독에게 이 일로 불평하지만 않으면 총독은 가만히 있을 것이었다. 그런고로 총독을 설득하는 일은 아주 쉬운 일이었다.

마 28:15. 군인들이 돈을 받고 가르친 대로 하였으니 이 말이 오늘날까지 유대인 가운데 두루 퍼지니라.

군인들은 산헤드린 공의회 회원들로부터 돈을 많이 받고 종교지도자들이 가르쳐준 대로 말을 했기에(13절) "이 말" 즉 '예수의 제자들이 밤에 와서 우리가 잘 때에 그를 도둑질하여 갔다는 말'이 "오늘날까지 유대인 가운데 두루 퍼져 있었다." 마태 사도가 복음을 쓰는 날(주후 50-55년)까지 유대인 가운데 두루 퍼져서 아무 문제가 없게 되었다는 것이다. 예수님께서 부활하신 후 대략 20년까지는 시체 도둑설이 퍼져 있었겠으나 그 후 그 말은 완전히 거짓말이었음이 밝혀져 부활의 확실성이 더욱 굳어졌을 것이다. 마태는 유대인 가운데 두루 퍼진 이 거짓을 불식시키기 위해서 이 복음을 기록했을 것이다. 그리스도의 부활은 처음부터 많은 사람들로부터 도전을 받았다. 역사상에 그리스도의 부활은 많은 도전을 받는 중에 특히 신학자들로부터 도전을 받았다. 지금도 그리스도의 육적인 부활을 믿지 못하고 그리스도께서 영적으로 우리 마음에 살아있다고 믿는 신학자가 얼마나 많은가. 그들은 신학자라고 말할 수 없다.

d.큰 사명을 주시다 28:16-20

마태는 빌라도의 군병들이 종교지도자들부터 돈을 받고 자신들이 자는 동안 예수님의 제자들이 와서 예수님의 시체를 도적하여 갔다는 소문을 퍼뜨려 그것이 오랫동안 유대인 가운데 두루 퍼졌다는 것을 기록한(11-15절) 다음 예수님께서 갈릴리의 산에서 제자들에게 지상명령을 주신 내용을 기록하고 있다. 마태는 갈릴리의 산에서 제자들이 예수님을 뵈올 때에도 아직 예수님의 부활을 의심하는 사람이 있었다고 말하고(16-17절), 예수님께서 그의 위대한 권세를 근거하고 세계 선교를 할 것을 부탁하신 사실을 기록하며(18-19절) 또한 예수님께서 세상 끝 날까지 선교하는 제자들과 함께 하실 것을 약속하신 것을 기록한다(20절).

마 28:16. 열한 제자가 갈릴리에 가서 예수께서 지시하신 산에 이르러.

열한 제자(이제는 완전히 가룟 유다는 빠졌다)는 여러 차례 부탁받은 대로 "갈릴리에 갔다"(26:32; 28:7, 10). 그들은 갈릴리로 간 후 "지시하신 산에 이르렀다"(7절; 26:32). "지시하신 산"(τὸ ὄρος οὗ ἐτάξατο)이란 말 앞에 관사가 있어 어떤 특정한 산이었다. 언제 예수님께서 지시하셨는지 알 수가 없다. 지시하신 산은 아마도 제자들이 친숙히 아는 산이었을 것이다. 친숙히 아는 곳에서 예수님은 제자들과 함께 모여서 지상명령을 주시기를 원하셨다. 기독교가 공적으로 발상한 곳은 예루살렘이었지만 사실상의 기원은 갈릴리였다. 낯설지 않은 곳에서 사적으로 예수님과 만나는 일은 아주 중요했다. 제자들은 예수님과 오붓한 곳에서 예수님을 만나는 것은 아주 필요했다.

마 28:17. 예수를 뵈옵고 경배하나 아직도 의심하는 사람들이 있더라.

마태는 제자들이 "예수를 뵈옵고 경배하나 아직도 의심하는 사람들이 있었다"고 말한다. 제자들이 예수님을 뵈옵고 이전의 여인들과 마찬가지로 예수님께 경배했다(9절 참조). 그들이 예수님께 경배했다는 것은 예수님을 알아보았을 뿐아니라 예수님께서 죽은 자 가운데서 살아나셨음을 믿었다는 것을 말해주는 것으로 생각할 수 있다.

그러나 놀랍게도 마태는 "아직도 의심하는 사람들이 있었다"는 말을 하고 있다. 그렇다면 의심하는 사람들이 11제자 전체냐 아니면 몇 사람이냐 하는 문제가 생긴다. 이유는 헬라어의 "호이 데"(οἱ δε)는 11제자 모두를 지칭할 수도 있기 때문이다. 그래서 11제자 모두가 예수님을 의심했다고 주장하는 해석가도 있으나 대부분의 해석가들은 "호이 데"(οἱ δε)를 몇 사람으로 해석하면서 다만 몇 사람이 의심했다는 해석하고 있다(Hill, Gundry, Gnilka, Harrington, Blomberg).

그런데 문제는 그들이 예수님께 경배는 해놓고 의심했다는 것이 문제이고 또 의심했다면 무엇을 의심했는지 확인하기는 아주 힘이 든다. "의심했다"(ἐδίστασαν)는 말은 부정과거로 '분명히 의심했다'는 뜻으로 베드로가 예수님을 확실하게 믿지 못하고 바람을 보다가 물에 빠졌던 것처럼 희미하게 믿은 것을 지칭한다(14:31, Hagner).[208] 그러니까 어떤 사람들이 의심했다는 말은 예수님의 정체성을 의심했다든지 아니면 예수님의 부활 자체를 의심한 것이 아니고 확신이 없었다는 것(우유부단한 것)을 지칭하는 것으로 보아야 한다. 사람은 믿기는 믿어도 의심을 내포할 수 있다는 것을 보여준다. 이런 제자들이 얼마 지나지 않아 오순절 성령 강림 때 성령을 받은 후에는 확신을 가지고

208) Hagner, *마태복음 14-28,* 채천석옮김, p. 1316.

그리스도를 전했고 후에는 순교하는 전도자들이 되었다.

마 28:18. 예수께서 나아와 말씀하여 이르시되 하늘과 땅의 모든 권세를 내게 주셨으니(καὶ προσελθὼν ὁ Ἰησοῦς ἐλάλησεν αὐτοῖς λέγων, Ἐδόθη μοι πᾶσα ἐξουσία ἐν οὐρανῷ καὶ ἐπὶ ((τῆς)) γῆς)**.**

예수님은 제자들에게 가까이 "나아와 말씀하여 이르시되 하늘과 땅의 모든 권세를 내게 주셨다"고 말씀하신다(11:27; 16:28; 단 7:13-14; 눅 1:32; 10:22; 요 3:35; 5:22; 13:3; 17:2; 행 2:36; 롬 14:9; 고전 15:27; 엡 1:10, 21; 빌 2:9-10; 히 1:2; 2:8; 벧전 3:22; 계 17:14). 예수님께서 "나아오셨다"는 것은 다소 멀리 떨어져 계시다가 제자들에게 가까이 나아오신 것을 뜻한다. 예수님은 그들과 더 친근히 말씀하시기 위해서 제자들에게 나아오셨다. 그리고 예수님께서 "말씀하여 이르셨다"(ἐλάλησεν...λέγων)는 말씀은 '예수님께서 제자들에게 침묵을 깨뜨리시고 한바탕 연설을 하셨다'는 뜻이다.

예수님께서 침묵을 깨뜨리시고 연설하신 내용은 "하늘과 땅의 모든 권세를 내게 주셨다"(11:27; 16:28; 24:30; 26:64; 단 7:14)는 것이었다. 예수님은 제자들을 세계 선교에 내보내는 마당에 그들에게 엄청난 힘을 주시기 위해 "하늘과 땅의 모든 권세를 내게 주셨다"고 말씀하신다. "하늘과 땅의 모든 권세"란 '하늘의 모든 것과 땅의 모든 것을 주장하시는 전권(全權)'을 뜻하는데 그 권세(하고 싶은 대로 마음대로 하려는 능력)가 예수님에게 주어졌다는 뜻이다. 하늘의 모든 것을 주장하시는 전권과 땅의 모든 것을 주장하시는 권한이 예수님에게 주어졌기 때문에 예수님은 그 전권을 가지시고 제자들에게 그리고 오늘날 전도자들에게 큰 힘을 공급하실 수 있으시다.

예수님은 지상에서 사역하시는 동안 이런 전권이 그에게 주어졌음을 말씀하셨다(9:6). 9:6에서 말씀하신 권세는 죄를 용서하시는 권세였다. 11:27에서 예수님은 "내 아버지께서 모든 것을 내게 주셨다"고 말씀하셨다(눅 10:22; 요 3:35; 13:3; 17:2; 고전 15:27). 여기 "모든 것"이란 '예수님으로 하여금 중보자 역할을 하실 수 있도록 하나님께서 예수님에게 주신 모든 것'을 지칭한다.[209] 예수님께서 십자가에서 대속의 죽음을 죽으시기 전 하나님으로부터 놀라운 권세를 받으셔서 이적을 행하셨지만(8:4; 9:30; 26:53; 막 5:30, 41-42; 눅 7:14; 요 11:43-44 등), 부활하신 후에 예수님께서 친히 선언하신 "하늘과 땅의 모든 권세를 내게 주셨다"고 선언하신 말씀은 그 이상의 확신과 믿음을 제자들에게 줄 수 있었다(엡 1:20-23 참조). 하늘과 땅의 모든 것 중에 예수님의 주장에서 빠져나갈 것은 아무 것도 없다. 예수님의 제자들이나 전도자들의 활동도 모두 예수님의 수중에서 되는 일들이다. 우리는 예수님의 위대한 권세를 구하여 사용해야 한다. 그러나 그 위대한 권능을 구하지 않고 목회하고 선교하는 전도자들이 있음을 생각하면 참으로 답답한 마음을 금할 길 없다.

그러나 본 절을 해석하면서 약간 다른 견해를 말하는 학자들도 있다. 첫째, 예수님은 지상의 공생애 중에 사역하실 때에는 그가 하나님으로부터 받으신 권세가 행사될 때 기쁨이 항상 생략되었으며 또 자제되었다고 말한다. 윌렴 헨드릭슨(William Hendriksen)은 "예수님께서 지상에서 받으시고 사용하신 권세는 사실상 놀라운 것이긴 했지만, 그것은 하늘과 땅의 무한한 권세를 실제로 행하시고 그 권세를 무제한적으로 모든 곳에 선포되게 하시며 마침내 세상 끝 날에 모든 죽은 자를 살리시고 모든 사람을 심판하시는 것과 똑 같은 것은 아니다. 예수께서 이제 선포하시고 특히 며칠 안에 그가 하늘에 오르신 후 행하기 시작하시는 것이, 그러한 무제한적이고 우주적인 주권을 가지고 부활하신 예수께서 받으신 것이다. 그것이 그의 역사하심에 대한 상급이다(엡 1:19-23; 빌 2:9-10; 계 5장 등)"라고 주장한다.[210] 그러나 이 견해는 예수님께서 십자가를 지시기 전에 받으신 권세와 부활하신 후에 하나님으로부터 받으신 권세 사이에 차이를 두는 것은 무리인 것으로 보인다. 하나님께서 주신 권세는 똑 같은데 다만 십자가를 지시기 전에는 예수님께서 그의 대속 사역에 지장을 초래하지

---

209) 렌스키는 "하늘의 모든 것을 주관하는 권세란 하늘에 사는 모든 것 곧 천사들, 권세, 능력, 무력(might), 지배(dominion), 보좌, 영광중의 성도를 주관하는 권세를 지칭하고 또 악령의 세계를 주관하는 권세를 지칭하고 땅의 모든 것을 주관하는 권세란 온 땅과 땅의 거민, 땅의 원수들 모두와 땅의 모든 권세를 주관하는 권세를 지칭한다"고 주장한다.

210) 윌렴 헨드릭슨, *마태복음 (하)*, 436.

않기 위해서 스스로 자제하신 것으로 보아야 할 것이다. 둘째, 혹자는 예수님께서 지상에서 활동하실 때 하나님으로부터 받으신 권세와 부활하신 후에 받으신 권세는 전혀 다를 바 없는 것인데 다만 부활하신 후에 받으신 권세는 하늘의 권세까지 받으신 점에서 다르다고 주장한다. 그러나 이 견해도 그대로 받는 데는 약간의 문제가 있다. 부활하시기 전에도 역시 예수님에게 하늘의 모든 것을 주장하시는 권세를 가지고 계셨다고 보아야 한다(26:53).

마 28:19-20a. 그러므로 너희는 가서 모든 민족을 제자로 삼아 아버지와 아들과 성령의 이름으로 세례를 베풀고 내가 너희에게 분부한 모든 것을 가르쳐 지키게 하라.

문장 초두의 "그러므로"(οὖν)란 말은 '예수님께서 위대한 권세를 가지고 계시므로'란 뜻이다. 예수님은 자신의 위대한 권세를 배경하고 제자들에게 모든 민족을 상대하여 선교하라고 말씀하신다. 첫째, 예수님은 "너희는 가라"고 하신다(막 16:15). 여기 "가서"(πορευθέντες)란 말은 부정과거 분사형으로 모든 민족을 제자로 삼는 일보다 앞서 이루어져야 하는 활동으로 묘사되고 있다. 제자들은 일찍이 예수님으로부터 이스라엘 땅 안에서 전도하라는 부탁을 받았다(10:5-6). 그러나 이제는 그 선민의 벽을 허물으시고(사 49:6; 마 8:11-12; 21:43) 온 세계에 복음 전하기 위해 "가라"고 하신다. 우리는 교인들이 교회로 나오기만을 기대할 것이 아니라 전도자들이 온 세계로 가야 한다. 가면 전도 받은 사람들이 교회로 오게 된다.

둘째, 예수님은 "모든 민족을 제자로 삼으라"(μαθητεύσατε πάντα τὰ ἔθνη)고 하신다(사 52:10; 눅 24:47; 행 2:38-39; 롬 10:18; 골 1:23). 여기 "제자로 삼으라"(μαθητεύσατε)는 말은 부정과거 명령형으로 '제자 삼으라,' '제자로 만들다,' '가르치라'는 뜻으로 사람들의 심령과 의지와 마음을 개종시키기 위하여 진리를 가르쳐주고 하나님의 뜻을 선포해서 진리를 경험하게 하라는 뜻이다. "제자로 삼으라"는 말은 다음에 나오는 "세례를 베풀라"는 말을 감안할 때 분명히 사람이 거듭나도록 가르치는 것을 말한다. 거듭나지 않으면 다시 말해 사람이 예수님을 분명히 알지 못하면 어떻게 세례를 베풀 수 있겠는가. 그런고로 제자를 삼으라는 말은 성령의 역사가 나타나서 예수님이 구주인 줄 알도록 가르쳐주고 그리스도에 관한 진리를 가르쳐주어야 한다. 우리는 세계 민족을 제자 삼는 일에 헌신해야 할 것이다. 이 일은 그리스도의 놀라운 권세를 힘입지 않으면 불가능하다.

셋째, 예수님은 "아버지와 아들과 성령의 이름으로 세례를 베풀라"(βαπτίζοντες αὐτοὺς εἰς τὸ ὄνομα τοῦ πατρὸς καὶ τοῦ υἱοῦ καὶ τοῦ ἁγίου πνεύματος)고 하신다. 여기 "세례를 베풀라"(βαπτίζοντες)는 말은 현재분사로 '계속해서 세례를 베풀어서'라는 뜻이다.211) 이 말은 한 사람에게 계속해서 물세례를 베풀라는 뜻이 아니라 많은 개종자들에게 계속해서 물세례를 베풀라는 뜻이다. 혹자들은 세례를 반드시 침례로 해야 한다고 주장하는 이들이 있다. 그러나 오순절 때 3,000명이 세례를 받았는데 그들이 어떻게 침수되었을 것인가. 예루살렘 같은 데서는 침수가 불가능했다...사도행전은 다른 세례 양식을 기록하고 있으나 침수가 지적된 예는 단 한 건도 없다(렌스키).

그리고 본문의 "아버지와 아들과 성령의 이름으로 세례를 베풀라"(εἰς τὸ ὄνομα τοῦ πατρὸς καὶ τοῦ υἱοῦ καὶ τοῦ ἁγίου πνεύματος)는 말의 뜻은 '아버지와 연합되었다는 것, 예수님과 연합되었다는 것, 성령과 연합되었다는 것, 즉 성삼위와 연합했다'는 것을 인치기 위해 물세례를 베풀라는 뜻이다. 물세례를 받는 사람들은 벌써 성령님의 역사로 삼위와의 연합이 이루어진 사람들이니 그들에게 세례를 베풀면서 그들도 역시 성삼위와 연합되었다는 것을 인치는 뜻으로 물세례를 베풀라는 것이다. 사람이 세례를 받으면 성삼위와

---

211) '세례를 베풀어서'라는 말은 앞서 말한 '가서'란 말과 또 뒤에 나오는 '모든 것을 가르쳐 지키게 하여'라는 분사와 함께 "제자를 삼으라"라는 주동사보다 앞서 진행되는 일이다. 그렇다고 해서 세 분사가 "제자를 삼으라"는 말보다 반드시 앞서 진행된다고 말할 수 있는 것인가. 분사들이라고 해서 제자를 삼는 것과 전혀 관련이 없는 것은 아니다. "가서"라는 말은 먼저 진행되는 일이지만 "세례를 베푸는 일이라든지" 혹은 "모든 것을 가르쳐 지키게 하는 일"은 제자를 삼기 위해서 진리를 가르치는 일과 관련이 있는 것임을 잊어서는 안 된다. 제자로 만드는 일은 심령의 개혁을 이루어야 하므로 심령의 개혁이 있는 자에게 세례를 베푸는 것이고 또 그런 사람을 평생 배우게 해야 하는 것이라는 것을 감안한 때 서로 밀접하게 관련이 있음을 잊어서는 안 될 것이다.

연합되는 것이며 성삼위의 소유가 되는 것이다. 혹자들은 이 세례 형식이 초대교회 때 없었다고 주장한다. 이유는 초대교회 때는 예수의 이름으로만 세례를 베풀었다는 성구가 있기 때문이다. 행 10:48에 보면 "명하여 예수 그리스도의 이름으로 세례를 주라 하니라"(προσέταξεν δὲ αὐτοὺς ἐν τῷ ὀνόματι Ἰησοῦ Χριστοῦ βαπτισθῆναι)는 말씀이 있다. 그러나 부활하신 그리스도께서 삼위의 이름으로 세례를 베풀라고 말씀하신 것이 사본 상의 지지를 받고 있다.

넷째, 예수님은 "내가 너희에게 분부한 모든 것을 가르쳐 지키게 하라"고 하신다(행 2:42). 즉 '예수님께서 제자들에게 명령하신 모든 것을 전도 대상자들에게 가르쳐 지키게 하라'고 하신다. 제자들에게 예수님께서 3년간 계속해서 가르치신 교훈을 가르쳐 지키게 하라고 하신다. 여기 "가르쳐"(διδάσκοντες)란 말은 현재분사형으로 '계속해서 가르쳐야' 한다는 뜻이다. 우리 기독교회는 세상 사람들에게 예수님께서 말씀하신 교훈을 계속해서 가르쳐야 하는 것이다.

마 28:20b. 볼지어다 내가 세상 끝 날까지 너희와 항상 함께 있으리라 하시니라.
예수님은 문장 초두에 "볼지어다"(ἰδου)라는 감탄사를 사용하신다. 아주 중요한 말씀을 하시기 위함이다. 예수님은 "내가 세상 끝 날까지 너희와 항상 함께 있으리라"고 하신다(요 14:23). 본문의 "내가"(ἐγὼ)란 말은 본문의 의미를 아주 강조하는 대명사이다. 즉 '예수님은 분명히 모든 민족을 제자 삼는 사도들과 주의 종들과 세상 끝날까지 항상 함께 하시겠다'고 하신다(행 18:10). 주의 종들은 주님께서 성령으로 자신들 안에 거하실 줄 믿고 또 항상 능력주실 줄 믿으며 또 위로하실 줄 알고 복음을 전해야 할 것이다. 이 이상 더 놀라운 보장의 말씀이 어디 있는가. 예수님은 오늘도 내일도 우리와 함께 하실 것이다. 할렐루야!

- 마태복음 주해 끝 -

마태복음 주해

2010년 11월 20일 1판 1쇄 발행 (도서출판 목양)
2024년 3월 10일 2판 1쇄 발행

지은이 | 김수홍
발행인 | 박순자
펴낸곳 | 도서출판 언약
주 소 | 수원시 영통구 중부대로 271번길 27-9, 102동 1303호
전 화 | 070-7678-0377
E-mail | kidoeuisaram@naver.com
등록번호 | 제374-2014-000006호

정가 30,000원

ISBN : 979-11-89277-0-0 (94230)(세트)
ISBN : 979-11-89277-1-7 (94230)